- 修订版 -

亚洲腹地考古图记

[第三卷]

[英] 奥雷尔·斯坦因 著

巫新华 秦立彦 龚国强 艾力江 译

GUANGXI NORMAL UNIVERSITY PRESS

广西师范大学出版社

·桂林·

目　录

插图目录

第十四章　前往甘州和南山中部

第一节　到甘州去的一条沙漠道

　　6月8日，我们士气昂扬地从朱斯冷查汗下游的营地启
程，朝甘州和南山那些凉爽的山峰进发。土尔扈特部的贝勒
是一个善良但能力有限的人。他虽然对我们充满善意，但用
了很长时间，费了不少气力，仍无法租到骆驼把我们送到从
肃州到甘州的中国大道上去，因为没人愿意在炎热的夏季让
自己的骆驼受苦。那些蒙古人提出条件，要求我们只能在晚
上赶路，并要了高价，才肯提供极少的马和驴来驮运我们有
限的行李和物资。他们是极为粗暴地向我们提出这些苛刻条
件的。而人们说的那条路先是向东南穿过沙漠到加南河
（Ghornan-gol），再从那里直接往南到甘州。如果依照蒙古
人的条件，我们在那条路上几乎是无法进行考察工作的。先
前我们在黑河岸边追踪到了汉代长城线，我现在急于考察一
下那条长城线下游对岸的地区。于是我们和蒙古人最终达成
了一个妥协方案：我们将在晚上赶路，沿着黑河往上游走，
一直到长城线末端那一点，然后再穿越以前无人曾勘察过的
地区到甘州去。据说那个地区山比较多，比黑河河谷要凉
爽，因此蒙古人同意到那后可以在一大早和傍晚赶路。

启程前往甘州

夜行军到阿提
克查干

6 月 8—15 日，我们完成了上述计划的第一部分。成群的牲畜不时走失，驮载的物资等也不时遭到损失。由于这些原因，夜行军进行得十分艰苦。同时，我也无法轻易忘记当疲惫不堪的人们白天休息时，所必须忍受的酷热和经常袭来的沙暴（图 237）。最后一天，我们路过了上文说过的天仓大湾和塔拉令金①，来到了河东岸一条叫阿提克查干（Atik-tsagan）的植被带。从那里就能看到东岸毛目绿洲最北的树木以及烽燧 T.XLVIII.b，汉长城就是在那里贴近河西岸的。

阿提克查干附
近的烽燧

我们发现有五座烽燧遗址从这里向东北延伸，一直到了小堡垒乌兰杜如勒金附近。烽燧都坐落在光秃秃的砾石萨依较高的地面上，河谷都能尽收眼底。这表明它们是一组设置在长城线外的烽燧，以防止敌人从河东岸靠近汉长城。我从 159 号营地出发，探访了这些烽燧中最南边的那座（T.XLVIII.g），发现它坍毁得极为严重。烽燧用土坯（14 英寸×8 英寸×6 英寸）筑成，每隔三层土坯出现一层芦苇。土坯和芦苇层的尺寸等建筑上的细节与毛目附近的长城烽燧一样，说明我们对这些烽燧性质的判断是正确的。残烽燧附近发现的少量陶瓷碎片是灰色的，但无法提供年代上的明确线索。

继续寻找长城
线

那天，我们还在烽燧 T.XLVIII.g 及其南边寻找长城线，因为在西岸汉长城的最后一点烽燧 T.XLVIII.b 的对岸，是可能会有汉长城继续延伸的部分的，但我们却一无所获。为了保卫毛目绿洲的最北端，汉长城大概折了一个大弯，但我们已没有时间考察河上游的地区了，因为蒙古族向导和牲畜的主人们不同意在此停留。在往南的路途中我们还一直留心观

① 参见本书第十三章第二节。

察，但在经过光秃秃的山区和高原上也没有发现任何汉长城的迹象。因此，我只能将追踪黑河东岸汉长城的任务留给将来的某位探险者了。考虑到他将面对的地面状况，他必须在凉爽的季节考察，并有足够的骆驼来驮运物资。

此后五天，我们总共走了100多英里，在夏至日来到了甘州河畔的高台城。我们所走的道路迄今还没人考察过。一个旅行者若不是地质学家，对这段地形是没什么记述的。我们穿过了四条逐渐变高的山脉。第一条矗立在一道光秃秃的砾石缓坡上。其余三条之间是宽宽的谷地，谷地中有一丛丛耐干旱的灌木和红柳，可以放牧骆驼。除了在162号和163号营地之间穿过的最南边的那条山脉，其余山脉上的岩石几乎都被山坡上的大量碎石掩埋住了（图259）。上面说的那最南边一条山脉就俯瞰着甘州河。在到这条山脉的北坡之前，在大山沟（Ta-shan-gou）有一口唯一的水井，以及水量不多的咸水泉、月空泉（Yüeh-kung-ch'üan）和在吉格代卡亚（Zigda-kaya）能找到水。吉格代卡亚两侧的花岗岩山崖上生长着几棵不高的沙枣树，这是我们遇到的仅有的树木（图260）。

显然，这块由分解的岩石、沙子和砾石构成的荒地，只会有极少的降雨或降雪。能从南山过来的水汽大概都被南边那条被蒙古人称为克卡乌拉（Köka-ula）的高山挡住了，并在那里变成了降水。从那条山脉光秃秃的山坡上，明显可以看到水蚀作用的影响。在地图中可以看出，克卡乌拉山脉肯定是甘州北面那条高大崎岖山脉的延续，本身也构成了阿拉善山系的一部分。不管历史上这片地面经历过怎样的"干旱化"过程，有一点是可以肯定的：从来没有大批外敌像沿着黑河道一样，穿越这条山脉入侵。但这里却很容易受到小股

去高台途中穿过沙漠山脉

下到甘州河岸边

游牧部落的劫掠。越过颓败的中世纪万里长城之前，我们在最后一座石丘顶上发现了几座烽燧，那显然是为了警示那些小股劫掠者而修建的。过了万里长城之后，我们看到了六坝（Lo-pa）村宜人的绿色田地，田地一直伸展到了甘州河东岸。当时甘州河流淌在一条宽约80码的河道中，我们坐渡船过了河。又走了1英里后，我再一次来到了高台这座生气勃勃的小城的东门。1907年9月我曾经来过此地，对这座城门记忆犹新。

在高台休整　　在城门外一座大庙凉爽阴凉的客房中（图264），我又一次受到了热情的接待。考虑到人畜在酷热中长期跋涉已经十分疲惫，我只好在那里休整了两天。这段时间里，我安排了车辆（通过车辆，我们可以沿大道尽快到达甘州），还匆忙地朝南勘察了一下。经过这次勘察我得知，走廊南山有一条偏远的分支，它光秃秃的山脚离甘州河不到5英里，这大大缩减了河谷耕地的宽度。这段河谷就是从中国内地到疏勒河盆地和塔里木河盆地的天然大道。高台的比利时传教团负责人佛拜恩神父（Père Verberne）向我提供了一些信息，说高台城西有一座叫骆驼城（Lo-t'o-ch'êng）的古城，离高台有一天的行程。为此，我在6月23日派拉尔·辛格到那里去做先期考察。为了节省时间，我本人于当天就出发到甘州去，以便为在南山的考察做好准备。

骆驼城遗址　　拉尔·辛格考察过骆驼城后回到了高台，然后沿着绕一条甘州河东岸更远但迄今无人考察过的路到了甘州，与我会合。他对骆驼城的描述很简单，但已足以说明该城的部分遗址年代较晚，没有太大的考古学价值。据他说，骆驼城遗址坐落在一条又宽又深的河床右岸，当时河床中几乎没有水，白浪河（Pei-lang-ho）和西大河（Hsi-ta-ho）的河水在灌溉过上游的田地后，就是沿着这条河床流进甘州河的。拉尔·辛格画了张草图，从中可以看出骆驼城的围墙是长方形，东西长 1 英里多，南北宽约 1 430 码。城墙用泥土夯筑而成，厚 10 英尺。城里离西墙约 330 码处又有一条与西墙平行的墙（墙中间有一扇大门），把城分成了面积不等的两部分。城的西墙就建在河床陡峭的右岸上方，多数地方已经坍毁。墙角以及北墙、南墙上都有长方形的棱堡突出来。东墙、北墙上有大门，大门外用小门楼加以保护。

城里几乎没有什么建筑遗存，只在东南角用不太厚的墙围成一个约 210 码见方的小院落。在院落里，拉尔·辛格发现了一口深 80 英尺的井，还有几个半坍毁的建筑物，大概是旅行者的栖身之所。骆驼城北边就是到肃州去的大路，南边的南山脚下则是成串的小绿洲。因此，旅行者大概愿意把这里当作他们歇脚的地方。拉尔·辛格带给我 80 多枚中国古钱币残件，可能是在小院落里面或附近拾到的。古钱币年代都比较晚，可辨认的年号的时间范围分属公元 1644—1662 年及 1851—1862 年。他带回来的陶器碎片看起来也不像是很古老的。

有线索表明遗址年代较晚

我本打算在回到毛目的路上，探访一下骆驼城，但由于三个星期后在山区发生了事故，我的愿望没能实现，对此我觉得十分遗憾。在骆驼城，拉尔·辛格望到对岸 4 英里远的沙丘中有一座带围墙的古城，当地人称之为锁三湾（Sou-san-wan）。据我所知，高台人认为，骆驼城和锁三湾都是唐代的一个"蒙古统治者"（唐代尚无蒙古之说——译者）建的。我不知道在两个遗址能否找到考古学证据，证明当地人的说法是否正确。但如果能考察一下那附近的农田是如何解决灌溉问题的，也一定很有意思，拉尔·辛格在骆驼

据说骆驼城早期有人居住

城西南和东边都看到了很多废弃的农田。8 月的时候，拉尔·辛格从南泉村下来，又经过了这里。根据他在 6 月和 8 月观察到的情况来看，骆驼城附近河床中的水现在已不足以维持那片田地的灌溉了。田地位于砾石缓坡上很远的地方，离目前的垦殖区足有 9 英里。自然条件在那里发生的变化使人一下子就想到了"干旱化"，只是不知道干旱化过程是由什么引发的。

到甘州去　　6 月 23 日和 24 日我们沿从肃州来的大路走了两天，到了甘州城。我们经过的地方多数是垦殖区，我在 1907 年已经见过①。在靠近甘州河宽阔的泛滥河床之前，我们经过了黑水国（Hei-shui-kuo）遗址，我以前曾对那里作过详细描述。② 甘州河河床虽然足有 4 英里宽，但和我们在 1907 年 8 月末见到的明显不同。1907 年 8 月，由于河水夏季泛滥，有几条河道驮东西的牲畜是没法涉过去的。河床中大部分地方都是水，只露出一条条岛屿般的狭长地带。而如今四五条有水的河道宽 50~60 码，水深也不超过 2 英尺。这种对比显然说明，南山中部高处的冰川和积雪要在很晚才会迅速融化。同时这也告诉我们，以甘州河下游作为灌溉水源的垦殖区，将遇到怎样的困境。如果这一段南山的北部山脉在冬春两季有更多降雨或降雪，情况自然就会完全不同了。

---

① 参见《沙漠契丹》第二卷 332 页、335 页。
② 参见《西域考古图记》第三卷 1132 页以下。在地图中，由于制图人的错误，"黑水国"被错拼成"Hei-shui-kou"了。

图 259　160 号营地以南被沙子掩埋的沙漠山岭

图 260　在前往高台城途中宿营于吉格代卡亚

图 261　越过谷地望到的马蹄寺

图 262　从南沟城往南望到的南山和南山脚下的村落

图 263　洪水城外的寺院

图 264　高台城东门附近的寺院客房

图 265 南沟城的街道

图 266 南沟城村子里的庙宇

图 267　甘州城墙外的寺院客房

图 268　甘州大佛寺后面的佛塔和庙宇

为南山考察作
出安排

　　为了给在南山中部的考察做必要安排，我在甘州休整了
10 天。1907 年我们对疏勒河和肃州河河源附近的山区进行
了绘图。我这次的目标，就是拓展绘图工作，仔细考察一下
那些山区东南的高山和谷地，甘州河的源头就位于那里。这
些考察，加上我们最近在黑河地区做的工作，将完成我们对
甘肃西北内流区的全部考察。我们得租牲畜，还要得到当地
人的某些支持和引导，这些都有赖于中国官方的帮助。我以
前就有过这样的经验：山下绿洲中的汉族居民很不愿意到山
中去，官方也很担心"黑番子"（Hei-fan-tzǔ）即唐古特族
强盗等的威胁①。在这里，我的计划一开始也遭到了甘州的
军事和民事官员的反对，租牲畜时也遇到了困难。这些都是
我意料中的事。

在甘州休整

　　官方之所以采取这种态度，显然是不想为我将来的安全
负任何责任。他们的这种动机十分强烈。要不是发生了一件
幸事，我就得做好准备，来应付长期的官方阻挠。据说我的
一位可敬的老朋友柴洪山将军到了，他刚被提升为甘州"地
台"，他的到来使我有望得到帮助。我还清楚地记得 1907 年
在肃州这位和善的老兵是如何善待我的②，这次我对他的信
赖也没有落空。他是 7 月 2 日从兰州府来的。此后，我停留
了几天，多次和他愉快地会面，并为山区考察扫清了道路。
我这次仍是住在城墙西南角外庙宇的旧客房中（图 267）。
那里十分安静，因此也能做不少案头工作，比如清理账目、
校对《西域考古图记》等。在停留期间，我还利用甘州新开
通的邮政，可以更安全、更快捷地同欧洲和印度联系。同

---

① 参见《沙漠契丹》第二卷 290 页以下。
② 参见《沙漠契丹》第二卷 288 页。

时，我得到了由凡·艾克（Van Eecke）神父负责的驻甘州
比利时传教团总部的帮助，他们向我提供了关于附近垦殖区
和到西宁去的山路的情况。

现在的甘州城址十分古老。我以前在甘州的两次停留期间观察到，在南山北脚下的天然走廊中，甘州的地理位置十分优越①。这一次，我再次踏访了大佛寺（马可·波罗就曾提到过它②），那里有一尊巨大的涅槃佛像。寺庙二楼上存放着一些小泥塑像，造型很好，似乎是宋代的。除此之外，并没有什么东西能表明这是一座年代较早的庙宇。但考虑到当地的拜神传统生命力是何等顽强，我可以断定，大佛寺和它附近的佛塔（图 268）现在的位置，就是当初马可·波罗和他之后从西方来的旅行者所看到的位置。

　　　　　　　　大佛寺

第二节　到南沟城和甘州河的东源去

我已故的朋友罗茨教授是一位杰出的地质学家和地理学家，他曾在 1879 年作为兹臣尼伯爵探险队的成员到过甘州。几年前我曾从他那里得到一些信息，这使我在进入山区之前急于想看一看南沟小城和马蹄寺石窟。我发现不需费什么力气就可以满足这个愿望，因为我们最初走的是通往西宁的那条山路，绕过洪水城（Hung-shui?）西边的走廊南山脚到达洪水城——在洪水城我们将获得驮运物资的牲畜。如果选择这样的路线，就会路过南沟城。为了确定甘州河流出山区的位置，7 月 6 日我派拉尔·辛格先往西南去，沿一条绕远的路到南沟城。我本人则打算向正南走，直达南沟城。出乎我

　　　　　　　　从甘州启程

---

① 参见《西域考古图记》第三卷 1131 页以下。
② 参见尤尔《马可·波罗》第一卷 219 页、221 页。

意料的是，运行李的先遣车辆被错误地引上了向东南直达洪水城的那条道。

山下垦殖带发生的变化

好在这算不上是什么大错误。我们一到第一个营地（clxviii 号），就及时纠正了这个错误。营地位于微呈斜坡的辽阔的干草原上，草原把甘州绿洲和山脚的垦殖带分隔开了。此后，在朝山脚垦殖带前进的途中，我极为明确地意识到，我们现在来到了一条很有地理学价值的分界线。甘州大绿洲里的垦殖区看起来特别繁荣，甘州道旁的树也十分赏心悦目。但我知道，这一切依靠的都是灌溉水源。我们这次以及 1907 年所看到的甘州和肃州之间的所有垦殖区，不论是在平原上还是在山脚下，都是如此。而现在，当我们在越来越高的地面上朝南走，当南山那风景如画的山脚离我们越来越近的时候，我开始感受到了极为明显的区别。从 clxviii 号营地所在的那个孤单的客栈出发走了约 8 英里后，由沙子和小砾石构成的干草原就消失了，展现在我们面前的是一条富饶的黄土带，废弃的农田上生长着繁茂的花草。又走了 3 英里，我们就到了如今的垦殖区边上，即古雅的带城墙的村庄南沟台子（图 266）。我们发现，那里的梯田并没有灌溉用的水渠。实际上，远处的地面上干沟与河床纵横，修建并维持水渠将是很难的事。

农业不需要灌溉

我们沿蜿蜒的车道往前走，一路见到的都是这样的景象。有时我们经过的是长着绿油油庄稼的田地。有时经过的梯田是废弃的，长着繁茂的草和野花，看起来使人奇怪地想起欧洲乡村的情景。总之，不论在哪里，这片肥沃的黄土地光靠雨雪就足以维持农业了，用不着灌溉。我们的眼睛在过去一年里几乎极少见到垦殖区，而且凡是遇到的垦殖区都靠灌溉维持。因此，我们就更深刻地体会到这里气候条件上的差异。这预示着我们已经接近了甘州河东源以远的太平洋水汽能到达的界限。但有证据表明，这条山脚地带只是太平洋水汽能到达的最外围地区，降水有时是很不稳定的。因为，在前面遇到的所有村庄里，我们都发现了蓄水池，溪流中的水可以储存在那里，在溪流干涸的季节供人畜使用。

我们离南沟城越近，望到的山区景色就越美。走廊南山的高峻山峰大部分都被积雪覆盖着，山峰前面是一层层葱绿的小山（似乎一直到小山顶上都是梯田），小山下是隐藏在深色树丛中的村庄（图262）。较高的山坡上都是青铜绿色的针叶林。在这样的背景下，整个景色看起来就像是意大利的阿尔卑斯山脚。南沟城是座风景极为优美的小城，与宜人的乡村风光完全和谐一致。这座颓墙里面的小城似乎完全逃过了东干人叛乱的影响。在城门上以及寂静街巷两边的房屋和庙宇的正面（图265），都有很多精美的老式木刻。庙宇房顶上长满了青草，破败的小衙署院子里也全是茂盛的植物，城墙则被青苔和匍匐植物盖住了。这都表明此地气候很温和，水分也很充足。城四周还有几座美丽的庙宇（图270）。总之，小城中完全是一幅旧中国的典型景象，和西北那些"野蛮"的边陲截然不同。

我在南沟城停留的时间不长，但仍踏访了那里最古老的庙宇龙桥庙（Lung-chiao-miao），也叫大寺庙。罗茨教授曾专门让我注意那里，因为那里有很大的青铜塑像。庙的主建筑位于一个外层院落的西边（图274），屋顶上装饰着极为精美的陶浮雕。里面的大厅里有一尊巨大的泥塑坐佛像（图275），佛像左右各有一尊泥塑的立姿菩萨像。菩萨造型极为优美，服饰特别富丽，使我一下子就想起了敦煌千佛洞的古代雕塑作品。佛像左右的佛龛中各有五尊比真人还大的

古雅的南沟城

大寺庙的塑像

青铜罗汉像，不幸的是罗汉原来的头已经缺失，后人又给它们安上了极差的泥塑头。罗汉身体上涂了俗艳的颜料，手上也要么后来涂了层泥，要么完全被灰泥取代了。但尽管有这些丑陋的赘加的东西，我们仍能看到青铜像的不少原貌，它们的工艺要高明得多。大厅还连着一个前厅，前厅每侧也各有三尊坐姿罗汉青铜像，造型和大小与前面说的罗汉像类似。据当地人说，这些塑像年代十分古老。将来把后人赘加的东西清理掉后，这些塑像的确很值得专家来研究。在靠外的一个大厅里立着块石碑，刻着汉文题识，窄的两面上还有吐蕃文和蒙古文，可惜我当时无法将石碑上的字拓下来。

接近马蹄寺遗址　　从南沟城出发，我用一天时间探访了马蹄寺遗址。它位于南沟城西南约6英里的地方，坐落在一条朝北边高地上的农田敞开的大谷地中，谷地是从主山脉的一条大分支上延伸下来的。当天，天气特别晴朗，山区空气也十分凉爽，使我饱览了美如图画般的景色。事先有了罗茨教授对这个遗址的描述，我对遇到这样的景色已经有了心理准备。我们路过了美丽的村庄和黄土岭上的大片平整梯田，这些黄土岭就是上面说的那条分支的外围部分。土岭坡上没有种庄稼的地方，都是繁茂的植被和成片的野花，其中有不少我在克什米尔就已见过的高山植物。我们登上一条海拔约8 000英尺的土岭进行平面定向，马蹄寺谷地一览无余地展现在我们眼前。谷地西边是高耸的砂岩悬崖（图261），矗立在地面上，有些悬崖几乎是壁立的，而山坡其他地方都覆盖着厚厚的黄土层。悬崖是抢眼的红色或黄色，在碧绿色的背景上显得特别醒目。南边高山上积雪皑皑的山谷，和东南方主山脉那些清晰可见的雪峰，使景色显得更加壮美。我把目光从前景中这些富丽的色彩和丰茂的植物转向北边的地平线，那里矗立着甘州河谷大平原上的深色山脉。我简直难以相信，山脉以北离这里并不是太远的地方，就是蒙古南部那片荒凉的碎石和沙漠地带，而我们刚从那里脱身不久。

从这条黄土岭顶上下来，我们发现它的坡上都是梯田，但大多数梯田多年前就已荒弃了，长着离离荒草。这显然是因劳动力不足造成的。在这些地方，东干人叛乱后，人口大概也减少了。再往下我们遇到了种着燕麦的农田。有趣的是，我们发现种田的那对粗鲁率直的夫妇不是汉人，而是"西番"人（即唐古特人）。他们在黄土坡上挖了窑洞，这也是中国大黄土区典型的居住方式。我们听说，再往高处的谷地也有不少种地的西番人。这说明，藏族人尽管仍主要过着游牧生活，但也能安于农业生产。以前当吐蕃统治甘肃大部分地区时，他们大概也是安顿下来从事农业的。

我们朝西下到了马蹄寺谷地，并越过了谷底那条活泼的小溪，这才完全领略到马蹄寺如画的景致。一簇平顶的僧房，中间夹杂着西藏风格的小佛堂，构成了马蹄寺的主要建筑。寺坐落在溪边，也有利于放牧成群的牦牛。在寺院经济中，牦牛是占有重要地位的。寺中一群群穿红袍的喇嘛出来迎接我们，这使我们再没有什么怀疑了：马蹄寺这座迄今仍有人的寺院，完全是"西番"风格的。我们登上了最大那座佛堂，它坐落在一块高约100英尺的平台上。佛堂的多彩木门窗十分壮丽，屋顶装饰着繁复的砖浮雕和陶浮雕，看起来很有中国气息，但佛堂里面则全是藏传佛教的东西。佛堂后面的石崖不像北边的那么陡峭和暴露。大概是这个原因，石崖上没有开凿石窟，而是在佛龛里浮雕着一组巨大的佛塔。佛塔有20多座，但山脚下全是茂密的树，甚至石壁缝里也长着树，所以我们没法走近去看。整体而言，它们使我想起

黄土岭上的废弃田地

马蹄寺

1907 年在桥子看到的佛塔，那些佛塔大概和附近的锁阳城遗址一样，也是属于西夏时期的①。

石窟底下高处的庙宇

我从远处就注意到，北边长满树木的山坡上有一座很醒目的庙宇。庙宇后面光秃秃的砂岩悬崖几乎是笔直的，山崖正面分布着一组蜂窝状的石窟。我们沿着一条小路步行到那道山坡上。小路穿过一片美丽的森林，林中既有松科常绿树，也有阔叶树。途中我们还路过了两座西藏风格的佛塔，它们矗立在一座有森林覆盖的小山岭上。从那里望去，高处的庙宇和它后面的层层石窟就展现在了我们眼前（图 271）。庙宇由三个大殿组成，分布在院落中一块比一块高的平台上（图 269）。大殿都是中国风格，有很多精美的木刻，屋顶上则有大量陶制装饰物。中间那个大殿最大，里面有一条大木楣伸展在佛龛之上（主要塑像都位于佛龛之中），木楣上刻了一行不太规范的婆罗米文及西藏的神秘图形，木雕上常出现这种文字。建筑上不少优美的木雕已经朽烂，这表明寺庙十分古老。也正是由于这一原因，最高处那个大殿当时正在翻修。中央大殿外有块带字的石碑，据说提到了明代的两个年号，称此庙曾在那两段时间重修过。据我得到的拓片副本，吉列斯博士读出那两个年号分别相当于公元 1427 年和 1565 年。

马蹄寺的石窟

主要石窟群占据了壁立的黄色砂岩山崖的正面，比前面说的那座庙高 120 英尺。石窟都很小，共五层，最初大概是按照对称结构开凿的。最底下三层每层有五个窟，第四层有三个窟，最顶上一层则只有一个窟。最底下一层石窟前面有一条屋檐似的东西，延伸了整个石崖那么长。这层石窟似乎被人们当作储藏室了，有的被堵塞住，还有的锁着门。一个

① 参见《西域考古图记》第三卷 1104 页，图 237。

拱形部分通向这层石窟。在拱形中靠外的地方，我发现了绿色和棕色壁画的残迹，使人遥想起千佛洞的宋代壁画。

从最北边那个窟有一条黑洞洞的开凿在石头上的走道，通向第二层那五个小窟。它们里面都是 8 英尺见方，结构很相似。窟外面都有门厅状的小室，小室大概以前和千佛洞一样也连着外边的木廊。现在则只能通过石窟之间的拱形小豁口从一个窟到另一个窟去。

每个石窟正对门厅的那面墙上都有一个三瓣状佛龛，里面是一尊约真人大小的高浮雕佛像。佛坐在莲花座上，有的施触地印，有的施定印。佛龛顶部有一对低浮雕的象，象鼻子抬在佛像头顶上。象的形象是印度风格，十分醒目。佛像两侧还有一对跃立欲扑人的动物，似乎是狗，一条宽宽的横带子把象和"狗"分隔开。佛龛两侧的墙角各有一尊泥塑菩萨像，稍微比真人小一点，服装富丽，装饰着复杂的珠宝首饰。它们的风格明显使人想起千佛洞的唐宋雕塑。

第二层和第三层所有石窟的一个突出特点，是石窟墙上都布满了泥塑小浮雕坐佛像。它们出自好几种模子，很可能属于唐代。我们发现，佛龛中或随侍的菩萨脚下有一些破碎或脱落的浮雕，文物目录中的样品（图版 LXVII）就来源于此。从图版中可以看出，所有的小佛像都坐在莲花座上，但施不同的手印。尤其值得注意的是 Ma-ti-ssǔ.06～08 浮雕，佛坐在一个带柱子的佛龛下，佛龛完全是犍陀罗风格，佛龛顶上面对面是两头鹿的浮雕，象征着贝拿勒斯［Benares，即波罗奈国，在今瓦拉那西（Vārānasi）——译者］鹿野苑的初转法轮。佛和浮雕上的其他细节地方可能原来镀了金。石窟中所有泥浮雕的表面，以及佛龛和墙角的塑像上，都积了一层厚厚的烟灰，因为石窟中大概有几百年都有人生火。

石窟中的塑像

石窟中装饰的浮雕

在几个石窟中我们发现了烧饭的灶、中国式的炕以及睡觉用的台子，表明这些石窟一直到离现在不是很遥远的时候，都是被当作僧房用的。

小石窟 第二层的石头上开凿了一条陡峭的旋转的楼梯，通往第三层。那里是一组小石窟，石窟前面有一条窄窄的木廊。这条木廊又连着另一条木廊，通向第四层。第四层只有三个小石窟，本来都是按照一样的风格装饰的，但保存得很差。从其中一个小石窟中的石头上开凿了很陡的楼梯，通到最顶上那个窟。它曾被完全重修过，里面有一尊西藏风格的塑像，墙上的壁画画着传说中的唐僧故事。另一条楼梯通向一个16.5英尺见方的石窟，它显然是后来添的，里面有一座中国宝塔式样的小佛塔，墙上是低浮雕花纹，做工低劣，可以看出来是新的。

上面说的这组石窟脚下，向南边和北边各有一个石窟，不规则地分布在不同高度上。其中最大的一个位于主石窟群入口北边，里面有一尊巨大的佛像。佛坐在一个雕凿粗糙的石头底座上，两个浮雕鬼怪托扛着底座。其他较小的石窟大概最初是当作僧房用的。

马蹄寺遗址年代较早 我那位不幸的师爷在这里和在别处一样不得力，对古物完全不感兴趣。我通过他询问了寺僧，他们说该寺的佛教典籍中并没有任何非吐蕃文的手稿或印刷品保留下来。但如果时间充足，助手得力，就会得出不同的结论。从石窟中的雕塑来判断，我觉得这个遗址很可能在西夏时期就存在了。除石窟外，现存的所有建筑都不会晚于明代，但很可能这座寺庙很早就有了。总之，这个地方之所以比较神圣是因为它的石窟，而醒目的砂岩石壁为开凿石窟提供了充分条件。

最后我要说一下，在将离开马蹄寺的时候，寺院的住持们为了回报我作为朝香客献上的银子，给了我一块精美的浮雕木版（Ma-ti-ssǔ.010，图版LXVIII）。它大概是以前整修最顶上那座半毁的大殿时弄下来的，还残留着一点以前的着色。这块木版可能是明代的，的确是一件能代表中国木雕装饰工艺的精美作品。他们还给了我一幅西藏麻布画（Ma-ti-ssǔ.011），画的是一个坐在宝座上的佛像，周围簇拥着菩萨和状如鬼怪的神祇。画面已经很旧，大概比较古老。

浮雕版和西藏绘画

7月8日傍晚，拉尔·辛格与我会合。他确定了甘州河流出山区的位置。之后，他向南走，穿过了甘州绿洲最肥沃的宽阔冲积平原，绕过山脚下，到了南沟城。我真不情愿离开这里宜人的环境，但7月9日我还是不得不与拉尔·辛格向东南走，准备到洪水城去，以便节省时间，能够在洪水城租到牲畜（我们在山区将用到牲畜）。路上能通车，路两边都是田地和村庄。田地可能没有南沟城附近那么富饶，但同样是不依赖灌溉的。田地边上的小山坡上到处是丰茂的植被，再朝上就是茂密的森林。

到洪水城去

我们扎营在洪水城外一座宽敞的庙中（图263），庙周围环绕着花园，风景很迷人，覆盖着植被的山峰也十分壮丽。但这都不能使人高兴多少，因为在牲畜问题上我们遇到了困难，不得不耽搁了下来，而牲畜本是人们答应好提供给我们的。甘州到西宁的这条直道上，所有比较重要的地点都有一小股驻军，洪水城也不例外。这里的军事长官似乎很想遵循我的老朋友柴洪山将军事先从甘州发来的命令，但马匹的主人一想到要离开大路就害怕。加上这里离东乐县（Tung-lo-hsien）新设的地区政府还很远，使得当地的头面人物〔或称"相爷"们（Hsiang-yehs）〕也对我们加以阻挠。

为了寻到牲畜而被迫耽搁

图270 南沟城外的庙宇

图269 马蹄寺底下的庙宇

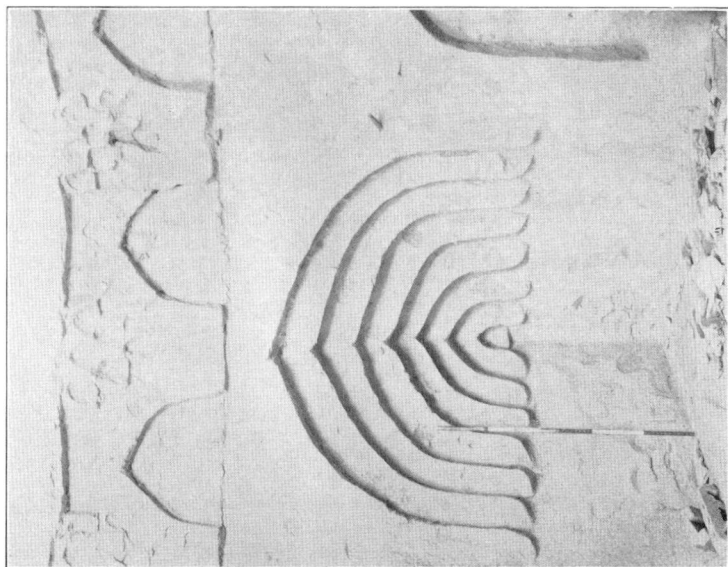

图272　哈喇浩特的 K.K.Ⅵ 号圆顶斯伊兰教墓葬里面的一角

图271　马蹄寺的石窟和寺院

图 273　马蹄寺第二层石窟里的泥塑佛像和菩萨像

图 274　南沟城大寺庙的西院

图 275　南沟城大寺庙里的泥塑佛像和菩萨，两侧是后来修补过的坐姿青铜罗汉像

图 276　南沟城大寺庙前厅里的青铜罗汉，大多后来用灰泥修补过

我们一直活动了三天，再加上军事长官因为怕"地台"柴洪山生气，使出了浑身解数，这才租到了所需的 17 头牲口。我答应付他们官方规定价格的两倍。为了减轻牲口的负担，我还让李师爷和奈克·夏姆苏丁带着我们在山区用不着的其他人回到甘州去。

出发到山区去

7 月 13 日我们终于出发了。我们沿着一条覆盖着黄土的山脚下走（它是南山的最外围）。路过了一座叫永固（Yung-k'ou）的半被废弃的带围墙的小城，那里也是一小股驻军的所在地，也有一个相当于上校的县台。地势越来越高，云沟的海拔约 8 800 英尺。经过云沟的甘州河支流河床没有一滴水。尽管如此，一直到甘州河的主要支流在桥门场子（Chiao-mên-chiang-tzǔ）村上游流出山口处，所有地面都开垦成了农田。由于劳动力不足，肥料可能也缺乏，大多数可耕种的田地隔年才种一茬庄稼。

到高处的敖包山口去

当晚，我们将营地安扎在那条支流的溪口处。第二天，我们一直走到了那条河谷的尽头，并翻越了一条分水岭，分水岭把河谷同正南面的甘州河东源隔开了。我发现自己又置身于真正的山区景色之中了。我们沿一条葱绿的山谷（图 280）往上走，溪边的草地上铺展着一丛丛的野花，所有山坡上都覆盖着葱郁的森林。在扁都口（Pien-tung-k'ou），路经了一个山口，旁边还有一座小哨卡戍卫着道路。在宾通沟上游，谷地变窄，形成了一条风景如画的山谷。这条山谷是由分水岭流来的溪流冲开了一条外围山岭形成的①。道路在坍毁的堡垒二道沟附近，来到了谷地较宽的部分（图279）。在这里，溪的两条主要支流分别从西北和东南方向流过来，汇合在一起。我们第一次遇到了唐古特人的居住地，他们在开阔的草地上放牧大群的牦牛和羊。小溪河床上有些地方仍有一道道雪梁。从那里我们沿着不太陡峭的路往上走，就来到了容易通过的山口敖包岭子（O-po-ling-tzǔ）。山口海拔约12 680英尺，是分水岭的所在地。

甘州河的源头

从山口眺望敖包河（O-po-ho）源头所在的大高原，视野很开阔（图278）——敖包河是甘州河的东源。高原南边和西南边的山脉是敖包河同大通河（Ta-t'ung-ho）的分水岭，而大通河又是黄河的一条支流。也就是说，它们也是同太平洋流域的分水岭。站在山口，分水岭一览无遗。我想到，它那里的植被之所以很茂密，完全只是因为太平洋带来的水汽的结果，这简直使我忘记了自己离那分水岭之间还有很遥远的距离。这时，从北边的谷地吹来一阵大风，夹带着尘沙，仿佛在提醒我们离亚洲内陆的大沙漠仍然很近。山区的茂盛植被是来自太平洋的水汽造成的，而从沙漠吹来的风携带的细尘，将山坡盖上了一层厚厚的肥沃黄土。

从西藏来的道路

眼前这片开阔的大谷地和它南边缓缓的山坡使我们想起了历史上的问题。显然，这是天造地设的一条大道，一年中大部分时间都能通行。它把中国的西藏地区同南山北脚下的

①　我们用倾斜仪测量这个山谷西北、东南的那条山脉的高度，并比较了南边俯瞰敖包河的那条山脉。从比较结果来看，似乎走廊南山的真正轴心在前一条山脉，而不是后一条山脉，尽管后者是分水岭。

从15690号峰到拉尔·辛格考察地区的最东南端〔即平羌沟（P'ing-hsiang-k'ou）附近〕，这两条山脉是大体平行的。这大概说明，走廊南山的这一段，和甘州河西源头附近的那一段形态有所不同。西边那一段只有一条山脉，山脉北边斜着伸出来很大的分支。还有一段山脉迄今无人考察过，在那里，甘州河把山脉冲开了一条险要的峡谷。若是考察了这段山区，大概就能澄清上述问题了。

绿洲联系了起来。以前，文明程度很高的中国人更喜欢乘车，而这条道是不通车的。但毫无疑问的是，每次当吐蕃入侵甘肃，把中国同它的中亚领地切断开来，这条从黄河和西宁方向来的又直又好走的道路必定扮演了重要角色。

在敖包山口休息

有一条峡谷从山口下来。在峡谷与帕米尔一般的开阔谷地相连的地方，就是敖包堡垒（图278）。这座堡垒海拔约11 500英尺，很大，处于半废弃状态。堡垒中有一小支驻军，以保卫从西宁来的这条道不受游牧的唐古特部落或其他在大路四周游荡的人侵袭。在布满乌云的天空下，此地显得更加荒凉。我本来不打算在这停留的，但我手下大多数赶马的人却执意不肯离开大路，因此我只好在堡垒的残墙外面休整了一天，并求助堡垒的军事长官。幸而他是一个聪明的湖南人，能勉强听懂我带着湖南腔的蹩脚的中国话。这种口音，是我从前一次旅行中忠诚的旅伴蒋师爷那里学来的。他最终确信，如果我沿甘州河西源朝上游走，然后沿着大通河往下走，是不可能受到人们谈虎色变的"西番子"的袭击的，也就不会让他承担什么责任。因而他努力劝服了我手下那些固执己见的人。我还预付了一大笔雇资，也起了一定作用。而且，一个聪明的下级军官还将随我们的队伍走一段路，以便保证往前走仍能控制住那些人。

在马蹄寺得到的文物

Ma-ti-ssŭ.01～09　9块泥浮雕版。长方形，浮雕佛像或菩萨像。本来绘成深红色，但被烟火熏黑了。表面已磨损，细节大部分无法辨认。

01、02为菩萨像，戴宝石项链，穿短裙和披巾，盘坐在有两层花瓣的莲花上，背后是莲花瓣状背光。头上没有独立的项光。背光底布满了旋涡饰，并被横带子隔开。背光上方有三个圆盘，一个在头后，余下两个在两边（可能是日轮和月轮）。背光底本来镀了金，横带子呈绿色（大概还有别的颜色），背光边红色。右手于膝上施触地印，左手放在大腿上，可能持金刚杵的杆或甘露瓶。01 的莲花座底下有汉文题记。6 英寸×4 $\frac{1}{2}$ 英寸。

03 与 01、02 类似，但稍小，细节部分要清楚一些。长 5 英寸，最宽处 4 $\frac{1}{2}$ 英寸。

04~08 为犍陀罗风格的佛像。佛盘坐在带柱子和直楣的佛龛中的莲花座上，一对跪姿大象托着莲花座。佛龛显然在所有浮雕中都是一样的，但在 04 中保存得最好，可以看到莲花瓣构成的底座和两侧柱子的柱头，柱头顶上是由两个长方形构成的顶板。带牙齿饰的龛顶是平的，上面有颗发光的宝石（？），宝石两侧是一对面对面的浮雕鹿，龛顶的角上有鸟。这个浮雕大概象征着鹿野苑的初转法轮。06~08 的佛像施定印，04 的佛像施说法印，05 的佛像右手施触地印，左手放在腿上。每尊佛像上都残留着黑色和红色颜料。04 的尺寸为 6 $\frac{3}{8}$ 英寸×4 $\frac{1}{4}$ 英寸。

09 是较小的坐佛像残件，莲花座和莲花瓣状的背光与 01~03 类似，施说法印，表面磨损比较严重，底下有汉字的残迹。4 $\frac{5}{8}$ 英寸×3 $\frac{5}{8}$ 英寸。图版 LXVII。

Ma-ti-ssŭ.010 **木雕板**。由三层厚 1 英寸、宽度不等的木板拼在一起构成，后边用两条厚约 1 $\frac{1}{8}$ 英寸、宽 2 $\frac{1}{8}$ 英寸的板条固定住，板条伸在楔形浅槽中，板条边削过，以便与楔形槽相适应。木板上镶嵌了一圈环行圆纹曲面边和一圈扁平的内层边，木板中间还有一排（共四个）凸饰，凸饰上雕刻着中国象征符号（为"默佑西土"四个汉字——译者）。

　　环行圆纹曲面边四角是斜缝，每条边都延伸出扁平的部分，并用熟铁钉把这部分钉在木板上。内层平边用木榫钉钉住。凸饰的边斜削过，用铁钉钉在木板上。整块木板呈长方形，垂直的边是短边。

　　顶边中间雕着五座山峰，底边中间则是三座山峰。中间那座峰上托着一个未雕刻的凸饰或圆盘，山峰左右各有一条蛇状龙。龙有三根脚趾，长毛尾巴尖处状如杏仁，生气勃勃地从中间向两侧游动，但头和颈则朝着中间回顾。龙头用另一块木头刻成，已缺失，只有榫钉保留了下来。龙的背景是三瓣状植物旋涡饰，比龙稍低。

　　垂直的边中有五个中国式样的云卷，还从一朵葵花边上伸出五条长长的弧形饰带。云的背景与龙的背景类似。曲面的四角有精美的牡丹花侧影。

　　整个曲面是典型的中国风格，与漆雕的风格类似。弧形线条流畅大胆，看起来就像是高浮雕。雕刻穿透了曲面，曲面背后则挖空成半管状，与装饰性哥特式作品类似。

　　内层边是平的，厚约 $\frac{3}{8}$ 英寸，雕成了极为精确的 V 形中国回纹饰（只有顶部的那条长边保留了下来）。回纹饰上有两只面对面蹲踞的兔子，兔子之间的距离是整条边长度的三分之一。兔子用另外的木片雕成，很平，各用三颗木钉固定。内层边的四角遮着牡丹花侧影，牡丹花用另外的木片雕成，也用木钉固定住，如今只有一朵保留了下来。

　　中间的一行凸饰状如小圆面包，像外层边一样穿透了木片，汉字后面的背景是云。

　　不暴露在外的地方有红色颜料的残迹。两侧各用窄木头作框，框的正面有凹槽。保存良好。整个文物的尺寸为 3 英尺 $6\frac{3}{4}$ 英寸×2 英尺 $5\frac{5}{8}$ 英寸。环行圆纹曲面宽 $3\frac{1}{2}$ 英寸，突出部宽 $1\frac{5}{8}$ 英寸。内层边（回纹饰）宽 $1\frac{3}{4}$ 英寸，凸饰直径 $4\frac{1}{2}$ 英寸。图版 LXVIII。

Ma-ti-ssǔ.011　长方形西藏麻布画。用带条纹的黑色和棕色绸子镶边，每一端都有木杆。

画一个佛坐在宝座上，持钵，从钵中似乎发出火焰。左右各立着一个侍者，也持类似的钵和杖，分别以松松的耳环和金刚杵作为标志物。佛两侧的柱子由一头象、一头狮和一个穿黑靴、戴面具的男子构成。画面顶上是复杂的卷云，两侧的云中各有一条龙和一颗蓝色宝石。佛头上方飞舞着一个迦楼罗状的形象。

整个画面上有很多菩萨和鬼怪，背景是蓝天和云。人物姿势很有戏剧性，画得很好，戴有几种头饰。

宝座、光环上反复出现两个或三个（？）吐蕃文，中间莲花座每片花瓣上似乎都写了一个字。最后的着色并未完全依照原来的线条，因此某些线条露了出来。除鬼怪外，所有人物的皮肤都镀了金。4 英尺 4 英寸×2 英尺 5 $\frac{1}{2}$ 英寸。表面磨损较严重。

第三节　从南山回到毛目

7 月 16 日我们继续前进。我计划先沿谷地下到大寺（Ta-ssǔ），它坐落在一条无人考察过的山谷的入口处，山谷是甘州河在北边的山脉上切出来的。然后我们将沿甘州河西边的主要支流一直到支流源头（1907 年我们曾在离源头很远的地方考察过[1]）。然后，我计划走到大通河河谷的谷头去（前一次旅行中我们从疏勒河源头方向曾到过那附近[2]），再沿着河谷一直走到它和敖包河之间山口的东边，然后越过

计划中的南山考察

---

[1]　参见《沙漠契丹》第二卷 309 页以下。
[2]　参见《沙漠契丹》第二卷 326 页。

走廊南山最东段尚无人考察过的地区一直到凉州。我们秋天和冬天在遥远的西方还有工作要做，但仍是有时间实现这个计划的，条件是我们要能控制住手下的人和牲畜。前一次在这一地区进行的探险中，虽然历经了很多艰难险阻，我们仍做到了这一点。

事故　　　但这次运气却不好。我们沿着宽阔的谷地往下走，大部分时间天都下着蒙蒙细雨。四周除了长着丰茂的野草，简直和单调的帕米尔没什么两样。在宽约 3 英里的平坦的谷底，到处放牧着唐古特人的牛羊群，还有数以百计的马。在两个测量员的陪伴下，我沿敖包河左岸跋涉了 14 英里，这时，一条支流阻住了我们的去路。降雨使溪水猛涨，不骑马是无法涉过去的。我骑马时发生了一件严重事故，差点使我以后再也无法旅行了。自喀什开始，我就一直骑这匹巴达克斯马，它通常很安静。但这次大概途中经过的那一群群母马使它焦躁了起来。我一骑上去，它就开始往前冲，并突然用后腿站了起来，结果它失去了平衡，向后倒在了我身上。要不是底下带草皮的土很松软，这匹高大的公马大概会把我严重压伤的。

腿受了伤　　　即便如此，结果还是很严重的。除了身上多处被蹭伤，我左大腿的肌肉受了严重的伤，那条主要肌肉显然是拉伤了。我马上就不能行走了。两个测量员把胳臂连起来想架着我走，仍是无济于事。管马的那些人已经急匆匆地赶到前面去了，希望在下游找到一些小石屋子躲雨。在测量员们的搀扶下，我往前拖了一段路，已经望到几百码外的两个唐古特人的毡帐了，却被迫躺在了泥泞的地上。毡帐中的人不愿意劳动大驾帮一卜我的忙。实际上，我的两个伙伴费了不少劲，才没让他们凶猛的狗攻击我们。我就这样躺了三个小时，人们才从大前方的营地叫回来一个突厥仆人。大家用野营椅抬着我往前走，由于路上有不少陡峭的沟，走得十分艰难、缓慢。事故发生后约六个小时，我才到达我的帐篷。

　　我的腿肿得很厉害，再加上别的伤，几天里我即便躺在野营床上由人们抬着走，都感到十分困难。但我很快看出来四肢幸好没有骨折或脱臼。在一两天里，我让拉尔·辛格在附近做平面考察工作。之后我就派他下到大寺，然后沿山谷到甘州河源头去。他的考察结果都记录在相关地图中。他发现，在大寺上游，甘州河穿过了很多峡谷，峡谷是从两侧山脉伸下来的陡峭山岭构成的，山脉上都是常年的积雪和小冰川。走了六天后，他来到了宽阔的谷地头部，那一点位于我们 1907 年穿过谷地的路线的大北边。他还打算到大通河源头去，但他手下所有汉人都竭力反对。于是，他只好满心遗憾地回到了我的营地，而没有到西宁道和敖包去。

　　在这 14 天里，我根本无法从野营床上起身，也没法使用我手下人临时给我做的拐杖（做拐杖的木头是从敖包河下游 1 英里处的杉树林中弄来的）。受伤的大腿恢复得很慢，我却可以利用这段时间安排将来的工作。敖包要塞那个乐于助人的长官为我截下了一队从西宁回来的赶骡子的东干人。有了骡子这样得力的牲畜，我就派拉尔·辛格到敖包河东边和东北的山区去。从地图中可以看出，他带着骡子，绕过了一座醒目山岳的南侧和北侧。山岳上积着雪，似乎是敖包河上游那两条山脉合为一体的地方。然后，他经过了有森林覆盖的山坡，一直到了甘州河最东边几条支流边上的分水岭。接着，他沿那几条支流走，8 月中旬与我在甘州会合。凭着

沿着甘州河考察

在敖包河以东的考察

永不枯竭的精力和热情，他在条件允许的情况下，尽可能多地完成了原来的山区考察计划。

回到甘州　　8 月的第一个星期，我已经恢复了不少，一副临时做成的马背担架抬着我回到了甘州。由于肌肉拉伤，我的腿仍很疼，在庙宇的客房中静养了 10 天。这期间，我深切感受到了比利时传教团的凡·艾克神父和德·史密特（De Smedt）神父的善意，也第一次得知了欧洲爆发世界大战的消息。要不是电报线经过甘州，我还要很晚才会知道这些消息。在休养期间，我还做了安排，使得不知疲倦的拉尔·辛格只经过极短暂的休整后，就又向西出发，考察走廊南山的一段，那一段迄今为止还没人绘制过地图。他将从梨园的那条大谷往上走，一直到我们 1907 年看到大谷的地方。然后他将沿着走廊南山没人考察过的一段北坡走，直到西大河的源头，西大河主河道位于高台以西。这样，实际上我们就完成了对甘州河流域整个山区的考察。

沿甘州下游的河道走　　8 月 22 日，我踏上了酝酿已久的征程，我将穿过北山的沙漠地段回到新疆，以便着手秋天和冬天的工作。我手下的几支小分队都约定在毛目会合。为了到毛目去，我选择了甘州河东岸的那条路（以前，拉尔·辛格考察过这条路的一部分）。我们共走了八天，一路上大多数地面都是很好走的。但对我本人来讲，这是一段令人筋疲力尽的行程。我坚持骑马（这样做其实是很不明智的），弄得腿特别疼。还有一点令我遗憾的是，甘州河上根本没有渡船，否则我们至少一部分行程可以走水路，而在夏季河水泛滥季节，坐船将是很舒服的。一直到六坝村，我们走的车道都位于河边肥沃的垦殖带中。而在行程的头几天，下了大雨，路几乎变得像泥泞的沼泽一般。再往下游，有些地方，尤其是西坝（Hsi-pa）村和正义（Chêng-i）村以下，从东边光秃秃的山脉伸出来的沙丘几乎一直伸到河岸边，这些沙丘对驾车的强悍的中国骡子和马来讲也是很麻烦的。

我们是在平裕堡（Ping-yu-pao）村下游第一次遇到了中世纪万里长城的。长城用泥土夯筑而成，很破败，城墙厚仅8英尺，蜿蜒在一条山脉的小陡岭上。山脉虽然不高，但有些地方却非常崎岖，它伸展在甘州河东岸，一直到毛目。长城大概在山顶上朝东南延伸，因为山顶上隔段距离就有一座烽燧。在甘州东边我们也曾看到过这条古老的边界墙体。也有可能，古人觉得一直到甘州东边，不可逾越的山脉就足以抵御敌人了，所以可能不必筑墙了。从地图上可以看出，再往下游也常出现一段段长城墙体，它们一般沿垦殖区边上延伸。而在其他地方，墙体则完全消失了，只有烽燧线标志着长城的走向，而烽燧都已不同程度地坍毁了。这段中世纪的万里长城一直朝前延伸，终止于肃州以西的嘉峪关。长城上很长的地段都完全坍毁了。这一事实使我们更深刻地体会到，汉长城的筑造者们采用的方法是何等坚固，使汉长城大部分都经受住了时间的考验，而汉长城经过的地区比万里长城经过的地区，自然条件要恶劣得多。另一方面，我们也必须看到，一直到正义下游的峡谷（东岸的万里长城就是在那里终止的），甘州河河谷气候都没接近肃州附近那么干旱①，不太利于长城墙体的保存。

途中有个地点值得简单提一下。地图上的"孙乃堡"（?）

中世纪万里长城遗址

来来庙

---

① 参见本书第十一章第四节；《西域考古图记》第三卷1121页、1133页。

(Sun-nai-pao?)① 村东边不远的地方有座大庙，我们在那里过了夜。大庙很有趣，叫来来庙（？），位置靠近高沙丘。它看起来十分古老，有很多庭院和佛堂，所有庭院和佛堂中都有沙子。它的木楼优美繁复，走道边上还有栏杆，并用桥把各个佛堂连接起来。总之，它看起来不像我在中国内地见到的建筑，却很像千佛洞西方净土画中的净土建筑。或许一千年以后，它将被完全荒弃，交付给流沙。那时，对未来的某位探险家来说，它将成为一个有意思的"遗址"。显然，河边那些带围墙的兴旺的小村庄把它当作了朝圣的地方。遗憾的是，我没有获得关于它的起源和历史的信息。

拉尔·辛格在高台以南进行的考察

到六坝村下游，连续的垦殖带及风景如画的村庄（图281、282）就结束了。再往下游的农田变成了一块块窄窄的土地，夹杂在高沙丘之间，东边光秃秃的山脉脚下和宽阔的河床上都布满了沙丘。但在带围墙的大村子上堡（Hsiang-p'u），我们又遇到了比较宽的垦殖带。令我欣喜的是，过河后我发现拉尔·辛格已安全抵达那里了。他已经圆满完成了在梨园（Li-yüan）和高台以南山区的最后任务，并受到了在山区放牧的撒拉族（Shera）和裕固族的热情欢迎（这两个民族是蒙古人的小游牧部落，说突厥语）② 加上这次考察，我这位不知疲倦的伙伴此中考察的南山山区，几乎和他在1907年考察的南山地区一样大。

---

① 这个出自拉尔·辛格平面图的地名大概不准确，后来我们在甘州记下了它的汉文名称。

② 这些部落大概是突厥人的苗裔，17世纪被从长城外面迁徙进来的，参见《西域考古图记》第三卷1129页的文字。那段话是以马纳海姆将军发表在《芬兰乌戈尔语系协会会刊》（*Journal de la Société Finno-Ougrienne*，第27卷，1911年）上的文字为基础的。

上堡下游约 10 英里，就是正义小绿洲。河两岸光秃秃的石山靠近了河谷，使河谷逐渐变窄，成了一条峡谷。河道穿过峡谷的地方，两侧都是高约 300 英尺的陡崖，万里长城就矗立在陡崖之上。带围墙的正义小城里，至今仍有一个军事哨卡，这从以前"正义峡"仍是一个真正关隘的时候，保存至今的传统。峡谷（图 277）是甘州河在光秃秃的山脉上切出来的，这条山脉从甘州一直伸展到了肃州以西。河水泛滥的时候，峡谷是过不去的，大概其他任何季节车辆也无法从这里通行。到毛目去的路越过了东边石山的一个山口（高约 400 英尺，离河很远），然后下来，通过一条又窄又曲折的山谷，又到了河边。河道从峡谷和峡谷东边的山出来后，变出了一块布满砾石的扇形。一条高约 300 英尺的巨大沙丘链从北边向河东岸延伸过来。路在两个陡峭的鞍部越过沙丘链，我们费了好大的劲，耽搁了几个小时，这才把车拖拽了上来。正义以下的整条路上，有很多极有利于防御的地点，路上和路边的高处都有成行的烽燧，表明路受到了充分保卫。塔子湾（Ta-tzǔ-wan）是我们向北遇到的第一个村庄。从那里我们又走了一天。这一天长长的行程，经过的多是光秃秃的砾石和草原，还经过了一条条伸展的垦殖区。8 月 29 日，我们终于回到了毛目庙中的旧住所。令我欣慰的是，我发现第二个测量员阿弗拉兹·古尔已经带着骆驼从夏季牧场回来了。虽然骆驼在黑河尾间以远的低矮山区经受了酷热，但它们已经可以面对摆在我们面前的漫长艰苦的沙漠旅途了。

在正义小绿洲穿过万里长城

图 277　从正义村看到的甘州河峡谷

图 278　南山中的欧波堡，从西边看到的景象

图 279　通往敖包岭子山口的山谷

图 280　通往扁都口的山谷谷口的草地

图 281　甘州河岸边三帕村的西门

图 282　到甘州河边的四帕村去

图 283　北山野马井上方的谷地

图 284　在北山东二山井扎营

图 285　北山明水盆地

图 286　俯瞰着巴依的喀尔力克山脚下的小山

图287　俯瞰着209号营地的北山马鬃山南侧的谷地

图288　北山马鬃山分水岭

第十五章　穿越北山到巴里坤

第一节　穿过北山的沙漠山脉

如何走到古城
和吐鲁番去

　　我选择了毛目作为几个小分队的会合点和出发点。我们将穿越北山广阔的沙漠山区（这一段北山是最宽的，东南一西北走向），然后沿俄国边境地图上的道走（该地图说这些道路的信息来自当地人，但语焉不详），计划走到天山的最东段喀尔里克山（Karlik-tāgh）去。接着，我打算绕过这条大山脉的北坡，一直到古城子以远，从那里就可以穿过山脉到吐鲁番盆地。我们的下一次考古工作就是要在吐鲁番盆地展开的。在完成这个计划的过程中，我们首先要考察一下北山几乎还没人考察过的一大段，还要看一看准噶尔的东南部，那里与天山南部的绿洲在地理上和历史上都有联系，因此对我很有吸引力。

试图找到向导

　　我们将穿过无人考察过的沙漠走很远的路程，而离我们最近的有人居住的地方就在喀尔里克山的东北部。考虑到在水和牧草将遇到困难的问题，5月我第一次经毛目沿黑河而下时，就想打听关于俄国地图上那些道路的可靠信息，还想知道有没有熟悉那些道路的向导，但得到的消息简直少得可怜。毛目的一些汉族客商说，驼队有时沿某几条道去哈密和下马崖（Bai，这就是我的目的地）。但我却没能找到熟悉这些道的蒙古人做向导。我回到毛目的时候，只好雇了两个汉族民工，他们是那位很乐于帮忙的毛目地方长官给我找来的。这两个人说，他们曾跟着驼队沿直路来往于巴里坤和哈密，想再回到巴里坤和哈密找活干，所以愿意给我们当向导。他们关于行程路线的描述非常模糊，尽管如此，我仍很高兴地接纳了他们。因为我明白，以前的地图只在明水那个十字路口能帮我一点忙，因为相对西边那些俄国探险家和伏特勒教授走过的路来说，明水的位置是确定的。

考虑到前面的路很长，途中又没有任何物资，我不得不精心为人畜准备好食物。幸运的是，今夏甘州河水比较充分，毛目庄稼收成很好，安排起食物来也就很方便。为了尽量减轻辎重，我决定派李师爷带着奈克·夏姆苏丁和两个突厥人押运着多余的行李到肃州去。他们将从肃州到安西，在安西带上忠诚的依布拉音伯克看管的那些文物箱子，沿中国大路到吐鲁番。我们约好 10 月末在吐鲁番会合。

分出去一部分小分队

为了扩大考察范围，剩下的人将尽量分成两个小队沿不同的道走。一开始就有了分头走的机会。我们的汉族"大路弟"（ta-lu-ti，即知道大路的人）说，有两条道可以到达四五天行程远的煤窝（Mou-wo）矿井。9 月 2 日我们从毛目城外凉爽的庙宇客房中启程。但当天我们仍无法分头走，因为城西的河水泛滥后我们很难渡过河去，我们几乎用了半天的时间才过完河。夏季的河水泛滥已经大大减弱了，尽管如此，大多数河床中仍有水，水面足足有 1 英里宽。河床西段水特别深，水流湍急，骆驼不驮东西才过得去，而物资和大多数人员都得用高高的车运过去。我们在河西岸垦殖区西边附近的一座庙中短暂休息了一晚，然后就分别了。拉尔·辛格将穿过西北光秃秃的低山到煤窝去。

从毛目出发

又来到北大河
附近的长城线

后来我们发现，我和穆罕默德·亚库卜、阿弗拉兹·古尔走的那条道，实际上是从长长的金塔绿洲最北边到煤窝去的路。为了到那条道上去，向导带我们沿北大河北岸的小山脚下走。现在的北大河和我们 5 月看到的几乎一样，也没有什么水。第一天我们就又来到了毛目以西的长城线上，并沿长城走了一段，过了烽燧 T.XLVI.a 附近的一点。当初我们从金塔方向过来时，是第一次在这里发现长城线的。此处以西有 4 英里长的长城线清晰可辨。长城墙体用粗糙的石头筑成，墙体所在的地面是分解的低矮石山，可以提供很多石头作建筑材料。有些墙体用的是粗糙的大石板，残墙仍高达 7~8 英尺。我们在天黑之前考察了两座完全坍毁的烽燧 T.XLV.a、b，它们用泥土夯筑而成，夯土层之间夹着薄薄的红柳层。在烽燧附近我们拾到了古代陶器碎片。

金塔下游的最
后一块垦殖区

第二天早晨，向导带我们穿过了河边一片茂密的灌木丛。途中我望到了其他标志着烽燧的土丘（T.XLV.c、d、e），它们坐落在长城线绕过小山脚下的地方。但我没法去探访它们。在从甘州到毛目的几天行程中，我一直骑马，左腿的拉伤加剧，现在越来越疼。我已经无法骑马了，只得躺在野营床上，床绑在骆驼背上。这种前进方式使我只能跟行李队一起走，真叫我吃不消。我本希望那个胆小的向导能把我们带到西北方向的煤窝去，他却将我们带到了一块属于金塔的偏远小垦殖区——归寺墩（Chiu-hsi-tun）。对此我却很高兴，因为这是能做一副驮在马背上的担架的最后一个机会了。那里有一个善良的村民从屋顶取下几块木头，我当天傍晚就叫人做好了一副担架。尽管这副担架经常坏，此后两个月里我却安全舒适地躺在上面翻越了北山，一直到天山。

　　9月5日早晨，我们终于出发向北边光秃秃的低山走。我们的向导大概从当地人那里打听到了什么消息，完成任务的信心显然增强了。走了约2英里，穿过一块被部分风蚀的光秃秃的平坦地面，我们来到了一块石萨依脚下。在那里我们最后一次穿过了汉长城。这里的长城状如一条严重坍毁的低矮土丘，东边可以望到两座烽燧（T.XLV.f、g），另有一座烽燧在西边大约4英里处。长城线无疑从这里穿过无水的沙漠一直朝前延伸，直到疙瘩泉子（Ko-ta-ch'üan-tzǔ）北边高沙丘中我们追踪到的那一段。奇怪的是，据我所知，金塔和毛目的有些人隐约知道这堵"墙"，但他们却认为"墙"是在晋代建的（公元265—419年）。

最后一次穿过
长城线

　　我们一进入荒凉的小山区，向导就找不到通往煤窝的车道了。而且，过了最外面那条小山脉后，一踏上宽阔的砾石萨依，他就完全转了向。令我们失望的是，他和他的伙伴常常对前面的路记得不清楚，现在不过是这种缺陷的最初表现罢了。后来他们还反复出现这类失误，使我们很快意识到应该主要依靠能隐约看到的道路的痕迹，并应该从平面图上看到下一个目的地大体该朝什么方向走。在那天行程中，我们绕了很远的路才重新找到了车道，并沿车道来到了野马井（Yeh-ma-ching）。野马井坐落在一条宽阔的浅谷中，谷地朝山上延伸。这条山脉显然是和我们在毛目看到的朝西北伸展的山脉连在一起的。我觉得，它是北山最南段的一条主脉，也就是伏特勒教授在从北侧到疏勒河边时，穿过的最后一条北山山脉（据他所称为第五条山脉①）。比较了我们的地图和伏特勒教授的路线图后，我得出了关于山脉形态学的上述

向煤窝进发

---

　　①　参见伏特勒《荒漠戈壁》22页。

结论。我在路过的时候还采得了一些地质学样品，希望以后能通过它们检验我的结论是否正确。这些样品，以及我在朝喀尔里克山前进时在破碎的沙漠山脉上采集的样品，目前正被牛津大学的索罗斯教授研究。

穿过最南边的山脉　9月6日，我们走的那条道沿着谷地往上，一直朝西北延伸。谷地两侧都是凸圆的小山，山上布满了深色的碎石（图283）。我们还路过了两口井。在接近此山脉上一条分界线的时候，我们来到了海拔约5 700英尺的地方。那里的地面被浅浅的干沟弄得支离破碎，我们全然迷了路。周围所有的小山上都有圆锥形石堆，使向导更糊涂了。但在北边可以望见一条轮廓清晰的东西走向的发红的山脉，他说他记得从毛目直达煤窝的道就是沿那条山脉伸展的。他管那座山叫金沟子（Chin-k'ou-tzǔ），说曾有人在山里挖过金矿。我们朝西北下到一条宽约2英里的山谷里，谷中有充足的牧草给骆驼吃，但我们营地所在的那口井却是干涸的。我们在附近挖井，也没有找到水。没有水也没有食物，我们就这样过了夜。晚上骆驼和马还不断走失，使局面更加困难。但早晨时，寻找走失骆驼的那些人在北边低山附近发现了拉尔·辛格那队人的脚印。他们是不会认错拉尔·辛格的路码表留下的痕迹的。在下到山那边的时候，我们还遇到了一口只有5英尺深的井，井里水量很足。然后我们就到了拉尔·辛格走的那条古老的车道上。我们沿红山脚下的车道朝西，穿过一个低矮的鞍部，进入了一条山谷。山谷向西伸展，一直通到煤窝所在的那个开阔盆地。

煤窝煤矿坑　在盆地中，我们发现拉尔·辛格已经在两口井中的一口旁扎了营。这两口井挖在煤矿底下的干河床中，附近还有两三间破败的房子。直到近年以前，金塔和毛目都有人冬天来煤窝待一小段时间，在浅矿坑中采煤，他们就住在那几间房子里。我采集了这里煤的样品。有一座小山俯瞰着这片荒凉的平地，山顶有一座小庙。矿坑很不规则，延伸到河床以西约 1 英里的地方，似乎挖成距地表 15~17 英尺深的窄沟。拉尔·辛格告诉我，他在来煤窝的时候，第一天走了很长的路，穿过无水的萨依，来到了我们从南边穿过的那条山脉最东边突出部底下的一个水塘（是雨水供给的），然后沿着山脉的北坡走。在上文说的红山脚下的芨芨泉（Chi-Chi-ch'üan），他找到了很好的牧草。

一座极为开阔的高原从煤窝向西北延伸，并朝那个方向缓缓抬高，高原上的干河床都"流"向东北。高原上铺着砾石的地表光秃秃的，只有零星几丛灌木。在这样的地面上，路很容易辨认。我们沿着路轻松地走了 25 英里，来到了南泉井。在离南泉还有约 6 英里的时候，我们穿越了一条宽阔却破碎的小山脉，山顶比煤窝只高约 350 英尺，几乎被碎石掩盖住了。山脉朝西北下降，变成了一片宽阔的洼地。那一天和之后两天经过的地面上的所有水（假如有水的话），似乎都流进了这个洼地中。这条山脉以及我们在南泉和骆驼井穿过的两道破败的石山山脊，大概是伏特勒所说的北山第四条山脉的东段。根据地图和他的描述，这第四条山脉大概往西也分离成了一系列平行的山岭。他还说，整条山脉是东—北东走向的①，我们看到的山也大致是这个走向。

9 月 9 日，我们先走了约 13 英里，然后又翻过了一条小山脉。这条山脉起伏平缓，断断续续的，海拔约 5 300 英尺，

穿过山脉到南泉去

红头山井

---

① 参见伏特勒《荒漠戈壁》18 页以下。在骆驼井西边和西南边，我们望到了这条山脉中较高的一段。

与我们去南泉的路上翻过的山脉类似。路从山顶下来，沿着一条蜿蜒的山沟朝西北延伸。在山沟里，我们经过了低矮的深红色山崖。在我看来，山崖似乎是斑岩（porphyry）。我们的营地所在的那口井被向导称作红头山井（Hung-tou-shan-ching），位于一道宽阔谷地光秃秃的砾石坡上，谷地中只有极少骆驼能吃的灌木，马则找不到任何食物。西边地平线上有一条低矮的崎岖山岭，但朝北望视野却很开阔，一片宽沟状的洼地尽收眼底，洼地以北矗立着一条崎岖的山脉。前两天我们走的都是平地，于是这条山脉就显得尤其醒目了。我们的向导说，那就是马鬃山（Ma-tsun-shan）。我们在毛目就已听说，马鬃山中有一些谷地，从黑河那边来的五六十户蒙古人在那里放牧。俄国的边境地图大致把马鬃山标在去哈密的道路北边，还说哈密道是沿着一条大河接近马鬃山的。但我们并没有看到这条河的任何踪影。

完全支离破碎的低山

9月10日走的路不长。我们先是走在一块完全荒芜的砾石平原上，平原上有一条高10~15英尺的碎石带，那就是完全分解了的低山的位置。然后我们又翻过了一座低矮的山，和前面说的那两道山海拔差不多。过了这之后是一条极为荒凉的宽谷，像盆地一般，根本无法在此过夜。向西穿过宽谷后，我们来到了一口苦咸的小水井，向导把它叫阔地井（Kuo-ti-ching）[1]，小沙丘四周还长着一小丛芦苇。我们很高兴地在这里扎了营，因为牲畜已经急需吃草了。

骆驼泉

第二天一早，我们穿过一条宽谷走了10英里。谷中有很多低矮的台地，台地的岩石是沉积岩，几乎呈黑色，颗粒

---

[1] 制图者的一个错误没有被我们看出来。在地图中，这口井被错误地拼写成了"阔地泉"，208号营地的泉水则被拼写成了"骆驼井"。

特别细腻。然后，路缓缓上升，翻过一座平顶小圆山，来到了宽阔的高原上，一直到了一个长满芦苇的大盆地中。盆地的水来自骆驼泉。骆驼泉有 10 多个泉眼，汇集在一片宽约 2 英里的洼地西边，显然是从西边和西南的山脉流过来的地下水补给的。那条山脉的海拔在 6 200~6 700 英尺之间，大概是前面说的第四条山脉的一部分。这条山脉矗立在一条沟状大谷南部，大谷北边则矗立着醒目得多的马鬃山。大谷夹在两条山脉之间，宽约 30 英里。马鬃山陡峭的锥形山峰挺立在我们面前，根据倾斜仪的读数，它的海拔在 7 040~9 160 英尺之间。它无疑就是伏特勒说的北山第三条山脉，也是最高的山脉。从山上向东伸下来很多河床。我们经过的时候，河床都是干涸的。但河床中必定有丰沛的地下水，地下水汇集在了东边像骆驼泉那样的洼地中。这就可以解释为什么人们说马鬃山附近有蒙古人的大牧场。我们虽然没有时间寻找这些牧场，却发现了一个证据，说明牧场的确是存在的。在南泉我们遇到了一大队骆驼，是为中国客商从那些蒙古包运羊毛来的。

我们在长着茂密芦苇的骆驼泉休整了一天，这对人畜来讲都是很有必要的。9 月 13 日我们朝西北进发。这一天的行程特别有意思。我们先经过了一块石萨依，萨依上布满了碎石，那是几乎已完全分解的山留下来的。我们还经过了几条都来自西方的干河床。之后，我们进入了一个小山区。山矗立在辽阔的碎石地面上，高 20~30 英尺，形状浑圆。我查看了这里的岩石，发现它是花岗岩，上面布满了小洞。小洞中本来是不太结实的岩石，后来遭到了腐蚀，并在空气的作用下脱落了。这无疑是火山岩。我们在矮而圆的小山中走了约 11 英里，来到了一片长着灌木的小绿洲，那里还有一棵孤

火山岩构成的小山

独的小树，看起来像吉格代，也叫伊里格奴斯（Eleagnus，即沙枣——译者）。我们虽然没有发现水井，却发现了很多驼粪，可见这是一个驼队歇脚的地方。按照小山上的圆锥形小石堆指引的方向，我朝前面这条山脉的一条小豁口走。石堆指引的方向是西北，沿这个方向走了约 2 英里后，我们来到了一道单调的碎石缓坡较低的那一边。缓坡是一块冲积扇，由原来从豁口两侧的山上流下来的溪水冲积而成。

朝马鬃山的高处走

我们沿着冲积扇往高处走，面前的马鬃山（尤其是它的西段）外表特别醒目。山顶的轮廓线锯齿一般，从锯齿上还突起一些金字塔状的嶙峋怪石。我们朝上走了约 8 英里时暮色降临了，向导急切地想找到水。后来才知道，我们现在走向的这个山口并不在他们知道的那条路上，这就是为什么他们显得如此惊慌失措的缘故。路东边约 0.5 英里处的一处植被带引起了我们的注意，在那发现了四五口浅井，向导们这才长舒了一口气。井中塞满了淤泥，大概是最近下雨冲下来的。但清理了其中一口井后，我们发现它水量很足，比我们进入北山地区以来尝过的所有水的味道都好。我们将营地扎在矗立于碎石上的第一座石山的脚下。整个傍晚都有一股寒冷的大风从北边刮过来，告诉我们，再往前走天气就要变了。

9 月 14 日早晨，我们所走的峡谷骤然变窄了。峡谷两侧的石山很破碎，形象比较别致，比谷底高 300～500 英尺（图 287）。这里的山崖走向大体是东北—西南，朝东南的俯角为 80°。山崖的一切特征都表明它们曾受到很长时间的水和空气的侵蚀。不仅在谷底，而且在一定高度的山坡上，都可以找到灌木和一种耐旱的草［突厥语中称之为皮勒（pīle）］，表明这里的干旱程度正在减弱。又走了约 4 英里，我们来到了分水岭。分水岭是一块宽约 300 码的小高地（图 288），海拔 7 000 英尺多一点①，西边那些高峰在这里一座也看不见。我们又往前走了约 1 英里（这段地面几乎是平的），遇到了一群正在安详地吃草的山区绵羊。

接着，我们朝西北方向缓缓走了 3 英里。路是在一条逐渐变宽的谷地中，灌木和牧草仍十分丰富，它们在秋天的色彩点缀下，使谷地显得很有生机。之后，我们来到了谷口一块宽阔的冲积扇，冲积扇上有很多浅浅的干涸水道，都朝北—北东方向延伸。碎石坡上不时突出低矮的石岭。石头是深红色或黑色的，可能是花岗岩或与其接近的岩石。也有一些孤立的小山丘矗立在碎石上，和我们在这条山脉以南遇到的情景一样。我们望到，在一块低矮的台地上有圆锥形石堆。朝台地走的时候，我们遇到了一块令人赏心悦目的绿地，宽约 0.25 英里，中间有一口深 6 英尺的井，井水甘甜。后来我们才知道，这片被碎石山环绕着的小绿洲叫沙井子。

接近沙井子

9 月 15 日，我们先是走在碎石坡上（和从马鬃山下来后穿过的碎石坡一样），地面上多处不时突起已完全分解的石山的残迹，石山的成分大概和我们在沙井子以南遇到的一样。向西北走了 10 英里后，我们又遇到了一小丛茂密的灌木，灌木丛中还有一口浅井，海拔和沙井子一样也是 6 100多英尺。从这开始，那两个所谓的向导差点把我们一直带到北边去。好在查找了一会后，我们又回到了朝西北去的那条道上。这条路先穿过一块碎石平地，然后地势逐渐下降到了一片长长的洼地中，洼地里有很多牧草和几眼泉水。在洼地

查干古鲁泉

---

① 这条山脉即伏特勒教授所说的第三条山脉。有趣的是，他穿过山脉的那个山口的海拔为 2 130米（6 988 英尺），和这个山口几乎一样。参见《荒漠戈壁》17 页。

西面边缘一块轮廓分明的石高地上，我们发现了把蒙古包安在这里的六户蒙古人，还看到了他们的牛羊。从他们那里我们才知道，现在这个地方叫查干古鲁（Tsagan-gulu）。这些蒙古人是从东南方的牧场沿着马鬃山过来的，冬天还要回到东南方去。他们说，他们一点也不知道到巴里坤和哈密去的道，我们也没能在他们中找到向导。但他们告诉了我们前两个营地的真正名称。我们的最后一个营地叫沙井子，而我们的汉人向导误以为是骆驼井。蒙古人说，真正的骆驼井实际上在南边，位于从金塔到明水去的驼队常走的那条道上。据说那条道绕过了马鬃山西端，还穿过了伏特勒说的第三条山脉上的一片洼地①。

到乌里雅苏台去的骆驼队　　我在格卢姆·格里什迈罗先生（Grum-Grizhmailo）的地图中发现了查干古鲁的名称。在地图上，查干古鲁是两条道相交的一点，一条道到远在外蒙古的中国从前的行政管理中心乌里雅苏台（Uliassutai）去，另一条似乎就是我们现在走的这条道。地图上这么标，显然依据的是从蒙古人那里打听来的信息。有趣的是，第二天我们正要出发时，听说了一件事：昨晚一支从安西往乌里雅苏台运大米和面粉的驼队到了这里。如果这个消息确切，就表明从安西出发，在与伏特勒和格卢姆·格里什迈罗（或欧布罗柴夫）所标示的路垂直相交的一条线上，也能找到井和泉水。

到柳沟井去　　我们在蒙古人那里得到了牛奶和两头羊，9 月 16 日继续前进。这一天我们轻松地走了 16 英里，来到了一口井旁，一个懂汉语的蒙古人说它叫柳沟（Liu-kou）。这一天的最初

---

① 格卢姆·格里什迈罗的地图上似乎标了这样一条豁口，但显然只是从当地人那里听来的，而且标的位置相对查干古鲁来说太往东了。

5 英里穿过的是茂密的灌木丛和芦苇丛。穿越的干沟和柳沟的干沟一样，都是朝东北"流"过去的。然后我们走在了一块布满碎石的荒凉高地上，高地上有很多低矮破败的小山。我在山上看到了花岗岩和石英矿层，但无法确定这些小山的走向。柳沟面积不大，长着芦苇和灌木，位于一条宽阔的河床边上，海拔 5 890 英尺（和查干古鲁差不多）。我们看到的柳沟井几乎已经干涸，但将井挖深后，井里出现了甘甜的水。向西边可以望见一条山脉，大约有 20 英里远。查看了一下格卢姆·格里什迈罗的地图后，我觉得，它们和伯达宁先生所说的野马泉（Yeh-ma-ch'üan）山谷，即到明水之前的最后一个歇息地，大概就在那条山脉的东边，位于我们现在扎营的这条河床的源头处。西北还矗立着一条清晰的山脉。我还不知道西边那些遥远的山和西北的山脉之间有什么联系。

　　白天天气十分暖和，但傍晚从北—北东方向吹来了凛冽的大风，刮了整整一夜，把一个测量员的帐篷都刮倒了。凌晨 4 点，当我们起来打算到明水去的时候，觉得自己仿佛回到了严冬季节的罗布沙漠。路通向我们面前这条山脉上的一条豁口（山脉是西—南西到东—北东走向的）。我们先是穿过了一座几乎被碎石掩盖住的低矮小山，然后沿山脉的缓坡走，在离营地约 7 英里的地方即到达山脚下。我们沿一条宽阔的谷地朝上又轻松地走了 4 英里，来到了一块小高地，一条朝东北延伸的浅水道横亘在高地上。高地北边是一条分水岭，海拔 7 000 英尺多一点。这条山脉的最高峰就在附近，比分水岭高约 400 英尺。可以肯定的是，这就是格卢姆·格

向明水进发

里什迈罗先生和欧布罗柴夫先生在野马泉以北越过的那条山脉①，也就是伏特勒教授所说的西边的第二条北山山脉。

到达明水　　下山的路要短得多。然后，我们朝正西方向穿过一片宽阔的砾石谷地，谷地中只有很少的灌木。谷地南边就是我们刚越过的这条山脉，谷地北边则是另一条和它平行的西—南西到东—北东走向的山脉。我想，后一条山脉显然是伏特勒说的北山第一条山脉朝东延伸的部分，肃州到哈密道上的明水就位于它的山谷中。看来明水离我们已经没有多远了。这激励着我经过了一小块植被带［蒙古人曾告诉我们，这叫盐池（Yen-ch'ih）］之后，又往前走。我之所以会作出这样的决定，是因为那里的草曾有牲畜放牧过的迹象，而且蒙古人说明水只有"30 里"远了。结果我很快就后悔了。我们走了 25 英里，凛冽的大风一路上刮个不停。这时我们来到了宽阔山脉一个平坦的鞍部，这条山脉将明水山谷"头"部的两条山脉连了起来。我们还得向西穿过一个宽阔的盆地，然后才能到达那座低矮崎岖的小山（明水水井就位于山中）。下山的路在光秃秃的广阔碎石坡上永远没有尽头似的。等我们到山脚的时候，天已暗黑下来。我们遇到了一条干涸的河床，还可以看见一个很大的圆锥形石堆。河床附近有一些粗硬的草。当天奔波了 32 英里后，我们就在那里扎营过夜。我派人到附近去查看，结果他们只发现了一圈四方形的围墙，却没有找到水井或燃料。傍晚时风小了点，但大多数人晚上都冻得没有睡着。骆驼第二天早晨才赶到，有些骆驼离群走失后又被找了回来。

---

①　俄国旅行家记下来的分水岭的海拔为 7 074 英尺。格卢姆·格里什迈罗先生的地图中，在山脉顶上也标了一个小高地，高地上也有条朝东北延伸的水道。

　　天亮时，我们那两个运气不佳的向导发现明水只有 1 英里远了。行李队和我们会合后，大家就沿着一条窄山谷朝下面的明水走（窄谷两侧是石丘）。我们很快就到了谷口，那是一个散布着大石头的宽阔盆地，盆地四面都是嶙峋的山脉（图 285）。有些山比盆地要高约 1 000 英尺，而根据水银气压表的读数，盆地的海拔 6 660 英尺。在盆地中部，我们找到了明水井，它深约 8 英尺，水量充沛，水质很好。水井南边是一圈泥筑的残墙，水井北边的一座小丘上有一座中国式的小庙遗址。因为昨天大家都走得筋疲力尽，于是我们在明水休整了一天。

　　我们在明水找到了从肃州经十二墩到哈密去的路，到了该把穆罕默德·亚库卜派到哈密去的时候了。他将从哈密先沿大道考察，然后到小绿洲塔什布拉克（Tāsh-bulak）和芨芨台子（Khotun-tam）去。这样的话，我们先前在喀尔里克山以南的考察会得到有益的补充。然后，他将再从哈密到疏纳诺尔（Shona-nōr）盆地去（喀尔里克山西段的所有水都流进了那里），接着考察无水的沙漠中的道路，一直到吐鲁番地区的最东端。我打算把两个汉人中年轻的那个派去跟穆罕默德·亚库卜一起走。尽管到哈密去的道可能会很清晰，而且那个汉人也声称熟悉这条道，我还是将详细的指示写了下来，以便保证这一小队人不至于发生不测。因为，通过以往的经验我知道，我这位年轻的测量员虽然很可敬也很勇敢，但独自进行考察工作时却未必能确保安全。所以，在这个短暂休整期间，我除了让那条受伤的腿休息，还有很多事要干。为了指挥平面测量工作，我常试图走几步，腿大概因此又拉伤了。所以，从甘州出发到现在这一个月的时间，我的腿几乎没什么好转的迹象。

派测量员到哈密去

第二节　穿越天山最东段

路线不明　　　休整期间，凛冽的北风刮个不停，但我们还是恢复了体力。9 月 20 日，两队人马都出发了。显然，摆在我们面前的最后一段行程中也有难走的地方。我打算穿过喀尔里克山雪峰以远的天山的最东段（那里还从来没有人考察过），一直到下马崖。根据俄国地图和卡鲁特斯（Carruthers）先生的考察，下马崖是喀尔里克山东北最后一个永久性居民点。过了下马崖，我计划沿着喀尔里克山的北坡，经过人们相对来讲比较熟悉的地面，到巴里坤和古城去。的确，格卢姆·格里什迈罗先生的地图和俄国边境地图中标了一条道（关于那条道的信息，他们是从当地人那里听说的），大概可以把我们从明水带到计划中的那个方向。但由于这些资料所标地点的名称和各地点之间的距离有很大出入，所以我并不指望它们能提供多少帮助。我更不敢太相信剩下的这个汉族向导。据他说，他曾经跟着驼队从明水到过巴里坤，但在我拿出地图时，他却说不出那条路经过的任何地点了。

望到了喀尔里克山上的雪　　　不管怎样，我们显然应该大体朝西北方向走。两队人马从 213 号营地出发后，一起沿这个方向从谷地中下来。在那里到哈密去的那条清晰的道从干河床上岔出来，朝西延伸过去，而另一条很模糊的道继续沿着干河床朝西北方向延伸。① 我们在这里同穆罕默德·亚库卜分别，并继续沿着越来越宽的山谷往下走。在离明水营地约 8 英里处，西边那些陡峭的圆锥形山峰变矮了，使我们望见了远方喀尔里克山闪闪发光的雪峰。后来证明，我们离喀尔里克山最近的一点也

① 我们发现，格卢姆·格里什迈罗先生的地图把这两条道的会合点标对了。但由于想法上的偏差，地图上标着，再往下走明水的那条河床转向了西边。伏特勒的地图中也标着这个错误的河床走向。

仍有 100 英里远。尽管如此，这一景象仍令人十分鼓舞，当天和第二天我们都把雪峰作为方向标。

接着，我们沿着一道石高地的缓坡往下走。当天走了 19 英里后，我们在一口水井附近扎了营。这口水井位于一条浅河床中，深只有 2~3 英尺，我们队中的那个汉人管这个地方叫东二山（Tung-êrh-shan）。在到那里之前不远的地方，我们似乎穿过了北山外围山脉的一条豁口。这条山脉虽然比谷底高不了多少，但它们陡峭的圆锥形山峰以及受了很多侵蚀的黑色山坡，都给人留下很深的印象（图 284）。山脚下似乎有很多灌木，一群野驴〔也叫库兰（Kulān）〕在那里吃草，阿弗拉兹·古尔还蹑手蹑脚成功地捉到了一头。

穿过北山最北段

9 月 21 日的行程十分单调。我们仍沿着来自明水的那条河床走，从北山铺满碎石的北边缓坡下来。东二山附近的北山仍有一座圆锥形山峰高 6 760 英尺。但山脉越来越低，终于被北山山系北脚下的碎石和砾石淹没了。在广袤的碎石地面上的最后一道石山，可以望见远处明水以西较高的第一条北山山脉。浅河床中长着很多可以在石头上生长的灌木以及低矮的多刺灌木。显然，有时山中是有洪水泛滥到河床中来的。

沿着北山的缓坡下来

这一天的行程快结束的时候，我们沿着走的那条谷底越来越像一条沟了，两侧是轮廓分明的台地。道路是沿着台地上方的砾石萨依延伸的。在离营地约 25 英里的时候，我们来到了一个地方，那里的谷地拓展成了一片长约 2 英里的长满芦苇的洼地。我们在洼地里发现了一处大泉眼，泉水流了约 70 码远，然后消失在一片长满芦苇的沼泽中。我们从毛目带来的汉人向导说这是镜儿泉（Chin-êrh-ch'üan）。镜儿泉显然是由明水谷地流来的地下水补给的。我们的营地扎在

到达烟墩洼地

镜儿泉边有肖尔覆盖的岸上，海拔 4 020 英尺。这一天，我们从东二山一直往下降了约 1 800 英尺。这个事实再加上前面的地面状况使我确信，我们现在到的这片宽阔洼地，就是安西—哈密道在烟墩（Yen-tun）附近穿过的洼地，洼地的名称就叫烟墩沟①。这条明显的分界线将北山山系和天山山系分隔开来，它终止于北山西段一个还没人考察过的地方。

烟墩沟头的干河床

9 月 22 日早晨我们继续沿宽阔的干涸河床左岸上方布满碎石的台地走。在离营地不远的地方，我们不得不穿过河床的一条分支（来自南方），这条分支深 30 英尺。主河床大约宽 0.75 英里，从 215 号营地开始，它向西北延伸了约 4 英里，然后折向西边。向西走了 1 英里，我们就穿过了河床，踏入了迷宫般的地面。地面上都是被侵蚀过的花岗岩小山，小山间是长满灌木的小谷。这是一条山岭的最后一支，我们此后在西边就是绕着这条山岭走的。过了这块比较高的地段后，我们遇到了一条很深的干河床。它宽约 30 码，"源头"似乎在东边远处的山中。从它的走向看，它在下游和来自镜儿泉的那条河沟汇合在一起了。

干涸的水系

过了这条河床之后，地面起初是平的，然后逐渐倾斜到了一块宽阔的扇形砾石盆地中。盆地里长满了灌木，有很多浅沟。浅沟都是从山区朝南"流"，是属于天山水系的。不幸的是，大概是刮起了不大的西北风的缘故吧，从早晨起尘沙就遮蔽了远处的所有山脉。在第一条较大的沟附近，空盒气压表显示海拔为 4 100 英尺，只比镜儿泉稍微高一点。所有这些河床都大体是西南走向，肯定也汇入了烟墩沟。从明水到哈密去的道在梧桐窝子（Wu-t'ung-wo-tzǔ）休息地附近

---

① 参见伏特勒《荒漠戈壁》10 页。

穿过烟墩沟，梧桐窝子位于此地西南约 20 英里的地方①。在烟墩沟这个巨大的干涸水系中，主要的支流是来自北山一边还是天山那边呢？这个问题需要进一步的考察才能回答。但可以肯定的是，烟墩沟流域朝东伸展了很远，而以前的地图却没有体现出这一点来。

　　我们又朝西北走了 12 英里多，穿过砾石缓坡，这才来到了天山脚下的第一行小山脉。我们沿一条峡谷往上走（谷底宽 300 码）。向导到西北的一条侧谷里找水，却一无所获。但很快我们就遇见了一丛胡杨树，胡杨树附近的芦苇丛中还有一眼泉水。发现了这个地方真令我们极为欣喜，因为自从离开砾石萨依后，我们就找不到路的任何迹象了。这里向北连着一个高原，视野非常开阔。但从远处望到的那一行锯齿状的陡峭山脉却使我们忧心忡忡：在没有可靠线索的情况下，我们怎么才能找到一条豁口，让这些已经受了严峻考验的骆驼过去呢？

天山脚下的第一行小山脉

　　9 月 23 日早晨我们的那个"大路弟"似乎从晕头转向的状态中清醒了过来。他坚定地声称，我们扎营地的这眼泉水就是"大石沟"（Ta-hsi-k'ou，可能是作者拼写有误，大概应该是"大石头"——译者）。在毛目，人们说的路线中就提到了"大石沟"。他说他现在想起方向来了，并带着我们在高原上往西北走。这个方向不会使我们离下马崖（我们在山北边的目的地）太远，所以我就跟着他走。我们在这个缓缓抬升的高原上走了约 7 英里，高原上大部分地方都布满

谷中的水和灌木

① 穆罕默德·亚库卜测量线上的"梧桐窝子"，也就是伏特勒教授所说的 Utun-oszü。考虑到镜儿泉的海拔（4 020英尺）和我们的路线上标作 4 100 英尺的差不多，梧桐窝子大概要比 1 200 米低很多（而伏特勒教授标的 Utun-oszü 的海拔就是 1 200 米）。在北山道上，我们曾用水银气压表来检验过空盒气压表，发现后者和前者相当一致。参见《地图备忘录》153 页。

了碎石，碎石上矗立着低矮的石山和小丘，山丘上的石头看起来像是粗面岩（Trachyte）。然后我们遇到了一条洼地状的山谷，谷底是沙子，沿谷岸有大量灌木。谷两侧的陡崖高100多英尺，西北—东南走向，倾角几乎是垂直的。悬崖表面和我们后来遇到的裸露的岩石一样，比北山两侧的岩石分解的程度要轻得多。又往前走了3英里，谷底逐渐变宽，谷底的沙子中出现了水分的迹象。沙子所在的地方显然是一条季节性河床。我们在这里挖了不到1英尺深，就冒出了甘甜的淡水。同样令人鼓舞的是，我们在岸边找到了马能吃的很好的牧草，甚至还有几丛晚开的野玫瑰。

牧人的栖身之所　　这些迹象都表明，此地的气候比较湿润。我们沿着山谷朝上走的时候，一路仍然是这样的景象。我们还路过了一处长满芦苇的泉水，泉水附近有几个粗陋的院子，看起来像是牧人栖身的地方。于是我们开始希望，这条不太清楚的路就是我们热切盼望的那条过山的道。后来我们发现，这种心情是很有道理的，但要再过一段时间我们的愿望才能实现。离营地18英里的时候，我们来到了谷口。这时，那个一直信心十足的向导却说，他发现自己走错了，真正的道路在我们后面，就在发现水的附近朝北延伸的侧谷中。我们不知道在前面山谷最高的这一部分或过了山谷之后能不能找到水，所以只好折回来，当晚扎营在已经过的粗陋建筑附近的泉水那里。

向导无望地寻找道路　　在217号营地，我决定花一天的时间来寻找那条大路。向导坚信，只要向东南走一小段距离，一定会遇到大路的。在此我就不必赘述这次漫长艰苦的寻找工作了，我们这位可怜的"大路弟"开始变得行为怪异，最后简直有点发疯了似的，他的这种举动更引发了一系列小插曲。在此我只想说，我们先沿山谷下来，然后向东边的高原上寻找（高原上有不少河沟，是谷地中这条河床的支流）。我们的确发现了骆驼能吃的牧草，也的确有迹象表明曾有人来过，但无论如何都找不到过山的路。那不幸的向导现在因绝望而变得十分固执，又带着我们穿过一座支离破碎的高原（先前高原被一条低山遮住了，我们没有看到）往东南走了 7 英里。根据我们现在的位置和"大石沟"的位置来判断，从"大石沟"往北的任何道路都不可能不从这里过。确信了这一点后，我又回到了山谷中，因为我们在那里有幸找到了水，在 218 号营地附近还有优质牧草可以牧马。

现在，向导的命运又使我们担心了。他为了寻找大路，一个劲往前冲，我派两个人去追他，在天黑之前却没有追到。但天亮后他回来了，神情阴郁而绝望。他说如果我继续往西北走，就会走到无法通行的地方，会在无水的"戈壁"上丧命的。这个不幸的人是如此急切地想把我们带回到大路上去。考虑到多种情况，我后来想到，大路可能在东边很远的地方，我们在镜儿泉大概就没走对路。我的一个突厥仆人后来对我说，在镜儿泉照看马匹的时候，他注意到了一条向北延伸的宽路。照这个线索是否就能找到去下马崖的真正大道，我只能把这一问题留给将来的某个旅行家了。

绝望的向导

9 月 25 日，我们又一次到了山谷口。在出发之前，我让人在两个储水的铁桶中装满了水，此外所有的羊皮囊也装满了水。当我们接近谷口时，我注意到右边壁立的悬崖几乎是垂直的，高 80 多英尺。悬崖上的岩石是红色的，看起来像粗砂岩，有明显的分层，东西走向。在离 218 号营地 9 英里的时候，我们来到了一个平坦的鞍部。它的海拔比 6 000 英尺稍低一点，从那里可以完全望到喀尔里克山的主峰以及喀

喀尔里克山以东的分水岭

尔里克山脉东段的南坡。雪峰则被云遮住了。鞍部的这个分界点，位于我们走的那条山谷和西南的另一条山谷之间。令我十分欣慰的是，我发现道路在这里折向了西北，沿着一组小高地延伸（高地之间被低矮的石岭隔开）。道路绕过一座陡峭的山丘，山丘的东段高达 9 200 英尺。这里的岩石似乎也是东西走向的粗糙的红砂岩。这样走了约 3 英里后，我们到的地方显然是山脉中轴线上真正的分水岭，海拔 6 000 英尺。过了分水岭后我们又进入了一条山谷，发现它是北—北西走向的，这真是群情激昂，大家都希望沿着这条谷地能走到下马崖去。

沿深深的山谷往下走

开始时，山谷的坡度很缓，两侧是低矮的山崖，山崖之间的地面长满了灌木，十分宽阔。我们望到有一些山区绵羊在吃草，还有大群的石鸡。但走了约 1 英里，山谷变成了一条深深的峡谷，两侧壁立着成百英尺高的陡崖。悬崖由西—北西到东—南东走向的花岗岩构成，倾角近乎 90°。只在离分水岭约 4 英里远的一条侧谷的谷口有一丛芦苇（图 295）。除此之外，石崖和窄窄的谷底几乎没有什么植物。越往下峡谷越曲折，有时两侧的石壁几乎要合拢了似的。所以，当暮色降临，大家不得不在窄窄的谷底扎营时。我真是忧心忡忡，生怕峡谷最终会变得太窄，以至骆驼没法过去。在这一天的行程中，我们没有看到一个中国式的用以标明道路的圆锥形石堆。但使人们略感欣慰的是，山谷中不时可以看到一堆堆小石头，堵在错误的侧谷谷口，以免人们迷路。这是新疆常见的做法。对我手下的人来说，这意味着他们不再处于野蛮的"黑大爷"（Khitai，此为对新疆汉人的贬称，又作"契丹"——译者）的地区了。峡谷中一路的景观很像我在喀尔里克山南脚下的庙儿沟（Ara-tam）以及吐鲁番盆地与焉耆谷地之间看到的情景。无疑,我们现在置身其中的山区是属于天山山系的。

峡谷是朝东北延伸的,这使我和拉尔·辛格都感到有点不安,因为如果这样,它就有可能把我们带到离下马崖很远的地方,而只有在下马崖才有希望找到水。而且我们身后一段距离之内都没有任何道路的迹象了。人们不免猜疑起来:这个令人憋闷的峡谷的出口(指骆驼能出去的地方),会不会在某一条侧谷中呢?9月26日早晨我们继续走了2.5英里后终于"获救"了。我的一个叶尔羌仆人依斯马勒·帕万在大家焦虑心情的影响下,也被激发出了少见的积极性。他爬上了谷西边的悬崖,我们听见他兴奋地大叫。回来后他说,我们面前这段崎岖的山崖外面是一块辽阔的不间断的萨依。他在远处还望见了一个黑点,他觉得那是树木和房屋。当我们继续沿谷地往下走的时候,左边那段山崖很快变得不那么崎岖了。在某一点上,我们发现了一条小侧谷,马匹沿着小侧谷驮着我的担架到了山顶上。

从令人绝望的峡谷中脱身

一幅壮丽的景象展现在我们眼前。在西边和西—北西方向的远方,可以清晰地望到喀尔里克山的雪峰,山的北坡一直到海拔9 000英尺的地方都是最近刚下的一场雪,看起来像粉末似的。一堆乱糟糟的黑山从雪峰上连下来,并连到一座光秃秃的高原上。高原上有一条谷地。显然,灌溉着偏远居民点阿达克(Adak)和淖毛(Nōm)的那条溪流就是从这个谷地流出的。在高原以远的西北方向还有一条更远的积雪的山脉,那就是俯瞰着巴里坤的山。在我们身后的西南和南面是光秃秃的低山(图286),遮住了喀尔里克山东段的高峰。通过望远镜,我朝大致正北方向看到了一块暗色的垦殖区,那显然就是我们的目的地下马崖。光秃秃的萨依向下

眺望到的喀尔里克山北坡的景象

马崖一直延伸过去。这块萨依很容易使人产生错觉，但显然
下马崖比我们现在站的地方（海拔 4 450 英尺）要低得多，
而我手头最新的地图却把它标成 6 000 英尺。东北方的景象
单调而辽远，也很引人注目。一片布满砾石的巨大沙漠谷地
一直伸展到了远处雾霭蒙蒙的小山脉脚下，小山脉似乎伸进
了蒙古，显然是阿尔泰山系的一部分。在这里，我最深刻地
体会到了天山以北广大地区地貌状况的多样性。为方便起
见，人们把天山以北地区叫作准噶尔。

到达下马崖　　我们在光秃秃的起伏和缓的砾石萨依上轻松地往下走了
11 英里，遇到了第一处植被。植被出现在一块干燥的草原
上，草原上点缀着很小的红柳沙堆。沙子都堆在红柳沙堆的
东北坡，这表明在对流作用下，盛行风是从"雪山"那些寒
冷的高峰上吹下来的。又走了 1 英里后，地势陡然下降到一
片长满芦苇的洼地中，那里的地下水汇聚成了沼泽中的泉
水。最后我们终于到了那个散乱的小村。它坐落在一条深沟
中，当我们走近它时，发现它几乎被沟岸遮住了。我们立即
受到了突厥式的热情欢迎，这令我们十分高兴。尤其令人放
心的是，这的确就是下马崖，一个隶属于哈密的村庄。我们
在沙漠中几乎连续走了四个星期才到了这里，途中没有损失
一只骆驼，想到此我不由深感自豪。而我们那个汉人向导几
乎一直到最后都坚信，我们去的地方，只不过是骗人的鬼怪
在我们的头脑里种下的幻觉罢了。

塔格里克（意
为山地人——
译者）居民区　　下马崖大概是准噶尔最东边的居民点了。但这里的一切
所反映出的生活方式，都是我在塔里木盆地熟知的。在这度
过的愉快的一天里，我似乎又被带回到了遥远的塔里木。我
的帐篷立在一个小果园中，果树仍然枝繁叶茂。灌溉着田地
和花园的水都是喀拉苏这条宽阔河床上游的泉水。在村子的

磨房测得的水流量只有 2 立方英尺/秒。人们说山中的水从来没有泛滥到这里，而村子的位置就在河床之中，由此判断他们说的似乎是正确的。喀尔里克山以北约有 6 块隶属哈密的垦殖区，其中西边的下一站伊吾（Atürük）据说是最大的，约有 100 户人家，下马崖则约有 50 户。但在山谷中和再往西的喀尔里克山的低矮山坡上，有很多不同程度地具有游牧性质的突厥家庭放牧着牛羊，他们大概占这个虽然不大却很有意思的山脚地区人口的很大比例。这里的人们穿的是半汉族的服饰，但我觉得，与喀尔里克山以南绿洲中哈密王统治下的那些同胞相比，这些塔格里克人的语言和生活方式中保留的突厥人特征要多得多。

关于从甘肃那边来的道路，我在村民那里没打听到任何消息。显然，沿那条道走的为数不多的驼队并不经过下马崖，而是直接到伊吾去，那里的牧草、食物等都很充足。但我仍搞不清楚，为什么我们在去下马崖的途中没有遇到那条道的痕迹。下马崖人承认，夏天的时候他们会在我们穿过的那段山区放牧骆驼和驴。他们似乎把那段山区笼统地叫作玉木塔格（Ümür-tāgh）。他们还提到，在查干伯尔伽斯布拉克（Chagan-burgase-bulak）和古特哥伊布拉克（Kutghoi-bulak）有泉水。这两个地名显然是蒙语。关于向东北的蒙古戈壁中去的道路，下马崖的人提供不出什么信息，或者是不愿提供信息。但这样的路显然是存在的。垦殖区西南端，即上面说的那两眼泉水附近有一座堡垒遗址，显然是为了抗击来自那条道上的敌人的。我派阿弗拉兹·古尔到那去做先期考察，从他的报告和带回来的照片看，堡垒似乎是中国人建的，年

下马崖的道路

代不是很古老。① 它大概是在康熙、乾隆年间，中国人在同准噶尔部斗争时修建的众多堡垒中的一座，其目的是保卫刚刚攻下的哈密这个立足点，而攻克哈密在中国收复新疆的过程中有举足轻重的意义。

使用明水道　　最后让我们来看一下一个相关的问题：在中国内地同天山最东段地区的关系史上，我们走的那条从毛目和金塔到明水，并在明水分岔，形成到哈密和下马崖去的道路，扮演了什么角色呢？中国历史文献中是否提到过这条道，这个问题只能留给别人来解决了。但从这条道目前的自然状况来看，我们可以得出这样的结论：就普通的交通和军队转移来讲，它的重要性从来都是无法与穿越北山的安西—哈密道相比的。还有一个事实可以证明这一点：这条道在垦殖区之间需要走的天数，几乎是安西—哈密道的两倍。

同时，有一点也是可以肯定的：对想要劫掠甘肃地区的小股强悍的游牧部落来讲，我们走的这条道不会有太多障碍，甚至小规模的部族迁徙也可能会沿着它走。一旦有了一个确定的政权控制了天山南北，安全就可以得到保障，只要用骆驼运输一定数量的商品大概一直都用这条路和西边那条与它平行的路，而不太愿意走安西—哈密道。安西—哈密道沿线的牧草要有限得多。之所以如此，不仅是因为疏勒河尾水以北的荒凉地面越来越干旱，而且只在那几口井或几眼泉水附近能找到的小块植被，也必定会因为不断来往的交通的利用而变少了。

---

① 从阿弗拉兹·古尔的草图来看，这座堡垒四周是正方形围墙，从里面看每条边长 320 英尺，南墙和北墙中间有大门，围墙四角有长方形棱堡。墙用泥土夯筑而成，厚 8 英尺，不太高。有一排兵营般的小屋子的墙基和围墙平行，墙基都已严重毁坏了。

塔什布拉克也是一座这样的堡垒，是中国人修建的，不久以前仍有驻军，以戍卫从下马崖和伊吾方向来的穿越喀尔里克山道路的南口。

第三节　经过喀尔里克山和巴里坤

沿天山北脚走

9 月 28 日，我从下马崖出发，踏上了为期四个星期的行程。在这段时间里，我沿天山北脚朝西走，一直到了古城附近的北庭都护府遗址，然后向南穿过积雪的天山，下到了吐鲁番盆地。吐鲁番盆地将是我们冬天的大本营，考虑到在那里开展的工作大概会需要很长时间，我们必须尽快赶到那里。我们走的是直道。这条道除最后一部分外，所经地区的地形多是人们比较熟悉的，也就没有进行多少新的考察。但由于历史和地理上的特殊原因，我想尽量多看一看天山以北地区。由于自然条件上的特征（奇怪的是，某些特征和南山脚下的"河西走廊"有点相像），天山北脚下的地区在历史上的民族大迁徙中扮演了重要角色，如大月氏（即印欧—锡西厄人）、匈奴人和突厥人的向西迁徙。

过了哈密和巴里坤相连的山口向西，我们只能沿大道走，它把哈密和准噶尔南部所有主要地点都连接了起来。每当中国的商贸和政治影响力伸展到中亚，这条道都会扮演交通大动脉的角色，现在的旅行者也常走这条道。同样，在山口以东，我们经过的喀尔里克山脚下的地面状况，已经被一位特别有能力的学者卡鲁特斯（Carruthers）先生考察过了。[①] 所以我现在只需简单说一下我们去古城的行程，和详述与此地的历史直接有关的地点。

到伊吾

第一天我们从下马崖走到了伊吾，它是喀尔里克山以北最大的村落。从那里很容易看出来，西边天山两侧的地区气候变得不太干旱了。因为，当我们沿一条和喀尔里克山平行

---

① 参见卡鲁特斯《不为人知的蒙古》（*Unknown Mongolia*）第二卷 521 页以下。

的天山外围山脉的砾石缓坡往下走了很久，终于下到了西边一条谷地中时，我们发现潺潺的小溪灌溉着农田。小溪直接来自喀尔里克山海拔 12 000 英尺以上峰顶的小冰川和永久性积雪。小溪的水量很大，有一个事实可以证明这一点：在伊吾下游形成的小河，流经这条外围山脉之后，仍有足够的水量灌溉淖毛的农田。淖毛是一个小村子，坐落在那条外围山脉的脚下，离伊吾约有 30 英里。伊吾的头人阿布杜拉尼亚孜（Abdul Niāz）向我们透露，他拥有 300 多匹马，还有一大群羊，都放牧在喀尔里克山的北坡，这足以证明那里的牧草是多么丰茂。据人们估计，哈密王放牧在那里的羊有 1 万只以上。据说，有大约四个月的时间，伊吾的积雪厚达 2～3 英尺，而夏天的时候降雨则相当频繁。冬天的时候，所有的牛羊都被赶到北边的山谷中去，那里的降雪足够它们饮用，植被也很丰富。有了这样有利的放牧条件，无怪乎我们在好客的头人阿布杜拉尼亚孜家里目睹到的生活舒适程度，几乎可以算得上是乡村的奢侈了。

走到吐尔库里　　第二天我们继续向西朝着吐尔库里湖①盆地走。我们可以完全望到喀尔里克山的雪峰（图 289）。即便在喀拉辛吉尔（Kara-singir）的石高原上，也有丰富的灌木和不太高的草。这座高原海拔 7 000 英尺，将吐尔库里湖盆地同伊吾谷地分隔开了。我们当晚住在吐尔库里的塔格里克人的头人［多伽（Dōgha），或称道罗加（Darōgha）］的帐篷里，在那里我同样感受到了游牧民族悠闲、富足的生活。这座帐篷当时位于吐尔干河（Turgan-gol）上。"头人"管辖下的人还在

---

①　我常听到人们把这个湖的名称念成"吐尔库里"（Tur-köl），有时也念成"托尔库里"（Tor-köl）。它的早期汉文名称见本章第四节。

河下游接近吐尔库里湖的小块垦殖区上种植燕麦。但这些小垦殖区附近的泥屋子并不是总有人居住。11 月的时候，整个部族的人都迁到北边的谷地（也属于这条外围山脉），那里有冬季牧场。冬天显然已经临近了，当我们离开这个令人愉快的突厥人居民点时，吐尔干河已经开始结冰了。

9 月 30 日，我们足足走了 32 英里的路，越过了把吐尔库里湖和巴里坤湖隔开的分水岭。我们深刻地体会到了这块地面上的牧草是何等丰富，而变化了的气候条件就是这种现象的原因。一条宽宽的草地环绕着吐尔库里湖和湖滨靠泉水补给的沼泽。哈密王有一群群马放牧在这里。据说，从西北向湖边延伸过来的那条叫甘沟（Ölügoi）的宽谷中，也有很多牧草。谷中的溪流是从前面提到的那条外围山脉的南坡流下来的。谷"头部"的山脉高达11 000英尺，人们说这条山脉的最高峰上整个夏季都有积雪。在我们经过的时候，极低的山坡以上就覆盖着刚刚下过的雪了。南边的喀尔里克山也是这样。吐尔库里湖与巴里坤盆地之间的分水岭是一条很宽的山脉，从喀尔里克山向西北延伸。我们沿一块石萨依往山上走，发现灌木很多。鞍部几乎是平平的，在比鞍部（海拔7 290 英尺）高约 500 英尺的山坡以上是针叶林（大概主要是冷杉）。在后来往巴里坤走以及过了巴里坤后很长一段路上，我们都能一直望见森林。天山北坡海拔 9 000 英尺到7 500 英尺之间也是针叶林。从这一点我们可以看出，天山山顶是一条非常明显的气候分界线。因为，在天山南坡，从哈密以东及以北的喀尔里克山一直到俯瞰吐鲁番盆地的高山，都是没有任何森林的。

在长着草的宽阔鞍部上，向西能看到的景象十分开阔，而且十分引人注目，与我 1907 年在哈密和辟展（Pichan，

穿过分水岭向巴里坤走

巴里坤谷地的气候

1329

今鄯善——译者）之间看到的布满砾石的荒野完全不同。鞍部是一条朝巴里坤湖伸展的宽阔的谷地，夹在南北两侧的山脉之间，谷底是辽阔、平坦的草地。两侧要么是有森林覆盖的山坡，要么是长着植被的起伏的高地。[①] 巴里坤的这条大谷地东西长足有 100 英里，若从两侧山脉顶部算起宽 30 英里。由此我们很容易明白，不论谷中住的是游牧民族还是定居的人，湿润的气候对经济都是很重要的。

那林库尔河边的牧场

谷地最东段（其西边的界线是东经 93°30′）地势都较高，非常适合放牧，那林库尔牧场是其核心。我们发现，隶属哈密王的突厥族塔格里克人占据了这里，他们住在毡帐中，随季节迁徙。在库塔尔里克（Kutārlik），我们受到了其中一位名叫苏鲁克尼亚孜（Sürük Niāz）的头人的热情接待。从他的夏季住所的舒适和富裕程度，很容易猜想到这些头人拥有多少牛羊。成垛的羊毛、皮革等堆放在那里，等候着敢于经商的喀什人的到来，他们把巴里坤的东西运到遥远的西伯利亚去卖。

巴里坤谷地的汉人垦殖区

10 月 2 日，我们从肖尔布拉克（Shōr-bulak）的营地出发，经过了一条活泼的小溪。小溪是从东南边一条树木茂密的侧谷中流出来的。在这条小溪附近，居民的民族构成完全改变了，特别引人注意。在这里，我们出了哈密王的统治区，山区游牧部落最后的毡帐已经被甩在身后了。谷底的平原越来越宽，牧草和前面经过的地区一样丰富。但再往前走就看不到什么牛羊了，只有一块块零星的平整的田畴，还有一个个不大的农庄，农庄里住的都是汉族居民。一直到路边

---

① 从北边和东北朝那林库尔（今前山农场——译者）伸过去的那些小谷中也有冷杉林，但在地图中，由于绘图者的错误，这些森林没有被标上。

驿站奎苏（K'ou-ssǔ），乡村的景色都没有发生什么变化。我们从奎苏来到了沿哈密过来的大路上。第二天，一路上景色依然没有变化。冬天的天空是灰蒙蒙的，山上堆积着乌云，大概要下雪了。这一天我们走了很长一段路，来到了巴里坤城。从巴里坤达坂（Barkul-dawān）西边，一直到巴里坤城附近，南边的高山顶上几乎是终年积雪。很多溪流从南山上流下来，宽宽的针叶林带以下也是一片葱绿。这里的针叶林带朝下一直延伸到了海拔约 7 000 英尺的地方。流进谷底平原的小溪给农田提供了充足的灌溉水源。

　　谷底既宽阔又肥沃，但实际的农田很有限。在这个如此适合放牧的地方，却完全看不到牛羊群。而且，目前这里只有汉人居住。这些现象都是和巴里坤的历史有关的。而它的历史之所以如此，又是由它的地理位置决定的。所以我要先说一下它的地理状况，然后再简单说一下在中国内地同天山南北地区的关系史上巴里坤扮演了什么角色，对此又能找到什么相关资料。巴里坤盆地和它东边连着的吐尔库里盆地一样，属于天山山系的一部分。西边的天山有很长一段都是不太高的山脉。而这里，在东经 92°~94°30′ 之间，天山却变成了两条很高的平行山脉，环抱着这两个盆地。南边那条山脉位于天山的主线上，很多地段都高于终年积雪线。这样的地段在巴里坤塔格（Barkul-tāgh）约长 35 英里，在喀尔里克山约长 26 英里。有的山峰几乎高 14 000 英尺。北边那条山脉我还没找到合适的名称①，它中部的山顶也超过 11 000 英尺，大概有几块地方是终年积雪的。

巴里坤的地理
位置

---

　　① 我听见人们把东边的吐尔库里和西边的那林库尔之间的那段叫科克墩（Kök-tun）。

湿润气候的影响

南边那条山脉很高，这使山上和山北边盆地中的降雨量
比喀尔里克山以东或巴里坤盆地以西天山北坡的降雨量要多
得多，因而气候比较湿润。我们在上文说的那两条经线之
间，其北坡有很茂密的针叶林带，针叶林带以下以及整个谷
底都是草场。从这些现象可以看到湿润气候的影响。巴里坤
盆地海拔都不会比 5 000 英尺低很多，而吐尔库里盆地整个
海拔都在 6 000 英尺以上，因此造成的气候条件比盆地南北
地区更加适合牧业。北边地区我知道的情况不多，只晓得它
地势要低得多。而且，虽然这片戈壁上有成串的水井，沿某
些路线可以走过去，但在到达科布多（Kobdo）东南的小山
脉（它是阿尔泰山系的外围）之前，牧草是极少的。

巴里坤塔格以南地区气候干旱

巴里坤塔格以南的地区，则一片荒凉，布满了石头、砾
石和沙子。只有在山脉寸草不生的缓坡之下，地下水才在几
个地方汇集了起来。哈密和塔兰奇（Taranchi）之间那几个
靠灌溉维持的小绿洲就是这样形成的。绿洲附近即使有小块
的沙漠植被，也几乎难以满足哈密—吐鲁番道上的交通，以
及小居民点不大的畜群冬季放牧的需要。① 哈密周围和东边
地区的条件也与此类似。从喀尔里克山来的能用于灌溉农田
的水量极少，所以包括哈密在内的为数不多的几片绿洲都不
大。而山南坡的道路十分崎岖，除几条又窄又深的山谷中可
能有点植被外，山坡上几乎寸草不生②。

从以上这些粗线条叙述的地理状况中，我们可以得出两
个有历史意义的结论。其一，巴里坤盆地和它东边连着的吐
尔库里盆地，对暂时或长期居住在蒙古西南部的游牧部落而

---

① 在《西域考古图记》第三卷 1154 页以下，简单描述了这片地区。
② 在《西域考古图记》第三卷 1147 页以下，提及了影响哈密绿洲和喀尔里克山脚下地区的地理
条件，另参见《沙漠契丹》第二卷 345 页以下。

言，是特别有吸引力的。另一个同样明显的结论是，这些游牧民族都很好战，他们占据了巴里坤盆地，必然会对南边的绿洲构成持续的、极严重的威胁，也会威胁到经过那些绿洲的大道上的商旅。由于自然条件的限制，那些绿洲都很小，人口不多，无力自卫。同时，俯瞰着它们的山脉也并不能挡住北边来的人的劫掠和进攻。因为那个海拔约 9 200 英尺的叫巴里坤达坂的山口，从来都没有被雪完全封住过，一年中大部分时间都能通车。哈密和巴里坤之间的道路就经过这个山口。通过这个山口，巴里坤盆地东端的人可以很容易就直达哈密绿洲和它附近的所有居民点。① 此外，两侧还有其他山口位于雪山之间较低的地方，骑马也同样可以过去（大概只在深冬有时无法通过）。②

　　这样，由于地理上的因素，哈密和巴里坤盆地之间就存在了一种战略联系。而经过哈密的路，是从甘肃到天山南北两侧最直接、最容易走的路。从中就可以得出这样的推论：要想保证这条路的安全，就必须有效控制巴里坤盆地。中国文献中记载的两地古代史和近代史，都很好地说明了它们之间的联系，以及这同从安西和敦煌方向使用这条沙漠要道的人有什么关系。

巴里坤盆地在历史上扮演的角色

---

　　①　遗憾的是，1907 年和 1914 年我都没能亲自探访这个山口。但 1907 年拉尔·辛格绘制了它的地图。从他的考察来看，山口顶部位于一座完全开阔的高原上，不利于防御。山口以下的南坡上似乎也没有什么太好的地点适合进行防御的。

　　②　在这些山口中，西边的库勒鲁克达坂（Kulluk-dawān）大概高些，东边的查干布拉克达坂（Chagan-bulak-dawān）比巴里坤达坂大约低 1 000 英尺。此外，吐尔库里正南还有一个叫别六达坂（Belü-dawān）的山口（在地图上没标出来），穿过喀尔里克山，进入那林谷地。根据卡鲁特斯先生的地图，海拔大约 11 000 英尺，似乎只在夏季和秋初才能通行。再往东，从塔什布拉克经塔尔（Tal），到伊吾去的路任何季节都是能通行的。

第四节　巴里坤和哈密之间的历史关系

巴里坤和哈密
之间的联系

《汉书》没有直接说明巴里坤和哈密之间因地理状况而产生的历史联系，但它的记载仍很值得注意。我们知道，公元前 121 年，在汉武帝的统治之下，中国的商贸和政治影响力第一次向塔里木盆地拓展。此后 200 年间，匈奴人（或称胡人）虽然被汉朝军队从天山北脚下那条要道赶了出去，但他们仍控制着天山以北的地区，仍不断威胁到汉朝对塔里木盆地绿洲的治理，而且也威胁着那条偏远的交通线。这条交通线把塔里木盆地的绿洲经罗布沙漠同甘肃最西段联系在了一起。汉长城被修到了敦煌以西，就是为了保卫这条交通线不受匈奴的袭击。①

哈密道受到从
巴里坤来的匈
奴人的威胁

公元元年后不久，西汉就灭亡了。从那时候起一直到东汉建立（公元 25 年）后的 50 多年间，哈密和经过哈密的道路完全处于在中原王朝的统治范围之外，甚至也在中原王朝的军事考虑之外。正是这个原因，在《汉书·西域传》中没有提到哈密，也没有提到巴里坤地区。在这段时间里，巴里坤地区被匈奴控制，匈奴以它为大本营，进攻东南方位于北山地区的汉朝边境。在别的地方我曾说过，就是因为持续地受到来自天山最东段的匈奴的威胁，"北新道"才选择了那样的路线。这条道是中国于公元 2 年开通的，始于古代"玉门关"，以便联系"车师后国"（即现在古城附近地区）。②车师后国和南边不远的吐鲁番一样，很早就被纳入了中原王朝的控制之下。要想到达那里，经过哈密的道路无疑是最容易走的。但是，中原王朝一向有面对艰苦的自然条件的心理

---

① 参见《西域考古图记》第二卷 724 页；沙畹《文书》5 页以下。
② 参见《西域考古图记》第二卷 705 页以下。

准备，而不愿面对野蛮的敌人。为此，他们让"北新道"远离哈密。"北新道"经过的地面虽然是荒凉的沙漠，但至少不会受到那些可怕的敌对游牧部落的袭击。

汉朝对西域地区的治理就这样彻底终止了60多年。但在汉明帝时期，大概是由于匈奴势力的削弱，汉朝采取了一些行动。主要是在名将班超的努力下，塔里木盆地和附近地区再次被纳入了汉朝的控制范围。这一次，汉朝是从哈密和天山最东段那个方向展开攻势的。因此，《后汉书》中比较多地提到了巴里坤地区和那里发生的历史事件。有一个有趣的汉文碑铭进一步补充了这些资料。这个于公元137年刻勒的碑铭被发现于巴里坤城附近（指《汉敦煌太守裴岑纪功碑》，记永和二年诛呼衍王，克敌全师之功——译者），沙畹先生将它发表在他的论文集《中亚十题铭》（Dix inscriptions chinoises de l'Asie Centrale）中。[1] 此外，他还收集了一些中国文献，这有助于澄清中国在第二次向中亚扩展时，巴里坤扮演了什么角色。

有一段文献说的是公元72年在重新发动这次扩张之前，皇帝和群臣是如何商议的[2]（永平十五年，明帝召窦固、耿秉等共议击匈奴之策——译者），从中可以看出巴里坤的重要性。文献说，一个后来被委以进攻大任的武将提出了下面的意见："首先应该进攻白山胡人，取得伊吾（哈密）……住在伊吾的是匈奴的南支呼衍部，消灭了呼衍部，就等于断了（匈奴的）左（东）角。之后就可以攻打匈奴了。"（《资治通鉴》卷四五，"永平十五年"条记载，耿秉在商议击匈奴

东汉时期的巴里坤

白山匈奴

---

① 参见沙畹《中亚十题铭》17页以下。
② 参见沙畹《中亚十题铭》19页以下。这段文献出自《通鉴纲目》（T'ung chien kang mu）。——译者

之策会议上献策说："……臣愚以为当先击白山，得伊吾，破车师，通使乌孙诸国以断其右臂；伊吾亦有匈奴南呼衍一部，破此，复为折其左角，然后匈奴可击也。"——译者）根据沙畹先生引用的一段当代汉文文章，汉朝的"白山"指的就是巴里坤以南的积雪山脉。但"白山"可能也包括附近的喀尔里克山，这样说大概是不会错的。

汉朝于公元73年攻打哈密　　关于公元73年那次行动的记载①，直接把我们带到了天山最东段。《后汉书》中说，为了攻打北匈奴，三支军队分别从酒泉（肃州）、居延（据说位于黑河尾闾附近）、平城（山西大同府附近）出发（实为四路，另一路出高阙塞——译者）。平城的那支军队显然是想攻击阿尔泰地区匈奴的"总部"，其余两支军队则分别是从东南和东边穿过北山进攻喀尔里克山地区。从肃州出发的那支军队到达天山，大开杀戒，打败了呼衍王，呼衍王逃往蒲类海（即巴里坤湖）。这一胜利是在班超的领导下取得的，为这个伟大的武将第一次赢得了声名。（主将应为窦固。又焕采沟有汉碑，为班超征伊吾立碑记功。唐姜行本磨去其文更立碑。斯坦因之文或指此而言。——译者）然后他们在伊吾（即哈密）留下了一支守军。第二年（公元74年），汉朝军队从敦煌昆仑关（昆仑塞——译者）②出发，在蒲类海边上击败了白山匈奴。他们还一直进军到车师（这个地区包括吐鲁番和吐鲁番以北的现在古城地区），并在那里设置了西域都护府（应为复置西域都护府和戊己校尉——译者）。

---

①　参见沙畹《中亚十题铭》19页以下。
②　这是位于敦煌长城线上的一个指挥部，大概是保卫敦煌绿洲北—北东方向的长城线的，现在的哈密道就通过那里。参见《西域考古图记》第二卷754页；沙畹《文书》26页。

从上面说的这些文献中可以看出，中原王朝要想重新控制西域地区，就必须首先打败天山最东段（尤其是巴里坤大谷地）的匈奴，然后再攻下哈密，为从敦煌那边来穿越北山的最短、最好走的路赢得一座桥头堡。因此，只有击败巴里坤的匈奴部落，并从他们手里将哈密绿洲夺过来之后，中国才开通了哈密道。它迄今为止仍是中国和中亚之间的主要交通线。关于"呼衍"这个名称，沙畹先生说，它是匈奴（即胡人）的一大分支。司马迁就已提到它，说它是匈奴中最高贵的部族。[1] 如果是这个部族占据了天山最东段，大概表明，当时匈奴人已经充分意识到，巴里坤和吐尔库里谷地的自然条件对游牧生活是何等有利。

汉朝在公元 73—74 年虽然取得了胜利，却没有完全把这支强悍的匈奴部族赶出巴里坤地区。《后汉书》中提到了后来双方争夺哈密的斗争，就充分证明了这一点。公元 77 年中国就从哈密绿洲撤退了，哈密再次落入了匈奴人手中。只是在别的地方痛击了匈奴之后，汉朝军队才在公元 90 年收复了哈密。[2] 由于班超的努力，同一年，西域诸国都归顺了汉朝。但这些成果在公元 107 年都完全丧失了，这些地区又落入了匈奴人手里。公元 119 年汉朝再次采取了行动想夺回哈密，但汉朝军队却在那里遭到了惨败。这样，匈奴人从他们那个位于天山最东段的便利的大本营，就可以肆意劫掠甘肃最西部地区了。[3]

敦煌太守张珰（Chang Tang）于公元 123 年向皇帝上了一份奏折，生动地说明了因此造成了什么样的局面。《后汉

打败巴里坤的匈奴

后来为哈密而进行的斗争

班勇的行动

---

① 参见沙畹《中亚十题铭》18 页。
② 参见沙畹《通报》158 页，1907 年。
③ 参见沙畹《通报》160 页以下，1907 年；218 页，1906 年。

书》中收录了这个奏折。① 它是这样说的："在北匈奴中，呼衍王游移于蒲类海（巴里坤湖）和秦海之间，并把自己的法律强加给西域诸国，联合他们一起进行劫掠。"考虑到这些因素，他觉得最好的办法莫过于从酒泉郡调集 20 000人，集合在昆仑关，"然后攻打呼衍王，这就相当于斩断了他的根。"（《后汉书·西域传》："延光二年，敦煌太守张珰上书陈三策，以为北虏呼衍王常展转蒲类、秦海之间，专制西域，共为寇钞。今以酒泉属国吏士二千余人集昆仑塞，先击呼衍王，绝其根本……"——译者）我之所以引用这段文字，是因为它明确地提到巴里坤谷地和吐尔库里谷地是呼衍王的主要活动区域。敦煌边境地区尤其能感受到这位匈奴酋长的活动。赫尔曼博士说，"秦海"应当就是吐尔库里湖，它是本地区除巴里坤湖外唯一有可能在这样的上下文中出现的湖泊。② 考虑到张珰提议发兵的人数并不多，说明攻打的目标离敦煌不会太遥远。但皇帝没有采纳张珰说的"最佳办法"，而是在公元 123 年派班超的儿子班勇在吐鲁番盆地的柳中（Luchun，即今鲁克沁——译者）建立了一个军事据点。公元 126 年，班勇打败了匈奴的呼衍王，并使"车师六国"从匈奴的压迫下摆脱了一段时间。③

车师六国 　　我们有理由认为，"车师六国"应该包括巴里坤盆地。在我们继续向西走的时候，我还会提到"车师六国"所包括的其他地区。在这里我只说一下《后汉书·西域传》是

---

① 参见沙畹《通报》160 页以下，1907 年；沙畹《中亚十题铭》218 页。

② 参见赫尔曼《丝绸之路》（Seidenstrassen）75 页。沙畹先生在《中亚十题铭》21 页引用的那段对《后汉书》的评论文字中，把"秦海"同"大秦"（即东罗马）联系了起来，觉得"秦海"可能是"西洋"（Western Ocean）。这只能说明，在这段评论文字问世的时候，"秦海"的名称还不为人知。

③ 参见沙畹《中亚十题铭》22 页。

如何描述这几个小国的。该书说："车师前国、车师后国、东且弥、卑陆、蒲类、移支，构成（所谓的）'车师六国'。六国北接匈奴。"① 人们早已认识到，这几国中的"车师前国"和"车师后国"分别就是吐鲁番地区和吐鲁番北边的古城地区，它们都位于天山南麓（车师后国在天山北麓——译者）。② 《魏略》称"卑陆"为"毕陆"，名称稍有不同。根据《魏略》中所述的"北新道"沿线各国地理位置的先后顺序，"卑陆"很可能位于古城和乌鲁木齐之间天山北脚下的一串绿洲中。③ 那段天山很高，有积雪，被称作博格达山。

"车师六国"中的第五国"蒲类"的名称，肯定就是巴里坤湖的古名。但沙畹先生已经指出，根据《后汉书》的记载，"蒲类国"位于巴里坤湖以西很远的一条天山谷地中，大概还在乌鲁木齐的西边。④ 沙畹先生还指出，在《后汉书》的同一章节中，有一段文字很可能解释了为什么"蒲类"这个名称会被移用到西边。文中说，在西域诸国都受制于匈奴的时候，"蒲类"王触犯了"单于"（即匈奴的最高首领）。单于大怒，把"蒲类国"6 000多人流放到一个叫"阿恶"的地区。"阿恶"离车师后国有90多天的路程，位于匈奴的最右边（即最西边）。但某些被流放的人不堪其苦，"逃到了这个山谷定居下来，并建立了一个王国"⑤。

"蒲类"这一名称被移用到西边

---

① 参见沙畹《通报》211页，1907年。
② 参见本书第十七章第一、二节。
③ 参见沙畹《通报》557页，1905年。在评论《魏略》中列的各国时，沙畹先生意识到，各国是从东向西排列的，应该注意到这个顺序能提供给我们的地形线索。
"且弥""卑陆"和"蒲类"都分成东西或内外两部分，它们也出现在《汉书·西域传》中。但按照沙畹先生的看法，《汉书》记载的方向、距离都太混乱，无法给我们提供关于这些地点位置的准确线索。
④ 参见沙畹《通报》557页注3，1905年；209页，1907年。
⑤ 参见沙畹《通报》209页，1907年。

（《后汉书·西域传》："蒲类国居天山西疏榆谷"，"蒲类本大国也，前西域属匈奴，而其王得罪单于，单于怒，徙蒲类人六千余口，内之匈奴右部阿恶地，因号曰阿恶国。南去车师后部马行九十余日。人口贫羸，逃亡山谷间，故留为国云。"——译者）

**巴里坤被称作
"移支"**

紧接着，文中说，"移支占领了蒲类的领土"。沙畹先生由此认为，移支位于巴里坤湖地区。他显然是对的，对移支国民的记载也与这个位置完全一致。"移支国有二千多户人家，三千多人，一千多骁勇善战的勇士。"按照《后汉书》的记载，移支国人勇敢、好战，惯于劫掠，过游牧生活，不从事农业生产。我们可以看出，不论是《后汉书》中说的巴里坤谷地的移支人是被征服的一支匈奴人，还是别的什么起源，巴里坤谷地有利于牧业的自然条件自古就没有改变过。

东且弥国

还有一个国家"东且弥国"的位置我们没有说。要想确定这个国家的位置，《魏略》中的西域诸国名单仍可以给我们提供地形上的线索。"北新道"从玉门关西北的沙漠中出来后，经过了车师后国的几个属国，其中"东且弥国"和"西且弥国"是最先被提到的。[1] 我在《西域考古图记》中已经说过，公元 2 年开通的这条联系着玉门关和车师后国的"北新道"，必定在一个容易走的鞍部穿过了天山。这个鞍部位于七角井（Ch'i-ku-jing）和大石头（Ta-shih-t'o）之间，现在从哈密到古城的中国车道就经过那里。[2] 与附属于车师后国的其他小国一样，"东且弥国"肯定在天山北边。从巴里坤往西，过了上面说的那个鞍部后有一些谷地和高原，

---

① 参见沙畹《通报》556 页以下，1905 年。
② 参见《西域考古图记》第二卷 705 页。

"东且弥国"应该就位于那里。我们在从巴里坤到古城的路上，也经过了那个地区。

我在下文中还会简单地描述一下这一个地区。但我在此应该说，这个地区的自然状况和《后汉书》说的"东且弥国"完全一致。[①]《后汉书》中说，"东且弥国"有三千人家，二千多名勇士；国民住在小屋子和帐篷里，靠放牧为生，只从事一点农业生产。巴里坤以西的天山海拔高度变得很低，到了将古城和吐鲁番隔开的有常年积雪的那段则又抬高了。所以，巴里坤以西的谷地中的水分就不太多了，直到木垒河（Mu-li-ho）以东森林覆盖的山坡情况才有些改变。尽管如此，在大多数地方仍可以找到牧场和小块垦殖区。越接近古城地区，牧场和垦殖区就越大，地位也越重要。既然《后汉书》中并没有提及"西且弥国"，我们大概可以同意沙畹所引述的《后汉书》评论者的意见，即"西且弥国"可能已经被"东且弥国"吞并了[②]。这也可以解释为什么"东且弥国"的人口比"移支"或巴里坤盆地要多不少。

关于"东且弥国"的描述

上面我们概述了天山北麓的那些地区，巴里坤一度与它们有过联系。现在，我们来看看关于东汉时期的巴里坤还有什么别的历史资料。班勇使车师六国摆脱了匈奴的控制，但这种状态注定为期不长。我们读到，到了公元131年，东汉王朝就不得不在伊吾（即哈密）实行军屯，以防止匈奴把伊吾变成他们进行劫掠的基地。[③]公元135年，车师后国又遭到了北匈奴呼衍王的袭击，东汉王朝从敦煌派出一支军队

巴里坤的历史资料

---

① 参见沙畹《通报》210 页，1907 年。
② 参见沙畹《通报》557 页注 1，1905 年。
③ 参见沙畹《通报》167 页，1907 年。

攻打呼衍王，但没有成功。①

裴岑的碑铭
(公元137年)

两年后，敦煌太守裴岑又出击匈奴，并且打了胜仗。关于这次胜利，目前仅存的证据只有一个碑铭。这块碑最初立在巴里坤湖边一座庙里，现在保存在巴里坤城西北角外的一座庙中。② 它记录了裴岑所取得的胜利，说裴岑率3 000人于公元137年在一次战役中打败了呼衍王和他手下的人。令人感到奇怪的是，东汉时期的历史文献都没有提到过这次胜利。但这个胜利的果实也未能保持多久。据《后汉书》说，公元151年，呼衍王率三千骑兵劫掠了伊吾（哈密），被派往"蒲类"（巴里坤湖）以东的一支汉军被他彻底消灭了。当年，从敦煌派出一支汉朝军队营救伊吾。这支汉朝军队前进到了蒲类海，但行踪不定的呼衍王已经撤退了，汉朝军队无功而返。③ 这是《后汉书》中关于西域诸国的最后几个事件之一。东汉末年，帝国内部分崩离析，东汉王朝在边境以外的影响力也越来越弱。因此，数百年间都没有任何关于天山地区的资料。

突厥部落占据
了哈密

很可能，在此后几个世纪里，天山北麓那些有诱人牧场的谷地继续被匈奴（胡人）占据。匈奴西迁后，柔然人、突厥人，以及从属于突厥的铁勒人（Tölös）都在这里居住过。直到公元7世纪初隋朝才恢复了同中亚的关系，唐朝皇帝们又很快确定了"扩张"政策。这样，中国文献才又提到了这一地区的情况。据说，铁勒人（后来他们成为著名的回鹘

① 参见沙畹《中亚十题铭》23页；《通报》213页以下，1907年。
② 这块碑是在公元1757年第一次被人发现的，见沙畹《中亚十题铭》17页以下。以前，得维利亚先生曾将它校订并翻译了过来，见戈厄纳《杜特雷伊·德·安探险队》第三卷136页以下。（该碑原立在巴里坤城西25公里，雍正七年即公元1729年，大将军岳钟琪移至将军府，撤兵时又移至城西25公里的关羽庙，裴文达奉命巡伊犁，亲见是碑，重拓归以遗大夫，名遂大显。——译者）
③ 参见沙畹《通报》214页，1907年。

人）公元 605 年战胜了西突厥的可汗，成了伊吾（哈密）、高昌（吐鲁番）和焉耆的主人。[①] 伊吾的首领在公元 608 年臣服了隋朝，他的称号是突厥式的，大概他来自天山北麓某条谷地中的一个部落。[②] 之后伊吾又落入了西突厥之手，而唐朝直到公元 630 年才控制了伊吾。从上文我们可以看出，哈密绿洲和它北边的天山北麓地区，由于地理特征的原因，政治上也有相对独立性。这使得唐朝在公元 630 年决定性地打败了北突厥的首领后，才得以把这个地区当作经营西域的天然大本营。[③]

几年后，高昌王麴文泰和西突厥可汗袭击了哈密。于是，公元 640 年唐朝大举远征西域，攻取了吐鲁番。这次远征就其最终效果而言，还使唐朝牢固确立了对西突厥领土的绝对控制。有一块有趣的石碑，是在最终打败西突厥的这一年立在巴里坤山口上的（现在这块石碑仍在那里），碑中说的就是这次远征。碑铭很长，沙畹先生根据伯宁先生的拓片第一个将它校订并翻译了过来。唐太宗派了三支大军出征吐鲁番，碑铭就是赞颂其中一个大军的统帅姜行本的。公元 640 年的中国农历五月，他率军队来到了"时罗漫"山顶，然后下到"黑绀所"，"一路砍树，直到山上的森林都为之枯竭"。在一个月之内，这支"高昌大军"就制造好了攻城的器械，如弩炮和其他武器。碑铭对姜行本将军及其所率部队竭尽赞美之能事，末尾是诗一般的赞美词，但这些都不能

碑铭记载公元 640 年远征吐鲁番

---

① 参见沙畹《西突厥史料》（*Turcs occid*）89 页注 3。
② 参见沙畹《西突厥史料》169 页注 8。
③ 参见沙畹《西突厥史料》170 页。

对当地情况提供什么资料。① 但可以肯定的是，这支大军先过了巴里坤山口，然后到了"黑绀所"高山，因为，自古以来，在天山最东段以南地区都是找不到多少木材的。至于"黑绀所"究竟是什么地方我还无法判断，但显然它是天山北坡森林茂密的一个地方，离巴里坤山口很近。②

在高处的黑绀所造攻城车

沙畹先生已经指出过，这个碑铭说的并不是该次战役的辉煌战绩（当年农历八月，唐朝军队攻下高昌，这才取得了胜利），而是准备攻城车，是它最终为唐朝军队赢得了胜利。③ 姜行本到达天山的时间和碑铭的凿刻时间（公元670年农历六月二十五日，相当于公历 7 月 20 日）相隔不长。对于这一点，《唐书》中关于姜行本的传记是这样解释的：这块石碑上原来刻着赞颂班超功绩的碑铭，结果碑铭被刮掉，刻上了后来的碑文。④ 前面已经说过，班超这位著名的汉朝将军第一次扬名，是因为他在巴里坤湖畔击败了匈奴的呼衍王。550 多年后，由于唐朝将军姜行本急切地希望别人把自己的功绩尽快铭刻在石碑上，因此我们就看不到原来那个大概更有历史价值的早期碑文了。

我们大概可以这样猜想：这次唐太宗进攻吐鲁番发兵数

---

① 但是，第三联却反映了大批汉朝军队在穿过北山沙漠时必定遇到的艰难险阻。沙畹先生的译文是这样的："边界的云聚集着，困扰着道路；胡地的风使路整天看起来模糊不清。"（原文为法文——译者）这显然指的是春夏两季时，穿越哈密以南沙漠的人经常会遇到的沙暴。

② "黑绀所"的字面意思是"黑紫色的地方"，大概是朝向布谷那特达坂（Bökunāt-dawan）的那条谷地的"头部"。从我们看到的北边山坡的情况来判断，那里的针叶林最为茂密。

③ 参见沙畹《中亚十题铭》36 页。关于在攻打高昌时使用这种战争器械的情况，参见沙畹《西突厥史料》106 页。

④ 参见沙畹《中亚十题铭》34 页。

量极大①，因而便乘胜进军汉朝时叫车师后国的那个地区。这个地区后来成了"北庭都护府"，是确保唐朝控制西域的四个都护府之一。但《唐书》中说，高昌被攻下后，这个地区也就投降了。唐军的"总工程师"在"时罗漫"② 山上督造的攻城车，在攻打高昌时被有效地投入使用了。

　　唐朝取得吐鲁番地区后大约一个半世纪长的时间里，确立了自己对"西域诸国"的控制地位，但巴里坤谷地仍一直被突厥部落占据着。《唐书》中有一段关于"沙陀"的记载，说："沙陀"属于西突厥的"处月"一支，住在"金娑"山以南、蒲类海（巴里坤湖）以东；有一片叫"沙陀"的石漠，因此他们被称为"沙陀突厥"。③ 该书中还有一段文字说，公元 653 年，"处月"的领土分成了两部分："金满"和"沙陀"。"金满"是北庭都护府的驻所，也就是今天古城西边的吉木萨（Jimasa），下文也将说到这一点④。因此，我们可以这样猜想（沙畹先生就是这么说的）："处月"的一支占据了巴里坤湖以西的天山山坡，而另一支"沙陀"则占据着巴里坤湖以东的谷地。⑤ 西突厥的可汗乙毗咄陆（I-p'i Tu-lu） 于公元 642 年和"处月"劫掠了哈密，这个史

突厥部落占据
巴里坤地区

---

　　① 根据刻在石碑两侧面文字看，这次派出的唐朝军队有两个副统帅，每人率 15 万人（参见沙畹《中亚十题铭》32 页以下）。那里还提到，除此之外，还有大队的突厥和铁勒（回鹘）人的增援骑兵（参见沙畹《西突厥史料》105 页）。如果是这样，似乎很难解释规模这样大的军队，在沿安西—哈密或哈密—吐鲁番等沙漠道走的时候是如何解决粮草供给问题的。但显然，他们动用了交通线上的一切手段。我们在其他历史文献中曾看到过，中国人在处理"物资运输"问题是特别出色的，比如贰师将军穿过罗布沙漠（见本书第九章第五节），以及高仙芝穿越帕米尔高原和兴都库什山。参见《西域考古图记》第一卷 53 页以下；《地理学杂志》109 页以下，1922 年 2 月。

　　② 这个名称是对天山最东段的笼统称呼，参见沙畹《西突厥史料》18 页注 2，另参见该书 305 页。

　　③ 参见沙畹《西突厥史料》97 页。

　　④ 参见本书第十六章第二节。

　　⑤ 参见沙畹《西突厥史料》272 页。

料和我们上面的猜想完全吻合。[1] "金娑"山在其他地方似乎没有被提到过,大概就是一直延伸到吐尔库里谷地以北的那条山脉,它还伸展到了大约东经 91°线附近。"沙陀大石漠"可能就在这条山脉的北坡上。关于北坡地区,我只知道吐尔库里和那林库尔的牧人冬天到那里去放牧。

沙陀部

据《唐书》记载,"沙陀"是公元 658—659 年西突厥彻底失败后,唐朝在西突厥的广大领土上设立的"地方政府"之一。[2]《唐书》中还记载了他们的某些首领的详细情况,一直记载到吐蕃的进犯动摇了唐朝对这一地区的控制为止。有趣的是,在唐朝灭亡后的动荡年代里,这些首领的后裔建立了几个都没有维持多久的朝代,即后唐、后晋、后汉(公元 923—951 年)[3]。

哈密和巴里坤后来的历史

关于巴里坤的文献,除上文所述的唐代文献外,之后约一千年间,关于这一地区似乎没有什么被翻译过来的汉文资料。但可以肯定的是,在中世纪后期的大部分时间里,巴里坤和哈密一样,都是在回鹘首领的控制之下的[4]。明朝时期,哈密历经了很多沉浮,这一段的文献比较多。但文献没有告诉我们在天山最东段以南的绿洲遭到劫掠的时候,巴里坤扮演了怎样的角色。[5] 康熙大帝于 17 世纪末又实行了向中亚扩张的政策(这一政策已被搁置了足足 900 年)。当时,哈密已经在准噶尔人手里了。康熙于 1696 年在科布多大败准噶尔人的最高首领噶尔丹,这标志着中国开始重新收复古

---

① 参见沙畹《西突厥史料》97 页。
② 参见沙畹《西突厥史料》272 页。
③ 沙陀后来迁移到了甘肃,可能迁到了甘州以南的南山地区。见高居海公元 938 年说的话。该段话引在《西域考古图记》第三卷 1129 页,那里还提到了其他参考资料。
④ 参见布雷特施奈德《中世纪研究》第二卷 177 页以下。
⑤ 参见布雷特施奈德《中世纪研究》第二卷 180 页以下。

代它在中亚地区的领地。值得注意的是，就在清朝军队远在蒙古西北大败噶尔丹的那一年，哈密明确地归降了清朝，从巴里坤—哈密道上还设了一个中国哨卡①（到哈密这个重要基地的其他道路上也都有中国哨卡）。

此后半个多世纪长的时间里，哈密尽管有中国驻军，仍继续受到准噶尔人的威胁。文献中曾多次提到清朝派兵到巴里坤以及在那里设置哨卡，来协助哈密驻军打败准噶尔人。② 1759 年，乾隆大帝成功地发起攻势，彻底收复了准噶尔和塔里木盆地。直到那时，联系新疆和中原的哈密道才算最终平定了下来。

在天山两侧，鲜明的地理条件是占支配地位的，人类活动很少能将其改变。所以，这里的历史不可避免地发生重复，甚至细节都会重演。1863 年，由于东干人即信伊斯兰教的汉人的叛乱，大清帝国又丧失了新疆。东干人在中国新疆驻军中占很大比重。甘肃也受到了东干人叛乱的影响，直到 1873 年才被清朝收复。左宗棠就是在甘肃做好准备，最终将丧失的中亚领土又重新纳入了大清帝国的版图。

从东干人手中收复新疆

1874 年左宗棠发起了攻势。但攻势要想成功，攻取哈密并把那里作为军事基地是一个必不可少的条件。他们沿穿越北山的那条直道走，拿下了哈密。去攻打哈密的那支中国军队先是转移到北边遥远的蒙古地区，然后在 1875 年初攻下了巴里坤，于是哈密也很快被攻破了，从哈密穿过沙漠到东南去的那条直道才重新开通。③ 有了这条道，才有可能逐渐集结军队。这些军队沿古城、乌鲁木齐、玛纳斯一线朝库

1875—1877 年，哈密被当作军事基地

---

① 参见安保尔特-呼阿特《哈密地区》45 页以下。
② 参见安保尔特-呼阿特《哈密地区》48 页以下。
③ 参见布尔格《中国史》第二卷 480 页以下。

尔加（Kulja）进军，在天山以北地区镇压了东干人的军队。一年后，他们从哈密进军吐鲁番，迅速收复了塔里木盆地，阿古柏的统治宣告结束。①

---

① 参见布尔格《中国史》482 页以下。

第十六章　到古城并穿越天山

第一节　从巴里坤到古城

人畜在长期艰难的跋涉后急需休息，我在风餐露宿中患了 在巴里坤停留
风湿病也需要静养，因此，10月4日到7日我只好在巴里坤
休整。我得到了有学者风度的地方长官李树荣先生（图297）
以及中国守军年迈的镇台极为热情的款待。我们住宿的那座
庙非常舒适，记载裴岑公元137年战功的石碑就立在那里
（图291）。冬天的脚步已经悄然而至，在我们停留期间，晚
上下了第一场雪，因此有这样一个住所就更显得重要了。上
述情况都使我们的休整十分愉快。我的助手曾到巴里坤湖滨
以及巴里坤城南谷地边的山上做过几次考察。此外，我们还
利用这个机会搜集了很多有用的信息，它们不仅和此地的状
况有关，还与我们将要走的天山北麓的地貌状况有关。李大
老爷本是古城人，曾在古城做过教书先生，只是由于革命后
情况发生了变化才做起官来。但是，他十分关注学术问题，
对有历史价值和文物价值的东西有强烈的兴趣。旧式的读书
人（像我在和田和阿克苏的保护人潘大人以及在敦煌帮了我

不少忙的朋友王大老爷）一般都有这个特点。①

巴里坤在现代史上的重要性

通过李大老爷，我才知道古城以远的古代金满（或北庭）遗址，以及向南直接穿过天山到吐鲁番去的道路。他还委婉地告诉我，为什么中国现在一直不让游牧部落靠近巴里坤牧场，并鼓励汉人定居到谷地中可耕种的地方来，同时又严格地把东干人排除在外的原因。从巴里坤向北是到科布多去的要道，向东北则是去乌里雅苏台的要道。这两个地方本来都有中国驻军，是中国在外蒙古的据点。直到革命爆发，外蒙古在俄国的支持下宣布独立，这些据点才被废弃。巴里坤城不大，人口也不多，驻军人数却很多，这显然是为了戍守那些道路。在我看来，与散布在塔里木盆地的那些所谓驻军相比，巴里坤的驻军武器装备要好些，军容也比较严整。据说巴里坤城的历史可以上溯到乾隆年间设在此地的一个军屯点，如今城里有约两千户人家。除一些来自喀什的回族商人外，所有居民都是汉人。但很多房子看起来似乎没人居住。城东那座带围墙的城堡本是清朝驻军的所在地，自从东干人叛乱后就完全成了废墟。

游牧部落迁移到天山

辽阔的准噶尔沙漠把巴里坤盆地以及它东西两侧连着的天山山坡同阿尔泰地区的蒙古牧场隔开了。阿尔泰地区在政治上已经不再受中国的控制，这也对保卫巴里坤的中国当局产生了影响。在过去三年里，有大批的哈萨克人在和喀尔哈蒙古人（Khalkha Mongols，指住在阿尔泰地区的蒙古人——译者）打过仗之后，向南迁移，寻找居住地。他们信仰伊斯兰教，讲突厥语，是突厥人的后裔。中国的行政管理机构无

---

① 参见《古代和田》第一卷第七节 358 页、507 页；《西域考古图记》第一卷序中的 10 页，第二卷 608 页，第三卷 1297 页；《沙漠契丹》第二卷 15 页、33 页、69 页及 421 页以下。

法不让他们进入乌鲁木齐和巴里坤之间的天山牧场。但天山俯瞰着与中国内地联系的几条重要交通线，在这段天山上出现了这些游牧部落，使他们感到十分不安。因此，他们在乌鲁木齐以东竭力控制哈萨克人的数量，并禁止哈萨克人进入巴里坤湖以东的牧场。我们后来在巴里坤西边和大石头之间的路上翻越了一些小山，我们听说那里只有两个哈萨克人聚居区，分别有 700 和 800 座帐篷。

　　我觉得很有意思的是，巴里坤那些和善的中国朋友看到这些不受欢迎的游牧部落从北边迁移过来，本能地感到担心。他们还采取了一些行政措施，确保这些游牧部落在划给他们的土地上"定居"下来。显然，出于中国历史上几百年的经验，中国人一直害怕这些游牧的"蛮子"一旦受到附近民族的进攻就开始迁徙，不会满足划给他们的地区，而且很快去寻找更合他们口味的牧场，或者开始劫掠。当然，如果不使用武力，他们是没法从已经占据了这些牧场的部落手里将牧场夺下来的。这样就会引发一连串的民族迁徙，其规模将像滚雪球一样越来越大。像过去席卷了中亚的大规模迁移一样，不论是在中国还是在西方，这样的迁徙都会摇撼文明地区的和平与秩序。

> 中国人害怕游牧部落迁移

　　为了让这些新来者充分意识到中国的权威，官方采取了一项行政措施，要求哈萨克人为来往于巴里坤道上的官员、信使等提供马匹。如果是地方官征用马匹，自然都是免费的。那个和善的巴里坤地方官就强让我使用这样的马匹。我很乐意在去古城的途中利用这些马匹，因为我的某些受过严峻考验的牲畜特别需要呵护。当然，为此我给了那些哈萨克养马人丰厚的报酬。正是因为用了这些马匹，我们既快又轻松地到了古城，连续九天走了 200 多英里。同时，我还有机

> 哈萨克人提供马匹

会观察这些刚迁来的哈萨克人。他们最近的迁移隐约反映了以前的民族大迁徙。从大月氏（即后来的印欧—锡西厄人）时期甚至比大月氏更早的时候起，就有很多迁徙的民族经过了准噶尔这条通道。

哈萨克人的人种类型

我们相继在途中的几座哈萨克帐篷那里得到了马匹。哈萨克人男子一律都是挺拔俊秀的，看起来很勇敢（图293）。他们的五官没有蒙古人的特征。就这一点来说，他们和我在天山西段和帕米尔见到的吉尔吉斯人①，以及在黑河和开都河上遇到的蒙古人都很不同。我们走得太快了，没有时间收集足够的人体测量学资料。但我认为，哈萨克人种中有很多"高加索"成分，大概起源于"阿尔卑斯人"（Homo alpinus，高加索人种的一支，其特征为头宽而圆，身高中等，皮肤浅黑，头发、眼睛呈棕色——译者）。中亚"阿尔卑斯人"的最典型代表就是帕米尔附近谷地中的加尔查人（Galchas）。在塔里木盆地的居民中，"阿尔卑斯人"占很大比重。② 同样使我感到惊讶的是，负责看管租来的马的那些哈萨克人服饰很华丽，有很多衣料来自遥远的欧洲或中国内地。

游牧部落的生活富足而舒适

这些人既不是酋长，也不是头人，但是他们的服饰充分说明游牧部落的生活是富足而舒适的。对此，西方的历史学者们常常估计不足（在民族大迁徙时期，就是亚洲游牧部落进犯了欧洲）。我们在路上遇到了一大队强壮的哈萨克人，他们赶着近60只骆驼及60头骡子，都是聘礼。那位待聘的姑娘也是哈萨克人，住在乌鲁木齐附近的小山区里。这幅画

---

① 参见《西域考古图记》第三卷1300页、1358页。
② 参见《西域考古图记》第三卷1368页以下乔伊斯先生撰写的附录C。另参见本书中他撰写的附录C。

面仿佛出自遥远的从前。一些哈萨克人对我说，他们很不满意这里划给他们的牧场，特别希望夺回阿尔泰的旧牧场。当然，他们要想夺回旧牧场就得战斗，但即使取得了旧牧场，地位也不会稳固。那些牧场的水、牧草和猎物比这里要丰富得多。从他们的言谈中可以看出，我在巴里坤的那些汉人朋友对迁到当地的哈萨克人表示担心是不无道理的。这些游牧部落仍秉承了古代好战的精神。

我们从巴里坤到古城的路线是欧洲旅行者常走的路线，所以我就不必详述所经过的地面状况了。但我可以简单说一下几段路的主要自然特征，大概对读者有所帮助，因为这会有助于澄清一些古代地形问题（在上文讨论巴里坤的历史时，我们已提到了这些问题）。第一段路是到巴里坤盆地的西端，从巴里坤湖边的宽阔草地开始，止于西边那条不太分明的分水岭（分水岭把流向芨芨台子的那条小溪所在的谷地与巴里坤盆地分隔开了）。这段地面上有很多眼泉水。不仅湖边有很好的牧场，而且湖西边较高的开阔草原上，以及从高原状的分水岭延伸下来的那些小谷地底部（小谷地将分水岭切割开来）牧草也很丰茂。植被之所以比较丰茂，是因为南边的天山虽然低于终年积雪线，但仍是很高的，能挡住很多水分，冬天尤其如此。因为这样，这段天山的北坡有一条大致连续的森林带，位于海拔约 8 000 英尺的山坡上。有时，天山向北伸出来小分支，分支的东坡上林带的位置还要低。沿途不时地看到泉水，大概天山北坡上的泉水也很多。

在路边小站骆驼泉子（Lo-t'o-ch'üan-tzǔ）和五墩水（Wu-tun-shui）之间，我们越过了分水岭。分水岭是几条低矮崎岖的山脉，海拔约 7 400 英尺。过了分水岭，植被明显变得稀疏，天山主脉的北坡上也看不到树。但在叫带水崖子

巴里坤以西的天山山坡

天山豁口

（Tê-shui-ai-tzǔ）的休息地的南边，天山仍高达9 000英尺。
我们在带水崖子经过了一条小溪，山上常年都有足够的水源
补给这条小溪。小溪流进了北边那条主要谷地，车道就是下
到谷地中的芨芨台子去的（我们没有走车道）。谷地中大概
有泉水，因为在芨芨台子这个令人愉悦的小站，我们发现了
一条活泼的小溪，还有几块农田。小站还有一个士兵驻守。
小溪流了4英里后，折向正南方，在一条谷地中穿过了一条
豁口。在喀尔力克山到乌鲁木齐东南的博格达山之间的整条
天山山脉上，这条豁口大概是最低的地方。小溪灌溉着一片
叫噶顺沟（Ka-hsün-kou）的小绿洲，小绿洲坐落在肥沃的
河谷中。根据空盒气压表的读数，其海拔不足5 000英尺。
从这里，一条开阔的谷地似乎朝着七角井所在的洼地缓缓下
降（七角井位于哈密—吐鲁番道上）。然后路朝着西南升到
了高原般的地面上。它与来自七角井的大道相遇后，在天山
一个海拔约5 600英尺的鞍部穿过了分水岭。朝西北延伸到
大石头的谷地中（图290），几眼泉水汇成了一条小溪。由
于小溪的存在，2英里的距离内都有农田。可以说，到了这
里，第二段地面就算到头了，因为过了这里之后，天山北麓
有30多英里长都是干旱的石漠，几乎没有什么植被。

东且弥的位置　　　　在上文说到《后汉书》和《魏略》关于天山北麓的地
形资料时，我曾让读者注意《魏略》中关于"东且弥国"
的文字。那段文字说，"北新道"从东南方的沙漠中出来后，
到达的第一个（也是最东边的一个）天山北麓地区就是东
且弥国。[①] 地理状况明确而不可更改，所以我们可以肯定，
当时从玉门关到天山北麓那些地区的"北新道"，必定在大

---

① 参见本书第十五章第四节。

石头上方的鞍部穿越了天山（现在的大道也是如此）。我认为上文说的第二段地面就属于"东且弥"，很可能我们经过的第一段地面也属于东且弥的领土。

《后汉书》只提到东且弥，没有提到西且弥。而《魏略》中说，东且弥西边紧挨着的就是西且弥。考虑到这一点，《后汉书》的评论者徐松认为，东汉时期，西且弥被东且弥吞并了。① 有一段记载支持他的这一假设。《后汉书》中说，东且弥人过游牧生活，住在小屋和帐篷里，只有很少的农业。但文中记载东且弥国共有 3 000 户，而移支国则只有 1 000 户（上文说过，移支就是巴里坤谷地）。② 如果当时东且弥的国土包括巴里坤以西的谷地和高原，以及木垒河和古城南边的天山，就可以解释为什么东且弥的人口这么多了。木垒河和古城南边的天山又变高了，山坡上水分很多，天山分支和地势较高的谷地上都有不少森林，往下则有很多地方适合农耕。

东汉控制下的东且弥的范围

10 月 13 日，我们穿过了大石头和荒凉的路边小站三个泉（San-ko-ch'üan）之间一座干旱的光秃秃的石高原，总共走了 27 英里，一路顶着恼人的暴风。这座高原充分地代表了天山较低处北麓的地貌，它就是第三段地面。可以说它还朝西又延伸了 14 英里。这 14 英里都是土质很干的草原，只有很稀疏的灌木。除某些地段海拔 10 000 英尺的山谷外，整个第三段几乎都没有牧草。

光秃秃的石高原

① 参见沙畹《通报》557 页注 1，1905 年。
② 参见沙畹《通报》210 页，1907 年；本书第十五章第四节。

木垒河上游的
牧场

我们在木垒河村遇到了第一处农田。那里的乡村景观与前面极为不同。木垒河村看起来是汉族风格，居民多为汉人。但我们在村民中还发现了一个叫依布拉音·阿洪的富裕的叶尔羌商人，他自称是英属印度人，还热情地给我们提供了住处。他是最近随哈萨克人的迁移来到这里的。以前他住在科布多、乌里雅苏台等地，与哈萨克人做生意，那时哈萨克人还在他们的阿尔泰山区的旧地。他告诉我们，他的哈萨克"主顾们"占据了南边天山山坡上的牧场。这个消息很有价值，因为自从我们在大石头遇上暴风后，空气中就飞满了尘沙，根本看不见远处。[1] 依布拉音·阿洪告诉我们，天山的一些分支和谷地朝木垒河及西边的其他绿洲伸下来，山上和谷地中都有肥沃的牧场。这里的天山又变得很高，他说的很可能是真的。但让我吃惊的是，这里的人们在有利的气候帮助下，改变了这些牧场的用途。

不用灌溉进行
农耕

这一段山坡的林带以下，可以不用灌溉从事农耕。这充分表明，此地的气候条件与前面相比发生了显著变化。再往下在去古城的路穿过的绿洲中，就必须用水渠引水，来补足雨雪的水量了。依布拉音阿洪告诉我们，不用灌溉的农田其最北端离大路约有 30 里（约 6 英里）远。后来我在从吉木萨到泉子街（Ch'üan-tzǔ-chieh）途中观察到的情况，与他说的完全一致。耕种这些农田的都是汉人。由于不断有新的住户从中国内地移迁过来，所以人口一直在增加。据说，每年夏天都有成千的吐鲁番人翻过天山来到这里，受农田主雇佣从事收割或其他劳作，他们得到的报酬比塔里木盆地绿洲中

---

[1] 在我们从大石头到古城的路上，几乎看不见南边的山。后来，我从古城派拉尔·辛格经过江布拉克（Jam-bulak）和苦泉（Ku-ch'üan）山口，考察了那段天山。

常见的报酬要高很多。从中我们可以看出这些农田的范围有
多大，价值有多高。尽管中间隔着天山，但在古代，车师前
国和车师后国（即现在的吐鲁番和古城地区）之间就存在
着密切联系。而我们一到天山北麓的这串绿洲，就得知现在
这两个地区之间在农耕时期也发生了联系。山坡上的农田不
断扩展，导致了现有牧场的缩小。我们发现了哈萨克人的
1 500座帐篷，他们是最近从北面迁到古城地区的。据说，
他们已经开始抱怨划给他们的牧场太小，不够放牧牛羊，并
迫切地想回到阿尔泰山区去。

在木垒河，我就觉得我们已经进入了从巴里坤算起的第　奇台县的农田
四段路。后来，我们又走了两天，于 10 月 16 日到达古城。
途中看到的情景和我的判断完全相符。从木垒河起，路就是
朝下去的，远离了山区。在木垒河以西穿过的不是农田就是
草地。从原来的奇台县东边开始，有很大一片连续不断的农
田，而且主要靠雨水维持，水渠很少而且很浅。这里的农业
居民也都是汉人。但大多数农田看起来是荒废的，这说明要
么还没有那么多农业劳动力开垦全部的土地，要么是有些人
迁到了南边，因为那里的雨水更充足，庄稼收成会更好。过
了奇台县境后，路沿着一块宽阔的冲积扇朝下延伸。冲积扇
上覆盖着丰富的植被，但没有被开垦过。北边远处可以望见
高大的沙丘，那是准噶尔沙漠的最外缘。准噶尔沙漠将天山
山麓与阿尔泰山脉的最南端分隔开了。

有一个地方长满了草和灌木却没有多少农田，古城子　古城子
［突厥语称之为古城（Guchen）］就坐落在那里。它人口众
多，集市很大，城墙又厚又高，看起来完全是一座真正的中
国城市。它位于博格达山脚下一片肥沃绿洲的最东端，是几
条重要商道的起点，有的商道通向蒙古或西北方的西伯利

亚，还有的通向中国最西端。同时，从古城出发，经过现在的新疆首府乌鲁木齐，很容易就能到达西边的伊犁大谷地，也很容易通过吐鲁番盆地，走到那条把塔里木盆地的绿洲连接起来的大路上去。由于没有汉文资料，我不知道"古城子"这个地名的起源是怎样的。李大老爷曾告诉我，古城以北有一座大概是唐代的废城遗址。但遗憾的是，我既不能到那里去，也没有从当地人那里打听到关于废城的遗址信息。

古城在商贸活动中的重要性

在古城两天的停留期间，我注意到很多事实表明古城是一个商业中心。由于乔治·马继业爵士的推荐，我住在一个富有的喀什商人的家里，并受到他的热情款待。我观察到，有很多不容置疑的迹象表明俄国的贸易已经渗透到了准噶尔西部城镇。这种贸易主要是从塞米巴拉金斯克（Semipalatinsk）经西伯利亚大铁路进行的。古城的衙门还有成队的蒙古人。这表明，由于地理原因，阿尔泰地区的蒙古游牧部落和天山南北的绿洲之间自古以来就有联系，如今这种联系也并未中断。

与吐鲁番之间的密切联系

更使我感兴趣的是古城与吐鲁番盆地之间的密切联系，从手头的所有历史资料中都可以看出这种联系。在古城的集市上可以看到很多吐鲁番人，他们大多数是民工，夏天在天山以北干完活后，正准备返乡。他们中也有一些吐鲁番人是商人，主要贩卖棉花和水果。吐鲁番温暖的气候很适合这些农作物生长，而在天山以北比较冷的地区，这些东西则比较缺乏。吐鲁番商人带回面粉、羊、毡子等，这些物产有的来自古城地区当地，有的来自附近的游牧民。古城集市上的吐鲁番水果种类十分丰富。这些事实足以说明，尽管南边的天山又高又崎岖，山顶还有积雪，但并没有对古城和吐鲁番地区（即古代车师前国和车师后国）之间的联系造成障碍。

图 289 去天山最东段吐尔库里的途中，在喀拉辛吉尔望到的
喀尔力克山

图 290 在大石头站上方的天山鞍部

图 291　巴里坤城外的寺院，可望到巴里坤塔格

图 292　泉子街，可望到天山

图 293　巴里坤以西路上的哈萨克牧民

图 294　古代北庭（别失八里）遗址外围墙的西北角

第二节　北庭遗址和车师后国王庭

为什么要到吐
鲁番去

　　尽管积雪的天山北麓在地理上有很多值得注意的地方，但出于两个重要原因，我不能在天山北麓停留太久，必须尽快到南边的吐鲁番去。吐鲁番盆地将是我们秋冬考古工作的基地。我计划派拉尔·辛格在库鲁克山的沙漠地区进行广泛考察（包括进行三角测量）。考虑到那一地区的自然条件，大范围的考察活动只能在咸水泉已经冻结、可以携带冰的几个月里进行。因此我必须及时在吐鲁番做好安排，使拉尔·辛格可以尽快启程。对此拉尔·辛格也早已跃跃欲试了。我想直着向正南走到吐鲁番去，这样就能穿过天山主脉上迄今为止还没人考察过的一部分。

到吐鲁番去的
山路

　　在和巴里坤的李大老爷讨论文物问题时，他告诉我，古城和吐鲁番之间有一条人们经常走的经过巴诺帕（Pa-no-p'a，即今后窑子达坂——译者）的山道，即《唐书》中所说的那条道（这段文字由沙畹先生翻译过来），《唐书》中所说的那条道是从吐鲁番的故都交河［即现在的雅尔和屯（Yār-khoto）］到北庭的。本来我就是打算沿着这条直道走的，得知这个消息后，我的这个愿望就更强烈了。北庭也就是汉朝的金满，是唐朝一个重要都护府的驻地①。中国文物学者、《西域水道记》的作者徐松，正确地断定北庭就是吉木萨城以北的一个遗址（吉木萨位于古城西南，离古城有一天的路程）。因此，我似乎可以先去访问一下北庭，之后朝正南的

---

①　参见沙畹《西突厥史料》11 页。

巴诺帕山口走。

　　但李大老爷没有忘记告诉我，秋天的时候大雪容易封住巴诺帕山口。而且，我受伤的腿骑马是很难受的，哪怕步行一点路都十分困难。所以我们应该尽快过山，以免不必要的风险。这条路上只能走骡子、马和驴（后来我还发现，在有些地段即使是这些牲畜，驮了东西也很难走），我决定将骆驼和所有不必要的行李通过苦泉山口（现代地图称作高尔达坂——译者）送到吐鲁番去。那条路靠东，经过三个泉到达辟展，它是驮运物资的骆驼在东边能过山的最近的一条路。我让拉尔·辛格负责押运工作，这样他也有机会考察一下那段山脉。我们在古城停留期间，10 月 12—13 日的暴风过后不断有尘沙，因此我们根本望不见那段天山。

　　10 月 19 日，我和阿弗拉兹·古尔从古城出发，沿着通往乌鲁木齐的大道走。我们走了 19 英里，穿过了一块大草地。草地上有几条溪流，还点缀着几处农田。之后，我们来到了一块连续的大垦殖区的东面。这块垦殖区属于孚远县①。孚远县城很小，人们一般用它那个非汉文的名称"吉木萨"来称呼它。第二天，我从这座小城出发，踏访了古代的北庭遗址。据我所知，迄今为止还没有一个欧洲考古学家描述过这个遗址。但在记录我在遗址观察到的情况之前，我先简单说一下为什么徐松认定这就是北庭故址。徐松的地理学论文发表于 1823 年，下文主要依据的是沙畹先生从徐松的论文中摘录的部分。②

派拉尔·辛格穿过苦泉山口

走到吉木萨（孚远）

---

　　①　孚远是中国人现在用的官方名称。在《西域水道记》中，这里被称作"保惠"。参见沙畹《西突厥史料》11 页。

　　②　参见沙畹《西突厥史料》11 页、272 页。

北庭的位置　　　徐松之所以作出这个重要判断，主要是因为那里发现了唐代的汉文碑铭（即唐金满县残碑——译者），说明那里曾是金满县①。成书于公元 925—950 年的《旧唐书》记载："东汉时的金满是车师后王的王城。"高昌国（即吐鲁番）自公元 640 年归顺唐朝后，在金满设立了"庭州"。公元 702 年，"庭州"被改为"北庭都护府"。中国将在西域的疆域分成了四个行政管辖单位，"北庭都护府"就是其中之一。《旧唐书》那段文字还说，"车师后王"的王城共有五座城，因此被泛称作"五城之国"（《旧唐书·地理志》"金满"条说："胡故庭有五城，俗号'五城之地'。"——译者）。徐松和他之前的某些古物学家很正确地意识到，"北庭"在中世纪有一个广为人知的突厥语名称"别失八里"（Bēsh-balik，意为五座城），只是极遥远的那个古代名称的意译罢了。② 徐松还推断出，"北庭"也就是西突厥统治下的那个叫"可汗浮图"的城。玄奘的时代也是用"可汗浮图"来称呼它。③

中国文献支持　　　唐代众多的文献中曾出现过这个重要地名，它们都可以
徐松的判断　　　用来支持徐松的结论。但由于本书篇幅所限，就无法一一列举这些文献了。沙畹先生的著作《西突厥史料》使得不懂汉学的学者也能看到这些资料。在不同的时期，五座城（即中世纪突厥语的"别失八里"）到底包括哪五座城，也不尽相同。但这个问题已经超出本书的范围了。

---

① 这个碑铭和成吉思汗的大臣耶律楚材撰写的《西游录》中提到的别失八里的题识是同一个。参见布雷特施奈德《中世纪研究》第一卷 15 页。

② 关于别失八里就是北庭，见布雷特施奈德《中世纪研究》第一卷 66 页，第二卷 26 页以下。另参见里特《亚洲》第一卷 382 页以下，那里引用了雷缪扎和克拉普罗斯关于中世纪的文字。有人说别失八里是乌鲁木齐。克拉普罗斯在《亚洲备忘录》第二卷 355 页以下驳斥了那个观点。

③ 参见沙畹《西突厥史料》193 页。

10月20日，我从吉木萨出发到护堡子①去，据说北庭遗址就位于护堡子村的北边。起初的 5 英里我穿过的是农田，农田中有一些水渠和深沟，沟中的泉水汇集成了小溪〔昆仑山脚下的突厥人把这种小溪叫作喀拉苏（Kara-su）〕。下游的田地就是由喀拉苏灌溉的。而上游吉木萨附近的农田则靠从山中流出来的溪水灌溉。田边上有不少榆树和其他树木，说明这里的土壤很肥沃。但有迹象表明，这一地区的农业生产仍没有从东干人叛乱的浩劫中恢复过来。护堡子完全是一个汉人村子，周围有一圈破败的土墙，大多数房子都成了废墟。过了后堡子后我们又走了 2 英里，经过田地和小树林来到了一片开阔的地方。那里有一条宽阔的沼泽一般的沟，一条小溪从沟里朝北流。北庭遗址那厚实的土残墙就矗立在沟的西边。

探访护堡子以北的遗址

　　从附图 23 中可以看出，外层城墙原来围成一个大致正方形的区域，南北长约 2 160 码，东西宽约 2 160 码。但城墙的东北部已经完全消失了，这显然是上文说的洼地中那条溪流的侵蚀作用造成的，溪水在城的东北方折向了西北。外层城墙和形状不规则的内层城墙的其他部分也都严重毁坏了。有一些地方，只在进行平面定向的时候，才能断定那些独立的土丘般的残墙之间的联系。外层城墙的西北角保存得最好。从那里看，城墙底部似乎厚 30 英尺，墙高 20 多英尺，墙角的棱堡仍然很结实。东墙里面的内层城墙似乎也这么结实，但遭到了严重损坏。外层的土城墙里挖了些洞一般的屋子，屋子里有烟灰，说明它们曾是有人居住的地方。城墙棱堡里面开凿的那些屋子似乎最近曾有人搜寻过（图

残墙

① 地图中把"护堡子"错误地拼成了"火堡子"。

294）。我让人当场清理了一些屋子的地面，但没有发现任何东西。

内部朽坏严重　　　墙毁坏得很严重，有的地方几乎完全消失，我认为这说明了两点：其一，遗址被弃的时间很长；其二，空气和土壤中的水分比较多。城里面的情况也与这些结论吻合。地面上到处是附近村民挖出的蜂窝状的坑，他们长期以来已经习惯于从这里挖土做肥料。在印度北部，也是因为这个原因，所有的古代村庄和城址都被挖过，以便获取旁遮普省语言中所说的"考拉"（khaura，指土肥料——译者）。城里也辨认不出什么建筑遗存，这可能一定程度上是因为它们都是木建筑（从山区的森林里可以很容易取得木料）。只在几个地方我分辨出了不大的土丘，大概是比较重要的建筑物的位置。所有土丘都被挖过，以获取肥料。

废庙遗址　　　在外层城墙西北角的东南方约 250 码的地方，我遇到了一个中国式的庙宇遗址。庙宇残墙高 6 英尺多，用垂直放置的土坯筑成，墙里面全是瓦砾和碎石。从遗址状况看，我第一眼就觉得它比城里其他建筑物延续的时间要长。大概在城被废弃后的一段时间，当地人仍到这座庙来朝拜。有几个吐鲁番人在古城加入了我们的队伍，指望将来我在吐鲁番工作时能雇用他们。在他们的帮助下，我们做了一点清理工作，结果证实了我的判断。沿北墙我们挖出了一个放雕像的平台，一直挖到离地面高约 3 英尺的地方。在烧毁的木头和土坯碎片中，我们发现一些泥浮雕残件，已变硬并变了色，说明曾被偶然烧过。这些文物都记载在本书文物目录中，其中特别值得一提的有：两个造型很好的小头像（Hu.01、05，图版 LXIX）；一个做工很好的浮雕，上面是两只斗架的羊（Hu.02，图版 LXIX）。值得注意的是，Hu.02 和其他几件浮雕是用铁丝来做"内核"的。Hu.013（图版 LXIX）是一个陶檐口饰的末端，很像在哈喇浩特的庙宇 K.K.I 中发现的那些檐口饰，上面有一个怪物的头。Hu.012（图版 L）、014 是坚硬的花砖。浮雕和花砖都不能提供明确的年代线索。但从它们的做工和图案上看，这座庙很可能在明代或者更晚的时候仍有人。在庙附近拾到了一枚很残破的中国小铜钱，目前还没有辨认出它的年代。

徐松曾在这里看到过一个碑铭（指金满县唐残碑——译者），还把碑铭内容记了下来。而我无论是在这里还是在吉木萨都没有打听到关于题识的任何消息，但据说有几个俄国人带走了从这个遗址发现的石雕或刻了字的石头。在大略察看了一下这座古城后，我得到的整体印象是，这个被严重毁坏的遗址是唐代的北庭。当这一地区和吐鲁番地区都归入回鹘人的统治之下时，大概这个地方仍是有人的。古城被废弃后，就一直有人挖取它的土壤。从附近洼地中的泉水来看，离地面不足 15 英尺深的地方就有地下水。后人的挖掘，再加上地下水，这两点就是当地文物不多的原因。我在护堡子打听，结果只找到了三枚有"开元"年号的唐代钱币，每枚要二两银子的高价，这也说明文物是多么的少。 文物不多

西墙外约 1 100 码的地方有一座大丘，遗憾的是我没能仔细考察它。它似乎一度被当作烽燧用，因此当地那几个突厥人称之为喀热勒（Karaul）。先前曾说过，这座城还有一个名称叫可汗浮图，因为这里有一位西突厥首领的佛塔。① 有可能这座大丘就是那座佛塔的位置。 城墙外的大丘

① 参见本章第二节。

高原上有广阔
的农田

　　10 月 21 日，我们从吉木萨出发，打算穿越南边的天山。开始的 3 英里走的是到古城去的那条大道，然后我们折上了那块长满了灌木和草的冲积扇，吉木萨地区的大多数溪流就是从这块冲积扇上流下去的。东边可以看到宽阔的一块垦殖区。我们过了韭菜园（Chiu-ts'ai-yüan）村后，看到路两侧的小山都被开垦成了梯田，田地只靠雨水灌溉。我们从一条窄峡谷穿过一条外围小山脉，来到了一座宽阔的高原上。高原上到处是农田，缓缓朝覆盖着雪的天山山麓抬升。高原的海拔在 4 500~6 000 英尺之间。田地里没有任何灌溉用的水渠，说明只靠降雨或降雪就可以成功地从事农耕。一些中国拓荒者被吸引到这片肥沃的土地上来，他们的小村落相隔很远，散布在高原上。我们到了泉子街，当晚就住在那里。那条长街上有很多店铺和酒馆（图 292）。只是到了泉子街后，我们才体会到这一地区范围有多大，又是多么富庶。从泉子街的房屋、庙宇等都可以看得出，这是一个最近才兴起的城镇，而且在迅速扩展。它的建筑几乎一律是木结构。自从中国收复新疆以来，这里就成了山麓广大垦殖区的贸易中心。我们发现，它的店铺里挤满了汉族农民、东干人和吐鲁番商人。

游牧部落占据
了牧场

　　有趣的是，在这形形色色的人群中，我还发现了俊美强壮的哈萨克人，他们是本地区的最新居民。他们在朝这座高原延伸的更高的山谷中放牧牛羊，山谷之间是覆盖着森林的山坡，从泉子街就能望见那些山坡。我又一次注意到，这个讲突厥语的游牧部落人身上常表现出秀美的高加索人的特征，如灰蓝色或灰色的眼睛，高鼻梁或鹰钩鼻。他们的外貌特征使我自然想到了古代讲库车语的人。库车语［文献中称这种语言为吐火罗（Tukhrī）语］属于印欧语系，大部分保存在吐鲁番的文献中。汉代的时候，吐鲁番盆地和车师后国

（我现在就是在穿过"车师后国"的领土朝吐鲁番走）的居民就是讲库车语的。我们无法知道，在天山北麓先后出没并暂时控制了这块肥沃的山麓地区的突厥部落，如匈奴、阿瓦尔人（Avars，使用乌拉尔阿尔泰语的人，中世纪曾称雄欧洲南部，现居住在高加索地区——译者）、西突厥、回鹘人等，通过和这些讲库车语的人通婚，被注入了不少所谓的雅利安血液。但这种混血的情况必定曾出现过。因为，恰恰是天山北麓有优良牧场的地方〔如博格达山和尤勒都斯（Yulduz）、特克斯（Tekes）之间的天山北麓〕，而南边绿洲中的居民就是讲库车语（即吐火罗语）的。

遗憾的是，由于前面说到的现实上的考虑，我没有时间考察这条肥沃的山麓地带。从我听到的消息判断，这条地带一直延伸到泉子街西北和东南的山脚。《汉书》和《后汉书》中都说，车师后王的王庭在"务涂谷"。① 我认为，"务涂谷"应该就在这个山麓的地区之内。《魏略》中说，"车师后王"的都城在"于赖城"。但沙畹先生指出，"于赖城"很可能就坐落在"务涂谷"中②。下文还可以看到，中国使节王延德于公元982年从高昌的"车师前王庭"（即吐鲁番）来到了"车师后王庭"，他走的路显然经过了巴诺帕山口，并经过了泉子街。③ 如果当时以及那之前的"车师后王庭"就在这条路从山中出来的地方附近，那么我们就应该在泉子街附近寻找这个王庭。这个地点是十分适合做一个半游牧部落的君主的夏季住所的。但由于没有直接线索，以上这些都只是猜测而已。

車師后王的王庭

---

① 参见沙畹《通报》211页，1907年。另参见《通报》558页，1905年，以及魏利《人类学学会会刊》第十一卷106页。

② 参见沙畹《通报》558页注2，1905年。

③ 参见本书第十七章第三节。

在北庭遗址的废庙中挖掘出土的遗物

Hu.01　泥塑人脸。五官较小，耳和头顶缺失。眼半睁，目光迷离，虹膜黑色，眉弓形，下颌底下的皱纹用黑线来强调。皮肤浅色，变色严重，有裂纹（大概是因为热）。唇红色，上下唇之间用一条黑线隔开。

表面有很多纤维，纹理细腻，背面掺了秸秆。5 英寸×4 英寸。图版 LXIX。

Hu.02　2 只泥浮雕羊。两只羊正在斗架，羊尾很粗。两只羊都直立着后腿，面对面，角纠缠在一起，用鼻子拱着对方的肩。只保存下来一条腿，其余的腿和羊角都缺失。腿、尾巴、耳朵和角里都用铁丝作为核心。造型很好，十分逼真，是高浮雕。另一侧没有雕刻，从一端到另一端为凹面。稍为烧过。如果加上羊腿，高 $5\frac{1}{2}$ 英寸，最宽处 $5\frac{7}{8}$ 英寸，浮雕的最高处为 $1\frac{1}{2}$ 英寸。图版 LXIX。

Hu.03、04　2 根泥塑手指。大约真人手指大小。指甲很长，造型模式化。稍微烧过，变了色。长 $2\frac{1}{2}$ 英寸。

Hu.05　泥塑佛头。头发没有细致地雕过，只是一团，可以看出肉髻。眼睛呈斜上形。造型很好，背面缺失。稍微烧过，变硬并变色了。4 英寸× $2\frac{5}{8}$ 英寸×$1\frac{7}{8}$ 英寸。图版 LXIX。

Hu.06　泥塑衣物。一个穿着富丽服饰的人物的下半部分，有已变色的绿色、白色和蓝色颜料的残迹。背面粗糙，有一个大孔，孔中是一颗被烧焦的木钉，以便连在背景上。稍微烧过，变色并变硬了。造型很好。$3\frac{3}{4}$ 英寸×$2\frac{5}{8}$ 英寸×$1\frac{7}{8}$ 英寸。图版 LXIX。

Hu.07　泥塑女子头部。五官较小。眼睛紧闭，呈斜上形。头卵形，头顶很高，向后呈弧形。耳朵没有雕刻过，头部、耳朵和脖颈前面有深色颜料的残迹。脖颈后面有一个小孔，以便装木钉。稍微烧过，变了色。$2\frac{1}{8}$ 英寸×$1\frac{3}{8}$ 英寸×$1\frac{1}{4}$ 英寸。图版 LXIX。

Hu.08 泥塑男子头部。 眼睛圆睁，向外突出。嘴很宽，肌肉很厚，呈微笑的表情。鼻子宽，下颌往里收，眉呈弓形。秃头的背面涂成黑色，还连着一块粗糙的泥片，以便连在背景上。脸白色，变色不少，稍微烧过，变硬了。造型很好。脖颈后面有一个孔，是放木"核心"用的。$1\frac{3}{4}$ 英寸×$1\frac{7}{8}$ 英寸×$1\frac{1}{8}$ 英寸。图版 LXIX。

Hu.010 泥塑底座。 小塑像的底座。长方形，朝中间收进去，接近底部时又扩展出来。有白色旋涡饰和线形装饰物的残迹。顶部有两个孔，以便连接上面的东西。背面光滑，但没有装饰过。黏土较硬，灰色。高2英寸，宽 $3\frac{3}{8}$ 英寸，深 $1\frac{1}{2}$ 英寸。

Hu.011 泥浮雕残件。 一朵圆形八瓣花，镶嵌在一条扁平的泥塑带子上。每朵花瓣中间有条脉，用圆点来表示种子。黏土较硬，灰色，烧焦过。5 英寸×$2\frac{1}{2}$ 英寸×$1\frac{3}{4}$ 英寸。图版 L。

Hu.012 花砖。 较硬，灰色，长方形。正面的边突起，边里面是简单的浮雕回纹饰。8 英寸×$3\frac{1}{2}$ 英寸×$1\frac{7}{8}$ 英寸。图版 L。

Hu.013 陶瓦当。 正面有一个浮雕的怪物头，与 K.K.I.i.01、012、013 和 Chiao.01 等类似。眼睛突出，眉和脸颊有皱纹，下唇收在牙齿底下。粘了一层沙子。直径$3\frac{1}{2}$ 英寸。图版 LXIX。

Hu.014 花砖残件。 较薄，硬黏土灰色，一端已折断。背面有一个突起，以便安在背景上。正面的边突起，边里面装饰着浮雕的植物图案，图案中有弯曲的杆、叶子以及花（花瓣又窄又尖）。参见 Chiao.08、09（图版 L）。$6\frac{3}{4}$ 英寸×7 英寸×$\frac{5}{8}$ 英寸，最高的突起部分高 $2\frac{1}{8}$ 英寸。

Hu.015　泥浮雕女子像残件。身上都是衣纹，头、脚、衣纹的末端缺失。造型很好。上边的衣物似乎是斗篷，从双肩半垂下来。左上方那条僵硬的衣服边似乎是贴身的，紧贴在双臂上。在腹前，这件衣服鼓起来，盖在臂上。

右臂在胸前抱一个襁褓中的婴儿，婴儿脸朝外。女子的线条表明她似乎怀有身孕。涂成蓝色，边黄色和白色，但色彩和表面被火烧过。背部中间有一个横向的大孔。Hu.07 女子头部大概属于这件浮雕。高 $5\frac{3}{4}$ 英寸。图版 LXIX。

Hu.016　铁（?）丝残件。几条铁丝对折之后拧在一起，像缆绳似的。最长一个残件长 1 英尺。

Hu.017　泥塑女子头部。立体。与 Hu.07 类似，五官小，头高，朝后呈弧形。眼睛呈斜上形，嘴扭曲。脑后断了，但保存了下来。头部一直到脸边上都有黑色颜料的残迹，脸粉色。没有耳朵。用木棍为"核心"。稍微烧过，变黑了。高 $1\frac{3}{4}$ 英寸。

第三节　穿越天山到吐鲁番

接近巴诺帕谷地

　　10 月 22 日，我们在山区走得十分愉快，从泉子街向上深入到了巴诺帕谷地中。起初的 5 英里我们沿一块肥沃的冲积扇朝上走。冲积扇上田畴平整，点缀着一些小村庄，有很多树和灌木。一条小溪从巴诺帕谷地中流出。自从路接近了小溪的溪床后，就可以看到谷地两侧山的北坡和西坡上覆盖着茂密的针叶林。有趣的是，这里森林的分布与巴里坤谷地两侧的森林很不同，那里的山上西坡是光秃秃的，东坡上则有森林。这大概是两地气候不同的缘故。在离泉子街 7 英里的地方，我们来到了第一条覆盖着云杉的山脉（图 299）。

　　从这里再往上就不能通车了。道路沿着陡峭的山坡忽上忽下，山坡上都是繁盛的草原或森林。奔流的山溪两岸往上都是树木，从骆驼堡子（Lo-tʻo-pʻu-tzǔ）来的路有几次穿过了这条溪。山中的景色使我想起了克什米尔（图 296）。我们在海拔约 7 000 英尺的地方翻过了一条叫巴诺查（Pa-no-cha）的大谷地的谷口，谷地从南边一座醒目的雪峰延伸而下。雪峰上一直到海拔 9 000 英尺的地方都是茂密的森林，似乎从来没有被人砍伐过。路继续沿着溪的左岸向长着草的山坡延伸。又走了 1 英里后，我们来到了巴诺帕的几间小木屋。这里海拔约 7 500 英尺，是人们在山口北侧歇脚的地方。①

穿过覆盖着森
林的山坡

---

　　①　在那歇脚的一晚，我有机会见到了四个携带精良武器的逃犯。他们来自喀拉霍加（Kara-khōja）。我在吉木萨的时候，就已有人提前警告我会遇到他们。我可以简述一下事情的经过，大概有助于人们明白中国在这些地区的行政管理状况。他们本来是一大群顽固的喀拉霍加农民，曾因某块田地而与邻近的阿斯塔那人发生了长期争执。后来他们觉得自己被错判了，于是在大约六个月以前杀死了那个信伊斯兰教的吉撒（Jīsa，即当地税官），因为他们认为是吉撒让他们的正当要求没有得到满足。就这样以自己的方式对错误的判决进行了报复之后，他们躲进了山里。他们的头目叫阿合买提·木拉，是一个猎人，对山区很熟悉。他们都配备着毛瑟枪。自从 1911—1912 年的革命以来，很容易就能从吐鲁番的中国驻军手里买到武器弹药，而且价格对富裕的村民来说是完全出得起的。

　　他们在天山南麓停留的时候，在尧干铁热克（Yoghan-terek）附近遭到了一支中国军队的袭击，损失了两个伙伴，但仍逃到了追击者们到不了的地方。自从远离吐鲁番所管辖的地区后，几乎再没人管这四个逃犯了。他们现在靠同情他们的穆斯林同胞施舍的东西，或靠敲诈其他过路人过活，日子过得非常舒服。

　　据说，已从古城派了支军队来抓这一伙人。他们聪明的头目阿合买提和我闲聊了很长时间。他告诉我，他自信可以在山区抵抗住任何武装的敌人。他希望能和吐鲁番的官方达成谅解，并希望不久就能回家过安宁日子。第二天早晨，我们友好地交换了礼物后就分别了。他送给我的礼物是一块布，上面有吉祥的阿拉伯经文。我则给了他一点银子。

登上巴诺帕山口

第二天我们走了很长的路，穿过了天山分水岭，并沿着朝吐鲁番盆地去的谷地往下走了很远。起初，在离巴诺帕不远的地方，我们穿过了一条小溪，小溪从西边海拔约13 400英尺的雪峰流下来，然后沿主要谷地极窄的底部朝上走，方向是西南。小溪上有两座桥，都很坚固，这说明中国官方对这条路很重视。在海拔约9 000英尺的地方，我们来到了一座侧山长着草的山坡。侧山从一段壁立的天山延伸下来。这段天山常年积雪，海拔接近14 000英尺。图302就是这座侧山的照片。就在拍照片处上边不远的地方，我们在谷地西侧看到了最后的云杉林。在离巴诺帕约4英里的地方，我们蹚过了一条小溪（水源来自冰雪融水），这之后路朝南—南西方向的山口伸过去。山口在另一条溪上方，当时那条溪已经全部结冰了。

穿过分水岭

从海拔约10 000英尺的地方开始，我们先是沿着一条宽阔但很陡的石坡往上走。石坡上是分解的板岩，岩石上结了一层薄冰壳，这是最近刚下的雪被前几天的阳光融化后形成的。然后我们就能望见山口所在的那道扁平的岭了。在光秃秃的碎石坡上，路呈之字形朝山口延伸。我们终于到了山口，在这之前的四个小时共走了7英里路。从空盒气压表的读数看，山口海拔12 280英尺。正午有太阳时，温度为30华氏度。从南边刮来凛冽的风。山口西边是一座嶙峋的锯齿

（接上页）

阿合买提希望冬天的时候在吐鲁番能再次见到我。但是，我们相见的方式却出乎他的意料。1月初，当我从乌鲁木齐回来的时候，在吐鲁番的英吉沙城（Yangi-shahr）大门外一根高高的木杆顶上，看到了他已经皱缩的黑色头颅。由于中了反间计，阿合买提和他手下那几个人出现了不信任和争吵。他想说服那几个伙伴，就先把他们赶到了一个洞里，然后在洞前点燃了一堆火。这时，他的同伴为了自卫，朝他开了枪。当他的尸体被运回喀拉霍加下葬时，中国官方称他们对尸体有处置权。当时，据说剩下的那三个逃犯正在和官方谈判。无疑，谈判的结果早晚会以类似的方式满足中国官方的要求。

状的山峰（图300），比山口至少高出1 000英尺。山峰的谷
地中，一直到比山口只高一点的地方，都是常年积雪。从山
口朝南望到的景象很有限，向北也是如此，看不到任何先前
走过的地方。

　　我们从山口向南—南东方向下山，最初经过的是很陡的在山口以南朝
下走
碎石坡。在离山口约1英里的地方我们进入了一条窄谷，不
得不走过一系列陡峭的石崖（先过右边的，再过左边的）。
石崖使我想起了在阿斯托尔和吉尔吉特之间的印度河河谷两
侧谷地中的帕里斯（Parris）。这条谷地是一条小溪冲出来
的，溪上有几处地方几乎涉不过去。最后一道石崖比狭窄的
谷底要高出约100英尺。在这道石崖上，路边用大石头和粗
糙的石板筑了一道墙。要是不借助这道墙，驮东西的牲畜几
乎过不了这道路，甚至马不驮东西也过不去。路旁的这道墙
看起来十分古老。如果没有这道墙，这段路除了走人几乎就
没有别的用途。过了这段难走的峡谷后，两侧仍是悬崖，但
山谷敞开了一些（图301）。然后，从西北过来的一条谷地
和这条谷地连在了一起。这之后，蜿蜒的河谷就比较好走，
一直走到一间用碎石砌成的小屋，这就是路边小站石窑子。
三岔口离这里还有10英里，在到达那里之前，石窑子是最
后一个能找到水的地方。但由于石窑子既没有草，也没有秸
秆，我们只好沿着谷地继续往下走。

　　往下走了2英里，就是阿特奥伊那克吉勒伽（Āt-oinak-再往南的谷地
中很干旱
jilga）和这条谷地会合的地方。从那里开始谷地几乎折向正
南，谷底又直又宽，很引人注意。但给人留下更深印象的
是，谷地两侧的山坡上寸草不生，谷底布满砾石的河床上也
是光秃秃的。这和我们在天山北麓遇到的优美的草地和森林
形成了鲜明对比。准噶尔地区与干旱的吐鲁番盆地（以及盆

地以南的浩瀚沙漠）在气候上有显著差别。再没有像我们穿过天山分水岭那样，能更深地体会到这种差别了。整个谷地底部几乎都是干涸的河床，在河床上即使耐旱的灌木都很少见。但跟随我们的吐鲁番人告诉我们，在冰雪消融的地方，或是夏天山区降雨的地方（当然这种情况并不多），谷中下来的洪流水量都很大。河床的宽度证实了他们的说法。据说，只有在那些从分水岭的雪峰朝南延伸的谷地头部才有牧场。夏天吐鲁番人的牛羊就被赶到那里去放牧。

走到尧干铁热克

有一个地方两侧的低山突出来，形成了一条峡谷。在峡谷的入口处，我们经过了三岔口那几间零星的小屋。三岔口位于两条分别来自东北和东边的窄侧谷交会的地方。从东边来的那条侧谷中本来有泉水，但后来由于泉水干涸，三岔口一度有过的不大的农田前几年也被废弃了。另一条来自东北的侧谷又被叫作卡尔里克（Karlik）或喀让古吉勒伽（Karanghu-jilga）。从地图上可以看出，它是从天山的一座大雪峰延伸下来，雪峰很可能属于博格达山以东的天山上最高的一段。这条山谷中有一条不小的溪流，但溪水却不能用于灌溉，因为溪水流到这条大谷中的地方以及下游几英里，凡是平地上都布满了大石头和砾石，只有柳树和胡杨树能生长。在苍茫的暮色中，我们在这样的地面上摸索着前进，从三岔口又往前走了近4英里。这时，谷地又变宽了。从这里往下，谷底不间断地长着柳树。为了避开柳树丛，我们的路都是贴近峡谷东边的砾岩山崖脚下的。等我们到达尧干铁热克的时候，天已经完全黑了下来。尧干铁热克有几家路边小旅馆，周围有几块农田和草地，海拔约6 400英尺。这一天我们总共走了30英里。

图296 在天山的骆驼圈子上方攀登到巴诺帕谷地

图295 俯瞰着巴依的天山最东段的玉穆塔格格峡谷

图 298　乌鲁木齐的潘大人和他的两个儿子

图 297　巴里坤的地方长官李树棠先生

图 299　泉子街上方覆盖着森林的天山北坡

图 300　从天山上的巴诺帕山口朝南望到的景象

图 301　在天山上的巴诺帕山口以南约 2 英里的地方，沿着谷地望到的景象

图 302　在天山上的巴诺帕山口上方约 3 英里的地方，沿着谷地望到的景象

第二天早晨，阳光很明朗，一幅色彩绚丽的图画展现在我们眼前。在一条大谷地底部，柳树和杨树丛是一片耀眼的秋色，谷地两侧的砾石山崖比那条活泼的小溪高约 300 英尺。尽管已近深秋，早上 8 点小溪的水流量为 300 多立方英尺/秒，而且两小时之后溪水还涨了不少。据尧干铁热克的人说，在夏初冰雪融化或是山区降雨的时候，整条砾石河床中都是溪水，小溪将宽达 200 码。他们说的很可能是真的。但再往下不到 12 英里，溪水就全部消失了。在那里，谷地连着一块干旱的砾石萨依。萨依呈一个光秃秃的巨大的半圆，绕在吐鲁番盆地北部。根据我在谷口得到的信息，流到这里的水叫达尔奇（Darche），水后来消失在萨依里，但从地下流到了雅尔和屯以西，补给着那里的雅尔。一部分水还从地下流到了现在吐鲁番城西南的坎儿井（Kārēzes）。

谷地中水分较多

10 月 24 日，我们先沿着溪左岸朝下走了 6 英里。后来，我们离开溪岸，朝一条低矮好走的分水岭走［这条分水岭叫伊沙克达坂（Ishak-dawān）］。这时，我可以清楚地看到谷地对面的河岸有四层结构，各层之间分界很清晰。这表明在以前的几个时期，河水流量越来越小，水蚀作用也越来越弱，直到河道变成了今天这条比较窄的谷。这几个收缩时期与气候的变化有关，无疑是气候变化引起了多水期和枯水期。我之所以说这一点，只是想启发训练有素的地理学者们将来如有机会，可以考察一下从北边伸进吐鲁番盆地的数量很多的其他山谷。

一组河边平地

伊沙克达坂的鞍部海拔约 5 200 英尺。我们从那里沿着一片洼地状的浅谷朝下走。浅谷中几乎没有任何植被，两侧的山崖是横向分层的红土，红土上有一层碎石。从鞍部走了大约 7 英里，我们第一次遇到了一块长着红柳和芦苇的地

下到夏普吐勒鲁克（今桃树园子——译者）

方，说明这里有地下水。又走了 1 英里，我们经过了一块小土台地，上面是伊斯兰教墓葬。然后我们又下到一条谷中，迷人的小绿洲夏普吐勒鲁克（Shaftulluk）就坐落在那里。它海拔约 3 000 英尺，一眼活泼的泉水灌溉着茂密的果园和草地，泉水是在比绿洲高约 200 码的地方冒出地面的。自从我们穿过天山后，满眼看到的都是光秃秃的景象，现在目睹了这里依旧葱绿的果树，真是心神为之一爽。无怪乎在那处作为生命之源的泉水旁矗立着一座清真寺，也是一座圣墓（伊斯兰教徒崇拜的某些圣徒、先贤的坟墓——译者）。这表明当地的宗教活动可以上溯到很久以前。

走到吐鲁番垦殖区边上

第二天，我们轻松地走了 19 英里，来到吐鲁番的主要绿洲的北边。我们一路都是沿着一块不断下降的萨依往下走，萨依上布满了石头，十分单调。但有时路会绕过一部分浅洼地，洼地中就是来自夏普吐勒鲁克的水。水从夏普吐勒鲁克开始，在地下流了约 3 英里又冒出地面，形成了一条小河，先后灌溉着三块被称为克其克（Kīchik）的小农田。当天，走了 9 英里后，我们越过了一条宽阔的干河床，从外围山脉延伸过来。再往下还有几片较小的洼地与它会合在一起。有时，洼地中也会有水，水流到雅尔和屯遗址以东深深的雅尔河床中。

眺望吐鲁番盆地

从这条大砾石缓坡往下走的时候，我们的视野既开阔又清晰。我们能望见天山分水岭的雪峰、颜色较深的吐鲁番垦殖区，一直望到那条结着盐壳的地带，那就是吐鲁番盆地的最低部分。远方可以隐约看到沙漠山脉却勒塔格的轮廓线，它构成了吐鲁番盆地的南界。地势下降得十分均匀，这使我们很难意识到视野中最低的那个地方比我们在夏普吐勒鲁克的出发点要低近 4 000 英尺。我们还遇到了第一组坎儿井，

它们是吐鲁番农业的典型特征。过了坎儿井 2 英里后就到了
垦殖区边上。这里的垦殖区边缘和吐鲁番周围的所有垦殖区
一样，轮廓十分清楚。我们又走了 2 英里，经过了明渠和似
乎刚开垦的田地，来到了小村雅尔玛哈拉（Yār-mahalla）。
在好客的伊拉尔汗（Ihrār Khān）家里，我们受到了热情款
待。他是一个诺该（Nōgai）部落人，有一台压棉花机，是
刚从俄国迁来的阿克萨喀勒（Ak-Sakāl，字面意思是白胡
子，引申为头领——译者）。

现在，将我们从吉木萨以北的北庭遗址到吐鲁番所走的
实际路线，同上文说的《唐书》中记载的从交河（雅尔和
屯）到北庭的那条道比较一下。按照沙畹先生的译文，那段
记载（见《旧唐书》卷四〇）写道："从交河县出发，向北
走 80 里就是龙泉客栈，再往北进入了一条山谷，穿过柳谷
再走 130 里就是金沙岭。经中国前哨石会，再走 160 里就到
了北庭。"[1]（《新唐书·地理志四》交河县条记载："自县北
八十里有龙泉馆，又北入谷百三十里，经柳谷，渡金沙岭，
百六十里，经石会汉戍，至北庭都护府城。"——译者）

交河城是吐鲁番的故都，字面意思是"两条河之间的
城"，它无疑就是坐落在雅尔之间的雅尔和屯遗址。从那里
沿现在到吉木萨和古城去的道路，向北—北西方向走约 18
英里就到了夏普吐勒鲁克。有一条谷地可以最直接地到天山
分水岭去。一个旅客如果穿过天山光秃秃的砾石缓坡向北，
想要到那条谷地去，夏普吐勒鲁克这个兰干（即驿站——译
者）无疑是歇脚的最好地方，因为那里有一眼很好的泉水。
因此，我们大概可以说，"龙泉馆"就是夏普吐勒鲁克。把

从雅尔和屯到
北庭的路线

"龙泉馆"的
位置

---

[1] 参见《西突厥史料》11 页。

"龙泉"作为石漠中那口生命之泉的名称，十分合适。中国人总是喜欢把醒目的自然特征同天上的怪物联系起来，正如印度人总是从当地自生的信仰中看到湿婆一样。通过比较《旧唐书》中位置已确定的其他地点我们可以知道，在新疆4 里约合 1 英里[①]。所以，说"龙泉馆"有 80 里远是没错的。

柳谷　　　　　　按照《旧唐书》中的路线表，过了"龙泉馆"后就来到一条山谷，然后再穿过"柳谷"，越过"金沙岭"。看一下我们走的实际路线读者就可以知道，这里提到的山谷，就是现在来自夏普吐勒鲁克的那条道路在到达尧干铁热克之前所进入的山谷。同样，"柳谷"指的是从尧干铁热克到三山口（San-shan-k'ou）的那段谷地，谷地中有柳树丛。"金沙岭"只能是指天山分水岭，过"金沙岭"的地方就是石窑子和巴诺帕之间的山口。

金沙岭的位置　　　从南边来的旅客在第二天过山口之前，习惯在石窑子过夜，这也是他们在过山之前能找到水和燃料的最后一个地方。如果《旧唐书》说的 130 里指的是从夏普吐勒鲁克到石窑子之间的距离，这个估计就非常准确，因为两点间的实际距离大约是 35 英里。唐代的路线表和其他古典文献一样，是为了实际指导旅客用的。所以路线表中的距离指的是歇脚点之间的距离，而不是地貌间的距离。因为在古代，不论是对东方还是对西方的旅客来说，知道下一个歇脚点有多远，远比知道山脉的分水岭有多远更重要，他们巴不得立即穿过分水岭后就把它彻底忘记。我不知道为什么把吐鲁番和古城

---

① 例如，在从沙州到和田的路上，石城（若羌）和新城（瓦石峡）之间的距离是 120 里；而在吐鲁番—焉耆道上，天山（托克逊）到银山（Yin-shan，即库米什）的距离是 220 里。参见《西域考古图记》第一卷 306 页、第三卷 1177 页以下。另参见本书第二十四章第一、二节。

之间的这段天山叫作金沙岭。但《后汉书》中有一段文字中无疑用了一个类似的名称。在《后汉书·班勇传》中我们读到，公元 126 年，北匈奴的单于率一万骑兵进犯了车师后国，到达了"金且"谷。后来班勇派一支军队打退了他们。①

早期文献提到"柳谷"

　　"柳谷"这个地名可以追溯得更远。早在《汉书·西域传》中就提到了"车师柳谷"。书中说，在车师前国和车师后国周围有一些小国，其中一个叫"狐胡国"（Hu-hu）位于"车师柳谷"中②。国中人口很少，只有 55 户人家 264 人。这个小部落应该包括尧干铁热克河谷，大概还包括天山南麓的其他几条相邻谷地。魏利先生对这段文字做了笔记。他指出，在中国使节王延德记载的路线中，也提到了"柳谷"。公元 982 年，王延德过了"交河"（吐鲁番）之后，"穿过柳谷，越过金岭，到达了回鹘人的都城。"③　"金岭"显然是"金沙岭"的简称。而且，我们有确凿的证据表明，在回鹘人统治时期，连接着吐鲁番和北庭的直道也是从尧干铁热克上游的谷地中过的，并穿过了巴诺帕山口。

石会前哨

　　显然，《唐书》中记载的从"金沙岭"到"北庭都护府"那段路的长度也是正确的。的确，我们仍无法断定"石会"前哨在哪里，但出于地形上的考虑，它有可能在泉子街或巴诺帕谷口附近。路线表中说"金沙岭"和"北庭"之间的距离是 160 里。假设这指的是沿直道④从石窑子以下经

---

① 参见沙畹《通报》253 页，1906 年；《中亚十题铭》22 页。
② 参见魏利《人类学学会会刊》第十一卷 104 页以下。
③ 参见魏利《人类学学会会刊》第十一卷 104 页以下。魏利的这段文字转引自朱利安《杂论亚洲地理》11 页。
④ 我指的是现在想到北庭遗址去的人所能走的最近的道路。他应该先从巴诺帕和泉子街下来，来到古城—乌鲁木齐大道上，然后不到吉木萨去，而是直接去护堡子。

过泉子街到后堡子附近的北庭遗址，"160 里"的距离和我们实际测得的 45 英里十分吻合。

唐代的这个路线表中，交河（雅尔和屯）到北庭之间的总距离是 370 里。这间接表明，经过尧干铁热克和巴诺帕的这条路，很可能早在汉代就已成为车师前和车师后国之间的联络线了。《后汉书》中说："从高昌壁向北走 500 里就到了车师后国的金满城。这两个地方是西域的大门。"[1] 我们知道，"高昌壁"就是现在的喀拉霍加[2]。从地图上看，高昌壁和雅尔和屯（交河）之间的距离有 26 英里，如果沿路上走大约有 30 英里。交河（雅尔和屯）离那条把喀拉霍加同夏普吐勒鲁克、尧干铁热克等地联系起来的道很近。从中国西域地区的路线表看，很可能《后汉书》中记载的那个距离，是先算好从高昌到位于雅尔和屯的车师前国都城的距离，然后再加上从雅尔和屯到金满的距离。人们已经证明，金满也就是北庭[3]。按照上面说的 4 里约合 1 英里的换算法，30 英里是 120 里。而交河与北庭之间是 370 里。370 里加 120 里是 490 里，这和《后汉书》中所说的高昌和金满之间大致有 500 里几乎完全吻合。

---

① 参见沙畹《通报》169 页，1907 年。
② 参见本书第十七章第一节。
③ 参见沙畹《西突厥史料》117 页；本章第二节。

第十七章　吐鲁番的地理和历史

第一节　吐鲁番的地理位置和早期历史

　　1914 年 10 月 25 日，我来到了吐鲁番城附近。我计划对吐鲁番盆地进行长期的考古学和地理学考察，如今，我的考察算是开始了。无论对考古学者还是地理学者来说，这个广大地区都有很多吸引人之处。我计划在这里待三个多月的时间。如果想系统地考察它的全部遗址和特色地貌，这么短的时间是完全不够用的。但无论是提前还是延后，我都没有时间也没有必要进行这么大的一个工程。

计划对吐鲁番盆地进行考察

　　1897 年，克列门茨博士在俄国科学院的主持下，对吐鲁番盆地的古代遗址进行了一次勘察。他的勘察表明，这里伊斯兰时期之前的遗址不仅数量众多，而且都很容易到达。自那之后的很多年，人们就在这些遗址中大规模地寻找古物。1902—1907 年，有四个带着全副装备的德国探险队来到吐鲁番盆地，探险队的负责人是格伦威德尔、冯·勒柯克这样杰出的学者。他们在吐鲁番遗址待的时间加起来，几乎是我这次的十倍。他们进行了大规模的考察，并获得了丰硕的成果。又因为在乌鲁木齐附近很容易将文物卖出去，况且吐鲁番位于一条大商道上，这些都导致当地人对遗址进行了无情的破坏。在过去的很长时间里，人们不断从雅尔和屯及喀

丰富的古代遗址

拉霍加的遗址里挖土做肥料，已经造成了不少破坏。现在，随着这两个遗址周围的农田面积越来越大，破坏越发加剧了。1910 年和 1911 年，日本旅行家橘瑞超也曾为了考古学上的目的，在吐鲁番地区待了几个月。因此我一开始就清楚，要想工作取得成效，就必须首先通过勘察来确定哪些遗址相对而言去的人较少，或者哪些遗址中的文物（如壁画）应该小心地带走，以免它们将来遭到损坏。

详细考察吐鲁番盆地的地形

这次勘测也将使我熟悉吐鲁番盆地的典型地貌，这样我就能更仔细地指导和检验对吐鲁番地形的详细考察（吐鲁番盆地的地理学价值使我急于对它的地形进行这样一次考察）。考察地形用的是较大的比例尺（图上 1 英寸等于实际距离 1 英里），将由测量员穆罕默德·亚库卜完成。在过去的一段时期里，他正在哈密盆地的尾闾和吐鲁番地区东边之间那片无水的沙漠中进行平面测量，我估计他不久就会与我会合。但凭我在以前旅行中的经验，这位年轻的测量员有时不太合格，于是我希望他考察的时候离我不要太远，以便我能进行指挥和控制。

为拉尔·辛格的考察制订计划

拉尔·辛格则经验丰富得多，精力也充沛得多。他将在库鲁克塔格地区进行考察。我完全能信任他，他可以利用一切机会对尚无人考察过的或是人们所知甚少的地区自行进行考察。他将在很长一段距离上进行三角测量，并尽量将三角测量网同我们以前在昆仑山进行的测量连接起来。要解决他所需要的牲畜、物资和向导问题，只能把吐鲁番作为基地。凭借前一个冬天的经验，我还拿不准中国官方对我们的考察将持何种态度。再加上库鲁克塔格地区自身又全然没有任何物资，这都使我自己有必要在前半段时间一直待在吐鲁番地区，以确保大本营的安全。我计划让拉尔·辛格 1 月末回到吐鲁番，重新装备物资。2—3月，我自己或阿弗拉兹·古尔将到罗布沙漠和库鲁克塔格西段进行考察。我还希望在拉尔·辛格回来的时候，协调好这两个考察分队的工作。

　　上面说的是我在吐鲁番地区想要完成的目标。下面我要简单说一下，我们的工作成果多少能够在以下的几章中体现出来。吐鲁番盆地的地理特征和由此引发的详细考察必然占据了我的大部分时间和精力，这些工作成果在很多方面也将有助于人们理解吐鲁番的历史。但出于多方面考虑，我最好还是把这部分内容放在别的地方。地理状况使得吐鲁番地区（尤其是有人居住的地方）具有了极为鲜明的特色。要想详细阐述这些地理状况，就需要比例尺比较大的吐鲁番地形图，而本书却收不下那样大的地图。因此，在台拉登（Dehra Dun，在德里东北225公里——译者）的印度测量局大地测量分局的协助下，我们正根据考察所得的资料绘制一张比例尺为1∶250 000的吐鲁番盆地地图，以便在《地理学杂志》上发表。这张地图主要依据的是我们进行的测量（1英寸代表1英里），绘图工作还在进行中。发表的时候还将附一篇文章，吐鲁番地区的地理状况就留在那篇文章中说吧。

　　同时，本书中说的考古学成果也是有局限的。为了在适当的考古学和历史学背景中描述我发现的遗物和观察到的现象，就不仅要仔细研究伊斯兰教传入之前的吐鲁番历史有关的所有文献，还必须仔细研究前人考察时得到的为数众多的艺术品和手稿等珍贵文物。这些文物告诉我们，在几个世纪中，吐鲁番同东西方的关系是十分丰富多彩的。这些资料中的大部分都存放在柏林的人种学博物馆（Ethnographic Museum of Berlin）。在过去20年间，许多专家致力于它们的

吐鲁番盆地的
地理状况

考古学资料也
有局限

出版和研究。① 他们的工作是极有价值的，但远未完成。流散在很多其他地方的资料，我们所知就更少了。即便那些已经出版的资料，我也没有精力和机会进行详细研究。所以，在描述我自己发现的有限文物和观察到的有限现象时，我不敢妄称可以澄清古代吐鲁番的人种、文化等问题的方方面面，尤其是伊斯兰时期之前历史的后一段。我将只单纯记录我观察到的事实，以及从发现的文物中能直接得出的结论。

历史资料概述　但我有必要概述一下关于吐鲁番地区的明确的重要历史资料。这些资料都是汉文资料，说的是汉朝和唐朝时吐鲁番政治上受中原王朝控制的那几段时期。无疑，它们对解释吐鲁番地区的所有考古发现都是不可缺少的。而描述这些文献时，还必须同时考虑到吐鲁番地区的地理状况。据我所知，我那些通过考古工作熟悉了吐鲁番地区的学者同行，好像还没有人按照这样的方法概述过吐鲁番的历史。因此，我就先说吐鲁番的历史，然后再描述我们在前面说的勘察中观察到的考古学现象，以及在几个特殊的地点〔如吐峪沟（Toyuk）、木头沟（Murtuk）、阿斯塔那〕的挖掘成果（斯坦因叙述吐鲁番的古代史，未引用汉文史籍，故正文和注释中有关资料的时间和史实与汉文史籍略有出入，读者引用时应核查汉文有关史籍，下同——译者）

《汉书》记载的"车师"　《汉书》卷九六有一段说的是被泛称为"车师"的那几个地区。遗憾的是，这段文字没有说明"车师"的地理界线

---

① 参见格伦威德尔《高昌故城及其周边地区的考古工作报告》（*Bericht êber archäaolagische Arbeiten in Idikutschari und Umgebung*），慕尼黑，1906 年；《中国新疆之古代佛教寺庙》 （*Altbuddhistische Kultstätten in Chinesisch-Turkistan*）211～216 页、223～340 页，柏林，1912 年。另参见冯·勒柯克《高昌》，1913 年；《中亚佛教中的古希腊晚期艺术》（*Die buddhistische Spätantike in Mittelasien*），1922—1924 年。还有弗兰克、勒柯克、吕德斯、穆勒、西格、西格林教授等人的文章，见柏林的普鲁士科学院编发的《论文集》和《会议简报》。

和地理特征。但至少有一点是清楚的，在西汉时期，"车师前国"占据了吐鲁番盆地的大部分（甚至全部）。这段文字中的历史资料比较多，从中我们可以看出两个要点：其一，车师各国无论位于天山南面还是北面，相互之间联系都很紧密；其二，在西汉时期，它们一直受到在北边游牧的匈奴人的强烈影响。这两个因素在"车师"的后期历史中也都有体现。之所以如此，我们可以在明确的地理因素上找到根本原因。下面我就说这些地理因素。

由于天山南北气候上的明显差异，它们在物产方面必然互相补充，这就造成这些地区之间密切的互相依赖关系。天山把车师前国和车师后国隔开。我们前面已说过，天山北麓水分充足，无须灌溉，谷物产量大，而且还有很多牧场。山区谷地里是夏季牧场，接近山脚的山坡和北边的平原上是冬季牧场。因此，那里的基本食物（谷物和牲畜）就有不少剩余，可以提供给南边绿洲中的人们。南边的绿洲面积虽然不大，但土地极为肥沃，那里的气候与北麓截然不同。由于吐鲁番盆地可耕种的地区大部分比海平面低不少，所以，尽管那里位于北纬43°附近，还靠近高高的雪山，一年中却有八九个月的时间都十分温暖，肥沃的土地一年可以种两季庄稼。这里出产的棉花和各种水果不仅产量大，而且品质好。但在整个吐鲁番盆地，灌溉都是必要条件。因此，吐鲁番盆地只能吸引那些长期习惯于用水渠进行深耕细作的人。另一方面，气候条件再加上缺少合适的牧场，使得这里根本不能放牧。

如果这样耕种，吐鲁番地区是极为肥沃的。有一个事实可以证明这一点：在中国新疆，只有吐鲁番有大量的坎儿井（即地下水渠）。坎儿井所需的金钱和人力，在新疆其他任

吐鲁番和车师后国互相依赖

吐鲁番地区的坎儿井灌溉系统

何一片绿洲都是难以想象的，这就告诉我们吐鲁番多么容易出口棉花，而这种农产品利润有多大。吐鲁番地区发展起坎儿井灌溉体系时间还不长，不会早于 18 世纪①。但从吐鲁番地区古代遗址的数量、大小、多样性，以及有文字可查的历史来看，在出现坎儿井之前很早的时期，吐鲁番的人口就已经很稠密，人们生活很富裕，经济地位也十分重要。吐鲁番地区的农业自古以来就离不开灌溉。因此我们只能得出这样的结论：古代时，从山区流下来的溪水的水量比现在要大。现在则必须用坎儿井截取地下水以补充地表的溪水，坎儿井水的比例大概占全部水源的一半。这清楚地表明水源减少了。这个问题虽然有考古学上的价值，但在这里只是顺便提一下罢了。②

吐鲁番和古城之间的联系

吐鲁番和古城这两个地区在气候和物产上极为不同。但假如它们之间高峻的天山没有提供从一地到另一地的通道，现在的吐鲁番绿洲和古城之间就不会依然存在着密切的经济联系，而古代的车师前国和车师后国（高昌和北庭）之间也不会存在政治联系了（我们的文献都证明了这种联系）。前一章我已描述了连接两地主要地点的最直接的道路。东边的天山上还有两个山口，即萨尔达克（Sardak，可能是萨尔勒克——译者）和喀拉达坂（Kara-dwbān）山口。据说它们不适合驮东西的牲畜走，但骑马的人全年都能通过它们快速来往于天山南北。再往东，在苦泉那个鞍部附近，天山特别

---

① 关于吐鲁番的坎儿井农业及坎儿井的引入，参见亨廷顿教授在细致观察基础上得出的结论（见《亚洲脉搏》310 页以下）。

中国关于吐鲁番的历史文献中却没有一次提到坎儿井这样一个引人注目的特征。由此我们判断，大概到唐代甚至唐代以后，这种农业方法在吐鲁番还没出现。《唐书》详细而准确地描述了高昌地区，还提到那里的庄稼一年两熟，并且种植棉花。如果坎儿井当时已经出现，《唐书》大概不会不提。

② 关于地理上的这个要点，参见《地理学杂志》487 页以下，1925 年 6 月。

低，两片垦殖区的最东段之间不必绕得太远，就可以用骆驼或车进行联系。最后，朝西边可以在达坂城（Ta-fan-ch'êng）附近那个更好走的鞍部绕过博格达山（去乌鲁木齐的大道就是在海拔只有 3 500 英尺的地方穿过那个鞍部的），大概走上 11 天就能到达吉木萨。

如果说这几条交通线极大便利了天山南北这两个地区的经济联系和民族通婚，它们也使两地容易受到不论是来自南边还是北边的军事进犯和政治控制。就是这个原因，在中国文献提供了确切历史资料的那几段时期，车师前和车师后国的政治命运都紧密联系在一起，在战争中一起沉浮。《汉书》告诉我们，西汉灭亡之前大约 125 年时间里，车师前国以及跨越天山的整个车师夹在北边的匈奴和南边的中国之间，扮演了怎样的角色。从中我们可以生动地看出车师前和车师后国的共同命运。

两地共同的政治命运

我先说一下《汉书》是怎样记述车师前国的。这段文字不长，却确定了国都的位置。

《汉书》记载的车师前国

车师前国，王治交河城。河水分流绕城下，故号交河。去长安八千一百五十里。户七百，口六千五十，胜兵千八百六十五人。①

接着又是列举一大堆当地高官的官衔，然后又提到国都离中国都护治所［乌垒，在现在的阳霞或策大雅（Chādir）］和焉耆的距离分别是 1 810 里和 835 里。我们就不必劳神于

① 参见魏利《人类学学会会刊》第十一卷 105 页以下。这段文字的第一部分和《后汉书》是一样的。本书的引文和沙畹先生的译文（见《通报》，210 页以下，1907 年）略有不同。

后一段记载了，因为中国和西方的学者都早已意识到，根据
国都的位置，交河就是吐鲁番古城（Kōna-shahr）西北 5 英
里处的雅尔和屯遗址。我们也不必费心研究那个人口数字。
但值得注意的是，这个人口数字和车师后国很接近（"户五
百九十五，口四千七百七十四，胜兵千八百九十人"），但
比《汉书》记载的塔里木盆地其他几片大绿洲——如龟兹
国（库车）、莎车、于阗（和田）——的人口要少很多①。

匈奴以吐鲁番为基地发动攻势

　　在《汉书》和《史记》中，都提到了车师。从中我们
即可看出，当汉朝向塔里木盆地扩张从而与匈奴发生冲突
时，吐鲁番扮演了什么角色。《汉书》记载，自从汉武帝和
西域各国开始正常交往后，汉朝使节就反复遭到楼兰和姑师
国人的袭击和劫掠，姑师人"数为匈奴耳目，令其兵遮汉
使"②。可以肯定的是，"姑师"只不过是"车师"的别名。③
于是，汉朝在公元前 108 年派了一支远征军，将军赵破奴率
七百轻骑，"虏楼兰王，遂破姑师"④。这段文字表明，在穿
过楼兰到塔里木盆地去的那条中国道新开通时，吐鲁番是匈
奴人劫掠这条道的一个据点。它还表明，汉朝军队是从南边
越过库鲁克塔格对姑师进行反击的。⑤

---

　　① 《汉书·西域传》提到吐鲁番分为两个小部分："车师都尉国"（?）与"车师后城长国"（?）
（见魏利《人类学学会会刊》第十一卷 106 页）。我们无法知道这两个地方在哪里，因为书中没有记录
方向和距离。

　　魏利曾引用了一篇当代中国人写的论文，说它们是"辟展"附近的地点，这显然是臆测。这两个属
地人口很少，说明它们大概是不太重要的独立的绿洲。同样，"天山东丹渠谷中的劫国"（《汉书·西域
传》记载："劫国，王治天山东丹渠谷。"——译者）肯定也是一个这样的小国（见魏利《人类学学会会
刊》第十一卷 104 页）。而那篇论文却认为这个小国也在辟展。

　　② 参见魏利《人类学学会会刊》第十卷 25 页。这段文字显然是以司马迁《史记》卷一二三为基
础的。见荷斯《张骞传》，《美国东方学会杂志》第三十七卷 106 页。

　　③ 参见《西域考古图记》第一卷 336 页。

　　④ 参见荷斯刊在《美国东方学会杂志》第三十七卷 106 页的文章。

　　⑤ 参见《西域考古图记》第一卷 338 页。

公元前99年，在楼兰军队的协助下，汉朝派兵远征姑师，却没有取胜。[1] 这说明，即便在公元前108年的失败后，匈奴仍然控制着姑师。汉朝这次出兵，是为了支持同一年对匈奴采取的一次同样不成功的行动。后一次进攻从酒泉（肃州）发动，进攻方向是天山东段[2]。公元前89年的那次行动也是这样安排的。汉朝率楼兰、危须（库尔勒）、尉犁[3]［孔雀—铁干里克（Konche-Tikenlik）］等属国的军队（斯坦因所说的危须、尉犁方位有误——译者），攻打车师。这是为了分散车师的兵力，以便从肃州方向攻打天山的匈奴。[4] 车师国王被围困，投降了，但这并没有保证车师永远归顺汉朝。汉昭帝（公元前86—前74年在位）末年，车师又和匈奴联合在了一起，匈奴派了一支骑兵屯在车师。公元前73年汉朝准备攻打车师时，这支匈奴军撤走了。但车师的首领和北边那个危险的邻居之间的关系仍继续保持了很多年。这个联盟有可能会切断汉朝和它的盟友天山以北的乌孙大国之间的联系。[5] 公元前68年汉朝军队从塔里木河上新建立的军事基地渠犁出发，在塔里木盆地各属国的协助下发动猛烈攻势，当年就攻下了交河城（雅尔和屯），公元前67年车师国王投降。为对付匈奴方面的新威胁，汉朝还派出了援

汉朝在公元前89—前67年攻打姑师

---

① 参见魏利《人类学学会会刊》第十一卷106页。

② 参见德·格罗特《公元前的匈奴人》（Hunnen der vorchristlichen Zeit）162页。

汉朝反复攻打车师，同时向天山最东段派兵，这说明，汉朝一开始就想把经哈密、吐鲁番、古城到"西域诸国"去的道夺过来。这样，汉朝同塔里木盆地联系起来就会比较容易，比穿过罗布沙漠的那条道要强。直到一个多世纪后开了"北新道"，这个目的才算实现，但实现得并不彻底。参见《西域考古图记》第二卷705页以下。

③ 关于"危须"和"尉犁"，参见《西域考古图记》第三卷1230页以下。

④ 参见魏利《人类学学会会刊》第十一卷106页以下；德·格罗特《公元前的匈奴人》178页以下。

⑤ 参见魏利《人类学学会会刊》107页；德·格罗特《公元前的匈奴人》193页、198页。

军。最后，匈奴支持的车师国王带着一部分国民向东撤退。汉朝军队在车师国里建立了一个军屯点。① 这些胜利都要归功于汉朝军队统帅郑吉的精力和能力。公元前 60 年他完成了巩固工作，被任命为第一个"西域都护"，并负责车师国以西的"北道"。②

汉朝确立了对车师的控制 从设立了汉朝驻军以便永久性地控制车师起，一直到公元第一个世纪的前 10 年，汉朝对吐鲁番地区的控制似乎没有中断过。大概就是汉朝持续控制吐鲁番的这 70 年间，吐鲁番第一次接受了中原文明的强烈渗透。后来在吐鲁番政治上附属于中原王朝的那些时期，这种渗透更得到了加强。这种渗透使吐鲁番地区的居民直到今天都与塔里木盆地西部绿洲中的人明显不同。汉朝当时是很看重车师的，把它当作戍卫塔里木盆地不受东北匈奴进犯的堡垒。公元前 48 年，汉朝在那里设置了一个特殊的军职戊己校尉。东汉曾恢复过这个重要的军职。③ 戊己校尉的驻地是车师前国的高昌壁，即现在的喀拉霍加④。

车师后国国王背叛 元始年间（公元 1—5 年），戊己校尉徐普欲（实际是徐普——译者）开通了"北新道"。前面我们反复提过"北新道"，它大大缩短了从敦煌长城上的玉门关到车师后国的路程。（《汉书·车师传》记载："元始中，车师后王国有新

---

① 魏利的译文中连篇累牍地讲述了这些事件（见《人类学学会会刊》第十一卷 107 页以下），但没有说明这个军屯点的位置。格罗特上书 202 页简短但更清晰地叙述了这个基本事实。

② 参见格罗特《公元前的匈奴人》205 页以下。另参见沙畹《通报》154 页注 1，1907 年，那里更清楚地说明了这个头衔的起源，以及它与保护车师（吐鲁番）以西的"北道"有什么关系。

③ 关于"戊己校尉"这个头衔及其起源，参见沙畹《通报》154 页注 2，1907 年。即便这个官衔真的是有两种职能，但在车师每次任这个职位的都是一个人。

④ 参见沙畹《通报》155 页注 1，1907 年。《汉书》中没有说到这个军屯点。高昌最初叫"田地"，后来王延德提到了它。参见弗兰克《吐鲁番亦都护城的汉文庙柱文》31 页。

道，出五船北，通玉门关，往来差近，戊己校尉徐普欲开以省道里半，避白龙堆之厄。"——译者）① 显然，这条通道的目的是从汉朝大本营更容易到车师后国，从而使车师后国更加依附中原王朝。由此发生了《汉书》中详细描述的那些事件。"车师后王姑句以道当为挂置，心不便也。地又颇与匈奴南将军地接。"② 他不愿意接受戊己校尉关于边界的安排，就带着自己的国民投奔了匈奴，最终导致了他的毁灭。这一行动表明，当时古城—吉木萨地区至少有一部分居民是靠放牧为生的。从《汉书》记载的公元 10 年的一次叛乱中也可以得出这样的结论。那一年，车师后国首领须置离密谋叛汉，归顺匈奴，结果被西域都护斩首。于是他的兄弟"将置离众二千余人，驱畜产，举国亡降匈奴"③。

　　匈奴的最高首领单于认为王莽于公元 9 年篡位登基的举动侮辱了他，就和王莽新朝决裂。单于的军队进攻车师，两名中国统帅被杀。接着，高昌的中国驻军发生叛乱，导致戊己校尉被杀，叛乱首领带着 2 000 名中国军官和士兵投降了匈奴④。王莽和单于后来勉强达成了妥协，但公元 16 年和平局面又被打破了。匈奴"大击北边"，同时"西域亦瓦解"。当年，中国派了一支军队进入塔里木盆地，削弱了几个反叛的王国，其中是否包括车师我们不得而知。但在公元 23 年王莽死时，"西域都护"的权威已经分毫不剩了。此后整整

公元 23 年车师又落入匈奴手里

① 参见本书第十五章第四节、第十六章第一节；《西域考古图记》第二卷 705 页以下；沙畹《通报》533 页，1905 年。

② 参见魏利《人类学学会会刊》第十一卷 109 页，德·格罗特《公元前的匈奴人》262 页把这个国王的名字写成了"句姑"。

③ 参见魏利《人类学学会会刊》第十一卷 111 页，德·格罗特《公元前的匈奴人》270 页。

④ 参见魏利《人类学学会会刊》第十一卷 111 页，德·格罗特《公元前的匈奴人》270 页。

半个世纪的时间里，中原王朝在西域地区的势力完全丧失了①。

第二节　从东汉到唐代的吐鲁番

《后汉书》告诉我们，在东汉的前两个皇帝统治时期，车师和塔里木盆地的所有地区一样都受匈奴人控制。② 由于不堪匈奴人的压榨，早在公元 45 年车师后国国王就与鄯善及焉耆的首领对汉光武帝表示臣服。③ 但东汉正忙于巩固内部，无暇对他们提供保护。匈奴势力的衰弱使得西域诸国内部开始争斗起来。据说，在争斗过程中，车师吞并了天山北麓的几个小国。④ 公元 73 年汉明帝统治时期，东汉军队占领了伊吾（哈密），汉朝的势力再次向中亚扩张。这一次，车师又像西汉时一样成了"戊己校尉"的驻地。从甘肃经哈密的直道开通后，对中国人而言，吐鲁番的地位注定要比以前更重要。但在公元 75 年汉明帝驾崩那一年，第一次扩张以失败告终。"都护"及其军队被焉耆和龟兹击败，戊己校尉则被匈奴和车师围困。公元 76 年从肃州（酒泉）派出的一支增援部队在交河（雅尔和屯）附近的确打了个大胜仗。但后来戊己校尉被召回，吐鲁番地区又落在匈奴手里。⑤

公元 89 年，匈奴在东边遭到惨败。再加上班超长期在塔里木盆地西部进行的一系列成功活动，吐鲁番和附近地区才再次被纳入了东汉的控制范围。公元 90 年东汉收复了伊

---

① 参见魏利《人类学学会会刊》第十一卷 112 页；沙畹《通报》155 页，1907 年。
② 参见沙畹《通报》155 页，1907 年。
③ 参见沙畹《通报》155 页、211 页，1907 年。
④ 参见沙畹《通报》156 页，1907 年。
⑤ 参见沙畹《通报》157 页以下、211 页以下，1907 年。

吾（哈密），车师前国和车师后国都向东汉朝廷纳贡。① 公元91年班超被任命为"西域都护"，朝廷还重新设立了戊己校尉（他率500名士兵驻高昌壁），并设了一个"戊部侯"来负责"车师后部"②。《后汉书》对后来车师情况的记载表明，"车师后部"是最让西域的中国行政管理部门头疼的。之所以会这样，一是因为车师后部离准噶尔东北的匈奴很近，二是因为天山北麓的自然特征使那里的居民仍可以过着半游牧的生活。我们已经看到，车师前和车师后国之间的地理差异对这两个紧邻地区的历史产生了影响。从吐鲁番的考古学和文献遗物中，我们获知了一些民族问题上的情况，它们很可能也是因不同的地理特征造成的。③

我们读到，公元96年戊己校尉威胁车师后国的国王涿鞮说要让他退位，涿鞮就进攻了车师前国的国王，因为是这位国王出卖了他。第二年，东汉不得不组织了一次远征，一直把涿鞮追击到了北匈奴的领地，最终涿鞮兵败被杀。④ 公元102年班超退休，不再任西域的职务，这之后西域的局面一片混乱，到处是叛乱。到公元107年只好放弃西域诸国，这样车师又依附了匈奴。的确，公元119年东汉收复伊吾（哈密）后，车师前国（吐鲁番）的国王臣服了东汉。但东汉驻军当年就被匈奴在车师后国的协助下消灭了，车师前国的首领也逃走了。之后几年中，车师国人在匈奴的胁迫下，

公元107年车师又落入匈奴手里

① 参见沙畹《通报》158页、212页，1907年。
② 参见沙畹《通报》158页，1907年。《后汉书》记载，"戊部侯"的驻地离高昌500里。这一点，再加上前面已提到的一点（《通报》169页，1907年，另参见本书第十六章第三节），证明这个地点在金满，即唐朝的北庭所在地，就是吉木萨以北的那个遗址。
③ 参见本书第十章第二节，第十七章第一节、第三节。
④ 参见沙畹《通报》212页，1907年。

不断地参与匈奴袭扰河西地区（从敦煌到甘州以东）的事件。①

公元 123 年班勇收复车师

汉安帝似乎看到，从吐鲁番来的匈奴人如果攻取了敦煌和鄯善，就会与南山和南边昆仑山的羌族人联合起来。这迫使他采取行动。公元 123 年班勇被任命为西域长史（班勇是班超的儿子，几乎和他父亲一样有名），皇帝还命他在柳中驻扎一支中国驻军［柳中就是现在吐鲁番盆地东部的主要绿洲鲁克沁（Lukchun）］。由于伊吾（哈密）直到公元 131 年才被东汉军队攻占，我们只能作出这样的假设：班勇是从楼兰这个方向穿过库鲁克塔格攻取吐鲁番的，并将吐鲁番作为重新征服西域的基地。到公元 125 年他大败车师后国王军就，军就被杀。第二年，在车师后国两位首领的协助下，他打败了当时大概占据着巴里坤谷地的匈奴呼衍王。②

东汉统治的衰落

公元 134 年，负责管理车师后国的那个东汉官员在车师后国人的协助下，发动了一次大攻势，深入到了北匈奴领地很远的地方。由此可以看出，当时车师后国很好战。但第二年匈奴的呼衍王就进行了报复，进犯车师后国。东汉派了一支远征军去援救"车师六国"，目的是保卫西域，但没能完成使命。③ 实际上，那时候东汉在西域的势力就已经开始衰落了。

车师后国叛乱

我们在上文说到巴里坤地区时，曾提到匈奴的呼衍王。④ 后来东汉虽然从哈密方面出击过几次，但都没能消除呼衍王对中国那条主要交通线的威胁。公元 153 年车师后国

① 参见沙畹《通报》161 页、165 页、212 页，1907 年。
② 参见沙畹《通报》167 页、213 页，1907 年。关于呼衍王，参见本书第十五章第三节。
③ 参见沙畹《通报》213 页以下，1907 年。
④ 参见本书第十五章第三节。

的国王阿罗多进攻且固（那里是东汉的一个军屯点）。在一部分车师后国人的帮助下，东汉迫使这个反叛头目逃往北匈奴，并立卑君为王。但阿罗多很快回来了，并获得了国民的支持，推翻了卑君。面对这个困境，东汉采取了一个政治上的权宜之计，《后汉书》关于车师的最后一段记载说的就是这件事。这个权宜之计很有意思，表明了车师后国居民的半游牧性质。阿罗多再次登上王位后，东汉让卑君"带着三百帐篷的车师后国人"迁到了敦煌，"这些人将来要专门受卑君管辖，以便他能有固定的贡赋收入"。①

从名义上讲，东汉对西域的控制又延续了一段时间，但我手头翻译过来的文献中却没有再提到吐鲁番。上面说的那些资料足以证实，经哈密并沿天山东段延伸的那条道开通后，对中国人来说吐鲁番地区变得越来越重要。《后汉书》在对那条进入塔里木盆地的北道进行总结时，说的那段话就很能说明这一重要性。"这些地点（高昌和金满）是西域的门户。因此，历任戊己校尉都驻在这里……土地都很肥沃。正因如此，汉朝才一直与匈奴争夺车师和伊吾，以便控制西域。"②（《后汉书·西域总叙》记载："自敦煌西出玉门关……北通伊吾千余里。自伊吾北通车师前部高昌壁千二百里，自高昌壁北通后部金满城五百里。此其西域之门户也，故戊己校尉更互屯焉。伊吾地宜五谷、桑麻、蒲萄。其北又有柳中，皆膏腴之地。故汉常与匈奴争车师、伊吾，以制西域焉。"——译者）

吐鲁番道的重要性

---

① 参见沙畹《通报》214 页以下，1907 年。
② 参见沙畹《通报》169 页以下，1907 年。

东汉和唐朝之间的吐鲁番

东汉于公元 220 年灭亡，唐朝于公元 618 年建立。在这两个时间点之间，中国的文献似乎很少提到吐鲁番，也很少提到"西域"。但我从沙畹先生和弗兰克教授翻译过来的资料中也找到了几处提到吐鲁番的地方。它们似乎表明，在这 400 年间吐鲁番和它西边的塔里木盆地地区由于汉朝的统治而继续与中原保持政治联系，并继续受到中原文明的影响。当然，这种联系和影响可能程度减弱了，并且时有中断。

凉州张氏家族攻取吐鲁番

《晋书》中有直接证据表明，在晋朝（公元 265—420 年）统治的后期，张氏家族曾多次对西域采取大规模的行动（张氏家族几百年来建立了一个地方小独立王国，在凉州统治着甘肃）。公元 345 年，张骏派兵从东边攻取了焉耆，这说明吐鲁番是先归顺了他。[1] 公元 383 年张骏的儿子张重华派吕光大举远征，攻取了整个吐鲁番盆地。[2] 文献中明确告诉我们，给吕光引路的，是车师前国国王弥窴和鄯善（或罗布地区）王休密驮。[3] 在尼雅和楼兰 L.A 遗址发现的汉文文书可以说明，至少在晋朝的某些时期，塔里木盆地东部和南部即便政治上不受中原王朝的直接控制，却也受到了中原文化的很深影响。考虑到吐鲁番的位置，很难相信中原文化的影响没有同时延伸到这里来。[4]

---

① 参见《古代和田》第一卷 543 页以下。
② 参见《古代和田》第一卷 544 页。
③ 参见《古代和田》第一卷 544 页注 8。
④ 参见《古代和田》第一卷 370 页以下；《西域考古图记》第一卷 406 页以下；沙畹《汉文文书》155 页以下；孔好古《斯文·赫定在楼兰所发掘的汉文写本及其他小发掘品》77 页以下。
　　值得注意的是，在楼兰出土的文书中有几次提到过高昌的士兵。参见沙畹《汉文文书》194 页；孔好古《斯文·赫定在楼兰所发掘的汉文写本》135 页、139 页。

公元 5 世纪，中国历史文献（尤其是《北史》）中有几次关于吐鲁番的有趣记载。弗兰克教授在他的重要论文《吐鲁番亦都护城的汉文庙柱文》（*Eine chinesesche Tempelinschrift aus Idikutšahri bei Turfan*）中仔细讨论了这些资料。[①] 蒙逊于公元 412 年在甘肃建立了一个独立王国，自封为河西王。他是古代沮渠家族的后裔，属于匈奴血统。到公元 421 年他的势力已经远达敦煌，还使新疆的一些地区（其中包括高昌）归附了他。[②] 他的儿子茂虔于公元 433 年即位，无力抵御北魏太武帝，于是在公元 439 年归顺北魏。这之后，同样出自沮渠家族的酒泉（肃州）长官无讳想使自己独立，却没能成功。于是他在公元 442 年带一小支军队退到了鄯善，想给自己在西边再找一块新领地。[③] 一个中国军官阚爽自立为高昌的小头领。阚爽有一次向无讳求助，无讳帮了忙后，却凭阴谋诡计使自己成了高昌城和高昌地区的主人，而阚爽则只得托身在北边强大的芮芮（Juan-juan，芮芮、蠕蠕、茹茹，皆柔然之别称——译者）那里。[④]

吐鲁番屈服于无讳

公元 444 年无讳死后，由他的兄弟安周继位。安周先统治高昌，从公元 450 年开始又统治整个吐鲁番，一直到公元 460 年。公元 459 年，他在芮芮人的帮助下，把小国交河也纳入了自己的领地（交河本是车师前国的都城，公元 433—

吐鲁番被安周统治

---

① 参见弗兰克《普鲁士皇家科学院文集》7 页以下，柏林，1907 年。

② 参见弗兰克《普鲁士皇家科学院文集》11 页以下、15 页，柏林，1907 年。

③ 参见弗兰克《普鲁士皇家科学院文集》17 页。遗憾的是，我在《西域考古图记》第一卷 323 页以下没有说到这段关于鄯善的文字（见弗兰克教授在他的上文中的引文，18 页）。无讳先派他的兄弟安周到鄯善去。在北魏皇帝的指令下，鄯善王比龙予以抵抗，安周只好撤回了"东城"。弗兰克教授已经指出，"东城"肯定就是郦道元《水经注》中的"古东城"（见沙畹《通报》569 页，1905 年）。这就是鄯善的故都"㺽泥"。我想，它就是米兰遗址。参见《西域考古图记》第一卷 326 页以下。

《北史》后来提到，无讳是经过焉耆进攻高昌的，这一点也很值得注意。它表明，由于库鲁克河的干涸以及楼兰被废弃，穿过罗布沙漠和库鲁克塔格的那条最直接的道已经不能走了。

④ 参见弗兰克《吐鲁番亦都护城的汉文庙柱文》19 页以下。

450 年受"伊洛"控制)。公元 460 年，安周本人在高昌遭到了芮芮人的进攻被杀，芮芮人把阚爽的后人阚伯周扶上了王位。[1] 有证据表明，这个傀儡国王和他的儿子一直统治到公元 491 年。格伦威德尔教授曾在高昌的一座佛寺遗址中获得了一个汉文碑铭，纪年是公元 469 年，是当年献给弥勒的，碑铭中提到了对安周的怀念。弗兰克教授在上面的那篇论文中校订并讨论了这个碑铭。公元 491 年之后，吐鲁番陷入了长期的混乱状态。在这当中，邻近的回鹘部落的一支"铁勒"强烈地影响了吐鲁番。但整个公元 5 世纪，在吐鲁番以及天山东段的所有地区，最有支配力量的无疑是芮芮人。直到公元 6 世纪中叶，芮芮人才被突厥人征服。[2]

麴氏家族的统治

《北史》中有一段文字（沙畹先生将它摘录了下来[3]），说的是公元 507 年后，高昌的王位由麴氏家族占据。这个家族本是汉人血统，原来住在兰州府附近。麴氏王朝的创立者是麴嘉，之后他的儿子麴坚和孙子麴伯雅相继即位。[4] 《北史》中说，麴伯雅的祖母是突厥可汗的女儿。有很多这样的证据说明，吐鲁番地区的统治者和北边的突厥族邻居之间存在着密切的关系。

臣服于隋朝皇帝

公元 608 年隋朝政权再次向甘肃以西扩张。这时，麴伯雅和伊吾（哈密）的突厥族首领是第一批向隋朝表示臣服的。[5] 第二年，吐鲁番王麴伯雅亲自到隋朝的宫廷来表示敬

---

① 参见弗兰克《吐鲁番亦都护城的汉文庙柱文》21 页以下。

② 参见沙畹《西突厥史料》221 页。

③ 参见弗兰克《吐鲁番亦都护城的汉文庙柱文》102 页注 2。关于麴嘉登位的确切年代，参见弗兰克《吐鲁番亦都护城的汉文庙柱文》25 页注 1。

④ 现在请参见马伯乐先生对日期的重新考订，见《法兰西远东学院学报》，1915 年——吉列斯博士。(据本书英文版"补遗和勘误"补下面一段——译者) 马伯乐先生准确地弄清了麴氏王朝的世系，见本书附录 A。

⑤ 参见沙畹《西突厥史料》169 页注 8。

意，并与一个中国公主结成婚姻。他于公元 612 年回国后，下了一道命令，要求他的臣民一律穿汉人的服装。由于他摒弃了"野蛮"的习惯，隋朝皇帝向他致谢并赐给了他很多封号。但值得注意的是，麹伯雅却不敢同铁勒人绝交。自从铁勒人打败了西突厥的处罗可汗后[1]，麹伯雅就受制于铁勒人，他向过境的所有客商征的税都要交给铁勒人。[2] 这件事表明，吐鲁番很容易就会依附于天山北麓的那个邻居。后者是过游牧生活的，因而更善战，动辄就对南边绿洲中来往的客商进行敲诈勒索。后来，当唐朝的控制结束后，吐鲁番这块肥沃的土地被回鹘人（这是铁勒人最有名的一支）占据，那时的情况大概和麹伯雅的时代差不多。

　　成书于公元 7 世纪的《北史》详细地描述了高昌地区。弗兰克教授在上面说的那篇论文中，把这段有趣的记载都翻译了过来并进行了讨论。[3] 所以，在这里我只提一下和考古学有直接关系的几个要点。公元 4—5 世纪，据说高昌有 8 座城，每座城的居民中都有汉人。《北史》中提到高昌的气候是如何温暖，土壤是如何肥沃，谷物一年能熟几次，还特别提到了田地的灌溉、养蚕业以及瓜果和酒是如何丰富。据说那里的人崇拜"天神"（大概指的是摩尼教），但同时又信仰佛教教义。（《北史·西域》记载"俗事天神，兼信佛法"——译者）《北史》还说，羊和马都被放养在遥远的罕为人知的地方。（《北史·西域》记载："国中羊、马，牧在隐僻处以避寇，非贵人不知其处。"——译者）我认为之所以这样，大概是因为，在天山南麓，只有在某些最高的侧

《北史》记载的吐鲁番

---

① 参见沙畹《西突厥史料》89 页注 3。
② 参见沙畹《西突厥史料》103 页注。
③ 参见弗兰克《吐鲁番亦都护城的汉文庙柱文》27 页。

谷中才有牧场，而且人们很难到达那里。① 《北史》另一部分说的是唐朝以前的北周和隋朝（公元 557—618 年），提到高昌有 16 座城，后来又增加到 18 座城，并详细描述了高昌按照汉人模式建立起来的行政管理体系。"男子着胡服，妇女的服装和发型则遵循汉人风格。"高昌的文字与中原一样，但"胡人"的文字也在使用。法律、风俗习惯、礼仪等基本上与中原一样。（《北史·西域》记载："服饰，丈夫从胡法，妇人裙襦，头上作髻。其风俗政令，与华夏略同。""文字亦同华夏，兼用胡书。""其刑法、风俗、婚姻、丧葬与华夏小异而大同。"——译者）

敦煌和吐鲁番之间的沙漠道

值得注意的是，《北史》关于高昌的记载快结束的时候，提到了高昌和敦煌之间的那片大沙漠："无路可通，商旅只能循着人畜的骸骨走。路上你会听到歌声或哭泣声，如果你循着这些声音而去，就会丧命。所以客商一般都走伊吾（哈密）道。"②（《北史·西域》记载："自敦煌向其国，多沙碛，茫然无有蹊径，欲往者，寻其人畜骸骨而去。路中或闻歌哭声，行人寻之，多致亡失，盖魑魅魍魉也。故商客往来，多取伊吾路。"——译者）我想，从这段记载中大概可以得出这样的结论：有一条从吐鲁番直通敦煌的道路，它大概经过了库鲁克塔格最东段的泉水（1915 年 1 月，拉尔·辛格考察了这些泉水），再到拜什托格拉克谷地；公元 7 世纪的时候，一些敢于冒险的行人仍不时走这条道。③

---

① 参见本书第十六章第三节。
② 亨利·尤尔爵士在《马可·波罗》第一卷 210 页中，就是从马端林那里引用了这段话（是威斯得楼译的），来说明罗布沙漠中也有类似的传说。参见《西域考古图记》第二卷 562 页。
③ 关于人们对这条直道的回忆，参见本书第七章第八节、第九章第一节。

《唐书》关于高昌的记载恰好和《北史》衔接上了，说到麹伯雅死去，他的儿子麹文泰继位。这件事发生在公元619年，那时唐朝建立还不到一年。从对麹文泰统治的描述中我们可以看出，一旦中国计划着再次向中亚扩张，吐鲁番将处于什么样的地位。公元619—620年，高昌王的使节来朝①。在公元624年和627年高昌王献给唐朝宫廷的礼物中，提到了两只会跳舞的狗［《旧唐书·西戎传》记载："（狗）性甚慧，能曳马衔烛。"——译者］，据说它们产自拂菻，即现在的叙利亚（拂菻的地点说法不一，尚无定论——译者）。这说明吐鲁番和遥远的拜占庭帝国之间存在着商业往来，在吐鲁番发现的这一时期的文物也证实了这一点。② 公元630年麹文泰亲自来朝见唐太宗。但他回国后一段时间，就帮着西突厥的可汗劫掠到唐帝国宫廷去的使节，还进攻哈密（哈密于公元630年被唐朝控制）。皇帝劝说他，但没有成效。皇帝要他本人到长安去，他却没有从命。先前，皇帝还叫麹文泰的"总司令"到长安去解释一下为什么进攻哈密，这位"总司令"也没有去。（《旧唐书·西戎传》记载："文泰又与叶护连结，将击伊吾。太宗以其反复，下书切让，征其大臣冠军阿史那矩入朝，将与议事。文泰竟不遣……"——译者）"总司令"姓"阿史那"。沙畹先生指出，这个姓表明他是突厥人，这本身就足以说明突厥人在吐鲁番的行政管理中势力多么大。③

于是，唐朝组织了一支大军远征吐鲁番，为帝国确立在西域的最高统治地位打开通道。麹文泰似乎以为难以穿越的

唐朝初年的高昌

唐朝军队攻取高昌

---

① 参见沙畹《西突厥史料》24 页注 3。
② 参见本书第二十九章第一、五节。
③ 参见沙畹《西突厥史料》104 页注 2。

沙漠可以保护他。公元 640 年，唐朝军队真的穿过了沙漠，麹文泰受惊吓而死。我们前面提到了这一年在巴里坤山口立的一块碑（即"姜行本碑"——译者），碑文记载了唐朝统帅为了确保远征胜利，都做了哪些精心准备。① 唐朝军队以突袭的方式，很快拿下了"田地城"（很可能是高昌，即喀拉霍加②）（田地城为唐之柳中县——译者）。继承了王位的麹智盛被围困在都城中，围城的唐朝军队用攻城的机械向城里发射雨一般的石头，城里一片恐慌，麹智盛只好投降。③

设立安西都护府

吐鲁番都城被唐朝军队占领后，改称"西州"，并在总部设"安西都护府"。公元 648 年唐朝第一次攻取库车后，曾在不长的一段时间里把"安西都护府"迁到库车（龟兹——译者）。但唐高宗即位后政策发生了变化，"安西都护府"又在公元 650 年迁回吐鲁番，后来设在了高昌。④ 而新成立的中国西州的州府似乎放在吐鲁番的都城（误——译者）交河（即现在的雅尔和屯）。后来，唐朝军队彻底打败了西突厥，唐朝势力扩张到整个塔里木盆地和盆地以北的地区，这才在公元 658 年将安西都护府正式迁到库车。

吐鲁番地区的组织管理

据说，占领了交河并俘虏了高昌国王后，唐朝军队获得的地区有三郡五县二十二城，有 8 000 户居民、37 700 人口、4 000 匹马。这里的人口数字是否准确，我们不得而知。书

① 参见本书第十五章第四节。
② 参见弗兰克《吐鲁番亦都护城的汉文庙柱文》31 页以下。那里引证了一些中国史料，"田地"就是汉代在高昌实行军屯的那个地点。
③ 参见沙畹《西突厥史料》106 页；《通报》7 页"附注"，1904 年。
巴里坤山口的那个碑铭显然表明，中国军队这次特别重视建造这些攻城的机械，尤其是投石机（见沙畹《中亚十题铭》30 页以下）。这肯定是因为交河城（雅尔和屯）十分坚固。
从附图 35 中的平面图可以看出，交河城建在两条"雅尔"之间，四面都有又高又陡的黄土崖保护。这些天然的"城墙"和"护城河"使得直接进攻交河十分困难。要是没有投石机，围城必定耗时很长（按唐朝军队攻高昌城，而非交河城——译者）。
④ 参见沙畹《西突厥史料》107 页注 1。他在 1904 年刊的《通报》19 页进行了更正。

中还说，只在田地（高昌）一城，就有 7 000 多人被俘，这一定是把数字低估了。书中说，麹文泰曾声称，如果穿过沙漠的唐朝军队不足 30 000 人，他的军队就能对付。[①] 这显然也是低估了的数字。不论如何，可以肯定的是，那些准备实行唐太宗的西域扩张政策的人，一开始就充分意识到了吐鲁番极为重要的战略地位。有一个事实能说明中国是何等看重并占据了这个立足点。唐朝皇帝决定把这个地区完全纳入帝国的行政管理体系，而不是让它仍受一个臣服的首领控制。《唐书》连篇累牍地记载了大臣的建议，他们都建议皇帝采取后一种方案。后来，塔里木盆地其他臣服唐朝的小国也都是采取后一种方案进行治理。[②]

吐鲁番归附唐朝的同时，相邻的天山北麓地区也归入了唐朝。麹文泰依赖的是西突厥的支持，他和西突厥最高首领之间曾订立过盟约。而且，西突厥的一个叶护（Shê-hu, 即 Jabgu）就设在可汗浮图城（即后来的北庭）。[③] 但这位"叶护"被挺进的唐朝军队吓破了胆，放弃了自己的地盘，于是那里变成了"庭州"。[④] 唐朝势力就这样横跨了天山南北，稳稳地占据了一个基地。有了这个基地，唐朝军队不仅能沿天山南北的道路继续进军，还能为将士们提供物资。

天山北坡归入唐朝

以上概述了《唐书》关于吐鲁番的记载。最后我们引用一下《新唐书》对高昌的描述（由沙畹先生译出[⑤]）："乌鸦从长安往西飞，要飞四千里才到高昌。（《新唐书》记为：'高昌直京师西四千里而赢。'——译者）高昌东西长 800

《唐书》记载的吐鲁番

---

① 参见沙畹《西突厥史料》106 页。
② 参见沙畹《西突厥史料》107 页以下。
③ 参见本书第十六章第二节。
④ 参见沙畹《西突厥史料》109 页。
⑤ 参见沙畹《西突厥史料》101 页以下。

里，南北 500 里，有 21 城。都城在交河城，即汉朝时的车师前王的都城。田地城是戊己校尉的驻所。[①] 土地肥沃，稻谷一年两熟。出产一种叫白叠的植物，摘下花来可以纺成布。[②] 国民习惯于把头发编成辫子垂在脑后。"[③] 这里说的高昌国东西和南北的长度，大概是指沿大路朝东西、南北方向走过的距离（一般古代文献中的距离指的都是这个）。这样看来，数字是十分准确的。东边大路是从七克台（Chiktam）第一次延伸到吐鲁番盆地有人居住的地区的，大路最终在西南方的马南丘斯达坂（Manān-chose-dawān）离开吐鲁番。现在这两个地点之间一般需要走八天。同样，如果从石窟子（人们最常走的路就是从那里穿过天山分水岭下来的），到吐鲁番盆地最南端的库鲁克塔格的最外围山脉，大概要走五天。

玄奘穿过吐鲁番盆地　　若不是由于吐鲁番被纳入了中原王朝的行政管理体系，玄奘的《大唐西域记》会对它加以描述的。这位伟大的朝圣者从哈密往西，于公元 630 年到了吐鲁番，受到了麴文泰的隆重接待。[④] 实际上，麴文泰本想让玄奘永远留在吐鲁番，后来玄奘答应回来的时候在高昌待三年，麴文泰这才同意放他走。但当玄奘在公元 644—645 年回国时，高昌已经不再是一个王国了，他可以不受限制地从和田和罗布走。虽然玄奘在《大唐西域记》中没有详细描述高昌，但他至少

---

① 关于"田地"就是现在的鲁克沁，参见沙畹《西突厥史料》的"错误与更正"部分 310 页。

② 显然这说的是棉花，参见沙畹《西突厥史料》102 页注 1。如今棉花仍是吐鲁番的一个主要农产品和出口产品。

③ 参见《北史》中记载的皇帝下达的关于麴伯雅的指示（沙畹《西突厥史料》103 页注）。另参见弗兰克《吐鲁番亦都护城的汉文庙柱文》28 页。

④ 参见朱利安《玄奘生平及其印度之行（公元 629—645 年）》32 页以下；沙畹《西突厥史料》193 页以下。

告诉我们，当时高昌的首领和西突厥之间存在着密切联系。他说，麹文泰的一个妹妹就嫁给了西突厥最高可汗东叶护的长子。而且，由于高昌王向可汗推荐玄奘，他在经过可汗的广大领土时一路上都受到大力支持。①

公元658年安西都护府迁到了库车，表明唐朝在塔里木盆地的政治活动有了一个新据点。因此，沙畹先生凭卓越的研究工作，从《唐书》中收集了大量关于唐朝这一时期在中亚扩张情况的准确、可靠的资料，这些资料却很少提到吐鲁番的情况。公元640—670年间，唐朝对这个地区的占领大概一直没受过什么动摇。但这种情况是否持续到了此后的20年就很值得怀疑了。我们知道，公元670年之后，安西都护府下属的"安西四镇"［库车、和田、喀什、托克玛克（Tokmak）］（应为于阗、疏勒、龟兹、焉耆四镇——译者）遭到吐蕃人的袭扰，公元670年吐蕃人在谷谷诺尔（Kuku-nōr）以北大败唐朝军队［《旧唐书·吐蕃上》记载，咸亨元年（即公元670年），"军至大非川，为吐蕃大将论钦陵所败"——译者］。尽管唐朝将军在公元673年、677—679年打了胜仗，但唐朝在这一地区的最高统治权一直到公元692年才恢复。② 我认为，势力变得极为强大的吐蕃人如果不控制（哪怕是暂时控制）从敦煌到吐鲁番的那些绿洲，是无法攻取塔里木盆地，甚至影响到天山以北地区的③，因为到吐鲁番盆地去最容易走的路就是从那些绿洲中通过的。

公元658—692年间的吐鲁番

① 参见朱利安《玄奘生平及其印度之行》61页以下。

② 参见沙畹《西突厥史料》114页、119页、122页、280页。《古代和田》第一卷61页中，概述了关于吐蕃这次入侵安西四镇的史料。

③ 有一个史实大概与此有关。公元677年，唐朝将领裴行俭率一小支军队攻打一个和吐蕃人联合起来的突厥首领。突厥首领手下的人在西州（雅尔和屯）城外迎战他。见《西突厥史料》74页注3。

《唐书》记载，公元679年后不久，安西都护王方翼被调往庭州（即后来的北庭）。见《西突厥史料》76页注。

唐朝控制的最后一段时期

公元 692 年唐朝收复"安西四镇"后，开始在今新疆地区巩固自己的势力。这一时期有半个多世纪，在此期间，吐鲁番更加繁荣了。① 公元 751 年阿拉伯人在塔什干（现乌兹别克首都——译者）大败高仙芝（高仙芝是挺进帕米尔和兴都库什山那次著名进军的领袖，当时负责着"安西四镇"）。即便如此，吐鲁番在唐朝统治下又度过了 40 年。公元 766 年左右，吐蕃攻占了甘肃及其最西部地区（包括敦煌），切断了高昌和北庭与中原王朝的联系。② 如果吐鲁番已经不属于唐朝，高昌北庭的都护府是无法维持下去的。沙畹先生从《唐书》中收集的关于唐朝在这些偏远地区最后治理时期的有趣文书，收在《古代和田》的附录 A 中。那些文书清楚地把西州（吐鲁番）、伊州（哈密）、北庭作为李元忠（他在公元 781 年被封为"北庭节度使"）的管辖地区。他和安西留后郭昕，遣使假道回鹘到长安奏事。

吐蕃人在公元 789 年进攻

南边吐蕃人的压力越来越大，边远地区的军队无疑在乞求朝廷的帮助。但软弱的朝廷只能给这些中亚领土最后的强大地方官员以空称号、名誉性的提升等。③ 公元 783—784 年，有人提议把西州、伊州和北庭拱手让给吐蕃人。皇帝已经严肃考虑了这个提议，但最终还是将其否决了。④ 公元 789 年末北庭有新的报告到达朝廷，说明北庭和吐鲁番的唐朝军队处境已经十分艰难。带回这些报告的官员假道回鹘。佛教朝圣者悟空在西域和印度待了将近 40 年后回国途中就是

---

① 《古代和田》第一卷 62 页概述了这一时期的历史，并提到了沙畹《西突厥史料》中的资料。

② 参见《古代和田》63 页。另参见该书中沙畹先生的附录 A，第一卷 53 页。

③ 参见沙畹先生节选自《资治通鉴》的文字，第一卷 534 页。北庭的中国人和回鹘之间的友好关系，表现在下面说的公元 789 年的事件中。这说明公元 8 世纪中叶时北庭的回鹘人只是一个居民点，而不是军事占领。沙畹先生在《西突厥史料》305 页提到了北庭的回鹘人。

④ 参见沙畹《古代和田》第一卷 535 页。

和这队官员一路走的。① 据说，吐蕃人在卡尔鲁克人和其他突厥部落的帮助下，进攻了北庭，而回鹘军则增援了唐朝军队。

斗争的最后一幕已经迫在眉睫了。回鹘人在公元 790 年试图派兵增援，但没有成功。北庭的居民不堪回鹘人的苛政，和沙陀部落一起归顺了吐蕃（沙陀是突厥族"处月"的一支，早在唐朝第一次向哈密和吐鲁番扩张的时候，这个部落似乎就占据着古城地区，过着半游牧的生活②）。北庭的唐朝官员杨袭古率两千人马被迫撤退到西州（吐鲁番）。公元 790 年末为了夺回北庭，回鹘人最后发动了一次攻势，但却遭到惨败。杨袭古也参与了此事，带着几百残兵败将打算到吐鲁番去。但阴险的回鹘人将他滞留下来，最终处死了他，以免给自己将来带来麻烦。"从那以后，安西都护府（库车）完全与本土隔绝，没人知道它到底怎么样了。但西州（吐鲁番）为了效忠唐朝，一直英勇战斗。"③

北庭被吐蕃人占领

第三节　回鹘统治下的吐鲁番

公元 9 世纪初吐蕃似乎完全控制了塔里木盆地，这就是为什么这一时期的汉文文献中没有提到吐鲁番。但公元 9 世纪中叶以后吐蕃在那一地区以及甘肃最西部的统治地位被回鹘人打破了。由于吉尔吉斯人的进攻和内部纷争，回鹘人被

回鹘人打破了吐蕃人的统治

---

① 参见沙畹与列维《悟空行程考》，《亚洲学刊摘要》365 页以下，1895 年 9—10 月。

② 参见沙畹《西突厥史料》96 页以下。公元 8 世纪上半叶有几个沙陀首领在金满（北庭）为官，见《西突厥史料》98 页以下。

③ 参见《古代和田》第一卷 537 页引自《资治通鉴》关于公元 790 年事情的记载。

迫从原来蒙古的地盘向南边和西南边迁移。① 《宋史》记载了这一系列事件，说它们导致了公元 847 年回鹘国的建立。这段记载与《唐书》中的内容是基本吻合的。《宋史》在回鹘国的领地中专门提到了西州（吐鲁番）以及甘州、沙州（敦煌）。②

回鹘统治的影响

在这片新领土的西段，回鹘人在很长一段历史时期内都发挥了重要作用，研究中亚文明、文学和人种学的学者对这种作用是非常感兴趣的。公元 1031 年回鹘可汗在甘州和甘肃其他地方的势力被西夏人（唐古特人）驱逐了出去。③ 但回鹘人在西边却建立了一个强大的王国，在几个世纪里，王国的领土一直延伸到天山东段很远的地方。即便有时它分成了几个属国，一直到了元朝之后，回鹘统治者的种族和传统仍保持着鲜明特色。回鹘人保护自己国土内的绿洲，对新疆的文化产生了深远的影响。一方面，它帮助这些绿洲保留了自己在前面的一千年间从印度、近东、中国得来的信仰和文学、艺术传统。而在塔里木盆地西段势力不断扩大的伊斯兰教则是倾向于压制这些信仰和文学、艺术传统的，统治着喀什的八拉沙衮（Balāsāghun）喀喇汗突厥王朝（Karluk-Turk dynasty）在公元 10 世纪中叶就信奉了伊斯兰教④。另一方面，塔里木盆地的居民种族、语言都很多样，后来却一律使用突厥语，这种语言一直保留到今天。在这个过程中，回鹘人的统治起了很大作用，甚至是最大的作用，而回鹘书面文

---

① 关于回鹘的历史，以及吐蕃人占领了新疆东部和甘肃后回鹘人扮演的角色，见布雷特施奈德在《中世纪研究》第一卷 241 页以下摘录的唐史和辽史。另参见戈厄纳先生明晰的分析，《亚洲学》19 页以下，1900 年 1—2 月。

② 参见布雷特施奈德《中世纪研究》（*Med. Researches*）第一卷 243 页以下。

③ 参见布谢尔《党项的西夏王朝》（*The Hsi-hsia Dynasty of Tangut*）4 页。

④ 参见戈厄纳《亚洲学》38 页以下，1900 年 1-2 月。

字的发展又必然会促进突厥语的传播。在吐鲁番遗址出土的大量文物就证实了回鹘统治的这两方面影响，所以我在这里说了上面那几点看法还不算超出本书的范围吧。

在吐鲁番的最后几次突厥族统治时期，由于其特殊的地理位置，统治者和绿洲上的古老民族在文化和语言上特别容易融合。我在前面已说过，先后被分别称作车师前国和车师后国、高昌和北庭、吐鲁番和古城的这些地区，经济上的联系十分紧密，因此它们的历史也紧紧联系在一起。如果将这些地区合在一起看，特别适合作为本是游牧部落又急于采纳文明生活方式的统治者的基地。在天山北麓，这些统治者和他们的臣民可以保持自己愉快的传统生活方式，同时又能从南边肥沃绿洲中的居民区获得物质资源和文化资源。这样不仅能增强统治者的实力，还可以让他们更多地体会到做统治者的好处。

正因为如此，在回鹘人统治时期，当时控制着唐朝"安西四镇"大部分领土的那个政权就把吐鲁番作为大本营。幸运的是，有一份中国文献被保留了下来，从中可以看出当时天山南北的条件是多么优越。这份文献是公元 982 年被中国皇帝派到回鹘王阿斯兰汗（Arslān Kagan）那里去的使节王延德留下的。① 文献中有地形学或考古学价值的一些细节

> 同时占据吐鲁番和古城后，有什么优势

> 公元 982 年王延德来访

———

① 参见王延德的回忆录（朱利安译），摘自马端林的百科全书中从《宋史》卷四九○摘录的部分。译文见《亚洲学杂志》第九卷 50 页以下，1847 年。后来朱利安在《杂论亚洲地理》80～102 页校订了自己的译文，但如今我手头没有他的这本书。

都收在下面的脚注里。①

---

① 从哈密开始，我们能清楚地看出王延德走的路线。从哈密（就是他说的伊吾、伊州，54 页）起，他来到了哈密以西的纳职，即现在的四堡村。参见《西域考古图记》第三卷 1157 页；伯希和《亚洲学杂志》118 页以下，1916 年 1—2 月。

然后他穿过石漠，走的路在现在哈密和七克台之间的路的南边。他走的这条道由于大部分路段缺水，所以现在只有在冬天才有人赶骆驼或驴子经过。罗布列夫斯基曾考察过那里，发现那里是东边的哈密和西北的吐鲁番地区有人居住的地点之间最近的一条道。穆罕默德·亚库卜 1914 年 10 月考察了一条没有一点水的道路，位于上面说的那条道的南边。

王延德提到，路的沿线没有牧草。由于刮着猛烈的大风，旅行者在穿过路的西段（当时叫鬼口）时是很危险的。参见沙畹先生翻译的这段文字，见《通报》530 页注，1905 年。

他从纳职走了八天后（56 页），来到了泽田寺。泽田大概就是七克台，因为在从四堡到吐鲁番的路上，七克台是人们能遇到的第一块农田。这个皇家使节必定有很多辎重，所以八天走这么远也不算过分。在泽田，回鹘的官员迎接了他。然后他继续向前走，经过"宝庄"（今辟展县）、"六钟"（今鲁克沁，即《后汉书》中的"六种"），到了高昌，又名西州，即现在的吐鲁番。

王延德的描述使我们能确定这个都城的位置："从金岭（即天山，在唐朝从交河到北庭的路线表上被称作金沙岭，见第十六章第三节）上流下来一条河，河道分岔，围住都城，灌溉着田地、果园，推动着水磨。"这条河就是现在从胜金（Sengim）谷流出来的那条小溪，从溪上引出的水渠灌溉着整个喀拉霍加绿洲。

王延德说，高昌人热爱音乐，在散步或出去游玩的时候从来不忘了带上乐器（57 页以下）。考古学发现证明了这一点（见本书第十九章）。他还详细说到了中国日历、按季节献祭的风俗、大量的中国书籍、佛教典籍等，还说到有一个档案室，专门存放国王下过的命令（57 页以下，即"敕书楼""藏唐太宗、明皇御札诏敕"——译者）。这些都表明，由于长期受中原王朝的控制，中原文明对吐鲁番人造成了深远的影响。王延德还说，在高昌由官方出钱来养活为数不多的一些穷人，居民寿命都很长。这些都表明，在回鹘人的统治下高昌是何等富庶。

可以肯定的是，王延德在到阿斯兰汗的北庭去时走的是经过巴诺帕的那条道，但很难断定他说的那几站都是什么地方。作为皇家使节，他自然走得不急。他用了六天才穿过交河地区（雅尔和屯），到了过"金岭"的那条窄道的入口。他所说的这个"入口"，大概就是人们歇脚的夏普吐勒鲁克（"龙泉"，见本书第十六章第三节）。

此后两天，他来到了"汉家砦"，大概就是尧干铁热克。（在《宋史》中，这个字不是"家"，而是"冢"——吉列斯博士）他用了五天时间才翻过了天山。对这么显赫的一位要员而言，这段时间也算不上长，因为从他下山的地方算起只用了一天就到了北庭（62 页）。

王延德是在公元 982 年的农历四月（西历 5 月）到高昌的。农历七月（西历 8 月）时，他在北庭准备回国。如果是这样，他应于西历 6 月或 7 月翻过天山。但他发现山上有厚厚的积雪，在过山时还遭到了夹杂着雨雪和暴风的袭击。我不知道山口上的"龙堂"在哪里，它显然是一个洞。王延德说，"龙堂"那里有一块石碑，上面镌着山口的名称"小雪山"。

王延德说，"北庭川"长宽都有几千里（原文为"北庭川长广数千里"——译者）。这表明，当时回鹘人控制的地区从天山北麓延伸了很远（参见戈厄纳《亚洲学杂志》29 页，1900 年 1—2 月）。国王在都城附近的一个湖边举办音乐会来款待客人。这个湖就是俄国边境地图在古城西北标的那个叫乌兰诺尔（Ulan-nōr）的沼泽湖。我现在感到很遗憾，当时没到那里去看看。王延德说，用 3 码长的绢就能买到一匹驽马来吃马肉（原文为"善马丝绢一匹，其驽马充食者，才直一丈"——译者）。这说明在回鹘人统治时期，别失八里地区的马是很多的。

在此我只请读者注意几个基本事实，它们有助于我们了解吐鲁番的典型特征，而当时它仍存在的大部分"遗址"都还没有被弃。

王延德明确地说，回鹘王控制下的地区特别大，向南一直到于阗（和田），向西到达唐朝的安西（库车）①（原文为"其地南距于阗，西南距大食、波斯，西距西天步路涉、雪山、葱岭，皆数千里"——译者）。他还准确记述了吐鲁番极为干旱的气候，那里夏天特别热，居民不得不在地下的屋子里避暑〔自古以来，吐鲁番的人家都有一个地窖般的"凯莫斯"（kemers）〕②。他还表现了当地人是如何喜欢舒适的生活、各种娱乐和音乐，如今的吐鲁番人仍保留着这种风气（当然，由于时代不同，娱乐的内容也有所变化）。王延德还提到，有王族血统的人爱吃马肉，而普通百姓则吃羊肉和飞禽（原文为"贵人食马，余食羊及凫雁"——译者）。由此可以看出，吐鲁番的统治阶层仍保留着游牧民族的口味。③

吐鲁番的人口

王延德在吐鲁番看到了 50 座佛寺，佛寺大门上是唐朝皇帝赐的寺名。他还特别提到，其中一座佛寺收藏了很多汉文佛经④。我们在吐鲁番发现了大量佛经寺院遗址和汉文手稿，证明王延德的话是没错的。他还提到有一座叫"摩尼寺"的寺院，住在那里的是波斯僧侣，"他们认真遵守自己

摩尼教信仰

---

① 参见朱利安《亚洲学杂志》56 页、64 页，1847 年。56 页说的西南边界连着大食（阿拉伯）和波斯，显然是夸张。

② 参见朱利安《亚洲学杂志》56 页，1847 年。王延德称，公元 970 年下了积水达 5 寸深的雨，毁掉了很多房屋（原文为"雨及五寸，即庐舍多坏"——译者）。朱利安对此表示怀疑，其实朱利安的怀疑是错误的。今天，即使下更小的雨，吐鲁番的很多泥屋都会被毁掉。

③ 参见朱利安《亚洲学杂志》57 页，1847 年。另参见 64 页关于北庭的回鹘人的描述。

④ 参见朱利安《亚洲学杂志》58 页以下，1847 年。

的各项规章，声称佛经典籍是异端"[1]。格伦威德尔教授和勒柯克教授在喀拉霍加发现了摩尼教的教堂，在喀拉霍加和其他地方还出土了用伊朗文和突厥文书写的摩尼教经文。这些发现都表明王延德的记录是准确的。

夏季迁到北庭

王延德到达高昌时是公元982年5月。当时，高昌王已经到北庭避暑去了。这位高昌王的突厥语名字是"阿斯兰汗"，王延德将其准确地翻译为"狮王"。自古以来，所有突厥血统的君主都有夏季避暑的习惯。印度河流域的贵霜和突厥族君主、德里的莫卧儿君主等，后来都摒弃了以前游牧部落到高山牧场去避暑的习惯，而是建造了夏季的都城。王延德说，这个皇室养了很多马，专门放牧在北庭附近的一片大谷地中，这也表明高昌的统治者仍保留着古代游牧部落的传统。天山北麓自然条件特别优越，水分和牧草都很丰茂，利于放牧。我们上面已经说过了王延德从高昌到北庭走的那条道。他说北庭只有三座佛寺，其中两座建于公元637年。这和那个"多庭台、塔和花园"（原文为"城中多楼台卉木"——译者）的夏季都城很不相称。这表明，北庭的佛教遗址没有吐鲁番那么多，我在后堡子以北的北庭遗址看到的就是这样的情况。

王延德眼中的回鹘人

最后值得注意的是，王延德在描绘北庭的时候，说回鹘人不仅正直诚实，而且聪明能干，精于各种金属活计。现在，人们根据从西伯利亚到欧洲的那些民族大迁徙而受到影响的地区中发现的东西，做了考古学研究，发现中亚的古代游牧部落似乎自古就擅长金属活计，而以前人们对此估计得

---

[1]　参见朱利安《亚洲学杂志》60页，1847年。

太不足了。① 但从这位中国使节对山北的回鹘人的赞扬中，我们也可以看出，这支突厥血统的部落在和南边绿洲中的古老文明发生长期联系的过程中，已经受到了很深的影响。

我就不再往下追寻回鹘人在吐鲁番地区统治的历史了，而是只说一下与现存遗址有直接关系的几个资料。布雷特施奈德博士在他的论文《中世纪研究》中，搜集了一些从宋代和明代的中国史书中的资料。这些资料表明，尽管在公元11世纪初回鹘统治者的都城似乎是迁到了库车，但一直到蒙古帝国的建立，回鹘人控制吐鲁番的状况都没有发生太大变化。② 史书中多次提到回鹘人派使节到宋朝都城来，这表明虽然唐古特王朝已经在甘肃建立，但回鹘人同中国的往来并没有中断。③ 公元12世纪回鹘人以及新疆东部的其他部落和小国都臣服于西辽，西辽还灭了喀喇契丹国（Kara-khitai，又称黑汗王朝，是新疆第一个信奉伊斯兰教的突厥回鹘人王朝，被西辽灭——译者）。④ 公元1209年成吉思汗向西大举远征时，回鹘人的亦都护（Idikut，意为幸福之主或神圣陛下）名叫"巴而术阿而忒的斤"，他和成吉思汗联合在一起，后来都对蒙古军队予以积极配合。成吉思汗于是允许他和他的家族保留他们的领地。⑤ 成吉思汗后来把那个庞大的帝国划给几个儿子分别治理，别失八里和吐鲁番都被划在察哈台（Chagatai）汗国中。就是在那时，欧洲人第一次听说

元代时回鹘人
仍控制这里

---

① 这些有趣的研究表明，中亚和远东的游牧部落对艺术产生了深远的影响。见德·塔卡克斯《亚洲艺术年鉴》60页以下，1925年；《中国—胡人的艺术形式》，见《保加利亚考古所简报》194页以下，1925年。

② 参见布雷特施奈德《中世纪研究》第一卷244页以下。

③ 参见布雷特施奈德《中世纪研究》第一卷243页。

④ 参见布雷特施奈德《中世纪研究》第一卷213页以下。

⑤ 参见布雷特施奈德《中世纪研究》第一卷249页以下、260页以下。

了回鹘人。公元 1253—1255 年间托钵修会修士约翰·德·卢布鲁克（John de Rubruck）因某项使命，到哈喇和林附近拜见了大汗蒙哥。这位修士说，回鹘人中有各种信仰。他虽然把回鹘人列在亚洲偶像崇拜者（即佛教徒）的第一位，但他注意到回鹘人中还有一些景教徒和伊斯兰教徒。① 他还意识到，宗教在书面的突厥语中占重要地位。吐鲁番出土的大量回鹘文手稿就证明了这一点。②

长春真人的叙述

　　蒙古人对宗教问题比较宽容。在蒙古的统治下，中亚和中国长期都能很容易地进行往来。我不知道这是不是在一定程度上使得伊斯兰教在回鹘地区的传播比较缓慢。但可以肯定的是，在新疆东部说突厥语的人中，回鹘地区的佛教和道教坚持的时间最长。成吉思汗曾征召道教的长春真人丘处机。长春真人在回忆录中提到，他于公元 1221 年穿过别失八里以及到玛纳斯途中的某个城镇时，都有佛教僧侣和道士来拜访他。但他说，"那座城以西地区已不信奉佛教也不信奉道教了"，"回鹘人只崇拜西方（即朝向麦加的方向）"。③ [《长春真人西游记》记载：至昌八剌城（即今昌吉），王"率众部及回纥僧众皆远迎……有僧来傍坐……盖此以东昔属唐，故西去无僧，回纥但礼西方耳"——译者]

---

　　① 参见布雷特施奈德《中世纪研究》第一卷 262 页以下；罗克西尔《威廉·德·卢布鲁克的旅行》（*The Journey of William de Rubruck*）141 页。

　　② "Apud Iugures est fons ct radix idiomatis Turci et Comanici"，参见罗克西尔《威廉·德·卢布鲁克的旅行》152 页。

　　普拉诺·加尔比尼修士在公元 1245—1246 年间去了哈喇和林。他已经注意到，蒙古人的文字是从回鹘文转变而来的。他大概知道回鹘文本身来自叙利亚基督徒的福音文字（古叙利亚文字的一种初期形式——译者）。是不是就因为这个，他错误地把回鹘人归入景教信徒之中呢？参见罗克西尔《威廉·德·卢布鲁克的旅行》147 页、150 页。

　　③ 参见布雷特施奈德《中世纪研究》第一卷 65 页、67 页。

　　《明史》（公元 1375 年以后）中提到的吐鲁番和别失八里的首领及其使节都是伊斯兰教名字。① 但在公元 1408 年，一个和尚带着他的弟子从吐鲁番来到明朝都城。② 《明史》中有一段记载，说的是公元 15 世纪上半叶，"火州"［自从元代起，高昌（喀拉霍加）就被称为火州］的"佛寺比民居还多"。我们可以肯定地说，在这些佛寺中包括一座古城的遗址，就是古代高昌国的都城。这座遗址现在一般被称作亦都护城（Idikut-shɑhri）或达吉亚努斯沙西（Dākiɑnūs-shāhri）。《明史》说这座遗址在东边（见紧接着上面引文的文字）。③ 从沙鲁克王（Shāh Rukh）使节的叙述中我们可以断定，公元 1420 年的时候佛教仍是吐鲁番地区占统治地位的宗教。这段叙述是这样说的："他们发现，那个国家的大多数居民都是多神教者（即佛教徒），有放置大偶像的屋子，屋子的大厅里放着一尊高大的偶像。"④ 在哈密，他们也看到在一座清真寺旁矗立着一座华美的佛寺。

佛教依然在吐鲁番存在

　　这说明吐鲁番地区全部皈依伊斯兰教比塔里木盆地要晚得多。这个事实是特别值得注意的，因为从考古学的角度看，吐鲁番地区很好地保存了很多古迹与此有极大关系。它使得在伊斯兰教之前的文明，包括崇拜物、文献、艺术等，都很好地保存了下来，一直到离现在四五百年的年代。而且这片土地一直都有人定居。这也可以解释为什么有很多古迹年代比较晚。也正因如此，凭现在的有限知识，我们很难确定文物的大体年代，尤其是因为这些文物不是被系统地挖掘

居民很晚才皈依伊斯兰教

① 参见布雷特施奈德《中世纪研究》第二卷 193 页、235 页。
② 参见布雷特施奈德《中世纪研究》第二卷 194 页。
③ 参见布雷特施奈德《中世纪研究》第二卷 187 页。
④ 参见尤尔《契丹》第一卷 272 页以下。

出来的，而是那些不负责任的农民或其他人挖掘出来的。

遗址一直有人定居

此外，还有两个原因使我们更难判断吐鲁番文物的年代，一个是历史原因，一个是地理原因。吐鲁番地区先是长期受中原王朝控制，后来又一直受回鹘人统治，长期以来都受到保护。因此，就我们看来，这里不曾发生过那类大灾难，未导致重要地点完全毁灭并连同它们的崇拜场所等一起废弃的结果。实际上，吐鲁番盆地所有伊斯兰时期之前的遗址都在如今的垦殖区之内，或是紧挨着依然有人居住的城镇或村庄。显然，这样就很难断定文物的下限了。不像塔里木盆地南部的那些遗址，它们自从被抛弃给沙漠以来，就再没人住过。

吐鲁番地区的灌溉

由于地理位置和气候上的特殊性，吐鲁番地区的任何遗址都没有在历史上因"干旱化"（即灌溉水源持续减少）而变得不能居住。从手头的资料和考古学证据来看，吐鲁番地区的气候自古就是极为干旱的。但它北边离高峻的天山比较近，天山上终年有积雪。而且，由于天山北麓的气候要湿润得多，天山上的降雨量也就很大。这样，就有许多径流注入了吐鲁番盆地，有的是地表径流，有的是地下径流。吐鲁番盆地北边有一条不高却十分嶙峋的小山脉，那是一条地理断裂带，从东边的辟展一直延伸到西边的雅尔和屯以西。由于这条断裂带的存在，被山脚的砾石缓坡吸收的水大部分又冒出了地面，成为很多眼泉水。那条小山脉脚下的大多数肥沃地区就是依靠这些泉水灌溉的。

没有哪个遗址变成沙漠

这样，鲁克沁、喀拉霍加、吐鲁番等主要绿洲的灌溉水源就有了保证。绿洲中比较偏远的部分大约在历史上的确曾因地表水渠中的水量不足而遭受过困难，但由于使用了坎儿井（地下水渠），这些地方也被挽救了，没有被废弃。绿洲带以下，朝盆地最深部分延伸的那块地方全都低于海平面，那里的农业生产自古以来就很有限，甚至可能根本无法从事农业。我们发现，盆地中间的艾丁湖（现已大部分干涸）周围都是结着盐壳的荒野，因此在那里我们也没发现什么遗址。尼雅河末端的遗址和楼兰遗址情况就与此完全不同。这两个遗址是在某个时期被废弃的，交付给了沙漠，自那以后就再没人居住过，甚至极少有人去。因此，它们非常完整地为我们保存了日常生活的遗物，其年代可以限定在不太长的一段时期里。而吐鲁番的遗址由于上述原因几乎都在"活人的世界"里。好在考古学家可以打开死者的坟墓。我们在下文中可以看到，坟墓比地上的那些遗址更能反映古人过的究竟是怎样的生活。

第十八章　吐鲁番的遗址

第一节　古代高昌国的遗址

　　到达吐鲁番城之后的六天中，我一直忙于许多实际事务。我拜访了当地的中国官员并接待他们的回访（他们的支持对我是很重要的）。同时，我还要处理在吐鲁番积压了三个月的来信。在这几天里，我到雅尔和屯做了一次先期勘察，还粗略查看了一下古城西边那条雅尔丹以远的一块墓地。据说，橘瑞超先生曾打开过那里的六七座中国古墓。我查看的几座墓葬中只有朽坏得很厉害的尸骨，裹在粗糙的纺织品里，此外没什么特别有考古学价值的东西。但这些小墓穴是挖在萨依的硬土中的，还连着窄窄的通道，这些都为我将来在别处开展工作提供了有益的启示。

小分队会合　　我到吐鲁番没多久，分别了两个月的奈克·夏姆苏丁和李师爷就与我会合了（我们是在毛眉分别的），这使我十分高兴。与他们同来的还有忠诚的依布拉音伯克，他把我半年前存放在安西的所有文物都安全地押运到了这里。我在吐鲁番附近停留的最后几天，拉尔·辛格也来到了。在押运骆驼从苦泉子那条道翻越天山时，天气比较晴朗，他因而得以考察了那一段天山（我们先前在去古城的路上由于天气不佳，是看不见天山的）。这样，除了测量员穆罕默德·亚库卜，我的几个小分队都会合了。于是我在 11 月 1 日将营地移到了喀拉霍加。喀拉霍加位置居中，从那里到几个重要遗址去都很方便。冬天在吐鲁番盆地和盆地周围工作时，把喀拉霍加当作大本营是最合适不过的。当地头人尼萨阿里的家不仅能让我们安全地存放文物箱子和多余的行李，还给我们提供了舒适的住所。

为库鲁克塔格
的考察做安排

　　我在喀拉霍加一直待到 11 月 14 日，主要是忙于为考古学和地形学考察做好一系列的准备工作。为了让拉尔·辛格能在严峻的自然条件下、有限的时间里，完成我交给他的在库鲁克塔格沙漠地区进行地形学考察的任务，我必须极其仔细地为他安排好牲畜、物资、向导等。他将沿一条新道到辛格尔（辛格尔是那片广大而荒凉的山区和高原上唯一的居民点）。把辛格尔作为三角测量的基地后，他将朝东南进行三角测量，一直到阿勒提米什布拉克，如果有必要还要深入罗布沙漠，目的是将三角测量点同他前一年在昆仑山上通过三角测量确定下来的某一点连接起来。我知道这位兢兢业业的测量员将遇到什么困难。辛格尔以东的咸水泉在 12 月之后很久才会冻结，这样他就面临缺水的困难。同时，罗布地区的天气又极为恶劣，大风常刮得尘沙满天，他大概一个星期才能有一次机会望见罗布泊干涸湖床南边远处的山脉。而且，他将三角测量点连接好之后，我需要更认真、更详细地安排他下一步的工作。我希望他能尽可能多地勘察一下库鲁克塔格还没被人考察过的那段山脉（在阿勒提米什布拉克和哈密下方的终端盆地之间）。在这片条件恶劣的沙漠地区进行考察，要冒很大的风险。尽管我这位老伙伴有永不枯竭的精力，而且阿布都热依木和他勇敢的骆驼会帮他的忙，我仍不敢保证没有风险。

考察吐鲁番盆
地

对吐鲁番盆地进行仔细考察则用不着面对自然条件上的困难，我的第二个测量员在冬天就将从事这项工作。但我同样要为他做好周密部署。我必须一开始就从盆地北部那条外围山脉（汉人根据山上的红土和红砂岩以及当地夏季的酷热，把它称作火焰山）上选出一些点来，以便将来用倾斜仪测出它们的高度。同时我还要采取适当措施，避免中国官方对此进行阻挠，因为这项考察将在人口密集的地区进行，而且是不能归入考古学的名下的①。我在吐鲁番的最后一段时间，真的有人来阻挠我了。但奇怪的是，他们阻挠的是我的考古学活动，而不是地形学考察。

考察从疏纳诺
尔到七克台的
道路

11 月 5 日，测量员穆罕默德·亚库卜与我会合。他离开哈密后，圆满地完成了我交给他的测量任务。俄国边境地图上标了一条从当地人那里听说的道路，是从疏纳诺尔到鲁克沁去的。但他在哈密却没有找到任何一个熟悉这条道路的向导。后来拉尔·辛格在迪坎尔（Deghar）听说，以前，从哈密来追捕野骆驼的猎人常走这条道路。现在，由于某些咸水泉已干涸，已经有整整一代人不走这条道路了。根据我事先的指示，亚库卜先到了偏远的绿洲五堡，然后经过从北边延伸过来的干涸洼地，来到了哈密流域的终端疏纳诺尔。他发现疏纳诺尔与它连着的阔什拱拜孜诺尔（Kosh-gumbaz-nōr）和克其克诺尔（Kichik-nōr）几乎都是干涸的。从地图中可以看出，在这个地区，萨依的末端伸得很远，萨依之间的洼地里布满了台地。这些都是古代湖泊的典型特征。在疏勒河尾闾以及大得多的古代罗布泊湖床上，这些特征都屡见不鲜。此后，他穿过寸草不生的砾石地面，朝正西的辟展（即今鄯善——译者）走，在七克台东南的一个泉子那里第一次

① 参见本书第九章第一节。

遇到了水和植被。那时还没有结冰。这一小队人（包括一个哈密猎人）仅凭着我那两个铁皮桶中的水足足走了10天，这真可谓是一个壮举。同时，这也证明，虽然科兹洛夫上校作为罗布罗夫斯基探险队的一员曾走过这条道的某一段，但它从来都不是什么"大道"。

除上面这些工作外，我在喀拉霍加第一次停留期间主要　亦都护城遗址
进行了勘察活动。我想借此知道，在前几个探险队来过之后，在哪些遗址还能进行有效的考古工作。从喀拉霍加这个便利的基地，我先后到喀拉霍加附近的墓地、喀拉霍加的姊妹村阿斯塔那、吐峪沟的石窟、胜金艾格孜（Senghim-aghiz）、其坎果勒（Chikkan-köl）、柏孜克里克、木头沟等地进行了先期勘察。当然，最初主要吸引着我的，是那座大废城里面或周围的遗址。这座废城一般被称为达吉亚努斯协尔，又名亦都护城，即亦都护或回鹘王之城。后一个名称更贴切。这个面积广大的遗址遭受了严重破坏，但有些地方仍很壮观。七年前，在我第一次穿过吐鲁番地区时，就曾仓促地到那里看了看。我当时的感觉是，凭我的时间、人手、工具等，还远不足以对占地这么大的数量众多的建筑遗存进行考察。1902—1903年，格伦威德尔教授第一个对这个遗址进行了系统挖掘。从他的描述文字中可以看出，他当时也有同我一样的感觉。

当时，由于村民到这里来掘取肥料或古物，加上一些不　毁灭性的挖掘
知保护文物的人的挖掘，这个遗址已经被迅速地毁坏。要抢救这些文物，就仿佛系统的挖掘者要和这类永远存在的破坏的危险赛跑似的，而系统的挖掘者注定无法大获全胜。唯其如此，我们就更应该感激格伦威德尔教授及其助手和勒柯克教授（他在1904—1905年率第二支德国探险队先于格伦威

德尔教授来到了吐鲁番地区）。他们在这个大遗址成功地进行了兢兢业业的拯救工作。自那以后，破坏就变本加厉了。我上面曾提到过，村民很快意识到，把文物和手稿卖给考古队等能够获利，于是破坏的过程加剧了。离这里很近的乌鲁木齐成了一个便利的文物市场，而有了西伯利亚大铁路，文物贩子甚至可以同欧洲的贸易中心直接进行交易。

系统清理的困难

我大略看了一下这个遗址就发现，我上次来过之后，整个复杂的遗址遭受了十分严重的破坏。格伦威德尔教授的平面图上标了几个特别的建筑，我还清楚地记得上次见过，但现在它们已经踪影全无了。其余的较大的遗存上次来时仍能看出是什么建筑，这次则成了形状不规则的土丘。庄稼地扩展了很多，那里没有任何遗存保留下来。庄稼地需要大量的水来灌溉，所以邻近庄稼地的建筑遗存中的遗物越来越多地受到水汽的损坏。我不得不作出这样的结论：除非我有时间和人手对那些大废丘（它们本是重要的寺庙群或僧院）进行彻底的系统清理，否则，单凭误打误撞，很难撞上前人没有清理过的遗存并找到有价值的文物。但由于无法找到足够的劳力，我当时无法进行大范围的清理。村民当时都忙于收割，而为下一年的播种做准备的工作（如施肥、清理水渠等）也同样需要人手。吐鲁番盆地的气候和农业条件与我在塔里木盆地的绿洲遇到的截然不同。冬天，在塔里木盆地的沙漠遗址，只要带上足够的水，我想雇多少人就能雇到多少人。

勘察亦都护城遗址

除这些因素外，我还希望能节省时间以便在吐鲁番的其他遗址开展工作。于是，我只好凭着手下这几个人在亦都护城试掘了几下。我想通过试掘知道村民们一般是怎样获得他们后来出卖的文物的。为了进行试掘，我让穆罕默德·亚库

卜和阿弗拉兹·古尔对这座遗址进行了平面测量，附图 24
中的平面图就是在他们的测量基础上绘制的。他们的目标主
要是比较准确地描绘出这座带围墙的废城的形状、大小，并
在图上的相应地点标出城里那些曾被挖掘过的建筑遗存的位
置。我还希望他们能标出其他仍能分辨出来的建筑遗存的位
置。但在我们去的时候，许多建筑已完全成了土丘。而我由
于腿受过伤，只能亲自指导手下人对其中很少几个建筑进行
了测量。因此，平面图上单个建筑的大小只是大概情况罢
了。但我认为，把当时我见到的这座城大略地画下来将是很
有用的，因为，格伦威德尔教授发表的那张草图上没有标明
比例尺，而且他声称那张图只是供他个人定向用的。①

　　第一个试掘的地点选在一个大建筑群的东南角。建筑
群就是附图 24 上标作 I 的那个地方，它大部分已经坍毁
了。② 建筑是围绕着中央一个院子布置的。院子西边似乎是
一座已完全坍毁的庙的高地基，说明那座庙似乎比较重要。
我曾购得几张摩尼教手稿（Kao.0107～0110），其中一张手
稿残片上是突厥如尼文，上面还残留着一幅小画。据说，这
些手稿是在标着 i 的那间大屋子里发现的。在这间屋子里挖
掘后，我们只发现了一小张粟特字体的文书（似乎是摩尼教
内容）、几张汉文手稿、一小块刺绣（Kao.I.i.01，上面是严

試掘 Kao.I 号
遺址

①　参见格伦威德尔《高昌故城及其周边地区的考古报告》图 2 以及 7 页以下、13 页的文字，从中
我们可以看出他的工作条件是怎样的。

　　在此我要说一下，亦都护城的现存围墙以及围墙里面一圈更古老的城墙遗迹，大多是用泥土夯筑而
成的。有的夯土层很薄，像中国式的城墙一样。有的则用大夯土块堆成，新疆现在的建筑都采用这种
做法。

　　《高昌故城及其周边地区的考古报告》8 页注 1 说，城墙用了很多土坯。实际上，土坯用得并不多。
而且，据我判断，主要是后来修过的地方使用了土坯。

②　这个大建筑群很可能就是格伦威德尔教授标作希腊字母 X 的那座大僧院，他在《高昌故城及其
周边地区的考古报告》105 页以下简单提到了这座僧院。他还说到一条游廊，廊上的壁画十分精美，但
已经受了不少损坏。我已经找不到这条游廊了。

重变色的植物图案）。

Kao.I.ii 是一个大厅，也朝向中间那个院子。大厅的西墙朽坏得特别厉害。在西墙脚下，我们发现了大量布局精美的蛋彩画残片，它们原是西墙上的壁画，后来掉了下来。西墙上还残留着一些褪色严重的壁画，可以看到一个立姿大菩萨的衣纹，还有一个较小的坐姿菩萨的衣纹。下文的文物目录中详细描述了那些掉落的壁画残片，但它们的照片只能收在别的书中了。壁画残片上的植物图案特别多。残片 I.ii.08、10、057、058 画的是供养人，可以看到并立的一男一女的头和肩。残片 I.ii.016、051 画的也是供养人，可以看到几个妇女的头部（她们的发型比较特别）。残片 I.ii.017 等几块残片上出现了回鹘文题记。在这里发现的其他东西有：粗糙的织锦（I.ii.075.a，图版 LXXXVII）；一把木梳子（I.ii.074，图版 LXXI）；小张的回鹘文、汉文、粟特文手稿；五枚中国唐朝的铜钱，上面都是"开元"年号。

在 Kao.II 发现的遗物

第二个试掘点离东墙的一个突出部分比较近。格伦威德尔教授就是在那个突出部分里，挖掘了他标作 V 的佛寺。[1]在这座佛寺西北 120 英尺远的地方，由于当地农民的挖掘，一座像是带穹顶的屋子（或过道）显露了出来，这就是 Kao.II，依着东墙建——也只有东墙保存完好。屋子的东墙上有壁画的残迹，壁画底下则堆积 6~7 英尺高的瓦砾。我们把瓦砾清理后，发现东墙有 11 英尺长，高达 12 英尺。在壁画残迹底下，墙上的灰泥都已剥落，灰泥上本来可能是有壁画的。但在离屋子地面约 3 英尺高的地方，我们发现了一部分精美的壁画，并把它剥了下来。西墙已经完全被毁，看不出这个屋子（或过道）有多大。在清理时发现的唯一的

---

[1] 参见格伦威德尔《高昌故城及其周边地区的考古报告》41 页以下。

遗物是一块写有汉文题记的烧过的泥板（Kao.II.01），共有六行题记，最长一行仍有八个汉字。迄今为止，还没有人释读一下这些字。屋子北边连着一间小屋，约12英尺见方，残墙上有少量壁画的残迹。

我们清理的其他地点是一组带穹顶的小屋子，它们是住房，很像当代吐鲁番民居里的"凯莫斯"（拱顶式的民居——译者）。其中两间屋子（Kao.IV、V）位于城东南（附图24），靠近某座毁坏很严重的大庙，大概是僧人或香客住的地方。清理 Kao.IV 最北边的那个"凯莫斯"后，我们只发现了一枚保存完好的铁箭头（Kao.IV.01，图版 LXXI）。Kao.V 位于 Kao.IV 北边约 50 码远的地方（附图 25），我们清理了三间塞满瓦砾的屋子，发现了八颗较小的木钉（Kao.V.02~09，图版 LXXI），其中两颗上面有几个回鹘文。它们很像格伦威德尔教授提到的木钉，现在喇嘛教的献祭中仍有这种东西。[①] 我们还发现了梳子残件（V.01、014、015）以及大小不一的纺织品。纺织品中特别值得一提的有：花绸（V.018.c），上面有旋涡饰图案；一块羊毛织锦（V.019，图版 LXXXVII），上面是模式化的叶子和茎的图案。最后，在清理城北墙两个地点（Kao.VI、VII）朽坏的小屋时，我们发现了几张回鹘文手稿小残片和几张汉文手稿大残片。

城墙外最醒目的遗址是两个坟墓群，坐落在大路南边。大路从亦都护城东北角外经过，朝吐峪沟、鲁克沁延伸而去。这两个墓群一般被称作阔什拱拜孜。格伦威德尔教授画了这两个墓群的草图，并描述了它们佛塔般的空心圆顶的建筑细节[②]（圆顶是墓群十分醒目的特征）。从图 307 中可以看

在带穹顶的小屋里发现的东西

阔什拱拜孜的坟墓遗址

---

① 参见格伦威德尔《高昌故城及其周边地区的考古报告》60 页。
② 参见格伦威德尔《高昌故城及其周边地区的考古报告》110 页以下。

图 303　吐鲁番木头沟 M.C 遗址

图 304　哈喇和卓的阔什拜拜孜北边墓葬群的中央部分

图 305　吐鲁番木头沟 M.B.I 遗址（清理中）

图 306　汗都以东的尧干—吐拉塔，从西南方向望到的景象

图 307　哈喇和卓的阔什拱拜孜南边的墓葬群

图 308　哈喇和卓的阔什拱拜孜的坟墓 Kao.III

出，墓群表面看起来似乎没有城里毁坏得那么严重，但里面的装饰早已被毁，东西也被洗劫一空。它们附近的那些墓葬也遭受了同样的命运，到墓葬去的通道都被掘开了，说明人们曾在那里挖土用。

北边那个墓群面积较大，其中一座朽坏的佛塔引起了我的注意（图304）。这座佛塔很大，呈八边形，周围有一圈围墙。它坐落在墓群西南角，格伦威德尔教授的草图中把它标作c。[1] 我简单看了一下，在一道圆墙的顶部附近发现了壁画残片（圆墙原来支撑着圆顶），于是我决定仔细清理一下环绕在井一般的建筑内部的瓦砾堆（图308）。我们很快发现，这座佛塔的建筑格局和其他佛塔很不同。围住墓穴、支撑着圆顶的那圈圆墙有5.5英尺厚，圆墙外是一圈窄通道，通道外则是一圈约6英尺多厚的外墙。外墙和底座一样也是八边形。外墙比圆屋子地面上的瓦砾仍高出12英尺多，但我们无法看出外墙上原来支撑着什么。可以肯定的是，外墙支撑的东西是圆的，有窗子，因为只有这样内层圆墙外的过道才能采光。我的这个假设得到了证实。内层圆墙上有八扇带拱顶的小窗户，比过道地面高约1英尺，朝里开，每扇窗户都对着八边形外墙的一角。和阔什拱拜孜的其他佛塔一样[2]，这座佛塔的内层也有两层顶，因为整个底座上都开了八扇"窗子"，穿透了底座14英尺厚的墙，通向内层墓穴。这些窗子离地面有3.5英尺高，比过道地面大约低3.5英尺。这些"窗子"从外面看有2英尺3英寸宽，加上带尖的拱顶有3英尺高。离它们靠里的末端大约1.5英尺远的地方，"窗子"被用土坯堵上了。

Kao. III 坟墓

---

[1] 参见格伦威德尔《高昌故城及其周边地区的考古报告》113页。
[2] 参见格伦威德尔《高昌故城及其周边地区的考古报告》111页。

圆墙外的过道　　　　在清理过道的时候，我们发现了大量精美的壁画残片，高处曾有一条彩绘的楣。残件都是发现于离过道地面五六英尺以上的地方，说明这个高度以下的过道墙壁上没有壁画。有的壁画残片堆叠在一起，似乎是滑落在一块的。米兰寺院 M.III 的壁画就出现过这种现象。[1] 要是过道有入口，入口就一定在南面。但那里的八边形外墙和里边的圆墙上都有一条大豁口，这显然是"寻宝人"造成的。靠着底座东南方那一面附加了一个小建筑，原来有两层，底层有两间屋子，每间长 15 英尺。离坟墓较近的那间屋子只有 5 英尺宽，大概里面本是通向顶层的楼梯，但这只是猜想。这个附加建筑另一端依着外围墙。外围墙围成一个长方形院子，附加建筑那一侧的外围墙离主建筑有 18 英尺远，而另一侧的外围墙离主建筑则只有 4 英尺远。这似乎说明，附加建筑和主建筑是同时建的。如果是这样，它可能是举行葬礼或存放与葬礼有关的东西的地方。

出自 Kao.III 的　　　　在过道的西段底部，我们发现了一层厚秸秆和灌木。由
纺织品残件等　　此看来，这座坟墓后来很可能被当作了住所或储藏室。在那里我们发现的文物有：一张被撕破了的大纸，上面有汉字，似乎是一件商业文书；写有回鹘文和婆罗米文的纸片；几块小木片，其中一块木片上写有回鹘文。在东侧的过道上还发现了一张写有回鹘文的纸、几张回鹘文小纸片，以及纺织品残件，其中包括几块印花绸（Kao. III. E. 01. a、b，图版 LXXXVI）和丝绸织锦（Kao.III.E.02.a）。在这里发现的东西还有一块小幡的木重垂板（Kao.III.061），以及一个涂了黑漆的墨水瓶（Kao.III.E.03，图版 LXXI）。

---

① 参见《西域考古图记》第一卷 498 页。

在东北侧过道的地面上出土了大量金属器具，这些器具
和上面那些文物性质明显不同。但在介绍这座大宝藏之前，
让我先简单介绍一下过道上原来残留的壁画。文物目录中详
细描述了这些壁画，但还没有照片。最大的两块壁画残片
（Kao.III.019、020）每块长约 2 英尺，高 1 英尺，可以看到男
供养人跪在香案（或底座）前面，香案（或底座）上放着
圣物（？）。残片上还有回鹘文题记。供养人长着胡须，可以
看到五官和头饰的有趣细节，这有助于我们推断它们的大致
年代。在较小的残片中，Kao.III.021~058 出自供养人上方的
画面，有些画面仍能分辨出来，如看守着大锅的鬼怪（大锅
在飘飞的火焰之中）、一条带点的龙、植物旋涡饰等。

我上面说过，在过道东北侧贴近外墙的地方发现了大量
极为有趣的金属器具，发现地比过道地面要高出约 5 英尺。
这表明，当这些金属器具从前被放到那里时，过道里从穹顶
和墙上掉下来的瓦砾已经堆到 5 英尺高了。这个宝藏中有一
大堆残破的铁制和青铜制的器皿、用具等，再考虑到文物的
性质，我们可以断定，当初把这些东西藏在瓦砾底下的人是
一个金属匠。宝藏中的文物有：四个套在一起的青铜锅
（Kao.III.04~07，图版 LXX）；烧饭用的青铜锅（Kao.III.09，
图版 LXX），里面装了一堆铜钱、青铜制或银制的小物件等，
上面盖着一个铁盔（Kao.III.0105，图版 LXX）；两块青铜
镜；青铜碗、铁（？）碟子、矛头和刀等，还有一大堆各种
小金属物件和残件，这些正是金属匠铺里能匆匆收集到的东
西（这些东西是人们拿到那里去修、卖或当废铁处理掉
的）。以上这些东西放在一起。离它们稍微远一点但仍在同
一个层面上，发现了一双用纺织品做成的精美拖鞋（Kao.
III.03，图版 LXXXVIII），还有一双用各种布料做成的精致的

过道上残留的
壁画

大量金属器具

1437

木底鞋（Kao.III.063，图版LXXXVIII）。

藏品的年代　　金属藏品中有很多日常用具。而且，由于同时发现了大量钱币，藏品的年代可以大致确定。这都使这些藏品具有了特别的文物学价值。关于其中的日常用具我要说的是，在像吐鲁番绿洲这样一直都有人居住的地方的遗址中，家庭用具等物并不太多见，在宗教性建筑里就更是少见（吐鲁番大部分遗址都是宗教性建筑），因此这些文物就更加珍贵了。同样，钱币所提供的年代证据也有很大价值。我们共发现了61枚中国铜钱，大多都保存得很好。从附录B可以看出，其中有39枚属唐代钱币，其余钱币则镌有从淳化（公元990—994年）到崇宁（公元1102—1106年）的宋代年号。宋代钱币中有一半以上都镌着"崇宁"年号，而且看起来磨损得不严重。钱币学上的证据表明，这些东西是在公元12世纪的前25年间埋藏的。

青铜器皿等　　所有遗物在下文的文物目录中都有详细描述，这里我就只介绍一下那些比较有趣的文物。Kao.III.04～07（图版LXX）是四个青铜锅，直径从8.5英寸到13英寸不等。它们虽然大体保存完好，但有的有洞，有的缺柄，这告诉了我们它们为什么会到金属匠（或旧货贩子）手里。与它们情况类似的有：青铜碗（Kao.III.0104、0106，图版LXX）；烧饭锅（Kao.III.08、09，图版LXX）；青铜铸成的铃铛（Kao.III.017、082～086，它们已经碎成了几块）；大量钢刀刃（Kao.III.0169～0174，图版LXXI）。青铜镜（Kao.III.01、02，图版LXXI）则更引人注意。Kao.III.01带装饰的背面磨损了不少，发现时，镜子正面有一个起保护作用的圆形铜盖子，而铜盖子看起来需要修理了。Kao.III.02背面装饰着突起的中国风格的图案，是一个行吟歌手在一群跳舞的男孩子面前演奏，背景是乡村，很有生气。青铜圆盘（Kao.III.011，图版LXXI）用珐琅装饰，正面的图案也是中国风格，可以看到一个头发飞舞的三头神，面对着两个跪拜的鬼怪。（Kao.III.099~0103，图版LXX）是用薄金属制成的浅碟，边沿做成了扇贝状等，显然是放在桌子上的。（Kao.III.0167、0168，图版LXXI）是两把完整的挂锁，这种样式的挂锁在日本奈良正仓院有实物，而且日本至今仍用这种锁。

军事器械有铁盔（Kao.III.0105，图版LXX），上面有孔，可以连上帘幕状的索子甲（吐鲁番墓葬中的小泥塑像上就有这种甲），顶部有一个半球形的东西，以便纳入盔尖或盔顶。Kao.III.010（图版LXX）是用钢或锻铁做的矛头，仍保留着插杆的长孔。Kao.III.0180是小枪头（图版LXXI）。Kao.III.0110是带线的小青铜，可能是铠甲的一部分。Kao.III.012、0179是铁圈，大概和Kao.III.0194、0200（图版LXXI）等一样，是马具的一部分。其他为数众多的青铜环、铁环、凸饰等大概也是马具上的。

这些藏品中还有私人使用的银制小物件。Kao.III.0136是一个放护身符的银盒（图版LXXI），两面都装饰着浮雕植物图案，还保留着一条十分精致的链子。链子一部分是银的，一部分是铁丝。Kao.III.0137（图版LXXI）是裸体的男子小银像，也是佩带在身上的。Kao.III.0176、0177（图版LXXI）是两枚铜制印戳，上面镌有汉字。最后，在金属器具附近发现的那两双鞋子也特别值得注意。Kao.III.03（图版LXXXVIII）是绣花女鞋，工艺十分精致，用织锦做成，织锦纹理特别结实，仍保留着鲜艳的颜色，上面绣有复杂的植物图案。另一双鞋（Kao.III.063，图版LXXXVIII）从形状来看，用途似乎和木屐一样，也用几层织物做成，镶嵌

私人使用的东西

着带子，带子上是用银线和卷成条的丝绸镶成的图案。

购得的文物

我还要简单说一下，我在前后几次到喀拉霍加来的时候，从当地农民手里和小商贩手里购得了一些东西（小商贩的文物是从当地农民手里收集来的）。这些东西大多数是回鹘人统治时期的物件。它们大部分无疑像卖主说的，是他们在亦都护城挖肥料或挖宝的时候发现的。它们的性质也支持这种判断。但有几件文物有可能是从阿斯塔那最近被洗劫的众多墓葬中（见下文）得来的。卖的东西数量不多，这大概是因为在我们离开吐鲁番的时候，挖肥料的最佳季节才刚刚开始。但也可能有些为欧洲买主搜集文物的商人曾先于我来到这里。

带插图的摩尼教羊皮手稿残件

我购得的大部分文物都是写有汉文、婆罗米文、回鹘文的纸手稿残件。它们以及一些粟特文、突厥如尼文手稿（可能是摩尼教内容）残件的目录收在其他书中。在本书文物目录收录的小物件中，下面这些是特别值得注意的。Kao.0111（图版 LXXVII）是带插图的摩尼教羊皮手稿，Kao.05（图版 LXXIII）是印在纸上的精美的彩色雕版印刷品。这两件文物在绘画艺术上很有价值。前一件已不幸被撕破了，并磨损了一些，上面有成行的男女信徒，跪在两个区域里，服装色彩艳丽。这块残片的特殊价值在于摩尼教文书是很少用皮子的，勒柯克教授还告诉我，摩尼教徒的心目中是很厌恶皮子的。他认为这块残片大概出自一件来自西方的手稿，因为西方没有纸。他的判断得到了证实。根据兰茨博士的翻译和解读［附录 R（据本书英文版"补遗和勘误"应改为"附录 P"——译者）］，这份手稿是粟特文的西南方变体。

彩色雕版印刷品

那幅雕版印刷品是手工上的色，上面有两个搞杂耍的中国人，穿复杂的服装，正在一张板凳上表演。画面完全是中国风格，有很高的艺术价值。人物动作十分生动，表现得很洒脱，所有细节部分的线条都自由舒展。画面上没有什么明确的年代线索，但从它的外部状况来看，它可能是在一座墓葬里发现的。Kao.01、034（图版 LXXI）这两块青铜镜大概也出自墓中。Kao.01 的背面用很低的浮雕雕着中国风格的风景，Kao.034 背面则镌着四个汉字。Kao.024（图版 LXIX）是较小的泥塑女子头部，大概也来自墓葬中。在玉雕中，Kao.02 是一块小玉坠（图版 LXXI），雕的是条卧着的狗；Kao.013（图版 LXXI）是一条玉鱼。这两件玉器显然是中国工艺。Kao.016（LXXI）是一个用皂石做成的模子，呈一枚心形叶子的形状，大概是用来做金属装饰品的。青铜器中值得注意的有：杖头（Kao.028，图版 LXXI），和约特干发现的一个杖头很相似；带装饰的棱柱型砝码（Kao.031，图版 LXXI）。残片 Kao.011（图版 LXXXVII）是精致的竹席，和花绸交织在一起，很像出自千佛洞的手稿卷轴封面，大概自身也是封面。

在喀拉霍加有一个经久不衰的传说，认为从西北俯瞰着绿洲的那条崎岖的外围山脉中，有迄今还没有被考察过的古代遗址。在喀拉霍加停留期间，我找机会证实了这个传说。1907 年我就听说过这些"遗址"，那时人们说它们位于木头沟西南的荒山中。而且，当我经过巴诺帕的时候，那个运气不佳的叛乱分子阿玛德对我说，他有一次在库鲁克艾格孜（Kuruk-aghiz）山谷附近的山中打猎时，曾见过那些遗址。他还说，他一旦和中国地方官方达成妥协，就带我去那里。喀拉霍加有几个人急于在新的地方寻找宝物或文物，就自告奋勇地充当我们去库鲁克艾格孜的向导。于是我让阿弗拉兹·古尔带着足够的水向那条山谷进发，以备在那条被侵蚀

在人们说的库鲁克艾格孜遗址查找

过的荒凉山区进行长期查找。他发现那条谷地向北连着萨依兰干（Sai-langar）——萨依兰干是从吐鲁番城到胜金艾格孜路上一个歇脚的地方。谷地高处则是很多迷宫一般又深又窄的峡谷。[①] 但他们在谷中仔细查找了两天，一直到了俯瞰着木头沟的分水岭，却没有发现任何有人住过的迹象。

在塔克拉玛干沙漠北部边缘的某些小绿洲中，人们总是想象沙漠里有传说中的"古城"。后来根据得到的信息，我们发现库鲁克艾格孜"遗址"也不过是这种想象的产物。据说一旦有勇敢的猎人见到这些"古城"，人们就别想再找到它们了，因为邪恶的精灵施了魔法，把它们藏起来了。1908 年1 月，为了寻找阔台克协亥尔（Kōtek-shahri），库尔勒的木萨哈吉（Mūsā Hājī）把我引到了英其开河（Inchike-daryā）以北的沙漠中。[②] 正如他一样，给我们提供"遗址"消息的喀拉霍加人希望我的欧洲魔法能战胜当地鬼怪的魔法，从而向他们揭示一个物品丰富的新遗址，以供他们利用。

第二节　在喀拉霍加挖掘得到和购得的文物目录

在喀拉霍加购得的各种文物

Kao.01　圆形青铜镜。边如扇贝，一侧有柄，是浇铸而成的。正面空白。背面有一条突起的平边，中央是很低的浮雕，雕着水（?）上的鸭子，还有岸和花。和柄相连的地方是一块饰板，状如半开的莲花，柄形成莲花的茎。保存完好。直径 $2\frac{7}{8}$ 英寸，厚 $\frac{1}{8}$ 英寸，柄长 1 英寸。图版 LXXI。

Kao.02　玉坠。浅黄色，雕成一条卧着的狗，狗头很像哈巴狗，眼睛鼓出，大耳朵，尾巴像刷子似的。前腿和肩缺失。雕刻、打磨得都很好。$1\frac{5}{8}$

---

① 阿弗拉兹·古尔的 ccxx.a 号宿营地是驮东西的马或驴子沿着谷地能走到的最高点。
② 参见《西域考古图记》第三卷 1232 页以下。

英寸×$1\frac{3}{16}$英寸。图版 LXXI。

Kao.03 青铜挂饰。 浇铸而成，有一个小圈用来悬挂。梨形，左右各有一个浮雕的旋涡饰，再往下是一个杯盏状物，"杯盏"底下伸出一朵花蕾。浮雕很大胆，背面凹陷。2 英寸×$1\frac{5}{8}$英寸。图版 LXXI。

Kao.04 青铜装饰品。 T 形，交叉点上是一个凸饰。已生锈，细节已看不清。背面凹陷。$1\frac{3}{8}$英寸×1 英寸×$\frac{1}{2}$英寸。

Kao.05 雕版印刷的纸画残件。 画的是两个中国男子，是舞者或杂耍者，四分之三向左，似平面对着观众正在表演，两人都在板凳上。板凳用透视法画成，从右向左成 30 度角向后伸。凳的每一端都支撑在两条细凳腿上，凳腿有两根横梁相连。

a 为残片上的人物在凳子接近观者的这一端。此人正在跳舞，姿势十分生动、紧张。左脚放在凳子上，右腿高高抬起，右膝朝右，右脚朝着左大腿里侧。头略前倾，双肩拱起。左臂抬起，左肘朝左外侧伸，左手放在背后。右臂猛力捣向前下方，微微斜过身体前面；右拳紧握，朝里伸向腰带的方向。右肩上方伸出中国式的剑鞘和一部分剑刃，涂成蓝色，放在身后的左手大概拿着剑刃的末端。

头饰复杂。先是一个紧箍着头的金属（?）冠，冠前面有朵八瓣花，周围环绕着与花分离的半圈珠子。花顶上伸出一朵真的（?）粉色菊花。冠朝上连着很多相连的方块（其中两个看得见），形成一个高高的多边形。头饰顶部歪斜（参见《西域考古图记》第四卷图版 LXXII 中毗沙门天王的头饰）。每个方块都是黑边，嵌着珠子，里面隐约有一个图案。从冠角和侧棱上也伸出一些珠子。脸右侧是一团粉色大花（牡丹?）。

外衣宽松，下摆到膝部以上，像日本和服一样裹在身体上。从左腋窝到腰右侧有一条装饰着回纹饰的带子，带子上面那条边是一条蓝色细线。这条带子底下，隔着回纹带的宽度那么远，还可以看到与之平行的另一条回纹带子的一部分。朝上，在胸前是一条宽带子，带子上有四朵间隔很远的七瓣花，花心粉色，花心外有一条蓝色线。右胸还可以看到第五朵类似的花，大概是另一条带子。两条平行线把这两条花带子隔开。每个肩上都有一条回纹饰。

袖子很短，上臂的袖子很宽松，底下逐渐变窄，形成贴身的白色（？）袖口，袖口卷了上去。袖子上装饰着臂套状的东西，由蓝底闭合棕叶饰构成。腰上围着一条细带子。一条由蓝色、白色带子构成的宽腰带围住臀部，其末端飘在左腿前面，几乎长达脚踝。这个末端顶部装饰着旋涡状的云朵（也可能是龙），云朵底下是一条由菱形构成的横边。从横边垂下来穗子，穗子顶部打了三排结子。

脖颈上松松地绕着一条又细又短的围巾，围巾的灰色末端垂在胸的两边。裤子粉色，很宽松，末端扎进中国式的软靴里。靴子顶部装饰着一条回纹饰，回纹饰里侧是蓝色线，线下是一条无花纹的带子。靴帮的蓝底上装饰着粗略的棕叶饰。再往下分成一个个蓝色方块，方块的边为白色。

脸年轻，属于汉人风格。两颊饱满，前额窄。眉毛很高，末端上挑。左耳大，朝外突出。脸粉色，晕染过。

b为第二个人物，倒立在凳子另一端。双手微成拳，支在凳子上，手之间离得很近。脊背朝着观者。头朝外，也向着观者。腿并拢，朝外弯，以便保持平衡。姿势与一般"拿大顶"的人类似，不同的是手微成拳，体重支撑在指关节上。

服装也和这个姿势相配。穿灰色短衣，衣服边晕染着蓝色，腰系带。袖子短，袖口卷起。袖子朝外的一侧镶了花边，装饰着一排布片或纽扣（与骑马斗牛士的上衣类似）。裤子宽松，上面布满五个尖的棕榈叶或竹叶图案。裤脚和第一个人一样也扎在靴子里，但靴子的装饰和第一人不同。从腰上朝右上方挺出一个剑尖。头上缠着灰布（或是戴着灰帽），灰布垂在头后面，像长长的"走私者之帽"似的。

耳朵上面是长长的竖立的粉色假耳朵（或刷子般的假发），遮住了人物自己的耳朵（法国小丑常戴这种假耳朵）。脸比第一个人瘦削，眼睛没有第一个人那么斜，鼻子更宽，嘴和下颌更大。脸淡粉色，晕染了粉色。

似乎只用了一个模子，模子上只有线条。线条印成黑色，精致而自由（中国雕版印刷品中的线条一般都有这个特征）。脸上的颜色涂在了印上去的黑色线条之上，使线条变成了灰色。眼睛后来用毛笔重新涂黑，眉毛涂灰。还用毛笔线条来使身体轮廓线变得柔和，并添了些衣褶。

纸有双层，纹理像布纹纸，变色成了深黄色，有很多蝇屎的痕迹。所有的边都被撕破或烂掉了。第二个人的右脚后跟以及板凳远处的那一端都缺失，人物附近还有两个大洞。有一条鲜明的刀裁的痕迹把两个人物剪开，但现在工作人员将他们粘连在一起。右侧的边沿保存得最好，上面粘了一张纸条，要么表示画面朝这边继续下去，要么表示画面到这里已经终止。另一侧可能也有这样的边。布局很巧妙。高 13 英寸，宽 $7\frac{3}{4}$ 英寸。图版 LXXIII。

Kao.06~09　3 张纸画残片。此外还有一张残片上写有潦草的回鹘文（?）。有画的那几张后面裱糊着绯红色丝绸。

最大的一张由两块残片构成，上面是一男一女两个供养人（?），四分之三向右跪。男子的黑发剪得很短，手合十，穿和尚袍。女子在男子左边，穿红衣，头发大概比较长。他们都面朝一个红色宝座（只保留下来一角）。宝座上是一个穿红袍的人（?）坐在绿色莲花上，此人（?）只有一部分。顶上是一个穿袍带项光的人双手合十。三张残片上都有其他人物的痕迹。很破旧，磨损得很严重，线条精细。06、07 合在一起的尺寸为 $4\frac{3}{4}$ 英寸×$5\frac{3}{4}$ 英寸。08 是一张，$1\frac{1}{4}$ 英寸×3 英寸。09 是文字，$3\frac{3}{4}$ 英寸×2 英寸。

Kao.011　精美的竹席残片。经线是竹篾和成股丝线（竹篾和丝线交替出现），用丝线作纬线紧密地绑在一起。与《西域考古图记》第四卷图版 CVI 中的手稿封面 Ch.xx.006、第二卷 1014 页的 Ch.iii.0012.a、b 类似。整张席子表面都编过。底黄色，装饰着对称的云朵和植物图案。图案蓝绿色和紫红色，编成条，几乎无法辨认。所有残片宽约 $4\frac{1}{2}$ 英寸，长 2 英寸。图版 LXXXVII。

Kao.012　泥塑和木雕。一只巨大的右手，镀金。手指伸开，食指比其他几指稍微靠前。每根带长指甲的手指都分别用木头做成，没有雕琢过的粗指根塞入手掌中。手掌是空心的多纤维泥塑。指关节和手掌外面还缠了麻布以起加固作用。

空心的手掌只是一个壳，似乎是在模子上制出来的，外面有一层厚约 $\frac{1}{8}$ 英寸的白灰。白灰很光滑，镀金。模子似乎应该是一个可以动的"核心"，外面的白灰是在手指插好之后涂上去的。手指用木头雕成，只涂了很薄的一层白灰。用的是一种很古老的工艺。$12\frac{1}{2}$ 英寸×7 英寸。图版 VIII。

Kao.013　玉鱼。鲤鱼（?）。身体短粗，宽尾巴稍朝上翘，用刻痕来表示鳍、眼睛等。淡绿色，有黑点。长 $3\frac{3}{4}$ 英寸，高 $1\frac{7}{8}$ 英寸。图版 LXXI。

Kao.015　青铜装饰品。长方形板（或薄片），中间有一个带翅膀的甲壳虫或蝴蝶，是压成的深凹雕。$1\frac{9}{16}$ 英寸×$1\frac{3}{16}$ 英寸。图版 LXXI。

Kao.016　皂石模子。心形叶子，暗绿灰色，雕刻着叶脉。中脉底部有一个孔，但没有穿透。大概是用来制造薄金属片的模子。长 $\frac{3}{4}$ 英寸，最宽处 $\frac{5}{8}$ 英寸，厚仅 $\frac{1}{4}$ 英寸余。图版 LXXI。

Kao.017　玉装饰品残片。残留下来的部分像是从一根茎上伸下来的一对石榴（大小很不同），每个石榴背面都刻着小叶子（有叶脉）。石榴上生出小尖。底下的茎缺失，只留下一点残迹。粗糙，不规则。高 $\frac{3}{4}$ 英寸，从一个石榴尖到另一个石榴尖宽 $1\frac{5}{8}$ 英寸。图版 LXXI。

Kao.018、019　2 块玻璃残片。质量较差，发绿，半透明。最长处 $\frac{13}{16}$ 英寸，厚 $\frac{1}{8}$ 英寸。

Kao.020　椭圆形青铜扣环（?）。背面凹陷，从凹陷处伸出三根短针。已生锈。$\frac{15}{16}$ 英寸 × $\frac{11}{16}$ 英寸。

Kao.023　木印戳。长方形木块，背面的纽上钻了孔，以便穿绳子。正面是浮雕的回纹饰图案。$1\frac{3}{16}$ 英寸 × $\frac{15}{16}$ 英寸 × $\frac{1}{4}$ ~ $\frac{1}{2}$ 英寸。图版 LXVI。

Kao.024　泥塑女子头。立体。泥塑中的纤维很多，中间是木核，木核从头顶的裂缝中伸出来。头发黑色，有镀金的痕迹，朝后梳成顶髻，顶髻上无装饰。没有表现出耳朵。

脸造型俊美，脸颊饱满，小嘴。斜向上的细眼睛涂成黑色，只稍微雕过。鼻子被碰掉了。皮肤白色，嘴唇红色，脸颊粉色，前额上方有黄色和红色花（?）。表面磨损较严重。高 $2\frac{7}{8}$ 英寸。图版 LXIX。

Kao.025~027　3 块木浮雕残片。后来断成了较小的块。是镶板或楣的一部分，雕着透孔的植物图案。叶子弧形，有的末端弯曲而带尖，有的末端呈圆形（分成两瓣）。没有多少细节。里外的叶子边都斜削过，镀金。表面上有白色底色和亮红色、暗红色颜料的痕迹。被虫子咬过。025 最大，10 英寸 × $4\frac{3}{4}$ 英寸。图版 LXVI。

Kao.028　青铜杖头。实心，浇铸而成。杖头的主要部分从平面图（轮廓线）来看，是一个四瓣状物叠加在一个长方形上。四瓣状物由四个金字塔形四面体的尖构成，尖从中央的长方形的四个面上水平地朝外伸展。长方形的四个面还朝里收，以便使四瓣状物的叶子显得更突出。所以，长方形顶部和底部的八个角自己又构成八个三面短金字塔的尖。

杖头上下连着简单的环形构件。再往下是圆柄或鞘，再往上是圆顶状构件。圆顶朝上扩展，成了一个蘑菇状的纽。参见《西域考古图记》第四卷图版 VII 中的 Yo.0081。保存完好。高 $2\frac{1}{8}$ 英寸，最大直径 $1\frac{7}{8}$ 英寸。图版 LXXI。

Kao.029　木勺。勺头圆形，平底。一侧连着平直的柄，柄与勺头垂直。用一块木头制成。柄稍微变宽，然后削成尖。勺头底部破了一个洞，还粘着一块回鹘文手稿的残片。长 7 英寸，勺头直径 $3\frac{5}{8}$ 英寸。图版 LXVI。

Kao.030　泥塑人脚。脚心朝外，呈跪或飞翔的姿势。较硬，有粉色颜料的残迹。2 英寸×$1\frac{1}{8}$ 英寸。图版 LXIX。

Kao.031　青铜砝码。状如八边形棱柱。呈八边形的那两个面上各用点压出不连续的正方形。正方形中间是一个四瓣状物，正方形的每个角上也有一个四瓣状物（共五个）。它们大概表示砝码的重量。边上，在成条的点之间有一个用点构成的 V 形。重 3 136 格令（英美制最小重量单位，1 格令 = 0.0648 克——译者）。直径 $1\frac{3}{8}$ 英寸，高 $\frac{15}{16}$ 英寸。图版 LXXI。

Kao.032　青铜浮雕菩萨像。末端有一根长柄，背后有一个短短的弯曲的柄。菩萨立在莲花上，衣服像长长的羽毛，鬈发垂在肩上，手成说话的姿势。3 英寸×1 英寸。图版 LXXI。

Kao.034　圆形青铜镜。边突起，中间的凸饰上钻了孔，以便穿绳子。边和凸饰之间凹陷的地方镌有四个汉字，排列成十字形。粗糙地浇铸而成。$2\frac{1}{2}$ 英寸×$\frac{1}{4}$ 英寸。图版 LXXI。

Kao.035　石制鸭形护身符残件。鸭子头是朝右的侧面，翅膀竖起。扁平，眼睛和翅膀用粗略的刻痕来表示。现存残件的右边钻了一个孔，残件在孔那里折断了。高$\frac{15}{16}$英寸，最宽处 1 英寸。图版 LXXI。

Kao.058 纸牌残件。中间是一个雕版印刷的大头，戴小圆帽，有朝下延伸的放射状线（大概代表胡须或身体）。底下是地板（?），用一组黑点来表示。前景中有一个穿黑袍的人身体的四分之三。粗粗的黑边，黑边里是一条细线。

顶部缺失。背面布满了六边形花纹，每个六边形中间有一朵六瓣小花，印成（或画成）灰色。大概是一副纸牌中的一张。$2\frac{3}{4}$英寸×$1\frac{1}{4}$英寸。

Kao.0111 带插图的摩尼教手稿残件。羊皮，四边都破了，写着粟特文。

正面有两个长方形部分，画着正在祭拜的人物。底下那个部分画着一排妇女，四分之一朝自己的右边跪，双手都于胸前持一物，大概是供品。她们跪于其上的底面为明亮的黄色，朝右伸展，稍微超出了蓝色背景的界限。

右边第一个人物全身穿粉袍（轮廓线红色），袖子浅蓝色（轮廓线深蓝色），腰带暗黄色，靴子黑色。前额上方是波浪状黑色头发，长发还垂到左肩上（或左肩后）。头顶戴冠，冠前面装饰着粉色莲花（?）。所持供品大概是一个大水果。第二个人穿绿袍（轮廓线黑色），袖子红色，腰带红色。托一个棕黄色碗，碗中放水果。此人以及她后面几个人的靴子，都被自己右边跪着那人的膝遮住了。第三个人穿深红色袍，袖子浅蓝色，腰带黄色。持一个棕黄色物，此物中间为绯红色。前面这三个人的腰带是连在一起的，但这大概是因为将人物隔开的轮廓线消失了的缘故。第四个人穿浅绿色袍。这四个人物的皮肤轮廓线都是红色，眼睛黑色。残件左侧是斜的，第四个人的脸的一半和绝大部分身体都缺失，第三个人膝部缺失。

顶部内容：右边是两个人物的下半身。人物盘坐在黄色底面上，大概四分之一朝自己的右方看，手伸出，要么合十，要么持供品（人物腰部以上缺失，所以确切手姿不清楚）。第一个人穿浓艳的绿袍、红裤，袖子、腰带都是红色。可以看到一只脚，只是在黄色底面上画了脚的轮廓线。第二个人穿淡粉色袍（轮廓线红色），裤子、袖子（?）浅蓝色，腰带黄色。

背景深蓝色。人物自身的右边有两个并排放置的圆盘，一个黄色，一个是暗淡无光的白色。底部第二个人的冠上及顶部的蓝色背景上有金粉的残迹。画面右边有一行不完整的粟特文。画面磨损了不少。背面有 10 行不完整的粟特文，用浓黑的墨写成，有猩红色句读符号。见附录 R。较硬，易碎。$3\frac{7}{16}$ 英寸 $\times 1\frac{13}{16}$ 英寸。图版 LXXVII。

在僧院遗址 Kao.I 挖掘出土的遗物

Kao.I.02　3 块丝绸残片。纹理细腻，赤褐色，有颜料的残迹。最大残片 2 英寸 $\times \frac{3}{4}$ 英寸。

Kao.I.i.01　刺绣残件。绣有植物图案。严重变色，很破旧。大概是鞋的鞋尖。$4\frac{1}{2}$ 英寸 $\times 2$ 英寸。

Kao.I.ii.01　绢画。小残片，上面画着红色、蓝色、黄色衣物，衣物轮廓线黑色。还有一小片没有画，绯红色。$2\frac{1}{2}$ 英寸 $\times 1\frac{1}{2}$ 英寸。

Kao.I.ii.02、038　壁画残片。可以看到一条黄色带子（带子边是黑线）。带子一侧是绯红色的，另一侧是绿色的。带子上装饰着圆圈，圆圈用红色轮廓线画成。由于结了沙子，这块残片和下面的其他所有残片上的色彩都暗淡了。$3\frac{1}{2}$ 英寸 $\times 3\frac{1}{8}$ 英寸；4 英寸 $\times 4$ 英寸。

Kao.I.ii.03、05、042、046、059、065、066　壁画残片。红底上画着绿色的旋涡状长茎，长茎朝下的一侧是黑色轮廓线，朝上的一侧是黄色轮廓线。从茎上不时生出模式化的花。主茎上还托着盛开的莲花，莲花上则托着装饰性的女子（?）头部。

03可以看到弯曲的茎、莲花最左边那个花瓣，以及人物肩部的发梢、头侧的白色衣纹、耳朵上的圆形装饰品。人脸全部缺失。左边是一条晕染过的绿边，绿边外是黄色。

05上半部分是旋涡状的茎、莲花左边的两片花瓣、人物的头发、头上的衣纹（衣纹上有细细的黑条纹)、脸颊和耳环的一部分、黄色项光的一部分。底下是一朵蓝花的一部分，花心黄色，花瓣轮廓线白色（晕染有黑色)，花心轮廓线红色。左边有三条弧形带子，依次是黄色、绿色、黄色，带子再往外是黑色。

042左边是绿色茎。右边是人物脸的一侧，可以看到右眼很斜，目光朝右看。还可以看到一部分鼻子和嘴、带条纹的下垂的衣纹、晕染成灰色的项光。

046为弯曲着的茎，淡黄色的光环（?）及头部的装饰物（?)。

059从底边伸出旋涡状茎，左右各有一条短茎，短茎上是黄色花。中间那个茎的旋涡上托着深黄色莲花。上面的部分都缺失，右边有一部分白色（?）带子。

065为一条朝上弯卷的茎，向左右各伸出一条茎，左边茎上生着蓝色花，右边茎上生着黄色（?）花。主茎的旋涡上托着一朵晕染过的粉色莲花，莲花瓣中间的脉络为黑色。从莲花上生出一个人头（有真人的一半大小)，可以看到人物脖颈的右侧、右脸颊、右耳。耳朵前面是长发绺，背后是披肩长发。耳朵上装饰着黄色圆盘，头发后面僵硬地垂着带条纹的衣纹。光轮黄色（?)，晕染过。左边是黄色和绿色的弧形长带子，带子右边沿的轮廓线为白色，左边沿的轮廓线为黑色。带子外面是粉黄色。

所有残片都很暗淡，褪色严重，很破碎。$4\frac{1}{2}$英寸×4英寸；$6\frac{1}{4}$英寸×$5\frac{1}{4}$英寸；$2\frac{3}{4}$英寸×2英寸；4英寸×$3\frac{3}{4}$英寸；6英寸×$5\frac{1}{2}$英寸；9英寸×$7\frac{1}{2}$英寸；5英寸×$3\frac{1}{4}$英寸。

Kao.I.ii.04、013～015、028、033、034、048、063　**壁画残片**。复杂的壁画边。边是一条红色带子，带子边上装饰着珠子，带子上面装饰着花朵和叶子。红带子两侧各有一条$\frac{7}{8}$英寸宽的灰蓝色带子。一条灰蓝色带子缺失，另一条灰蓝色带子的一边是黑色及白色双层轮廓线，另一边就是红带子边上的珠子。灰带子连着一团帷幔状的大花，大花互相重叠，状如牡丹花。花用红色粗线画成，花的背景是暗黄色。

牡丹花团上横贯着大胆的黑线，似乎是衣褶。再往外是黑底。

04、013、014、015、028、048、063上可以看到牡丹花（后五块残片已褪色），04、013上还有一部分灰带子和珠子。033上可以看到红带子，以及带子上的花的黄色边，花后面伸出细细的棕叶饰状绿叶。034和033的继续，可以看到黄花的内层花瓣为紫色，内层花瓣边用黑色轮廓线加以强调。还有和033一样的四片绿叶。旁边连着第二朵花（或宝石），椭圆形，花边黄色，轮廓线黑色、扇贝状，花心呈翡翠绿色，花心边上是白色珠子。048最大，$10\frac{1}{2}$英寸×$5\frac{1}{2}$英寸。

Kao.I.ii.06、026、031、039、044、047、049、052、064　**壁画残片**。可以看到大胆的郁金香状花朵和肥大的长叶子。花红色和黄色，叶子绿色，背景暖黄灰色（?）。叶子边处理得像绒毛，带黑线。

06的一边附近是稍微弯曲的红色、黄色、灰色带子，用黑线隔开。031上有绿色衣纹的末端。039和047连在一起。风格大胆，已褪色。06最大，$8\frac{1}{4}$英寸×5英寸。

Kao.I.ii.07、012　**壁画残片**。画着人物衣服（?）的一部分。顶部是两片甲交叠在一起。甲底下是一条装饰性的带子，宽约1英寸，黄底，装饰着旋涡饰（旋涡饰轮廓线为红色）。右边是一条生硬的绯红色披巾，披巾上的亮部为黄色，披巾轮廓线黑色。披巾的边和装饰性带子的底边之间，是一个黄色四分之一圆周，圆周边是红色旋涡状，圆周的角上是放射状线。从带子和四分之一圆周上垂下来绯红色衣纹，披巾右边是灰色。6 英寸×4 英寸。

Kao.I.ii.08、010、057、058 壁画残片。能连接起来，可以看到并排的一男一女的头和肩，四分之三向右。男子在左边，长脸。帽子又高又窄，箍在头上。帽子在前额上方朝下弯，朝上形成直立的硬帽背，帽背底部和帽耳朝上翻，帽耳指向前方。鼻子直而俊美，眼睛大致平齐。帽顶底下的一点头发、眉毛、下垂的胡须、络腮胡、耳朵前后垂着的长发，都用互不连属的黑色线条画成。

脸淡粉色，帽子白色（黑色轮廓线）。前额有黑色横向皱纹，眼角有黑色鱼尾纹。唇深红色。衣服只残留下来一点，围在脖颈上。左手在胡须前面持一条弧形长花枝，花枝搭在左肩上。花枝上长着细细的绿叶，顶部是一朵红色球形花。右手在胸前握拳，大概也握着那根花枝。

女子的脸在右边，圆润、年轻，也涂成粉色，轮廓线黑色，唇红色，前额和右太阳穴上有红点。鼻子和眼睛像男子一样也是直的。

头发纯黑色。前额头发梳成一条直线，并呈直角从脸两侧垂下来，一直到耳朵底部。脸两侧的头发是大发卷，装饰着黄花。头顶的头发梳出两个高高的环形，环形之间有一个直立的红色卵形装饰品（大概是用布做的）。和环形发髻的轮廓线平行的，还有细细的白色叶子（？）。顶上不完整。关于发型的风格，参见《西域考古图记》第四卷图版 LXXIV 的 Ch.lv.009、010 中妇女的发型。不完整的壁画 Kao.I.ii.051 和较大的不完整的 Kao.I.ii.016 中的女子发型与此类似。

女子的袍也是红色，紧裹着脖颈。头附近的背景（项光？）白色，顶上的背景黑色。左肩上也有一条绿色的弧形花枝。最高处 $8\frac{3}{4}$ 英寸，合起来后最宽处 $5\frac{1}{2}$ 英寸。

Kao.I.ii.09 壁画残片。黄色底上有黑色回鹘文（？）。最长处 $1\frac{3}{4}$ 英寸。

Kao.I.ii.011 壁画残片。可以看到一部分红色、蓝色螺旋形小装饰物，一边有一朵莲花（花瓣朝下翻转），莲花上托着一颗蓝色宝石。背景白色。最长处 $3\frac{1}{4}$ 英寸。

Kao.I.ii.016 壁画残片。白色底（项光?），底上可以看到一个女子的左半边头发和一部分粉色脸颊。太阳穴上有一个红点。头发梳成蝴蝶结状大髻。一个环状挂饰挂在发髻上，遮住耳朵，挂饰末端是一朵黄花。两个大髻顶上是一片红色大圆盘状衣纹，脑后的头发底下也出现了这个衣纹。头发上点缀着装饰性的红色圆盘（带黄点）和圆圈。残片的其余几条边附近有黑色背景的残迹。发型与此类似的人物参见 Kao.I.ii.08 等。7 英寸×$4\frac{1}{2}$ 英寸。

Kao.I.ii.017 壁画残片。右下角是和尚头的一部分，黑发剃得很短，右眼和左侧鼻梁以下的部分都缺失。背景是白色衣纹，人物轮廓线粗略地涂成黑色。衣纹上用毛笔写着两列线条较粗的回鹘文题记（不完整）。$5\frac{1}{2}$ 英寸×$3\frac{1}{2}$ 英寸。

Kao.I.ii.018 壁画残片。画一条红色带子，两侧镶珠子边（珠子白色，珠子的背景黑色），珠子边外是蓝色边。红带子上是绿色旋涡状植物，空白处填补着粉色大花（花心蓝色）。蓝边之外的白底上有黑色细线以及飘洒的红色衣纹的轮廓线。长 9 英寸，宽 2~3 英寸。

Kao.I.ii.019 壁画残片。可以看到一部分背光（?），边是红带子，红带子外是黄带子。背景红色。背光里面是打成结的橙红色衣纹（?）。3 英寸×$2\frac{1}{2}$ 英寸。

Kao.I.ii.020 壁画残片。画白色衣纹，衣褶用浓重的黑线来表示。衣褶从一条蓝带子上垂下来，顶部有一行珠子，再往上是深红色小花的残迹。属于 Kao.I.ii.061、062。6 英寸×3 英寸。

Kao.I.ii.021 壁画残片。可以看到一个男子的一部分下颌、脖颈、胸和左肩。穿白外衣，外衣衬里黑色。有短须，下颌底下垂着一条红色窄带子的两端。肩部有黑色饰带或头发，与 Kao.III.019、020 类似。皮肤深粉色。底边腐烂了。最大尺寸 5 英寸×4$\frac{1}{2}$ 英寸。

Kao.I.ii.022 壁画残片。画有白色衣纹，衬里黑色，一侧有黑色飘带的两端。保存较差。5$\frac{1}{2}$ 英寸×3$\frac{1}{2}$ 英寸。

Kao.I.ii.023 壁画残片。底为细腻的蓝色，画有绿色和黄色茎，轮廓线黑色，边有点毛茸茸的。一侧有一个弧形粉色物体。最长处 3$\frac{1}{2}$ 英寸。

Kao.I.ii.024 壁画残片。很破旧，可以看到蓝、绿、红色的旋涡饰和植物图案。最长处 3$\frac{3}{4}$ 英寸。

Kao.I.ii.025 壁画残片。在浅蓝色底上漂浮着一朵粉色莲花，花瓣下垂，轮廓线白色。长 8 英寸，宽 4~5 英寸。

Kao.I.ii.027 壁画残片。出自壁画的边，还可以看到一点黏土边。壁画边上是黄色带子，再往里是红底，红底上是一枚末端宽大的叶子（?）。叶子在低处伸展，晕染成黑色（叶子中心处）、蓝色、灰色和白色条带，叶边黑色。左右是类似的绿色叶子，几乎和第一片叶子相碰。长 7$\frac{1}{2}$ 英寸，宽 2$\frac{1}{2}$~3 英寸。

Kao.I.ii.029 壁画残片。可以看到红色衣纹（?）的末端，带有 V 形衣褶。红底，很破旧。3$\frac{1}{2}$ 英寸×3$\frac{1}{2}$ 英寸。

Kao.I.ii.030 壁画残片。蓝色底上有一个枕头状物（可以是垫子，或是人物的膝），放在一个玛瑙绿色底座（?）上。垫子白色，上面布满了绿色菱形网格，每个菱形中都有一个红点，大概表示带花纹的纺织品。4 英寸×3 英寸。

Kao.I.ii.032 **壁画残片**。一个蹲踞人物（?）的下半部分，托在一个旋涡状的黄色茎上。人物上衣黄色，有红条。腰带黄色，很宽松，腰带轮廓线黑色。裤子肥大，白色，晕染有灰色，轮廓线黑色。背景绯红色。$3\frac{1}{2}$英寸×$2\frac{1}{2}$英寸。

Kao.I.ii.035 **壁画残片**。一个菩萨的头顶，转向右，头后是蓝色（?）项光。黑发用白色发带束住，发带前面有颗宝石。右耳朵尖粉色，轮廓线红色。背景绯红色，左边有已变色的带子。褪色严重。5英寸×$2\frac{1}{2}$英寸。

Kao.I.ii.036 **壁画残片**。画着几块逐渐变细的淡粉色带子，带子中间有一条亮粉色脉络。带子轮廓线灰色，背景是绿色和粉色，背景中有一些波浪状的黑色宽线。线条自由。$4\frac{1}{2}$英寸×$3\frac{1}{2}$英寸。

Kao.I.ii.037 **壁画残片**。两排模式化的花瓣，两排花瓣之间以及每一排与背景之间都用白色带子隔开，白带子上又有一些横向的黑色或灰色线。每个花瓣都有黑色或灰色框形轮廓线。一行花瓣红色，另一行蓝色。大概出自穿复杂甲胄的人物，参见《千佛洞》图版 XXVIII 中的 Ch.liv.003。花瓣外边有绿色背景的残迹。3英寸×3英寸。

Kao.I.ii.040 **壁画残片**。画一条蓝带子（色彩几乎消失），背景是红色。背景上有一朵圆形花的一部分，花瓣蓝色，花瓣边为白色和黑色。最长处$4\frac{1}{4}$英寸。

Kao.I.ii.041 **壁画残片**。磨损很严重，可以看到绿色衣纹下垂的末端，衣纹上有之字形衣褶。背景黄色（?）。$5\frac{1}{2}$英寸×2英寸。

Kao.I.ii.043 **壁画残片**。表面很破碎，可以看到一部分花饰（?）图案。最长处$2\frac{1}{2}$英寸。

Kao.I.ii.045　**壁画残片**。几乎已全部磨光。可以看到蓝色衣物的花边，衣物底部有波浪状衣褶。花边上方是黄带子，带子上装饰着用红色轮廓线画出的菱形图案和蓝色弧线。$5\frac{1}{2}$英寸×5英寸。

Kao.I.ii.050　**壁画残片**。表面很破旧，可以看到一行模式化的莲花瓣（也可能是饰带），晕染成蓝色，白边，上下各有两条黄带子。最底部是红色。花瓣上悬挂着成串的珠子，破的一角上有一个红色三瓣形。大概是人物的一部分服饰。6英寸×4英寸。

Kao.I.ii.051　**壁画残片**。可以看到一个女子的前额和一部分头发，四分之三向左。五官和发型与 Kao.I.ii.08 等类似，但没有它们完整。左眼保留了下来，有点呈斜上形。头发只保留下来环形髻的底部，还有灰色项光、红色花蕾（?）。约3英寸×2英寸。

Kao.I.ii.053　**壁画残片**。太残破，无法分辨其内容。$3\frac{1}{2}$英寸×$2\frac{1}{4}$英寸。

Kao.I.ii.054　**壁画残片**。在灰底上可以看到一条弧形的横向白带子，晕染有灰色，黑边。还有三对红色和绿色宝石，与 Kao.I.ii.011 的宝石类似。左边悬挂着一条黄带子，横带子末端似乎和黄带子相连。大概是人物的胸部，表面已破损。6英寸×$3\frac{1}{2}$英寸。

Kao.I.ii.055　**壁画残片**。可以看到一条白色弧形珠带子，轮廓线黑色。带子里侧是蓝色，外侧是红底。外侧的底上有朵红色圆形花（粉边）和绿叶，花、叶大部分破损。$3\frac{1}{2}$英寸×2英寸。

Kao.I.ii.056　**壁画残片**。一行弧形大花瓣的一部分，花瓣交替着晕染成绿色、红色、蓝色。大概是大莲花座的一部分，参见《西域考古图记》第四卷图版 LXIV 中的 Ch.xxviii.006。$5\frac{1}{2}$英寸×$5\frac{1}{2}$英寸。

Kao.I.ii.060　壁画残片。磨损很严重，在浅蓝色底上可以看到流苏和旋涡饰的"鞘"，流苏和"鞘"浅黄色，轮廓线深红色。大概是头饰的一部分。6 英寸×5 $\frac{1}{2}$ 英寸。

Kao.I.ii.061　壁画残片。表面大部分剥落。残余下来的部分画着弧形珠子边，弧形里面是绯红色，外面是灰色带子。边沿是灰色、白色，再往外是一条与弧形平行的黑色宽线。从这条线伸出和它垂直的浓重的黑线，黑线背景为白色。大概是衣物。参见 Kao.I.ii.020。脱落下来的表面也保留了下来。2 $\frac{1}{2}$ 英寸×2 英寸。

Kao.I.ii.062　壁画残片。可以看到多条带子，为灰色和白色相交替，轮廓线为黑色宽线。6 $\frac{1}{2}$ 英寸×4 英寸。

Kao.I.ii.070　一截细绳。穿着一个铅制小圆盘，绳子末端打成结。打结后长 5 英寸，圆盘直径 $\frac{1}{2}$ 英寸。图版 LXXI。

Kao.I.ii.073　上釉器皿残片。像瓷器。陶胎很厚，白色，发蓝。正面和背面都上了光滑细腻的釉，釉淡绿色，很柔和。最长处 2 英寸，厚 $\frac{3}{8}$ ~ $\frac{11}{16}$ 英寸。

Kao.I.ii.074　木梳子残件。梳子背是直的，齿很短。长 2 英寸（不完整），宽 $\frac{7}{8}$ 英寸，齿长约 $\frac{7}{16}$ 英寸。图版 LXXI。

Kao.I.ii.075.a、b　2 块毯子。粗糙，织成孔雀尾形图案，图案蓝色、红色、黄色和棕色。色彩褪掉了不少，织物很破烂。最大残片 8 $\frac{1}{2}$ 英寸×6 英寸。图版 LXXXVII。

Kao.I.ii.076.a、b　2 块花砖残件。灰色，结了一层沙子。a 较大，可以看到两个圆周的一部分，一根直带子将圆周连接起来。带子和圆周均由浮雕大珠子构成，珠子夹在两条突起的线中。圆周里面有突起的装饰物残迹，不可辨认。b 较小，可以看到一朵圆形八瓣花的一部分，花瓣的中心部分是突起的。$8\frac{1}{2}$英寸×$5\frac{1}{2}$英寸×$1\frac{3}{4}$英寸；$2\frac{7}{8}$英寸×$2\frac{3}{8}$英寸×$\frac{3}{4}$英寸。图版 LXIX。

在 Kao.II 号庙中发现的带题记的泥板

Kao.II.01　带汉字题记的烧过的泥板残件。黄色，发粉，比较软。表面残留着六行汉字题记，其中三行保存良好。最长处$9\frac{3}{4}$英寸，最宽处$5\frac{3}{4}$英寸。

在坟墓遗址 Kao.III 发掘出土的遗物

Kao.III.01　铜镜。圆形，连着一个柄，一次浇铸而成。背面的边沿斜削过，边凹陷（无花纹），边里面是不可辨认的图案，大概是风景。凹陷部分继续延伸到柄上，形成了柄上的凹槽。正面无花纹。做工粗糙。圆形部分直径$4\frac{5}{8}$英寸，柄$3\frac{3}{4}$英寸×$\frac{13}{16}$英寸，厚$\frac{1}{8}$英寸。保存良好。图版 LXXI。

Kao.III.01.a　Kao.III.01 上的圆形铜盖。突起的边沿有$\frac{5}{16}$英寸深。底部呈凹面，离边$\frac{1}{2}$英寸远均匀分布着四个纽。刻有两对平行的同心圆，边沿外面刻了一条线。朝里的那一面上有在车床上转过的痕迹。直径$4\frac{3}{4}$英寸，保存良好。

Kao.III.02　圆形铜镜。有柄，一次浇铸而成。正面无花纹。背面有突起的花纹，表现的是一个行吟歌手在演奏一件打击乐器，可能同时还在跳舞。三个男孩子在听他演奏，其中一个男孩在前景中，趴在地上，他前面有一串铜钱。

右边有棵苹果树（或橘子树），硕果累累。前景中有花，天空中有云。整体布局和做工都很有生气，树干是现实主义风格。画面的边是一条 $\frac{1}{8}$ 英寸宽的带子，无花纹。柄的边沿突起。保存良好。镜面直径 $3\frac{1}{2}$ 英寸，柄长 $3\frac{3}{16}$ 英寸，宽 $\frac{3}{4}$ 英寸，厚 $\frac{3}{16}$ 英寸。图版 LXXI。

Kao.III.03 一双绣花鞋。鞋底用结实的皮子做成。鞋帮是铜绿色织锦，用很细的针脚缝在使鞋帮变挺的东西上，看起来就像是细致缝成的绗缝物似的。鞋前面有两条青紫色织锦，宽 $\frac{1}{2}$ 英寸，间隔 $\frac{5}{16}$ 英寸，从鞋口一直镶到鞋底上。这两条带子之间是另一种织锦，上面有黄色线构成的图案。

沿鞋前面中间有一条圆形的细致的绿色"辫"状线，每条青紫色带子的边也是红色"辫"状线。每条带子上用很细的线编成连在一起的鸢尾花。鞋后跟也是这样处理的，但用一条直线代替了鸢尾花。

中央这两条带子的每侧，都用复杂的中国式羽状针迹绣着一朵复杂的花，用蓝、绿、粉、黄色线绣成，轮廓线贴线缝成。鞋后跟也是类似的刺绣。鞋口用极为细密结实的黄色丝绸镶边，足背上的镶边用褶裥收成美丽的月牙形。镶边上有三行针迹。衬里为绯红色丝绸。

做工极为精巧。所用材料特别细密、结实，大概是专门做女鞋用的。$8\frac{1}{2}$ 英寸×$2\frac{3}{4}$ 英寸。图版 LXXXVIII。

Kao.III.04 三足青铜锅。锅体圆形，较平。口沿宽 $\frac{9}{16}$ 英寸宽，无花纹，朝外折，与锅体约成 140 度角。口沿的圆周上有两个对面而立的环形耳的残迹（大概和以下的例子一样也是与锅体垂直的），只有耳的根部残存了下来。

锅底的青铜逐渐变厚，形成了底部中间的凸饰。放置的时候，实际上是这个凸饰（而不是足）支撑着锅。足弧形，很短，形如爪，从锅最宽处伸出来，长不及地。保存良好。高 $5\frac{1}{2}$ 英寸，口直径 $8\frac{1}{8}$ 英寸，最宽的地方直径约 $8\frac{1}{2}$ 英寸。图版 LXX。

Kao.III.05　两耳青铜锅。没有足。锅体半球形，无花纹。底部中间有一个凸饰，顶部的侧壁朝里变厚，形成较厚的平沿。耳长方形，环状（外侧多已掉落），从口沿底下 $\frac{3}{4}$ 英寸的侧面水平地伸出来。侧壁里面在顶部附近刻了两组很细的环线。外侧生锈比较严重，里面有一个洞，除此之外保存良好。高 $6\frac{1}{2}$ 英寸，口直径 $12\frac{3}{4}$ 英寸。

Kao.III.06　两耳青铜锅。与前一件属于同一类型，但直径更小，更深，没有洞。高 $6\frac{3}{4}$ 英寸，口沿直径 $10\frac{5}{8}$ 英寸。图版 LXX。

Kao.III.07　两耳青铜锅。与 Kao.III.05、06 属于同一类型，但更小，更浅。耳不是横向伸展的，而是竖立在口沿上。里面有几个洞。高 $4\frac{1}{2}$ 英寸，直径 $9\frac{3}{8}$ 英寸。图版 LXX。

Kao.III.08　烧饭的铁锅。较小，圆形，侧壁平，一侧水平伸出一个耳（已断）。耳上方的口沿上竖立着一个扇贝状突起，起装饰作用，上面无花纹，朝里呈斜面。锅里面离口 $\frac{5}{16}$ 英寸的地方是一条凸沿，似乎是为了托住盖子。已生锈，但很结实。高 $2\frac{1}{8}$ 英寸，底部直径 $4\frac{1}{4}$ 英寸，口沿直径 $4\frac{7}{8}$ 英寸。图版 LXX。

Kao.III.09 烧饭的青铜锅。圆形，侧壁平，与前一件类似。一侧水平伸出一个插座，以便纳入铁柄（铁柄只有根部保留了下来）。插座是在锅体铸好后加上去的。和插座浇铸成一块的还有一块青铜片，加在口沿顶上，夹住侧壁。锅底里面装饰着两个突起的圆圈，一个在中心附近，一个在边沿附近。锅外侧贴近底部部分稍向里收。保存良好。高 $2\frac{1}{4}$ 英寸，口沿直径 $6\frac{1}{2}$ 英寸，底部直径 6 英寸。图版 LXX。

Kao.III.010 锻铁（或钢）矛头。刃又长又窄，矛尖到离尖约 $\frac{1}{2}$ 英寸的地方侧棱都是凹陷的。朝下变窄成插孔。插孔很长，空心，横截面圆形，末端逐渐变粗，末端的边卷了起来。离这个末端 $\frac{1}{2}$ 英寸远的地方有一个铆钉孔。保存良好。全长 $9\frac{1}{4}$ 英寸，刃长 $4\frac{1}{4}$ 英寸。插孔的最大直径（从里面测量）为 1 英寸。图版 LXX。

Kao.III.011 青铜圆盘。两面都镶嵌着珐琅质装饰物，中间钻了一个洞。两侧在洞周围和边沿上都各有一圈无花纹的带子。正面装饰物内容如下：右边是一个头发飞扬的三头六臂鬼怪（或是毗沙门天王?），坐在岩石上（?），四分之三向左。上两手高举，持不可辨认之物（右上手所持之物发出火焰）。中两手合在胸前。下两手放在膝上，水平地持一条长棒或雷电。

人物穿长袍，但膝以下赤裸。右脚放在地上，左腿从膝部朝里弯。他对面跪着两个双手合十的鬼怪（部分已残），鬼怪背后是云朵。自由飘洒，是很好的作品。

背面有三个同心圆，被交叉的十字分成很多块。外面那个圆中是 12 个循环出现的汉字，再朝里的那个圆中是 12 个汉字，最里面那个圆中有一条由花构成的装饰性带子。

磨损了一些，已弯曲。断成了几块，现已粘连在一起。直径 $2\frac{3}{8}$ 英寸，

孔洞直径 $\frac{7}{16}$ 英寸，边沿约厚 $\frac{1}{16}$ 英寸。图版 LXXI。

Kao.III.012、013　**2个铁环**。大概出自马具。形状有点像椭圆，宽的一侧呈弓形。在弓形的端点上，铁条的两个末端急剧朝后弯向对方。在互相碰上之后，又马上向外翻转，形成小旋涡饰。铁条横截面为长方形，末端横截面变窄成了正方形。已生锈，但保存良好。铁环宽 $2\frac{7}{8}$ 英寸，最高处 $1\frac{5}{8}$ 英寸，铁条最宽处 $\frac{7}{16}$ 英寸。图版 LXX。

Kao.III.014、015　**2个扁平的铁圈**。无花纹，已生锈。外侧直径 $3\frac{3}{16}$ 英寸，里侧直径 $2\frac{1}{4}$ 英寸。图版 LXX。

Kao.III.016　**铁制（或钢制）的器具残件**。形状像空心圆锥。窄的那一端是敞开的，已折断。高 $1\frac{1}{16}$ 英寸，粗的一端直径 $\frac{5}{8}$ 英寸。

Kao.III.017、082~086　**青铜铸成的铃铛**。像比较小的牛铃铛。断成六块，但基本完整。顶部有一个横向的长方形圈，以便悬挂。顶部还有一个孔洞，以便连上铃舌（缺失）。口沿稍微加厚。无花纹。高 $2\frac{3}{8}$ 英寸，口沿尺寸 $2\frac{1}{4}$ 英寸× $1\frac{1}{4}$ 英寸，平均厚度 $\frac{3}{32}$ 英寸。

Kao.III.018　**青铜闩**。横截面为圆形。头部较大，实心，大致呈圆锥形，形状粗糙。全长 $1\frac{1}{2}$ 英寸，头长 $\frac{9}{16}$ 英寸，"针状物"直径 $\frac{1}{4}$ 英寸。

Kao.III.019、020　**2块壁画残片**。出自一幅大画的底部（Kao.III.021~058 也是这幅画的残片），是呈跪姿的供养人。底上是一组组长方形底板，为粉色和红色交替，用透视法画成。底板上方是一条米色带子，顶上是白色背景。每块残片的米色带子上都垂下来一条灰带子，宽 $2\frac{1}{2}$ 英寸，描了轮廓线，上面有不连贯的黑色旋涡饰。带子的意义尚不清楚，大概像图版CV、CVI中的绢画Ast.iii.4.010中的带子一样，是为了将画面分成几部分。

019可以看到两个粗略画成的底座（不完整），不规则地立在网格状的底面上或上面的背景上。底座上托着宝石或圣器（?）。右边有一个四分之三朝右跪的男子，跪在灰带子后面，双手放在胸前。穿一件盖住手足的暗红色灰色长外衣。头上似乎戴了白色头巾，盖住脖颈，围在脸四周（脸涂成粉色），但头的上半部分缺失。脸两侧和头后面垂着很长的垂饰（也可能是头发）。脸的下半部分轮廓浑圆，长着短胡须。此人前面残留着一行回鹘文题记。

020方格底板上方的背景中跪着四个人，四分之三向右。最右边那人完整，也和019一样在灰色带子的后面。其余三个人多少被磨光了一些，跪在最右边那人后面。每人前面都残留着一行回鹘文题记。

最前面那个男子穿白灰色长外衣，外衣上有红色条纹。第二个人穿浅绿色外衣，第三人穿暗红色外衣，第四人穿深灰色外衣。四人中只有第一个的头保留了下来。此人圆脸，眼睛和眉毛朝上挑。除前额上方留一圈头发外，头发全剃光了。有小胡须，脸两侧和右肩上各垂着不连属的黑色发绺。头戴圆形白边小黑帽，帽顶上有一个小尖。

第一个人和第二个人之间、第二个和第三个人之间各有一个正方形底座（或香案），用透视法画成。整个顶边附近都擦破了。019的尺寸为1英尺8英寸×9英寸，020的尺寸为1英尺10英寸×12英寸。

Kao.III.021~030、032~058 壁画小残片。出自019、020所属的那幅大画。无法连接起来，看不出画的内容，但有一两组残片上有不完整的成组人物。

以下是最重要的几组残片：021、036、041、051、057可以看到飞扬的火焰中的一个红绿色三足锅，锅中装着灰色东西（不可辨认）。锅左右各有一个看守着锅的鬼怪（?）。左边鬼怪只残留着左小腿和左脚，在残片边上跳起，姿势激烈，碰到了火焰。右边是第二个鬼怪的右腿和左腿的一部分，身体上半身弯曲，以便远离火焰。两人的小腿和膝部都有护腿。右边鬼怪裹着红色腰布（绿边），腰左右飘飞着一条卷成环形的红色披巾。再往右是一条垂直的灰色带子的一部分，和019、020中的带子一样。大概出自中国式的地狱场景。合起来高11英寸，最宽处 $12\frac{1}{2}$ 英寸。

024、054上只有一条龙（?）身体的一部分，白色，有灰点，生着红色的角（或翅膀?）。身体底下是红色，尾巴弯曲。合起来的尺寸为 $6\frac{3}{4}$ 英寸×9英寸。

以下是不太重要的残片：029、034、035、042、044、046、047、048、049、058上是灰色带子，上面有黑色装饰物（像019、020中一样），两侧为白底。058的左边沿是一条粉色围巾或项光的残迹。034、035的灰带子右边 $2\frac{1}{2}$ 英寸远的地方是一条垂直的绿色带子，其顶部和020一样装饰着飘带或饰带（?），还有一条绿色旋涡饰构成的倾斜的带子与它相交。合起来的最大高度1英尺8英寸，最宽处8英寸。

022、053上是黄色长方形网格，红底，大概是铺着花砖的地板。磨损得很厉害。053较大，9英寸×5英寸。

023是一部分项光，由淡粉色、黄色、红色和绿色同心圆构成，项光外面有绿色叶子的残迹。4英寸×$2\frac{1}{2}$英寸。

025上有一部分绿色圆形物体，托在红色物上。大概和019、020中一样是放圣器的底座。4英寸×3英寸。

026、027上装饰着灰色和朱红色的互相重叠的花瓣，上方还有一条灰带子，带子背景为白色。6英寸×3英寸。

028、032、039是一条绿色旋涡饰构成的带子的一部分，像029等一样，一侧为白底，另一侧有一条黑带子，带子上有粉色旋涡饰，旋涡饰的空白处填补着灰色和粉色花蕾，花蕾有多重花瓣。合起来最长处9英寸，最宽处5

英寸。

030 上有方形底座残留的一部分，红色、橘色和绿色，与 020 中的底座差不多。6 英寸×3 $\frac{1}{4}$ 英寸。

033、038 上是绿色带子，装饰着黄色旋涡饰，外面是灰底。灰底上有白色四瓣花，花心红色，叶子绿色。5 $\frac{1}{2}$ 英寸×3 英寸。

037 有黄色旋涡饰，绿底，几乎全部磨光。4 $\frac{3}{4}$ 英寸×2 英寸。

040、045、050 是一条逐渐变宽的白带子的一部分，上面有白色和绿色斑纹，旁边是红色。4 英寸×4 英寸。

043 上是一块红色板块，米色边，与 019、020 中的底板类似。4 $\frac{1}{2}$ 英寸×2 英寸。

052 红底上有一个黄色圆盘，里面有一个绿色四瓣状物（轮廓线红色）。圆盘旁边是黑色、白色带子。3 英寸×2 $\frac{1}{4}$ 英寸。

055 是一个底座的一部分，与 019 中的底座类似。旁边的灰底上有一条由红色和黄色旋涡饰构成的带子，还有一朵白色小花。3 $\frac{1}{4}$ 英寸×3 $\frac{1}{4}$ 英寸。

056 灰底一侧有红色和黄色的装饰性带子。表面剥落了一部分，残留的部分也磨光了不少。2 英寸×3 $\frac{1}{2}$ 英寸。

Kao.III.031　壁画残片。有很多块。画一个白色裸体女子，头缺失，手反剪在背后，绑在一根棕色柱子上，脚踝上是绑缚的东西。黑发斜披在肩上。乳房较小，乳头很长，垂下来，每个乳头似乎都用东西绑了起来。一条黑蛇盘绕在她的右腿上，在膝部上方绕过身前，然后绕到大腿后，又出现在左臀旁边（左臀缺失）。

女子左右各站着一个鬼怪，都把一只脚踏在女子的肘上，以便在拉锯子的时候借力。锯子柄红色，他们似乎在把锯子穿过女子的头往下锯。右边鬼怪只保留下来右腿，左边鬼怪则保留着双腿和腰。鬼怪穿红色绿边短衣，戴踝环。腿上的皮肤粉色，越朝膝部颜色晕染得越深。背景白色，零星地散布着一团团红色、绿色火焰（有两三个火舌）。

以上三个人物站在一条约 1 英寸宽的黄色带子上。带子底下是浅红色和深红色相交替的底板，底板边沿从右向左后方退，似乎以此来表示透视关系。线条不太认真，但有表现力。鬼怪的脚抬起来踏在女子的肘部，很好地表现出他们正在用力。

线条黑色，衣褶晕染过。似乎构成一幅大画底部的小画面（附饰画）。四面都缺失，左侧因湿气而严重受损。1 英尺 3 英寸×1 英尺 $\frac{3}{4}$ 英寸（高）。

Kao.III.059　陶制的奇形怪状的龙头残件。浮雕。下颌、鼻子尖和头后面缺失。上颌前面有高低不平的牙齿，并排雕了两个凸圆的叶状耳朵。还有两个蜗牛壳状物，大概代表眼睛。从口鼻向前额有一条很突出的线，牙龈所在的平面比嘴唇低。嘴角有一条深深的凹槽，沿耳朵也有三条深凹槽。做工粗糙。

背面没有雕琢过。灰色，由于结了一层沙子，表面变成了黄色。长 7 英寸，高 5 $\frac{1}{4}$ 英寸，厚 1 $\frac{1}{2}$ 英寸。图版 LXIX。

Kao.III.060　草扫帚残件。与《古代和田》图版 LXXIII 中的 N.X.07 类似。长 10 $\frac{3}{4}$ 英寸，根部宽约 2 $\frac{1}{8}$ 英寸。

Kao.III.061　木重垂板。出自小幡。两条长边平行，两条短边朝上收拢。顶上那条棱上有一条凹槽。整个重垂板涂成暗黄色，窄边之内是用黑线一气呵成的旋涡饰，黑线条旁还描了红线。旋涡饰分离的弧线上有一个圈。形状参见《西域考古图记》第四卷图版 LXXVII 中的 Ch.003。长 5 $\frac{5}{8}$ 英寸，

宽 $1\frac{3}{16}$ 英寸，厚 $\frac{3}{16}$ 英寸。

Kao.III.062　木板条残件。一端削成凸圆形，另一端已折断。粗略地画有横向条纹，尖部的条纹灰蓝色，再往下依次是红、黄（？）、灰蓝色。长 $2\frac{3}{4}$ 英寸，宽 $\frac{3}{4}$ 英寸，粗 $\frac{1}{16}$ 英寸。

Kao.III.063　一双鞋。由两部分组成，在鞋跟和鞋尖处缝在一起。鞋头是尖的，朝上翘。鞋尖的那条缝绕着鞋尖向下转，再朝里收，连在鞋底最前面。

每半边都由五层叠加在一起的织物构成。鞋里面用的是柔软稀松的粗毛布。最外面那层是细致的绯红色凸纹或棱纹布，用均匀的针迹缝在一个粗毛布衬里上，针脚间隔 $\frac{1}{8}$ 英寸，但在鞋底附近 $\frac{5}{16}$ 英寸宽的距离内不是这样，于是造成了缝得很好的绗缝物般的效果。粗毛布衬里后面是一层很薄的绯红色毛织物。毛织物和鞋的衬里之间是一层厚而软的大麻（？）布，全用绯红色线缝好。

靠近鞋跟的时候，鞋口的镶边稍微变宽。鞋口镶边在接近鞋尖时，从两侧都朝里弯，形成了一个尖，尖的方向与鞋尖相反。鞋口镶的是细致的黄色凸纹丝绸，一般宽约 $\frac{5}{8}$ 英寸。前面的镶边宽 $\frac{3}{4}$ 英寸，但在接近那个尖时又变窄了。镶边用3行针迹缝好。

鞋尖上面镶着一条装饰性的带子，从脚跟那个尖一直延伸到突起的脚尖，并绕在脚尖上。带子宽 $1\frac{1}{4}$ 英寸，纵向分成三个相等的部分。中间那部分装饰着横向的银线，用黄色马尾线贴线缝成。银线上缝了深棕色或紫色的简单图案，但如今图案已无法辨认。最中间是一条像锁边那样编成的绿色线。

这个部分两侧各是一条紫色纱，纱里侧是用黄色丝绸锁的边，外侧是用均匀细密的黄色麻布锁成的边。紫纱上在离黄线 $\frac{1}{16}$ 英寸处，有一条与黄线平行的突起的白色细线，它旁边还有另一条细线，从这条细线上每隔 $\frac{7}{8}$ 英寸生出一个三瓣状物。银线在紫纱下继续延伸，贴线缝在一层深灰色（或黑色）织物上，织物的衬里是细密的绯红色平纹布。脚跟的那条缝上也镶嵌着类似的装饰物。

奇怪的是，鞋尖底下的缝很粗糙，几层织物形成乱七八糟的一团。这条缝还在鞋底里延伸了 $1\frac{1}{2}$ 英寸。这段鞋底剪开了，似乎是想重新缝起来。

鞋底只有 $1\frac{5}{8}$ 英寸宽。两侧是直的，彼此平行，两端凸圆。鞋底用规则的横向针迹缝成，各行针迹之间的间隔约 $\frac{3}{16}$ 英寸。鞋底外包着一层结实、细密的黄色大麻布。

两只鞋保存得都很好，但偶尔有被昆虫或啮齿类动物咬出的洞。一只鞋的边上粘着一小片已生锈的铁，另一只鞋的底和侧面也粘了几块铁片。鞋底长 $8\frac{1}{2}$ 英寸，鞋面压平后沿中间宽 $4\frac{5}{8}$ 英寸（参见 Kao. III. 03）。图版 LXXXVIII。

Kao.III.064　横截面都是圆形的木尖饰。最底下是一个圆形榫舌，榫舌长 $\frac{1}{2}$ 英寸，直径也是 $\frac{1}{2}$ 英寸。短颈，短颈上是蘑菇状的头。短颈下的"身体"为扁球形，球形的顶部和底部各有一圈环形构件（构件的棱是尖锐的）。再往下是无花纹的圆柱形部分，圆柱底部削成榫舌。有裂纹。加榫舌高 $3\frac{3}{4}$ 英寸，最宽处直径 $2\frac{1}{4}$ 英寸。

Kao.III.065～081　各种青铜残片。大部分是凸面形，大概出自锅的侧壁。有一些外侧有凸纹。073 共有三片，可以连在一起，是锅的朝外折的厚口沿以及肩，并有环形小耳的残迹（耳已缺失），模子各部分相连的地方还留下了一条凸线。073 合起来是最大的，口沿的弧长 $8\frac{1}{2}$ 英寸，高 3 英寸。

Kao.III.087~097　各种青铜残片。很小，大多数是平的，无花纹。最大残片长 $2\frac{3}{16}$ 英寸。

Kao.III.098　铁器皿的口沿残件。稍微朝外折，大致平直。口沿底下隐约有横向凹槽。$2\frac{7}{8}$ 英寸 × $1\frac{7}{8}$ 英寸。

Kao.III.099　锻铁（?）做成的薄碟子。平底。侧面较低，微呈弧形。口沿无花纹，口沿上有三个等距离分布的小孔。已生锈。口沿直径 $5\frac{7}{8}$ 英寸，高 $\frac{3}{4}$ 英寸。图版 LXX。

Kao.III.0100~0103　4 个用铁（?）敲打成的薄碟子。与前一件一样也是平底。0100 侧面有凹槽，边上是扇贝形。0101 侧面是八个较浅的扇贝形，口沿朝外平折，形成八瓣状。0102 和 0103 微有凹槽，仅由六个扇贝构成。已生锈。直径 $4\frac{1}{2}$ 英寸，高 $\frac{5}{8}$ 英寸。图版 LXX。

Kao.III.0104　用薄青铜锻成的碗或饭锅。浅口，平底，凸面形的侧壁在顶部微向里收。口沿不增厚，但碗外在口沿底下 $\frac{1}{2}$ 英寸的地方有一圈突起的珠子。

一侧用铆钉钉着一片捶打得很扁的青铜，以便连上耳。耳缺失。器皿已弯曲，口沿不完整，但保存得很好。没有装饰。底部直径 $4\frac{3}{4}$ 英寸，最大直径 $6\frac{5}{8}$ 英寸，高 $2\frac{7}{8}$ 英寸。图版 LXX。

Kao.III.0105　铁盔。与汉代人和印度拉其普特人（Rajputs，印度北方一部分专操军职的人，自称是古印度武士种姓刹帝利的后代——译者）戴的头盔属于同一类型。边上钻了六个大致等距离的孔，以便连上锁子甲。最顶部有一个直径约 $1\frac{1}{2}$ 英寸的孔，孔上盖着一块圆顶形铁，圆顶形铁的边是扇贝形。这块铁是头盔尖的底部，用四颗铆钉钉牢，铁上有不小心造成的洞。已生锈。边的直径为 $7\frac{1}{2}$ 英寸，高 $3\frac{1}{4}$ 英寸。图版LXX。

Kao.III.0106 青铜碗。 在车床上制成，断成三截。浅口，圆底，侧壁弧形，向里微收成无花纹的沿。底部有一个洞，古人在碗外加了一块青铜，碗里也加了一块，把洞补上了。

里外刻画着装饰物。外面底部装饰着四角星，四角星上叠加着"圣安德鲁十字形"（即X形十字形，据传圣安德鲁被钉死在X形十字架上，以此命名——译者）。四角星和十字形都由无花纹的带子构成，带子轮廓线是一对刻得较浅的线。四角星和十字形都围在一个圆圈中，圆圈位于碗侧壁开始的地方。四角星里面、四角星的四个角和十字形之间、星角上，都装饰着敲打上去的圆和点，大圆圈和十字形的四条臂上也装饰着这样的圆和点。

侧面刻了较浅的莲花瓣，口沿底下刻了两条环线。莲花瓣之间的地方以及环形线之间的带子上也装饰着圆和点。碗底部里面装饰着两组图案（一组在另一组外边），每组图案由三圈带子构成，带子则由圆和点构成，点和圆夹在刻线中。六圈带子中最里面那条朝里收，在圆圈里面形成了一对螺旋形。这个圆圈里其余的地方有三对弧形带子，和螺旋形顶部的曲线平行，一直延伸到圆周上。上方是一片三个尖的叶子（?）。空白底上填补着小圆圈和点的图案。

所有图案都刻画得很轻，保存良好。碗高 $2\frac{1}{4}$ 英寸，口沿直径 $5\frac{5}{8}$ 英寸，青铜厚 $\frac{1}{48}\sim\frac{1}{32}$ 英寸。图版LXX。

Kao.III.0107 青铜薄碟子。 或是灯（?）。从口沿一侧伸出一个又宽又平的耳。耳和碟子用一块青铜做成，形状特别像当代珠宝首饰匠的碟子。没有装饰，平底，有裂纹和凹痕。直径 $2\frac{7}{8}$ 英寸，高 $\frac{7}{8}$ 英寸。图版 LXX。

Kao.III.0108、0109 2块铁（?）圆盘。 0108 无花纹，对折起来。0109 边上朝一侧伸出一个方形平耳，耳附近还有两个铆钉孔，对面的边上也有铆钉孔（已破裂）。也不规则地对折过。0108 的直径 $5\frac{3}{8}$ 英寸，0109 的直径 3 英寸。

Kao.III.0110 青铜薄片残件。 出自铠甲（?）。大致为长方形，三条边是直的，卷了起来。第四条边弧形，也卷了起来并穿了青铜丝。青铜丝从残件一端伸出来，朝后弯，形成一个圆圈。残件另一端弯在圆圈上，但末端底下的青铜上钻了个孔。还有两个地方也有较小的孔。大概是用来修补其他青铜器皿的。长 4 英寸，最宽处 $2\frac{1}{4}$ 英寸。

Kao.III.0111 弧形青铜柄。 锅或盘子的柄。一端缺失；另一端折回来，形成钩状。柄的主体部分横截面是长方形，长方形宽的两个边朝外，窄的那两个边在上方和下方。钩子处的横截面变成了正方形。折断的一端有因经常使用而留下的磨痕。生了一层细腻的绿铜锈。残件弧长 $6\frac{1}{4}$ 英寸，最大横截面 $\frac{3}{8}$ 英寸×$\frac{3}{16}$ 英寸。图版 LXX。

Kao.III.0112 铁（?）棍残件。 横截面正方形，一端削掉了，另一端已折断。$1\frac{3}{4}$ 英寸×$\frac{5}{8}$ 英寸。

Kao.III.0113 用来钉铆钉的铁片。 又平又窄，两端凸圆，每一端都有一个孔。$1\frac{1}{4}$ 英寸×$\frac{3}{8}$ 英寸。

Kao.III.0114 白色金属薄片残件。 形状不规则，很硬，没有生锈。参见 Kao.III.0133。最长处 1 英寸。

Kao.III.0115　青铜片残件。很薄。一条弧形边为扇贝形（？）。最长处 $1\frac{11}{16}$ 英寸。

Kao.III.0116　铁钩。顶部是一块菱形铁片，和铁钩一次铸成。菱形中心上有一个孔。钩末端已折断。全长 $1\frac{9}{16}$ 英寸，铁片尺寸为 1 英寸×$\frac{13}{16}$ 英寸。图版 LXXI。

Kao.III.0117　铁片残件。卷成筒形。显然是应该用铆钉钉在某个筒形物上，大概是刀鞘的末端。边上有铆钉孔，残件卷起来后，铆钉孔一一对应。目前筒已经有点变形，生了锈。长 3 英寸，卷起来后最宽处 $1\frac{3}{8}$ 英寸。

Kao.III.0118　青铜带扣。断成了两截，舌缺失。圆圈形，并有一个长方形圈，以便与其他物体连接，圆形和长方形系一次做成。没有生锈。长 1 英寸，圆圈直径 $\frac{13}{16}$ 英寸，长方形圈宽 $\frac{3}{4}$ 英寸。

Kao.III.0119　铁条残件。弯成 U 形。两端都已折断，横截面圆形。已生锈。长 $\frac{7}{8}$ 英寸，顶部宽 $\frac{13}{16}$ 英寸。

Kao.III.0120、0121　2 个铁圈。两个末端的圆纽没有连在一起。已生锈。0120 直径约 $\frac{3}{4}$ 英寸，0121 直径约 $\frac{7}{8}$ 英寸。

Kao.III.0122　铁圈。末端是敞开的。末端变细，以便搭接。横截面圆形，中间的横截面比末端的横截面粗。已生锈。圆圈外面的直径约为 $1\frac{3}{8}$ 英寸，最粗处的横截面直径 $\frac{5}{32}$ 英寸。

Kao.III.0123　铁肘钉。形状像制轮楔。用扁平并逐渐变细的铁丝做成，尖端已生锈。一根圆铁条和一颗铁钉连在一起，铁条朝相连的一端逐渐变细。在相连的地方，铁条折成一个圈，套在铁钉的眼上，可以活动。

肘钉粗的一端已折断，已生锈，但很结实。长 $1\frac{1}{4}$ 英寸，铁丝最宽处 $\frac{3}{16}$ 英寸，粗约 $\frac{1}{16}$ 英寸。铁条长 $2\frac{1}{8}$ 英寸，最粗处 $\frac{1}{4}$ 英寸。

Kao.III.0124　铁铰链。由两块钉铆钉的长方形板构成，板有钩的一端连在一个小圆圈上。这一端很大，以便活动。板的另一端是凸圆的。在这一端以及朝里的末端附近都钻了孔，其中一个孔中还有铆钉。已生锈。展平后长 $2\frac{3}{8}$ 英寸，圆圈直径 $\frac{1}{2}$ 英寸，板宽 $\frac{5}{16}$ 英寸。图版 LXXI。

Kao.III.0125、0126　2 根铁条残件。弯成 U 形发夹形状，参见 Kao.III.0140，末端已折断。长分别为 $2\frac{1}{2}$ 英寸和 $2\frac{3}{4}$ 英寸，粗不到 $\frac{1}{8}$ 英寸。

Kao.III.0127　青铜镜（?）残件。有部分扁平的加厚的边框，边里面的地较薄，刻着三条环形线。已皱缩。最长处 $1\frac{9}{16}$ 英寸。

Kao.III.0128、0129　两个青铜残片。0128 较小，扁平。0129 较大，凸面形，大概与 Kao.III.065~081 等一样是出自锅的侧壁。最长处 $3\frac{7}{8}$ 英寸。

Kao.III.0130　铁钉。横截面长方形，逐渐变细成为钉子尖。已变弯，钉子头缺失。长 $2\frac{5}{16}$ 英寸，最宽处 $\frac{3}{16}$ 英寸。

Kao.III.0131　青铜凸饰。用薄片做成，圆顶形状，空心。扁平的边沿很宽，边沿上有两个孔。边已破。直径 $\frac{5}{8}$ 英寸，高 $\frac{1}{8}$ 英寸。

Kao.III.0132　铁凸饰。方形。正面装饰着五个凹陷的点，排列成十字形。四个侧面都呈凸弧形，每个侧面上都有三条纵向凹槽。于是整个凸饰看起来就像是哥特风格后期的那种四瓣状，四个最朝外的顶点上敲打出来的痕迹是薄铁片相交的地方。沿对角线相对的两个角上有铆钉孔。保存完好。$\frac{3}{4}$英尺见方，深约$\frac{1}{8}$英寸。

Kao.III.0133 白色金属片残件。与 Kao.III.0114 类似，形状不规则。最长处$\frac{7}{8}$英寸。

Kao.III.0134 一截铜带子。扁平，一端有一个窄环，另一端已折断，但似乎是分叉的。已变弯，没有生锈。做得较粗糙。拉直后长约 $1\frac{1}{2}$ 英寸，宽$\frac{9}{16}$英寸。

Kao.III.0135 卵石。不透明，白色，发蓝，砍削成圆锥形，打磨过，底部稍微突起。底部两条相对的边附近有两个微凹的地方。高$\frac{3}{4}$英寸，底部直径$\frac{7}{8}$英寸。图版 LXXI。

Kao.III.0136 放护身符的小银匣。状如小圆盒子，顶部有一个圆圈以便悬挂。盒子由前后两半构成，前面那一半像盖子似的。正面和背面都有类似的浮雕：中间是朵六瓣花，周围环绕着四朵较小的六瓣花和四片又细又长的叶子，小花和叶子交替出现。再往外是一圈很小的珠子。工艺精湛，保存良好。盒子边上无花纹，但每半边上都焊了一个小圆圈。

穿过这两个圆圈是一条短链子，由双股银丝构成。短链子把盒子连在一个较大的银圈上。这个银圈又经一个铁圈连在一条长链子上。长链子由一组组 8 字形铁环构成，铁环由双股铁丝绕成，铁环"腰部"又用这两股铁丝的末端绑了 9 或 10 圈。生了一点锈。盒子直径 $1\frac{1}{8}$ 英寸，厚$\frac{5}{16}$英寸；链子长 $5\frac{1}{2}$ 英寸。图版 LXXI。

Kao.III.0137　**裸体男子小银像**。立姿，头顶有一个圆环以便悬挂。手在胸前交叠，腿伸直，脚合在一起，成为一根朝下逐渐变细的棍。表面磨损了。长 $1\frac{3}{4}$ 英寸，最宽处比 $\frac{1}{4}$ 英寸稍宽一点。图版 LXXI。

Kao.III.0138~0145　**8 根铁丝残件**。0140 与 Kao.III.0125、0126 一样弯成发夹形，其余的大概本来也是这样的形状，但 0138 和 0143 更长、更重。0140 长 $2\frac{1}{2}$ 英寸，铁丝平均粗 $\frac{3}{32}$~$\frac{1}{8}$ 英寸。

Kao.III.0163　**铁条残件**。一个扁平的窄条，已弯曲。一端已折断，另一端扩展成圆盘状，结束的部分是菱形。圆盘上有一颗铆钉。拉直后长 $1\frac{1}{2}$ 英寸，平均宽 $\frac{1}{4}$ 英寸。

Kao.III.0164　**铁（?）镊子残件**。用一条扁平的金属制成。先对折，在离对折这一端 $\frac{3}{16}$ 英寸的地方捏在一起，形成了一个环形。此后，两个刃在不长的一段距离内合在一起，然后逐渐分离，在末端又弯向对方。刃的末端像细致的刻刀。一个刃上松松地挂着个椭圆形小铁环，以便在把镊子合上的时候套住两个刃。另外那个刃有三分之二都已折断。刃末端最宽，越接近对折那一端越窄。有的地方已生锈。长 $2\frac{13}{16}$ 英寸，宽 $\frac{1}{8}$~$\frac{1}{4}$ 英寸。图版 LXXI。

Kao.III.0165　**铁圈**。较小，横截面圆形，上面套着一根对折的铁丝。是铰链（?）的一部分，参见图版 LXXI 中的 Kao.III.0124。已生锈。圆圈直径 $\frac{1}{2}$ 英寸。

Kao.III.0166　**铁（?）条残件**。弯成一个三角形小圈。末端大概在古代是合在一起的，但现在稍微分开了，一端比另一端宽。末端形如两个扇贝，朝外的角上有齿。一端附近有一个孔。已生锈。底边长 $\frac{5}{8}$ 英寸，高 $\frac{7}{16}$ 英寸，

带子宽 $\frac{5}{16}$ ~ $\frac{1}{2}$ 英寸。

Kao.III.0167、0168　2 把铁挂锁。其原理就像女人的项链或手镯上的能弹开的搭钩。锁由管子和搭钩两部分构成。管子一端基本封闭，只留下一个长方形小缝以便插钥匙。另一端完全敞开，但在里面靠近管口的地方有一个圆圈，以便在锁上的时候防止搭钩退出来。

一根圆棍和管子平行，有管子两倍长，并连着一根与圆棍垂直的又短又平的臂。这个臂把圆棍连在管子带锁孔的那一端，圆棍离管子有 $\frac{1}{2}$ 英寸远。

搭钩由一块薄铁片构成，一端钻了个孔以便套在圆棍上，另一端中间连着一个与铁片垂直的闩。闩呈楔形，扁平。闩的正面和背面在末端附近都连着比闩短 $\frac{1}{4}$ 英寸的弹簧。弹簧在离开结合点后分离了，弹簧的用途是可以防止闩倒退。在使用这把锁的时候，先把圆棍穿在要锁的那件东西的肘钉或圆环上，然后把搭钩的薄铁片沿着孔穿在圆棍上，搭钩推进管子里，一直推到管子口的那个窄铁圈把弹簧压在闩的侧面上为止。之后，弹簧弹离了铁圈，在管子里面伸展到了正常的长度。管子末端被闩底下的薄铁片的边合上了。

在锁上的时候，锁的形状就像是一个窄长方形，长边是对边的一倍长。长边就是圆棍，对面那条边就是管子。把长边的中间和对面的管子连起来的，是"搭钩"的薄铁片。

在打开锁的时候，必须把一把带两个叉的或扁平的管状钥匙插入锁孔。钥匙的叉把弹簧压在闩的侧面上，搭钩就可以从底下退出了。

0167，管子横截面是方形的，圆棍上还残留着两个铁环。管口内侧附近的那个防止"搭钩"倒退的圆圈已经缺失，搭钩可以不受阻碍地退出来。

0168，管子为圆柱体，圆棍上仍保留着两个肘钉。圆棍末端简单装饰过。两把锁的圆棍都微弯，"搭钩"的薄铁片都是细腰状并粗糙地装饰过。

工艺粗糙，稍微生了锈。参见《正仓院目录》图版 31、153。在英国也发现过这种锁，日本如今仍用这种锁。

0167 长 $5\frac{1}{8}$ 英寸，最宽处 $1\frac{1}{8}$ 英寸，管子直径 $\frac{1}{2}$ 英寸。

0168 长 $4\frac{7}{8}$ 英寸，最宽处 $1\frac{1}{8}$ 英寸，管子直径 $\frac{9}{16}$ 英寸。图版 LXXI。

Kao.III.0169　钢刀刃残件。铤比较窄，朝另一端急剧变宽（这一端大概本是刀锋，如今已经变得凸圆）。一边侧锋是钝的，另一边侧锋已折断，大概也是钝的。两面都很光滑。肩部很厚，像现在的菜刀一样，但一侧的肩突出得比另一侧更明显。

铤横截面为圆形，空心，一侧缺失。已生锈，大部分刃已锈掉了。长 $3\frac{3}{8}$ 英寸，最宽处 1 英寸，刃最厚处 $\frac{1}{8}$ 英寸。铤长 $\frac{13}{16}$ 英寸，铤直径 $\frac{3}{16}$ 英寸。图版 LXXI。

Kao.III.0170　钢刀刃。只有一个刀锋。刀背 $\frac{1}{8}$ 英寸宽。除刀尖处外，刀背都是笔直的。刀尖处的刀背微呈凸面形，在刀尖处又不易察觉地弯了回来。刀锋呈和缓的弧形，连在刀尖上。刃的一个侧面凹陷，另一个侧面是平的。已折断，铤和柄缺失。长 4 英寸，断处宽 $\frac{9}{16}$ 英寸。刀锋很利，已生锈，但保存良好。图版 LXXI。

Kao.III.0171、0172　2 个钢刀刃。都只有一个刀锋。刀背平直，在刀尖处微向后弯。刀锋呈两个曲线连在刀尖上，宽的一端是凹形曲线，刀尖附近是凸面曲线。刀粗的一端急剧变成肩，肩下连着逐渐变细的铤。刀刃两面都是光滑的，但 0172 在与 0170 凹陷的那一侧相同的一侧上，刀背附近隐约有一条凹槽，从肩延伸了不长的一段距离。0171 的尖弯向了一边。

两个刃都生了锈，但保存良好。0171 长 $4\frac{1}{4}$ 英寸，底部宽 $\frac{7}{12}$ 英寸，刀背厚 $\frac{1}{12}$ 英寸，铤长 1 英寸，铤最宽处 $\frac{3}{8}$ 英寸。

0172 长 $3\frac{1}{2}$ 英寸，底部宽 $\frac{3}{8}$ 英寸，刀背最厚处 $\frac{1}{12}$ 英寸，铤长 $1\frac{1}{8}$ 英寸，铤最宽处 $\frac{1}{4}$ 英寸。图版 LXXI。

Kao.III.0173 **钢刀刃**。与 0172 类似，但铤已缺失。凹槽更明显，凹槽这一侧靠近底部的地方，压有不完整的圆圈和点。已生锈。长 $2\frac{1}{4}$ 英寸，最宽处 $\frac{5}{12}$ 英寸，最厚处 $\frac{1}{10}$ 英寸。

Kao.III.0174 **钢刀**。刃与 0172 类似，但更短，刀锋的线条凹得更厉害。刀背附近隐约有一个凹槽，刀底部有条横向的凹槽。从底部起，钢刀继续朝下延伸，形成柄。柄朝下逐渐变宽，捶打成了薄片，末端断了。薄片在有凹槽的那一侧微微鼓出来，在另一侧卷上来，形成了浅槽。大概曾有根木柄或骨头做的柄插在这座槽中，并以我们尚不知晓的方式固定在槽上。

刃弯成了火苗状，已生锈。全长 4 英寸，刃长 $1\frac{1}{2}$ 英寸。柄最宽处 $\frac{3}{4}$ 英寸，刃最宽处 $\frac{3}{8}$ 英寸，刃最厚处 $\frac{1}{12}$ 英寸。图版 LXXI。

Kao.III.0176、0177 **2 枚铜印戳**。一根用丝绸拧起来的绳子把它们连在一起。0176 为长方体，背面有一个突出的地方，有钻孔，以便穿绳子。正面用凹纹镌着一个粗体汉字，霍普金斯先生读出来那是一个"吉"字，意思是好运气。字外面有一条线作框。镌得很深，以便印在泥上。$1\frac{1}{4}$ 英寸×$1\frac{1}{8}$ 英寸×$\frac{1}{8}$ 英寸。保存良好。图版 LXXI。

0177 为倒挂的钟形，钟口呈锯齿状，有三个尖。背面有一个大突出部，钻孔。正面浮雕着钟形和锯齿形的轮廓线。锯齿形底下是一条微呈弧形的线。在圆形的钟顶部附近还有一条线，和第一条线平行。这两条线之间镌着一个汉字，霍普金斯先生读出来是一个"记"字。底下那条线以下，在圆形末端是两条锯齿和其他不太清楚的细节。这个印戳是蘸墨汁用的。保存良好。$\frac{15}{16}$ 英寸 × $\frac{7}{12}$ 英寸 × $\frac{1}{8}$ 英寸。图版 LXXI。

Kao.III.0178　半个青铜圈。横截面圆形。直径 $1\frac{3}{8}$ 英寸，粗 $\frac{3}{16}$ 英寸。

Kao.III.0179　铁柄或铁圈残件。形如马镫，横截面正方形。顶上那一端变细，弯成一个小圈。稍微生了锈。与 Kao.III.012 类似，但要小些。高 $1\frac{5}{16}$ 英寸，宽 $\frac{3}{4}$ 英寸，横截面约 $\frac{5}{32}$ 英尺见方。

Kao.III.0180　小的铁矛头（或枪头）。有两个锋。刃中间的脊较厚。从粗的一端的肩开始，两个侧面微呈曲线，逐渐变宽，直到达到了最大宽度，锋就是从那里开始的。铤圆柱形，已断。生了锈。全长 $2\frac{3}{4}$ 英寸，铤长 $\frac{7}{16}$ 英寸。肩到锋长 1 英寸，最宽处 $\frac{5}{8}$ 英寸，肩厚 $\frac{5}{16}$ 英寸，铤厚 $\frac{5}{16}$ 英寸。图版 LXXI。

Kao.III.0181　铁钩。钩子的杆扁平，弧形，由两层金属构成。头圆而扁平，钉有一颗铆钉。有钩的一端在弯曲处已折断。已生锈。长 $1\frac{3}{16}$ 英寸，平均宽 $\frac{1}{8}$ 英寸。

Kao.III.0182　铁条。弯成小三角形，两个末端在一条边上重叠。已生锈。高 $\frac{7}{16}$ 英寸，底边长 $\frac{7}{16}$ 英寸。

Kao.III.0183　铜制装饰物残件。扁平，形如马镫，顶部和每一角上都有一个突出的圆圈，圆圈上钻有孔。表面装饰着平行的刻线，其走向与装饰物的轮廓线一致，刻线之间是一行小圆圈。角上和顶部的孔周围刻着小弧形线。高 1 英寸，最宽处 $\frac{15}{16}$ 英寸。

Kao.III.0184 **铁残件**。横截面大致为长方形，逐渐变细。不知出自什么器具。最长处 $1\frac{1}{8}$ 英寸。

Kao.III.0185 **紫铜小片**。长方形，对折，四角钉了铆钉，把前后两个面固定在一起。1 英寸×$1\frac{1}{16}$ 英寸。

Kao.III.0186~0191 **6块薄铜片**。形状各异，已弯曲，有铆钉孔，用途不明。0188 弯在一块扁平的小青铜片上，青铜片末端是圆的。0190 也弯成了管状。0186 最大，最长处 $1\frac{1}{2}$ 英寸。

Kao.III.0192 **青铜片残片**。长方形薄片。已弯曲，有裂纹，两个角上有铆钉孔，另两个角附近也有两个铆钉孔。末端已折断。$1\frac{1}{8}$ 英寸×$\frac{13}{16}$ 英寸。

Kao.III.0193 **发白的灰色金属残件**。形状不规则。最长处 $\frac{11}{16}$ 英寸。

Kao.III.0194 **铁制装饰品**。附件的一部分，大概出自马具。状如一根垂直的铁棍，铁棍顶部朝后弯，形成一个圈，圈中套着一个铁环。离顶部 $\frac{1}{2}$ 英寸的地方有根又宽又直的横档。铁棍末端分成两个朝上弯的叉。横档和两个叉的末端都是圆疙瘩，背面都有铆钉，一颗铆钉上似乎有块皮子。背面是平的，前面的棱都是凸圆的。做工精美，已生锈。高 $1\frac{1}{4}$ 英寸，横档宽 2 英寸，铁环直径 $\frac{11}{16}$ 英寸。图版 LXXI。

Kao.III.0195、0196 **两个青铜圈**。横截面为圆形，无花纹，保存良好。从外面算，直径分别为 $1\frac{5}{8}$ 英寸和 $\frac{5}{8}$ 英寸，粗分别为 $\frac{3}{16}$ 英寸和 $\frac{1}{8}$ 英寸。

Kao.III.0197 **铁（?）圈**。横截面为长方形，已生锈。直径 $1\frac{5}{16}$ 英寸，

粗 $\frac{1}{8}$ 英寸。

Kao.III.0198　铁（?）扣环上的圈。 窄而扁平的铁条弯成长方形，末端重叠，焊在一起。一条长边稍微朝里弯。略微生锈。圈长 $1\frac{1}{2}$ 英寸，最宽处 $\frac{11}{16}$ 英寸。

Kao.III.0199　铁（?）圈。 呈不太规则的圆形，用窄而扁平的铁条弯成，末端重叠，稍微生锈。直径约 $\frac{9}{16}$ 英寸。

Kao.III.0200　铁制装饰品。 长菱形，一端形成一根柄，柄朝左右分叉，每个叉都弯成两条曲线。所有朝外的棱都是凸圆的。菱形背后有两颗铆钉，上面仍钉着一些皮子。大概出自马具。长 $1\frac{5}{8}$ 英寸，菱形最宽处 $\frac{9}{16}$ 英寸，两个叉宽 $1\frac{1}{16}$ 英寸，厚 $\frac{1}{8}$ 英寸。

Kao.III.0263　壁画残片。 白色底上有一个瘦骨嶙峋的灰色裸体鬼怪，红唇，下颌和腋窝是乱糟糟的胡须和体毛。鬼怪四分之三向左跳，双臂上举，头朝下看。从膝到踝的小腿长度夸大了，脚较小。背景中散布着一团团火苗。画得很不仔细，但左肩的线条表明作者是知道如何准确地画形体的。像 Kao.III.031 中一样也有黄色带子和红色底面，可能是其一部分。$9\frac{1}{2}$ 英寸×$9\frac{1}{2}$ 英寸。

Kao.III.0264　布片。 a、b 为粗糙的麻布，上面画着几条灰蓝色线。约 2 英寸×4 英寸。

c 为粉色毛织物，用黄色丝绸（?）缝着植物图案。3 英寸×$1\frac{1}{4}$ 英寸。

d 为更细密的丝织品，无花纹，有颜料的残迹，很破烂。3 英寸×2

英寸。

Kao.III.E.01.a、b 2块印花绸残片。很结实，平纹，用防染工艺（resistant technique）印着暗红色底和花朵图案。a 的几块连在一起，大部分残片上是成行的模式化的五瓣花，18 英寸×8 英寸。

b 上是花枝，花枝上生着不太模式化的五瓣花和叶子。$7\frac{1}{2}$ 英寸×5 英寸。图版 LXXXVI。

Kao.III.E.02.a~c 3块织物残片。出自过道的地面上。a 为两块丝绸织锦。一块的纬线（粉色、绿色、黄色、黑色）几乎已完全消失，图案无法辨认。经线很优美，是用自然色的丝线拧成的。另一块是一窄条，黑色、米色、玉绿色、黄色的纬线形成破碎不全的图案。两块都加工得极为精细，尺寸分别为 7 英寸×$1\frac{1}{2}$ 英寸（最大宽度）、$5\frac{1}{4}$ 英寸×$\frac{3}{4}$ 英寸（最大宽度）。

b 为织得较稀疏的毛织品，上面有蓝色、黄色、白色网格图案。$4\frac{5}{8}$ 英寸×$\frac{7}{8}$ 英寸。

c 为一小块丝绸，用防染工艺印有深蓝色底和图案，如今只有两个三瓣状图案的头部保留了下来。粘了沙子。3 英寸×$1\frac{1}{2}$ 英寸。

Kao.III.E.03 装墨汁的木瓶。圆柱形，侧壁很薄，里面的底部是圆的。外面本来盖了层涂黑漆的皮子，如今底部和一部分侧面仍保留着皮子。口沿破裂了，口沿外面画了一条黑带子。由于里面装墨汁，瓶子已变黑，里面有一块被墨浸过的毛织物残片。高 $1\frac{3}{4}$ 英寸，直径 $1\frac{3}{8}$ 英寸。图版 LXXI。

在住房 Kao.IV、V 发掘出土的遗物

Kao.IV.01 铁箭头。从中间那根逐渐变细的铁箍上伸出三个刃。刃很薄，锋利，微有倒刺。在离箭头 $1\frac{7}{8}$ 英寸的地方，中间的箍直径变成了 $\frac{5}{16}$ 英

寸，然后骤然变细，直径成了$\frac{3}{16}$英寸，最后结束成为长长的逐渐变细的铤。已生锈。全长$5\frac{7}{8}$英寸，铤长$2\frac{11}{16}$英寸，箭头长$1\frac{1}{8}$英寸，刃最宽处$\frac{1}{2}$英寸。图版LXXI。

Kao.V.01   两面有齿的木梳子残件。粗糙，齿很细。3英寸×2英寸×$\frac{7}{16}$英寸。

Kao.V.02~09   做牺牲用的木钉。粗糙的樱桃（？）木，带着树皮。一端削成有三个面的尖；另一端粗糙，有用锤子敲打过的痕迹。02、07在削过的侧面上写有回鹘文。06与其他几件不同，是圆的，很光滑，削成了很多侧面。平均长$2\frac{1}{2}$英寸，平均粗$\frac{3}{8}$英寸。图版LXXI。

Kao.V.010   玻璃残件。里面多气泡，淡绿色，略呈弧形。$\frac{7}{8}$英寸×$\frac{7}{8}$英寸。

Kao.V.011   吹制的玻璃残件。由于分解作用，形成典型的鳞片般剥落的现象和虹彩。$\frac{7}{8}$英寸×$\frac{3}{4}$英寸。

Kao.V.012   青铜颈圈。长方形，一角破了。$\frac{15}{16}$英寸×$\frac{7}{8}$英寸×$\frac{1}{4}$英寸。

Kao.V.013   陶器碎片。红色，上了一层细腻的蓝色釉。椭圆形，一端已折断。大概是柄的附件或其他应用器具的一部分。$\frac{5}{8}$英寸×$\frac{1}{2}$英寸×$\frac{1}{8}$英寸。

Kao.V.014、015   2个梳子残件。014为木梳子的一部分弓形背和齿，最长处$1\frac{5}{8}$英寸，厚$\frac{1}{2}$英寸。

015用角制成，直背，只保留下来一部分背，齿均已折断。长$2\frac{3}{8}$英寸

Kao.V.016　砖的一角。一面有边，浮雕着旋涡饰、凸饰（围在突起的圆圈里）、长尾鸟（?）等，还有其他无法辨认的细节。磨损较严重。边里侧有一条突起的线，边上大概有图案的残迹。$5\frac{1}{2}$ 英寸×3 英寸，厚 2 英寸。图版 LXIX。

Kao.V.017　2 块平纹粗棉布（?）残片。暗黄色的自然色，上面绣着一行深蓝色圆形八瓣小花。很破旧。最长处 14 英寸。

Kao.V.018.a~c　3 块丝织品。a 为黄色绸，最长处 $2\frac{1}{4}$ 英寸。

b 为发绿的靛蓝色丝绸，可能本是花绸，但已经腐烂得分辨不出图案了。纹理与 c 类似，较细的纬线上有黄色的投梭的痕迹。很破旧。一端有织边。$4\frac{1}{4}$ 英寸×1 英寸。

c 为一块暗绯红色花绸，织有旋涡饰状的细茎和小叶子图案，图案也是绯红色，但比地的绯红色要深。轮廓线现在成了一个个洞，大概轮廓线上本来用的什么颜料（金色）消失了。经线比较粗，形成了凸纹。每条纬线都有两股，每股都比经线细。一侧有织边。$\frac{7}{8}$ 英寸×$\frac{3}{4}$ 英寸。

Kao.V.019　毛（?）织锦残片。图案深棕色和蓝色，黄底。可以看到棕色菊花叶和模式化的茎等。叶子周围绕着一条黄色轮廓线，轮廓线的宽度从 $\frac{1}{8}$ 英寸到 $\frac{1}{4}$ 英寸不等。一条边附近似乎又是一枚同一类型的叶子，蓝色。第一片叶子的底部有两条蓝色短带子，在叶茎附近合在一起，离开叶茎后又分离了。$10\frac{1}{4}$ 英寸×7 英寸。图版 LXXXVII。

第三节　在吐峪沟遗址考察

转移到辟展　　11月15日，我把两个测量员送上了各自的征途后，才能够离开喀拉霍加一段时间，到吐鲁番盆地东北部去考察。我的主要目的是熟悉一下俯瞰着吐鲁番盆地的那条外围山脉（指火焰山——译者）北脚下的地形情况，迄今为止我还没能亲自看看那块地面。我还想确认，在那个方向还有哪些遗址仍可以进行有效的发掘。此外，我还要匆匆拜访一下辟展地区的地方长官（在地形考察中，我需要得到他的支持）。我穿过吐峪沟峡谷，经过了苏巴什、连木沁、汗都绿洲，到了辟展。一路上我观察到很多有益的地理现象，尤其是坎儿井灌溉系统（由于这个系统，上述那几片绿洲的面积最近都拓展了）。我将在别的地方述及这些现象。

辟展被错误地　　1907年我曾到过辟展。从那时到现在，辟展的坎儿井
命名为鄯善　　灌溉地区似乎拓展了不少。现在辟展的官方名称叫鄯善。这个名称足以告诫人们，不要太相信中国人所说的西域古代地名。18世纪中国收复新疆后，许多古代地名被重新起用。将辟展命名为鄯善，显然是因为人们错误地理解了关于四堡（Lapchuk）的中国文献（四堡位于哈密以西）。伯希和教授已经正确指出，公元6世纪的时候，从鄯善国（即罗布地区）来的移民居住在四堡，而四堡和古鄯善国从来没有任何行政管理或其他方面的直接联系，它们之间远隔着几百英里长的无法通行的沙漠。①

连木沁绿洲　　在从辟展回来的路上，我抓住机会在吐峪沟进行了有效

---

①　参见伯希和《亚洲学杂志》117页以下的注，1916年1—2月。沙畹先生在评论《魏略》关于中道的记载时，引述了一些文献，说明当代中国学者认为鄯善就是辟展是错误的。见《通报》531页以下的注，1905年。说鄯善位于纳职县，即四堡，同样是站不住脚的。关于人们为什么会有这两种错误看法，见《西域考古图记》第一卷337页注13。

的考古工作。但在描述吐峪沟这个有趣的遗址之前，让我先简单说一下我在这次短途旅行中探访的古代遗址。从二塘艾格孜（Örtang-aghzi）流下来一条溪，溪的下游灌溉着鲁克沁绿洲。这条溪的溪床很宽，但溪床中大部分地方都没有水。在溪水流过那条外围山脉之前的地方，山脉北脚下和溪两岸就是小绿洲连木沁。小绿洲约有 400 户人家，属于鄯善县的一部分。它的头人被称为商爷（Shangye），头人的房子坐落在到辟展去的那条大道穿过河床的地方附近。我在 11 月 18日从那个房子出发，探访了东南方的一组古代遗址群。遗址群位于一条小支流岸上。这条支流是由与连木沁绿洲毗邻的汗都绿洲中的泉水补给的，在大路以南约 3 英里远的地方与连木沁的那条溪汇合在一起。据说一个当地的文物贩子伊里亚斯（Ilyās）曾在遗址群挖掘过几次，几个墓葬还曾在一个辟展按办的主持下打开过。但除此之外，这些遗址可能还没人考察过。

　　我们往东南走了 2 英里，来到了主要垦殖区的边上，然后穿过一座光秃秃的砾石高原，下降到了一块窄长田地中。田地坐落在从汗都流来的那条溪的深陷的河床边上，是丫头沟（Yutōgh）10 多户人家耕种的。① 溪左岸附近有一块陡峭的砾石高地，高达 80 英尺。被称为叶提克孜霍加木（Yetti-kiz-khōjɑm，意为七圣女）的麻扎就坐落在高地顶上，人们把那里当作圣地来朝拜。庙宇附近有七座圆顶小坟墓和一座清真寺，还有几间为香客建的粗陋的住房。悬崖边上则延伸着一块伊斯兰教墓地。我没能打听到任何关于七圣女的传

叶提克孜霍加木的麻扎

① 这块极窄的农田从叶提克孜霍加木下游约 1.5 英里远的地方，一直延伸到连木沁绿洲最东部的乔王坎村（Chuwānkīr）。

说，但据虔诚的人们说，七圣女就是南边那条崎岖的山脉上七座因侵蚀而变得十分嶙峋的石峰，那条山脉比小溪高约600英尺。这说明，这个地方之所以成了一个圣地，是出于当地人自身的信仰（svayambhū-tīrtha），这种信仰可以追溯到伊斯兰时期之前。

伊斯兰时期之前的墓地

　　我们为此找到了证据。在庙和那七座坟墓底下东边的悬崖边上，我们发现了残墙和穹顶。另外的证据就是三块无疑是伊斯兰时期以前的墓地。正如这幅草图（附图26）所示，它们位于东边一片小皱谷以外的连绵的沿岸阶地。墓地四周土丘是用卵石堆成的，围成长方形。而一堆堆粗糙的石头和砾石则标示着地下墓穴的位置。这些特征和我在阿斯塔那附近的大墓地看到的属于同一类型（下文我将详细描述那块墓地①）。在丫头沟最大的那块墓地中有六座墓葬，我们发现其中一座被打开过。受到这座墓葬结构的启发，我们很快找到了离它最近的那座墓葬的窄通道。这条通道有2英尺宽，在地下12英尺的地方连上了一条也是2英尺宽的小通道，小通道末端用土坯堵住了。从那堵土坯墙的状况来看，墓室还没有人进去过。但是里面那个8英尺×9英尺大小的墓室中却没有任何文物。墓室底部覆盖着湿土，那一定是从墓室顶上掉下来的。由于水汽的作用，墓室中曾有的东西全部腐烂了。但在南边离此最近的那座墓葬的通道外端，我们发现了一根粗粗削过的约2英尺长的木棍，木棍平的那一面上有一行汉字，显然是墓志铭。吉列斯博士告诉我，这行字中有"赵金香（Chao Chin-hsiang）之墓"几个字，所署日期相当于公元671年。

---

① 参见本书第十九章第一节。

这次试掘表明，这里的土壤状况是很不利于文物保存，因此我们也就没必要在这个遗址的其他墓葬进行发掘。再往东 200 码远的台地边上有一座小建筑遗存，是一座佛寺。对它进行清理后也没有得到什么遗物。据说伊里亚斯曾在那里挖过，挖出了一些小泥塑。它的墙用土坯砌成，残墙只比地面高几英尺。我在去辟展的途中曾派奈克·夏姆苏丁在那里发掘。据他的报告，这座庙曾有一个小内厅，绕着内厅有一条过道，从外面测量，过道围成的长方形长 34 英尺，宽 27 英尺。它的建筑方式和现在的伊斯兰教麻扎那里的清真寺的一部分围墙一样，说明那座清真寺有可能是建在一座佛教遗址上的。这表明，当地的拜神传统延续了下来。在其他地点我也曾多次发现这种情况。

当地拜神传统的延续

当地人说，矗立在麻扎上方的那条寸草不生的砂岩陡岭上，曾发现过古代的墙。这促使我派阿弗拉兹·古尔到那个地方去看看。我自己由于腿伤仍行动不便，即便在平地上也走不了几百码远。阿弗拉兹·古尔爬了一段陡坡，到达了岭的顶部（比麻扎高约 1 500 英尺）。他在那里发现了三间独立的小屋排成一行，粗糙而低矮的石头墙围着它们。小屋的垃圾中主要是秸秆和马粪。在那里他发现了陶器碎片和粗糙的纺织品碎片（见脚注①中的样品）。陶器碎片和一条镟制

麻扎上方山岭上的粗陋房屋

---

① **Yut.01 陶器碎片**。黏土灰色，发粉，较厚，呈大弧度的凸面。外面装饰着两条粗糙的带子。带子中是用带齿的工具画出来的 V 形。3 英寸×$2\frac{3}{4}$英寸×$\frac{3}{8}$英寸。

Yut.02 陶器碎片。黏土灰色，发红，用陶轮制成，没有装饰。$1\frac{3}{16}$英寸见方×$\frac{1}{4}$英寸。

Yut.03 陶器碎片。黏土灰色，发红，厚而粗糙。陶器手工做成，没有装饰。长 2 英寸，宽 $1\frac{3}{4}$英寸，厚$\frac{3}{8}$~$\frac{1}{4}$英寸。

而成的木腿残片（Yut.04）看起来很古老，在最东边那间屋子里发现的汉文文书残片也是如此（吉列斯博士说，其中一件文书上的纪年相当于公元 743 年）。那里远离交通和水源，那么这些粗陋的房屋是做什么用的呢？这真是一个令人疑惑的问题。我猜那里也许是一个哨卡吧。

丫头沟下游的
佛寺

往下游走约 1.5 英里，在汗都河的右岸矗立着一个损坏很严重的遗址。那里曾是一座佛寺，还连着僧房。这个遗址最引人注目的地方就是整个建筑（见平面图，附图 26）的外层北墙（有些地方的北墙仍高达 25 英尺），和外层院落里那个像塔一般的雕像底座。除此之外，建筑都朽坏得很厉害。雕像底座 13 英尺见方，佛龛中原来有四尊大雕像，如今已完全坍毁。底座高达 18 英尺。底座的下半部分以及所有的墙都是从土台地上挖出来，底座上半部分则用泥土夯筑而成。在一个中央庭院周围有几间屋子，里面空空如也。由于遗址坐落在一条比较陡的坡上，建筑腐蚀得比较快。但有两间屋子的地面上还残存着圆洞，那里原来有存放谷物等的大罐。

丫头沟下游的
石窟

再沿着河谷往下游走约 0.5 英里，河右岸有一组小石窟。由于石窟开凿在疏松的砾岩上，再加上人为的破坏，石窟已严重损坏。在一窄条农田上方约 30 英尺高的地方，一

（接上页）

Yut.04　镟制而成的木尖顶饰残件。也可能是小木桌的圆短腿。如果当作桌腿看，上半部分是扁圆的球形，上方是带棱角的向后倾斜的构件，直达残件的平顶。底下是圆形构件，从这里朝下伸出凹弧形的足。只保留下来圆周的三分之一。木头较软。高 $3\frac{1}{8}$ 英寸，最大直径约 $2\frac{3}{4}$ 英寸。

Yut.05　一团山羊毛。棕色和黄色，有的地方粘在一起，有草纤维。$3\frac{1}{2}$ 英寸×$2\frac{1}{2}$ 英寸。

Yut.06　棉（？）织品残件。稀疏的平纹，包着一团未加工的棉花和棉铃（？）。织物 $4\frac{1}{2}$ 英寸×4 英寸。

块小台地上开凿有两个石窟，一个长 10.5 英尺，宽 2.5 英尺，另一个长 8 英尺，宽 7 英尺。涂着灰泥的墙上满是烟灰和划痕，所以无法判断原来是否有壁画。再往上约 20 英尺高的地方，在破碎的石壁上有一排小石窟（共六个）。最西边那两个是长方形，仍可以看到壁画的痕迹，但壁画的内容已无法分辨。在这个小窟里面，从石头上凿出了一根长方形柱子。这根柱子无疑和千佛洞石窟中的一样，是作为雕像的背景用的。柱子周围环绕着一圈过道。石窟墙上原来有壁画，但只有墙裙上的一部分内容能够分辨出来。从墙裙上，我们分辨出了倒挂的三角形，三角形之间由流苏隔开，这使我想起了尼雅遗址 N.III 的大厅中的壁画。[①] 再往东那两个石窟是彼此相通的，也有壁画的残迹。最后，在这一排的最东边有一个朝南伸出来的石窟，窟顶如今已经不存。在其他石窟仍有人朝拜的时候，这个石窟就当作僧房使用。

　　再要说的遗址是两座看起来很古老的大瞭望塔。它们矗立在苏巴什和辟展之间的大道附近，形成了醒目的路标。这两座塔比例相同，使用的土坯也是一样的尺寸（13 英寸×8 英寸×4 英寸），由此判断，它们的建筑年代大概相隔不远。其中保存较好的那座塔依旧高达 30 英尺，矗立在一块高地上，位于大路穿过连木沁河的那一点西边约 2.5 英里远的地方。从阿弗拉兹·古尔所画的平面图（附图 26）可以看出，它原来是一座 19 英尺见方的塔，塔顶上有一间 8 英尺见方多一点的小屋。原来大概用木制的地板把塔分成了几层。后来塔被扩大了，四面都添加了 20 英尺厚的土坯。这层土坯和原来那座塔之间留有两截 4 英尺宽的楼梯，楼梯环绕着原

连木沁的瞭望塔

----

① 参见《古代和田》第一卷 333 页，第二卷图版 VII。

来的那座塔，一直通到塔顶上。东边和西边后来加的墙上开了拱形通道，沿通道可以走到楼梯去。后添的土坯里面开了很多拱形小凹洞，有的开口对着楼梯，有的开口似乎在塔顶上。无疑，这些凹洞和当代吐鲁番民居中的凯莫斯一样，是为了让人在酷暑中有比较凉爽的住处。

汗都的瞭望塔　另一座塔有一个很贴切的名称，叫尧干吐拉（Yoghan-tura，意为大塔，图306）。汗都农田东边有很多覆盖着砾石的小陡山，它就坐落在其中一座山上。由于"寻宝人"的乱挖，塔遭受了严重破坏，尤其是东南角。土坯四面有很多地方都被挖过，但我们没有找到拱形通道或楼梯的迹象。这座塔也是以一座古塔为核心扩展而成的，外面那层土坯上，有不少地方露出中间涂了灰泥的墙面，说明中间是一座约16英尺见方的古塔。从这里向北边和东边光秃秃的萨依以及西边的垦殖区，都可以眺望到很远的地方。

从连木沁到斯尔克甫的路　我回到吐峪沟时走的路是沿着一条风景如画的谷地延伸的。谷地逐渐变窄，成了一条峡谷，连木沁河就从这条峡谷冲破那条外围山脉，峡谷两侧是红土和砂岩构成的悬崖。在这条河同从汗都来的那条河汇流之处的下游，车道有时穿过人工开凿的石道，但很难判断其中哪段石道年代比较古老。在汇流点下游约1英里远的地方，路经过了那块独立的大砂岩石头。人们称之为塔木古鲁克塔什（Tamguluk-tāsh），它的两个侧面上的佛龛中浮雕着佛教场景。格伦威德尔教授已经详细描述过这些浮雕[1]，在此我就不必赘述了。再往下走2英里，峡谷变宽了。我们来到了一片窄条农田，这里被称作鲁克沁艾格孜（Lukchun-aghiz）。过了那之后，到鲁克沁

---

[1]　参见格伦威德尔《新疆古佛寺》315页以下。

去的路下到了斯尔克甫（Sirkip）村。在它的房屋和花园中，矗立着一座醒目的佛教性质的建筑。人们只把它简单称作斯尔克甫吐拉（Sirkip-tura，意为斯尔克甫塔）。克列门茨博士曾经简要描述过它[1]，后来一些考古队也到过那里。但我发现还没有人确切描述过它的建筑细节，所以下面的内容大概不算多余。

与阿斯塔那的台赞（Taizan）和亦都护城的阿特哈亚斯（Āt-hayasi，即格伦威德尔标作 Y 的那座庙[2]）一样，斯尔克甫吐拉也是按照菩提道场（Bōdh-Gayā，佛成正觉之地——译者）的那座著名佛寺的模式修建的。这三座建筑底部都是正方形，分成几层，越到上层越小。每层都装饰着很多佛龛，每个佛龛中都有一尊泥塑的禅定佛像。在阿特哈亚斯遗址，越往上佛龛的数量越少。但斯尔克甫吐拉的佛龛和佛像数量在各层都是一样的，只是上面的佛龛和佛像变小了。从附图 28 中的平面图中可以看出，这座塔的底座用实心夯土筑成，48 英尺见方，十分坚固，高 10.5 英尺。底座四面都是光秃秃的，原来可能还装饰着泥塑，但现在泥塑已经全部消失了。

斯尔克甫吐拉遗址

底座上矗立着很多层，越往上层越微朝里收。每一层四面原来都有七个平顶的佛龛，佛龛中有佛像。目前有六层残存了下来。图 316 中拍摄的是东面，这一面比其他几面遭受的损害要少。顶部很破碎，由此判断，上面原来还有一层佛龛，再往上可能还有某种顶。在这些层中，最底下那一层的佛龛和雕像已经全部消失了。但土坯上仍有一些孔洞，孔洞

"塔"的分层结构

① 参见克列门茨《到吐鲁番探险》31 页以下。
② 参见格伦威德尔《高昌故城及其周边地区的考古报告》49 页以下、173 页，图 43~46。另参见《西域考古图记》第三卷图 272。

中原来插的是将泥塑固定住的木架，由此证明这一层原来也有佛像。别的地方也有木头，以便使土坯加固，并托住佛龛的灰泥。上面的每一层都比自己底下那一层往里收不足 2 英尺，所以要想从外面爬到上面那些层去是很不安全的。由于这个原因，很多佛龛中的佛像都没有遭受恣意的破坏。由于无法到顶上去，我们没能精确测量到整座建筑的高度。但可以肯定的是，它现在虽残破不全，但高度仍超过 50 英尺。它的西南角受了不少损害，从那一角的瓦砾堆中拣出来的土坯被用在了村子里的不少民居中。

里面的横向过
道和楼梯

　　有一段楼梯同样遭到了毁坏，这段楼梯大概是通向那个顶部为拱形的过道的。从附图 28 中可以看出，过道从南向北贯穿了整座建筑。从过道可以走到那圈通往建筑顶部的螺旋形楼梯。这条横向过道一律宽 4 英尺，高度是第二层和第三层合起来的高度。我由于腿伤，无法爬上去，就由阿弗拉兹·古尔查看了这条过道。过道在南面和北面的开口位置，原来应该是从东边起第三个佛龛的位置。但由于开口附近的墙面损坏严重，很难看出这些开口是怎样纳入整体装饰布局的。北边那个开口受到的损坏更大（图 317）。这样看来，北面大概是横向过道的真正入口，而过道之所以伸展到南面并开了一道口子，可能只是为了螺旋形楼梯的采光和通风。从过道东侧开始的螺旋形楼梯有 3.5 英尺宽，绕着一个直径约 12 英尺的圆形核心向上旋转，越往上越窄。再往上，由于内部的土坯有一道裂口，楼梯断了，使我们现在无法到建筑顶上去。可以肯定的是，尽管建筑顶部大概有一个朝拜的场所，建筑内部却没有这样的场所。所用的土坯尺寸为 14 英寸×9 英寸×4 英寸。有些佛龛的背部残留着红色颜料的痕迹，大概是给壁画打底的。佛龛和佛像原来是着色的。这样

造成的色彩效果，必定使这个高大而比例和谐的建筑更加引
人注目。

　　11 月 23 日，我回到了吐峪沟村。此后 15 天里，我都流
连于吐鲁番这个风景最美的地方。我先前勘察了吐峪沟那些
经常有人探访的遗址。在吐峪沟村停留期间，我在完成其他
任务的情况下，尽量把时间用在了那些仍有考察价值的遗址
上。从苏巴什流往吐峪沟的那条活泼的溪流从一条极为崎
岖、幽暗的峡谷中流出，谷口的土地肥沃。这里的自然特征
很吸引人。小绿洲一派生机，而俯瞰着它的那些怪异的风蚀
小山则极度荒凉，这种对比更增添了这里的魅力。因此，吐
峪沟自古以来就是人们常来的一个朝圣地。远近闻名的葡萄
园和果园（图 312），保证了这里的经济繁荣。而且，从吐
鲁番盆地的主要绿洲很容易到这里。由于这些原因，看护着
那些庙宇的人很容易得到供养。在这样一个条件优越的地
方，到这个圣地来朝拜的虔诚的穷苦人，无论他们是古代的
佛教徒还是后来的伊斯兰教游方僧，都很容易得到食物。他
们后来就在这里安了家。由于伊斯兰教的发展，峡谷中那些
为数众多的佛寺和僧侣静修地最终都被废弃了。但自那以
后，当地的拜神传统仍然顽强地保留下来，其表现之一就
是，人们认为紧挨着谷口底下的那座名叫阿萨哈布喀哈夫
（Asahāb-Kahaf）的麻扎（见图 312，人们常去那里朝觐），
就是七睡者（Seven Sleepers）麻扎（七睡者是一个著名传说
的伊斯兰教版本）。和以前的考古工作者一样，我们在喀热
阿洪奇拉格其（Kare Ākhūn，Chirāghchi）宽敞的家里受到
了热情款待，他是这座麻扎的住持。

吐峪沟村

佛教遗址遭到
的毁坏

在谷口上游约 1 英里远的距离内，谷地两侧有很多石窟和庙宇。但早在克列门茨博士首次简要描述这些遗址之前①，它们就已经遭到了不知保护文物的人和"寻宝人"的很多毁坏。冯·勒柯克教授在 1904—1905 年考察吐鲁番的过程中，曾仔细搜寻了吐峪沟遗址中的一些地方，并获取了重要文物。② 在那些地方，由于堆积了厚重的瓦砾或由于其他原因，手稿和其他文物逃脱了被当地人破坏的厄幸（像亦都护城那样，当地人也对遗址进行破坏）。后来，在 1907 年，格伦威德尔教授凭着自己在造像学上的专门知识和艺术修养，研究并描述了比较重要的石窟和寺庙墙上残存的壁画。③ 自那以后，尽管文物越来越少，当地人还是肆意地进行毁灭性的挖掘。据说，喀拉霍加的头人吉萨马合木提（Mahmūd）在死前的一个春天，特别鼓励这里的当地人进行挖掘。他大概在收集手稿等文物，贩卖或作为礼物送给乌鲁木齐和吐鲁番的中国官员。其结果是，我在 1907 年 11 月看到的一些几乎没人动过的较小的遗址，现在已经深受其害。④

在吐峪沟最北
边的遗址进行
考古工作

因此我只得把我的工作局限在几个地点。由于堆积了很厚的瓦砾或是其他类似情况，挖掘者似乎没有动过这几个地方。我还打算尽可能地抢救几个能上得去的石窟中的壁画。因此，我决定从谷地东侧最北边那座大庙宇群遗址的脚下开始清理（图 310）。有一个以前常到这个遗址来的叫尼亚孜（Niāz）的人说，他年轻的时候，看到这里有残存的小建筑，有些建筑带拱顶。后来，在清理上面那座大庙的时候，朝这

① 参见克列门茨《到吐鲁番探险》35 页以下。
② 参见冯·勒柯克《高昌》一书。
③ 参见格伦威德尔《新疆古佛寺》317 页以下。
④ 在图 309 右边可以看到这样一个最近被破坏的遗址。

块扇形山坡上扔下来的瓦砾把这些小建筑都埋住了。我们就从这条坡的脚下开始清理。坡脚是陡峭的土崖，矗立在灌溉水渠的上方，水渠把溪中的水引到吐峪沟垦殖区的东部去。在这个最低的地方，两间屋子露了出来，还残留着依东边土崖而筑的土坯墙（附图25）。其中一间屋子里发现了破碎的汉文手稿卷子，似乎是经文。这两个屋子北面是一个大厅或院子，屋子之间隔着一条窄过道（过道本来是有拱顶的）。这个大厅就是ⅱ，它只有切入了天然土中的后墙和一部分南墙保留了下来。在这个大厅的地面上坍落的土坯中，我们发现了许多上面说过的那种汉文手稿碎片，但也有一些较大的手稿，其中有几个背面有回鹘文或吐蕃文。这种在汉文经卷背面写吐蕃文或回鹘文的做法，在千佛洞也出现过，表明这组寺庙年代较晚。其他现象也支持这个结论。[①] 过了 Toy.I.ii 后就到达了自然地表，在最底下这一个层面的挖掘就结束了。

当我们继续向东朝山坡上面挖掘的时候，工作起来就越来越困难了，因为原来的山坡上覆盖了8～9英尺厚的瓦砾，其中还有成堆的土坯。在南边清理出来的两间小屋子里，发现了汉文和吐蕃文手稿的小碎片，还有几块泥浮雕的碎片。这些泥浮雕大概出自高处某座庙中的塑像。在这里，我们还发现了两只做工极为精致的鞋（Toy.II.02、03，图版 LXVI），一只用细绳编制而成，另一只用多层布缝制而成。用一只细绳编制的凉鞋（Toy.II.04）也是在这里发现的。再向北清理的时候，我们不得不对付越来越厚的瓦砾。但在艰苦工作之后，我们挖出了一个17英尺见方的大厅。大厅入口附近的

在吐峪沟的 II、III 号遗址挖掘出来的遗物

---

① 参见格伦威德尔《新疆古佛寺》324页。

墙上仍隐约有壁画的残迹。厅北面和东面连着两条带顶的过道，过道里塞满了雨水冲下来的硬泥土。在大厅内外发现了几张汉文和回鹘文手稿残片。其他文物有：大量陶器碎片，其中有些做工上乘，表面装饰过或打磨过（Toy.III.06、08、09、012、017~019 等，图版 CIII）；羊绒地毯的残片（01）；大量丝织品残片，其中一块是锦缎和花绸（033、034，图版 XLIII、LXXXV）。在这里还发现了一把保存很好的刀（Toy.III.i.02），插在镶了银并上了漆的刀鞘中，刀鞘里面还有两根黑色木筷子。

在发掘过程中，高处山坡上的瓦砾总是滑下来，大大阻碍了我们的工作。通过发掘我们知道，早在被上面扔下来的泥土、土坯和石头埋住之前，这些建筑就已经朽坏得很严重了。由于工作量太大，发现的文物却不多，第四天我们就停止了清理。但在停止清理之前，我们发现了筑在一条天然石缝中的土坯。这可能本是一段通往上面的庙宇和僧房的护墙。

吐峪沟西侧的庙宇　　然后我把注意力转向了一组寺庙。它们比溪的西岸高出约 200 英尺，离吐峪沟麻扎有 0.75 英里远，是吐峪沟峡谷西岸最醒目的遗址（图 309、311）。这组遗址的中央部分有一个大殿，大殿两侧各有一排带拱顶的屋子，屋子后面是开凿在岩石上的小窟。格伦威德尔教授已经描述过这个中央部分的主要特征。[①] 他说，在他标作 A、B 的那些暴露在外的建筑中有壁画，但壁画当时就已经严重损坏了。从那以后，这些壁画损坏得就更厉害了。曾矗立在 A、B 前面的两座独立

---

① 参见格伦威德尔《新疆古佛寺》317 页以下。

图 309 从吐峪沟最北边的遗址望到吐峪沟西侧的遗址

图 310 吐峪沟最北边的遗址群

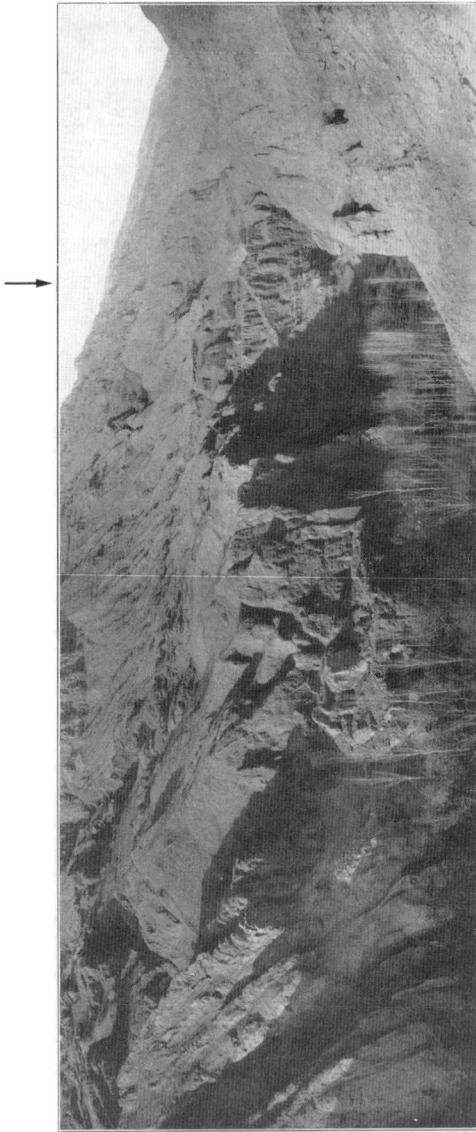

图311 吐峪沟西侧的遗址,从 Toy.Ⅵ 看到的景象(箭头所指的是中央遗址群 Toy.Ⅵ)

图 312　吐峪沟的七睡者麻扎，从谷口看到的景象

图 313　吐峪沟寺院 Toy.Ⅵ 的彩绘屋顶

图 314　柏孜克里克遗址南段的石窟和寺院

图 315　柏孜克里克遗址北段的石窟和寺院

的庙宇 C、D 则几乎成了形状不规则的瓦砾堆。① 但我在
1907 年 11 月那次匆匆的探访中，在主台地东北端看到的那
些朽坏严重的小建筑和当年相比似乎没什么变化，于是我决
定清理这些小建筑。

清理出来的第一个建筑是一个 12 英尺见方的小内殿
（即附图 27 中标作 i 的地方），内殿里面有一个 8.5 英尺见方
的佛塔的底座（被人挖过）。在底座下的地面上发现了一团
汉文手稿纸页以及汉文、回鹘文文书残件。这个内殿的出口
是一间原来有拱顶的小屋子（ii），长 16 英尺，宽 7 英尺。
屋子西南角的佛龛中原来有一尊大雕像，佛龛前面仍有分成
台阶的底座。这尊雕像如今只剩下了一部分莲花座和人物的
脚。但在屋子地面上铺着的沙子中，我发现了大量泥浮雕小
碎片，大多数碎片是彩绘的或镀金的。显然，在被毁之前，
高处的墙上曾有一条装饰性的楣，泥浮雕就是从楣上掉下
来的。

清理庙宇 Toy.
IV.i、ii

从很多方面来看，这些浮雕都有点像焉耆明屋遗址
Mi.x~xii 的寺庙内殿和过道墙上装饰着的浮雕楣。② 但在这
里，由于庙宇较小，楣上的人物比明屋的楣上的要小很多。
从泥浮雕碎片上很难断定出原来雕的是什么样的装饰性场
景。但有一点是可以肯定的：这些场景中有很多人物和死
者。出自人物的碎片有：众多的小头像（Toy.IV.072~0122，
Toy.IV.ii.08、09、058~060 等，图版 LXXII），这些头像类型
不同，大小也不同，大多数似乎是镶嵌上去的；大小不同的
手（Toy.IV.ii.034~040）、胳臂（Toy.IV.09、017，Toy.IV.ii.

泥浮雕碎片

---

① 在平面图的附图 27（当我在营地里忙于准备官方数据与报告时，阿弗拉兹·古尔绘制了这幅
图）及格伦威德尔教授的小平面图（图 636）中为指示的方便用同样的字母标示了这些建筑。

② 参见《西域考古图记》第三卷 1191 页以下。

080~094)、脚（Toy.IV.ii.017~033，图版 LXXII）等。众多
的骷髅（Toy.IV.026~039、052~058 等，图版 LXXII）以及
尸体（Toy.IV.024、025，图版 LXXII）体现了密教的特点。
Toy.IV.ii.011~015、058（图版 LXXII）表现的则是妖怪。
有几个碎片表现的是动物，其中值得一提的是 Toy.IV.07 号
那只鸟（图版 LXXII）。有很多出自人物服饰的宝石、小花、
带子等（Toy.IV.010~016、070、0123~0140 等，图
版 LXXII），它们一般都涂着富丽的色彩。弧形的火苗
（Toy.IV.08、018~023、Toy.IV.ii.041~053，图版 LXXII）大
概出自人物的光轮。人物所持的武器和法器由于是另外做成
的，所以较早就掉了下来，保存得较好，其中包括金刚杵
（Toy.IV.0141，图版 LXXII）、戟尖（Toy.IV.0142~0143、
Toy.IV.ii.0105）以及大槌（Toy.IV.0144，图版 LXXII）。值
得一提的还有建筑上的残片（Toy.IV.ii.073），以及三块还愿
用的泥浮雕（Toy.IV.ii.076~078，图版 LXXII，雕的是佛或
文殊菩萨）。墙上原来的壁画只有几小片（Toy.IV.ii.01~06）
没有遭到毁坏。这些碎片色彩艳丽，细节部分贴了金，其中
一片（Toy.IV.ii.01）上可以分辨出毗沙门天王的旗帜的一
部分。

过道 Toy.IV.iii 　　我们接着清理的是过道 iii，它连着北面的一个小石窟，
石窟中的壁画似乎被剥去了。在过道中我们只发现了几件汉
文手稿残片，还有一张写得很工整的回鹘文纸页，以及一块
兽骨（骨上也写着回鹘文）。从东边对着这条过道的是一个
14 英尺见方的佛塔底座，加上球形上层建筑的最底部在内，
约有 5 英尺高。我们把这个底座一直清理到了地面上，没有
发现任何东西。底座用粗糙的石块筑成，刷了一层灰泥。有
迹象表明，这个底座曾多次被人挖过。这条过道还连着一间

小屋子（iv），显然是一处和尚的住所。屋子中高处有一个凹陷进去的地方，约有 5.5 英尺长，不到 3 英尺宽，是一个睡觉的平台，旁边还有一个涂着灰泥的灶。

小内殿 i 的东南边紧挨着一座大庙 v。它的地面上堆积了 6~7 英尺厚的瓦砾。清理完瓦砾后我们发现，庙中央有一个 9 英尺见方的雕像底座，还有四个佛龛。早在它的顶塌下来之前，这座庙必定已经遭受严重损坏了，因为墙底部的壁画几乎全磨光了，而高处的壁画（主要画的是一行菩萨像）也受到了严重破坏。在这里发现的雕塑残片极少，其中值得一提的有泥浮雕的龙（Toy.IV.v.01、02，图版 LXXII）和一个男子的头部（IV.v.03，图版 LXXII）。发现的手稿残片上都是汉文。过了这座庙后，在西南方较低的地方有一条带顶的过道（vi）。它已经被瓦砾完全埋没，似乎是从主平台下的一条沿悬崖伸展的长廊通向主平台的。沿过道的中轴线筑的一条土坯墙可能是后来添筑的，以支撑过道的顶部。在过道东头我们发现了大量已经完全炭化的汉文卷子。它们是放在一个封闭的地方或埋在瓦砾中后起了火。

在格伦威德尔教授标作 B 的那排屋子一线上较低的地方，我们发现了一间屋子（vii）。屋子两侧各有一条只有 5 英尺宽的过道，过道的顶已经坍落。屋子长 26 英尺，宽 12 英尺，里面必定曾经装饰着富丽的壁画。但由于偶尔下的雨把山坡上的泥冲进了屋里，泥后来结成了块，因而壁画大部分已经被泥毁掉了。侧面墙顶部的泥厚达 1.5 英尺。但朝着屋子里端，约有原来三分之一长的屋顶保存了下来。在有屋顶的地方，屋顶上精美的装饰画以及彩绘的楣、墙上壁画的顶部都完好地保存了下来。奈克·夏姆苏丁成功地把这些壁

庙宇 Toy.IV.v

Toy.IV.vii 中的装饰性壁画

画剥了下来。但由于现在这些壁画还没有铺展好①，我只能提一下屋顶的画。屋顶由约5英尺见方的大饰板构成，色彩鲜艳。饰板上绘着一朵大莲花，莲蓬四周环绕着一圈优美的棕叶饰，棕叶饰外是一圈圆形团花（团花是萨珊风格的典型图案）。精美的楣上绘着茂密的莨苕叶，从中也可以明显看出西方的影响。在布局以及宽线条上，这些饰板有点像格伦威德尔教授所拍摄的这个庙宇群的主庙和谷对面的那座主庙。②

为了剥下壁画，我们清理了屋子。在清理过程中，我们发现墙的南角有一条缝，缝中有几件很大的汉文卷子，背面则写有回鹘文。千佛洞石室的唐代文书中也有这种利用原来的汉文卷子背面写非汉文的文字的做法。吐峪沟的汉文佛经的字体与千佛洞石室的唐代文书很接近，纸的纹理和颜色也相似。在这间屋子里发现的丝织品中，IV. vii. 03. a（图版 LXXXII）特别值得一提。它上面用雕版印着优美的现实主义风格的植物图案。

石窟 Toy. V 中的壁画残片

我还要简单说一下溪西岸的一个小石窟 Toy. V（附图25）。它比 Toy. IV 约低300码，从上面沿着一条陡峭的石坡才能下到那里。由于我有腿伤，不能亲自前往。当地一个人带来卖的几块壁画（Toy. 067、068）就出自那里，这引起了我对它的注意。在考察这个石窟的时候我的助手们发现，石窟中央那根凿在石头上的柱子前面的凹陷处，仍保留着一个雕像的底座。但柱子周围过道上的壁画已经踪迹全无了。在铺着沙子的地面上，他们发现了大量残破的小灰泥

---

① 如今这项工作已在新德里完成。

② 参见格伦威德尔《新疆古佛寺》图637、645~649。

片。这些残片令人痛心地表明，那些不知爱护文物的人给这里带来了多大的灾难，他们大概是在粗心地剥下几块壁画拿出去卖的时候使这么多壁画残片掉落在地上。

石窟 Toyuk.Ⅵ 墙上的壁画也遭到了同样的命运。这个石窟坐落在吐峪沟河的东岸，在七睡者（Yetti-kalandar）麻扎上游约 600 码远的地方。在这个石窟附近，沿着谷地往上游延伸的道路陡然下降到了河边。这个石窟有一个前厅。前厅宽 20 英尺多一点，大概也是这么长。前厅后面是一个内殿，大小为 10 英尺×11 英尺 4 英寸。一条 6 英尺宽、约 5.5 英尺深的过道将前厅和内殿连接了起来。前厅四面都筑了土坯墙，原来还有一个屋顶，如今前厅已经完全坍毁，里面只有一点瓦砾。内殿的地面上有 3 英尺深的沙子。这层沙子不仅将一个泥塑底座的最底部保存了下来，还保护了许多精美壁画残片以及几件泥浮雕。据村民们说，在很久以前，到这个石窟中寻找木料的人就把灰泥墙面上的壁画都弄掉了。我们发现了一根约 2 英尺长的木条，它出自一大块木料，木条光滑的表面上仍残留着两行回鹘文。这根木条表明村民们的话可能是真的。在内殿两侧的石墙上还可以看到很多浅凹槽，显然是为了插入木架子，以便使灰泥加固。内殿的墙不是从石头上垂直地凿出来的，而是越往上越稍微朝里倾斜，因此墙上的灰泥就更需要木架子的支撑了。

在这里发现的壁画残片中，只有较小的残片能够拼凑起来。经研究，在它们上面虽然可以看到很多有趣的细节，但却不能提供足够的线索来说明壁画的整体装饰布局。细节部分请读者参见本书文物目录。需要特别提一下的有：Toy.Ⅵ. 03、051 上画着鬼子母神以及她的婴儿；Toy.Ⅵ.02、015、032、035、068 上有穿袍的人物，袍子上有狮子和鸟的花纹；

石窟 Toy.Ⅵ

Toy.Ⅵ 的壁画残片

Toy.Ⅵ.06、066、073 上则画着哀求者。除了残缺不全的回鹘
文题记（Toy.Ⅵ.029、033、071），有的壁画残片上有婆罗米
文题记（Toy.Ⅵ.031、039、049、091）。尤其值得注意的是，
Toy.Ⅵ.052、065 中使用了高光处理法，原来用的白色或别
的浅色似乎已经氧化成了黑色。有些残片有被烟熏过的痕
迹。显然，这个离道路很近的石窟一度有人住过。在内殿里
我们还发现了一块雕凿得很平整的石头，16 英寸见方，
7 英寸高，顶部是一朵高浮雕的盛开的莲花，雕得比较粗
略。这块石头原来的用途我们还不清楚。在清理内殿的时
候，我们还发现了汉文卷子的残片，有的残片背面还有回鹘
文或婆罗米文。

石窟 Toy.Ⅵ 的
彩绘圆顶

　　但这个石窟中保留下来的最引人注目的地方是它扁平的
彩绘圆顶（图 313）。保存下来的圆顶上可以看到两排小人
像，线条和着色都很精致。所有人像都是坐姿，都有项光。
人像围在精美的植物图案中，环绕着窟顶中央的那朵团花。
团花似乎在古代受过损伤，并曾简单修复过。团花中有一个
坐姿人物（看起来像菩萨），从这个人物身上朝各个方向都
放射出光芒。这些放射状光芒形成一圈背光，说明画的是日
神或月神。两圈坐姿小人像的总数是 26 个，出口附近残破
的窟顶上又可以画两个，这自然使我想到，窟顶画的是二十
八星宿（即月亮走过的二十八宫）。格伦威德尔教授在吐鲁
番和硕尔楚克（Shōrchuk）考察时拍摄了很多寺院屋顶的照
片都是这幅画面，他还对这些寺院作了详细描述。[1] 在植物
图案中的某些坐姿人像旁边有婆罗米文短题记，其中我可以

---

① 参见格伦威德尔《高昌故城及其周边地区的考古报告》144 页以下，图版 XXIV～XXVII；《新
疆古佛寺》193 页、198 页以下、201 页。

肯定地读出"罗西尼"（Rohinī，印度二十八星宿之一，即"毕"，形象为车——译者）的名称。这个证据支持了我对画面内容的判断。

　　如今，在第二圈人像底下，窟顶的东北角保留着第三圈人物，其中可以分辨出四个带项光的坐姿人物。与此相连的东墙的顶部可以看到一个乾闼婆一般的人物的头部和胸部，这个人物飞在空中，饰带和头饰飘在身后。彩绘窟顶的底是很硬的灰泥，掺杂着小砾石，像水泥一样。钉在石头上的木钉将灰泥固定住。要想使这件精美的装饰艺术作品将来免遭破坏，唯一的办法就是把整个彩绘窟顶都剥下来。由于灰泥的位置和硬度，这个工作做起来非常困难。但奈克·夏姆苏丁凭着他的技巧和耐心，还是把它完成了。整个彩绘窟顶是分成 21 块剥下来的。只有当人们在新德里把它们按照正确的位置拼好之后①，我才有可能对这幅极为优美的作品进行全面描述。

剥下彩绘窟顶

　　最后说说在吐峪沟购得的一些小文物。卖主们说它们是从村子上方的遗址中发现的，对大多数文物而言，这大概是真的。但有两个有趣的披甲武士的泥塑小像（Toy.049、050，图版 CII）以及三顶泥塑的帽子（Toy.051～053，图版 CII）无疑是从墓葬中获得的，因为我们在阿斯塔那墓中发现了与它们完全一样的东西。除此之外，小铜盘 Toy.063（图版 XI）也值得一提，它上面浮雕着十二生肖以及它们的汉文名称。在吐峪沟购得的钱币究竟出自哪里，我同样也不得而知。其中有 12 枚是唐代的，6 枚上是宋代年号（公元 1008—1056 年），剩下的 14 枚是清代的。

在吐峪沟购得的文物

---

　　① 这项工作如今已经完成。

迄今为止，我还没有获得关于在吐峪沟发掘出来的汉文手稿残片的资料。但在吐峪沟购得的这类手稿中，马伯乐先生提请我注意 Toy.042 号文书，说这件文书具有特别的文物价值。它是《般若波罗蜜经》中译本第 18 章的末尾部分，还带有一个文末题记。在题记中，抄写者称这件手稿写于延昌三十九年，即公元 599 年，是遵照高昌王麹韩固的指示抄写的。题记中写下了这位高昌王的所有汉文头衔，还包括他的突厥族头衔的汉译。马伯乐先生说，这位国王的名字填补了归顺唐朝之前的高昌麹氏王朝谱系中的空白。

第四节　在吐峪沟遗址发掘得到和购得的遗物目录

在吐峪沟东部的主要庙宇群下方的遗址中发掘出土的遗物

Toy.I.ii.01　木条。有彩绘的痕迹。一端削成 45° 角，一条长边斜削过，另一端已折断。沿着方的那条棱有三个针孔，其中一个针孔中还残留着一枚铁针。$9\frac{1}{4}$ 英寸 × $\frac{5}{8}$ 英寸 × $\frac{1}{4}$ 英寸。

Toy.I.ii.03.a　纸画残片。画上三个佛像坐成一排，轮廓线可能是印上去的。佛宽脸，黑头发上有一个低肉髻，带项光和背光。从左边起，第一个佛穿深红色袍和绿色内衣，项光深粉色（边是较浅的粉色），背光深绿色（边是较浅的绿色），施无定印。第二个佛穿朱红色袍，项光浅绿色或灰色，背光被磨掉了，施无畏印（?）。第三个佛的项光和第一个一样。只有第一个佛基本完整。第二个佛可以看出左肩、左手以及脸的一部分，第三个佛只残留着头顶。纸结实而光滑，结了层沙子。$5\frac{1}{2}$ 英寸 ×3 英寸。

Toy.I.ii.03.b　雕版印刷的纸片。粗略地印着一个佛头部的轮廓线，左边还有第二个佛项光的一部分。上面是简单的旋涡饰。纸暗黄色，四边都已被撕破。$1\frac{3}{4}$ 英寸 ×$1\frac{1}{4}$ 英寸。

Toy.I.ii.03.c　**绢画残片**。一角画着一个亭子，有红柱子和蓝色、白色帷幔。剩下的空间中主要是大团的植物。画得很粗心。$5\frac{1}{2}$ 英寸×$4\frac{1}{2}$ 英寸。

Toy.I.ii.03.d　**绢画残片**。画和真人一般大的脸的正面，前额有圆点。眼睛半闭，浓密的卷发只用轮廓线来表示，耳长，项光边为彩虹状。脸红色。是很差的作品，特别破烂。$6\frac{3}{4}$ 英寸×$4\frac{1}{2}$ 英寸。

Toy.II.01　**壁画残片**。可以看到一组弧形带子，大概是项光的一部分。从里侧起，依次是深灰色带子、蓝线、红色带子、深黄带子、黑线、深红色带子。四边都已破损。在第一条带子里侧有更浅的颜料的痕迹。3 英寸×$2\frac{1}{8}$ 英寸。

Toy.II.02　**用细绳编的鞋**。属于拖鞋类型，衬着皮里，并镶有皮子。鞋底用细绳编成，大多已经腐烂。鞋帮用特殊的编织法编成一行一行的样式。做工极好，但保存得很差。长约 10 英寸。

Toy.II.03　**用多层布缝成的鞋**。属于拖鞋类型，形状优美，鞋尖是尖的，鞋腰是凹透镜形。鞋帮共有两块，在鞋尖缝好，在鞋跟处塞进了第三块方形布，以便把这两块缝在一起。用了几层黄色棉布，用平伏针迹缝在一起。鞋尖顶部盖了一块丝绸，并装饰着刺绣的植物以及用细线编成的小花。鞋的开口处也都用这样的细线锁边。

鞋底上粘了不少沙子，看不清是怎样做的。但似乎是用几层布做成，上面还用细绳打出分布紧密的疙瘩，使鞋底凹凸不平。做工极好，结了很多沙子，一侧有一部分已被撕破。长 $9\frac{1}{2}$ 英寸。图版 LXVI。

Toy.II.04　**细绳编成的凉鞋**。与 XT.XXIII.f.01 类似，只保留下来一部分。长 $6\frac{1}{2}$ 英寸（不完整）。

Toy.II.i.01　泥塑人耳残件。多纤维，有粉色颜料的痕迹。$3\frac{3}{8}$英寸×$1\frac{1}{2}$英寸。

Toy.II.i.03、04　2个泥浮雕残件。人的右耳。04 大概和 Toy.II.i.01 是一对。黏土比较软，原来着了色并镀了金，03 上残留着不少镀金。长分别为 3 英寸和 $3\frac{1}{2}$英寸。

Toy.III.01　2块羊绒地毯残片。经线捻过，黄色；纬线没有捻过，绯红色或深绿色。还引入了绿色和其他颜色以织成图案。图案大概是简单的几何图形或直线，但残件太小，无法看出完整图案。已破旧，结了层沙子。最大尺寸 $6\frac{1}{2}$英寸×3 英寸。

Toy.III.02　陶器碎片。扁平，装饰着一组组微呈弧形的带子，带子中是波浪线（像是用梳子画出来的）和无花纹的刻线交替出现。两条带子的一部分保留了下来。浅灰色。最长处 6 英寸。

Toy.III.03　陶器皿的一部分口沿。口沿无花纹，顶部平整，稍微朝外折。粉灰色，用陶轮制成。直径约 4 英寸。

Toy.III.04　陶碗残件。平底，侧壁与碗底成很大的角度朝外伸展。灰色，用陶轮制成，最长处 $6\frac{1}{4}$英寸。

Toy.III.05　陶器皿残件。平底，较厚，用陶轮制成，灰色，外边打磨过。最长处 $3\frac{1}{2}$英寸。

Toy.III.06　陶碗残件。保留着圆底和约四分之一的侧壁。侧壁与碗底成很大角度朝外伸展，然后笔直向上，最后又朝外伸，成为无花纹的口沿。在侧壁的弧形部分和直线部分相交的地方有一条环形刻线。形状优雅，在陶轮上制成。灰色，黏土淘洗得很干净，表面用金属工具打磨过。底部直径

2 英寸，完整的口沿直径约 5 英寸。

Toy.III.07　陶碗残片。较厚，灰色，用陶轮制成，口沿微向里收。完整的口沿直径约 4 英寸。

Toy.III.08　陶器皿或陶架子的底座。实心，扁平，完整时为圆形。顶部那条棱斜削掉了，形成宽宽的斜面，斜面上装饰着由一条 V 形刻线构成的条带，每个 V 形的尖角又都被直刻线分成两部分。顶部是平的，侧面下半部分装饰着打上去的圆圈。陶胎很硬，黑灰色。弦长 $7\frac{1}{4}$ 英寸，厚 $1\frac{3}{4}$ 英寸。图版 CIII。

Toy.III.09　陶器皿的侧壁残件。灰色，纹理细腻，用陶轮制成。上面可以看到一条用比较钝的工具画出的波浪线，波浪线上下各有一条用很尖的工具画成的深深的环形刻线，从顶上那条线还朝上伸出与其垂直的类似刻线。最长处 $3\frac{3}{4}$ 英寸。

Toy.III.010　陶器皿残件。灰色，纹理细腻，用陶轮制成。可以看到器皿的肩，肩上方绕一条突棱。器皿的颈陡然朝外折，成为口沿（？）。最长处 3 英寸。

Toy.III.011　陶喷嘴残件。深灰色，用陶轮制成，笔直，两端都折断了。长 3 英寸，从外面算直径为 $1\frac{3}{8}$ 英寸。

Toy.III.012　陶器碎片。上面有一组用梳子画出的波浪线，夹在两组刻线之间。刻画得很精细。灰色，用陶轮制成。最长处 $5\frac{1}{4}$ 英寸。图版 CIII。

Toy.III.013　陶器的柄。笔直，在顶部成直角朝里折，可能出自图版 XXV 中的 N.XLIII.03 那样的陶罐。表面已变黑。高 4 英寸，厚约 $\frac{3}{4}$ 英寸。

Toy.III.014　大陶罐残件。罐身大概是球形，小口朝外折，罐耳从肩部伸出，成直角与口相连。灰色，用陶轮制成。高 6 英寸，最宽处 6 英寸。

图版 CIII。

Toy.III.015、016 **2 个陶碟残件。**平底，侧壁弧形，直口沿上无装饰。黏土细腻，灰色，表面变黑了，用陶轮制成。最长处 $3\frac{1}{8}$ 英寸。

Toy.III.017 **陶器皿的口沿残件。**颈又短又宽，口沿朝外折。黏土细腻，灰色，表面黑色，颈里面打磨得很光滑。用陶轮制成，形状优雅。残件的弧形弦长 $4\frac{1}{4}$ 英寸。图版 CIII。

Toy.III.018 **陶器皿的侧壁。**侧壁是直的，连着一个环形耳。口沿也是直的，无装饰，口沿底下 $\frac{1}{4}$ 英寸处刻了一条凹槽，来表示上面是口沿。黏土灰色，表面变黑了。表面大概用钢制工具打磨过，工具朝下磨时，在表面留下不规则的条带状痕迹。制作粗糙，已破损。高 $4\frac{1}{4}$ 英寸，现宽 $3\frac{1}{2}$ 英寸。图版 CIII。

Toy.III.019 **陶器碎片。**一团粗糙的红色黏土，烧硬，平直的顶部已经变黑。顶部有一行行深深的圆孔，似乎是用手指拍出来的。一行中的四个圆孔保留了下来，两侧各有另一行圆孔的痕迹。$4\frac{1}{2}$ 英寸×$2\frac{1}{2}$ 英寸×$1\frac{1}{2}$ 英寸。

Toy.III.020 **铁器残件。**一根沉重的铁条，只有半片保存了下来。如果完整，横截面似乎是椭圆形的。用两块模子浇铸而成，两个模子相连的地方沿椭圆的长轴两侧留下了脊状突起。一端不规则地折断了。另一端粗糙，附近绕着铁条有一圈加厚的部分。侧壁上有一个直径 $\frac{1}{4}$ 英寸的孔，以便用铁钉连上木柄。已生锈。长 $2\frac{3}{4}$ 英寸，直径 $2\frac{1}{4}$ 英寸，平均厚度 $\frac{1}{4}$ 英寸。

Toy.III.021 **陶器碎片。**出自大器皿的侧壁。较厚，灰色，用陶轮制成，结了不少沙子。外面精心地打磨过，并装饰着两组用梳子画出来的波浪线和一条环形刻线。最长处 $5\frac{1}{4}$ 英寸。图版 CIII。

Toy.III.022　小木塞。大致呈鼓形。在顶部那条棱上挖了两个相对的缺口，以便用细绳固定在器皿的口上。外侧有红色颜料的痕迹。削得比较粗糙。高 $\frac{13}{16}$ 英寸，直径 $1\frac{1}{8}$ 英寸。

Toy.III.023　陶杯或陶碗残件。灰色，纹理细腻，用陶轮制成。侧壁几乎笔直，口沿也是直的（无装饰）。里面涂成黑色，外面一直到口沿底下 $\frac{1}{2}$ 英寸处都上了暗色釉。做工很好。高 $2\frac{1}{4}$ 英寸。

Toy.III.024、025　2 块陶器碎片。大概出自同一个器皿。灰色，用陶轮制成。025 打磨过，部分地方有金属工具留下的垂直划痕。一块最长处 $2\frac{3}{4}$ 英寸，另一块最长处 $4\frac{1}{4}$ 英寸。图版 CIII。

Toy.III.026~028　3 块陶器碎片。灰色，表面发黑，用陶轮制成。026 为一部分稍微朝里折的口沿，028 为一部分朝外下方悬垂的口沿，027 平直。最长处 $2\frac{1}{2}$ 英寸。

Toy.III.033　各种丝织品残片（和 Toy.III.01 在一起发现的）。其中包括淡蓝色丝绸锦缎。一块锦缎织成同心菱形花纹。另一块织成扁长的六边形花纹，一行六边形的尖端对着相邻行尖端之间的空白处。每个六边形中都有三个均匀排列的方点，方点尖端朝下。

六边形的轮廓线和实心方点织成斜纹，六边形的地和六边形之间的细分隔线织成平纹。由于方点的横向对角线等于六边形的地的宽度，所以方点之间的平纹地又形成了小六边形，方点位于小六边形中间。在有些排中，长六边形中有四个方点。两端的那两个方点是斜纹，周围环绕着平纹地。中间那两个方点是平纹，周围是斜纹地。

另一块残片呈淡黄色，图案似乎是一行行椭圆形，椭圆在长轴方向相叠，短轴方向几乎相连。椭圆的边是带棱角的云状旋涡饰，椭圆中间有一朵八瓣小花的轮廓线。椭圆之间的空底上是四个简单的棕叶饰，棕叶饰宽的一端朝外。两个横向棕叶饰比两个纵向的长，并且是带尖的，以便符合空白处的整体形状，短棕叶饰则是凸圆的。

另一块残片呈黄色，有粉色污点，上面是一个扁长的椭圆的一部分，椭圆由云状旋涡饰环绕而成，中间围着一棵极为模式化的树（?）。工艺粗糙，残缺不全。

还有两块残片是绯红色，上面有一部分粗糙的涡卷饰，涡卷饰由外侧的宽带子和里侧的窄带子构成。涡卷饰中是两只鸟（凤凰?）相对而立，底下是一对带尖的旋涡状叶子的侧影。涡卷饰之间的空白处是花，花的构成如下：中间是菱形（菱形边为弧形），从菱形四角朝外伸出四个百合花状的"臂"。这两块残片上都有布缝，布缝位于鸟上方，把图案切断了。

其余残片情况如下：黄色，菱形小点图案；淡粉色，人字形图案；淡紫色，也是上面说的那种扁长的六边形图案；深蓝色和黄色素绸。淡蓝色锦缎形成一条几层厚的带子（?），其余残片都做成绢花，有的绢花仍缝在带子上，有的已与带子脱离。绢花由几层不同颜色的丝绸做成，丝绸剪成一圈圈越来越小的小花状花瓣，然后堆叠在一起并缝好。所有丝绸都很破旧，褪色严重。绢花直径约3英寸，带子长12英寸。图版XLIII、LXXXV。

Toy.III.034　毛织品和丝织品残片。其中包括一块黄色毛毯，带绯红色和棕色条纹；一窄条灰色素绸，打成结；一截毛绳子，用紫色、红色和黄色毛线搓成；一块缎纹花绸，图案腐烂了很多，但可以分辨出一朵蓝色小花；一块对折的花绸，黄色和深蓝色，丝线扁平而柔软，残件上没有保留图案。丝绸都很破旧。花绸长分别为 $4\frac{3}{4}$ 英寸和3英寸，毛毯尺寸为6英寸×4英寸。

Toy.III.035　木汤匙残件。与丝织品在一起被发现。匙头是长方形或椭圆形，微凹，末端折断了。直柄，削得比较粗糙。残件长 $3\frac{1}{4}$ 英寸。

Toy.III.i.02　插在木鞘里的刀。木鞘上盖着一层薄纸，纸上涂了黑漆，末端有一条银（?）装饰，开口处是银（?）镶边。鞘里插着一把刀。刀刃是直的，刀背厚而圆。在刀尖处，刀锋呈弧形弯向刀背。刀背附近的刃两侧各有一条又深又宽的凹槽，凹槽消失在刀尖处。刀柄黑色，用角制成，分成扁平的两半，合在铁刀刃的铤两侧，然后用四颗穿透的铆钉固定住。刀柄末端是一块小青铜片，铤的末端也像铆钉一样穿透了青铜片。

刀鞘除插刀外，还用来放两根细细的黑色木筷子（已折断）。筷子不长，但仍插在刀鞘里的孔中。保存良好。刀鞘的银镶边上连着一个铁环，以便悬挂。全长 $9\frac{3}{4}$ 英寸，刀鞘长 7 英寸，刀鞘横截面的长轴直径 $\frac{3}{4}$ 英寸，短轴直径约 $\frac{1}{2}$ 英寸。

Toy.III.ii.03.a　纸片。上面有六行手写的粗体汉字，每一行顶部都印着一个很不完整的坐姿佛像并盖了一个戳。纸很硬，已变色，一端大概烧过，三条边都已被撕破。$3\frac{3}{4}$ 英寸×$4\frac{1}{2}$ 英寸。

Toy.III.0ii.03.b　纸片。剪成一枚花瓣（两裂），花瓣底部蓝色，朝花瓣尖逐渐过渡为粉色。$2\frac{1}{4}$ 英寸×$1\frac{5}{8}$ 英寸。

在吐峪沟西侧的主要庙宇群遗址发掘出土的遗物
在庙宇遗址 Toy.IV.ii、iii 发现的遗物

Toy.IV.07　泥浮雕残件。一只向右飞的鸟，与《西域考古图记》第四卷图版 CXXXVI 中的 Mi.xv.0020 类似。头、尾、底下那只翅膀缺失，上面那只翅膀的尖也缺失。身上打凿过，以表示紧密的羽毛。翅膀上有线脚，以代表管状羽毛，翅膀顶部是短羽毛。着了色，被火（？）弄黑了。鸟身上钉了一根木钉，以便与其他浮雕相连。$2\frac{5}{8}$ 英寸 × $2\frac{1}{4}$ 英寸。图版 LXXII。

Toy.IV.08　泥浮雕残件。分叉的火舌或植物枝，与图版 LXXII 中的 Toy.IV.ii.041~053 类似。涂成朱红色，已折断。$3\frac{1}{8}$ 英寸 × $1\frac{1}{4}$ 英寸。

Toy.IV.09　泥浮雕残件。右臂（较小），在肘部弯曲，肩部和肘以下都已折断。涂成朱红色。上臂有两个臂钏，一个是简单的珠串；另一个也是珠串，这条珠串上立着一片长椭圆形的植物状装饰品。装饰品是另外做好后镶嵌上去的，镀金。以木棍为核心，与图版 LXXII 中的 Toy.IV.ii.080~094 一样。长 $3\frac{3}{8}$ 英寸，直径 1 英寸。

Toy.IV.010~016　泥浮雕残件。下垂的衣物的末端，顶部收成螺旋形。010 和 016 衣纹直着下垂，涂成发绿的灰色。其余几件是波浪形，在顶部以下约 1 英寸处用装饰性带子把衣纹束住。从带子往下，衣纹呈之字形下垂。残留着朱红色和绿色颜料以及镀金的痕迹。全长约 $3\frac{1}{2}$ 英寸，有的只是残片。图版 LXXII。

Toy.IV.017　泥浮雕残件。与 Toy.IV.09 一样是一部分上臂，也有镀金的臂钏和装饰性薄片，涂成粉色。长 $1\frac{1}{2}$ 英寸。

Toy.IV.018~023　泥浮雕残件。从骷髅上升起短短的三角形火苗（或

宝石），骷髅似乎装饰在 Toy.IV.052～058 那样的带子上。

019 的宝石前面和骷髅的牙齿镀了金，已稍微变黑。宝石背面涂成朱红色，骷髅背面是粗糙的，以便镶在其他表面上。

021～023 的骷髅缺失。加顶部长 $1\frac{1}{4}$ 英寸，最宽处 $\frac{3}{4}$ 英寸。图版 LXXII。

Toy.IV.024、025　2 个小泥塑尸体残件。只有头和胸。身体只是向下逐渐变细的圆柱体，没有胳臂和肩，在腰部或腰部上方折断了。头骨又宽又平，打出了深深的孔以代表眼睛。没有突起的部分来代表鼻子，但有两个洞来代表鼻孔。没有下颌或下巴，只有上面一排牙齿。与《西域考古图记》第四卷图版 CXXXII 中的 Mi.xviii.007 类似，但小得多。

024 有两个堆叠的骷髅。残留着深灰色颜料。高 $1\frac{1}{4}$ 英寸，最宽处 $\frac{7}{16}$ 英寸。图版 LXXII。

Toy.IV.026、027　2 个泥浮雕骷髅。较小，奇形怪状，顶部装饰着涂了色并有线脚的植物状装饰品。圆脸，半妖魔状，隔很远打出孔以代表眼窝，三角形的小鼻子，阔嘴。

027 保存较差。脸上残留着粉色颜料，部分地方变成了黑色，026 的头饰上有浅红色颜料和镀金的痕迹，027 的头饰上也有镀金的痕迹。高 $1\frac{1}{8}$ 英寸，最宽处 $\frac{9}{16}$ 英寸。

Toy.IV.028～039　12 个泥浮雕小骷髅。与前一件一样，但除 029、030 外都没有装饰，029、030 上的装饰也已缺失。都严重磨损，大部分颜料已变成黑色。$\frac{1}{2}$ 英寸×$\frac{9}{16}$ 英寸。

Toy.IV.040～051　12 个泥浮雕装饰品。带线脚的三角形小薄片，模式化的旋涡状，出自 Toy.IV.09、017 那样的臂钏或 Toy.IV.026、027 那样的头部。除 042、043、048 外，其余的都由三层卵形宝石构成，宝石底下由旋涡饰托着，顶部有一个尖。

042、043、048 完全是旋涡饰，尖端是一颗圆宝石。都涂成红色，然后镀金，有几件的镀金已变成黑色。最高处 $1\frac{3}{8}$ 英寸，最宽处 $\frac{3}{4}$ 英寸。

Toy.IV.052~058　泥浮雕的装饰性带子残件。由一组模式化的骷髅构成，看得见一些骷髅的牙齿。外面涂成白色或粉色，057、058 已变色。最长的一条长 2 英寸、宽 $\frac{3}{8}$ 英寸。图版 LXXII。

Toy.IV.059~061　3 条泥浮雕带子残件。059 有横向条纹；060、061 也有横向条纹，但沿一条边有两条无花纹的线脚。镀金，已变色。微呈弧形。最长一件 2 英寸，最宽一件 $\frac{7}{16}$ 英寸。

Toy.IV.062~065　4 个泥浮雕装饰品残件。像一个放倒的杏仁，尖朝上弯，放在一个鞘或花萼中。花萼分成两部分，一部分状如逐渐变细的长叶子，沿着杏仁的底边朝上延伸，一直延伸到弧形的尖。另一部分是一片凸圆的短叶子，托着杏仁底部的下半部分。残件扁平，底下是一个凸圆的尖，尖上有一个小孔。花萼镀金，杏仁涂成红色（变色成了蓝黑色），主体部分的背面也着了色。064 不完整。长 $1\frac{1}{4}$ 英寸，最宽处 $\frac{3}{4}$ 英寸。图版 LXXII。

Toy.IV.066　泥浮雕装饰品残件。出自一朵莲花的四叉金刚杵（?）的一端，镀金。$\frac{3}{4}$ 英寸×$\frac{5}{8}$ 英寸。

Toy.IV.067　泥浮雕残件。顶髻或伸展成扇形的衣物，前面镀金，后面涂成红色。$\frac{1}{2}$ 英寸×$\frac{7}{8}$ 英寸。

Toy.IV.068　泥浮雕残件。人物臂钏的一部分，出自 Toy.IV.09 等那样的地方，镀金。$\frac{13}{16}$ 英寸×$\frac{1}{4}$ 英寸。

Toy.IV.069　**泥浮雕残件**。骷髅，与 Toy.IV.ii.056、057 类似，但骷髅的头顶是平的，涂成黑色。用圆形浅洞来代表眼窝，两条弧形刻线代表鼻子，上面一行牙齿突出在下颌之外。参见图版 LXXII 中的 024、025、052～058。$\frac{3}{4}$ 英寸×1$\frac{1}{16}$英寸。

Toy.IV.070　**泥浮雕残件**。一小束衣物，挂在圆形扣环或宝石上，残留着红色颜料和镀金的痕迹。$\frac{7}{8}$英寸×$\frac{1}{2}$英寸。

Toy.IV.071　**泥浮雕残件**。一条扁平的带子环绕在另一条带子上，末端像脚，有四根清晰的手指或脚趾。破损严重，无法断定究竟是什么。长 1$\frac{1}{4}$英寸，平均宽$\frac{1}{4}$英寸。

Toy.IV.072～0122　**51 个泥浮雕小头像**。造型比较粗糙。大多数头像窄而长，但 072～075 和 098 为短圆形，0121 和 0122 是一对并列的短圆的头。脸上涂成绿、蓝、红、黄或肉色，用黑线画出嘴、眉毛和睫毛，窄顶髻上的头发也是黑色的。一律闭着眼睛。

有一些头部的嘴涂成红色，短圆形的头一般有黑色小胡须。许多头像脸上的颜料已经脱落，露出里面的白色。用途尚不清楚。窄头像的平均尺寸为 $\frac{15}{16}$英寸×$\frac{7}{16}$英寸，圆头像的平均尺寸为$\frac{13}{16}$英寸×$\frac{3}{4}$英寸。图版 LXXII。

Toy.IV.0123～0128　**6 个泥浮雕珠宝饰物**。中间是颗椭圆形宝石，周围环绕着较小的长宝石，两侧是突出的线脚。镀金，0123、0124 变成了黑色。1$\frac{1}{4}$英寸×1 英寸。

Toy.IV.0129～0132　**4 朵泥浮雕小花**。小花圆形，八瓣，中间那颗珠子周围有一圈珠子。先涂成红色，然后镀金，0130 已变色。直径$\frac{3}{4}$英寸。

Toy.IV.0133　**泥浮雕小花**。圆形，花心是凸圆，花心外是突起的线脚，外面是六片短而宽的花瓣。涂成浅红色，然后镀金。直径$\frac{7}{8}$英寸。

Toy.IV.0134　**泥浮雕珠宝饰物**。无花纹的线脚内是一个圆形凸饰，镀金，已变黑。直径$\frac{7}{8}$英寸。

Toy.IV.0135　**泥浮雕珠宝饰物**。突起的线脚内是颗凸圆的心形宝石，镀金，已变黑。$\frac{3}{4}$英寸×$\frac{7}{8}$英寸。

Toy.IV.0136　**泥浮雕珠宝饰物残件**。残留着两颗并置的卵圆形宝石，顶上还有一颗梨形宝石，都环绕在突起的线脚内。底下还有一颗（梨形？）宝石的痕迹，形成一件菱形首饰（？）。镀金，变成了黑色。最长处 $1\frac{9}{16}$ 英寸。

Toy.IV.0137~0140　**4 个泥浮雕残件**。与 Toy.IV.010~016 一样是衣物的末端，但呈弧形的顶端折断了。先涂成朱红色（？），然后镀金，朱红色已变成蓝黑色。最长处 2 英寸。图版 LXXII。

Toy.IV.0141　**泥塑小三叉戟（金刚杵？）的头**。中间是一根直叉，三个弧形叉在尖端会合，并于底部收在一起。先涂成红色，然后镀金。做工精致，底下已折断。长 $1\frac{1}{4}$ 英寸，三个叉鼓出来的地方最宽处$\frac{3}{4}$英寸。图版 LXXII。

Toy.IV.0142、0143　**2 个泥浮雕的戟（？）头**。戟尖是直的，左右各有一个弧形构件托着尖。整体看起来像是一个舌很长的扣环。先涂成浅红色，然后镀金。长 $1\frac{1}{8}$ 英寸，最宽处$\frac{7}{8}$英寸。

Toy.IV.0144　**泥塑小锤子**。用一根木棍作柄。锤头是圆柱体，细腰，涂成红色（已变黑）。大概是小人像的法器。长 2 英寸，锤头直径$\frac{5}{8}$英寸，

锤头宽 $\frac{13}{16}$ 英寸。图版 LXXII。

Toy.IV.0145　泥塑人像的残臂。 与 Toy.IV.09 类似。肘弯以下缺失，余者从木棍核心上脱落了下来。涂成红色，部分地方已变色成有金属光泽的黑色。上臂戴着镀金臂钏。合起来长 $2\frac{1}{4}$ 英寸。

Toy.IV.0146　彩绘泥塑残片。 一条浮雕的镀金珠带子，底下扁平的部分涂成白色和淡绿色。最长处 $1\frac{5}{16}$ 英寸。

Toy.IV.ii.01　壁画残片。 可以看到幡（Dhvaja）或胜利的旗帜的上半部分，这是财富之神毗沙门天王的标志。旗帜顶部是一个黄色疙瘩，底下是绿色荷叶边，荷叶边下又伸出深红色荷叶边。背景深蓝色，已磨损。6 英寸×4 英寸。

Toy.IV.ii.02　壁画残片。 可以看到一条镀金的直带子，一侧是蓝色底，另一侧是淡绿色底。$4\frac{3}{8}$ 英寸×4 英寸。

Toy.IV.ii.03　壁画残片。 一条边附近有一个黄色物体，其细节部分贴着金。对面边上的物体状如大腿和膝盖的背面，深绯红色，附近还有一小块深绯红色色块。背景深蓝灰色。颜料中加了某种强烈的成分，使壁画表面看起来就像上了漆似的。3 英寸×$2\frac{1}{2}$ 英寸。

Toy.IV.ii.04　壁画残片。 白底上有植物图案。一条边附近有一个绿色块，以及一朵深红色小花的侧影。花边白色，花上还有暗色点。对面那条边附近有一朵黑色的扁长花蕾，立在灰黑色茎上。轮廓线黑色。$2\frac{3}{4}$ 英寸×$1\frac{1}{2}$ 英寸。

Toy.IV.ii.05　壁画残片。 大概属于 03，但不能和 03 连起来。也是绯红色，似乎是两条腿的一部分，另外还加了几条带子。带子和"腿"之间是淡黄绿色，"腿"前面也出现了这种颜色。其余的背景是深蓝色。$1\frac{7}{8}$英寸×$1\frac{3}{4}$英寸。

Toy.IV.ii.06　壁画残片。可以看到一只握剑的右手，剑柄贴金，背景是深粉色。手腕上是贴金的手镯，手的下半部分以及手腕都缺失，手左边是一团玛瑙绿色的衣物（?）。手涂成肉色，剑白色，晕染有淡灰色。$3\frac{5}{8}$英寸×$2\frac{1}{2}$英寸。

Toy.IV.ii.07　泥塑头像残件。头的右半边，可以看到耳朵和黑发。头发经头顶整齐地梳到脑后。脸是另外做成的，已缺失。参见图版LXXII中的Toy.IV.ii.059、061。保存较差，结了一层沙子。高3英寸。

Toy.IV.ii.08、09　2个泥塑头像残件。与前一件类似，但小些，大概属于图版LXXII中的Toy.IV.ii.061。08是头后面的大半部分，覆盖着黑发。黑发用齿很细的工具梳到脑后，垂到脖颈上。耳朵一线以上有一条白带子环绕着头部，耳缺失，左下角可以看到涂成红色的脖颈。09只是一部分梳得很整齐的黑发。08高$2\frac{1}{2}$英寸，宽$1\frac{3}{4}$英寸。09最长处$1\frac{5}{8}$英寸。

Toy.IV.ii.010　泥浮雕莲花瓣残件。与图版CIII中Toy.IV.ii.075的莲花座一样。只保留下来外端，可以看到花瓣尖和尖里面的旋涡状。镀金。3英寸×$2\frac{3}{4}$英寸。图版LXXII。

Toy.IV.ii.011～015　5个彩绘泥塑残件。大概出自某个妖怪像，但014未必如此。都涂成深蓝色和红色。保存下来的内容如下。011为一部分白色眼球，眼球边是红色，旁边连着蓝色肌肉。眼球凸面，肌肉从它上面向旁边垂下来。

012 为獠牙，白色，弧形，从红色嘴巴中伸出，后面遮住的表面涂成蓝色。

015 为爪，较小，白色，弧形，从蓝色脚趾中伸出来，底下那个面涂成红色。爪和脚趾相连的地方用脊状突起来表示。以木棍为核心。

013 是一个与脚趾脱离的爪，涂成淡蓝色。

014 是一个凸面，表面光滑，涂成一条条的红色和蓝色。红色和蓝色颜料中似乎加了某种成分，使表面看起来仿佛涂了一层硬釉。

012 最大，$2\frac{3}{4}$ 英寸×$2\frac{1}{2}$ 英寸。015 长 $3\frac{1}{4}$ 英寸。图版 LXXII。

Toy.IV.ii.016　泥浮雕女子像残件。保留着左肩、左胸和左上臂，肩后面有黑发的痕迹。涂成白色，造型很好。$1\frac{3}{4}$ 英寸×$2\frac{1}{2}$ 英寸。图版 LXXII。

Toy.IV.ii.017~033　16 只泥塑的脚。较小，024 为并列的一双脚。大部分在脚跟前面折断了，有几个在脚踝折断（脚踝大多镀金）。大小不尽相同，涂成红、白或蓝色。大多数脚的脚面似乎是另外做成的，然后将其直接插在底座上（如 019~022）。其余的脚中，脚底板是圆的，涂成红色或蓝色（比如 017、018、031、032）。

脚趾表示了出来，但除了 024 那双脚以及 028、029，脚趾和脚的颜色都是一样的。在 024 中，脚涂成朱红色，脚趾白色。028 和 029 那双脚蓝色，脚趾也涂成白色。红色和蓝色颜料微有釉的光泽，很硬。长 $2\frac{1}{4}$~1 英寸。图版 LXXII。

Toy.IV.ii.034~040　7 只泥塑的小手。五只右手，两只左手。手指都朝手掌弯曲，但弯曲的程度不同。038 的手指几乎是直的，而 037 的手指则完全握在手掌中。许多手的指尖已缺失。

034 涂成白色（像釉），掌心红色。035、036、039 呈红色，037 只剩下了白色的底色。038 呈淡蓝色，掌心红色。040 呈精美的深蓝色（像釉），戴着镀金手镯，掌心红色。Toy.IV.ii.080~094 大概也属于 040。037 的腕上也有手镯。最长处 $1\dfrac{3}{4}$ 英寸。图版 LXXII。

Toy.IV.ii.041~053　13 个泥浮雕装饰品残件。 状如分叉的红色火苗，从带叉的茎上伸出短火舌，轮廓线都用刻线来表示。041 最大，$3\dfrac{1}{8}$ 英寸×$3\dfrac{1}{4}$ 英寸。图版 LXXII。

Toy.IV.ii.054　泥浮雕装饰品残件。 大概出自头饰。由一组像扇子骨一样伸展的纵向带子构成，两端各有一条突起的无花纹带子将"扇子骨"束住。

在宽的一端那条带子外面，连着一行圆形宝石（共五颗），每颗宝石中间都是凹陷的。残留着十分暗淡的红色和绿色颜料的痕迹。用细腻的灰泥做成，然后嵌在粗糙的绑着草的灰泥背景上，某些背景依然粘连着。长 2 英寸，最宽处 $2\dfrac{1}{4}$ 英寸。图版 LXXII。

Toy.IV.ii.055　泥浮雕珠宝饰物。 状如一个十字架，中间那根"杆"由两颗方形宝石构成（一个堆叠在另一个上面），横"杆"由四颗心形宝石构成。十字架的凹角处填补着植物图案。整个饰物镀金，但镀金已经暗淡了。参见 Toy.IV.040 等。$2\dfrac{1}{8}$ 英寸×$1\dfrac{7}{8}$ 英寸。

Toy.IV.ii.056、057　2 个泥浮雕骷髅。 头的上半部分扁而宽，下面以一宽排上牙齿而结束，没有下颌或下巴。两个大而浅的凹陷代表眼窝，倒置的 V 形凹陷代表鼻子，头两侧也有凹陷处。057 上残留着白色颜料。保存良好。参见 Toy.IV.069。高 $1\dfrac{1}{8}$ 英寸，最宽处 $1\dfrac{1}{8}$ 英寸。图版 LXXII。

Toy.IV.ii.058　泥塑眼球残件。 出自一个大头（大概是妖怪头）。凸面形，眼球涂成红色，虹膜白色，大瞳仁上涂了很亮的黑色釉，瞳仁中间是一个镀金的点。一条边附近保留着微微突起的眼睑。2 英寸×$1\dfrac{3}{4}$ 英寸。图版 LXXII。

Toy.IV.ii.059　泥塑的脸部残件。可以看到脸的下半部分和右眼，鼻子缺失，眼睑中有白色颜料的痕迹。属于模式化类型，脸颊方而饱满，嘴角向上翘，眼睛微呈斜上形。烧得很硬。宽 2 英寸。图版 LXXII。

Toy.IV.ii.060　泥浮雕的头部。一个男子，圆脸，上挑的眉毛呈脊状突起，眼睛朝下看，长鼻子弧形，小下巴，小嘴上翘，耳朵突出。头发从前额直着朝上梳，似乎梳成一个顶髻，但头顶缺失。烧得很硬。$1\frac{1}{2}$ 英寸 × $1\frac{3}{8}$ 英寸。图版 LXXII。

Toy.IV.ii.061　泥塑头部的前半部分。一个男子，大概是某个好战的神。表情严肃凝重，笔直而清晰的五官紧凑地放置在脸中间。大眼圆睁，眼球突出。鼻子较短，呈弧度很大的鹰钩形。嘴模式化，嘴角上翘，下颌宽而饱满。眼睛上方是宽宽的不高的拱形突起，边沿粗糙不平，以此代表眉毛。鼻梁上有两条横向皱纹，皱纹上方是一个三瓣状小棕叶饰，棕叶饰上方倒竖着第三只眼。

整个脸涂成朱红色，眼睛似乎是黑色和白色。头发黑色，从脸上直着梳到后面，并用一条镀金的发带束住，但发带后面缺失。脸是另外做的，粘在核心上。泥核心仍保留着，填补了头后面的部分。高 $3\frac{3}{4}$ 英寸，最宽处 $2\frac{1}{2}$ 英寸。图版 LXXII。

Toy.IV.ii.062　泥塑脸部残件。出自图版 LXXII 中的 Toy.IV.ii.061 那样的头部，大概是同一个模子。可以看到三只眼睛、眉毛和鼻子。涂成黑色，眼球上有一点红色颜料的痕迹。造型很齐整。$1\frac{1}{2}$ 英寸 × $1\frac{1}{4}$ 英寸。

Toy.IV.ii.063　泥浮雕人像残件。保留着左胸、左肩和朝旁边伸出的左上臂，袍涂成绯红色。看不出细节，结了一层沙子。$2\frac{1}{2}$ 英寸 × $3\frac{1}{4}$ 英寸。

Toy.IV.ii.064 泥浮雕残件。有三条镀金的带子，一侧残留着背景。$1\frac{5}{8}$ 英寸×1 英寸。

Toy.IV.ii.065 泥浮雕脸部残件。与 Toy.IV.ii.061、062 类似，但稍小些。可以看到大部分左脸、鼻子、嘴和鼻子上方的第三只眼。脸朱红色。眼睛白色，瞳仁黑色，眼球边蓝色。眉毛边深蓝色。嘴在笑，露出白色牙齿。高 $1\frac{13}{16}$ 英寸，宽 $1\frac{1}{4}$ 英寸。图版 LXXII。

Toy.IV.ii.066 泥浮雕装饰品残件。镀金。十分残破，无法看出完整图案。左右各有弯曲的叶子，中间是两枚互相重叠的三裂花瓣。镀金仍然很耀眼。$1\frac{1}{2}$ 英寸×1 $\frac{1}{2}$ 英寸。

Toy.IV.ii.067 1 块泥浮雕莲花瓣残片。大概出自莲花座。稍微朝外侧弯曲，可能来自莲花座边上。先涂成红色，然后镀金。顶部不完整。3 英寸×$2\frac{1}{2}$ 英寸。

Toy.IV.ii.068 泥浮雕衣物残件。飘荡的衣褶底部，白颜料上残存着红颜料的痕迹，凹陷处还有绿颜料的残迹。2 英寸×1 $\frac{1}{2}$ 英寸。

Toy.IV.ii.069 泥浮雕残件。扁平的带子，微成弧形，沿中间有一条绿色凹槽，其余部分涂成白色。4 $\frac{1}{2}$ 英寸×2 $\frac{1}{4}$ 英寸。

Toy.IV.ii.070、071 2 条泥浮雕带子残件。能够连在一起。先是直的，然后是圆弧形。表面有很多凹槽，两侧是突起的窄边。镀金，但镀金大多已剥落。长分别为 3 $\frac{1}{2}$ 英寸、3 英寸，宽 1 $\frac{1}{8}$ 英寸。

Toy.IV.ii.072 泥浮雕装饰品残件。两条并置的有凹槽的带子，在两端彼此分开。两端缺失。镀金，金粉保存得很好。4 英寸×2 $\frac{1}{8}$ 英寸。

Toy.IV.ii.073　2块泥浮雕的建筑残件。较大一块是一个带两层台阶的底座，上面托着一面扁平的护墙，也可能是壁柱。壁柱比后来粘上去的"墙"突出 $\frac{3}{8}$ 英寸。壁柱宽 2 英寸，右边的墙宽 $1\frac{1}{8}$ 英寸（这一侧还有一个墙角），另一侧缺失。带台阶的底座在壁柱那里和凹陷的墙面相连。第一级台阶高 $\frac{3}{4}$ 英寸，宽 $\frac{1}{4}$ 英寸；第二级台阶高 $\frac{3}{8}$ 英寸，宽 $\frac{3}{16}$ 英寸。

较小的一块上中间是一个正方形，正方形的边是带子，四面各有一条比正方形的平面低的短带子。它和较大残件的关系尚不清楚。两个残件都是白色。大的一块尺寸为 $4\frac{3}{4}$ 英寸×2 英寸，小的一块尺寸为 2 英寸×$1\frac{5}{8}$ 英寸。

Toy.IV.ii.074　泥浮雕残件。很多弧形小火苗。有的一部分嵌在泥背景中，朝外弯曲。有的是分离的，但显然本来也嵌在泥背景中。大概出自项光边，参见《古代和田》第二卷图版 LV 中的 D.II.55。

火苗是另外做成的，表面有均匀的条纹，白灰上有红颜料的痕迹。一团灰泥上有三个火苗，另一团上有两个火苗，还有三个分离的火苗。最大一团为6 英寸×3 英寸，火苗平均长度 $2\frac{1}{4}$ 英寸。图版 LXXII。

Toy.IV.ii.075　彩绘泥塑莲花座残件。从横剖面看来是直的。从纵剖面看，底下是一个约 $\frac{3}{4}$ 英寸高的底座，上半部分朝外微微倾斜（宽 $1\frac{1}{2}$~$2\frac{1}{4}$ 英寸）。这个部分以上是稍朝后弯的表面，高约 3 英寸，顶上那条折断的棱高 $3\frac{1}{2}$ 英寸。

上半部分形成绿色背景，背景上浮雕着三片镀金的莲花瓣。莲花瓣朝左倾斜，下垂。每片花瓣尖上都有一个朝里卷的旋涡饰，旋涡饰和朝里削的花瓣边相连。花瓣中间像龙骨一样突起在旋涡饰上方，从旋涡饰下伸出花瓣尖。镀金剥落了很多，花瓣的顶边都缺失。下半部分没有着色。整个残件

12 英寸×7 $\frac{1}{2}$ 英寸，花瓣大小约 4 $\frac{1}{2}$ 英寸×3 $\frac{1}{2}$ 英寸。图版 CIII。

Toy.IV.ii.076　还愿用的泥浮雕。与《西域考古图记》第四卷 CXXXIX 中的 Sassik-bulak.001、002 类似。一团梨形黏土，背面圆，正面平。正面雕着一尊佛，坐在像肩膀一样的佛龛中，佛龛顶部凸圆。佛盘坐，脚心朝上，双手似乎在胸前，但磨损得很厉害。左右各有一尊立姿人物，似乎双手合十。左边人物的长上衣从臀部垂下来，大概是随侍的菩萨。

佛坐在一个直莲花座上，莲花座有两排花瓣，一排尖朝上，一排尖朝下。以上形象都托在一个平台上，平台的腿是分开的。在两条腿之间出现了一个怪笑的妖怪脸。妖怪窄额头，小圆眼睛，脸颊和嘴又宽又鼓。右边的第二个妖怪头已完全缺失。

佛龛上方的天空中有突起的小画面，磨损严重，已无法分辨出来，但大概是朝拜的小神或小庙宇。本来是极为精致的作品，但如今细节几乎全部磨光了。长 3 英寸，最宽处 2 $\frac{1}{2}$ 英寸。

Toy.IV.ii.077　还愿用的泥浮雕。与前一件类似，但人物下巴以上的部分缺失。也是一尊佛坐在佛龛中，左右是两个立姿菩萨（？）。不同的是佛的右手施触地印，左手放在怀中。平台的腿之间露出两个妖怪头的上半部分，妖怪大眼圆睁。平台底下浮雕着一行婆罗米文题记。佛龛侧面残留着精致的珠子和其他装饰品。长 2 $\frac{1}{2}$ 英寸，最宽处 2 $\frac{1}{2}$ 英寸。图版 LXXII。

Toy.IV.ii.078　带题记的还愿用泥浮雕。与前一件类似，但磨损得要轻得多。可以看到文殊菩萨（？）盘坐在一头俯伏的狮子上。狮子背上放着圆形鞍布，鞍布边是珠子。菩萨双手在胸前，头戴高而窄的头饰，戴耳环，腰和臀上是宝石璎珞。但人物的其他细节已经磨光了。头后是长马蹄形项光，身后是马蹄形背光（镶有珠子边）。狮子尾巴上有一丛毛，戴宝石颈圈，头抬在文殊的右膝上方。

文殊左侧是一座三层小佛塔，佛塔的佛龛中有很小的人物头部。文殊的项光上方有棵树，长着一团圆叶子。项光左侧是把竖立的剑，项光右侧是一个球形瓶。整个浮雕两侧都有浮雕的婆罗米文题记，已部分磨光。是极为精致的作品。3 英寸×2 $\frac{1}{4}$ 英寸。

Toy.IV.ii.079　泥塑左手残件。保留着一部分手指和掌心，扁平，大拇指缺失。3 $\frac{1}{4}$ 英寸×2 英寸。

Toy.IV.ii.080～094　15 个泥塑臂残件，可以和 034～040 号手相匹配。黏土较软，以木棍为核心。大多数出自上臂，有一些保留着肘弯。大多数戴着镀金臂钏，有的臂钏上有高高的薄片状装饰品，有的没有（参见 Toy.IV.040～051）。涂成红色、蓝色或粉色。有一件是精美的深蓝色，显然属于 Toy.IV.ii.040。080 最长，长 3 $\frac{3}{8}$ 英寸；081 最粗，直径 1 $\frac{1}{4}$ 英寸。图版 LXXII。

Toy.IV.ii.095　泥塑手指（?）。比真人手指还大，第二个关节以下折断了。表面似乎涂有一层约 $\frac{1}{8}$ 英寸厚的灰泥，灰泥上涂成蓝色、白色和黑色，灰泥从泥核心上脱落下来。在灰泥剥落的地方，泥核心上可以看到两条凹槽，代表着指关节的弯曲处。也可能不是一根手指，而是一条蛇的一部分。保存较差。长 4 英寸，直径 1 英寸。

Toy.IV.ii.096　泥浮雕的蛇（?）残件。一侧平，另一侧圆，击打上去半圆形斑纹以代表鳞片。有深色颜料的痕迹。3 英寸×1 英寸。

Toy.IV.ii.097　泥塑残件。一根圆条，弯成弧形，残留着黑色颜料。是蛇（?）的一部分。长 3 $\frac{1}{2}$ 英寸，直径 $\frac{1}{2}$ 英寸。

Toy.IV.ii.098　泥浮雕残件。圆形，白色表面上镶嵌着一个镀金的圆环。2 $\frac{1}{2}$ 英寸×2 英寸。

Toy.IV.ii.099　泥浮雕残件。表面微突，涂成白色，一角装饰着一个镀金的浮雕新月（？）的尖。4 英寸×3 英寸。

Toy.IV.ii.0100　泥浮雕残件。 出自衣物（？），涂成绿色。$1\frac{3}{4}$ 英寸×1 英寸。

Toy.IV.ii.0101　泥疙瘩。 残留着亮丽的蓝色和绯红色颜料，打磨过。长 $\frac{7}{8}$ 英寸，直径 $\frac{7}{8}$ 英寸×$\frac{5}{8}$ 英寸。

Toy.IV.ii.0102　泥塑珠宝饰物。 中间是颗卵圆形宝石，外面有两条珠子边。两条边之间的地方用类似的珠串分割成很多长方形。一端缺失。长 $1\frac{3}{4}$ 英寸（不完整），宽 $1\frac{3}{4}$ 英寸。

Toy.IV.ii.0103　泥浮雕残件。 表面突起，涂成白色，内容不详。2 英寸×$1\frac{1}{2}$ 英寸。

Toy.IV.ii.0104　泥浮雕残件。 表面涂成白色，微微突起，内容不详。3 英寸×$2\frac{1}{2}$ 英寸。

Toy.IV.ii.0105　泥塑小戟的头部。 与 Toy.IV.0142、0143 类似，不同的是这件是立体的。先涂成红色，然后镀金。一侧已脱落。$\frac{7}{8}$ 英寸×$\frac{7}{8}$ 英寸。

Toy.IV.iii.01　丝绸残片。 翻转过来，沿两条长边缝在一起。织有小网格，浅黄褐色。$6\frac{1}{2}$ 英寸×$2\frac{1}{2}$ 英寸。

Toy.IV.iii.01.a　纸片。 可以看出一部分雕版印刷的边，边由白色旋涡饰构成，旋涡饰的背景为黑色。还有一部分底板，底板上是香案最底下的那个台阶。此外可以看到黑边袍子的一角，袍子底下是几条布饰带。背面有三行回鹘文。$2\frac{1}{8}$ 英寸×$1\frac{3}{8}$ 英寸。

Toy.IV.iii.01.b、c　2 张纸片。在这两张纸片上，可以看到一只大鸟的腿，一只脚及尾巴的一部分。背面是几行汉字。已褪色，较破旧。b 最大，5 英寸×3 $\frac{3}{4}$ 英寸。

Toy.IV.iii.02　纸画残片。可以看到一部分莲花座、人物的右臂（涂成白色）和几条衣纹。背面是已脏污的回鹘文，写得很大。纸较厚，已变色，很破烂。6 $\frac{1}{2}$ 英寸×4 $\frac{1}{2}$ 英寸。

在庙宇遗址 Toy.IV.v～vii 发掘出土的遗物

Toy.IV.v.01　泥浮雕的龙。右侧影，不完整。身体像海豚一样高高拱起，脊背上是突起的鳍。头长而扁平，朝上抬，嘴巴像鳄鱼一样大张着。眼睛以下缺失，但显然与 Toy.IV.v.02 类似。脖颈上绕着两条浮雕带子，从带子上朝后伸出模式化的花瓣。正面都残留着镀金，鳞上有深色颜料，龙身上有浅色颜料的残迹。工艺很好。残件高 6 英寸，宽 7 英寸。图版 LXXII。

Toy.IV.v.02　泥浮雕龙头残件。为右侧影。与 Toy.IV.v.01 是一对，但从耳朵起后面全部缺失。突出的眉毛下是圆眼睛，长嘴像鳄鱼一般，粗圆的鼻子皱起来，露出了獠牙和一排牙齿。上颌的轮廓线里面有一条与其平行的刻线，起到了强调这条轮廓线的作用。鼻子上方有一个深孔，代表鼻孔。头顶和鼻子上有深色颜料的残迹。工艺上乘，保存良好。2 $\frac{1}{4}$ 英寸×1 $\frac{1}{2}$ 英寸。图版 LXXII。

Toy.IV.v.03　泥浮雕（?）头像。一个男子，造型很粗糙。头顶扁平，宽脸，耳朵朝外伸，宽下颌。眼睛圆形，凸出的眼球涂成黑色，眼窝里面有一条黑线。嘴是直的，涂成朱红色。大鼻子，宽鼻孔。头顶前半部分是秃头（或剃过），只有几小丛头发，但脸两侧垂着长发。

眉毛、络腮胡、唇上方的胡子、下巴上的长胡须都涂成一条条黑色。头的后半部分、从头顶朝后弯的顶髻以及脑后底部的凹陷处都涂成黑色。脑后的着色表明头像可能是立体的，但后面的形状却不准确。高 $2\frac{1}{2}$ 英寸，最宽处 2 英寸。图版 LXXII。

Toy.IV.v.04、05 **泥浮雕残件**。两只手的一部分，可能是一双。04 是左手，食指尖和拇指都缺失，除此之外是完整的。手掌和拇指平直，其余四指从第二个关节朝掌心弯曲。涂成粉色，被烧黑了。05 是右手，只有一部分手背和手指的大关节保留了下来，姿势、大小都与 04 一样，也被火烧黑了。04 长 3 英寸，宽 $2\frac{1}{4}$ 英寸，厚约 1 英寸。

Toy.IV.v.06、07 **2 个泥浮雕残件**。06 是一只很小的右脚，07 是一双并列的脚。与 Toy.IV.ii.019 等类似。脚面都涂成深灰色，06 的脚底涂成朱红色，脚跟均已缺失。每只脚长 $1\frac{1}{2}$ 英寸，宽分别为 1 英寸和 2 英寸。

Toy.IV.vi.01 **几张纸片**。上面像网格一样印有很多尊佛像。佛坐在莲花座上，手隐在袍子中。头后是桨状项光，顶上是粗陋的华盖（华盖的形状像下垂的翅膀），从华盖末端垂下来花或宝石。特别粗略。纸较薄，暗黄色，很破烂。最大一片的尺寸为 8 英寸×4 英寸。

Toy.IV.vi.03 **玻璃珠子**。阿摩勒树（Amalaka）形状，表面的螺纹之间是淡蓝色，末端有淡蓝色块，其余地方是白色。半透明，穿在很细的绳圈上。直径 $\frac{5}{8}$ 英寸。图版 LXXII。

Toy.IV.vi.04 **青铜装饰品（?）残件**。从一块扁平的青铜薄片上切下，以便镶在其他物体上。形状像一条弧形带子，从带子外侧伸出两个末端带尖的叶状分支。分支的横截面为圆形，每个分支尖上都有一个铆钉孔。带子一端也是一个尖，对折了过来，尖上也有一个铆钉孔。另一端已折断。全长 $2\frac{1}{8}$ 英寸，带子宽 $\frac{3}{8}$ 英寸。图版 LXXII。

Toy.IV.vii.02 **纸片**。粗略地画了一朵十六瓣花，每片花瓣上都写有一个汉字。花里面有一个圆圈，圆圈中是朵四瓣花，花瓣上也有汉字。这朵花中间又是一个圆圈，圆圈中有一个汉字。花外面和纸背面是不完整的成行汉字。纸暗黄色，很结实，顶端已被撕破。$5\frac{3}{4}$ 英寸×6 英寸。

Toy.IV.vii.03.a~c　3 块丝织品残片。

a 上面雕版印刷着精巧而且线条优美的图案，图案是现实主义风格的牡丹花和其他花卉，形成了一幅满地一式花纹。叶和茎印成黑色。这种颜色保留得很好，其他颜色都褪色了。图案的其余部分如今都是黄色，地是稍微深些的黄色，叶子和花心上有黄色残迹。印模纵向宽 $5\frac{1}{2}$ 英寸，横向大概宽 $4\frac{3}{4}$ 英寸。残片共有三块，两块上有布缝。图案沿织物纵向分布。都已破烂。最大一块残片沿经线方向长 9 英寸，沿纬线方向长 12 英寸。

b 为极柔软的赭黄色锦缎，已腐烂，有图案的残迹（大概是菱形点）。7 英寸×$3\frac{1}{4}$ 英寸。

c 为一窄条素绸，如今是黄色。长 $12\frac{1}{2}$ 英寸。图版 LXXXII。

Toy.IV.vii.04　2 块上了漆的木头。大概出自某个直边器皿。横截面大致是直的，但里面有窄而尖的凸纹，外面有宽凸纹。外面每条凸纹宽 $\frac{1}{2}$ 英寸，凸纹之间的凹陷处对应着里面的凸纹。两面都上了黑漆。$1\frac{1}{8}$ 英寸×$\frac{5}{8}$ 英寸；$1\frac{1}{8}$ 英寸×$\frac{7}{8}$ 英寸。

在石窟遗址 Toy.VI 发掘出土的遗物

Toy.VI.1　壁画残片。已破碎、变色并腐烂。可以分辨出一个坐姿（？）人物，下身穿红色外衣，腰系白色腰带。头四分之三向右。戴大耳环，头戴装饰性头饰，项光轮廓线白色。右臂从身前朝左下方伸，似乎在跳舞。

人物周围是一圈大胆的植物旋涡饰，上面生出叶子和苞片。茎、叶和苞片是黑色或深浅不同的灰色和蓝色，轮廓线为白色和红色。1 英尺 2 英寸×1 英尺 2 英寸。

Toy.Ⅵ.01　壁画残片。可以看到莲花边，与 021 类似，但花瓣上没有黄色。底下是淡黄色，顶上是玛瑙绿色和红色。最右边有一条黑线和一条灰线。$6\frac{1}{4}$ 英寸×$4\frac{3}{4}$ 英寸。

Toy.Ⅵ.02　壁画残片。可以看到一个男子脸的左下角，生着稀疏的笔直胡须，保留着左肩和左胸。一条黄带子从头侧伸到下巴下。参见 066。穿鲜红的紧身上衣，上衣的花纹是一对对跃立欲扑人的狮子。狮尾抬起，状如翅膀。狮鬣像刷子一般。相对的两头狮子在抬起的前爪上托着一个绿球。只有一对狮子是完整的，其余的狮子由于衣服的形状而中断了。胸前衣服上是一个黄色方形香案，上面放着一个带喇叭口的碗。香案右边是一头跃立欲扑人的狮子，碗中央的左上方还有另一只狮子的头。衣服上其余的图案已缺失。狮子是发绿的黄色，有黑色条纹，沿着脊背和腿是大块的颜料。尾和鬣黄色。

人物右边有一个带喇叭口的红棕色物体，不完整。背景暗黄色，残件最边上有窄窄的绿色块。所有轮廓线都是黑色。$4\frac{1}{2}$ 英寸×5 英寸。

Toy.Ⅵ.03　壁画残片。可以看到一个人物（鬼子母神？）的一部分右颊、右肩和脖颈。右手朝外伸，在脸侧触到了盖在耳朵上的头发。皮肤粉色，轮廓线红色，头发黑色。肩上跨坐着一个裸体婴孩，婴孩的下身保留了下来。参见《西域考古图记》第四卷图版 ⅩⅢ 中的 F.Ⅻ.004。$3\frac{3}{4}$ 英寸×$2\frac{3}{4}$ 英寸。

Toy.Ⅵ.04　壁画残片。大概与 021 类似，但被烟火熏黑了。莲花瓣上方是一部分底板（颜色不明），底板上画了红线。一只右脚从底板朝下伸，穿越了莲花瓣。4 英寸×3 $\frac{1}{2}$ 英寸。

Toy.VI.05 壁画残片。可以看到一个复杂头饰的一部分。头饰轮廓线为淡黄色，头饰地为红色。头饰后面是白色项光。项光靠近外边的地方是一个淡灰色圆圈，圆圈边红色，再往外是又粗又黑的项光边。上方有另一个黑色小圆圈（?）的一小部分。一条短而粗的黑色直线把这两圆圈连接起来，围成的空地是红色。残件左边有一块黑色颜料。项光左边暗黄色，并有几个椭圆形红点。4 $\frac{1}{4}$ 英寸×4 $\frac{1}{4}$ 英寸。

Toy.VI.06 壁画残片。可以看到一个人物的身体和两只前臂的一部分。双手放在胸前，做恳求状，头和手缺失。衣服用黄底上的红线条来表示，似乎有身体四分之三长。前面的下摆边朝前突出，使得人物胸以下呈凹曲线。腕戴沉重的手镯。轮廓线都是红色，背景变成了黑色。4 $\frac{1}{4}$ 英寸×3 $\frac{3}{4}$ 英寸。

Toy.VI.07 壁画残片。可以看到人物右脸的一部分。皮肤粉色。头发黑色，戴着头饰，前额的头发边状如荆棘。耳长，顶部稍微有尖，佩戴着装饰品。眉毛用两条黑线和红线画成。项光底为玛瑙绿色，这一色彩几乎全部脱落。项光边为深绿色（?）。3 英寸×3 英寸。

Toy.VI.08 壁画残片。右边有两只（?）放在一起的手，手指极细长，画着中国式的长指甲。手下方是一个富丽的流苏（可能是持在手中的），流苏的顶部和末端都是黄色（金属）。流苏黄色（?），晕染有绿色，轮廓线红色。流苏左边是一条粉色，上面画有红线。背景绿色（已褪色）。3 英寸×4 英寸。

Toy.VI.09 壁画残片。可以看到人物的一部分前额、黑发和复杂的黄色头饰，后面是绿色项光。项光边为深红色，项光外为黑色。已磨损。3 $\frac{1}{8}$ 英寸×3 $\frac{1}{4}$ 英寸。

Toy.Ⅵ.010　壁画残片。下半部分是一个四分之三朝右的女子的胸和双臂。项链和手镯为黄色，袍子为红色，饱满的乳房为蓝色，胸前披巾为粉色。双手合在一起，抬起来，似乎在祷拜或持着某物，但磨损得极为厉害。右肩上方是一个粉色物体的一部分，大概是项光边。四面都不完整。$7\frac{1}{4}$英寸×6英寸。

Toy.Ⅵ.011　壁画残片。可以看到人物的脖颈根、胸和一部分手。特别粗略，严重磨损。穿圆领外衣，外衣领子上镶着一圈莲花瓣，莲花瓣下是一行圆点。

手姿混乱不清。手都用粗略的灰线画成，最后用红线描好。两只手似乎都是右手，一只遮住另一只的一部分。前面那只手姿势极不合理：手心朝外，拇指却朝左上方碰到了食指尖。另一只手施无畏印。$4\frac{1}{4}$英寸×$3\frac{1}{8}$英寸。

Toy. Ⅵ. 012、018、019、028、037、038、042、044、047、054、077、078　壁画残片。出自壁画的背景，绘有鲜艳的旋涡饰（轮廓线红棕色），并涂有绿、蓝、粉色等。042上有一部分红色衣纹。有些地方被火或湿气损害过。042最大，为$7\frac{1}{2}$英寸×4英寸。

Toy.Ⅵ.013　壁画残片。共两块，可以看到人物的衣服和左手、左腕。人物姿势不详，但大概是四分之三朝右。衣服粉黄色，宽松地垂成长衣褶。右边和底下是红色。

覆盖着前臂（只剩下了手腕）的厚衣物暗黄色，上面有黑色十字线。前臂在身前微弯，手微向上，掌心朝下，手指长而纤细。从残件左上角垂下一条剧烈抖动的浅色披巾。手底下有白色块和已变色的黑色块。已磨损并变色。12英寸×$5\frac{1}{4}$英寸。

Toy.Ⅵ.014　壁画残片。灰底上有一行不完整的黑色汉字，右边还有一条黑带子。4 英寸×2 $\frac{1}{2}$ 英寸。

Toy.VI.015、032、035　壁画残片。可以看到约 2 英寸宽的淡黄色带子，纵贯三块残片。垂直的灰色双线把带子分成很多长度不等的部分，每个部分中都有一个潦草的婆罗米文题记。黄带子上方是一块底板（？），015 的一半底板和 035 中的底板是黄色，轮廓线红色，还有一条内层红线边。015 的另一半底板以及 032 上的底板是深灰色或黑色。

最右边的底板上似乎有跪姿或立姿人物的下半部分。035 上可以看到一个有云和鸟图案的袍子。旁边是一件粉色袍子，带小花图案（图案轮廓线为蓝色）。再往左是一件红袍子的下端，还有一只穿黑鞋的脚。红袍子后面是无花纹的深灰色或蓝色袍子（在 015 上），也可能有飞鸟图案。这个袍子右边是一只穿黑鞋的脚。

写着题记的那条带子底下的画面情况如下：在 015 上是一个带尖的圆形灰帽子（？）的顶部，帽子右边有朵粉色莲花。032 上是一个剃光的和尚头，前额粉色，眉毛黑色，底下的部分都缺失，左边有朵粉色莲花蕾。

三块残片并不连属，合起来长 1 英尺 6 英寸。015 最高，5 $\frac{3}{4}$ 英寸。

Toy.VI.016、017　壁画残片。两块合起来可以看到一个人物的胸、一部分左臂和左手、右臂的一部分二头肌。赤裸，只戴着宝石项链、臂钏和手镯。左臂和左手施无畏印，但食指和中指分得特别开。脖颈根上是一对黑色带子状物，不知道究竟是什么。只在胳臂和身体之间可以看到绿色背景。皮肤粉色，轮廓线红色，装饰品黄色。四面都不完整，颜色保存得很好。8 $\frac{3}{4}$ 英寸×5 英寸。

Toy.VI.020　壁画残片。粉色底上是点状图案。一个点像叶子，有三瓣，暗黄色，带绿色花纹。它左边连着个金色椭圆形，状如翅膀。右侧缺失。这个点左下方是一个圆点，暗黄色，带绿色花纹。再往左是一块金色和暗黄色，大概是与第一个点类似的点的一部分。底下是条白带子，有绿色块。$2\frac{3}{8}$ 英寸 × $1\frac{1}{4}$ 英寸。

Toy.VI.021　壁画残片。 可以看到一条直边，由弧形的凸圆莲花瓣（莲花座？）构成，莲花瓣夹在两条黄带子之间。黄带子轮廓线红色，每条带子中央纵贯着一条红线。花瓣白边，花心暗黄色，并晕染有灰色，轮廓线黑色。上方有两条纵向宽带子，右边那条深红色，左边那条灰色，一条垂直的黄带子将它们隔开，黄带子中央纵贯着一条红线。最右边有一只脚，脚尖直着朝下，露出粉色脚掌，轮廓线红色。再往左有另一只脚（？）的一部分，稍微朝左倾，脚趾缺失。四面都不完整。4 英寸 × 4 英寸。

Toy.VI.022　壁画残片。 从壁画中可以分辨出一个圆形物体，似乎是一只大手的一部分。镀金，"手背"以及其他四面都不完整。$2\frac{7}{8}$ 英寸 × 2 英寸。

Toy.VI.023　壁画残片。 大概与 02 一样也是件带狮子花纹的上衣，磨损严重。$2\frac{1}{4}$ 英寸 × 1 英寸。

Toy.VI.024　壁画残片。 一块土坯状的黏土，三个面都绘了画。前面那个面上有一朵团花，直径 $2\frac{5}{8}$ 英寸，四周环绕着一条黄带子。团花里面的图案损坏太严重，看不清楚，但可以分辨出黄色植物图案，轮廓线是黑色细线。中间那堆图案似乎主要是红棕色。

在离这个团花一侧 1 英寸的地方，开始了第二个团花（？）。团花外的地是暗黄色或黄色，土坯的三条完整的棱附近的边涂成 $\frac{3}{8}$ 英寸宽的暗黄色带子。其余三个面磨损并在朝后的地方破裂了。长 5 英寸，宽 $4\frac{1}{8}$ 英寸，最厚处 $2\frac{3}{8}$ 英寸。

Toy.VI.025、056、072　壁画残片。 三个人物的一部分，都是暗黄色，用黑线粗略地勾勒轮廓线，人物姿势都与 066 类似。025、056 上有两只手，持莲花茎。这两块残件出自墙的外角附近，可以看到一小块彩绘的折回部分。056 中的人物似乎是扭曲变形的，但这也可能是因为磨损特别厉害的缘故。056 最大，$6\frac{1}{4}$ 英寸×$3\frac{1}{2}$ 英寸。

Toy.VI.026　壁画残片。可以看到人物的小腿和脚。脚朝外伸，脚心朝上，像是盘坐的姿势。从腿到踝覆盖着深灰色衣物。背景红色，上方有一小块淡粉色（是另一只脚的一部分?）。$3\frac{1}{4}$ 英寸×3 英寸。

Toy.VI.027、036、043、046、048、060、063、067、079　壁画残片。都严重磨损，被烟或湿气损害过，内容无法辨认。最大尺寸 $3\frac{1}{2}$ 英寸×3 英寸。

Toy.VI.029　壁画残片。有四行不完整的回鹘文，写得很工整，字黑色，底白色。$4\frac{1}{2}$ 英寸×$2\frac{1}{2}$ 英寸。

Toy.VI.030　壁画残片。有一行不完整的婆罗米文（?），字黑色，底白色。一条边附近有条红带子。$4\frac{3}{4}$ 英寸×$2\frac{3}{4}$ 英寸。

Toy.VI.031　壁画残片。写有潦草的婆罗米文，字黑色，底白色。$4\frac{1}{2}$ 英寸×2 英寸。

Toy.VI.033　壁画残片。有两行不完整的回鹘文，字黑色（已褪色），底白色。5 英寸×$2\frac{3}{4}$ 英寸。

Toy.VI.034　壁画残片。一条边上是一只前臂的一部分，戴手镯。对面的边上是淡黄色或粉色衣纹（?）。背景是一条宽宽的白带子，一侧有一个灰色半新月形；另一侧是一条灰色带子，轮廓线黑色（披巾?）。上方（?）有一条红带子，带子的白边外是橙黄色边，两条边之间用红线隔开。底下

（?）是黑色。皮肤轮廓线粉色；衣物轮廓线红色，晕染有灰色。一条边被烟熏过。$3\frac{1}{2}$英寸×$4\frac{3}{8}$英寸。

Toy.VI.039　壁画残片。 有两行不完整的婆罗米文（?），字黑色，底白色。上方是一条红带子的一部分，带子边黑色。$2\frac{3}{4}$英寸×$1\frac{3}{4}$英寸。

Toy.VI.040　壁画残片。 可以看到一条弧形珠带子，带子中间有两颗大珠子。带子上面是一个呈侧影的横向黄色圆圈，圆圈左边是放射状的长花瓣（花瓣尖凸圆）。背景黑色。大概是头饰的一部分。3英寸×2英寸。

Toy.VI.041　壁画残片。 可以看到一部分莲花状装饰品。莲花粉色，轮廓线红色。一条窄带子把花同红色背景隔开，带子上有黑色浆果（或宝石），浆果轮廓线白色。$2\frac{1}{4}$英寸×$2\frac{1}{8}$英寸。

Toy.VI.045　壁画残片。 可以看到一朵花的一部分。花是一个暗黄色圆盘，中间有一个圆圈，圆圈边晕染成灰色。圆圈外是一圈连在一起的闭合棕叶饰，棕叶饰带旋涡的那一侧朝外。背景是斑驳的灰色，背景上有某些轮廓线的痕迹。$2\frac{1}{4}$英寸×$1\frac{3}{4}$英寸。

Toy.VI.049　壁画残片。 写有支离破碎的婆罗米文（?）。字黑色，底白色。一侧有一条白色弧形带子的一部分，带子轮廓线黑色。背景黑色。3英寸×$2\frac{1}{2}$英寸。

Toy.VI.050　壁画残片。 可以看到一部分白花（由宝石构成），花后面是巧克力色的火舌。火舌上方连着一团棕色，棕色上面有旋涡饰（也是棕色）。一侧有一个鼓出的形状，砖红色（衣纹?）。剩下的表面是鲜艳的蓝色，有黑线。头饰（?）的一部分。$4\frac{1}{2}$英寸×$3\frac{1}{4}$英寸。

Toy.VI.051　壁画残片。 可以看到一个婴孩的头部，头顶剃光，只有前额上方有两撮树叶状的短发。左臂抬在鬼子母神（?）的黑发（?）前面。大头的项光白色，项光边是红色和黑色。除一绺黑发外，鬼子母神（?）的整个头都缺失。大概是 03 的一部分。$2\frac{1}{2}$ 英寸×$2\frac{1}{2}$ 英寸。

  Toy.VI.052 **壁画残片**。可以看到人物的右脸，有真人脸的四分之三大，黑发剪得很短，长耳，嘴和左脸缺失。皮肤粉色，轮廓线红色。

  奇怪的是，画面中引入了黑色。黑色一般出现在高光的地方，比如上眼睑的两条轮廓线之间的那条宽线、鼻子、眼"白"。这可能本是白色或其他浅色，后来氧化成了黑色。（这类处理法的其他例子，参见065、067）$4\frac{1}{2}$ 英寸×4 英寸。

  Toy.VI.053 **壁画残片**。被烟火熏黑了。大概与 02 一样也是带狮子花纹的部分上衣。在一条边附近是一个扩展的黄色部分，可能是底座或瓶子的中间部分。旁边的东西看起来像是翼状狮尾。由于变色，画面中出现了红色。$3\frac{1}{2}$ 英寸×2 英寸。

  Toy.VI.055 **壁画残片**。可以看到三个（?）人物的衣物。左边是一件与 02 类似的上衣的腰部和下摆。腰带蓝色，上面挂着八个（?）长度不等的蓝带子（或带子和小囊）。从这些带子底下又垂下一条又长又窄的白带子。往右是发红的暗黄色带子。再往右又是一件蓝灰色上衣（?），上方有带蓝条和粉条的环形衣物（袖子?），从外衣上垂下来窄带子。再往右是一条粗糙的棕色带子。带子右边是件粉色上衣（?），上衣上的花纹是小花，小花轮廓线蓝色。残件的这一端被烟熏坏了。除成对的狮子比较清晰外，其余的画面都很模糊。$11\frac{1}{2}$ 英寸×5 英寸。

  Toy.VI.057 **壁画残片**。可以看到一张四分之三朝右的脸，约有真人脸的三分之一大，处理方法与 052 类似。左眼以外的左侧都缺失，有头饰和耳环。项光底白色，外面环绕着灰色和黑色宽带子。已磨损。3 英寸×$3\frac{1}{2}$

英寸。

Toy.VI.058　壁画残片。可以看到白色带子（是衣物?），装饰着鳞状花纹，花纹轮廓线红色。还有一些成条的简单的狮子状旋涡饰，看不分明。严重磨损。$4\frac{1}{4}$英寸×$4\frac{1}{4}$英寸。

Toy.VI.059　壁画残片。可以看到红色衣物（轮廓线黑色）。衣物上有黄色条纹，条纹轮廓线红色。有一个条纹末端是花朵一般的黄色凸饰。磨掉了很多，被烟（?）熏坏了。大概是天王服装的一部分。6英寸×3英寸。

Toy.VI.061　壁画残片。可以看到头饰顶上的椭圆形宝石，托在新月形的叶子上，底下和左侧是宝石和花。黑发梳成高高的朝后倾的发髻。项光白色，边上是灰色带子，灰带子外依次是红色和灰色带子。项光底黄色。右边有第二个人物的项光，项光边粉黄色，边里面是灰色。底边被烟熏坏了。7英寸×$2\frac{1}{2}$英寸。

Toy.VI.062　壁画残片。可以看到一部分项光（?）边。项光底灰色，白边，轮廓线黑色。外面的灰底上有大理石花纹的效果，也可能原来想制造的是彩虹般的效果。所有颜色都被烟熏过，可能和原来已截然不同。$3\frac{1}{8}$英寸×$2\frac{5}{8}$英寸。

Toy.VI.064　壁画残片。可以看到项光的左半边。项光底绿色，外面环绕着的带子依次是绯红色、淡黄色和浅橙黄色。残件最右边的项光底上有颗暗黄色圆宝石，出自人物的头饰。背景粉黄色，上面的背景上有一个旋涡饰（用黑色勾勒轮廓线），底下的背景上有一个粗大的灰色爪状旋涡饰，朝里弯的地方有褶皱。6英寸×$2\frac{3}{4}$英寸。

Toy.VI.065　壁画残片。可以看到两个头的一部分，有真人头的四分之三大小。左边是一个人的左眼、左眉毛和一部分鼻子，处理方法与052类似。项光底红色，环绕着灰带子和浅橙黄色宽带子，轮廓线红色。背景玛瑙绿色。右边是另一个人的右耳和一部分脸颊，头发黑色。$6\frac{3}{4}$英寸×3英寸。

Toy.VI.066　**壁画残片**。碎成了几块。可以看到三个立姿人物站成一排，每个人都遮住后面那人的一小部分。

最前面的人在左边，可以看到左肩、左臂和一部分左胁，穿飘飞的袍子。胳臂在肘部弯曲，大概横过身前。暗黄色。

第二个人是男子，四分之三朝左，长脸，长着稀疏的胡须，长发在前额上方分开。头上紧裹着圆帽，帽顶稍高，用一条红带子把帽子系在下巴上。袍子蓝色。手在胸前持莲花茎，莲花茎弯在右肩上方。

第三个人物头戴奇怪的扁平头饰，头饰上立着一个椭球形物体（?）。头右边有朵莲花，莲花底下大概有长茎。

被烟火和湿气损坏了不少。右边还有一朵莲花。11英寸×$7\frac{1}{2}$英寸。

Toy.VI.068　**壁画残片**。右边可以看到一个人物的中心部分（与066类似），双手持莲花茎。手以上、肘以下都已缺失。左边又是一双姿势类似的手，手的背景是红色云和飞鸟构成的小花纹，花纹的背景蓝色，是衣物的一部分。都已变色，遭到了湿气和烟火（?）的严重损伤。7英寸×$5\frac{1}{4}$英寸。

Toy.VI.069　**壁画残片**。可以看到两个四分之三朝右的立姿人物。人物左手在胸前托着碗，右手抬起，从肘部朝外伸，持很细的东西（莲花茎?）。头是中国风格，长耳，有肉髻。黑发涂成实心的淡灰色，像帽子似的。右边那人的袍子和项光是朱红色，左边那人被烟火熏坏了。碗黑色，背景浅色。两人的下半身都缺失，右边那人的整个左半边也缺失。已褪色并变色。$6\frac{1}{4}$英寸×6英寸。

Toy.VI.070　**壁画残片**。可以看到一只真人大小的左手，小指上有两圈黄色戒指。手背朝上。背景是黄色和白色带子（已部分变色），带子轮廓线为黑色和红色。3 英寸×3$\frac{3}{8}$英寸。

Toy.VI.071　**壁画残片**。有四行不完整的回鹘文。白底黑字。3$\frac{1}{2}$英寸×3$\frac{1}{2}$英寸。

Toy.VI.073　**壁画残片**。可以看到一群婴孩（共五个）排成两排，四分之三朝左，都是白色，轮廓线黑色。最大的婴孩脸颊上隐约有粉色痕迹。似乎都穿着简单的无袖宽罩衣，但每人的头发都剃成不同的式样。在后面一排中，右边那个婴孩的顶髻稍向左偏在头前，顶髻中是垂直的发绺。他左边那个头额前有小刘海，脑后有一个小"尾巴"。在前面一排中，右边的婴孩梳着两个分别朝左右弯的树叶状发绺。中间那个婴孩前额有一绺朝左弯的鬈发。左边那个婴孩前额有刘海，一侧有一个很长的树叶状发绺。

所有婴孩的手都合十，背景中有衣纹。前排三个婴孩只有头部保留下来，身体缺失。后排左边那个婴孩的一部分脸也缺失。线条很好。4$\frac{1}{2}$英寸×2$\frac{1}{2}$英寸。

Toy.VI.075　**壁画残片**。红底，上面有白色衣纹（？）的痕迹，衣纹的一条边晕染有灰色，另一条边是一条弧形绿带子。2$\frac{1}{4}$英寸×2$\frac{5}{8}$英寸。

Toy.VI.076　**壁画残片**。在白底上有几个潦草的灰色婆罗米文（？），一边上有一条深棕色带子。2$\frac{3}{8}$英寸×2$\frac{1}{4}$英寸。

Toy.VI.080　**壁画残片**。可以看到人物的头顶（？）和项光的一部分。头发散乱，但都紧贴着头，在前额上方稍微分开。头发用黑线画成，前额附近是荆棘状的黑尖。脸缺失。中间上方是一部分灰色圆盘（？）。背景红色。项光底为玛瑙绿色（几乎全部磨光了），项光边红色，外面又有一圈浅蓝色边。关于"荆棘"状的头发边，参见07。$3\frac{1}{2}$英寸×3英寸。

Toy.VI.081 **壁画残片**。可以看到弧形带子，外面那条带子红色，朝里依次是白色和红色。大概是项光的一部分。$2\frac{3}{8}$英寸×$2\frac{1}{2}$英寸。

Toy.VI.083 **泥浮雕头发残件**。佛的头发，共两块，涂成蓝色。头发是紧密的之字形小波浪状，每个波浪末端都有一个卷。6英寸×$3\frac{1}{2}$英寸。

Toy.VI.087 **泥浮雕头像**。一个男子，脸表面几乎全部缺失。右眼仍保留了下来，微呈斜上形。嘴角涂成绯红色，皮肤涂成粗糙的浅红色，眼睛、眉毛和紧贴着头的头发都是黑色。生着突出的大耳朵。$2\frac{3}{4}$英寸×$2\frac{1}{2}$英寸。

Toy.VI.089 **一团纸片**。印有暗红色坐佛像，与 Bez.viii.01 类似。平均尺寸2英寸×2英寸。

Toy.VI.091 **壁画残片**。有婆罗米文的残迹，上方是一条黑带子，大概是 Toy.VI.016 等的一部分。已磨损。$1\frac{1}{2}$英寸×$1\frac{3}{8}$英寸。

Toy.VI.092 **壁画残片**。在巧克力色的背景上可以看到一条弧形绿带子。3英寸×3英寸。

Toy.VI.093、094 **壁画残片**。白色背景上可以看到一条粉色弧形带子，带子轮廓线为黑色。两块合起来的尺寸为$5\frac{3}{4}$英寸×$2\frac{1}{8}$英寸。

Toy.VI.095 **壁画残片**。隐约可以分辨出旋涡饰和大宝石（？）的装饰性细节，宝石边上镶着花瓣。都用红色轮廓线画成，还有蓝色和红棕色残迹。是头饰（？）的一部分。3英寸×3英寸。

Toy.VI.096、0103、0104 **壁画残片**。磨损严重，内容无法辨识。096最大，4英寸×$1\frac{5}{8}$英寸。

Toy.VI.097 **壁画残片**。可以看到一个粉色圆盘，轮廓线黑色，轮廓线里面还有一条与其平行的黑线。从圆盘边上朝外伸出一组暗黄色直线。背景浅蓝色。2 英寸×1$\frac{1}{2}$英寸。

Toy.VI.098　壁画残片。可以看到装饰性细节部分。黑色背景上有三个苏格兰短裙状物，白色宽边，里面黑色，轮廓线红色。白色背景上交叉排列着红带子。一条边沿腿上是一个黑色袖子状物，有黄色扇贝状"袖口"（?）。背景上有多条红线。磨损严重。5 英寸×2$\frac{1}{2}$英寸。

Toy.VI.099　壁画残片。白底上有一个三足黑锅的底部，底边上有一小块黑色。5 英寸×3$\frac{3}{8}$英寸。

Toy.VI.0100　壁画残片。可以看到一只手，背景是三条带子，带子分别是粉色、灰色和暗黄色。磨损严重。2$\frac{1}{2}$英寸×1$\frac{3}{4}$英寸。

Toy.VI.0101　壁画残片。可以看到用黑线勾勒的模式化叶子或叶状衣纹，晕染有蓝色和黑色，背景暗粉色。1$\frac{5}{8}$英寸×1$\frac{1}{2}$英寸。

Toy.VI.0102　壁画残片。可以看到一个人物的肘、上臂和一部分前臂，背景是绿色（已褪色）。背景上有几个黑色花纹，一条边沿附近是绯红色。2$\frac{5}{8}$英寸×2$\frac{1}{8}$英寸。

在吐峪沟购得的文物

Toy.01　陶器皿的侧壁残片。红色，粗糙。（出自吐峪沟麻扎上游 3 英里远的民居遗址）。2$\frac{1}{2}$英寸×3$\frac{1}{8}$英寸×$\frac{1}{4}$英寸。

Toy.02　石头柄（?）。较软的灰白色石头，笔直，横截面椭圆形。一端凸圆。另一端削平，并钻了孔，以便纳入带刃器具的铤。这一端镶着一个

$1\frac{5}{16}$英寸深的青铜条。保存良好。$2\frac{1}{4}$英寸×$\frac{11}{16}$英寸×$\frac{9}{16}$英寸（最大厚度）。

Toy.03　玻璃珠子。球形，不透明，黑色，有光泽，镶嵌着白灰画成的直线和波浪线。保存良好。直径$\frac{5}{8}$英寸。

Toy.036　木圆环。横截面圆形，残留着颜料和镀金的痕迹，中间从一侧挖掉了一块。外圆直径$1\frac{5}{8}$英寸，内圆直径$\frac{3}{8}$英寸。

Toy.037　泥塑的手。左手，拇指伸直，其余四指弯曲。黏土较软，掺杂毛发，白灰泥外涂成粉色，手指背面残留着不少镀金。手指折断了，但仍保存下来。长$1\frac{5}{8}$英寸。

Toy.038　玻璃印章。长方体。顶上是一头中国风格的蹲坐狮子，狮子头上和背上的毛发用突起的疙瘩来表示。用了两个模子。在狮子身体和前腿之间有一个孔，以便悬挂。底座上的花纹没有刻出来。底座$\frac{11}{16}$英寸×$\frac{7}{16}$英寸，高$1\frac{1}{4}$英寸。图版LXXII。

Toy.049、050　2个泥塑人像。均为武士，直立，脚并拢，手合在身体前面。身体上有一个纵向的孔，似乎是插矛或旗子的。人物穿外衣，头戴头巾般的头盔（由鳞片甲构成）。头盔有尖，两侧的"盔帘"垂到肩上。外衣长及膝，腰系带，胳膊上的外衣只到上臂。胳臂上盖着长袖子，本来是红色，如今一个袖子黑色，一个黄色。脚和腿穿着黑色长靴或绑腿。

全身的铠甲鳞片都是长方形，朝上彼此重叠。鳞片轮廓线黑色，地发粉，晕染有灰色，并有一个红点。红点已变色成了黑色或深蓝色，代表着将甲穿起来的孔。鳞片甲的边为褐紫红色。

人物圆脸，眼睛笔直，小鹰钩鼻，050有小胡须。两个人像的嘴唇都变色成了深蓝色，脸灰色。木棍从脚底下伸出来，以便连在别的地方。保存良好。高 $6\frac{3}{4}$ 英寸。参见图版 XCIX 中的 Ast.iii.2.023。图版 CII。

Toy.051~053　3 顶泥塑帽子。051 的帽顶显得很尖，与图版 XCIX 中的 Ast.iii.2.017 类似。052 和 053 的帽顶凸圆，帽顶和帽檐上有突起的线，代表帽缝，也可能只是起装饰作用。里面空心，粗糙，没有着色。帽顶和帽檐外面涂成黑色。高 2 英寸，帽檐直径 $2\frac{1}{4}$~$2\frac{7}{8}$ 英寸。图版 CII。

Toy.054　木制的水果或花蕾。球形，刻得很细致，中心是深红色，外面有四片浅蓝色花瓣（或果皮），花瓣从八片萼片中生出。先制成球，然后再刻上细节。曾粘着一圈用绿纸剪成的外层花萼，但绿纸只保留下来一部分。长 $2\frac{1}{4}$ 英寸，直径 $1\frac{5}{8}$ 英寸。图版 LXVI。

Toy.055　铁铃铛。状如扁长的牛铃铛。横截面正方形，顶上有一个环用来悬挂。环底下的孔中显然挂着铃锤，但铃锤如今已缺失。生了不少锈。底下的角呈短尖状。高 $4\frac{3}{4}$ 英寸，宽 $1\frac{3}{4}$ 英寸。

Toy.056.a、b　一双木凉鞋或木屐。只有鞋底，用扁平的木片做成。鞋跟和鞋尖上有孔，以便穿细绳子，b 鞋尖的孔中仍残留着一个细绳结。a 的外边附近还有一个大孔。长 $9\frac{3}{4}$ 英寸，最宽处 $2\frac{3}{4}$ 英寸。

Toy.057、058　2 根木棍。特别粗略地修剪过，每根棍两端各有一个孔。057 的一个孔中有截打成结的皮绳。末端稍微削过。长 $13\frac{1}{2}$~14 英寸，粗约 $\frac{1}{2}$ 英寸。

Toy.059、060　2 根木尺子（？）。粗略地修剪过，树皮剥了下去。059 "底下" 那一侧有一个缺口，"顶上" 那一侧两端附近各有两个缺口。060 在同样的位置分别是两个缺口和三个缺口。长 $12\frac{1}{2}$~13 英寸。图版 LXVI。

Toy.061　泥浮雕菩萨像。立姿，是腰以下的身体，脚缺失。头已断落（保留了下来）。下半身穿黑袍（可能原来是红色，变色成了黑色），袍子绕着臀打成结。头顶是高顶髻和花冠，使人想起《西域考古图记》第四卷图版 CXXXIV 中的 Mi.xii.001。

头发黑色，从前额梳上去，头巾上的黑发垂到肩后。皮肤先粉刷成白色，再涂成粉色，花冠上有黄色颜料的残迹。五官笔直，造型很好，直眼睛、短鼻子，前额突出。黏土较软，腐烂得比较厉害。下半身高 7 英寸，头部高 $3\frac{3}{4}$ 英寸。图版 LXXII。

Toy.063　铜圆盘。中间有一个孔，前面和后面都装饰着浮雕。前面在两个同心圆中雕着十二生肖，还有 12 个汉字写着生肖的名称。汉字在里圈，动物在外圈。动物有的坐，有的一个走在另一个后面。

背面在外边沿之外雕着岩石，岩石上是几只行走的动物。一个是犀牛，后面是鳄鱼（?），第三个动物不清楚。背面磨损严重，除此之外保存良好。工艺精湛。直径 $1\frac{3}{4}$ 英寸，中间那个孔直径 $\frac{7}{16}$ 英寸。图版 XI。

Toy.064　铜条。绕着一端刻着很浅的回纹图案，有裂纹。长 $\frac{7}{8}$ 英寸，直径 $\frac{9}{16}$ 英寸。

Toy.065　铜珠子。球形，顶上有圆环，穿着一窄条打了结的细致的毛布。直径 $\frac{3}{8}$ 英寸。

Toy.067　壁画残件。受湿气影响，变了色，已经腐烂。碎成了五块。底下在白底上是一尊佛像的头部，头后是白色项光，项光后面朝下伸着一个背光，背光边为红色和粉色。顶部颜色较浅，处理成很多方格，方格边为红色，轮廓线黑色和白色。1 英尺 2 英寸×$10\frac{1}{2}$ 英寸。

Toy.068　2块壁画残片。受到了湿气的严重影响。大的一块一侧可以看到人物的前臂，戴三副黑色手镯。前臂后面是一条富丽的带子的一部分，带子上的花纹是萨珊风格。带子底红色，上面有黄色（？）圆盘饰，圆盘饰的黑边上装饰着白色珠子。每个圆盘饰中间都是朵画得很差的花。圆盘饰之间的三角形空白处填补着蓝色圆盘，圆盘外环绕着白色小珠子。

与这条带子相连并平行的还有一条带子，红底，上面是圆盘，圆盘外环绕着蓝色和白色珠子。每个圆盘饰之间的空白处都是一个梨形蓝点（轮廓线白色）。这两条带子大概是背光的边。

小残件上也是这样的圆盘饰，还有一条不规则弯曲的白线穿过带子，白线用粗粗的黑色勾勒轮廓线。大的一块残件尺寸为 $8\frac{1}{2}$ 英寸×$5\frac{1}{2}$ 英寸，小的一块残件尺寸为 $6\frac{1}{2}$ 英寸×$5\frac{1}{4}$ 英寸。

第五节　在木头沟遗址的考古工作

首次探访柏孜克里克千佛洞

12月9日，我离开吐峪沟，经过那条外围山脉北边的苏巴什和胜金绿洲，来到了木头沟村。我先前就曾从喀拉霍加出发，勘察了柏孜克里克的众多石窟和庙宇。柏孜克里克坐落在木头沟垦殖区南端下游2英里远的峡谷中，朝喀拉霍加流的那条河就从这条峡谷穿过了那条外围山脉。在那次探访中我发现，柏孜克里克的寺庙仍保留着大部分壁画。但也有确凿的证据表明，从我1907年第一次来过之后，这个吐鲁番最大的佛教遗址的壁画遭到了人们越来越大的破坏。1906年，格伦威德尔教授在这个遗址待了两个月，凭着细致的考古工作和造像学上的专门知识，彻底清理并研究了那里的遗物。他在《新疆古佛寺》中详细记载了自己在这些寺庙遗址长期工作的成果①，研究中国新疆古代艺术的人将永远受益于这部著作。为安全起见，当时他就把很多庙宇中最有价值的壁画剥下来，运到了柏林人种学博物馆。而在那之前两年，在格伦威德尔教授回到吐鲁番之前，冯·勒柯克教授就在柏孜克里克一座塞满瓦砾的庙中清理出了保存极好的壁画，那些壁画也运到了柏林。②

　　如今我痛心地看到，这些遗址已遭到了越来越大的破坏。指望当地人来保护它们是不可能的了。看来，要想确保这些壁画的安全，唯一的途径就是在条件以及艺术上和造像上的考虑允许的情况下，把尽可能多的壁画都仔细地剥下来。我现在就是带着这一重要任务来到木头沟的。此后我还在此停留了两次，合起来共待了 15 天，其中大部分时间都是忙于这项工作。由于柏孜克里克的所有遗址先前都被格伦威德尔教授考察并描述过（他的佛教造像学知识是极为杰出的），我们这个精细的工作干起来就容易多了。而且，幸运的是，我只需选定要剥下来的壁画，仔细地记录下它们的位置以及与整体装饰布局等的关系，然后明确地指示较大的壁画表面应该沿哪条线分开。将壁画实际剥下来、加固并装箱的活计，我尽可以放心地交给两个印度助手来做。他们先前在别的遗址受过我的指导和训练，完全能够胜任这项工作。

为剥下精选的
壁画做出安排

---

　　① 参见格伦威德尔《新疆古佛寺》223~301 页，图 494~613。图中把很多特别有价值的构图、人物和装饰性细节都仔细临摹了下来。

　　② 参见冯·勒柯克《高昌》图版 16~38，这些页码还有解释性文字。

图317 斯克里甫的寺院遗址，从西北方看到的景象

图316 斯克里甫的寺院遗址，从东南方看到的景象

图319 柏孜克里克 xiii 号石窟墙上的大佛像和菩萨像等

图318 柏孜克里克 xiii 号石窟巨大的涅槃佛像头上的壁画

剥取的方法 　　把所有选取的壁画都剥下来并装箱只用了不到两个月的时间。这主要应该归功于奈克·夏姆苏丁的高超技术和不知疲倦的干劲，而且大部分时候阿弗拉兹·古尔也给予了他大力帮助。他们严格遵循着我在剥取米兰寺院的壁画时首次使用的方法。[①] 事实证明，那些技术在剥取柏孜克里克石窟的精选壁画时同样有效。这些壁画最终装满了 100 个大箱子，每只骆驼只驮得动一个箱子。考虑到这项工作是在一年中最冷的时季节进行的，而且大部分时间我都不在场，不能给他们提供诸如必需的材料、人手等方面的帮助，因此，奈克·夏姆苏丁这个能干的人真是特别有功。

壁画在新德里布置起来 　　后来，这些箱子中的壁画以及其他文物都在喀什重新装箱，并毫无遗漏和毫无损失地运到了印度的目的地。在新德里专门建了一个建筑，以便存放这些壁画。自从 1921 年以后，安德鲁斯先生致力于安排我在第三次旅行中获得的文物。他把大部分时间和劳动都用在布置柏孜克里克的壁画上。但在我撰写本书的时候，这项工作还远未完成。[②] 因此，这些壁画的照片和全面的描述性文字，只能留在将来的某部书中了。在本书中，我只是收录了柏孜克里克遗址的平面图。平面图是在我们勘测的基础上绘制的，可以补充格伦威德尔教授的草图。[③] 同时，我还收了几张照片，来说明这个遗址的特点（图 314、315、318、319）。

到乌鲁木齐去的原因 　　剥取壁画的工作正在进行的时候，我不得不在 1914 年 12 月 14 日到 1915 年 1 月 7 日之间离开木头沟，到新疆首府乌鲁木齐去了一趟。我到那里去主要是为了拜见潘大人，他

① 参见《沙漠契丹》第一卷以下。
② 这项工作如今已完成。
③ 为了能方便对照格伦威德尔教授对这个遗址的详细描述，在平面图中，除了标上我们从中剥下壁画的那些寺院（用小写罗马字母），我们还插入了格伦威德尔教授给单个寺院的编号（阿拉伯数字）。

是我的一个热心的朋友，在前两次旅行中曾庇护过我。由于他的行政管理才能以及闻名遐迩的少见的清廉，他在"革命"年间退休之后，又被擢升到了省财政部长的位置。但即便没有这个私人动机，我出于某些有点外交性质的原因也得到乌鲁木齐去。春天的时候，北京的英国公使曾为我进行了有益的调停，但我担心，官方进行阻挠的想法在省府并没有消失。就是因为官方的阻挠，1914年1月间我的考古学和地理学工作险些陷于停顿。后来的情况表明，我的担心是完全有道理的。为了防止这个风险，或至少延迟一下官方可能重新采取的阻挠政策，我应该亲自去乌鲁木齐，以便使乌鲁木齐那些当权的人能改善对我的态度。而且，无论如何，我要确保潘大人的热心支持。在前两次旅行中，他的支持大大帮助了我。而且，我还可以在乌鲁木齐的俄国领事馆的医药官那里，获取一些关于我的伤腿的建议。尽管我的腿在慢慢好转，但它仍一直使我十分忧虑，并造成了行动上的极大不便。

12月18日到1月3日，我沿大路从吐鲁番城到了乌鲁木齐，在那里待了一个星期后又返了回来。我要很快走完这两地之间约115英里的距离，而且我走起路来仍很困难。因为是严冬时节，从天山分水岭附近向北到乌鲁木齐的地面上都覆盖着白雪。以上这些因素都使我沿途无法进行考察。但即便如此，途中我还是观察到了很多有趣的现象。从吐鲁番盆地往上走到分水岭去时，我发现由砾石和分解的岩石构成的山坡寸草不生。这条分水岭极低，达坂城高原海拔只有3 000英尺多一点。这条道极为方便地将吐鲁番盆地和准噶尔联系了起来。在分水岭附近的汉族村子达坂城，田地仍需要灌溉。而从东北高峻的博格达山流下来的那条活泼的溪流

天山分水岭的
气候状况

正好可以满足这个需要。但在乌鲁木齐附近的低矮小山上，只依靠雨雪就可以从事农业了。当我们从东南方来到达坂城时，就极为明显地感受到了气候上的这种显著变化。人们都知道，达坂城高原常刮猛烈的东北风。由于刮大风，我们还不得不在极为艰苦的条件下在那里耽搁了一天。显然，大风的直接起因是"对流作用"。在对流作用下，准噶尔的冷空气从天山的这条大豁口刮进低洼的吐鲁番盆地。在吐鲁番盆地，由于阳光要充足得多，即便在短暂的冬季冷空气也是可以变暖的。

在乌鲁木齐停留

我在乌鲁木齐度过了忙碌的圣诞节一周。我住在热情好客的中国内陆传教团的亨特（Hunter）神父那里。同时，由于中国邮政的塔得胡伯（G.Tudhope）先生、比利时传教团的胡格斯（Hoogers）神父、俄国领事馆的官员等人的许多善意举动，我这一周过得十分愉快。我几乎每天都和我的汉族老朋友潘大人（图298）见面。虽然官方对我越来越注意，而且中国革命后知识界的态度有了变化，但年事已高的潘大人对我的科学目的和科学工作的浓厚兴趣都没有改变。主要是由于他的影响力，我受到了新疆都督杨增新先生和他的外事顾问张少宝先生的极为热情的接待。但关于前一年对我进行的阻挠，他们只字不提，这使我对他们将来的活动不敢太放心。好在我从那个俄国医生那里得到了不少安慰。他说，我的腿会康复的，将来一点也不会瘸。以前我一直担心这条伤腿使我将来无法在南边的沙漠和西边的帕米尔地区进行考察，现在我心头的一块石头算是落了地。

12月30日，我接受了热情的接待者们良好的祝愿并同潘大人洒泪道别后，从乌鲁木齐出发往回走。我这位汉人学者老朋友说我们还能第四次见面，但我在分手时却十分伤感。因为我知道，在不久的将来他就得告老还乡回到湖南去。而我能否再次到新疆来，还是不可预测的将来的众多未知数之一。1915 年 1 月 8 日，我又回到木头沟的营地。此前，在经过吐鲁番城的时候，我事先做好了安排，以便把将要获得的大量文物运到库车，并经那里运到喀什去。令我欣慰的是，在与助手们会合的时候，我发现他们的工作一直在不间断地进行，没有受到什么妨碍。已经装好了 50 箱子的壁画，只待运往喀拉霍加的仓库，更多的精选壁画只差最后装箱了。

　　这次我在木头沟停留到 1 月 17 日。我的大部分时间都用在更仔细地研究柏孜克里克的寺院和选择要剥取的壁画。同时，我还考察了一下几个小佛寺群。它们坐落在一些小谷地的谷口。这些谷地是从木头沟村西南和南边那些光秃秃的山上，朝木头沟那个深陷的雅尔延伸的。格伦威德尔教授已经考察过了这些遗址中最重要的几座，并对其作了全面描述。① 但由于这些遗址的位置不仅从地理学角度来看有价值，而且也表明了当地拜神传统的连续性，所以我在这里有必要对它们作一下简单描述，并说一下在以前没人考察过的遗址中都发现了什么文物。如果从木头沟零星的农田最南端附近的阿洪买海来（Ākhūn-mahalla）村出发，穿过深陷的雅尔底部流着的那条由泉水补给的溪流（雅尔有 200~300 码宽），就会来到一座砾石覆盖的光秃秃的高原。高原陡峭的土崖比溪流的右岸高出 100 多英尺。这座高原环绕着那个寸草不生的崎岖外围的山脚，在这里不足 0.25 英里宽，但朝西北的高处便逐渐变宽。高原上有一系列深沟。如果偶尔

考察木头沟的佛寺

① 参见格伦威德尔《新疆古佛寺》301~313 页。另参见奥登堡在《俄属突厥斯坦考察》48 页以下的简单的注。

下雨，从外围山脉的小谷地中流出来的雨水就是经过这些深沟流进木头沟的。

通古鲁克布拉克和拜什干的农田

在阿洪买海来对面就有这样一条小谷地连在高原上。在谷口处，我们发现了那眼叫通古鲁克布拉克（Tonguluk-bulak）的小泉，它灌溉着出水口下游约 1 英亩的农田。显然，就是因为这眼不大的泉水的存在，才有一座小庙一度设在这里（即平面图中的 M.A）。这座小庙包括谷口右侧的两三个石窟（里面基本没什么东西），左边较高的地面上还有一群小建筑遗址。我们发现，这个建筑群中已经空无一物。沿山脚下往西走约 500 码，就到了第二个遗址群（M.B.I、II），人们有时称之为拜什干（Bēsh-kan），有时称它为拜什汗（Bēsh-khān）。它也坐落在一条小谷的谷口附近。在谷中我发现了一眼泉水，过去它灌溉着一小块农田。但在我这次来的时候，泉水已经干涸，农田也已荒弃。在农田之下，我们发现了 6 个小石窟，其中几个石窟的墙上装饰着有趣的壁画。①

清理 M.B.I 遗址

在干涸河床的对岸（左岸），矗立一座塔一般的高大建筑（见图 305，附图 28 的平面图），尽管受了不少损坏，但它仍保留了三层带穹顶的屋子。在它的东边，还连着一个小建筑，这个小建筑也有几间屋子和一个露天庭院。主建筑的上半部分被反复挖过，已经分辨不出建筑细节。但我们在瓦砾中发现了泥浮雕小装饰品（M.B.I.02~017，图版 IV），表明上半部分曾是一座庙。在这个瓦砾堆中我们还发现了一个形状优美的木罐残件（M.B.I.019，图版 VI）以及一个上了釉的小碗。清理了最底下那一层小屋子后，我们发现了一些

---

① 关于中间那个石窟内厅入口上方墙上奇怪的壁画，参见格伦威德尔《新疆古佛寺》303 页以下。这些石窟的平面图见附图 28。

回鹘文手稿和雕版印刷品，其中包括两件完整的大文书。另外还有一些汉文文书。在这里发现的大量小物件告诉我们，这些屋子曾被当作居住场所，大概庙里的僧人们曾住在这里。在这些物件中，几件日常用具特别值得一提：铁剃须刀（M.B.I.v.01，图版 VI）、一把扫帚柄（M.B.I.iii.011）、铁锥（M.B.I.ix.01，图版 LXVI）。我们还发现了一个刺绣的丝绸包（M.B.I.ix.02），以及带花纹的毛织品（M.B.I.i.022）。在清理塞满了瓦砾的小屋子 vii、xii 时，我们发现了几件装饰性的泥浮雕残件和木雕残件，它们大概是从高处那座被毁的庙里掉下来的。

在 M.B.I 西北 0.5 英里多一点的地方，是一条宽沟的沟口。第三个遗址群 M.C 就坐落在那里（图 303）。现在地表水一般到不了这个地点，但我们看到了几棵不高的老树，还有一个以这里为起点的坎儿井灌溉着木头沟下游的一些农田。这些都表明小谷中是有地下水的。当 M.C 遗址从前仍有人住时，很可能可以在附近的某眼泉水或溪流中获得水。从这个遗址东边 200 码远的地方，一直到俯瞰着木头沟的悬崖，都是墓葬和圆顶坟墓，构成了一块伊斯兰教大墓地，其中心是毛拉纳哈米提霍加木（Maulāna Hamīd Khōjam）的圣陵。圣陵的存在证明了 M.C 遗址重要的宗教地位。据说，在夏末的时候，喀拉霍加人常到这个圣人的安息地来朝拜。

格伦威德尔教授曾对这个遗址进行过考察和详细描述。① 它包括坐落在干涸河床右岸的一座塔状的大建筑（M.C.I，与 M.B.I 类似）、建在对面宽阔山坡上的一组小庙、山顶上奇怪的建筑 M.C.III，以及很多独立的庙宇（有的坐

木头沟 M.C 遗址的建筑遗存

---

① 参见格伦威德尔《新疆古佛寺》309 页以下。

落在俯瞰着谷口的低山上，有的在 M.C.I 附近的平地上）。格伦威德尔教授曾在 M.C.II 中发现了重要的手稿和雕版印刷品。但 M.C.I、II 后来因人们的乱挖而遭受了严重破坏。格伦威德尔教授从 M.C.II 的很多特殊的建筑细节上看出，它原来是一座非佛教建筑。[①] 但如今我们已经无法清晰地分辨出这些细节了。M.C.II 的平台上有一个小内殿，周围环绕着双层院子。格伦威德尔教授看到内殿墙上仍有壁画，现在这些壁画已经完全消失。但 M.C.III（附图 29）仍保留着一些壁画。它是一个独立的小殿，坐落在 M.C.I 上方的陡山上一个醒目的位置。由于堆积的瓦砾的保护，不少风格大胆的壁画残件（画着菩萨等）保留了下来（见下文的文物目录）。在 M.C.I 东边 100~150 码的平地上，我们发现了三座完全被毁坏的小庙（M.C.IV）。在其中一座庙中，我们从瓦砾堆里也发现了很多壁画残件，画面的比例较小，构图和线条都很自由流畅。

泉水附近的拜神传统 　M.C.II 西边约 300 码的地方，从一条生着树的窄谷中流出一条潺潺的小溪。从溪周围悬挂的大量旗幡和还愿的碎布来判断，朝圣者们把小溪看作是遗址中一个特别值得崇拜的地方。这条哺育着生命的小溪与寸草不生的山脉形成强烈对比，正是这个原因，至今人们仍崇拜着这里。再沿山脚往前走约 400 码，另一条小谷中涌出第五条小溪，它灌溉着下游的一块农田。在这里我们也发现了两座庙宇遗址（M.D）坐落在俯瞰谷口的山上。它们表明，古人也崇拜着这里。M.D 遗址只剩下了光秃秃的残墙。在木头沟附近的外围山脚下的

---

① 参见格伦威德尔《新疆古佛寺》313 页，图 624。

这座高原上，可以望到北边从二塘艾格孜上方一直到巴诺帕附近覆盖着积雪的壮丽天山，也可以看到天山辽阔的砾石缓坡。上文说的这些泉水以及西北其他的泉水是从那条可怕的光秃秃的外围山脉（火焰山——译者）脚下涌出来的。这说明，由于在木头沟北边，积雪的天山和吐鲁番盆地离得较近，偶尔也会有水分到达火焰山北坡来。

在木头沟遗址发掘出土的遗物
在柏孜克里克石窟 viii、xii 外的瓦砾中发掘出土的遗物

Bez.viii.01　5 张碎纸片。雕版印刷着粗糙的人物，坐在莲花上，暗红色。图案像花纹一样反复出现。平均尺寸约 $2\frac{1}{2}$ 英寸×$2\frac{1}{2}$ 英寸。

Bez.xii.01　带字的石头残件。有一个完整的汉字和两个不完整的汉字。[吉列斯博士释读出了 "为相（?）" 二字]。四边都不完整。保存良好。$2\frac{5}{8}$ 英寸×3 英寸。

Bez.xii.02　泥浮雕残件。破损较严重，可以分辨出妖怪头的侧影。前额和唇吻缺失，但很可能都是笔直的。眼睛保留了下来，很长，眼角精致地朝上翘。眼睛上方是弧形浓眉。眼睛白色，瞳仁黑色，瞳仁后面有两条黑色弧线。有怪笑的嘴的残迹，嘴角有皱纹。耳朵直立，带尖。头顶扁平，耳朵之间竖着鬃毛（?）。表面破损严重，但鬃毛、眼眉和颌涂成深红色，其余地方镀金。造型很好，工艺精湛。参见图版 LXXII 中的 Toy.IV.v.01。高 $2\frac{1}{2}$ 英寸，宽 $2\frac{1}{4}$ 英寸，厚约 $1\frac{1}{4}$ 英寸。

Bez.xii.03　绘画残片。画在烧过的陶器上，像是瓦的一角。深黄色底上有一部分莲花。莲花瓣中间画成鲜艳的心形，再往外依次是黄色、深棕色、红色、黄色、深棕色带子，红带子很宽，最外面的深棕色带子只是轮廓

线。表面涂了一层厚度不等的石灰，最厚处 $\frac{1}{4}$ 英寸，最薄处只是一层薄膜。工艺很好，已变色。$5\frac{1}{2}$ 英寸×$6\frac{3}{4}$ 英寸×2 英寸。

在木头沟 M.B.I 遗址的上半部分发掘出土的遗物

M.B.I.01　陶酒坛的上半部分。有口沿和一部分柄。酒坛的肩呈圆形，稍向外扩展，在肩的边线之间刻着一条帷幔状线。肩、口和柄上残留着已经腐烂的泥釉或湿黏土。高 $3\frac{1}{2}$ 英寸，直径 4 英寸。图版 VI（在图版中错标作 M.B.021——译者）。

M.B.I.02~013　12 个泥浮雕的边。雕成约 $2\frac{3}{4}$ 英寸宽的直带子，顶上和底下是珠子镶边。

02、03 珠子边之间是重复的三瓣大棕叶饰图案，棕叶饰交替连在顶边和底边上。棕叶饰之间和棕叶饰里面是旋涡饰。保存良好。长分别为 $4\frac{1}{2}$ 英寸和 $5\frac{1}{2}$ 英寸。

04 也是类似图案，但更大，磨损严重，长 $4\frac{1}{2}$ 英寸。

05~09，上面是中国式卷云图案，与 M.B.I.vii.01 类似（详见下文），保存良好，最长处 $3\frac{1}{4}$ 英寸。

010 是 03 的一部分珠子边。

011~013 是类似的珠子边残件，但比例比其余的都大。最长处 2 英寸，宽 $1\frac{1}{8}$ 英寸。都用软黏土制成，黏土中掺了毛发。

04 是粗糙的黏土，其中含很多纤维。都涂成红色，但 02、03 上的颜料几乎都脱落了。背面有麻布留下的印痕。大概是直接刻成的，事先没有用浮雕模子。图版 IV。

M.B.I.014　泥浮雕残件。一个坐在莲花中的人物，双手置于胸前持两朵莲花，这两朵花分别垂在双肩上。莲花座底下是两片分别朝左和朝右的叶子（半三瓣状）。整个浮雕大概包围在一个梨形涡卷饰之中。布局和雕刻都很好，涂成红色。表面没有纤维，背面在较粗糙的泥土和纤维上是细腻的纤维。$4\frac{1}{2}$ 英寸×$3\frac{3}{4}$ 英寸。图版 IV。

M.B.I.015、016　2 个泥浮雕装饰品。花束状，工艺与 M.B.I.vii.02 类似。图案是一朵大百合花，两侧的花瓣卷起，从花瓣上生出一对分离的旋涡饰，两个旋涡饰中间是一个带尖的三瓣形。已破碎。$3\frac{1}{2}$ 英寸×$2\frac{3}{4}$ 英寸。图版 IV。

M.B.I.017　泥浮雕装饰品。花束状。装饰着简单的旋涡饰，做工比较粗糙，工艺与前一件类似。$2\frac{1}{2}$ 英寸×$1\frac{3}{4}$ 英寸。

M.B.I.018　布鞋。鞋底用细绳编成。鞋帮剪成两块，在鞋跟和鞋尖中间连起来。鞋帮由几层麻布般的布料缝成。两侧是成行的水平针脚，产生了一种凸纹的效果。在鞋尖上方的缝两边，针脚形成了图案。图案是闭合棕叶饰，棕叶饰上是莺尾花。从棕叶饰上伸出来旋涡饰，填补了周围的空白（参见 M.B.I.04）。两块鞋帮相连的那条缝很明显，连在了稍微朝上翘的鞋尖上。

在这条缝的另一端，两块鞋帮分开，形成了一个优雅的缺口，然后鞋帮才打开，形成鞋口以便放脚。鞋口和缺口的边镶着很细的小绳。鞋跟后面缝着一个用麻布粗略做成的小口袋。鞋一侧有块皮子。鞋底细"腰"，用细绳编成，像《西域考古图记》第二卷 784 页中的 T.XVIII.iii.002 一样，鞋底也布满了疙瘩。鞋跟底下磨穿了。类似的鞋参见《西域考古图记》第四卷图版 L 中的 M.I.ii.0025。长 11 英寸，宽 $3\frac{1}{4}$ 英寸。

M.B.I.019　旋转而成的木罐残件。形状优雅，宽口，薄口沿笔直朝上。在口沿底下 2 英寸的地方，是稍微扩展的肩。腹从肩呈直线朝侧下方伸展，在足附近陡然呈弧线猛朝里收，底下是圈足。肩和腹上环绕着一对刻线。高 $5\frac{1}{2}$ 英寸，残件宽 4 英寸，口的直径约 6 英寸。图版 VI。

M.B.I.026　四"臂"木器。是捣东西用的（?）。"臂"由两个朝上翘的部件构成（形状与圆底器皿吻合），末端逐渐变细。两个部件在中间相交并合在一起，中间穿了根竹柄。直径 $6\frac{1}{4}$ 英寸，柄长 6 英寸。图版 VI。

M.B.I.027　小陶碗。里面上了苹果绿色釉，外面是较深的绿色釉，过渡成了蓝绿色。侧壁弧形，朝里收成突出的厚圈足（?），圈足已全部缺失。圈足里面的碗底也上了釉，用浓重的黑色画了两个十字形，一个的线条比另一个粗，十字形交叠在一起，八个"臂"均匀地从中心呈放射状朝外伸展。碗高 $1\frac{5}{16}$ 英寸，碗口直径 $2\frac{3}{4}$ 英寸，厚 $\frac{1}{2}$ 英寸~$\frac{1}{8}$ 英寸。图版 XXVI。

在木头沟 M.B.I 遗址的屋子里发掘出土的遗物

M.B.I.i.01~017　17 块陶器碎片。陶胎暗黄色，软，两面都上了明亮的绿松石色釉，里面有凸纹。01 比其他碎片都薄，里侧有相交的黑线和蓝线。017 最大，3 英寸×1 英寸，厚 $\frac{5}{16}$ 英寸（01 厚 $\frac{1}{8}$ 英寸）。

M.B.I.i.018　木梳子残件。像 M.B.I.iii.01 一样有两排梳齿。细齿在长 $\frac{1}{4}$ 英寸的地方折断了，结了层沙子。梳子一端缺失。长 $1\frac{13}{16}$ 英寸，宽 $1\frac{3}{4}$ 英寸，粗齿长 $\frac{7}{8}$ 英寸。

M.B.I.i.019　青铜残件。有点呈龙骨形，弯曲，形成了一个纵向的脊状。脊两侧各有一个铆钉孔，顶端削平。长 $1\frac{1}{16}$ 英寸，宽 $1\frac{1}{8}$ 英寸。

M.B.I.i.020　铁器残件。形状像大音叉，头折断了，已生锈。长 $2\frac{3}{8}$ 英寸，宽 1 英寸，厚 $\frac{1}{2}$～$\frac{3}{8}$ 英寸，又长 $1\frac{1}{2}$ 英寸。图版 VI。

M.B.I.i.021　干缩的水果。可能是杏。长 $1\frac{1}{8}$ 英寸。

M.B.I.i.022　带花纹的毛织品残片。织得很细密，斜纹。经线较细，暗黄色。纬线稍微粗些，是柔软的黄色毛线。织成一条条椭圆形植物图案（也可能是小花图案）。形成图案的线一般松松地出现在织物背面，只在需要的时候才出现在织物表面。织法与此类似的丝绸参见《西域考古图记》第二卷的 Ch.0065。残留着两条带子的一部分，间隔 1 英寸，一条蓝色，另一条粉色。褪色严重，图案已经无法辨清。约 4 英寸×$2\frac{1}{4}$ 英寸。

M.B.I.i.023　素绸残件。粗糙，浅绿色，已褪色、变色。$7\frac{1}{2}$ 英寸×5 英寸。

M.B.I.i.024　黑色网格残件。用马毛（？）编成，透孔，像筛子似的。末端没有编，系成结。最长处 4 英寸。

M.B.I.i.025　粗糙的毛织品残件。是山羊毛，深棕色，平纹。约 6 英寸×$1\frac{1}{2}$ 英寸。

M.B.I.iii.01　木梳子。有两排相对的齿，一排粗，一排细。粗齿碎了不少。长 $2\frac{3}{8}$ 英寸，全宽 $3\frac{1}{8}$ 英寸，粗齿长 $1\frac{1}{4}$ 英寸，细齿长 $1\frac{1}{16}$ 英寸。图版 VI。

M.B.I.iii.02～010　9 块上釉的瓷碗残片。010 为圈足，03、05、07、08、09 为无花纹的口沿。胎细腻，灰色。里外都上了柔和的淡蓝色厚釉（像青瓷一样），口沿上的釉发绿，釉终止在圈足外面。大概出自宋代。02 与 04、03 与 05、07 与 08 都能连起来。口沿直径完整时不少于 7 英寸，碗深不少于 3 英寸，最大残片 $2\frac{7}{16}$ 英寸×$2\frac{3}{16}$ 英寸。

M.B.I.iii.011　扫帚上的束状物（棕丝?）。连着暗黄色毛绳做成的圈。共有五个束状物（已折断）。毛绳粗细不一，由五六股线搓成，如今成了乱糟糟的一团。束状物用绳子紧密地绑在一起，原来的绳圈就是这样形成的，如今的绳圈只是松松地穿在束状物上。束状物最长处 $8\frac{3}{4}$ 英寸。

M.B.I.iii.012　木棍。在木头仍柔软的时候弯过来，木棍上刻了缺口，在缺口处合在一起，形成环形，末端支出来。部分地方仍残留着树皮。圆圈直径 5 英寸，木棍直径 $\frac{5}{8}$ 英寸。

M.B.I.iii.013　铁器或铁制装饰品残件。一根铁条，横截面 $\frac{3}{16}$ 英寸×$\frac{3}{32}$ 英寸，长 $6\frac{1}{2}$ 英寸。两端变宽成小片，两块小片上各有一个孔。小片微凹，形状像勺子，各在铁条的一端。两个小片都从孔洞那里折断了，但一个小片方形，另一个大概是菱形。在方形一端，小片后面焊着三个越来越长的弧形，弧形的末端是朝铁条外侧卷的螺旋形，最长一个弧形长 $2\frac{1}{2}$ 英寸。已生锈。图版 VI。

M.B.I.iii.014　扁平的弧形毡带子残件。由 10 或 12 层（每层像纸那么厚）紧紧地粘在一起，还掺杂着又结实又细的草纤维。表面残留着淡蓝色颜料，顶上是细致的透孔织物。背面残留着涂成红色的最外一层，如今这一层只剩下零星的几个小块。边上缝着细绳。带子宽 3 英寸，最长处 $8\frac{1}{2}$ 英寸。

M.B.I.v.01　可折叠的铁剃刀。完整，刀柄是角制的。柄的横截面本是圆形，后来被昆虫吃掉了不少。柄微成凹弧形，一侧有条深槽，以便在刀合上的时候纳入刀刃。柄一端变细，镶了铁，铁上穿着的铁钉将刃和柄连在一起。当然，铁终止在凹槽两侧，以便让刀刃能在凹槽中前后自由地活动。

如今刀刃仍能从闭合开到直角，但无法完全打开到平角。刀刃开始的一端较窄，在离这一端 $\frac{1}{2}$ 英寸的刀背上有一个缺口。打开的时候，贴近铁的地方是扁平的。之后 $\frac{1}{2}$ 英寸长的刀刃是直的，然后刀刃骤然朝着刀背变宽，有开始时的两倍宽。刀的形状参见《西域考古图记》第四卷图版 LVIII 中的 Ch.LVIII.001（另参见《千佛洞》图版 IX）那幅画中和尚手里拿的剃刀。

刀刃生了锈，角制柄腐烂了不少。刀刃尺寸为 3 英寸×$\frac{1}{2}$ 英寸×$\frac{5}{16}$ 英寸；柄长 2 $\frac{1}{2}$ 英寸，宽 $\frac{5}{16}$~$\frac{3}{4}$ 英寸。图版 VI。

M.B.I.vii.01　泥浮雕边残件。与 M.B.I.02 等类似。在珠子边之间是中国式的卷云，卷云的线条粗细大体相等，为高浮雕。残件的性质表明，原来的模子是把图案直接凹雕上去做成的。都涂成红色。黏土细腻，多纤维。保存良好。长 4 $\frac{3}{8}$ 英寸，宽 3 $\frac{1}{4}$ 英寸。图版 IV。

M.B.I.vii.02　泥浮雕装饰品残件。花束状，与 M.B.I.015 类似，但图案比较平，已经磨损，涂成红色。黏土较硬，背面有泥土和秸秆。3 $\frac{1}{2}$ 英寸×2 $\frac{1}{4}$ 英寸。

M.B.I.viii.01　泥塑残件。塑件边，与图版 IV 中的 M.B.I.vii.01 类似。4 $\frac{1}{2}$ 英寸×3 $\frac{1}{2}$ 英寸。

M.B.I.ix.01　带木柄的铁锥。锥头长 $\frac{7}{8}$ 英寸，粗 $\frac{1}{12}$ 英寸，在和柄相连的

地方宽 $\frac{3}{10}$ 英寸，然后逐渐变细成锥子尖。柄是一块圆柱体的木头，由于用的次数多，已经磨光了，远离锥子的那一端斜削过。保存良好。全长 $3\frac{5}{16}$ 英寸，柄直径 $\frac{1}{2}$ 英寸。图版 LXVI。

M.B.I.ix.02 刺绣丝绸包。较小，宽而浅。用绯红色厚缎子做成，缎子上隔一段距离绣着一个梨形点。点用蓝、浅绿、杏黄、橙黄或桃红色丝线绣成，线"浮"在缎子表面，没有绣成实心。图案轮廓线贴线绣成，轮廓线上大概本来贴着金叶子或银叶子。衬着淡蓝色丝绸里，边上缝着紫色丝绸提手或带子（已缺失）。很破旧。包由几窄条缎子制成，图案是在缎子缝在一起后绣上去的。$3\frac{3}{4}$ 英寸 $\times 1\frac{7}{8}$ 英寸。

M.B.I.xi.01 木钉。横截面圆形，很光滑。很长，逐渐变细，中间有六条深深的刻线。在粗的一端陡然斜削成原来直径的一半，但在这里折断了。长 $4\frac{3}{4}$ 英寸，最大直径 $\frac{1}{2}$ 英寸，最小直径 $\frac{1}{8}$ 英寸。图版 LXVI。

M.B.I.xi.02 半片小木栏杆。是前面的半片。横截面都是圆形。着了色。先是三个环形，然后是一个球，再往下是三个环形，最底下是环形底座。两端各有一个小榫头。环形部分涂成深绿色，球涂成红色。长 $2\frac{3}{8}$ 英寸，宽 $\frac{3}{4}$ 英寸，最高的浮雕高 $\frac{3}{8}$ 英寸。图版 LXVI。

M.B.I.xi.03 角制刀柄（?）。笔直，横截面椭圆形，腐烂了不少。一侧中间有一条长凹槽，像是放折刀用的，参见图版 VI 中的 M.B.I.v.01。长 $4\frac{1}{8}$ 英寸，宽 $\frac{11}{16}$ 英寸。图版 LXVI。

M.B.I.xii.01 泥浮雕的细节残件。涂成红色，看起来像是蜷起来的鸟爪。背面有卷云图案的印痕（与 M.B.I.02 类似），本件就连在 M.B.I.02 上。

高 $2\frac{3}{4}$ 英寸，最宽处 $2\frac{3}{4}$ 英寸，最突出的地方高 $1\frac{3}{4}$ 英寸。

M.B.I.xii.02　旋转而成的半片小木栏杆。与 M.B.I.xi.02 类似。长 $2\frac{3}{8}$ 英寸，宽 $\frac{3}{4}$ 英寸。

M.B.I.xii.03　旋转而成的小木尖顶饰。最底下的构件是反曲线，再往上是一个钟形构件（此构件外面环绕着一条凹槽）。最顶上的构件是一个纽，纵截面呈风筝形状。纽和"钟"涂成绿色，在接近反曲线的时候变成红色，反曲线也是红色。在中轴线上有个朝上的孔。高 $\frac{7}{8}$ 英寸，最大直径 $\frac{3}{4}$ 英寸。

M.B.I.xii.04　粉刷墙用的草刷子。尖端用粗绳子绑紧，另一端用树皮绑紧。长 $7\frac{1}{2}$ 英寸，直径 $\frac{3}{4}$ 英寸。图版 VI。

在木头沟 M.C 庙宇群清理出土的文物

M.C.III.01　壁画残片。可以看到一个头部，有真人头的一半大，四分之三朝右。黑发上有暗黄色和红色束发带和植物状头饰，前额有个带火苗的黑色圆点。皮肤粉色，眼睛朝下看，鼻子带尖。项光晕染成灰色，项光边红色，并有黑白分隔线。上方有一条暗黄色和苹果绿色的带子，下半边脸缺失。所有轮廓线都是黑色。表面多纤维。$7\frac{1}{2}$ 英寸×$7\frac{1}{2}$ 英寸。

M.C.III.02　壁画残片。可以看到一只抬起的右脚，似在行走，露出脚底板，脚踝上环绕着红色和暗黄色衣纹（衣物的衬里绿色）。底下是粉色莲花，花心绿色。背景红色，所有轮廓线都是黑色。表面多纤维。$5\frac{1}{2}$ 英寸×$6\frac{1}{8}$ 英寸。

M.C.III.03　壁画残片。画的是装饰物。砖红色底上有绿色植物图案。

还有圆弧形暗黄色带子的一部分（轮廓线黑色），可能是项光。$4\frac{1}{2}$ 英寸×3 英寸。

　　M.C.III.04、06、07、09~013、016、021　壁画残片。出自一幅大画面。顶上是一条无花纹的玛瑙绿色带子，带子边暗黄色。021 顶上是坐佛花纹（与 M.C.IV.02 等类似），画得较粗糙，空白处填补着旋涡状叶子和莲花（花瓣下垂）。013 中可以看到两个倒置的佛像，说明壁画是画在屋顶或拱腹上，从这一点开始的画面都是倒着的。在绿带子底下有一个绿色大项光，项光边依次是暗黄、红、暗黄色。背景红棕色，空白处填补着旋涡状植物。所有作品都很大胆，线条较差。表面微呈凹面，多纤维。表面很柔软。最大尺寸 $10\frac{1}{2}$ 英寸×9 英寸。

　　M.C.III.08　壁画残片。画着人物。人物的两只手放在身前，左手轻轻放在右手上，姿势悠闲。手后面是衣纹。有红、绿、暗黄和白色颜料的残迹。轮廓线较粗，黑色。表面多纤维。$4\frac{3}{4}$ 英寸×$4\frac{3}{4}$ 英寸。

　　M.C.III.014　壁画残片。出自一个大画面。可以看到一个菩萨像的头，四分之三朝右，头后是绿色项光，项光边为粉色和暗黄色。背景白色，有绿色和暗黄色叶状装饰。顶上是一条绿色横带子，带子上是带棱角的互相缠绕的图案（图案轮廓线黑色）。暗黄色线把带子同红色背景隔开。

　　菩萨头与 M.C.III.01 类似，长耳上挂着大圆盘状装饰品。右手抬到头侧，小指碰到了眉毛，似在沉思。头发灰黑色，梳得很高，后面呈角状突起，细发卷绕着耳朵。是大胆的作品。$12\frac{1}{2}$ 英寸×10 英寸。

　　M.C.III.015　壁画残件。可以看到玛瑙绿色项光的左半边，项光边依次是暗黄色、红色、暗黄色。可以看到人物头左边的白、绿、粉色发带（发带打成结），发绺以及镀金的装饰品。还可以看到人物的左肩，肩后是灰色背光，背光边为红色和白色（大概原来的着色脱落了，剩下了白色）。再往左又是一个背光。空白处红色，填补着粗糙的植物图案。表面和背面与M.C.III的其他壁画残件一样。是大胆的作品。11 英寸×10 $\frac{1}{2}$ 英寸。

M.C.III.017 壁画残片。画成群的人物，在绿底上可以看到红色和白色项光边、衣纹、一个面朝右的人物脸颊的左下角，这个人后面还露出一个剃光的头。风格大胆。表面和背面与 M.C.III 的其他壁画残件一样。5 $\frac{1}{2}$ 英寸× 4 $\frac{1}{2}$ 英寸。

M.C.III.018 泥塑人像残片。大概是一个婴孩，穿带边的外衣，外衣边在身前交叉。残留着三层颜料，依次是红棕色、粉色和绿色，左臂底下有蓝色块，还有镀金的痕迹。皮肤粉色，红唇。脑后面有一撮真头发，头发大概原来和泥掺在一起。两个手臂都折断了，但如今右上臂同身体粘连了起来。腰以下缺失。泥中的纤维特别多，毛茸茸的。表面已磨损。5 英寸×3 $\frac{1}{4}$ 英寸。图版 CI。

M.C.IV.01、010~012、020 壁画残片。植物构成的边。可以看到粗略画成的长长的百合花般的茎和叶子，以及红色星形花朵。底白色。合起来长22 英寸，宽6 英寸。

M.C.IV.02、04、08、013、014、018、019 壁画残片。竖直的边，由很多尊正面坐佛像构成。佛面是中国式的长脸，细眼睛完全睁开，头发没有画出细节。胸前可以看到内衣，黑色，红边。外衣红色，从肩上像褡裢一样垂下来，露出施无定印的双手的上半部分。长耳。

背光圆形，玛瑙绿色，背光边由粗红线和细红线构成，最外侧的两条红线之间夹着一条黄色（？）宽线。项光红色，边是宽宽的黄色（？）或绿色带子，带子上有一条黑色宽线和两条红色细线。莲花座是直的，红色。整体背景白色。佛像之间的空白处是红色莲花，花瓣下垂，高耸着绿色莲蓬。佛皮肤的轮廓线用黑色细线勾勒。除轮廓线外，作品都很大胆。最大一块为

7 英寸见方。

M.C.IV.03 **壁画残片**。可以看到一个菩萨朝前的脸的上半部分。眼睛半闭，呈斜上形，画得很细腻。黑发垂成帷幔状，王冠（Mukuta，也译作木库塔冠——译者）上有红色宝石。$2\frac{3}{4}$ 英寸×$2\frac{1}{2}$ 英寸。

M.C.IV.05～07、015～017、019（可能有误，019 出现了两次——译者）**壁画残片**。可以看到两尊菩萨像，分别四分之三朝左和右，背景是用透视法画成的建筑。每尊菩萨后面都是方形窗子，用晕染的灰色来表示墙的厚度，窗子上半部分悬挂着草帘子。墙绿色，窗子旁边的墙上有红色竖条纹。楣绿色，上面有用黑色轮廓线勾勒的圆形饰。屋顶是灰瓦或石头，屋顶上方是绿色石头，再往上是粉色背景，背景中有红点。

两尊菩萨都梳着高发髻，用复杂的王冠和白色发带束住，王冠和发带打了结并垂下来。肩四周是长长的黑发绺。戴项链、沉重的项圈（项圈在胸前挂着三个圆形大圆盘饰）、臂钏、手镯，以上这些饰物和复杂的衣纹都与中国式的菩萨类似（参见《西域考古图记》第四卷图版 LXVIII 中的 Ch.lvii.001）。飘动的红色长披巾、中国式的脸、细腰等特征也与中国式菩萨类似。属于上乘之作，在自由的构图和线条上都可以看到中国风格的影响。轮廓线红色和黑色。18 英寸×14 英寸。

M.C.IV.09 **壁画残片**。可以看到白色、红色和灰色的衣物细节，晕染过。与 M.C.IV.05 等属于同一类型，大概属于 M.C.IV.05。上乘之作。5 英寸×4 英寸。

M.C.IV.021 **壁画残片**。画头饰前面的珠宝的上半部分。可以看到三个金属圆盘，一个放在另两个上，两侧和顶上伸出玛瑙绿色的棕叶状叶子。左侧有白色织物打成的结，朝上飘飞着白色饰带。后面是圆形项光的一部分。项光中心深红色，中心右边有一团灰色，外圈同心圆是暗黄色和玛瑙绿色，用红线隔开。顶上是华盖的深红色布帷幔，帷幔左边有绿色痕迹。保存良好。12 英寸×14 英寸。

M.C.IV.022　壁画残片。可以看到人物穿的红袍，外面有一部分背光。背光画成纵向的之字形条纹（条纹微呈弧形），条纹分别涂成灰、绿和红色，条纹之间用暗黄色带子隔开。背光边依次是红、暗黄和晕染的灰色带子。

在背光和衣物上都缀着宝石璎珞。璎珞由圆形和菱形的金属片交替构成，金属片上镶着绿宝石。金属片之间由较小的圆形灰色宝石隔开。宝石轮廓线是黑色和深红色。保存良好。11 英寸×16 英寸。

第十九章　阿斯塔那古墓地

第一节　i 组公元 7 世纪的墓葬

古墓地的位置

1 月 18 日，我将营地从木头沟迁回到了喀拉霍加的墓地，只留下奈克·夏姆苏丁在后面继续完成揭取壁画的任务。第二天清晨，我们开始对古代高昌墓地进行调查。我有意将这项工作放在我在吐鲁番地区停留的后期来做，主要是考虑到在汉人聚集的繁荣绿洲附近进行这种考古调查，无疑会被乌鲁木齐官方利用，找到借口来干涉我的工作，从而影响我的整个工作计划。据我所知，以前的勘察表明，阔什拱拜孜周围的墓葬早已被发现，它们大都成小组地分布在砾石坡地上，位于被称作贝多拉特城（Bedaulat's town，图 321）的围墙遗迹东北约 1 英里处，大多数墓葬最近都被打开并被搜查过。除此之外，在阿斯塔那村北面，有一处大古墓群，分布在萨依地形上。该墓地位于高昌城西北 2.5 英里处。在最近五年间，这里的很多墓葬都被橘瑞超和当地的古物供应商们挖掘和搜查过，他们的目的是寻找古物。据说，他们当中最活跃的是穆罕默德吉萨。但由于墓地占地面积很大，所以经过不懈的努力和系统的发掘，仍有希望在此获得丰硕成果。

正如附图 31 所示，墓地所在地区沿东西向延伸了近 1.5 英里，南北最宽处达 0.75 英里。墓葬几乎都分布在水渠的北端，该水渠是由喀拉霍加河引水，以灌溉阿斯塔那种植区的最西端，同时它还穿过聚集在醒目的"台站"废墟周围的村舍 300~400 码。墓地的最东端已延伸到喀拉霍加北端 0.75 英里处，西边的边界是一条源于胜金口的水沟。而在边界之外侧，只能见到零星散布的少量封土堆。如图所示，在这块广阔的墓地上，墓葬的分布极不规则，长方形的茔圈集中分布在墓地的东南部，每一座茔圈内一般都包含有一组墓葬，基本上是成行排列。北边较远处的小土堆则标明是单座墓葬，它们要么各自隔开，要么几座一组，散居各处，毫无规律。

我在此地的初步调查就足以表明这样一个事实，即这些墓葬的地面标志与我 1907 年春在靠近敦煌绿洲西南部边缘的墓地观察到的现象，以及我抵达南湖之前路过的砾石萨依地形上的标志非常相似。[①] 在此我们也看到了长方形的、庭院式的茔圈，茔圈是由碎砾石块和土堆积而成的，仅高出地平面几英尺。这些茔圈固定地在某一边设入口，然而这种入口并没有用短墙做成门的样子，这种状况与敦煌和南湖有所区别。茔圈那一边上的砾石带，只从中部位置中断，其两端稍向外伸出了一小段距离。与茔圈的大小相比，在比例上多少有些变化。茔圈的大小差别很大，从 150 码见方到 10 码见方。茔圈主要是长方形的，即那种流行的形状。每座茔圈的大小与其内部设置墓葬的数量没有确切的比例关系，同样与在茔圈的哪一边设门也毫无关系，尽管大多数情况下茔圈

阿斯塔那墓地墓葬的分布情况

砾石堆构成的茔圈

----

① 参见《西域考古图记》第二卷 609 页以下至 619 页。

的走向都做过设定。

标明墓室位置
的封土堆

　　每个茔圈内都有矮小的土堆，高度一般都不超过 6 英
尺，用来标明其下墓室的位置。墓室都开凿在封堆下面坚实
的黏土层中，这些封土堆都是由砾石块中间夹杂成层的骆驼
刺建造的，那些较大的封土堆则用未加工的石头贴面垒砌而
成。封堆一般都已被严重破坏，看上去就像被截取顶部的金
字塔一样，残存呈方形的基座部分。单座封堆的方向看上去
一般都与保存有茔圈的墓葬封堆方向一致。然而茔圈内的封
堆的分组极不规则。随后的观察还显示出，较大的封堆（可
达到 30 英尺见方）下所属的墓室都较明显地设计过。封土
堆的正面中部，即面向茔圈设门的一边的中部，常用砾石和
土堆砌延伸出一段，像一个柄似的，一般与封土堆的那边成
直角，有时也会用未加工的石头包边，主要是用来标明通往
墓室的墓道的位置。墓道一般挖得都很深，但很窄，由于几
乎所有的墓道都一度或再次被挖开过，墓室大多也都被搜查
和洗劫过，所以除了靠近封堆处的那部分，这些"柄"很少
有保存下来的。封堆处的墓道终结成一种短隧道式的通道，
由此可进入墓室或其前室。在阿斯塔那墓地地表上遗留的遗
迹中，值得一提的有一座高塔状遗迹，已被严重破坏，而且
也早已被那些"寻宝人"多次搜查过。它距离上面提到的
小渠不远，位于墓葬分布较散且比较少的地带中部。该遗迹
一部分是夯筑的，另一部分由生土建造，并且还有一些半地
穴式的小房屋，当然很久以前就已被洗劫过了。

墓葬的早期劫
掠

　　在我开始描述我们在阿斯塔那墓地忙了一两个星期的收
获之前，首先有必要将已查明的情况简要地记录下来，这包
括从当地获得的信息和目击者的证据，即关于阿斯塔那墓地
的墓葬在比较近的一个时期所遭受劫掠的情况。从墓道的现

存状况很容易看出，墓地中的大多数墓葬（如果不是全部）都曾被打开和搜查过，或者是"寻宝人"所为，或者是后来的收集古物者所为。一般埋葬完死者后，除回填墓道外，还要在墓道表面用砾石块和石头等垒砌土堆，然而我们在地表上看到的却是一些浅沟，有些用肉眼才能看见，有些则很明显。这些浅沟内充满了流沙，可能是吐鲁番盆地春季和夏季盛行的强烈的西北风，使之很快地积聚在这些凹地中。从那些局部仍裸露在外的墓道来看，这些墓葬明显是在最近一个时期里被盗掘的。据了解，阿斯塔那和喀拉霍加的村民都一致认为，所有的墓葬（至少是其大部分）都是被东干人盗扰和劫掠的，其年代是在最后一次东干人叛乱和阿古柏统治时期，他们主要是为了寻找随葬中的贵重物品。没有多久，我们又发现那些坚硬的旧棺也被视为非常有用的原料了。因为该绿洲树木匮乏，甚至连牛粪也很难找，再加上此地燃料的价格很高，尽管与那些贵重金属物品相比木棺的确无利可图，却可以算得上是对他们付出的劳动的回报。

村民们将大量挖开的墓葬都归结到东干人所为的想法，可能是受到下述事情的启发，即直至近来的革命及其破坏性后果时为止，当地的官员也许是从重视为数众多的定居在吐鲁番绿洲的汉族商人和农民们的情感出发，才对盗墓这一现象进行有效的制止。但我们有理由相信，附近村庄那些性情温和的"缠头"（Chantos，维吾尔人——译者）也不一定都否认，他们参与过破坏这些墓葬的活动——不管是在东干人叛乱期间公开地进行破坏，还是在后来的和平及中国重新恢复该地区的秩序之时采取秘密盗掘的方式。关于这一点，我们可以从热心的阿斯塔那头人（Darōgha，蒙古语——译者）

当地居民近期
对墓地的破坏

介绍给我当向导的本地墓葬专家买西克（Mashik）[①] 那里得到充足的证据。此人参加了我们的第一个挖掘队。我非常高兴能雇到如此聪明的小伙子做领队，因为通过长期的盗墓实践，在这令人毛骨悚然的行业中，他不仅熟悉了死者墓室的位置以及随葬品的安放情况，而且还能准确地分辨出哪些是近期被搜集古玩者盗掘过的墓葬，哪些是由东干人粗略搜查而幸免于洗劫的墓葬。考虑到墓葬数量巨大以及节省时间的重要性，因此上述知识对我们来说显然具有重要价值，而且付出的酬金也完全值得——它可以保证这些知识能够被诚实地提供出来。

盗墓专家买西克

据买西克说，是他父亲促使他干盗墓这个行当的，他父亲活到了一个很高的年龄，于 20 年前去世。有人曾听他父亲谈过，东干人叛乱期间他们公开挖墓和后来不得不在夜里挖墓的经历。买西克本人说，当地方政府停止严加管制盗墓活动之时，他在最近的四五年中曾挖开过百余座墓葬。那时候，那些具有现代观念和喜好古物的地方官曾直接鼓励他们去干，以满足他们收集古玩的好奇心，从而设法弄到手稿和其他文物。买西克强调的最重要的一点是，在他这些年所挖掘的古墓中，没有一座墓葬的原先用砖封闭的墓门是安然无恙的，全部都已被先来者所破坏。他没有任何新奇的发现，因此这种经历很令他失望，从而也就减弱了他盗墓的热情。但因他对关于这些"汉族埋葬者"的迷信谣传无所顾忌，所以他就努力地去寻找一些值钱的金属制品，甚至连东干人忽略的地方都没放过。

---

① 很遗憾我没有记录他的全名，此称是根据吐鲁番当地习俗进行简化后的形式。

我们在阿斯塔那墓地的工作于 1 月 19 日开始，首先是调查了一批未显示出有茔圈的墓葬。由于这些墓葬基本上是成行排列的，所以就单独编为一组 i，它正好是该墓地东北部的分界线（附图 31）。阿斯塔那 i 组墓葬中的大多数都遭受过盗掘，但中间一排墓葬中的多数则看上去似乎逃脱了这一厄运。在此我们相继发掘了六座墓葬，正如附图 32 所示，这些墓葬均有墓道，墓道平均底宽 3~4 英尺，从地表一直向下延伸到 12~16 英尺深，这与该墓地其他墓葬的实际情况基本一致。在墓道的末端有通往墓室的窄墓门，宽约 3 英尺，高度只有 3~4 英尺；墓室底又较墓道底矮 1~2 英尺。墓门原先是用土坯块垒砌的，现已被那些早期盗墓者挖开足够一人爬着出入的大洞。阿斯塔那 i 组的 1~6 号墓葬的墓室平面有正方形和长方形两种，其中最大的为 11 英尺见方，最小的长 9.5 英尺，宽 6 英尺。墓室高 5~6 英尺，墓室内壁与该墓地其他墓葬一样，都没有抹泥，是混合有细砾石层的黏土层。

在清理 Ast.i.1 号墓的墓道时，首先发现了许多丝绸残片，其中包括一块有图案的斜纹组织织物（Ast.i.1.08、011，图版 LXXVIII、LXXXIII）和两片粘在锦缎上的纸文书，这些遗物可能都是墓中的木棺被挪动后，随之被拖出墓室的。墓门内堆积了 2~3 英尺厚的沙子，这说明这座墓在被流沙封住盗洞之前，墓门一直敞开着，同样这也就能解释这两具尸体严重腐烂的原因了。尸体一具紧挨一具地安置在墓室西壁旁的一张草席上，两具尸体的头部均与躯干脱离，显然是从木棺中扔出来时造成的，身上的盖布也只剩下了碎片，包括一件素面棉织物上罩的一层已很薄的褪色的丝绸。其中一具尸体的头部罩有一块覆面（Ast.i.1.01，图版 LXXX），是

阿斯塔那 i 组墓葬

清理阿斯塔那 i 组 1 号墓

一块有图案的圆形丝绸，周边用素面丝绸褶边，保存极差，易碎、易朽。

在该墓地发现的第一件标本就是有装饰图案的覆面，而且用来制作覆面的丝织品的图案和颜色都比较丰富，有趣的是这些丝织品的图案清楚地表明它们几乎完全是属于萨珊风格的。我们将这件覆面和这里出土的其他有图案的丝织品之图案，放在后面的章节中单独进行探讨。等到墓葬的调查工作结束，所有出土遗物都描述完毕后，再探讨这些丝织品中的图案是源自西方还是中国内地的问题。此外，在墓室墙壁的西北和东南角上，均悬挂着一些带条纹的彩色丝绸和绮（Ast.i.1.09、010，图版 LXXXIV）；沿墓室南壁摆放着 5 件形状、大小不同的陶器，包括两个木豆（Ast.i.1.05、06，图版 XC）、一个大罐（Ast.i.1.03）和一个小碗（Ast.i.1.07）。该墓室中所葬死者头也朝此方向，即向南。毫无疑问，这些陶容器显然是为墓室中所葬死者盛放食物用的，陶器上均有灰色和黑色条带纹，主要由白色大圆点和红色花瓣组成，具有相似装饰图案的此类陶器在阿斯塔那墓地非常流行。由于陶器上的纹饰都是彩绘的，很容易脱落，所以我认为这些陶器完全是为随葬而制作的。在墓门旁还发现了一只小木鸭（Ast.i.1.012，图版 CIV），形象很漂亮，是一件圆雕作品，雕刻得很精细，而且上面的色彩也保存得比较好。它与其他墓中出土的两只木鸭相同，是死者的随葬品，被当作福的象征。

接着我们调查了 Ast.i.2 号墓，墓内埋葬的两具尸体腐烂严重，且已被搅乱。现能够找到的随葬品只有一些粗陶碗，纹饰与 Ast.i.1 号墓中出土的陶器纹饰相同。其中一件标本（Ast.i.2.04，图版 XC）底部还粘有食物；还有一个小木碗

（Ast.i.2.05，图版 XCI）。所有这些遗物均沿墓室南壁即死者的头所朝向的那面壁摆放。此外，还发现了一只木鸭（Ast.i.2.06，图版 CIV），鸭的头部雕刻得很逼真。还有一些遗物残片，似乎两件是汉文文书，另有一团薄的蓝色丝绸残片，均彩绘过，保存得非常差，易碎，极难以打开，看起来像是墓室墙壁上的壁挂，与 Ast.ix.2 号墓中出土的遗物相同，可能都是从墓室后壁跌落下来并由此而破碎成这样的。

接着调查的 Ast.i.3 号墓与 Ast.i.2 号墓相邻，尽管墓中发现的两具尸体保存状况极差，并且已遭到劫掠者的破坏，但还是有一些有趣的发现。死者头朝南，一具尸体比较小，很可能是女性。他们身上覆盖的白色棉布和黄褐色丝绸已腐朽成碎片，但死者面部覆盖的面具似的丝绸覆面却保存较好。当揭开覆面，我们便看到了有趣的细部，与死者的装殓有关。体格较大者 a 是一名男性，他被安放在另一名死者的东边，较靠近墓门，其覆面中央是一块有图案的丝绸（Ast.i.3.a.01，图版 LXXIX），图案很精细，显然是萨珊风格。覆面饰蓝色丝绸褶边，只残留一小块（Ast.i.3.a.02）。在此覆面下面是一副眼罩（Ast.i.3.a.04），放置在眼睛上，是由薄银片做成两个莲花花瓣形状，然后末端相连。每一块银片的中央都略为突起，上面钻有许多小孔，边沿较平，上面也钻有一些小孔，以与覆盖在上面的丝绸缝合。这种眼罩在其他的墓葬中也有发现，至于它们的准确的功能及使用对象尚不明确。

调查中最奇特和最具指导意义的发现属下面这一些：我的帮手墓葬专家买西克，因长期的挖墓实践，他无所顾忌，随手敲开了一个头骨的颚骨，从死者嘴巴缝中找到了一枚金币，当时我一眼就认出是拜占庭金币（图版 CXX）。后来经怀

在 Ast.i.3 号墓发现死者的眼罩

死者口中所含的拜占庭金币

特海德先生鉴定，确定是一枚与查士丁尼一世（公元527—565年）金币大致同时期的复制品①，因此为这一组墓葬的年代断定提供了依据。在这一组的另两座墓 Ast.i.5 号和 Ast.i.6 号中也发现了薄金片状的金币（图版 CXX），与查士丁尼一世金币的类型相同，只是在金币的正面铸造有图像，这些为这组墓葬的年代断定提供了更加有力的证据。买西克声称他是第一个根据自己的经验学会从死者口中寻找金币或银币的人，尽管多数情况下都是徒劳无益的，这一点可以从下面的发现中得到证实。我敢断定早期的劫掠者们根本没有发现这一方法，因为我们调查的所有墓葬中没有一个死者的头盖骨曾被破坏，而且买西克自己也保证他以前从来没有敲开过任何一个头盖骨，来确定死者口中是否含硬币的事实。

钱币随葬的习俗

我们在阿斯塔那墓地埋葬的死者口中发现的 4 枚硬币中，有三枚是拜占庭金币或其仿制品（Ast.i.3.023；Ast.i.5.08；Ast.i.6.03），另外一枚是萨珊银币（Ast.v.2.02），这些自然地促使我们把这种行为与古代希腊的埋葬习俗联系了起来。在古代希腊，人们在死者的唇尖放置一枚钱币，以作为卡隆（Charon，希腊神话中厄瑞玻斯与夜女神之子，在冥河上摆渡亡灵去冥府——译者）的资费，此人即冥王哈德斯（Hades）的船工。但是沙畹先生 1916 年给我提供的资料表明，汉文三藏（Tripiṭaka）中的一个佛教故事，证明这种习俗在远东也不是不为人知的。② 这就使我们更加坚信，由于中国没有金、银币铸造业，因此在吐鲁番那些希望给死者提供足够的硬币以备在进入另一个世界时使用的人，为了实现

① 参见附录 B。
② 参见沙畹《五百故事和预言——摘自汉文三藏》第一卷 248 页。

他们的这一虔诚愿望，他们只能使用自己认为最珍贵的金属，也就使用了来源于西方的硬币。我必须将这个问题留给其他人去探讨，特别是那些比我目前掌握的资料更多、更丰富的学者，去做进一步的研究，从而找出此地发现的现象与西方或东方葬俗间的关系。在此我可以断定上面提到的三枚金币是从同一座墓或同一组墓中的死者身上发现的，而且其大致的年代可以根据钱币上的铭文来确定，下面我们就可以看到。

第二具较小的尸体 b 很可能是一个女性，其安葬方式与第一名死者相同，是在墓室后壁附近一张破烂不堪的草席上发现的。死者脸上盖着覆面（Ast.i.3.b.01），覆面是用原本呈圆形的多色的有图案的丝绸制成，其上的图案毫无疑问是萨珊特征的。由于这块织物严重腐朽，所以很难推测同出的金片和铜片的来源，它们发现于覆面附近的尘土之中。与尸体一道同时发现的一个锦缎袋（Ast.i.3.b.02），内装炭笔，其用途也不明确。死者眼睛上的一副"眼罩"（Ast.i.3.b.03，图版 LXXXIX），与前面已描述过的尸体 a 头部发现的"眼罩"的形状和制法非常接近。在"眼罩"下面有两枚萨珊银币盖着眼孔，经怀特海德先生鉴定，认为这两枚银币或者是库思老一世（Khusrū I，Naushirwān，公元 531—579 年）时期发行的，或者是霍莫尔孜四世（Hormazd IV，公元 579—591 年）时期发行的。①

此墓原来一定随葬了一些值钱的物品，因为在扰乱的土和尸体旁的草席层中，我们发现了以下几件小物品，它们是早期劫掠者将尸体从木棺里拉出来时忽略的。其中包括三块

在 Ast.i.3.b 尸体上的发现

在 Ast.i.3 号墓发现的其他遗物

① 参见附录 B。

圆形小银片（Ast.i.3.06），中央都有方孔，显然是模仿中国硬币制作的；七块月牙形和梨形薄银片（Ast.i.3.012，图版 LXXXIX），显然是某种装饰品的组成部分；具有同样用途的还有薄金条（Ast.i.3.03）；还发现了七颗玻璃珠（Ast.i.3.07）和一枚中国的五铢类型的铜钱，钱币上铸有"常平五铢"四个汉字铭文。此墓中发现的值得提到的遗物，还有七个陶碗（Ast.i.3.014～020，图版 XC），外壁用蛋白彩饰，彩绘纹饰与 Ast.i.2 号墓中出土陶器上的相同；还有一只精心雕刻的木鸭（Ast.i.3.021），雕刻风格和方法与 Ast.i.1 号墓中发现的完全相同。在墓室东南角发现的一个正面朝上、半腐朽的木盆下面，我们发现了一大团白色生面团似的东西，大概是变硬的馕。

公元 608 年和 646 年的砖墓志

清理 Ast.i.4 号墓的墓道时，我们在距墓室入口 26 英尺处，几乎是在地表上发现了三块砖墓志，紧靠墓道南壁放置。墓志为黑底，上书红色汉字，因暴露在外，其上字迹受损严重。应用照相复制看来非常困难，因此无法拍到令人满意的照片。从李师爷所制的几个摹本中，吉列斯博士确认墓志铭文中有相当于公元 608 和 646 年的纪年。关于吉列斯博士释读的铭文的完整内容收录在附录 I 中，是张叔庆寡妻麴氏（出身统治高昌至公元 640 年的麴氏家族）的墓志。另两块写有相当于公元 646 年纪年的墓志，分别属于麴氏家族的一个女性及其丈夫张延衡。这些墓志的年代都与一座相邻的墓葬中出土的墓志（Ast.i.6.08，图版 LXXV）上的相当于公元 632 年的纪年相合，马伯乐先生提供的墓志上的译文可参见附录 A。

　　墓中发现的三具尸体与墓中出土的墓志铭文中所记录的完全吻合。死者的头均朝北，尸体腐朽严重。死者的头部既无面罩，也无眼罩，更没有发现钱币。在最靠近墓门的尸体旁发现了许多写有汉字的碎纸片，只有一张比较大。马伯乐先生的初步研究表明，有一些属于佛教经卷残片，比较大的那张纸（Ast.i.018）是官方文件，是在唐朝统治吐鲁番之时当地的政府机构收到的一份官方通信清册。所登录的各种书信的简要内容极有趣，为我们了解当时政府机构的组织和工作情况提供了一些信息。除这些可能被用来保护尸体或类似用途的废纸外，在此墓中还发现了一个粗制的大食案，内有食物残迹，其中包括羊骨头和葡萄干。还有一些陶质和木质的罐和碗（图320），沿墓室南壁和北壁摆放，这些器物的纹饰基本是由白色圆点构成的带纹，彩绘，与Ast.i.1、2号墓中出土的陶器纹饰非常相似。出土的那些车制的木器标本（Ast.i.4.01~08），器物内部基本为实心，只在器物口部挖一道浅的凹槽，这些特征均表明这些器物是特别制作用来当明器的。还有一块陶器残片（Ast.i.4.012，图版XC），很别致，形状做成某种动物的小腿和蹄子，表面刻画线条纹和圆圈纹。

　　Ast.i.5号墓位于Ast.i.1号墓的南面，最靠近后者。墓中发现有三具尸体，头均朝南。靠近墓门的a尸体很大，显然是位男性，中间的尸体b则较小，可能是一名女性。覆盖这些尸体的织物严重腐烂，尸体a、b的头部只残留有帽状覆面，尸体a上残留带条纹的丝织外衣残片。从尸体a口中还找到了一枚薄金币（图版CXX），其来源与Ast.i.3号墓中出土者相同，皆属查士丁尼一世型，但金币只在一面铸有头像，显然又是一件更古老的仿制品。尸体a戴银眼罩（Ast.i.5.a.02，图版LXXXIX）。值得庆幸的是其覆面（Ast.i.5.03，

在Ast.i.4号墓发现的汉文文书

在Ast.i.5号墓发现的纺织品

图版 LXXVI）保存完好，中央为一块多色的带图案的丝绸，图案设计精美，属地道的萨珊风格，描绘的是一个很形象的猪头，棱角突出，包在一块典型萨珊式联珠纹边的织物之中。在该尸体上我们还获得了一些丝织品残片（Ast.i.5.a.01，图版 LXXXIV），其中锦缎 c 非常有趣，其式样无疑起源于中国早期。尸体 b 的覆面也是用多色的带图案的丝绸做成（Ast.i.5.b.01，图版 LXXIX），图案特征非常有趣，是把萨珊成分与中国主题有机地结合在一起设计的。同样，我们在尸体 b 的眼部也发现了银眼罩（Ast.i.5.04，图版 LXXXIX）。

彩绘的丝绸盖布

尸体 c 显然是一名青年男性，其头部裹有几层薄丝绸织物，现都已严重腐烂。裹在最外边的一层为蓝色丝绸，身体其他部位也裹于其中，残存的部分足以揭示覆盖死者面部的那部分丝绸上彩绘有两个侧着的人脸，各在彼此的一侧，轮廓醒目而清晰。当将尸体的头部拿到墓外准备进行仔细检查时，还未待我们拍完照片，一阵微风就吹散了尸体上的彩绘丝绸。当我试图揭开这层和其下面缠裹的丝绸时，它们顿时化成了灰烬。我们发现里面的一层丝绸上绘有红色圆圈的点状图案等。死者眼孔上盖着圆形小木片，也可能是从葫芦上切割下来的小圆形片。出土的一件精制的木梳残片表明，在木棺中也为死者随葬化妆用品。

Ast.i.6 号墓出土的署有相当于公元 632 年纪年的墓志

与 Ast.i.5 号墓相连的 Ast.i.6 号墓葬特别有趣，我们在墓道内发现了墓志（Ast.i.6.08，图版 LXXV），保存较好，墓志上的铭文给我们提供了墓中其中一名死者埋葬的确切时间。由于该墓的埋葬方式与这一组的其他墓葬一致，所以可以证明这些墓葬均属同一时期建造。经火烧的墓志表面呈浅蓝色，其铭文则为红色，均写在横竖线条画成的白色方格中。铭文由马伯乐先生翻译①，内容为一张氏官员的讣告颂词。张氏是敦煌人，在高昌任军职，享年 73 岁，其卒年为高昌当地年号的延寿九年，相当于公元 632 年②。从该墓志的确切纪年和 Ast.i.4 号墓中出土的墓志铭文的记录中，我们轻易就能推断出阿斯塔那墓地这一组墓葬的年代应为唐代早期，要么早于公元 640 年唐朝平定吐鲁番时，要么晚于公元 640 年。

在 Ast.i.6 号墓发现的尸体

　　在两具头向朝南的尸体中，靠近墓门的尸体 a 的葬式很奇特，其左腿从膝盖处弯曲，右腿平放在地上，一只脚紧挨另一只脚，就像活人一样。尸体是通过推动草席下面的两块砖安放到位的。因为此墓已被扰乱，所以很难确定尸体是否曾被置于木棺之中。但从尸体的大小上看，可以确定死者为一名男性。也许是劫掠者寻开心，将死者从木棺中拿出来，并特意给摆的姿势，但不管怎样，从死者身上仍可以看到临死之前痛苦挣扎的迹象。他身上穿的米色丝绸外衣已严重腐朽，一碰就碎，但残片 Ast.i.6.02 上仍残留有用来装饰轮廓的颜色。他右手紧握用丝绸缠绕的木握手（Ast.i.6.05）。另外一块用有图案的丝绸缠绕的木握手（Ast.i.6.06，图版 C），是在两具尸体之间找到的。另一具尸体 b 可能是一名女性，在她的头上我们发现了一块覆面残片，是用多色的带图案的丝绸制成的，图案为萨珊风格，在联珠圈内有猪头纹，与 Ast.i.5.03（图版 LXXVI）相同，但只是略小一些。在覆面下面我们还发现了银眼罩（Ast.i.6.07，图版 LXXXIX）。尸体 b

---

　　①　参见附录 A。
　　②　张姓源于张氏家族或氏族，据我们所知，在唐代的大部分时间里，这个家族或氏族是敦煌的世袭统治者或半独立的首领。从公元 4 世纪开始，其势力已达甘肃西北部的其他地方。参见沙畹《中亚十题铭》12 页、80 页；《古代和田》第一卷 543 页注 4；《西域考古图记》第一卷 409 页，第二卷 838、840 页，第三卷 1338 页；另参见本书第十七章第二节。

口含一枚薄金币（图版CXX），金币仅在一面铸头像，是查士丁尼一世的半身像，显示的是四分之三的面部。同拜占庭硬币上的一样，这枚硬币和Ast.i.3、5号墓中出土的金币完全一样，无疑均为仿制品。在尸体b的头旁发现了两枚完整的五铢铜钱。在高度仅为4.5英尺的墓室的西南角，于室顶处固定有一根树枝，上面悬挂有一块已完全腐朽的破布，丝绸质地。由此有趣发现，我们可以了解到在Ast.i.1号墓室墙壁上发现的壁挂是有意识悬挂的。

Ast.i.7号墓的平面

Ast.i组墓中剩余的墓葬似乎最近都遭过洗劫，买西克说他在东北端的两座墓中留下了一些泥塑像。我们发现这些泥塑早已被那些在敞开的墓中玩耍的孩子弄碎，而且墓中的尸体也遭到严重破坏。这两座墓葬的平面设计（附图32）与上述墓葬比较更加复杂，更别致。Ast.i.7号墓，从墓口通过一条窄墓道便可抵达墓门，进入墓门是一个8英尺见方的中央小厅，厅的两边各有一间约5.5英尺见方的壁龛，像是用来存放泥塑像和其他随葬品的；墓室正好与此厅面对墓门的那一边相连，长13英尺，宽12英尺，墓室内三面均有一个低矮的平台，宽约4英尺。唯一能够辨别形状的泥塑是Ast.i.7.07，模制精美，是一个魔鬼的头部塑像（图版CIII）；还有一件牛身塑像，制作得也很完美（Ast.i.7.014，图版CIII）。此外还有一间木屋模型的建筑构件残件（Ast.i.7.08，图版XCIV），其正面绘有一双扇门和长在墙上的花草植物，非常有趣。栅栏木桩和厚木板（Ast.i.7.09、010、012、013，图版XCIV）也可能属于此同一建筑模型的构件。从两具破碎尸体上的破烂织物中，我们发现了印花的丝绸（Ast.i.7.01，图版LXXXII）和几块精美的绮（Ast.i.7.03、05、06，图版LXXIX、LXXXIV）。这些织物非常有趣，因为它们的图案设计明显具有中国特色，且与我们在敦煌千佛洞中获得的有图案的丝织品有着密切的关系。

Ast.i.8 号墓的随葬品

　　Ast.i.8 号墓有两间小前室，其墓室中有一个用土坯修建的低矮平台，墓室 8.5 英尺见方。在此能找到的唯一的尸体的遗物中有一些破烂织物，是一些多色带图案的丝织品残片（Ast.i.8.01~03，图版 LXXVIII、LXXXVII），有玫瑰花图案，使人联想到千佛洞中出土的某些织物。此墓中出土了一把保存较好的剪刀（Ast.i.8.05）和一个头罩（Ast.i.8.06），表明死者是一名女性。同出的麻布片（Ast.i.8.04），上面有蛋白绘彩，效法织锦，很有趣。在随葬的泥侍俑中，我们发现了一个女俑的头部残块（Ast.i.8.08，图版 CI），发型为四面的头发向上梳成高发髻；还有一个穿着粗糙的草人（Ast.i.8.010，图版 XCI），以及一个用生面制作的小人（Ast.i.8.09，图版 LXXXIX），形象比较简单。

第二节　ii~v 组墓葬出土的泥塑像及其他随葬品

Ast.ii.1 号墓

　　为了了解墓地墓葬的各种变化形式，我接着把工作转到了墓地西南部边缘处的一组墓葬上。这一组大约有 12 座墓葬，均靠近胜金口到阿巴德（Ābād）村的道路，看上去它们中大约有一半的墓葬最近都被盗掘过。我们在此首先调查了 Ast.ii.1 号墓，在通往该墓的墓道中，我们不久就发现了被盗扰的痕迹。一处复为流沙填平的早期盗洞处，发现了一些木棺残块、一具尸体的残部和几截曾用来拽木棺的粗绳，很明显是那些劫掠者想在日光下检查木棺中的随葬品而遗留下来的。纸画 Ast.ii.1.01~03（图版 CVII）的一部分是在墓门外找到的，另一部分则是在墓室内发现的。纸画上描绘的人物都穿宽松长袍，头发都梳成一种精致的式样，并配有翼状的装饰。如果把他们穿着的服饰和头饰与千佛洞中某些壁画上的人物进行比较，就不难发现这些人物均为女性。从描绘的景物看，作者似乎试图表现死者未来的生活景象。

随葬品　　墓中仅存一具尸体，面部朝下，背上有一张席子，是最近才被从木棺中扔出来的。尸体是用印花丝绸残片拼成的织物包裹着，很破烂。织物上面还有粗麻布缝的边和补丁，与Ast.ii.1.014、015 标本一样，腐朽严重。这种用破旧衣物或其替代物包裹尸体的方式，使我自然地联想到了在楼兰 L.C 墓地的墓坑中发现的破烂丝绸织物，当时它们是围绕尸体周围堆放的。墓中的随葬品在第一次劫掠中已被扰乱，但从获得的残留物中仍可以看出其特点。出土的遗物包括：微型木车模型构件（Ast.ii.1.09、010、012、013，图版 XCIV）；男木俑（Ast.ii.1.06，图版 CIII），彩绘，手臂是固定在肩上的，可以转动；一条木制的牛腿（Ast.ii.1.011），其身体部分可能是用泥模制；一把木勺（Ast.ii.1.07，图版 CIV），其富于特征的弯曲的形状，表明这种勺自汉代即开始使用；一些用丝绸片和纸片做成的小旗帜（Ast.ii.1.04、05）；一些小衣服，如丝绸袖子（Ast.ii.1.020），以及用多色带图案的丝绸做成的小鞋子（Ast.ii.1.022，图版 XCIII），显然都是为死者在另一个世界使用准备的。若干圭形木牌（Ast.ii.1.023～026，图版 CIV），顶部粗绘一张人脸，底端有汉字，这些有助于我们了解沿汉代烽燧所发现的类似的木牌的用途。①

Ast.ii.2 号墓的壁画　　南面紧挨此墓的是 Ast.ii.2 号墓，墓室长约 10 英尺，宽9.5 英尺，正如附图 32 所示，其覆斗形顶高出墓壁 3 英尺。Ast.ii.1 号墓的顶部也是如此。面向墓门的墙壁已用白灰粉刷至 1 英尺 8 英寸的高度，其上的壁画被分成了四格。最左

---

① 参见《西域考古图记》第二卷 767 页（＊T.002）；本书第七章第三节。

边的一格画已被抹掉；相邻的一格，其右边画有一名男性，左边有一名女性与之相对，可能是他妻子；第三格上画有一匹马和一只骆驼，画技很糟；第四格上画的一辆牛拉车仍依稀可辨，另外还有一些开花的植物。这幅壁画作品轮廓清晰，笔触大胆、粗犷，使人联想起千佛洞中出土的纸画上的技法。墓中出土两具尸体，两者均面部朝下，好像是被人从木棺中扔出来似的，一块烧得半焦的木头残块证明了这一事实。尸体是用粗棉织物和素面丝绸片包裹的，这些织物现都已朽烂。象征着死者服装及其侍从的遗物发现于墓门的两侧，它们都是被劫掠者们扔到了此处。其中包括雕刻粗糙的两个男木俑和一个女木俑（Ast.ii.2.05～07，图版 CIII）；木制的牛腿（Ast.ii.2.08～010）；成形的木块（Ast.ii.2.011、016、017），看上去正适于安装成一个框架，可能用于一间房屋模型的建筑构件；微型车轮（Ast.ii.2.018～020）；微型的旗帜（Ast.ii.2.02）等。极有趣的一个发现是一个在古时候即曾修补过的椭圆形黑色漆木碗（Ast.ii.2.021），其特征很典型，与沿汉代烽燧所发掘出土的木碗的形制极为相似。一个大漆案（Ast.ii.2.01），已碎成了几块。两件高足陶盘（Ast.ii.2.022、023，图版 XC），与阿斯塔那墓地 i 组墓中出土的陶器的形制区别较大。这组墓（ii）中清理的另外两座墓中没有发现什么有趣的遗物，其中一座为空墓，另外一座墓中只发现一具尸体，尸体的包裹方式与 Ast.ii.2 号墓中的尸体一样，在尸体旁没有发现任何随葬品。我们注意到墓地 ii 中的这些墓葬的墓门均朝向东南。

　　我们接着发掘的 Ast.iii 组墓靠近墓地的西北端，这组墓葬地表都具有规整的茔圈。茔圈内有九座墓葬，墓向均朝西南，其中一些近期已被盗掘过。位于前排中间的一座墓 Ast.iii.1，有两个长方形前室和一个 8 英尺见方的墓室。除在墓

Ast.iii.1 号墓出土的奇特面点

室中的放置木棺和尸体处的平台棺床上发现大量散布的面点外，没有找到其他任何遗物。这些面点保存完好，形状各异，如图版 XCII 所示，其中最具代表性的是不同种类的花形果馅饼（Ast.iii.1.021～025、070），有精美的花瓣边，中央仍残留有果酱或类似东西的残迹；还有蝴蝶结和其他卷形面点（Ast.iii.1.030～041、084～087、094）、十字形分开的小面包（Ast.iii.1.026-029）、"脆饼干"（Ast.iii.1.071～083）和麦秆形的点心（Ast.iii.1.01、012）。其中更精美、更能体现制作者精湛技术的面点有：薄的有装饰的"威夫"饼（Ast.iii.1.013～020、042～065）和 S 曲线状镂空饼（Ast.iii.1.066～069），还用枝状花饰进行了装点。此外，还发现了一些发黑的葡萄干，保存得比较好。从上面这些面点的易碎程度看，简直让人难以相信木棺被挪走之前，这些面点就已被放置在发现时的位置，但没有发现原先盛装这些点心的盘子或其他类似的容器。

Ast.iii.2 号墓
出土的泥塑像

　　Ast.iii.2 号墓位于 Ast.iii.1 号墓的东边。买西克说，几年前他曾搜查过此墓，而且还记得在墓中见过许多泥塑像，我们在此墓中发现的有趣遗物证实了他的说法是正确的。在清理该墓墓道时，在墓门外发现了一枚开元通宝，形状与唐代流通的硬币一样，几乎一点都没有磨损和锈蚀。正如附图 33 所示，墓室有两个狭窄的前室，里边的前室有一个圆形壁龛，深 3 英尺，两边都适合安放代表死者在另外世界中的守门神和侍俑的泥塑像。在靠近墓室后壁的棺床上有一具腐朽严重的尸体，墓室长 12 英尺，宽 10 英尺。从包裹尸体的织物中，我们发现了有图案的或者彩绘的丝绸残片（Ast.iii.2.03、04，图版 LXXVIII），有图案的纱（Ast.iii.1.01，图版 XXXVI）和面纱（Ast.iii.1.02，图版 XXXVI）。在棺床前面的一边有一尊泥塑的镇墓兽（图 325），头作露齿而笑的人头，身体似美洲豹，臀部着地蹲坐，头戴一顶三角帽。其头部模制得比较好，而身体所施彩绘拙劣。身体前部饰粉彩，后部饰蓝彩，全身布满了鲜艳的红色圆点；它身后附加着蓝色的尾巴和四只羽毛翅膀，均已被毁坏。它同下面将要谈到的两个镇墓兽的功能一样，是用来驱赶死者住处的魔鬼的。

　　紧挨墓室前室西面的小龛中置有另一件镇墓兽，见图325左，头半人半兽，似公猪，显眼的绿色眉毛，突起，头戴一顶彩虹色尖顶帽，身体上绘满黄色，带鲜艳的红色圆点。在对面的壁龛中，发现了第三个怪物（Ast.iii.2.059，图版 XCVI），较其他两个保存得要完整，并且还可以来回移动，这个在下面的遗物表中再作详细描述。该镇墓兽为龙首，狮子身，身上所饰的彩极不和谐，但非常鲜艳。它那卷曲的翅膀是用木头做的，上面再绘彩；而刷子似的尾巴则为泥制，也经彩绘，上面有许多各种颜色的条带纹，很生动。这些形似怪物的镇墓兽的准确身份还有待汉学家们去做进一步的探讨。

　　在东边的同一壁龛中，还发现了两匹泥塑马和一只骆驼，摆放零乱。两匹马都带马鞍（Ast.iii.2.057、058，图版 XCV、XCVII），那一只骆驼模制得也很精细，但现已残破。马高约 2 英尺，看上去很有生机，属精心制作完成的作品，是唐代雕塑中惯常出现的马雕塑中的代表作，也与千佛洞壁画上出现的马的风格一样。[①] 这些马头小、颈长，形体优美，令我想起了现在的巴达克斯品种马（Badakhshī breed），这种马在帕米尔地区内外都非常值钱。这同一座墓中还出土了形制相同但制作较粗糙的类似的泥塑马（Ast.iii.

Ast.iii.2 号墓出土的泥塑马

————————

① 参见《西域考古图记》第四卷图版 LVIII 中的 Ch.lviii.001，图版 LXXV 中的 Ch.xlvi.007，图版 LXXVI 中的 Ch.lxi.002；《敦煌千佛洞》图版 IX、XII。

2.014~016、020、021，图版 XCIX），这两匹马上的马鞍和鞍
垫制作工艺精湛，而且还很别致，鞍垫上的装饰无疑照搬了
努木达（Numdahs）纹样或毛毡上的刺绣图案，或与新疆地区
仍普遍使用的马鞍垫上的图案一致。Ast.iii.2.058 马鞍上发现
的精美的花朵和棕榈叶图案（图版 XCV），与千佛洞出土的某
些丝绸画和壁画的边框上用作装饰的花卉图案极为相似。①

Ast.iii.2 号墓
出土的泥塑骑
俑

西边的壁龛内及其外面胡乱地堆放着许多较小型的泥塑
马，骑士俑或在马上，或在马旁。泥塑马（Ast.iii.2.014~
016、020、021，图版 XCIX、XCIX.A）上的精致的鞍鞯引起
了我的特别关注。马鞍为窄尖顶，呈高峰状，放置在虎皮鞍
垫和白色垫毡上，同唐代雕塑和壁画上描绘的马鞍一样。其
他值得注意的还有那些马具上的装饰品，带有大流苏，装饰
得非常精美，同类装饰我们在丹丹乌里克发现的彩绘木版画
和萨珊雕塑中均有发现。② 骑俑除一件女俑外，其他均为男
俑（Ast.iii.2.012、013、023、024，图版 XCIX、CII），或穿
鱼鳞铠甲和尖顶头盔，或穿紧身外衣和戴高叶帽（幞头——
译者），与千佛洞较早期壁画中的供养人的服饰部分相似，而
且还与佛传壁画等中描绘的某些人物的准古式服装也很相
似。③ 男骑俑面部塑造较粗，经彩绘；女骑俑（Ast.iii.2.022，
图版 XCIX.A）的塑造则较为精致，梳高发髻，从面部上看无
疑表明他们都是汉人。女骑俑的发型也见于敦煌千佛洞壁画
中的一些较早期供养人像的流行发式④，而且她还戴有奇特的
用泥土塑制的尖塔顶帽（Ast.iii.2.017，图版 XCIX）。

---

① 参见《西域考古图记》第二卷图 202、206、208、219、220 等；《敦煌千佛洞》图版 XLII。

② 参见《古代和田》第一卷 298 页；第二卷图版 LIX（D.VII.5）。

③ 参见《西域考古图记》第二卷 849 页以下；注 18、23，885 页；第四卷图版 LXXV、LXXVI；《敦煌千佛洞》图版 X~XII、XXXVII。

④ 参见《西域考古图记》第二卷 851 页；《敦煌千佛洞》图版 X、XI、XXXV。

所有的骑俑和立俑（Ast.iii.2.010、049、050，图版 CII），显然都是死者在另一世界的侍从。其中还发现了一件头部呈鬼怪状的泥塑像（Ast.iii.2.048，图版 CII）（为十二生肖俑——译者）。所有的人物泥塑内核的下端都有一根较长的木头，主要是便于直接竖立在地面或者插在泥塑马上。此墓中出土的随葬品还包括：木豆（Ast.iii.2.056，图版 XCIII），有彩绘图案；一串保存完好的葡萄干（Ast.iii.2.047，图版 XCIII）；各种花样的面点（Ast.iii.2.030~046，图版 XCII），形状与 Ast.iii.1 号墓中出土的面点相同；一个装满稻壳或其他谷物壳的小帆布袋（Ast.iii.2.051）和一个小漆奁（Ast.iii.2.055，图版 XCIII）。两件汉文文书残片（内容显然是一张表）可能出自木棺，这些纸片同那些用作人物手臂的纸卷一样（Ast.iii.2.010，图版 CII），可能是用来填充那些完全被毁坏的泥俑内芯的。

Ast.iii.2 号墓出土的其他遗物

Ast.iii.3 号墓是 Ast.iii 组墓前面一排（附图 33）墓葬中最西边的一座。内侧墓室的平台上有两具被毁坏的尸体，我们在这里只获得了一些丝绸残片，与包裹尸体的各种织物残片混杂在一起，其中有一块丝绸，如同用防护剂涂抹了一样，上面绘有一种花卉图案（Ast.iii.3.02，图版 XXXVI）；此外还有一把精美的木梳（Ast.iii.3.05）；一堆卷在一起的汉文文书残片，是在尸体的前部发现的，是废纸或类似的东西。根据买西克和我们自己在别处所获得的经验，可以推断这些纸片很可能是用来填充木棺的"填充物"。

Ast.iii.3 号墓发现的汉文文书

许多"废纸"上的内容明显地具有文物价值，马伯乐先生详细分析了其中一些文书的内容，并为我们提供了一些他释读的结果。小纸片中除一件道教文书、一封私人信件、一份有关谷物的账单及诸如此类的文书外，其余都是些官方文件。内容涉及长行马或其他承担邮递任务的牲畜的官方记录，这种邮递形式是公元 8 世纪早期中国设在西州（吐鲁番）的管理机构所维持的。在一大片的文书中，有两份记录（Ast.iii.3.09、010），记载的是开元十年六月长行马的分配和使用情况，年代相当于公元 722 年，它对每个动物的年龄、性别和特殊标记等都一一准确详细地进行了记录；这些牲畜返回时的状况及其负责人等也都适当地做了记录。我们还意外地发现了关于安西都护汤嘉惠的离任材料，关于此人，《唐书》中也有记载。①

其他一些也属于公元 722 年以后的文书（Ast.iii.3.06、034、036），涉及由蒲昌所维持的用马和其他牲畜这种邮驿设施来进行邮递服务或其他官方用途的内容。当时蒲昌是独立于西州的（应为西州下属的县——译者）。他们将马匹照看得非常仔细，不仅要记录它们使用中的各种状况，而且还要记录那些因死亡而被丢弃的马的情况，关于它们的皮子等内容也都一一详细记录。更有趣的是一卷有关诉讼的文书（Ast.iii.3.014、015、022 等），记录了公元 743 年某一官员榨取下级钱财和类似的恶劣行为的内容。实践证明，在阿斯塔那墓葬中发现的"废纸"上的这些记录以及其他同类记录都具有重要意义，因为通过这些记录，我们可以了解到唐代行政机构的日常工作中处理的各种事物。

Ast.iii.4 号墓发现的用破旧织物缠裹的尸体

我们接着调查的是位于茔圈东北角的 Ast.iii.4 号墓，出土遗物非常丰富，正好弥补了前一座没有出土随葬品的空墓的缺憾。如附图 33 所示，该墓墓室设计精美，首先由一个外间通到一个十字形房间中，然后才能进入墓室。墓室是一个高于地面 1.25 英尺的凹室，随葬品大多已被早期劫掠者们破坏，尽管如此，我们还是有一些有趣的发现。墓主人的尸体在墓门外的墓道中出土，头部已不见，显然是将木棺拖

---

① 参见沙畹《西突厥史料》284 页，n.2.

到明亮处进行搜查时扔到此处的，随后在墓内找到了墓主人的头颅。尸体是用各种各样的破烂织物包裹的，其中包括素色或单色图案的丝织品碎片（Ast.iii.4.06），粗棉布和薄皮子。在墓主人的一只脚掌上发现了一张破纸片，上面有汉字，其用途想必与那些破旧织物相同。我对一年前在楼兰L.C墓地的墓坑中发现的与尸体缠绕在一起的破烂不堪的各种织物的解释①，恐怕至今都不能更令人信服和满意。

泥塑像和木质
模型碎块

在侵入前室的堆积很高的流沙中，我们意外地发现了许多泥塑像，除个别外，大多都已被破坏，人物塑像与 Ast.iii.3 号墓中出土的相似。其中包括一尊模制较好的大夏（Bactrian）骆驼塑像（Ast.iii.4.015，图版 XCVIII），饰粉白色彩，仰头向上望，酷似在走动中的真骆驼；一尊精心完成的女塑像（Ast.iii.4.064，图版 XCIX.A），其穿着和发型都与千佛洞中的两个早期壁画中的供养人很相似（Ast.liii.001，Ch.xlvii.001）。② 一组用木头和泥塑造的人物的头部（Ast.iii.4.072.a、b，图版 CII）都是精心模制的，头戴黑色幞头，与千佛洞同类壁画中供养人头上的帽子一样，同时还与佛传故事中描绘的不同人物的帽子一样。这两个泥塑人物的服饰大多已残失，仅残留一小块。③ Ast.iii.4.073（图版 CII），同样是一尊泥塑的男俑，头部模制精美，非常自然流畅。彩绘的木头残片很多，包括微型栅栏、桥模型和拱形木头（Ast.iii.4.027、035～060 等，图版 XCIV），这些看上去都像是建筑构件模型，可能是打算用来营造一座天宫，如同千佛洞壁画

---

① 参见本书第七章第四节。

② 参见《西域考古图记》第二卷 1049、1056 页；《敦煌千佛洞》21 页以下，图版 X、XI；本书第十九章第二节有关 Ast.iii.2.022 的内容。

③ 小丝绸袖子残片 Ast.iii.4.03.a，09 发现时已分离，可能是这两个泥塑人物的衣服残片，或者是同类泥塑人物上的。

图 320　阿斯塔那墓地 Ast.i.4 号墓出土的陶制和木制的罐、碗等

图 321　吐鲁番贝多拉特城附近的古墓群

图 322　阿斯塔那墓地 Ast.ix.2 号墓出土的带尸体的棺木

（置于墓葬前端的木雕基座）

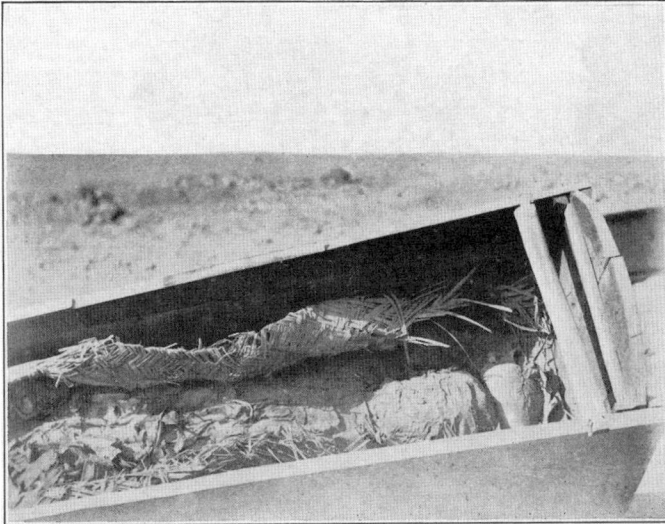

图 323　阿斯塔那墓地 Ast.ix.2 号墓出土的棺木前端，里面是一具紧裹着的男尸

图 324　阿斯塔那墓地 Ast.ix.1 号墓出土的公元 7 世纪的男女干尸

图 325　阿斯塔那墓地 Ast.iii.2 号墓出土的泥塑彩绘镇墓兽

中常见的图案或景象中的一样。一个木支座的残块（Ast.iii.
4.021、028~033、062，图版 C）引起了我的特别关注，它
们的形状与正仓院中的支座相同，而且上面彩绘的飘动的棕
榈叶纹饰也一致。同样，木头残块（Ast.iii.4.052~054，图
版 XCIV）也属于一个相似的支座模型。未经盗扰的墓葬 ix.2
中也出土了同样的支座。① 这些支架可能是用来为死者摆放
那些面点心（Ast.iii.4.065~071）或其他类似的供奉物的。
此类遗物还有成串的纸钱（Ast.iii.4.04，图版 XCIII）和用丝
绸做的叶子（Ast.iii.4.02），无疑也属于此类供奉物。

　　此墓中出土的遗物中最令人关注的是丝绸画（Ast.iii.4.010，
图版 CV、CVI），遗憾的是现已残破成无数小块了，而且这
些残片非常容易碎，在清理墓室中的沙子时，只有非常小心
仔细才有可能安全地将它们复原出来。至于此画原来悬挂在
何处，现在已无法确定，但通过观察其中一大块丝绸画面的
布局（这部分画面中最有趣的部分已复制出来了，见图
版 CV），可以清楚地看出这些残片是属于一种卷轴画上的。
当该墓葬遭到盗掘时，劫掠者们搜查古玩时虐待和破坏了
它。图版 CVI 显示了残片的主要内容和特征，但这些残片不
是有意识地按其相关内容重新进行组合安排，仅仅是为了便
于拍照而随意摆放的。通过将前面提到的那一大块残片与能
够显示框架结构的残片以及原先用来分隔画面的棕色丝绸条
带连接起来，就呈现出了下面这幅可显示这些画面的大致排
列方式和比例的草图（见下页图）。

画卷（绢画）
残片

---

① 参见本书第十九章第三节。

图 Ast.iii.4 号墓中的壁画

安德鲁斯先生收录在下文遗物表中的总注，除对单件残片作详尽的描述外，无疑还使得我在此避免了对这幅画的基本特征作一些赘述。但是尽管如此，我在这方面要做的工作，因为受到了宾勇先生的垂顾而大为增色，他清楚易懂地总结了这幅画的特点及其艺术魅力。宾勇先生的大作附在我在《伯灵顿杂志》上发表的那些图版中①。经宾勇先生的许可，很有必要在此将他的观察和分析重述一遍，其观察直接涉及这幅画的主题，这对远东艺术的研究者很重要。

宾勇先生谈这幅画的主题及构图

"这幅画的构图看上去很清晰，是一幅中楣式的画，它要么是卷着的，要么是展开的，是用薄的棕色锦带粘在画上将画面分隔成几组，而且画的上下边也用这种方法制作。其中一个纵向分隔画面的条带保存完整，由此我们得知画面高

① 参见劳伦斯·宾勇《奥雷尔·斯坦因爵士发现的一件唐代绘画残片》,《伯灵顿杂志》266~275页, 1925 年 6 月。

约 21 英寸，还得知一幅画面——可能还是所有画面的宽度为 8.5 英寸。每一组画面上都有一群人站立于树下，这些人物有些是年轻女子，有些是其侍从，有些是舞伎和乐师。图版 CV 中就显示出了分组的状况，另外前文的插图也显示了完整画面的比例，尽管我们不能说树的上部分一定就必属于下面的类似棕榈的树茎，却与另一组画面中的树相同。越加仔细研究每块残片，就越加觉得这幅画原先一定很大，而且第一眼看上去似乎是属于同一组画的残片，实际上它们毫无关系。例如，我试图找出在图版 CVI 中的棕榈树下那一组画的红色裙子的位置，但这组画面中的裙子边沿为一种三个白点的图案，而不是四个点的图案。这种图案在图版 CVI 右边的侍从的袖子上出现过，但她站立在一棵硕果累累的树的花枝之下，应属于另外一组不同的画面。同样的服饰在不同的画面中重复出现过。"

"三片绿叶中有两片看上去属于同一棵树，第三片则不同，可能是桑树叶。[①] 这表明它们分别属两组不同的画面。棕榈叶应属第三组画面，如果没有其他更多的话，至少还应有一组画面，上有一棵开着花的果实累累的果树（桃或杏树?）。图版 CVI 中间那位小姐头后面的竹子似的茎又属一组画面，即第五组画。从整个画面的景象看，似乎表现的是一幅迎春图。"

宾勇先生进一步指出了这些丝画残片上的人物细部和整体风格的特征，我们发现的这些残片，与"日本某些最古老的绘画艺术品之间具有联系。棕榈树下的小姐和侍女的神态和表情，使人联想到日本皇室收藏品中收藏的著名的圣德太

与日本早期绘画的关系

---

① 大英博物馆植物部的保管员兰德勒博士向我们提供了对上述叶子和花的分析结果。

子（Shōtoku）和他两个儿子的肖像画"①。侍女服饰的细部都很相似，比如长袍上的装饰图案，是用小点排列成菱形格子图案。一个更显著的例子，是一幅保存在正仓院的屏风上的画面，在每一组画面中都有一个漂亮的女子站立或坐在树下。②

"不仅仅是构图相同，这类女性代表了一种理想的美——唐代的审美观是面庞丰满、圆润，小口，嘴唇丰满、红润，以及一幅雍容的体态。绘画体现了此种传统，具体如颈部绘两三条线表示皮肤的皱褶，浓密的头发呈高高盘起的发型，而且在额头上扎个大结。在这两幅画中我们都能看到在女性的前额和面颊上彩绘圆点的时尚，毫无疑问是日本的绘画模仿了唐代绘画艺术的原型，甚至比以往推测的关系还要密切，然而在中国的另一个地方能找到这令人信服的证据是多么有趣呵！我们推测，在这一时期的世俗绘画中有一种统一的理想风格，从大唐帝国的东部一直流行到西部，甚至流传到了国外。从阿斯塔那墓葬出土的绘画残片中，我们找到了公元8世纪早期中国中央画派的一个天才回声。"

宾勇先生推断的这一时期在中国世俗绘画中盛行的统一理想风格，是通过分析两幅绘画遗物而获得的。这两幅画是橘瑞超在吐鲁番发掘时获得的，由大谷（Otani）伯爵出版。③ 这两幅画的构图不够精美，绘制亦较简单，但是在主题和制作上，显示出一种相似的特征。其中一幅画上署有相当于公元716年的纪年文字，宾勇先生提及的那幅日本绘画似乎也可以归为公元8世纪早期的遗物，那件屏风及其"树下美人图"画面的年代可追溯到公元748年之前，即开始向正仓院奉献珍宝之时。

---

① 参见《国家》147页；费诺罗沙《时代》第一卷52页。

② 参见《国家》226页；《正仓院图录》图版 III。

③ 对这些发现物的阐释，宾勇先生参考的是大谷伯爵出版的《西域考古图谱》（1915年），内中有泽村（Sawamura）教授提供的日文文字说明。

　　尽管最近尚未发现有纪年的文书依据，但也可以根据考古发掘出土的同时期的遗物的细部特征来确定绘画的年代。图版 CVI 右边的残片（Ast.iii.4.010.e）上的一个女子弹奏的乐器，与《正仓院图录》（*Shōsōin Catalogue*）中描述的乐器根崁（genkan，一种类似阮咸五弦乐器——译者（见图版 41、57）在形状上非常相似，这些标本实际上是在阔肯（Kōken，香艳、美色——译者）皇后于公元 748 年所积聚的大量藏品中发现的。同样，顶部以下雕刻成拱形的有装饰的木支架或支座（Ast.iii.4.010.b）中的一件残块，在前文插图中的左下方出现过，在《正仓院图录》第三卷图版 147 描述的遗物中也有与之相对的残块。同样的装饰在木支座残块（Ast.iii.4.021、028～033、062，图版 C）和同类微型木支座模型（Ast.iii.4.052～054，图版 XCIV）上都有发现，都是值得特别注意的，因为这些遗物可以证实这样一个观点，即这幅画是埋葬发生时期的作品。最后，我们从女士的服饰和发型上看出，此墓与阿斯塔那其他墓中出土的人物有关系，这些墓显然都属于唐代早期。也许她们的服饰在时代性上要比发型更为显著，其窄长的袖子、身上的披肩（Ast.iii.4.010.c，图版 CVI）和高腰裙都使人联想到千佛洞最早的壁画中出现的供养人的服饰。[1] 发型与我们在泥塑像上见到的某些特征也相似，例如 Ast.i.8.08（图版 CI）和 Ast.iii.2.022（图版 XCIX），虽然在绘画所显示的状况下，其顶髻看上去是以一种独特的方式向前倾。这里值得注意的是此地的女性的发型与千佛洞精美壁画中的汉族女性的发型惊人地相似，

---

　　① 参见《敦煌千佛洞》图版 X、XI（Ch.liii.001；Ch.xlvii.001；《西域考古图记》第二卷 1049 页、1056 页）和图版 XXXV（Ch.00260；《西域考古图记》第二卷 984 页）上的妇女服饰。另参见前文描述的泥塑 Ast.iii.2.022、Ast.iii.4.064（图版 XCIX.A）。

例如 Ch.lvii.002，其所表现的是被观音（Avalokite svara）引向天堂的仙女。[1]

Ast.iii.4 号墓中出土的纪年文书

此墓中除了出土了前面谈论的精美的丝画残片，没有发现随葬的题铭遗物，同样在这一组（iii）墓中的其他墓葬也没有发现任何此类遗物。此墓与其他墓葬一样，都缺乏有纪年的文字材料，也就是可以提供确切埋葬日期的遗物，这主要与当地人将墓中出土的砖墓志视为珍贵的铺地材料有关。特别值得庆幸的是我们在 Ast.iii.4 号墓发现了 24 件揉成团的汉文文书，其中有些比较完整。通过观察其他墓中出土的同类遗物的情况[2]，我们推测这些纸张的用途主要是支撑和保护木棺中尸体的。在 Ast.iii.4 号墓发现的"废纸"中，至少有八件证实有确切的纪年。这些纸张都已被扔在了木棺外面，可能是盗墓者将尸体拖出到墓门附近进行仔细搜查时造成的，木棺也因此而被破坏成木块。这些文书使得我们能够准确地推断死者的年代。在将这些纸文书送给马伯乐先生之前，吉列斯博士进行了初步释读，并为我提供了以下信息：其中五件较大的纸张是官方记录，上面有神龙元年的纪年文字，相当于公元 705 年；另外三件（其中有一件为租地契约）上面的纪年分别相当于公元 690、693 和 709 年。从这些纪年纸文书提供的年代依据，我们可以推断出这些墓葬的埋葬时间为公元 8 世纪的最初 25 年或略晚——这个结论与前面依据此墓中出土的绢画残片的风格和细部特征推断的年代则完全一致。

---

① 参见《西域考古图记》第二卷 1081 页；第四卷图版 LXXI。头饰的一致便能很好地说明一个问题，即总体风格上的不同体现了这幅画与千佛洞壁画中表现的其他菩萨像的差别，归根结底是可能由于其他原因，而非像推测的那样是时代上的差异所造成。

② 参见本书第十九章第二节。

我们从马伯乐先生那里得到了前面提到的那五件汉文文书的附注释的译文，文书中不仅有公元705年的确切年代，而且其内容的考古价值也是不可估量的。文书属于一种报告或命令，内容是有关公元705年的早些时候，在西州或吐鲁番地区所饲养的用于邮驿及其他官方用途的长行马的损失情况。对马匹的死亡情景、地点等都有准确的记录；通过兽医的诊断及其他官员的调查情况，说明了马匹损失的原因和责任承担者，并都一一进行了完整的记录；有关死亡的马匹的皮送来时的状况和马肉是否可以出售等方面的信息，也都作了记录。记录中提及的马匹丢失的具体地点，再结合《唐书》中提供的具体年代，有助于我们找到过去经常使用的路边驿站①，那时和现在一样是从吐鲁番盆地到伊州或哈密、北庭、焉耆的。这些离奇而有趣的记录很好地反映了当时运输必须经历的重重困难，因为如同今天一样，这里大部分都是沙漠，此外它们还让我们进一步了解到了唐朝是通过设立精密的组织机构的方式，不断地克服自然环境的困难，并达到节约资源的目的的。

公元705年记录的有关长行马的资料

在同一茔圈的东北角的第五座墓（Ast.iii.5）也被搜查过，经证实是一座空墓，墓内填满了流沙，说明此墓早已被打开和洗劫过。如附图33所示，此墓的形制比较特殊，墓室内有小壁龛。其余的四座墓看起来似乎最近也都被搜查过，因此也就没有发掘。最后关于这一组墓，无论是从墓葬的总体情况观察，还是对墓葬中的出土遗物进行分析，它们

Ast.iii 组墓剩余的墓葬

① 在提及的驿站中，我们发现有柳谷（Liu-ku）和金沙（Chin-sha，此处写作金娑Chin-so），是在第十六章第三节讨论过的直接抵达北庭的驿站；前往焉耆的途中经过天山（托克逊）和银山（库米什）（见《西域考古图记》第三卷1177页）；在前往哈密的途中经过的驿站有赤亭（Ch'ih-t'ing，意为红色驿站）。

都非常相似，我可以断言它们大致属于同一时期。从Ast.iii.3、4号墓出土的有纪年的文书材料证明，这一组墓葬的年代暂时可定为公元8世纪前期。

Ast.iv.1 号墓中随葬的署有相当公元 698 年纪年的墓志

在位于 ii 组墓东边的一组墓中的一座墓的墓道口，我们当中的一个人发现了一块砖墓志，我将此墓编为 Ast.iv.1 号墓并做了清理。该墓的墓室比较小，内部几乎被沙子填满，只有一具尸体，已腐朽不堪，墓室内没有发现丝毫能引起注意或兴趣的现象或遗物。墓志铭文是书写在蓝色底上的 6 行红色汉字（图版 CXXVII）。铭文中的纪年是由李师爷拼读的，经吉列斯博士考证，相当于公元 698 年①。

在 Ast.v.1 号墓中的发现

在墓道口附近，我们又发现了一块大的砖墓志（Ast.v.1.07，图版 LXXIV），这促使我们把注意力集中到了墓区中靠近中央的带茔圈的一组墓 v 上。发现墓志的墓葬的墓口向南，恰好对着茔圈的入口（附图 31、33）。墓内有一具尸体，已遭严重破坏，残存深紫色丝绸外衣残片。同我们发现的残片 Ast.v.1.02 一样，在靠近尸体头部的部位描绘有两个清晰的面部，相对，下部为白色和红色曲线，可能是两躯相互缠绕的蛇身部分，内容恰好与我们下面将要描述的丝绸壁挂（Ast.ix.2.054，图版 CIX）一样。② 关于丝绸覆面 Ast.v.1.01，其中心部分已完全腐烂，但有足够的残片显示它是用一块多色带图像的丝绸做成的，装饰有萨珊风格的大团花，还用素面丝绸褶边作边饰。用蓝色丝绸外罩覆盖着尸体，这与我们在 Ast.iii 组墓中见过的用各种破织物包裹尸体不一样。然而用写有汉字的"废纸"做成的鞋（v.1.03，图版 XCIII）表明，

---

① 参见吉列斯博士的翻译，附录 I.1.XIII。

② 参见本书第十九章第三节。

此时已试图用废料给死者做寿衣了；其中一只鞋是在墓内发现的，另一只则在墓外发现。毫无疑问，我们也可以推断那些用几层汉文文书做成的上面绘彩的纸带（Ast.v.1.04.a、b），是用来代替腰带或其他缠绕的装饰带。

在此墓外发现的墓志（Ast.v.1.07，图版 LXXIV），上面的铭文很长，在暗颜色的底上书写着 20 列红色汉字，铭文现已全部被马伯乐先生翻译出来，并且还附有注释，详细内容见附录 A。墓志记录的是麴氏高昌国"武牙将军"范永隆①的遗孀贾氏的妇功四德等德行，年代为高昌归顺中原王朝之前（墓志原文："卫武牙将军范永隆故夫人贾氏墓志"——译者）。据记载，这位女性是高昌当地人，是前政权中郎的女儿。据说她于乾封二年去世，即公元 667 年，享年 75 岁，被埋葬在城西北墓葬区其丈夫的身边，这个位置恰好是高昌城西的阿斯塔那墓地。马伯乐先生在附录 A 的注释中还指出，根据汉文文献的记载，与已故的丈夫同葬于一墓的习俗是中国古代的一种传统习惯。从墓志上的记录可以推测出此墓原来必定埋葬有第二具尸体，这一推测似乎已得到了证实，因为我们在清理墓道时，发现了一只大纸鞋，也许是劫掠者将木棺连同那一具尸体拖到光亮处进行搜查时，从中扔出来的，但我们始终没有发现这第二具尸体。尽管我和阿弗拉兹·古尔当时都不在场，但我们都没有理由怀疑墓志发现地点的准确性。

相当于公元667 年的墓志

位于 Ast.v.1 号墓西面的 Ast.v.2 号墓出土了两具尸体，其中一具保存较好，可以辨认出是一名女性。两具尸体都是用素面的白色棉布和丝绸包裹的，Ast.v.2.04 就是其中的一

Ast.v.2 号墓出土的纺织品

① 吉列斯博士据原墓志作如是释读。

件残片。其下女性的面部覆盖一件用多色带图案的丝绸做的覆面（Ast.v.2.01，图版 LXXVIII、LXXXI），上面有用素面白色丝绸做的饰边（Ast.v.2.03）。覆面上有图案的丝绸非常有趣，不仅是因为其图案设计为萨珊风格，而且还因为其织法也很特别。值得庆幸的是这块丝绸保存得相对较完整，只有下半部分缺失。图案为两个大团花，一个在另一个之上，每个团花中都有两对相对的动物，团花的拱肩上有其他成对的相对的动物。安德鲁斯先生在下文的遗物表中提到了几个重要的特征，这些我们在对阿斯塔那墓葬中出土的纺织品进行总体分析研究时会注意到。在女性口中发现了一枚银币，腐朽严重，但从其大小和图案上能准确地辨认出是萨珊银币。这枚银币，再结合与此墓相连的 Ast.v.1 号墓中出土的墓志，可以确定这一组墓葬与 Ast.i 组墓葬的年代基本一致，即属于同一时期。两名死者手中都各握一件木握，与 Ast.i.6 号墓中出土的一样。该墓中还出土有公元 632 年的纪年墓志。在墓室墙角的木钉上发现的两块乳白色丝绸小残片，是墓室后壁壁挂的所有遗存。

第三节　vi~x 组未被盗扰的墓葬等

Ast.vi.1 号墓中出土尸衣中的有图案丝绸

为了考察墓地北边那些相互隔开、不带茔圈、没有明显分组的墓葬的总特征，我接下来发掘了墓地中相对孤立的墓葬 Ast.vi.1。这座墓葬的封土堆较一般的墓都要高，墓室 11 英尺见方，距地表深 15 英尺，墓顶为覆斗顶，模仿的是犍陀罗和克什米尔寺庙的建筑方式，在奇特拉尔、马斯图吉等地，也能见到一些现代的例子。① 墓室高 7 英尺，内葬三人，三具尸体都被扰乱且被严重损坏，凌乱地堆放在粗制的草席上。死者的头部均与身体分离，尸体已腐烂，但骨架上依然包裹着很厚的破烂织物，这种包裹方式与我在楼兰 L.C 墓地的墓坑中的发现惊人的相似。在这些破烂织物中，我发现了一些很有趣的纺织品，除了大量不同颜色的素面丝绸（Ast. vi.1.05、07），还有精美的多色带图案的丝织品（Ast.vi.02、Ast.vi.1.03，图版 LXXVIII、LXXX），其图案具有鲜明的中国风格；此外还发现有锦缎上的刺绣残片（Ast.vi.01、Ast.vi.1.06，图版 XLV），素面丝绸（Ast.vi.1.09）或薄纱（Ast.vi.1.04，图版 XLV），还有彩色纱（Ast.vi.03，图版 LXXVII）和花结印染成的有图案的丝绸（Ast. vi. 1. 01、02，图版 LXXXVI）。用棉毛布缝的补丁和包边残片清楚地表明这些丝织品残片都是穿破的旧衣服上的部分，它们被胡乱地用来包裹尸体。

该墓中的随葬品均已被早期劫掠者们扰乱，发现的遗物有三个粗制的木俑，其中一个是女木俑（Ast.vi.1.010，图版 CIV），另外两个是男木俑（Ast.vi.1.011、014，图版 CIV）。两个男木俑非常有趣，因为他们所穿的外衣均在胸前交叉相叠，很有特点。其他各种遗物中在此值得提到的还有：两双小鞋（Ast.vi.1.08、021，图版 XCIII）；一张微型弓和箭袋，箭袋内装有箭（Ast.vi.1.023～025，图版 CIV）；用木条固定的草席（Ast.vi.1.012、013，图版 XCIV），可能是箱子的一部分。在墓门外侧发现了一枚上面写有汉字的木简（经吉列

Ast. vi. 1 号墓的随葬品

———————————————

① 参见《西域考古图记》第一卷 48 页，图 16。

斯博士释读，上写有"升平"年号，大约相当于公元364年①）。朝向墓门的墓室后壁（东壁）都刷成了白色，有2英尺高的墙裙，上面拙劣地绘有粗线条的轮廓和鲜艳的色彩。自右向左描绘的内容是：一棵树和花卉窗花格；两名女性和一名男性，他们的跪姿与千佛洞壁画上的供养人的姿势一样；由几头公牛拉的两轮车，前面还有车夫，在此图之上还有一只跪着的骆驼。这幅绘画作品的风格与 Ast.vi.3.05（图版 CVII）纸画的风格很相似。

在 Ast.vi.2 号墓中的发现　　Ast.vi.2 号墓坐落在距 Ast.vi.1 号墓东北 350 码的地方，墓内葬一人，男性。人头和双臂都已散架，尸体是用破烂衣服包裹的，上面再用米色和蓝色丝绸覆盖整个尸体。在这些破烂织物中有：蓝色印染丝绸（Ast.vi.2.04，图版 XXXVI），上边缝有两块有图案的长方形丝绸，图案是一条龙和一只带翼的狮子，是典型的中国风格的图案和制作工艺，它与楼兰 L.C 墓地出土的有图案的丝织品非常相似，特别是其罗纹织法与这些织物有密切关系。整块织物看起来似乎像是披肩，或者有意制成有带子的披肩式样的东西，就如同下面将要介绍的 Ast.vi.3.07（图版 LXXVIII）一样。Ast.vi.2.06 是一个木俑，头部保存较好，头顶上有发髻，残留稀疏的髭须。其他各类遗物还包括一个雕刻粗糙的男木俑（Ast.vi.2.05，图版 CIV），一双用丝绸和废纸制作的鞋（Ast.vi.2.08，图版 XCIII），以及一个用同样方法制作的匕鞘套（Ast.vi.2.09，图版 XCIV）做得很逼真。

---

① "升平"是东晋穆帝的最后一个年号，他于公元361年驾崩（公元364年为延用升平年号，即升平八年——译者）。

在 Ast.vi.2 号墓西北约 500 码处，靠近墓区边缘有一小组墓葬（附图 31）。我们在此调查期间，其旁的浅渠沟中由胜金口流来的河水已结成了一层薄冰。尽管靠近潮湿的小渠，距地表约 16 英尺深的 Ast.vi.3 墓室内却仍很干燥。墓室中有两具尸体，都惨遭劫掠者的破坏，但仍可辨认出是一男和一女。这两具尸体也都是用破烂织物包裹的，其中一些残片与 Ast.vi.3.02、08 标本一样，都是素面丝绸外衣的残余部分，上面都有丝毛衬里和包边。死者脚上穿的鞋都是用废纸做成，鞋面上罩一层丝绸面。另外一双鞋（Ast.vi.3.013、014，图版 XCIII），则都是用纸做成。这些同 Ast.vi.3.019 丝绸袖口和 Ast.vi.3.04 纸帽一样，都是随葬品的一部分。其他的随葬品还包括漆奁（Ast.vi.3.011，图版 XCIV）；带鱼尾柄、背面写有两个汉字的木食案（Ast.vi.3.010，图版 XCI）；此外还有汉代烽燧等地出土遗物中常见的船形木耳杯（Ast.vi.3.017，图版 XCI）。

尸体上残留的纺织品遗物还有深红色丝绸残片（Ast.vi.3.03，图版 LXXVIII），上面圆点图案成行排列；还有一块精美的薄纱（Ast.vi.3.09）。特别有趣的是残片 Ast.vi.3.07（图版 LXXVIII），其特征与披肩残片 Ast.vi.2.04（图版 XXXVI）相一致。它用蓝色丝绸做成，上布满白色圆点构成的菱形纹图案，背面粘着两个长方形刺绣条带。两块织物上的图案设计相同，都使用的是链状针迹工艺，都是生动的花卉图案，显然是中国生产的。

最后值得一提的是，在墓口发现的 Ast.vi.3.05 纸画（图版 CVII），画面轮廓较粗，着色也粗糙。画面可分两部分，描绘的是另外一个世界的节日景象。内容包括一个重要人物坐在平台上，手中端着一个杯子，还有几个姿势各异的侍

清理 Ast. vi. 3 号墓

Ast. vi. 3 号墓出土的带图案的织物

Ast. vi. 3.05 纸画

佣、几个乐师和一个舞者；另一部分描绘的是果园和一辆刚抵达的牛车。正如安德鲁斯先生在下文的叙述中谈到的那样，这种题材在汉代壁画墓中非常普遍。画面中人物的服饰清楚地表明，绘画者是以当时的实际生活为模型进行创作的，是当时生活的真实写照。

Ast. vi. 4 号墓中的彩绘墙裙

　　Ast.vi.4 号墓是我们考察的散居墓地北面的墓群中的第四座墓葬，它位于 Ast.vi.2 号墓东南约 200 码的地方。这座墓葬的墓室 8 英尺见方，其墓顶为开凿在叠加的正方形中的锥体形状（即方锥攒尖式或覆斗式——译者），开凿方法与 Ast.vi.1 号墓完全一致。墓室中细砾石的墙壁被抹平，表面平整光滑，并都被刷成了白色，有高达 3 英尺的绘画墙裙，画面依次延伸，环绕墓室的三面墙。画面轮廓较粗，且在画面上随意乱涂成团，其风格在一定程度上与 Ast.vi.3 号墓中出土的纸画（图版 CVII）很相似。在墓门两侧各绘一只狮子形的怪兽。在墓门右侧的南壁上绘有一些马、羊、牛和一只骆驼，此外还有一个形似中国牌坊的拱门，在此门之外的地方绘有一个厨娘，看上去正在做饭。在正对墓门的后壁上绘有一名男性，他坐在地毯上，其妻子和三名侍从正面对着他，还有三个佣人端着贡物从后边走来。主人头上的黑色头饰使我们联想起在千佛洞壁画中看到的幞头。北壁上绘有一棵树，隔一块空白绘有另一幅画面：下面是一辆牛车，上面还有一只骆驼和其他一些动物。我很遗憾没能拍下这些粗略的壁画，或者通过其他方式复制这些活泼的画面。

Ast. vi. 4 号墓中的发现

　　我们在此墓的一个角落里发现了一具破坏严重的尸体，是被早年来此寻宝的劫掠者们扔到一堆遗物中的。墓中的随葬遗物也大多被破坏，因为大部分遗物都是木质的。其中包括一些木俑，雕刻得很粗，且都经彩绘，有男性和女性

（Ast.vi.4.03~08，图版 CIV）；一些家具模型，家具腿的末端一般呈狮子爪形（Ast.vi.4.023、027、028，图版 XCI）；一个马车模型残部（Ast.vi.4.010、011、019、020、022，图版 XCIV）等。值得一提的有圆形奁盒（Ast.vi.4.024、025，图版 XCIV），特别是它们上面的彩绘图案。最有趣的一件遗物是一只工艺精美的锦鞋（Ast.vi.4.01，图版 XCIII），已织成形，它是用三块织物做成的，每一块都是一个长方形条带，上面的图案是一只展翅站立的鹅，长方形块和图案的颜色都相互交错，在鞋尖处有其他一些带条纹和小汉字。

　　紧接着调查的是 Ast.vii.1、2 号墓葬，这两座墓葬分别位于阿斯塔那墓地两个主要墓葬集聚区之间的遭破坏的建筑遗迹的东边和西边（附图 31）。在清理 Ast.vii.1 号墓的墓道时，发现了两件婆罗米文文书，上面的文字可能是库车语。这些是阿斯塔那墓地发现的仅有的非汉文文书遗物，看上去像是从某些文件中失散的。墓室中有三具尸体，其中两具尽管已被从棺床上扔了下来，但保存得比较好，身上的衣服是用素面棉布和未经印染的丝绸做的；第三具尸体已被劫掠者剥光，扔在墓室的一个角落，尸体已被严重毁坏。那些带条纹和上彩的丝绸残片（Ast.vii.1.02、03、05）大概都是这具尸体上的。前两具尸体的头部都有覆面，其做法与常见的覆面一样，是用一块彩色图案的丝绸，周围缝一圈素面丝绸作褶边制成。在 Ast.vii.1.06（图版 LXXX）中，那块彩色丝绸的图案是精美的菱形网格纹，是萨珊风格的一种变体，其中最具特色的是那心状图案构成的饰边。在此死者的覆面下面，眼睛上有一副银眼罩，其脚穿精美的染漆的帆布鞋，脚趾部分向上翘，与 Ast.vii.1.07（图版 XCIII）中描述的鞋一样。另一具尸体头上的覆面（Ast.vii.1.01，图版 LXXVII），

Ast.vii.1、2 号
墓出土的纺织
品

也是用彩色有萨珊风格图案的丝绸做成的，但丝绸的织造工艺较粗糙。在尸体旁我们还发现了一些汉文文书残片。

Ast.vii.2 号墓出土的泥俑

　　Ast.vii.2 号墓位于被破坏建筑物的西北约 200 码处，买西克曾经搜查过此墓，他依然记得在里边曾看到过许多泥俑。如附图 34 所示，这座墓葬的结构比我们以往考察的任何一座墓葬的结构都精美、复杂：它有两个带棺床的墓室，除一条前甬道外，还有一间方形前室，其两侧都有约 7 英尺见方的耳室。墓室为圆锥形顶，超乎寻常地高达 11 英尺，墓室中除毁坏严重的尸体外，没有发现任何其他遗物，而且尸体是用素面的棉和丝绸尸衣包裹的。在外侧的墓室及前室中有一些汉文文书残片出土，这些残片可能是出自木棺中。根据吉列斯博士提供的释读，他认为这些文书大部分都是官方文件，有些文书上面有红色印章，但没有一件文书上标明有确切的纪年。墓室两侧的耳室中有数量可观的泥俑出土，形制与我们描述的 Ast.iii.2 号墓中出土者一致，但不幸的是几乎所有的泥俑都惨遭"寻宝人"的严重毁坏。其中能够勉强移动的遗物有一个模制精巧的龙的残部（Ast.vii.2.01，图版 CIII）；一个鬼怪的头部（Ast.vii.2.03，图版 CI），做成奇形怪状的人的样子，处理得很幽默；几匹马（Ast.vii.2.05~07，图版 C），与前面描述的形制完全相同；几位骑手，其中一个正在吹奏管乐器（Ast.vii.2.011，图版 CII）。Ast.vii.2.08（图版 CI）是用绳子捆扎的一捆东西，很显然是从一匹完全破碎的马上脱落下来的。一只巨型的独峰驼，因破碎严重而无法移动，然而从其制作得并不好这一点上可以看出，制作者对这种骆驼根本不熟悉。一块方盘模型（Ast.vii.2.014，图版 XCIV），上面标有黑白色小圆点，可能是用来玩某种游戏的。一个指挥棒式武器的木模型（Ast.vii.2.013，图版 CII），在其彩绘的鞘上面画了一幅生动的狩猎场面图，画面上一个骑马奔驰的猎手，正回头用箭射一头扑上来的豹子。

从 Ast.vii.1 号墓向北前进，我们接着打开了 Ast.viii.1 号墓葬（附图 34），此墓在一个较小的茔圈内。尽管很早以前此墓就遭盗掘过，但从墓道中找不到近期被搜查的迹象。在墓道的西壁上有一个浅壁龛，与我们常见的用来放置墓志的壁龛一样，在此我们发现了一个特别的遗物，是一个保存较好的绘彩的泥俑（Ast.viii.1.03，图版 CI），圆脸，男性，绝对不属于蒙古人种。从其深目和细桥似的鹰钩鼻子上可以断定也不是汉人，从其紧身长外衣和圆形黑色反皮帽子上也可以得出同样的结论。该泥俑的雕塑技术与阿斯塔那墓地其他墓葬中发现的泥俑是那样地接近，以至于我们可以确定它们是同一时期的产物，这一点毋庸置疑，即使它是从其他地方被带到此地的。小墓室中发现的两具尸体，都是用素面白色织物包裹着的。其中一具尸体头部覆盖的薄纱还残存一些，尽管腐朽严重，但仍可以看清在一面绘有一名男性的面部，与 Ast.viii.1.02 中所见到的一样。在此我们还发现了一个大陶罐（Ast.viii.1.05，图版 XC），其上彩绘圆点和花瓣图案，与 Ast.i 组出土的陶器风格一致；另外还有一个彩绘的小陶罐（Ast.viii.1.04）。大陶罐是在柄脱落之后才彩绘的，由此可以断定这件器物是作为日常生活用品使用之后才专门随葬在墓中的。

在墓地北面两个相连的茔圈 Ast.ix（附图 34）内发现了一些墓葬，它们基本上都逃脱了近期劫掠者的搜查。这使我们在此有一些有趣的发现。首先打开的是 Ast.ix.1 号墓，墓室中的两具尸体保存完好（图 324），我们轻易地就将他们

Ast.viii.1 号墓出土的本地泥俑

Ast.ix.1 号墓及相当于公元 652 和 667 年纪年的墓志

搬到了明亮处。可以清楚地辨别出是一男一女，他们身上穿素面棉布织物衣服，头部用丝绸包裹着。在男性死者头部所罩的丝绸上绘有两幅相对的头像（Ast.ix.1.04、05），与 Ast.i.6.02 和 Ast.v.1.02 残片上看到的图案一样，只是比它们略微大一些。这幅仓促完成的画，暗示它可能是在特定的场合或条件下制作完成的。在此，我们还注意到死者的尸体不是有意安放的，倒像是死后直接留在那里的。在墓道口附近我们发现了两块保存在原地的砖墓志，黑色底上书红色汉字（其中 Ast.ix.1.03 见图版 LXXV），上面所署的日期相当于公元652 和 667 年。

未被盗掘的墓葬 Ast.ix.2　　我们在通向 Ast.ix.2 号墓墓室的墓道南端发现了两块墓志，上面除了相当于公元 667 年和 689 年的纪年，还有其他一些信息，这些可以参见吉列斯博士提供的译文①。最让我们吃惊和满意的是这座墓葬未经盗扰，墓葬中的遗物未被扰动，但墓道似乎很久以前被挖开过，也许因为某些特殊的原因，未挖到墓门就放弃了。我们发现这座墓葬的墓门全部由粗土坯垒砌，而且其上倾斜的土墙也没有被挖过的痕迹。通过挖开墓门上部的土墙我们直接进入了墓室，这样能保证墓室内更加明亮，而且空气也比较清新，便于我们检查墓葬中的遗物。但初次进入面积只有 9 英尺×10 平方英尺的墓室中，毫无疑问会感到其内空气稀薄，墓中的尸体可能是在木棺的木头收缩之前就已变干，从而污染了墓室内的空气。

---

① 参见附录 I，VIII、XII。

正如附图 34 所示，墓室中有三副木棺，其中两副放在靠近墓室后壁（由后壁向外数为 Ast.ix.c、b 木棺）高约 4 英尺 6 英寸的棺床上，在棺床前的地面上还有一副木棺（Ast. ix.a）。棺床上的第二副木棺（Ast.ix.b）的宽面或头端朝西，起初它留给我们的印象非常深刻，甚至连冷酷的买西克也感到很惊奇：木棺的长度仅差几英寸就 8 英尺；其他两副木棺的长度则近 6 英尺。在第二副木棺的头端的后面，紧靠西墙放置一个矮支座的基座，是用薄的有雕刻的木板做成的，上面施有红彩（图 322），其框架结构与 Ast.iii.4 号墓中见到同类支座的基座模型很相似。[①] 由于连接得松散，所以基座摇晃得很厉害，但其上仍放着未经动过的木碗装的各种食物（Ast.ix.2.028~038，图版 XCI），碗上的彩绘装饰与 Ast.i 墓中出土的陶碗一致。碗内有葡萄、李子、肉等，都已风化、萎缩，但保存相对完好。在靠近西墙修筑的宽约 2 英尺的矮棺床上，以及第三副木棺的头端，也有一些陶罐、盘子和碟子（Ast.ix.2.039~042，图版 XC），所有的器物内都有油状物或食物残迹。另外还放有生面团或生面揉成的小人物塑像（Ast.ix.2.024、047~050，图版 LXXXIX），与一个小车模型（Ast.ix.2.06，图版 XCIV）放在一起；大致呈圆形的树皮片（Ast.ix.2.044~046），可能是用来替代"硬币"的；棺床下面撒有麦粒。在墓室的西北角，有一个木豆（Ast.ix.2.027，图版 XCI），用白色圆点装饰，彩绘，里面放着一只微型木鸭（Ast.ix.2.043，图版 CIV）。墓内所有的遗物或木棺上几乎都没有粘灰尘，即便是有，也可能是封堵墓门时或我们破门而入时造成的。墓中最引人注目的随葬品属悬挂在墓室后

Ast. ix. 2 号墓中发现的木棺

---

① 参见本书第十九章第二节，以及该处提到的正仓院的例子。

壁的壁挂（Ast.ix.2.054，图版 CIX），是在象牙色的丝绸上粗绘出传说中的先祖伏羲及其配偶女娲的形象，他们的下身像蛇一样盘绕相交。

棺盖上（绸布）相当于公元 706 年的纪年

距墓门最近的木棺 Ast.ix.2.a 上涂有红棕色彩，其上覆盖着一块素面棉布织物（Ast.ix.2.a.07，图版 CXXVII，即绸布——译者），它与现代的哈慕（khām）很相似，一直垂到地上。其中一个边沿上有几个红印和一行待翻译的汉字，这些印的用途可能与现代一样，正如中国的税收人员在"喀木"织物上盖的印一样，标明这些织物已上过税，可以在市场上进行交易。（这一假设在阅读了吉列斯博士提供的译文之后得到了肯定，见附录 I。）上面的汉字记录是纳税人婺州兰溪县的瑞山乡从善里所交的一卷布匹的税收收据，时间是在神龙二年（公元 706 年）第八个月的某一天交纳的。

在木棺 Ast.ix.2.b 里出土的一块棉单子上的铭文中，也提到了兰溪县（图版原件未见此县名——译者）和信安县，而且所署的日期是公元 684—685 年（见附录 I），这两个地方均在浙江省境内。从如此远的地方把素面棉布运到吐鲁番，这一举动引起了考古学者的极大关注。从 Ast.ix.2.a.07 上记录的时间到 Ast.ix.2 号墓中墓志上的纪年（相当于公元 689 年），其间有一段很明显的时间间隔。后一个时间也就是此墓 b 棺中发现的男子范延仕去世的时间（附录 I、XII）。

Ast.ix.2.a 木棺中的遗物

木棺的上盖轻易就被打开了，暴露出的尸体清楚地表明是一位女性（图 322）。她双腿略微弯曲，一块白色的哈慕下覆盖着各种严重腐烂的织物，是旧衣服上的丝绸碎片，素色或呈粉红蔷薇色，如锦缎 Ast.ix.2.08、09、015、016（图版 XXXVI）。其脚上穿的是素面而且破烂不堪的帆布拖鞋，脚下还有一些纸文书（Ast.ix.2.018），多数都已腐烂，上面有汉字，是用来做填充物的废料。在缠裹头部的丝绸碎片下面发现了一块覆面（Ast.ix.2.01，图版 LXXIX），是用两块有图案的丝绸做成的，两块都具有萨珊风格，而且都是残片。在其头部右侧放着一个圆形木漆奁（Ast. ix. 2. 03，图版 LXXXIX），保存完好，其内装有各种小东西，同样保存得也很好。其中包括一面小银镜子，背面是浮雕的莲花；一把精美的木梳；用纸包装的化妆品或药物，其中包括一小片粉饼和胭脂。奁盒内底部发现有一张折叠的纸，上面有汉字和印，显然是官方文件。尸体头部左侧垫有一块垫子，其上覆盖有白色哈慕，里面装满了稻壳；在头旁还发现了一个纺轮（Ast.ix.2.a.09，图版 XCIV）和一把木尺（Ast.ix.2.a.08，图版 LXXXIX），尺子上标有刻度，虽然分隔得不完全一致，但仍可以确认是中国尺寸的标记。在尸体旁还发现有小袋子（Ast.ix.2.012、013，图版 LXXXII），袋子用丝绸做成，丝绸上有用套染方法制成的装饰图案，还有一堆各种各样的丝绸和其他织物的脚料卷成的小卷（Ast.ix.2.021）。

　　位于中间的大木棺 Ast.ix.2.b 仍坚固完整，与其他两副木棺一样，都是用木钉和木榫将沉重的木板固定在一起。木棺上覆盖着一块薄纱似的丝绸（Ast.ix.2.b.012），上面同样绘有伏羲和女娲画像，腰部以上为人形，腰部以下为蛇身盘绕相交，与前面提到的壁挂上的画像一模一样。此罩的下端易碎，也已腐朽，边沿的深红色丝绸边一碰就立刻化为灰烬。此罩下面是一层奶油色的丝绸，这块丝绸下面还有一层哈慕（Ast.ix.2.b.011），与 Ast.ix.2.a 上的一样，上面都有汉字和封印（见附录 I）。木棺有三处用绳子捆绑着，然而棺中的尸体（图 323）却并非巨人，尸体本身的长度与大木棺不成比例。尸体长 6 英尺 1 英寸，双腿略微弯曲，也许是死

中间木棺 Ast. ix.2.b 中的男尸

时挣扎造成的。死者是一名上了年纪的男性，稀疏的黄灰色胡须，缺一颗门齿，躺在一张粗制的草席中央。头部和脚部都有粗棉布做成的、装满谷物壳的垫子，可能主要是来填充头部和脚部的空间的。死者脚穿黑色软底毡靴，腐烂严重，与现代的"帕依帕克"（Paipaks，袜子、布袜样式、软靴——译者）很接近。

Ast.ix.2.b 尸体上的服饰　　整具尸体都用素面丝绸包裹着，盖布原先可能是白色的，现大部分地方都已变成了暗棕色。在此盖布下面，尸体由颈部向下都用哈慕覆盖，其下面粘着各种各样的破烂织物，其中包括一些素面丝绸衣物残片，正如 Ast.ix.2.020 标本一样。在这些破烂织物中，我们还发现了一块奇特的缝缀物（Ast.ix.2.019，图版 LXXVII），还有一块从萨珊风格图案的丝绸上剪下来的小方块。在丝绸盖布下面，死者头盖彩色图案的丝绸覆面（Ast.ix.2.017），现已严重腐烂，只能成片地揭开。此覆面的图案设计具有萨珊特点，与我们发现的那块猪头覆面（Ast.i.5.03，图版 LXXVI）完全一样。覆面上置一副银眼罩（Ast.ix.2.b.09），与其他墓中发现的放置在覆面之下的方式有所不同。死者口中不含钱币，但头旁放一小竹藤奁（Ast.ix.2.b.08，图版 LXXXIX，图版无此物——译者），里面有一把檀香木梳、两块折叠的精美丝绸片六枚唐代钱币，钱币上有"开元"铭文，丝毫没有磨损的痕迹。头旁还放一顶冠形的纸帽（Ast.ix.2.023，图版 XCIII），上面用黄色丝带和金色饰物装饰，这些与 Ast.vi.3.05 绘画中的人物的头饰相近。死者手中有木握手，与 Ast.ix 组墓中发现的其他尸体一样[1]。

---

① 　其中一件标本 Ast.i.6.05，见第十九章第一节。

第三副木棺 c 靠近后壁，上面用哈慕覆盖，与木棺 Ast.
ix.2.b 一样，上面没有饰彩。木棺中的女尸穿棉布寿衣，其
上接一件丝绸外衣（Ast.ix.2.025，图版 LXXVII），已褪色，
用带条纹的丝绸宽带作装饰，这使我们想起这种图案在马尔
吉兰（Margilān，费尔干纳的一座城市——译者）的现代丝
绸中很普遍。在这层下面，有一小卷汉文文书（Ast.ix.2.
053），正好塞在死者弯曲的左臂中。根据吉列斯博士提供的
译文得知，文书中记录的一个日期，相当于公元 667 年 12
月 8 日。这些文书是僧侣们替董女士抄写并诵读的若干经
卷，她的宗教名称为真英，是高昌官员范延仕的妻子。她的
头上盖有各色图案的覆面（Ast.ix.2.022，图版 LXXVIII），
上面是萨珊风格的图案。覆面现已粘在萎缩的皮肤上，只能
一块一块地取下。覆面上置的一副眼罩，其金属部分已全部
锈蚀，仅其边沿残存覆盖尸体的丝绸盖布的部分残片（Ast.
ix.2.09）。在死者头右侧发现了一些玻璃珠（Ast.ix.2.05，图
版 LXXXIX），原来可能是串在一起的；已腐蚀的小铁片
（Ast.ix.2.07），很可能是一把剪刀的部分；还有许多铜片
（Ast.ix.2.04，图版 LXXXIX），形状各异，显然是垂饰物的
某部分。

当我们打开木棺 Ast.ix.2.c 后，用木钉固定在后壁上的
丝绸悬挂物（Ast.ix.2.054，图版 CIX）就脱落下来了，只因
为我们开棺时造成了空气流动①。幸好脱落后掉在木棺上的
哈慕外罩上，所以仅其下端略有损坏。画中的人物伏羲和女
娲，他们互相拥抱，还有他们相交盘绕的蛇身，安德鲁斯先

木棺 Ast.ix.2.c
中的女尸

悬挂的绢画

---

①　尽管固定得并不太牢，且其尺寸很大（原长约 7 英尺，顶部宽 3.5 英尺），这幅悬挂的丝画仍
在墓室的后壁上维持了 12 个世纪之久——这一事实也说明了在这一时期，吐鲁番地区未曾发生过任何
严重一点的地震。

生在下面的遗物表中将作详细描述。对于他们在墓葬中出现的原因，只有留给汉学家们去解释了。他们手中所持物及其周围的群星也应予以足够的重视。我们还注意到使用的这块丝绸宽度为 17.5 英寸，这与我了解的汉晋时期的丝织品以及在千佛洞出土的丝绸旗帜所通行的尺寸不同①，这可能表明它不是中国生产的产品。

Ast.ix.2 号墓出土的墓志

幸运的是，这座墓葬自死者安葬后，未曾被打开过，这一点非常重要，因为其中一块烧土质的墓志（译文见吉列斯博士提供的附录 I 中的 XII）给我们提供了有关墓主人的准确信息，以及墓主人去世的具体时间，即公元 689 年。第二块墓志的译文也是由吉列斯博士提供的，见附录 I 中的 VIII，它所记录的是公元 667 年去世的范延仕的妻子董真英的埋葬情况。我们在木棺 c 中发现了她的尸体和为她抄写的经卷，参见上文的描述。这些铭文中特别有趣的地方在于，它促使我们把阿斯塔那墓地较为普遍的葬俗与某个特定时期和当地居民联系了起来，这些当地人的族源无疑是汉族。

Ast.ix.3 号墓中的发现

紧接着打开的是 Ast.ix.3 号墓，它与 Ast.ix.1 号墓同在一个茔圈内（附图 31）。正如附图 34 所示，墓内的两具尸体遭到严重损坏，而且其头部均已与身体分离。其他遗物极少。但我们在墓中发现了两块有趣的带图案的丝绸，其中一块是覆面（Ast.ix.3.02，图版 LXXX），比较大，是在覆盖着尸体的沙子中发现的，它用相同材料的丝绸片做成，图案设计是萨珊风格的团花，各团花中包含一对相对的不同姿势的翼马。另外一块是带图案的多色丝绸（Ast.ix.3.03，图版 LXXVIII），装饰以带条纹。有两块的图案无疑是中国式

---

① 参见《西域考古图记》第一卷 373 页、374 页的注释；第二卷 701 页以下、991 页、1005 页等。

的，其图案题材为两只相对的凤凰和一些几何图案，这些图案与敦煌汉代烽燧以及千佛洞中出土的早期织物的图案有联系；在这些汉式图案下面，是一幅花卉图案，按萨珊风格处理。这是我们发现的一件由中国制造但受到西方纺织品影响的带图案的丝绸标本，其年代约为唐代或更早。在我们发掘这一组墓葬前，有人给我们拿来一块墓志，说是在 Ast.ix.3 号墓的墓道中发现的。吉列斯博士释读其上的纪年，相当于公元 625 年（见附录 I、II）。在此我们还获得了一些汉文文书，其中一些与寺庙活动有关，但全部都没有记录时间。

　　在 Ast.ix.4 和 Ast.ix.5 号墓中各获得一块墓志，所署时间分别相当于公元 648 和 682 年（由吉列斯博士翻译了拍摄的铭文照片；见附录 I、VI、XI 和图版 CXXVII）。最后调查的是这组墓葬中的 Ast.ix.6，是一座小墓，墓内被毁坏的尸体已被沙子完全掩埋。我们在此发现了一个精美的藤奁盖（Ast.ix.6.01，图版 XCIII），以及填有草的帆布垫（Ast.ix.6.07，图版 C），原先一定是放在棺材中的；还有一个陶罐（Ast.ix.6.08，图版 XC），纹饰与 Ast.i 组墓中出土的陶罐上的纹饰相同；一只纸鞋上发现的汉字只署明了月份和日期，没有年代。

Ast.ix.4、5 号墓

　　Ast.x.1 号墓是我们在该墓地调查的最后一座墓葬，它位于墓地北部边缘的小茔圈内（附图 31）。正如附图 34 所示，该墓结构较为复杂、精致，有两个前室，靠内侧前室的两边都有椭圆形的壁龛。买西克早期曾劫掠过此墓，现再次搜查，他记得曾发现过一些泥塑像，而且几乎全部都被损坏，毫无疑问是故意破坏的。这些泥塑与 Ast.iii.2、Ast.vii.2 号墓中发现的塑像属同一类型，只是模制得较不细致，所以损失不太惨重。我们能移动的泥塑有一个鬼怪的头（Ast.x.1.09，

Ast.x.1 号墓出土的泥塑像和纺织品

图版 CI）；两个女立俑（Ast.x.i.010、011，图版 CIII），她们穿着彩色服装，非常有趣。墓室棺床下面有两具尸体，身上裹着各种破烂织物，除其他一些丝织物外，其中还有一些有图案的丝绸残片，包括一块精美的薄纱（Ast.x.1.02，图版 XXXVI），以及一块保存较好的印花绢（Ast.x.1.04，图版 LXXXII），其图案主要是花。还要提到的是，在有图案的丝绸中花卉图案也很流行，其中既有多色丝绸，也有锦缎（Ast.x.1.05～07，图版 XXXVI、LXXVIII、LXXIX、LXXXIII、LXXXV）。收集的丝绸织物中精美的条纹织物 Ast.x.1.08，使我把它们与敦煌千佛洞的缝缀物中的图案紧密地联系了起来①。

第四节　阿斯塔那墓葬及出土纺织品综述

墓葬的年代　　在解释我为何必须把工作限定在上述的阿斯塔那墓葬之前，还是先简单回顾一下我们在此获得的一些实证材料，即关于该墓地墓葬的一般特点和上面提到的埋葬习俗等问题。从马伯乐先生（及吉列斯博士）所提供的墓志铭文的译文中可以看出，其纪年是从公元 608 年延续到公元 698 年，这些墓志都是在墓葬现场发现的。而阿斯塔那村民拿给我的本地出土的另一块墓志（Ast.09，图版 LXXV），其年代则为公元 571 年②。如果将这些墓志的纪年与墓地出土的有纪年的文书材料相结合，我们自然就能够推断出墓地的大致年代，也就是说这些墓葬的年代主要是从公元 6 世纪后半期到公元 8 世纪前半期，这一点毋庸置疑。

---

① 参见《西域考古图记》第四卷图版 CVII。
② 参见附录 A。

上述结论从橘瑞超先生搜集的阿斯塔那墓地以及前面提到的高昌城北部墓群出土的汉文文书和墓志资料中，得到了充分的证实。这些文字材料是马伯乐先生从日文文献中获得的。① 在马伯乐先生的精辟分析中，他着重强调了这一事实，即这些资料充分证明了在上面所说的时间范围之内，中原文明对吐鲁番地区的强烈影响。这种影响在吐鲁番成为中国的一个地区之前很久就已确立，在中国有效行使其统治权之时得到了必要的加强，它甚至一直延续到了公元 8 世纪末期。

中国在吐鲁番的影响

通过墓志铭文可以确定，所调查的墓葬的墓主人要么是汉族血统，要么是高昌当地人，后者不论其血统如何，都完全受到了中原文明的影响。此外，值得提到的还有死者的汉名、汉式官衔以及墓志中所使用的语言和内容。这一结论完全是通过观察墓葬的埋葬方式等才得出来的。从细节上证明阿斯塔那墓葬中观察到的一切现象都符合汉人的埋葬习俗，而且包括随葬品的配置也吻合，这一点不是我分内的事，也不是我试图想证实的，因为此时这些在汉文文献中仍是个谜。通过分析前面叙述的墓葬及墓主人，可以总结出以下基本事实，而且这些事实即便不能从汉学家那里，也能从已故的格罗特教授的著作中有关"死者的安置"的部分得到证实②。此部分内容见该书的前两卷。

观察到的汉人的葬俗

对于什么是中国宗教和习俗中最重要的组成部分的详细研究表明，如果不受传统观念的限制，葬俗随着时间和地点的变化而有很大的差别。因此除了寄希望于有一些特别的发

葬俗的变化

① 参见马伯乐发表在 B.E.F.E.O.（xv, 57 页以下）上的关于《西域考古图谱》（2 卷图版，东京，1915 年）的论文；关于高昌城东北的墓地，见第十九章第一节。
② 参见格罗特《中国宗教体系》第一卷 1~473 页、659~806 页。

现外，对阿斯塔那墓葬的考察为研究习俗的变化提供了重要参考价值，特别是在研究文献中缺乏记载而现实中又无法看到的葬俗时，其参考价值是无法估量的。

墓葬的排列　　在本章的介绍性文字中，我已指出了阿斯塔那墓地的基本特点。主要表现在墓道和在萨依地形中开凿的墓室、墓室上的矮金字塔形的封土堆，以及用砾石围成的长方形茔圈中成组排列的墓葬。这些墓葬在结构上的一致特征，在某种程度上反映出墓地中不同区域的墓葬基本属于同一时期，即大致在前面谈到的墓志和文书上的纪年范围之内。在一些墓葬中，分隔墓室和墓道的窄墓门往往被附加一个或两个前室而被扩大。这些前室的墙壁上一般都有小龛，主要是用来安放俑或诸如此类的随葬品的。① 考虑到同一茔区内都有结构简单的墓葬，因此就没有必要将年代顺序的重要性与墓葬形制的变化联系在一起。调查的三座墓葬 Ast.ii.2 和 Ast.vi.1、4号墓，墓室壁上原先都绘有壁画，表现的是死者的灵魂还需要享受世俗的财产和快乐；其他的墓葬，如 Ast.i.2、6 和 Ast.v.2 号墓，其墓室的后壁都悬挂有丝绸绘画。这些墓葬都被扰乱过，墓门都是敞开的，经过空气长期袭入，墓壁上的悬挂物残存甚微。然而唯一未被盗掘的墓葬 Ast.ix.2 号墓，其壁挂仍保留在原来的位置上，我们取下来时仍很完整（Ast.ix.2.054，图版 CIX），上面画的是伏羲和女娲相拥抱，其下身为蛇，盘绕相交。②

木棺中安放的尸体　　我们有理由假设所有的死者原先都是放在木棺中埋葬的，这一点与中国的传统观念相一致，因为在整个历史时

① 见下列墓葬：Ast.i.7、8；Ast.iii.1、2、4、5；Ast.vii.2；Ast.x.1。
② 另参见马伯乐文（B.E.F.E.O.，xv，60 页以下），同样姿势的人物在汉墓浮雕中也反复出现。

期，人们都在强调应以适当的方式处理死者的尸体的问题。① 但是我们只在那座未经盗扰的墓葬（Ast.ix.2）中发现三具尸体都安放在木棺中，与埋葬时的情形一样。在其他少部分墓葬中，仅有早期的盗墓者们留下的一些木棺残片，因为当地缺乏木材，所以村民设法弄走了墓葬中的木棺，他们认为这些木材不仅可以作燃料用，而且还有其他用途。Ast.ix.2 号墓中的木棺结构比较简单，是用木钉固定的。② 木棺上面覆盖的丝绸或棉麻布罩，其中一块上有伏羲和女娲像，表明了此墓葬的重要性。在记录观察到的埋葬死者方法之前，值得注意的是：除了一两座遭受到了极严重扰乱的墓，所有的墓葬中都发现有两三具尸体，这一特点能够从Ast.v.1 号墓出土的墓志铭以及马伯乐先生在一个特别作的注释中得到解释，即妻子和丈夫合葬在一起是一种埋葬制度。③ Ast.ix.2 号墓中两副较小的木棺中安放的都是女性尸体；其他墓葬中也都发现有一名女性尸体，在有些三人合葬的墓中，其中的两人基本上都是女性。

当我们观察尸体时，值得注意的是：在若干尸体保存较完好的例子中，例如 Ast.i.6、Ast.ix.1 和 Ast.ix.2.a、b 等，从尸体双腿的姿势看，显然不是特意安放的，与死亡时的情形一样。那些未被完全破坏的尸体中的大多数，死者手中都有木握，而且木握上原先还缠绕着破旧的织物。④ 此外，死者的盖布引起了我们的特别关注，在尸体之上一般都用素面丝

尸体的盖布

---

① 参见格罗特《中国宗教体系》第一卷 280 页以下。
② 参见格罗特《中国宗教体系》第一卷 285 页以下。
③ 参见马伯乐在附录 A 中的论述；格鲁特《中国宗教制度》第二卷 800 页以下。
④ 参见本书本章第一节，关于 Ast.i.6、Ast.v.2 和 Ast.ix.1、2 的介绍。

绸和帆布覆盖，这一现象在那些未经完全毁坏的尸体上都有发现。① 在这些实例中，可以观察到外层的丝绸尸衣上在覆盖尸体头部部位都经过了彩绘，描绘的是两张人脸的侧面，大小较真人要小一些。② 在覆盖尸体的盖布下面，死者的尸衣清楚地表现出两种不同的类型，其中较常见的那种类型更能引起考古学家的特别关注。此种类型是用各种各样的破织物包裹尸体，这些织物中的大部分是丝绸（既有素面的，也有彩绘的或带图案的）和棉布织物。一些实例中仍可以清晰地辨别出一些残片是从破旧的衣服上截取的。③ 另一种类型是用素面棉布或丝绸衣物包裹尸体，例如在 Ast. iv. 1、Ast.ix.1 号墓中所见到的一样。因为尸体及其上所覆盖的盖布都已腐朽，所以目前尚无法弄清，这些织物原先就是破旧的，还是为墓葬专用所准备的。

用于包裹尸体的破旧衣服

我们获得了一大批很有趣的纺织品标本，下面需要对它们做进一步的研究。它们基本属于第一种类型的包裹尸体的织物，与前一节中介绍的相关织物基本一致，而且在某种程度上还与楼兰 L.C 墓地墓坑中出土的一些有趣的纺织品很相似。④ 我目前还无法确定，具体是哪个朝代提倡使用破旧衣服包裹尸体这一风俗的，但这些风俗好像都是为了反对在埋葬中浪费财富而兴起的，可能是在哲学家墨子（公元前5—前4世纪）的思想影响之下，这种反厚葬的观念得到了全面

① 参见本书本章第一、二、三节关于 Ast.i.1、3，ii.2，v.1，vii.1、2，viii.1，ix.1、2 的介绍。
② 参见本书本章第一、二、三节有关 Ast.i.5、6，Ast.v.1，viii.7，Ast.ix.1 号诸墓的介绍。Ast.v.1 号墓的例子似乎表明，这些面孔有可能属于伏羲和女娲。
③ 参见本书本章第一、二、三节，关于此类旧衣服用途的实例有 Ast. i. 7、8，Ast. ii. 1，Ast.iii.2~4，Ast.vi.1~3，Ast.vii.1，Ast.ix.2、Ast.x.1 号诸墓。
④ 参见本书第七章第四节。

的发展。① 如在 Ast.v.1 和 Ast.vi.3 号墓中所见，死者脚穿纸鞋，用纸做绣花枕头的饰边（Ast.v.1）和纸帽子（Ast.vi.3、Ast.ix.2），都是为了保持节约这一传统的。

观察对死者头部的处理，我们发现了一种特别有趣的葬俗——我指的是死者脸上都用一块布覆面的做法。覆面通常是用多色的带图案的丝绸做成的椭圆形或圆形布片，再用素面丝绸做褶边。这种脸盖覆面的现象尽管不是全部，但从散布在墓地各处葬葬中的出土情况可以证实，在这些墓葬所属的年代范围内，这种葬俗盛行的范围很广，至少是区域性的。② 这一点毋庸置疑。有趣的是用来制作覆面的有图案丝绸的原料，无一例外都使用的是来自西亚的萨珊风格图案的织物。这一点从下面对阿斯塔那墓地出土的纺织品的分析中可以看到③。

与覆面的使用有密切联系的另一种特殊的习俗，是给死者戴眼罩。眼罩用一块金属薄片剪成，一般都是银质，其上有丝绸衬里，在罩住眼球的地方还钻有许多小孔。④ 我们还发现这种眼罩的出现大多与覆面有关，但并非全部都是，它们通常都是放在覆面下边的，然而在 Ast.ix.2.c 尸体上发现的眼罩却放在覆面之上。为何给死者配备如此奇特的东西，至今仍没有一个令人信服的解释。这种眼罩可能极少是用来保护眼睛的，这一点从 Ast.i.3.b 号墓中用置于眼睛之上的两枚萨珊银币来保护眼睛这一事实上可以得到证实；而在其他

有图案的丝绸覆面

置于眼睛上的金属眼罩

---

① 参见格罗特《中国宗教体系》第二卷 659 页以下；关于公元 3 世纪及其以后时期上层人物实施节俭的实例，参见该书第二卷 692 页以下。

② 参见本书本章第一、二、三节关于墓葬 Ast.i.1、3、5、6, Ast.v.1、2, Ast.vii.1, Ast.ix.2、3 的介绍。

③ 参见本书本章第五节。

④ 参见本书本章第一、三节关于 Ast.i.3.a、b、5.a; Ast.i.6.b; Ast.vii.1; Ast.ix.2.b、c 的介绍。

少数例子中，还有使用小圆形树皮来替代眼罩的情况。

死者口含的金币

我们在戴眼罩的几具尸体上又发现了另一种有趣的葬俗，或许具有某种意义，就是在死者口中放置贵金属的硬币。在 Ast.i.3.a、i.5.a、i.6.b 等墓中，死者口中都含金币，是查士丁尼一世（公元 527—565 年）发行的钱币的仿制品；在 Ast.v.2.a 号墓中发现的是萨珊银币。这种在死者口中置金币或其他珍贵金属物品的习俗的渊源可追溯到中国古代。根据格罗特教授的观点，他认为人们相信这种物品可以防止尸体腐烂。① 然而阿斯塔那墓葬中死者口含金银币的现象与古希腊使用的小钱币很相似，这一重要特征很久都不为人们所知。沙畹先生从汉文三藏中摘选的一个佛教故事，就赞同了这一观点。1916 年，我就注意到了这一点，其中直接谈到将一枚金币放在一名男性死者的口中，目的是"借助这一礼物，他就能得到冥王的恩宠了"②。

随葬的钱币或其他替代品

我们有理由将阿斯塔那某些墓葬中发现的这些钱币也归为这种用途，例如在 Ast.i.3、6 号墓中发现的五铢铜钱，还有在 Ast.ix.2.b 号墓中出土的开元通宝，或者是其他替代物。在后一种状况即发现替代物的例子中，Ast.i.3 号墓中出土的小银片很奇特，形制与中国古代铜钱很相似，圆形方孔，可能表明了一种愿望或企图，即将帝国流行的硬币用更有价值的东西来替代。此外，Ast.iii.4 号墓中出土的成串的钱币以及 Ast.ix.2 号墓中出土的小圆形树皮，使人一下子就想到了现在中国仍使用的纸钱，是出于对祖先灵魂的崇拜——此现

---

① 参见格罗特《中国宗教体系》第一卷 274 页以下。
② 参见沙畹《五百故事和预言——摘自汉文三藏》（*Cinq cents contes et apologues extraits du Tripiṭaka chinois*）第一卷 248 页。

象已被公元三四世纪以来的文献所证实①。我们相信在随葬品方面避免浪费的制度不一定完全都能被遵循，因为高昌墓中出土了一些有价值的遗物。我们确实在 Ast.i.3 号墓中发现了一些小件金银装饰品，尽管早期的劫掠者们对墓葬做了系统的搜查，其中包括对尸体的细致检查，但是也还是时时发现死者随葬的一些值钱的遗物。

通过未被盗掘的 Ast.ix.2 号墓，我们了解到了阿斯塔那墓葬群的木棺内随葬品的一般状况。在范延仕的墓葬（Ast.ix.2.b）中，我们看到随葬的遗物被装在一个小奁内，奁内装一把梳子、一些铜钱和一些丝绸片，还有一个可反映出墓主人身份的纸帽子、素面棉布做的垫子和一些废纸，可能都是用来填充木棺中的空间的。尸体下面的草席，在其他一些墓葬中也有发现，这种埋葬方式可能是第一次作为丧葬仪式被采用。与其同葬一墓的女性的木棺中随葬了一些个人使用的东西，诸如镜子、梳子、剪刀、玻璃珠及化妆品等。在 Ast.i.5、8 号墓中也发现了同类小件随葬品。在 Ast.iii.2 和 vi.3、4 以及 Ast.ix.6 号墓中出土的小漆奁和藤奁，似乎都是用来装木棺中随葬的此类小件遗物的。在 Ast.ii.1、vi.1~3 号墓中发现用纸和丝绸做成的衣服（如鞋子和袖口、帽子等），以及纸和木头做成的兵器（出自 Ast.vi.2、vii.2），它们都是用来象征死者在另一个世界里的全套个人装备，这些遗物原先可能也都放置在木棺之中。除了废纸外，能够证明与死者葬在一起的还有汉文文书，即在 Ast.ix.2.c 尸体左手臂弯中发现的一卷汉文文书。至于 Ast.iii.4 号墓中出土的丝绸绘画残片，以及 Ast.ii.1、vi.3 号墓中出土的上面描绘的场面是死者向往

木棺中随葬的物品

①　参见格鲁特《中国宗教制度》第二卷 712 页以下。

的一种生活的纸画，这些遗物是放置在木棺内还是木棺外尚不清楚。

给死者随葬的食物

给死者在新的居住处提供食物的习俗，是中国很早就很盛行的一种葬俗。但随着时间的推移，这一习俗已被在墓上的祭祀物所代替了。① 特别有趣的是我们在阿斯塔那墓地找到了实践这一习俗的证据，在 Ast.ix.2 号墓中发现的未经扰动的随葬遗物就能很好地说明这一点。在此墓室中出土了许多形状各异、按一种独特方式彩绘的陶器和木器，它们都被置于死者的头部附近，其中一部分遗物是放置在木支座上，还有一部分是放置在一张独立的小台子上。我们在 Ast.i.1、2、4 和 ii.2、iii.2、viii.1 号等墓中发现了不少形制及纹饰相似的陶罐、碗、杯等遗物。木容器大多都很浅，由此可以断定这些遗物都是特意为随葬而制作的。然而 Ast.ii.2、vi.3 号墓中出土的漆食案，标本 Ast.01（图版 XCI）以及 Ast.ii.2、vi.3 号墓中出土的木碗，它们在随葬之前显然都是些日常生活用品。我们在 Ast.iii.4 号墓中发现的一个木支座的碎块，与 Ast.ix.2 号墓中出土的非常相似。放置在墓葬 ix.2 木棺外的随葬食物未扰动过，在墓地的其他墓葬中也有发现。食物包括葡萄干、水果（Ast.i.4；iii.1、2；ix.2）、谷物（Ast.iii.2；ix.2）、肉（Ast.ix.2）以及面包、饼干（Ast.iii.1、2、4；ix.2）等。特别值得一提的是 Ast.iii.1 号墓中保存下来的许多精美而又奇特的面制糕点标本。

家具模型及泥俑

对死者的关心不仅局限在提供必要的衣服和食物上，而且还提供生活中可能需要的膳宿用品、舒适的居住条件、佣人等诸如此类的物品。墓葬中发现的木质建筑模型残片

---

① 参见格罗特《中国宗教体系》第二卷 382 页以下。

（Ast.i.7；ii.2；iii.4）、家具模型（Ast.vi.4）以及车辆（Ast.
ii.1、2；vi.4；ix.2）等类似的陪葬品就足以说明这一虔诚的
愿望。微型旗帜，如 Ast.ii.1、Ast.08（图版 XCIII）所出土
的，可能是为死者提供的虔诚的供物，还有与 Ast.ii.1.023
（图版 CIV）形制相同的彩绘的木棍可能是在举行埋葬仪式
时使用的东西。在阿斯塔那墓地发现的泥质、木质和面质的
系列人俑，在考古学方面具有重要的指导意义。这些完全是
为了满足死者使用佣人的需要，特别是在重大的场合，希望
拥有仪仗队或装备精良的队伍等的愿望而随葬的。其中包括
男俑和女俑（Ast.i.8；ii.1、2；iii.2、4；vi.1、2、4；vii.2；
viii.1；x.1），也有一些怪兽、带马鞍的马、骆驼和牛（Ast.i.7；
ii.2；iii.2、4；vii.2）等泥塑动物。我在此似乎没有必要明
确指出这样一个事实，即在中国古代很早就实施不随葬值钱
东西的习惯了，也不再以活人殉葬，已用俑来代替活人殉
葬。[1] 在 Ast.i.1~3 和 Ast.ix.2 号墓中发现的木鸭，可能是象
征幸运的吉祥物。最后，我们从 Ast.i.7、iii.2、vii.2 和 Ast.x.1
号墓中出土的组合成的怪兽泥塑中，辨认出了古代中国人相
信能够保护墓葬的神话中的土鬼[2]。

第五节　阿斯塔那古墓出土的纺织艺术品

在上述描述中，我已简要地介绍了阿斯塔那古墓群中发
现的不计其数的古代纺织品遗物。这些纺织品的不同状况引
起了考古学家和纺织艺术研究者的极大关注，同时也激发了
我们试图在此对出土的纺织品的各种纺织技术和装饰图案进

互通贸易的实
证——纺织品
祭物

①　参见格罗特《中国宗教体系》第二卷 382 页以下、806 页以下。
②　参见格罗特《中国宗教体系》第二卷 823 页以下。

行一次简要回顾的强烈愿望。阿斯塔那墓地中出土的丝绸织物能够得到如此关注，主要是因为这些墓葬的埋葬日期准确，而且埋葬情况比较清楚。墓葬中出土的墓志和其他一些实物都能证实这批墓葬的具体年代为公元 7 世纪至 8 世纪早期。这一时期恰好是中原王朝重新经营西域，再度治理今新疆地区，甚至更远的地方的时期。这又一次促进了中国与中亚之间的贸易往来，并为相互间的文化交流开辟了道路，使新疆地区同时受到东、西两方面的各种不同文化的影响。此外，这些纺织品的出土地点也非常重要，因为它们是在古代吐鲁番的首府附近的墓葬群中发现的。这片领土，当时与现在一样，是沿天山分布的各条通道的交会处，就是由此中国横穿大陆的贸易及其他一些与亚洲内陆或西亚的联系得以实现的。而且从一开始，丝绸贸易就在其中扮演着重要的角色，这条路也因此而著称。

楼兰与千佛洞两处出土纺织品的比较

阿斯塔那墓地发现的纺织品对于纺织艺术史研究的贡献是显而易见的，也是非常有价值的。因为按照年代序列，这里出土的纺织品遗物是中间媒介，它们正好介于我在敦煌千佛洞中发现的主要始于晚唐时期的丰富的纺织品遗物，以及楼兰古墓葬中发现的更古老的纺织遗物之间。通过将阿斯塔那墓地出土的丝织品遗物与上述两个遗址中出土的同类遗物进行比较，对中国丝绸工业的发展史就会有更新的认识。它尤其表明了一种令人称奇的特征，即很久以前人们就已经认识到，在中世纪，西方式的图案对于这些或许是最负盛名的中国工业艺术品的丝绸所产生的影响。如果对阿斯塔那出土的纺织品的调查结果与千佛洞出土的纺织品的分析结果相衔接，也就是说它们在许多方面有密切联系，那么通过这种比较研究的方式来解决纺织品问题似乎要容易一些。①

　　通过这种比较研究，我们立刻有了一些重要发现，即除丝绸织物外，阿斯塔那墓地出土的其他纺织品遗物几乎都没有体现出此种联系。在获得的所有有图案装饰的织物中，仅有一块饰彩的帆布片（Ast.i.8.04），明显地反映出其图案是模仿那些多彩带图案的丝绸织物的特点。我们从所有有图案装饰的纺织品实际上都是丝绸以及素色丝绸（未经印染的以及上彩的用来裹尸体的寿衣和各种旧衣服的残片）的不断出现②，可以推断公元 7 世纪期间的吐鲁番地区一定拥有很丰富的丝绸供应源。这些丰富的丝绸织物很值得重视，首先因为这些丝绸不仅在吐鲁番，而且在其附近的绿洲地区都不属于当地产品；其次，根据上述观点，当时非常盛行使用不值钱的东西随葬的习俗③。在那些有明确纪年的墓葬中，我尚未观察到有任何区别：它们都使用了大量的被认为是浪费的丝绸织物，要么是素色的，要么是饰彩的。因此，我就得出这样的结论，在高昌丝绸织物是很容易得到的，至少对我们调查的那些墓葬中沉睡的富人来说是如此。

　　在此我没有必要弄清，我观察到的现象是否与玄奘在公元 630 年从瓜州穿越沙漠到哈密时描述的事实相一致。玄奘谈到了自瓜州至哈密的这条道路，当时是自中国西北边境前往吐鲁番的道路中最少阻碍的一条，然其时的交通并不频繁，甚至有时还会关闭通道。④ 所以，在阿斯塔那古墓中发现的许多素色丝绸织物，很可能是从和田和粟特地区运进来

---

① 参见《西域考古图记》第二卷 897 页以下。
② 参见本书本章第四节。
③ 参见本书本章第四节。
④ 参见《西域考古图记》第三卷 1097 页以下、1143 页以下。

的。粟特地区包括现在的费尔干纳（Ferghāna）、撒马尔罕（Samarkand）和布哈拉（Bukhāra），下面我们可以看到，这一地区是我们在那些覆面和破旧衣服中发现的大量多彩、有图案装饰的丝绸的最可能的来源地。我与安德鲁斯先生合作，获得了不少与阿斯塔那出土织物有关的资料，至今我还没有能够进行仔细梳理，更没有能够将吐鲁番出土的素色丝绸与那些出自千佛洞和楼兰的同类遗物进行比较研究。现在还无法肯定，是否通过比较丝绸在织法上的特定差异，就能将素色丝绸归结为不同地区生产的产品。因为即便是在中国境内，同一时期的丝绸工业的产品在结构、质量等方面可能都有变化，我想那时完全同现代一样。我在遗物表中对遗物进行描述时，以及在下面叙述阿斯塔那墓地出土的丝绸织物时，无论是素色的还是有图案装饰的织物，所使用的不同的纺织技术，都采用了安德鲁斯先生在《对千佛洞出土的纺织品的生产技术的分析》[1] 一文中使用的一些专业术语。

用作覆面的多色带图案的丝绸

回顾一下阿斯塔那墓地出土的有图案装饰的丝织品，我们可以了解它们在墓葬中的特别用途，同时也能分辨出它们当中不同织法的有图案的丝绸织品出现的频率。关于这一点，我们要特别注意那些用来包裹尸体的各种衣服残片，从中我们发现所有主要图案装饰的标本基本上是椭圆形或圆形的覆面，主要局限于使用覆面的葬俗上。这些覆面为我们提供了许多特别有趣的有图案的织物残片，严谨地说是多色彩的有图案装饰的丝绸残片。这一类的用作覆面的织物的大多数图案设计都完全是纯萨珊风格的，而且其制作技术也具有萨珊特点，这些足以说明它们是从西方进口到吐鲁番地区

---

[1] 参见《西域考古图记》第二卷 897 页以下。

的。这种使用色彩鲜艳的有图案的丝绸作覆面的葬俗，在公元640年唐朝平定吐鲁番从而使得其工业产品对外贸易变得便利之前，就早已存在。这一点可以从那些出土的公元608年以前的随葬遗物的各组墓葬实例中得到证实。这就能够帮助我们解释，为什么各种图案装饰的丝绸覆面中，那些纯萨珊风格的以及无疑来源于西亚的图案占优势的原因了。①

有图案的中国丝绸的不同织法

从残存的破旧衣服中获得的其他那些多色带图案的丝绸是来源于中国，还是来源于中亚和波斯这一问题，至今还很难定论，因为其中频繁出现的花卉或几何纹图案无法提供一个明确的尺度。② 但其中有一些很明显是中国生产的，不仅是从其图案设计来确定的，而且是根据其特殊的罗纹织法来判断的。这种织法我们以前就曾见过，它与楼兰墓葬中出土的中国古代有图案的丝绸织物有密切关系。③ 在此我们还注意到，除极少数的几块织物外，其他所有有图案的丝绸织物，不论是多色的丝绸还是锦缎，使用的都是斜纹织法。这种织法在楼兰出土的中国早期的丝绸遗物中没有出现，这是一个很显著的特点。④

---

　　①　这一类有图案的萨珊风格的丝绸覆面包括：Ast.i.1.01、3.a.01、3.b.01、5.03、6.01；v.1.01；vii. 1.01、06；ix.2.01、017、022（图版 LXXVI ~ LXXX）。甚至在覆面残片 Ast.v.2.01；ix.3.02（图版 LXXVIII、LXXX）上，尽管从其纺织技术和图案设计上看表明其来源于中国，但无疑也是模仿了萨珊风格的图案设计。

　　②　有花卉和几何图案的丝绸有：Ast.i.1.011，5.a.01.a、b，8.01~03；iii.2.03；ix.2.02；x.1.01、03、05~08。参见图版 XXXVI、LXXVIII、LXXIX、LXXXIII~LXXXV、LXXXVII。条纹丝绸 Ast.i.1.09、vii.1.02 和 ix. 2.025 表明不是中国产品，参见本书本章本节。与这些条纹丝绸同为一组的还有纱 Ast.vi.03（图版 LXXVII），用彩虹色带条纹装饰。

　　③　参见 Ast.ii.1.022；vi.02、2.04，图版 XXXVI、LXXVIII、XCIII。Ast.vi.1.03 和 Ast.ix.3.03 的图案设计和处理风格无疑都是中国式的，但没有罗纹织法，参见图版 LXXVIII、LXXX。

　　④　参见本书第七章第四节。

绮和有装饰图案的薄纱

以单色装饰的方法应用到丝绸织物结构上的实例，见于设计有各种图案的一组锦缎和薄纱①。与有图案的多色丝绸织物相比，它们的数量并不算多，图案大多为花卉或几何纹，其中没有一件能够清楚地表明是受到西亚纺织品艺术影响的产物。相反，其中至少有两块锦缎的图案设计与敦煌汉代烽燧遗址中发现的标本上的图案相近，这说明它们是由中国生产的。②

丝绸织锦和刺绣

唯一的丝绸织锦标本是一只制作精美的鞋（Ast.vi.4.01，图版 XCIII）。通过鞋面图案设计和那些在条带中加入的汉字，我们可以证实它是中国生产的。我们还获得了许多刺绣残片，上面都有花卉图案装饰，大部分都很形象，是使用链状针迹织成的。③ 然而在这里却缺乏像在千佛洞中发现的那种刺绣中的缎状针迹和自然处理工艺，这或许表明这件刺绣是地方产品。④ 最后要提到的是通过印或染工艺生产的有图案的丝绸：两块印花丝绸 Ast.i.7.01 和 x.1.04（图版 LXXXII）采用的花卉图案是精心织成的，其裁剪方法受到了中国艺术的影响。织物中通过套染工序染织的丝绸要多一些，展示的都是花卉图案，如一处使用手画，那么其他地方就采用印花或镂花模板。⑤ 两块带圆点图案的丝绸是通过花结印染的方法制造的，这种制作技术现在在印度的西北部仍被广泛使用，安迪尔唐代城堡中出土的一块织物使用的也是这种

---

① 锦缎包括：Ast.i.1.010、3.b.02、5.a.01.c、7.03、05、06；vi.01；viii.1.01；ix.2.08、09、014；x.1.05；纱包括 Ast.i.7.04；iii.2.01、02；vi.3.09；ix.2.016；x.1.02。参见图版 XXXVI、XLV、LXXIX、LXXXIV、LXXXV。

② 参见 Ast.i.5.a.01.c、ix.2.09，图版 LXXXIV。

③ 参见 Ast.vi.01、1.04、06、09、3.07。

④ 参见《西域考古图记》第二卷 901 页和 904 页以下。

⑤ 参见 Ast.ii.1.014、015；vi.2.04、3.03、07；ix.2.012（纯手工）。图版 XXXVI、LXXVIII、LXXXII。

技术。①

如同千佛洞出土的纺织品遗物一样，阿斯塔那墓地出土的丝绸织物的考古和艺术方面的魅力更多的是表现在其所显示的图案设计之上，相比而言，它们所使用的纺织技术和采用的装饰方法则较为次要。图案设计上可以轻易地辨别出两大类。第一类图案或者在风格和制作上具有中国特征，或者是由这样一些题材组成：如果它们不是中国独有的，那么我们就有理由假设它来源并被应用于受到了西方影响的中国早期纺织艺术之中。第二类图案都有共同的基本特征，其风格为伊朗和近东生产的有图案装饰的丝绸所特有，或者从加工上讲，可以说是中国人模仿了萨珊风格的实例。

中国或萨珊式的装饰图案

在《西域考古图记》中涉及敦煌千佛洞出土的有图案装饰的丝绸织物时，我曾经强调过其中一些织物的重要性，这些织物的图案都属于第二类，它们似乎就是伊朗艺术渗透到远东的见证，其中的传播媒介自然就是萨珊风格的纺织品。这一结论可从自公元8世纪中期起，就一直作为宝物保存在日本寺庙中的一些著名的彩色纺织品上清楚地反映出来。②《西域考古图记》中描述的千佛洞中出土的一些萨珊图案的丝织品，还有后来伯希和教授在同一地点③发现的那些丝织品，都能确定是从西亚直接进口来的，但其中一些织物无疑是中国生产的仿制品。关于这一点，阿斯塔那墓中出土的丝织品现在又增添了新的标本，其中既包括原始的萨珊风格的纺织品，也包括受其影响模仿生产的纺织品，它们不

模仿萨珊图案的中国丝绸

---

① 参见 Ast.vi.1.01、02；《古代和田》第一卷430页、442页；第二卷图版 LXXVI。

② 参见《西域考古图记》第二卷907页以下。在注1中，还需加上冯·法尔克的《丝绸工艺》（Seidenweberei）第一卷87页以下，图110~119。

③ 参见《西域考古图记》第二卷907页注6。

仅数量多而且年代也更早一些。阿斯塔那墓地出土的这些标本的年代要比千佛洞出土的织物整整晚三个世纪，与奈良（Nara）寺庙中珍藏的、图案属中国模仿萨珊风格的丝绸织物大致属于同一时期。

阿斯塔那出土的萨珊图案的丝绸

发掘阿斯塔那墓地，我们惊奇地发现在吐鲁番地区的人口中，汉族人也是其重要的组成部分，尽管如此，吐鲁番还是属于内陆亚洲的一部分；其中在一个很长的时期内，伊朗的影响是很强烈的。因此，我们首先调查了阿斯塔那墓地出土的纺织品，以断定哪些是属于纯萨珊图案设计的遗物，进而推断它们是西方进口的，还是中亚生产的产品。我们还可以进一步去找出那些具有萨珊风格特点的织物，也就是中国工人用手复制的纺织品。通过这种分析方法，我们就可以注意到出土地点的重要性了，即在千佛洞出土的丝织品中中国图案的丝绸织物占优势，相反萨珊图案的丝绸织物则比较少见。然而在阿斯塔那墓地发现的丝织品中，萨珊图案的丝绸占全部有图案的丝绸中的很大部分，而且几乎一半都是彩色的。

分析图案受到的局限性

在研究每一类图案时，我都无法对所有的细节进行系统的分析。因为当我写作时，我面前既没有足够多的丝绸复制品，也没有绘出的丝绸织物上的各种图案，然而这些对描述和研究相关纺织品是必不可少的；相反我只能参考那些残存的小碎片。因为复制工作必须等到这些精美且易碎的古代纺织艺术品接受伦敦专家细致的技术处理之后才能进行，其中一些丝绸遗物的确也需要技术处理。此外，安德鲁斯先生也没能在下面的遗物表中完成他对这些纺织品遗物所做的详细描述（与他以前写的一样）。我对这些纺织遗物的观察分析，就是以他细致而有经验的调查结果为基础的。不过，我还是希望在此所记录的他对纺织品的简明解释及总结的基本特点，能够引起考古学家们的兴趣和重视。

在纯萨珊风格的图案中，最使人感到惊讶是那块多色带图案的丝绸覆面（Ast.i.5.03，图版 LXXVI），它有幸保存得很完整。覆面展示的是一个猪头图案，设计精美，形象生动，包围在一个由联珠构成的典型的萨珊大团花之中，可称得上是一幅力作。猪头轮廓清楚，而且有层次感，这种处理方式使我们将此织物与那一组萨珊织物紧密地联系起来，即冯·法尔克教授归结为东伊朗丝绸工业品的那一组，其中一些工艺特征在千佛洞出土的丝织品中也很具代表性。[1] 在其他两具埋葬年代分别为公元 632 和 689 年的尸体上，我们也发现了用带图案的多色丝绸做成的覆面，如 Ast.i.6.01 和 Ast.ix.2.017，其工艺都基本一致，只是猪头图案略微小一些。这种特殊题材的重复出现表明它当时使用得很广泛。更有趣的是在吐峪沟洞窟顶部的装饰画中也发现了猪头像，其画面的处理和安排方式与前者几乎一样，洞窟中的壁画在被完全毁坏之前，是由格伦威德尔教授复制的[2]。这种采用萨珊纺织品上的图案在墙壁上进行装饰的特点，在克孜尔千佛洞一座洞窟中楣上绘的壁画中得到了证实。此壁画是由格伦威德尔教授绘制和描述的，现存于柏林，描绘的是相对的鸭

萨珊大团花中的猪头图案

----

[1] 　参见冯·法尔克《丝绸工艺》（第一版）第一卷第 98 页以下，图 138~145；《西域考古图记》第二卷 908 页以下（图版 CVI、CXI、CXV）。

[2] 　参见格伦威德尔教授《新疆古佛寺》331 页以下。在吐峪沟洞窟的装饰图案中，克莱门兹 1898 年就已经注意到了其他系列的萨珊大团花，所展示的是公鸡图案，制作风格完全相同，参见他的著作《吐鲁番报告》45 页以下。在其他一些壁画（后来已丢失）中，他也注意到了与西亚艺术之间的关系，参见同书 44 页。这种描绘有猪头的大团花图案的壁画，在奥登堡的著作《俄属突厥斯坦的考察》（*Russian Turkestan Expedition*）50 页图 47 也作过描述。

子在一个联珠构成的大团花之中。① 在这种猪头图案的丝绸
中，还应该包括阿斯塔那墓地出土的两件有图案的丝绸覆面
（Ast.v.1.01、vii.1.01，图版 LXXVII），同样都是以"层次"
感处理动物形象的，且均包围在萨珊风格的大团花之中。但
因保存太差，以至于无法对其中央图案作出很准确的判断。

植物图案的萨珊式边

在另外两块丝绸覆面（Ast.i.3.b.01 和 Ast.ix.2.01，图
版 LXXIX）上，我们发现了萨珊式联珠纹边围绕着的图案，
设计方式与前面提到的织物上的一样，但不如前者那样有棱
角。在 Ast.i.3.b.01 上是一棵逼真的葡萄树，而 Ast.ix.2.01.a
中则是一朵很有棱角的花。包围两个图案的大团花都是由联
珠在基本方位点上间隔以方形块构成的。这一特点，使我们
将这两片织物上的图案与奈良和千佛洞中发现的中国仿萨珊
风格的织物紧密联系起来。② 可以与这两块织物归为同一类
的还有一块有图案的丝绸覆面（Ast.i.1.01，图版 LXXX），
其图案是一棵传统的树，在两侧有叶子和花朵，布局在一个
圆盆之中。尽管中央的图案的处理较前面提到的较少有棱
角，但是萨珊式的大团花边与上述两块覆面中的相一致。同
样，我们在此也发现一种装饰以小圈的标签式图案，用来作
中央图案的基础，与我们在 Ast.i.3.b.01 中所见者相同。此
种图案也见于梵蒂冈（Vatican）的波斯"鸭"图案和克孜
尔千佛洞中楣上的绘画。

---

① 参见格伦威德尔教授《新疆古佛寺》79 页，图 172。这幅壁画的复制品，其题材和装饰细节与
梵蒂冈源于波斯的"鸭子"图案非常相似，属于公元 7—8 世纪。参见冯·法尔克《丝绸工艺》图 99、
100。

② 参见冯·法尔克《丝绸工艺》图 110、111、118；《西域考古图记》第四卷图版 CXVI.a，Ch.
00291。

丝绸覆面（Ast.vii.1.06，图版LXXX）上的图案特别有趣，而且在阿斯塔那墓地也算独树一帜。它是一种由心状叶子的条带构成的菱格形图案，每个菱格中都有一个八角星，以及一朵带有四片心状花瓣的花。图案的总体设计和细部装饰特点，不仅与安蒂尼奥（Antinoe）出土、收藏在柏林的一块古希腊晚期织物非常相似，而且还与在列日（Liège）发现的由冯·法尔克教授确定为公元7世纪前半叶的一块拜占庭丝织物也很接近①。我相信，在吐鲁番出土的这些有趣的纺织品织物中，我们可轻松地辨认出哪些是从近东进口的丝绸产品。在奇特的缝缀物（Ast.ix.2.019，图版LXXVII）上使用的萨珊风格的织物残片都太小，所以不能对其特征做明确的分析和判断。

西方的心状格子图案

现在我们来分析一组虽小却具有指导意义的丝织品。它们都是中国生产的，这一点毫无疑问，然而上面的图案却反映了西方图案设计对中国丝绸影响的事实。首先，我们可以注意到其中两块织物明显是中国产品，这不仅表现在处理的风格上，而且还表现在其特殊的罗纹织法上。我们在前面已谈到过这种鲜明的技法，它是中国古代丝绸纺织中的一个特点，无论是楼兰墓葬还是敦煌烽燧中出土的丝织品，都具有这种特点。② 因此我们在阿斯塔那墓群得到同类遗物自然也就不足为奇了，因为在敦煌藏经洞中发现的纺织品中至少有一块是这种织法的标本。③ 一块用多片丝绸缝织在一起的类似垫套的织物（Ast.ix.3.02，图版LXXX），上面的图案设计

中国面料上的西方图案

---

① 参见冯·法尔克《丝绸工艺》第一卷33页，图34；第二卷7页以下，图228。我们还有一件同样来源的较晚的遗物，Ch.00169，见《西域考古图记》第四卷，图版LV。

② 参见本书第七章第四节。

③ 参见《西域考古图记》第二卷963页，Ch.00118；安德鲁斯《中国的图案丝绸》14页，图10。

是两行萨珊风格的大团花，一个在另一个之上，与以往发现的一样，都是联珠边。两行大团花中都能看到成对的带翅膀的马，栩栩如生，使人联想到保存在奈良的丝织品中出现的不同姿势的马。[①] 两行大团花中用作基础的花卉图案属中国特点，它与千佛洞出土的一块模仿萨珊图案的中国印染丝绸中的相应位置上发现的花卉图案一样。[②] 在另外一块罗纹织物（Ast.i.5.b.01，图版 LXXIX）即一块严重腐烂的覆面上，我们看到了萨珊大团花的一部分，内部填充一棵花树和陪衬的花状物，花树两侧有相对的天鹅，拱肩上有一只飞翔的鹤，其上浓郁的萨珊装饰风格被中国特色所冲淡。

其他中国—萨珊图案　　在保存较好的覆面残片 Ast.v.2.01（图版 LXXVIII、LXXXI）上面，有两个椭圆形团花，一个在另一个的上边。每一个团花都是联珠边，内部都是鸢尾花状图案，借用的是萨珊原型。但是每个大团花中的两个相对的动物，以及底部卷曲的叶子，都是以中国的风格自由处理的。上边的大团花中的孔雀与奈良保存的丝织品上的那些图案很相似[③]，下边的大团花中则精心设计了一只带翅膀的狮子，拱肩中出现了成对奔驰的鹿和类似羊的动物。从上面的图案设计中我们可以看到一个奇特的现象，即中国纺织工匠保留下了某些西方式的轮廓线呈阶梯状的特点。安德鲁斯先生认为这种织法是从罗纹织法向斜纹织法的过渡。在中国—萨珊风格相结合的这组丝织品遗物中，最为有趣的是那块颜色鲜艳、保存完好的覆面残片（Ast.i.3.a.01，图版 LXXIX）。因为其上填充拱肩大团花之间的几何形花朵装饰，几乎与修罗苏穆（Mikado

---

① 参见冯·法尔克《丝绸工艺》第一卷图 110、111。
② 参见《西域考古图记》第四卷图版 CXVI.A，Ch.00291。
③ 参见冯·法尔克《丝绸工艺》第一卷图 118、119。

Shomu，水修罗花——译者）（公元 749 年）旗帜面料中的
图案相同①，还与千佛洞中发现的许多织物上的图案也很接
近，只是稍微有些变化②。出现在大团花上部的叶子和花蕊
图案与千佛洞壁画背景"西天"中常见的那些树属同一类
型，还与千佛洞壁画中绘在主要人像上边的华盖上的装饰物
相同③。在上面提到的奈良所藏的旗帜面料上的大团花中，
也出现了相似的树的图案。

根据上述织物上图案设计的细节，我们将 Ast.ix.2.022 中国和萨珊图
（图版 LXXVIII）有图案的丝绸覆面残片也归到这一组。因 案相结合
为联珠围绕的成行排列的玫瑰，形成图案的主要特征，与奈
良保存的织物拱肩中央出现的那些图案有密切联系。在奈
良，由四片棕榈叶构成的几何形的玫瑰图案，又与那里所采
用的花卉装饰很相近，还与千佛洞出土的一些丝织品有一定
的关系④。我们最终发现了一种奇特的结合，即在一块有图
案的丝绸残片（Ast.ix.3.03，图版 LXXVIII）中同时出现了
萨珊和中国题材，图案设计呈条带状。最上部，在卷曲的树
叶之间有成双相对的凤凰，属典型的中国风格。其下紧接着
是两行长方形短条带，颜色黄蓝交替，配置方式与楼兰和敦
煌烽燧出土的中国古代同样颜色的丝织品一致。⑤ 在第一与
第二组这种条带之间，有一行菱形格子将两者分隔开来。接
着下面是一行萨珊式大团花，每个团花内都有一朵八瓣花，

---

① 参见冯·法尔克《丝绸工艺》第一卷图 110。

② 参见《西域考古图记》第四卷图版 CVI（Ch.liv.005）、CVII~CVIII、CXVI.A（Ch.00181）等。

③ 参见《敦煌千佛洞》第四卷图版 X、XI；《西域考古图记》第二卷图 213、218。

④ 参见《西域考古图记》第四卷图版 CVI（Ch.liv.005）、CVIII（Ch.lv.0028.15）、CXI（Ch.
00171）；第二卷 972 页。

⑤ 参见《西域考古图记》第四卷图版 LV，T.xv.a.002.a；本书第七章第三、五节，L.C.031.b，图
版 XXXV、XLII。

拱肩上还有棕榈叶。除了此种无疑属西方式的图案，这块织物的整个图案设计都与中国早期纺织品装饰风格有密切联系，同引用的汉代标本上体现的一样。但是织物的织法为斜纹，与汉代标本中普遍采用的罗纹织法相反。我们将这块具有指导意义的丝绸残片归属为一种过渡期的产物是不会有错的，当时中国的纺织品工艺为了一种更加便利的技术发展，开始超越传统工艺，但是在图案设计风格方面的变化则不大，新式风格的题材——团花，在此也只起到了一种辅助图案的作用。

鲜明的中国风格图案　　如果要回顾丝织品中的其他一些主要图案，即那些明显是中国风格的图案，或者是其他一些丝毫没有受到萨珊影响的图案，就要从与中国已知最早的有图案的丝织品入手，例如在楼兰发现的丝织品遗物。尽管这种多色的带图案的丝织品的出土数量不大，但是值得重视的是，由其设计风格所体现的早期产品特征完全是技术方面的，即那种罗纹织法。另一个值得重视的特点是，这种多色带图案的丝织品未曾发现用于覆面，它只出现在包裹尸体的破旧衣服残片中，或者出现在 Ast.ii.1.022（图版 XCIII）的例子中，用于制作鞋子模型。这块做鞋的丝绸面料上的图案，以及 Ast.vi.2.04（图版 XXXVI）和 Ast.vi.1.03（图版 LXXX）残片的图案上，都有形象非常生动的动物，一个接一个，处于移动状态，此种图案也出现在楼兰出土的丝织品中。此外，还有那种很自然的卷云纹，在楼兰出土的丝织品遗物中出现这种图案的也不少①。

① 参见本书第七章第五节。

在阿斯塔那出土的丝织品的剩余部分中，可以观察到一种富有特征的准古代风格。例如 Ast.vi.02（图版 LXXVIII），是一块较大且保存完整的丝绸残片，上面的图案为成对相向的类似鹳的动物，配置在宽窄交替的拱形中，角度处理僵化，在连接拱形的茎的上、下部都是高度形象化的叶子、花朵和果实。这种用作框架结构的连拱形图案，与大量出土于汉代烽燧和楼兰的丝织品上的图案有关系，也与千佛洞藏经洞中出土的一块早期丝绸中的图案有关系。① 最后，我们在棉鞋 Ast.vi.4.01（图版 XCIII）上发现了另一种纯中国风格的图案，描绘的是一种带纹，连带有一系列的布置在格子画面中的雌鹅图案。格子画面的颜色与那些鹅的颜色相互交错，趾部带纹中织出的汉字表明它是中国生产的纺织品，图案自然也是中国的。

在其他那些属于前面谈到的那一类的图案中，尽管很难找出个体标本之间的分界线，但我们可以很清楚地划分出它们所包含的两种主要类型：一种类型是由花卉题材组成的，有时候花卉与动物图像并存，动物大多是鸟类。另外一种类型则是纯几何形图案，通常是由最简单的菱格形变体、锯齿形、重复的圆点等诸如此类的图案构成。我们也曾有机会对千佛洞出土纺织品遗物进行过同样的分类，但值得我们注意的是，千佛洞出土的纺织品的花卉图案大多具有一种强烈的自然处理的趋向，这种趋向在阿斯塔那出土的几乎所有织物的图案中都看不到。从这种否定性的证据中，我们是否可以认为中国唐代及其以后时期的艺术风格趋向自然、随意的特

准古代风格的
中国图案

花卉或几何形
的中国图案

---

① 参见《西域考古图记》第四卷图版 LV（T.xv.a.002.a, iii.0010.a）；第二卷 963 页以下（Ch. 00118）；本书第七章第五节（L.C.031.b；图版 XXXV、XLII；ii.05.a）。

征，在公元 7 世纪尚未完全确立呢？

刺绣中的花卉图案

一般刺绣品中的图案均为花卉图案是很自然的，而且一般都是在薄纱上绣的。这些主要是刺绣工的针法不大受技法的限制，能享受更多自由的缘故。但我们发现 Ast.vi.1.01、06、09（图版 XLV）上的花卉题材非常传统，甚至连填充 Ast.vi.3.07（图版 LXXVIII）的小刺绣面上的叶子、花朵、星星等的大杂烩图案，就每个单独纹样来说都很形象。当然，所有这些刺绣可能都出自吐鲁番当地人之手，而非中原。

带花卉或几何图案的多色丝绸

在有图案的多色丝绸中，花卉图案一般以成行排列的玫瑰最为普遍，而且它们或多或少地风格化了，有时还配有叶子或彩色边，总体上讲与千佛洞中发现的纺织品残片上的图案很相似①。其他一些丝织品中的玫瑰已发展成为点状分布的精美图案，它们与奈良和千佛洞出土的中国生产的那些丝织品有密切联系②。带菱格形或长方形的简单的几何图案，在多色织物（Ast.i.5.a.01.a、b，02；ix.2.02；x.1.01；图版 LXXVIII、LXXXIII、LXXXIV）中出现的频率要比锦缎上少一些。类似这种图案的丝织品，还有必要提到一小组带条纹的丝绸（Ast.i.1.09；vii.1.02；ix.2.025，图版 LXXVII），它们与马尔吉兰和费尔干那其他地方出土的现代丝织品相同。

---

① 参见 Ast.i.8.01~03；iii.2.03；x.1.06~08（图版 LXXVIII、LXXIX、LXXXIII、LXXXVII）。参见《西域考古图记》第四卷图版 CVII、CVIII、CXVI。

② 可将 Ast.i.1.011、7.06；x.1.03、05（图版 XXXVI、LXXVIII、LXXXIII、LXXXV）与下列著作中的有关部分相比较：冯·法尔克《丝绸工艺》第一卷图 110；《正仓院图录》第二卷图版 89~91、109、110；《西域考古图记》第四卷图版 CVI（Ch.liv.005）、CXI（Ch.00171、00181）、CVIII（Ch.lv.0028.1、15），CXVI.A。

单色有图案的丝绸或锦缎在阿斯塔那并不多见，与千佛洞中出土的同类遗物恰好相同，这类织物大多数都是几何形图案。① 其中 Ast.ix.2.09 与敦煌烽燧 T.xiv 中的唐代寺庙里发现的那一块锦缎非常相似。② 在花卉图案的锦缎中，Ast.i.1.010（图版 LXXXIV）是精美的点状图案，与前面刚提到的多色丝绸的图案相同。在 Ast.i.7.03、05（图版 LXXIX、LXXXIV）中，花卉图案是按传统方式处理的，上面都配有成对的飞鸟。Ast.i.5.a.01.c（图版 LXXXIV）上是有趣的组合图案，沿着卷云状拱顶和成行回纹饰行中插入了成对相对的野兽。这种图案在敦煌烽燧中出土的一块汉代丝绸，以及千佛洞出土的一块古代类型的罗纹织物上都曾出现过。③ 主要是技术方面的原因，可以解释何以纱上出现的都是简单的几何形图案；其中三块织物上都是菱格图案，这与千佛洞出土的一块织锦上的图案很相似。④ 然而一块精致的彩虹色纱（Ast.vi.03，图版 LXXVII）则具有自己的特点。

绮和纱上的图案

用印花或套染来装饰的丝织品中，花卉和几何形图案都有出现。前者不仅出现在雕版印染的丝绸（Ast.i.7.01、x.1.04，图版 LXXXII）中，即其处理方式趋向自然的那种图案，而且还出现在徒手采用套染方式生产的丝绸残片（Ast.ix.2.012，图版 LXXXII）上。以同一方法印染的其他丝绸残片上的图案，包括菱形和点构成的圆圈。⑤ 关于 Ast.vi.2.04 和 vi.3.03、07

印花和套染丝绸上的图案

---

① 参见 Ast.i.1.02.a；vi.01；viii.1.01；ix.2.08、09（图版 XLIII、XLV、LXXXV）；i.3.b.02。

② 参见《西域考古图记》第四卷图版 CXVII，T.xiv.v.0011，a.。

③ 参见 T.xv.a.iii.0010 和 Ch.00118，《西域考古图记》第四卷图版 LV；第二卷 963 页。

④ 连同 Ast.i.7.04；iii.2.01；x.1.02（图版 XXXVI），参见《西域考古图记》第四卷图版 CXX，Ch.00344；其他的纱有 iii.2.02；vi.3.09；ix.2.016（图版 XXXVI）。

⑤ 参见 Ast.ii.1.014、015；vi.2.04；vi.3.03（07，图版 XXXVI、LXXVIII）。

上的依此法制作的图案（图版 XXXVI、LXXVIII），我们有一个有趣的新发现：这种图案在楼兰出土的有图案丝绸 L.C.01（图版 XXXV）上亦有发现，只是在织法上稍有变化。最后，我们在 Ast.vi.1.01、02（图版 LXXXVI）中，还发现了一种完全由打结印染的圆点组成的图案。

第六节　阿斯塔那墓地出土遗物表

i 组墓葬出土的遗物

Ast.i.1.01　有图案的丝绸残片。覆面残片 a，圆形。裁剪自一大块布料，周边再用素色丝绸褶边。

拜占庭式图案，由排成圆环形的小圆点组成联珠圈，中间以一小块方形图案相隔。联珠图每四分之一圆周弧内包含有五个圆点形图案，内有一棵传统样式的、双重对称的树，顶部为一朵半开的侧视的大花。树茎大且粗壮，从底部的花盆中挺拔生长，花盆是用五个小圆圈装饰的。树茎两侧各有一向下卷曲的树枝，上面结有葡萄叶（?）和浆果，树枝末端还有花朵。

颜色：圆点呈深蓝色，背景呈深米黄色，树茎为浅米黄色，树叶为艳绿色，叶脉为黄色，中央的花朵为黄、绿和蓝色。斜纹。背面有薄毡和素色丝绸衬里，上面粘着棕色粗发。腐朽严重，褪色，易碎。参见 Ast.i.3.b.01。圆形片直径约 $7\frac{1}{2}$ 英寸。图版 LXXX。

Ast.i.1.02　绘彩的丝绸残片。与 Ast.i.2.03 类似，易碎。

Ast.i.1.02.a　锦缎残片。与 Ast.i.1.02 同时发现，图案是一种由拉长的六边形组成的格子。在每个六边形内两端，均有一个等边的六边形，其中两个边是由封闭的大六边形的短边构成的。在小六边形内有一个菱形，其各边分别与六边形的四个边相平行。在两个小六边形和封闭的六边形的长边之间，有两个菱形对称分布，大小与末端的菱形相同。这些菱形和小六边形的底都是平纹织的，其余部分是斜纹。有两种颜色：暗绿色和金棕色，自一种逐渐变成为另一种，此外还有蓝色痕迹。原来可能只是一种颜色（蓝色?），现已褪色和掉色。纺织工艺精细，残破，易碎。6英寸×4英寸。图版XLIII。

Ast.i.1.03　陶罐。轮制，灰胎，平底，高肩，短颈，卷沿，多口。外壁涂黑色陶衣，上绘暗灰色线条轮廓的图案；中间有一周带纹，带纹上下各有成组的末端很钝的花瓣，花尖都向下或向上朝向带纹；轮廓内有许多由白色圆点构成的条带。每片花瓣中心都有向下的红色宽条纹，内侧呈圆形，向边沿外倾斜。这种拙劣的纹饰在阿斯塔那墓地出土的陶器上很普遍。保存好。内空。高8英寸，直径 $6\frac{3}{4}$ 英寸，口径3英寸。

Ast.i.1.04　陶豆。椭圆形，轮制，卷沿，足圆形外多（已残）。灰胎，烧制温度高，黑色陶衣上通体绘白色圆点纹，与 Ast.i.1.03 上的纹饰相同，但几乎全部都已脱落。口沿内饰一周红色条带。高 $5\frac{1}{4}$ 英寸，口径 $4\frac{1}{2}$ 英寸，腹径 $1\frac{1}{8}$ 英寸，底径 $3\frac{1}{4}$ 英寸。

Ast.i.1.05　陶豆。碗状杯形，较浅，卷沿。豆柄为十二面，圈足。上绘黑、白和红色彩，与 Ast.i.1.03 上的纹饰风格相同。豆柄上部有一圈白色圆点纹，下面有连续的向下垂的花瓣；围绕外壁绘有一圈上仰的花瓣。内壁饰黑色，口沿为红色。造型很美，保存完好。高 $6\frac{1}{2}$ 英寸，口径 $4\frac{1}{2}$ 英寸，上端直径 $1\frac{3}{4}$ 英寸，足径 $4\frac{1}{8}$ 英寸。图版XC。

Ast.i.1.06　陶罐。黑色陶衣，绘白色圆点纹，纹饰与 Ast.i.1.03 完全相同；形制也相同，只是略矮、腹鼓一些。省略了中间的一周白色圆点纹，用向上或向下的花瓣交错排列。罐内残留棕色腐烂的东西。高 $4\frac{3}{8}$ 英寸，口径3英寸，肩5英寸，底径3英寸。图版XC。

Ast.i.1.07　小陶盘或碗。圆形，平底，鼓腹，口沿内卷。黑色陶衣上残存白色圆点纹，纹饰与 Ast.i.1.03 等相同，但几乎全部都已脱落。碗内有腐烂的米色片状物。高 $1\frac{5}{8}$ 英寸，口径 $3\frac{1}{8}$ 英寸，底径 $1\frac{7}{8}$ 英寸。

Ast.i.1.08　若干丝绸残片。有米黄色、蓝色和鲜红色。平纹织物，保存完好。

Ast.i.1.09　丝绸残片。有蓝色和黄色细条纹，已褪色。斜纹织物。$6\frac{1}{2}$ 英寸×4 英寸。

Ast.i.1.010　锦缎残片。菱形四叶玫瑰花纹，水平相连，成行排列，上下各行间相互交错分布，在行间形成一种之字形纹饰。米色，部分染成了蓝色。参见 Ast.i.1.011，图版 LXXVIII、LXXXIII。保存完好。21 英寸×$2\frac{1}{8}$ 英寸。图版 LXXXIV。

Ast.i.1.011　有图案的丝绸残片。蓝色底，在暗淡的米色和绿色暗影中有玫瑰花纹，四叶玫瑰和六叶玫瑰纵向交错呈阶梯状排列，每一种玫瑰横向成行排列。叶子是精织的棕榈叶，通过茎相连。精美的斜纹织物。同样类型参见《西域考古图记》第四卷图版 CXI、CXVI.A 中的 Ch.00181。易碎，残破。颜色鲜艳。$6\frac{1}{2}$ 英寸×$3\frac{1}{4}$ 英寸。图版 LXXVIII、LXXXIII。

Ast.i.1.012　木鸭。圆雕，很传统。鸭身呈优美的船形，尾部细长；腹部雕刻成圆弧形，上端船身的前部和后部都是平的，但从鸭胸部至尾部逐渐刻成凹槽，抬起的头和颈部为浮雕。自胸颈部开始变扁平，头与精心雕刻的背部成直角，颈部有雕刻的线条。

弯曲的腹部绘有深红色彩，脚未表现出来。上部为白色底上彩绘黑色和红色线条，用来表现羽毛。头和颈部两侧雕刻的许多卷曲的系列短线条代表翅膀，后部彩绘的直线条则代表鸭尾。严重腐朽。

颈部绘黑色和深棕色彩，头上部为浅蓝色，眼睛为白色（浮雕），轮廓黑色。嘴为浅红色，雕刻精细，其上端有鼻孔，其下有凹槽，顶部中央为鼻梁，凹槽标明鼻子与嘴巴的分界线。

总体雕刻得很精细，而且保存得很好。用途尚不明确，或许是一种吉祥物。类似遗物参见 Ast.i.2.06 和 Ast.i.3.021。长 $5\frac{3}{4}$ 英寸，高 $1\frac{7}{8}$ 英寸。图版 CIV。

Ast.i.2.03　蓝色丝绸残片。精美的纺织品残片，上有棕色、白色和黑色彩，是伏羲和女娲相互盘绕的蛇身部分的残片。易碎，无法打开。成团的尺寸为 12 英寸×8 英寸。

Ast.i.2.04　陶碗。制作工艺粗糙。黑色陶衣，口沿下饰一周联珠纹和红色线条。红色四瓣花朵从底部升起，轮廓为红色，每朵花中有一串联珠和红色中心主脉。碗内底部残存食物。6 英寸×$3\frac{1}{2}$ 英寸。图版 XC。

Ast.i.2.05　木碗。削制得很薄，一边有裂缝，并用四段细绳缝缀。小圈足。直径 $5\frac{1}{4}$ 英寸，高 $3\frac{1}{4}$ 英寸，厚 $\frac{2}{5}$~$\frac{1}{6}$ 英寸。图版 XCI。

Ast.i.2.06　木鸭。船形身，上部略微挖成凹面，头及颈部均置于其中。头向前伸，嘴略张。头部雕刻精细，虽仓促完成，但很逼真。腹部还残留树皮。保存良好。参见 Ast.i.1.012 和 Ast.i.3.021。长 $3\frac{1}{2}$ 英寸，宽 $2\frac{1}{8}$ 英寸，高 $2\frac{1}{8}$ 英寸。图版 CIV。

Ast.i.3.06　3 枚中国钱币状的圆形银片。无铭文，相对的边沿有两个钻孔，便于用线穿连，用作装饰品。

Ast.i.3.07　7 颗玻璃珠。扁球状，有蓝色和绿色。直径约 $\frac{1}{6}$ 英寸。

Ast.i.3.012　薄银（?）片。两块月牙形，五块梨形。钻孔。装饰品。锈蚀且易碎。月牙形银片阔约 $1\frac{1}{2}$ 英寸，梨形银片 $1\frac{1}{8}$~1 英寸×$\frac{3}{4}$ 英寸。图版 LXXXIX。

Ast.i.3.013 **薄金条**。$1\frac{7}{16}$ 英寸 × $\frac{3}{16}$ 英寸。

Ast.i.3.014~018 **5 个陶碗**。灰色，某些器物内残留有食物痕迹。外表彩绘。014 黑色底，用红色细线条分隔成了四组，每组皆呈花瓣形；莲瓣自底边起，在每片花瓣中心绘有一条红色条纹，瓣周围粗绘红色线条和一串七个一组的白点。口沿上饰一周红色条带，内素面。其他的均是这种图案的变体。平均直径 $3\frac{1}{2}$ 英寸，高 $1\frac{5}{8}$ 英寸。图版 XC。

Ast.i.3.019、020 **2 个陶碗**。与 Ast.i.2.04 的形状、纹饰等均相同，但口沿下没有一周珠纹。内绘淡灰色彩，口沿内饰一周红色条带。020 残（现已复原）。高分别为 $3\frac{1}{2}$ 英寸和 $3\frac{1}{8}$ 英寸，口径分别为 $6\frac{3}{8}$ 英寸和 6 英寸。

Ast.i.3.021 **木鸭**。与 Ast.i.1.012（图版 CIV）的风格、体形等完全相同（略微有差别者参见 Ast.i.2.06，图版 CIV）。工艺精细，嘴半残，尾有缺口。羽毛仅在红色底上用黑色线条表示。头和眼睛为黑色，颈背和两颊为浅色，嘴为红色。长 $5\frac{7}{8}$ 英寸，最大宽度 $2\frac{7}{8}$ 英寸，至头顶高 $2\frac{1}{8}$ 英寸。

Ast.i.3.a.01 **有图案的丝绸残片**。覆面残片，萨珊风格的大图案。是深蓝色底上由米色联珠纹构成的一个大团花的左上角部分，在正上方方位上仍可见一方形，每个四分之一圆周内包含有五条珠纹。

其内浅米色底上有一只牡鹿的头，面向中央，黄色长鹿角上有绿色和黄色支角。中央有一棵栗子树，叶子呈黄色和绿色，棕色花蕾。轮廓为深蓝色。拱肩上、米色底上有绿色玫瑰花，周围是在深蓝色带纹上的由 20 颗黄色珠子构成的联珠纹。其外部在黄色底上有米色、黄色、绿色和深蓝色相连的棕榈叶，很美观，之间还有蓓蕾。蓝色和绿色的轮廓为米色，米色和黄色的轮廓为深蓝色。

斜纹织物，工艺精美。同样的拱肩见冯·法尔克《丝绸工艺》第一卷

图 110。同样的树参见《敦煌千佛洞》图版 X 中的 Ch.liii.001 菩提树。同样的牡鹿头参见《敦煌千佛洞》图版 XLVI 中的 Ch.00373。圆圈内径约 8 英寸，整体尺寸为 $5\frac{3}{4}$ 英寸×$5\frac{3}{4}$ 英寸。图版 LXXIX。

Ast.i.3.a.02　蓝色平纹丝绸褶边残片。Ast.i.3.a.01 覆面上的褶边，平纹织物，易碎。

Ast.i.3.a.03　丝绸残片。Ast.i.3.a.01 上的残片，图版 LXXIX。平纹织物，黄褐色，易碎。

Ast.i.3.a.04　银（?）眼罩。在面部发现，上面粘有黄褐色丝绸覆面的残片。详细描述参见类似的遗物 Ast.ix.2.b.09。边沿未钻孔。易碎。其他同类遗物参见 Ast.i.3.b.03、5.04、5.a.02，图版 LXXXIX。$6\frac{1}{8}$ 英寸×$1\frac{3}{4}$ 英寸。

Ast.i.3.b.01　有图案的丝绸覆面。由两块丝绸连缀而成。图案为萨珊风格，由五个圆圈构成的联珠纹条带上长出一棵葡萄树，其藤枝双重对称地向下卷曲，外沿为常见的联珠纹边，在每一个基本方位处各有一个长方形图案。树茎呈深黄色，树叶绿色，脉理呈黄色。底色已褪，露出棕色经线。联珠圈的底色原为深蓝色。

斜纹织物。伴出物有金叶和铜片。易碎。类似遗物参见 Ast.i.1.01。8 英寸×5 英寸。

Ast.i.3.b.02　锦缎残片。小长方形块，一端为圆形，有带子。腐朽。$1\frac{3}{4}$ 英寸×1 英寸。

Ast.i.3.b.03　银眼罩。发现于死者面部，上面粘有黄色丝绸残片。用一块薄银片制成，包括两副梨形护罩（用以遮目），之间有一直条相连（桥）。表面向外突起。护罩有宽约 $\frac{1}{4}$ 英寸的边，边沿和桥上以 $\frac{1}{2}$~1 英寸的间隔钻孔，孔径 $\frac{1}{16}$ 英寸，钻孔可能是便于将丝带缝缀在眼罩上面（与 Ast.i.3.a.04、

5.04 等相同）。眼罩的中央是突起的，上面密密麻麻地钻有大小一致的小孔，如同胡椒盒上的眼。

保存良好，表面部分锈蚀，但很坚硬。其他同类遗物参见 Ast.i.3.a.04、5.04（尺寸较小）、5.a.02、6.07；ix.2.b.09。长 $5\frac{5}{8}$ 英寸，眼罩最大宽度 $1\frac{15}{16}$ 英寸。图版 LXXXIX。

Ast.i.4.01　火山口形木罐。坚硬，镟制，口部略下凹，以便盛放食物（现已不存）。饰黑彩，肩部有一周圆点纹，装饰风格与 Ast.i.1.03 相同。纹饰多已脱落。直径 $5\frac{1}{2}$ 英寸，高度 $4\frac{1}{2}$ 英寸。

Ast.i.4.02、08　2 件球形木罐。坚硬，镟制，口部略凹陷，凹槽较浅。纹饰与 Ast.i.1.03 相同。约 $5\frac{1}{8}$ 英寸（高）$\times 5\frac{3}{4}$ 英寸。

Ast.i.4.03~07、013　6 个木碗。坚硬，镟制，口部略凹陷，凹槽较浅。纹饰与 Ast.i.2.04 相同，参见图版 XC，但口沿下没有一周联珠纹。03、06、07，碗口残。$5\frac{1}{4}$ 英寸 $\times 3\frac{1}{8}$ 英寸；$3\frac{3}{4}$ 英寸 $\times 2\frac{1}{4}$ 英寸；$4\frac{3}{4}$ 英寸 $\times 2\frac{1}{8}$ 英寸；4 英寸 $\times 2\frac{3}{8}$ 英寸；$4\frac{7}{8}$ 英寸 $\times 3\frac{1}{4}$ 英寸；$5\frac{1}{8}$ 英寸 $\times 3\frac{1}{4}$ 英寸。

Ast.i.4.09、011　2 个陶罐。鼓腹，无耳，制作粗糙。用胶画颜料彩绘，纹饰与 Ast.i.1.03 相同。$4\frac{3}{4}$ 英寸 $\times 4\frac{1}{4}$ 英寸；$3\frac{3}{4}$ 英寸 $\times 3\frac{1}{2}$ 英寸。图版 CIII。

Ast.i.4.010　陶碗。制作粗糙，灰胎，外壁用胶画颜料彩绘，纹饰与 Ast.i.2.04 相同，参见图版 XC。口沿内饰一周红色条带。直径 6 英寸，高 $3\frac{1}{2}$ 英寸。

Ast.i.4.012　陶片。蹄足形，残留小腿和蹄足部分，用刻画纹表现脚趾，有两条交叉的切口，下面的可能代表指甲或关节，上面的则表示趾头根。再向上有六个圆圈，中心还有圆点。前部尖状突起物也被同样的圆圈环绕。自脚踝以上残。烧后施黑彩。高 $3\frac{1}{2}$ 英寸，蹄足长 $2\frac{5}{8}$ 英寸，蹄足宽 $1\frac{3}{4}$ 英寸。图版 XC。

Ast.i.5.03　**有图案的丝绸覆面**。萨珊风格，发现于尸体 a 的面部。整个图案的中央是一个设计精美的猪头，张口，舌头略伸出。有两颗獠牙，下面的牙齿可以区别出臼齿、犬齿和门齿。

太眼睛外围用黄色双线环绕，从外侧黄线上延伸出两条平行线至嘴边，以示胡须。眼睛下面有深绿色圆点，圆点的中心颜色较浅。下嘴唇也有两个类似的绿斑，以表现光线和暗影。面部均为深蓝色，在耳朵上部和下颚下面都有黄色直线条由外部轮廓向内延伸分布。

颈部一周由直线表现颈毛。整个画面很风格化，富有棱角，图案极有力度感。常见的联珠纹边，每个四分之一圆周内包含有五个圆点或珠纹，每五个联珠间间以联珠构成的玫瑰花，以代替常见的小方形块。

颜色已发生变化，现在呈米黄色、黄色、蓝色和绿色。斜纹织物。保存较好。类似遗物参见 Ast.i.6.01。相似的图案设计，可参见吐峪沟一洞窟中壁画的彩边，参见格伦威德尔《新疆古佛寺》331 页。8 英寸×9 英寸。图版 LXXVI。

Ast.i.5.04　**银眼罩**。与 Ast.ix.2.b.09 相同，但制作更精细。极易碎，由连接处残断。上面粘有小丝绸片。其他类似遗物参见 Ast.i.3.a.04，3.b.03，5.a.02，6.07。$5\frac{3}{10}$ 英寸×$1\frac{3}{5}$ 英寸。图版 LXXXIX。

Ast.i.5.05　**丝绸褶边**。与其他一些已腐朽的素色丝绸残片一道，都是 Ast.i.5.03 上的残片。

Ast.i.5.06　**纤维绳**。易碎，深棕色。与现代马海毛鞋带类似，腐朽。

Ast.i.5.07　木梳残片。梳齿精制，梳背呈圆弧形。$2\frac{1}{4}$英寸×$1\frac{5}{8}$英寸×$\frac{5}{10}$英寸。

Ast.i.5.a.01　a 为有图案的丝带。褪色。由双线条构成的菱形呈对角斜行排列，向左或向右延伸分布，形成网格图案。在每个菱形中都有一个十字形图案，十字的长线（竖线条）细，短线（横线）粗，并且在十字的各末端都有一个梯级状的菱形图案。底色为粉色，现褪色成深米色，图案为棕色。菱格形的大小约 3 英寸×5 英寸。易碎。长约 17 英寸，宽 4 英寸。

b 为薄丝绸衬里及织得很匀的厚织物，黄底，上有单条和双条粉色带纹，向两个方向横向延伸分布。完整图案现已不存。与 Ast.i.5.a.02 共出的残片，上面展示的图案为粉色的条带，末端是一对扇形花朵；花朵上有米色茎连接，将条带纵向隔开，形成两把战斧状图案。长 12 英寸，宽 7 英寸。

c 为淡绿色丝绸衬里，严重褪色，锦缎。图案残缺，但与《西域考古图记》中的 Ch.00118 和 T.xv.a.iii.0010 上的图案有关系。一种连拱形的卷云纹窄且高，曲折贯穿整个织物。卷云纹呈六边形，在顶上原有三行卷云纹，随拱肩的下降变化为两行，最后变成一行。拱顶升起一网格纹柱，立柱两侧各有一对相对的直立的动物，身体上翘至头顶。

在连拱下面可能是站立的人物的正面，但似乎又更像花卉图案。在下垂的水波纹下面是一排立柱，每对立柱间都有尖朝下的内为六边形云纹状的锯齿纹。锯齿纹在回纹下贯穿织物，尖部与波纹的曲折处相接。

在每个尖朝下的锯齿纹下面，各用一个用轮廓为肾状物的图案填补立柱间空隙，该物上面升起六条细直线，外侧的两条直线向外卷曲呈六角形涡纹图案。

图案虽不完整，但足以显示出其总体形状，非常有趣。特别突出的是其与前引的包括很多粗糙变体的例子具有明显的共同来源。最初的 S 形曲线已不见，取而代之的是锯齿纹。易碎。最大尺寸 $7\frac{3}{4}$ 英寸×$3\frac{1}{4}$ 英寸。图版 LXXXIV。

Ast.i.5.a.02　银（?）眼罩。 与 Ast.i.3.b.03 等相同，但略大一些，形状比较笨拙。护罩为一种宽椭圆形，顶部残破。眼罩上有米色丝绸残片，似乎是用小木钉插入眼罩边沿的小孔内的。

顶部残留许多层丝绸残片，都已粘上锈，表层是深绿色，内层为米色；护罩上的钻孔可能是方便死者观看的（?）。分离的织物残片中有带图案的米色厚丝绸，与 Ast.i.5.a.01.b 一样，其上还有一块具有更多图案的丝绸残片。长（不完整）6 英寸，厚 $2\frac{3}{4}$ 英寸。图版 LXXXIX。

Ast.i.5.b.01　有图案的覆面残片。 几乎都碎成灰烬，能够辨清的图案有圆形的联珠纹团花，每五个圆点构成的联珠间有一方形块。大团花中有一棵树和萨珊风格的相对的鸟。圆圈似乎代表一个池塘，树是一种药用的蜀葵。动物和天鹅的尾巴优美，双翅略微上翘。

蜀葵顶部左、右是一种漂浮的带根的圆圈，在中国的装饰纹样中经常使用。圆圈几乎是水平相连。在拱肩上有一只飞行的仙鹤。

颜色不明，现残留蓝色和米色。罗纹织物。图案设计和织法均为中国式。粗衬里残片。带图案的一片 $5\frac{1}{2}$ 英寸×$4\frac{3}{4}$ 英寸。易碎。图版 LXXIX。

Ast.i.6.01　有图案的丝绸残片。 覆面残片。残留耳朵、面部和领部，以及联珠纹外廓，可能是猪头图案，与 Ast.i.5.03（图版 LXXVI）相同，但略小一些。精制的斜纹织物。除蓝色外所有的颜色均已褪成米色。$4\frac{3}{4}$ 英寸×$2\frac{3}{4}$ 英寸。

Ast.i.6.02　一团丝绸残片。 属尸体 a，还有绘图案的盖布残片。使用的颜色有红色、黑色和白色。因太碎而无法复原。

Ast.i.6.05　人手。 尸体 a 的右手，手指重叠，紧握木握手。握手上缠绕丝绸，仅残留小片。手完整，带有两个指甲和部分腕骨，由于干燥萎缩成皮肤和骨头。指关节上还粘有米色丝绸片，下面残留许多粗纤维织物残片。

木握手呈圆柱形，微束腰，上下端有小穿孔。类似遗物参见 Ast.i.6.06，图版 C。手 $4\frac{3}{4}$ 英寸×$2\frac{3}{4}$ 英寸；握手长 $3\frac{5}{8}$ 英寸，直径 $1\frac{3}{16}$ 英寸。

Ast.i.6. 06　木握手。与 Ast.i.6.05 手中的一样。微束腰，两端对穿小孔，孔径约 $\frac{1}{8}$ 英寸。中间用腐烂严重的有图案的丝绸带缠绕，两侧都用米色丝绸缝缀，现已腐烂。

有图案的丝绸，是用薄的硬经线与厚的软纬线织成的大片斜纹织物，通体是集中的菱形图案。纬线原先是米色，宽 $\frac{3}{8}$ 英寸的蓝色条带贯穿织物中央，与图案不协调。长 $3\frac{1}{4}$ 英寸，直径 $1\frac{5}{8}$ 英寸。图版 C。

Ast.i.6.07　银（?）眼罩。与 Ast.i.3.b.03 等相同。护罩呈梨形，中央突起，上面的钻孔较少，与之缝合的丝绸现已消失。尽管左护罩的边沿残失一小部分，但保存状况较好。类似遗物参见 Ast.i.3.a.04、3.b.03、5.04、5.a.02，ix.2.b.09。长 $6\frac{5}{16}$ 英寸，厚 $2\frac{1}{4}$ 英寸。图版 LXXXIX。

Ast.i.6.08　砖墓志。烧土质，在墓道中发现。方形，表面为浅蓝色，边廓朱红色。横竖九条线构成近百个小方格，每个方格内白底上书朱红色汉字，朱红色现已剥落。参见附录 A 中马伯乐先生的翻译。保存较好。$14\frac{7}{8}$ 平方英寸，厚 $1\frac{1}{2}$ 英寸。图版 LXXV。

Ast.i.7.01　印花丝绸残片。呈樱草黄色，图案为大小不同的蓝绿色和粉色玫瑰，带蓝绿色茎和叶子。似乎使用了两种主要图案，都是在正方形（或长方形和六边形）平面上设计的，效果像是呈点状散布。两块连接在一起，有素色衬里。易碎。18 英寸×9 英寸。图版 LXXXII。

Ast.i.7.02　篓状编制物残片。用草编制而成，用线系着。一边粘有黄色锦缎片。$4\frac{1}{4}$英寸×3英寸。图版 XCIII。

Ast.i.7.03　锦缎残片。古铜色，S 形平面上有花朵、叶子和鸟等图案。在一对飞行的鹤的左右两侧向上升起两根茎，张开，顶部再闭合形成 S 形。每一对 S 形曲线与下一个 S 形曲线相交处都有一束花，茎两侧长满了小叶子。精织。背面粘有丝线，染成同样颜色。易碎。8 英寸×$3\frac{1}{2}$英寸。图版 LXXXIV。

Ast.i.7.04　薄纱。黄色，小菱格纹图案。与《西域考古图记》图版 CXX 中的 Ch.00344 相同。精织。最大片 27 英寸×$9\frac{1}{2}$英寸。图版 XXXVI。

Ast.i.7.05　锦缎残片。呈黄色和淡绿色。图案：菱形下端和两边的角上都悬挂着联珠装饰物；上端有一对展翅相对的鹅，支撑着由射线状的五片叶子围绕着的玫瑰花。这种图案呈点状重复分布，由小图案相连接构成主要图案。斜纹织物，浅绿色条纹。易碎。最大残片约 20 英寸×8 英寸。图版 LXXIX。

Ast.i.7.06　有图案的丝绸残片。褪色，变成棕色。可能是腰带的一部分。图案为大小玫瑰相互交替成行排列，小玫瑰在大玫瑰之间出现。

大玫瑰是由四对棕色反向的 C 形卷曲纹组成，设置在一个圆形平面上，外端呈涡形，内端则积成团，再张开，各端都有一片卷曲的叶子。涡纹之间有一幅带三个尖的绿色花蕾和棕色花萼图案。在中央于棕色底上有六瓣花，花瓣为蓝色，其中心呈绯红色，轮廓则呈黄色。

小玫瑰则是大玫瑰的变体。背面有丝线和素面丝绸衬里。三个边褶边并缝纫，只有第四个边残缺。易碎。整个样式参见《西域考古图记》第二卷 972 页以下，Ch.00171、00181；第四卷图版 CXI、CXVI.A。最大残片 $4\frac{3}{4}$ 英寸×6 英寸。

Ast.i.7.07　泥塑天神头像。一双肿胀的眼睛斜置，皱眉突起，鹰钩鼻子，小嘴，上唇很厚，耳朵大小一般，前额上有浓密的刘海，其余的头发全部都已剃光。皮肤粉色，胡须和耳朵前下垂的头发为黑色。眼睛轮廓为黑色，眼球白色，眼珠黑色。用掺纤维的棕色泥塑成，内核为木头。耳朵残，塑像下半部分已缺失。模制精良。$4\frac{1}{2}$ 英寸×$2\frac{3}{4}$ 英寸×3 英寸。图版 CIII。

Ast.i.7.08　彩绘木屋模型残块。平木板块，上面彩绘双扇门（橘黄色），门上有成排的钉，黑色门铰。参见《西域考古图记》第四卷图版 LXXV 中的 Ch.xlvi.007。门上和侧面都与白色墙壁相连。在橘黄色框架内用白色点缀，其他则是墨绿色带黑点。墙壁上绘有带红花的植物。$3\frac{1}{4}$ 英寸×$4\frac{1}{4}$ 英寸×$\frac{3}{16}$ 英寸。图版 XCIV。

Ast.i.7.09、010　2 根彩绘木立柱。截面为长方形。上端为方形金字塔形，竖直的凹面边，斜切的角，顶部支撑截取顶部的方形栏杆，下边斜切。立柱自金字塔形部位至底部有切口，以安装木板。切口宽约$\frac{1}{4}$ 英寸。09 为厚板（?）残块，正面彩绘红色，连接面和裂口也相同。另一块的里面绘红色、绿色和白色点。高 $3\frac{1}{2}$ 英寸，宽约$\frac{3}{4}$ 英寸。图版 XCIV。

Ast.i.7.011　微型木支座残块。与 Ast.iii.4.052 类似，但较大一些。只有一个边上有尖突，一端残。取代了真尖突形状的是一种扁平的 S 形。表面为绿色，白色双曲线边，拱腹为朱红色。其余均无彩。未残的一端有一斜缝用来与边连接。$5\frac{1}{2}$ 英寸×1 英寸×$\frac{3}{8}$ 英寸。

Ast.i.7.012、013　2 根木栏杆。外面绘成白色，上边为红色。白色上绘两片漂浮的黑芯棕榈叶子，轮廓为红色，芯为浅红色。其他类似的遗物参见 Ast.iii.4.027、056~059（图版 XCIV）。3 英寸×（约）$\frac{7}{8}$ 英寸×（约）$\frac{1}{16}$

英寸。

Ast.i.7.014　泥塑立牛。站立，模制精细。四腿均残失，但左前腿的木内核残存。泥制的角和尾都已失，其余相对保存完整。饰浅蓝色彩，嘴和鼻子、颈部和耳朵里边为粉色。大眼睛，略做模制，饰白色，瞳孔和眼窝为黑色。眼睛周围绘双层黑色眼褶，嘴角和鼻孔后面也有皱纹，嘴和鼻子以小孔来表现。面部残损。高 $8\frac{1}{2}$ 英寸，长 $8\frac{1}{2}$ 英寸。图版 CIII。

Ast.i.8.01　有图案的丝绸残片。在现在呈现为更深的米色底上有米色玫瑰花似花结（莲花），垂直的花茎为蓝色。褪色，易碎。$3\frac{1}{2}$ 英寸×$3\frac{1}{2}$ 英寸。图版 LXXXVII。

Ast.i.8.02　有图案的丝绸边残片。在黄色斜纹底上有成排的六瓣蓝色玫瑰花，轮廓为淡黄色，介于绿色、棕色和褪色的蓝色边线之间。外廓为棕色，带黄色点。精织，易碎。约 7 英寸×1 英寸。图版 LXXVIII。

Ast.i.8.03　5 块带图案的丝绸边残片。与 Ast.i.8.02 类似，但在淡蓝色底上有米色花朵。纺织工艺略差。是某织物的边，只剩一小部分，上残留着小块黄绿色斜纹织物。其中三块丝绸是用绿色丝线沿着边沿缝合在一起的。颜色已褪成暗淡色。平均长 3 英寸，图案宽 $\frac{7}{16}$ 英寸。

Ast.i.8.04　帆布残片。施有厚的蛋胶颜色，可能是模仿织锦。底色是已褪色的棕色，上有椭圆形小绿叶和红色蓓蕾图案。底色染得很漂亮。看起来像染色前折叠成一个包袱。$10\frac{1}{2}$ 英寸×3 英寸。

Ast.i.8.05　小钢剪刀。似现代印度剪刀，用一块钢做成。刃部与一般的铅笔刀刃相同；柄（起弹簧作用）是方形金属条相互交叉形成圆环形。弹簧的弹性依然存在。已生锈，但保存完好。刃部裹一层深红色丝绸残片，上有浅黄色点状分布的玫瑰图案，还有一块以套染工序印染的深米色丝绸，上有浅色图案。剪刀长 4 英寸，刀部 $2\frac{3}{16}$ 英寸×$\frac{1}{2}$ 英寸。

Ast.i.8.06　发罩。用帆布制成的网状物，已染成黑色。8 英寸×2 英寸。

Ast.i.8.07　白色平纹丝绸残片。盖布上的残片，已褪色，腐朽。16 英寸×11 英寸。

Ast.i.8.08　女俑头。泥塑，是一个大型塑像的残部，模制精良。年轻，丰满，眼睛斜视，鼻子直且长，上唇短，唇端上翘，嘴角有深凹槽。双层小下颏，下接圆且粗的脖子。面部绘成白色，嘴唇上残留有红色痕迹，前额上有椭圆形的绿色点。眼睑下面有黑色线条，处理如同头发。脸颊和眼睛上再无其他颜色。头发绘成黑色，从面部和后颈向上梳，然后在头顶上打成冠状结（残失），上有两个红色和绿色的新月形装饰物，头后部靠近左鬓角还有一个白色头饰。耳朵粗塑，很厚。米色草拌泥制，有木骨（缺失）的大孔。高 $7\frac{1}{2}$ 英寸，最宽处 $5\frac{1}{2}$ 英寸。图版 CI。

Ast.i.8.09　小面人。直立，双手在胸前握合，制作粗糙。下端至膝盖部分呈圆形。头顶上有发髻，眼睛挖小洞表示。未刻画衣服。是用深棕色质地紧密的原料塑成。高 3 英寸。图版 LXXXIX。

Ast.i.8.010　草人。瘦高个，用成束的草做成，头部两束草至腿部分开形成双腿，用小束草做手臂。没有表现面部等的细部特征。穿深棕色长袖毛（?）麻布外衣，腰部束丝绸带，米色丝绸内衣破烂不堪，上身还有毡补丁。高 2 英尺 9 英寸，平均宽 3~4 英寸。图版 XCI。

ii 组墓葬出土的遗物

Ast.ii.1.01、03　纸画残片。现存两片绘画的纸，每片尺寸约 $16\frac{3}{8}$ 英寸×10 英寸，两者以短边相粘连。画面主题与 Ast.vi.3.05 类似，但包含的内容似乎少一些。

　　画面中央左侧，有一个穿宽松长袍的人物跪坐在地毯上，面部四分之三向左。她举起的右手中持一个月牙形物，左手拿一张纸（？）。其前（左）一侍者与之相对（下部残），左手举一圆形物，黑色，但中心呈浅色。跪坐者身后（右）立有衣物架，架上挂一块条纹布，颜色有砖红、白色、绿色和深灰色。衣架后立两侍者，均面左。

　　两侍者之间有几案，案面呈红色，黑色宽边（上漆？）。案两端各有三条上部弯拱、下部斜置的红色几足，足底有黑色横木相连。

　　几案的案面上置一个黑色三足釜，釜足呈鱼尾形。釜内放一把长柄勺（与Ast.ii.1.07一样，图版CIV）。几上（后——译者）置两个鼓腹罐，深灰色，内为红色，罐后（右）有小食案，两侧置鱼尾形鏊，与图版XCI中的Ast.01完全一样。几案下有三个小罐，只画出了轮廓。

　　四个人的发型相同，顶部头发光滑，靠近后颈部梳成扁平。头顶部有两股辫子分别向左向右卷曲，形成一大蝴蝶结。每股辫子中都留出一绺向上和下卷曲的黑色细线（头发？）。在两颊，即耳朵前面各有一条相同的细线，几下垂至肩部，再向上卷曲与上面的细先连接，形成类似翅膀的东西。

　　服装同日本和服，宽袖，纵向是绿色和红色条带。坐着的人物及最右侧的人物，两肩膀后边各有三个突起的尖状物，似表示三褶披肩。从颈部可以看出每个人均穿内衣，紧身高至颈部。

　　这幅画均用墨线绘制，脸部都有红点，表现了当时的妆点技艺状况。画面描绘粗糙，仓促，纸张粗糙，是直纹纸。第一个人物的下部和第三个人物的左边均残。画面向左侧延续。长32英寸，宽10英寸。图版CVII。

　　Ast.ii.1.02　小纸画残片。一卷灰色的东西，可能用来表现叶子。纸张较薄且轻。还有两片白纸，其中一片剪成菱格形。$3\frac{1}{2}$英寸×2英寸。菱格形残片尺寸：$4\frac{1}{2}$英寸×3英寸；$3\frac{3}{8}$英寸×$2\frac{7}{16}$英寸。

Ast.ii.1.04 5 面微型旗帜。五根柔软的带树皮的树枝，在树枝上每隔一段距离用绿色丝带对角地捆绑菱形丝绸片（红色、绿色或米色）。丝绸多已残破。同样的遗物参见 Ast.ii.1.05、2.02。树枝长约 2 英尺 2 英寸，菱形丝绸的对角线约 $4\frac{1}{2}$ 英寸×2 英寸。

Ast.ii.1.05.a~c 3 张菱形纸片。与 Ast.ii.1.04 微型旗帜一起发现，显然是与菱形丝绸一样是捆绑在树枝上的，现已分离。b 和 c 在捆绑的那一角即长边有褶皱。参见 Ast.ii.1.02 中的菱形纸片，纸张较薄，米色，直纹纸，一边很粗糙。菱形的对角线 5 英寸×3 英寸。

Ast.ii.1.06 男木俑。站立，着蓝色宽松长裤，黑色鞋子和白色 V 形领半身上衣，手臂下面系黑色条带。双臂分开制作，然后再用木钉固定在身体上。双臂肘部弯曲，前臂和上臂间成直角。双手雕刻成拳头状，左手横向钻有孔，右手纵向钻有孔。因为双臂在肩上固定得太紧，以至于右上臂向前伸出，前臂上举；而左上臂下垂，前臂向前水平伸出。

头呈圆形，头发在耳朵后边扎成两个小圆球。面部较平，太阳穴很宽，尖下颏，眼睛略斜，鼻子笔直。均施白色，仅眼睛和嘴巴为黑色。保存较好，制作粗糙。高 7 英寸。图版 CIII。

Ast.ii.1.07 木勺。用一块木头做成，头部呈鸡蛋形，柄部向上倾斜延伸，末端呈钩状。典型的汉代特征。同样的遗物参见 Ying.III.2.010，图版 CX；绘画 Ast.ii.1.01（图版 CVII）中也有同样的遗物。柄已残断，早期曾用木钉固定过。勺头上因放有食物，颜色已褪。制作粗糙。长度（通长）$8\frac{1}{4}$ 英寸，勺头 3 英寸×$2\frac{1}{8}$ 英寸。图版 CIV。

Ast.ii.1.08 长方形木块。一长边的边沿变厚，增厚部分向外延长了 $2\frac{1}{4}$ 英寸（距长方形），其剖面大致呈正方形。横贯延长部分并靠近长方形边，刻出一道宽 $\frac{9}{16}$ 英寸、深 $\frac{1}{4}$ 英寸的横向凹槽，该凹槽的底部钻有一道小孔。小孔钻过木板延长部分并接近木板一端，与长方形的短边相平行。延长部分的两边为斜切面。长方形增厚部分的外边沿上钻有三个孔，间隔 $1\frac{1}{4}$ ~ $1\frac{1}{2}$ 英寸，其中两个孔内保存有木钉。

长方形的一边绘成米黄色，短边穿过中心部位绘有一条宽约 $\frac{3}{8}$ 英寸的素面带纹，此外通过一颗木钉连接另一块木板，该木钉钉孔距木板厚边约 1 英寸。此面的厚边很平整，上有长方形的平面，未施彩，亦如木板靠近延长部分的边沿。后者的中心部分即木钉钉孔，表明了与另一块木板相连接之处。

木板背面粘有一片蓝、白色的印花丝绸（与 Ast.ii.1.020 类似），覆盖住木板之增厚部分及长方形部分。此木板显然是某种组合物的一部分，其余部分已不存。木板延长部分已自凹槽处断裂。长方形部分的尺寸为 6 英寸× $3\frac{1}{8}$ 英寸× $\frac{7}{16}$ 英寸；增厚部分为 $\frac{1}{2}$ 英寸见方。

Ast.ii.1.09　成形的木棍。 可能是车辆模型的一个部件。截面呈方形，极光滑、平整，在距一端 3 英寸处有宽 $\frac{1}{2}$ 英寸、深 $\frac{3}{16}$ 英寸的刻槽。槽其他侧的长面上施蓝色彩，相连的一边为粉色，其余均未施彩。槽底的小钉孔，但没有穿透。在槽旁一端刻有一圆形榫舌，与 Ast.ii.1.010（图版 XCIV）一端的榫眼相吻合。距离槽较远处的一端刻成方形，上面残留圆形木钉。类似的遗物参见 Ast.ii.2.013，它与 Ast.ii.1.010 上的其他榫眼相吻合。长 $8\frac{1}{2}$ 英寸。主要部分厚 $\frac{7}{16}$ 英寸以下。

Ast.ii.1.010　成形的木块。 可能是车辆的一个部件。长平条形，一边的两端为方形角，另一边的两端则为圆角。榫眼深 $\frac{1}{2}$ 英寸，正好与 Ast.ii.1.09

和 Ast.ii.2.013 的榫舌相吻合，后者每一端皆水平凿刻。一个圆角上有一个接口（横穿凹槽），口内残留乳色和蓝色丝绸残片，木条的一个大平面和有圆角的一边，用红色和米色印花丝绸覆盖，与 Ast.ii.1.015 相同。$8\frac{3}{4}$ 英寸×$1\frac{1}{8}$ 英寸，厚 $\frac{5}{16}$ 英寸。图版 XCIV。

Ast.ii.1.011 木雕。牛腿。雕刻得很粗，跗骨以上长的那部分，其上部截面为长方形，下端略呈圆形，施黑彩。彩自蹄处已褪或被刮掉，有裂缝。上端为錾子形状，斜面有黑色彩痕迹。上端表面和边上的裂缝为灰色细泥。未见有与其他俑相连接固定的木钉。可能是带木腿的泥俑上的一部分。腿上端作为内核直接与身体相连，并支撑泥塑的躯体。此或许可说明上端带红色彩的原因，因为它必须与身体的表面连接。长 $6\frac{1}{2}$ 英寸。

Ast.ii.1.012、013 2 个木轮。属微型车辆所有。仅存轮辋和 012 的三个轮辐。轮辋窄且高，外轮每边都有斜切面。轮辐原应为十条，皆为薄木条，插入从轮辋背面挖的槽内。通体施黑彩，轮辐外表施红色、白色和蓝色彩。图案包括双锯齿形带纹，每个三角形内都有处理成一种叶板的纹饰，另有三条白色短木纹，在轮辋的内边和外边相互交错排列，填满并形成三角形的空间。轮外沿周长 $7\frac{1}{4}$ 英寸，内沿周长 $5\frac{1}{2}$ 英寸，厚 $\frac{1}{2}$ 英寸。图版 XCIV。

Ast.ii.1.014 补丁衣服残片。在身体的胸部发现。用薄丝绸片缝合做成，上面有丝绸废料补丁，有米色麻布衬里。残留在此缀合织物残片中，有平纹李子色丝绸残片，以及与 Ast.ii.1.015（参照该条）相同的红色、蓝色印花丝绸残片。约 19 英寸×15 英寸。

Ast.ii.1.015 印花丝绸残片和米色平纹丝绸残片。印花丝绸有红色或蓝色底，套染的图案为横向排列的玫瑰，不断重复。玫瑰是由七个圆点环绕中心圆点形成的一个圆圈，之间还有一些较大的单个圆点。严重腐烂。最大残片 14 英寸×10 英寸。

Ast.ii.1.020　成对的袖口或袖子。出自微型衣服（？）。用双层米色麻布制作，像是小和服的袖子，并有印花丝绸条带幅边及残存的印花丝绸片（已分离）。衣服原先可能是用丝绸做成，并仅用麻布做衬里。套染的丝绸为蓝色底，上边的图案是点状的玫瑰花，与 Ast.ii.1.015 的图案类似，但此处的玫瑰花是以相互交错的对角线分隔，后者由小点组成，并形成规则的菱形网格，在相互交叉处有大圆点。袖子长 $2\frac{1}{2}$ 英寸，宽 $2\frac{1}{4}\sim2\frac{5}{8}$ 英寸。

Ast.ii.1.021　带补丁的小包或垫子。尖状，残片，盖布用棕色、红色和蓝色印花丝绸碎片缝缀在一起制成，图案与 Ast.ii.1.015 相同，填充以丝绸废料。最大长度 3 英寸。

Ast.ii.1.022　一双有图案的丝绸鞋模型。由三部分组成：鞋底、鞋面和鞋带。鞋底是用四层较好的帆布制作；鞋面用两层帆布和一层有图案的丝绸制作，上面加一层绿色边和鞋带。鞋面是用有图案的丝绸做成，上边已腐烂。一只鞋底上粘有绿色丝绸残片。有图案的丝绸为罗纹织物，深红色底，图案为白色、粉色和黄色。图案看起来很传统，整个织物上都是有尾类似龙的动物，之间夹杂许多大角的卷云纹、菱形黄色四瓣花和白色小方块。鞋底 $3\frac{3}{4}$ 英寸×1 英寸。图版 XCIII。

Ast.ii.1.023~026　4 块木牌（"代人"木牌——译者）。表面上端绘彩，下端有汉字。同样的遗物见 T.XXII.d.027，图版 XLVII 等，以及《西域考古图记》第二卷 767 页中的 T.002 等。形状扁平，顶部短而尖，底部的尖端很长。无衣物痕迹，皆有汉字，背面下部有墨绘的线条。026 下部残。长 6~ $6\frac{1}{2}$ 英寸。图版 CIV。

Ast.ii.2.01　漆案。与 Ast.01（图版 XCI）相似，但上面只有黑漆。碎成几片，现已复原。用两块木板做成，现已分离。严重损坏，腐朽，很软。$18\frac{3}{8}$ 英寸×$13\frac{1}{4}$ 英寸。

Ast.ii.2.02　**7 根柳条**。上面粘着薄纱残片，可能是旗帜。还有柳树枝和平纹 Muslin。易碎。长 $22\frac{1}{2}$ 英寸。

Ast.ii.2.03　**铜片**。在上漆的木头残片上有几块铜片，固定在其上。应属于 Ast.ii.2.021 的部分。$1\frac{7}{8}$ 英寸×$1\frac{3}{8}$ 英寸。

Ast.ii.2.04　**残木梳**。背部呈弧形，制作粗糙。$2\frac{5}{8}$ 英寸×$\frac{5}{16}$ 英寸。

Ast.ii.2.05　**女木俑**。仅粗刻出头、身体和裙子。身体刻成圆形，正面较平，以表示圆盘式的脸庞。双臂可能上彩，双手交叠于腹部。仅面部彩绘成淡蓝色；头发在顶部打结，形似头冠。裙子是坚硬的一大团，以截面分割，至脚部变宽，上绘蓝色和白色宽条纹。白色大多已褪，身体的颜色可能同样是白色。高 $9\frac{1}{4}$ 英寸，宽 3 英寸，厚 $1\frac{3}{4}$ 英寸。图版 CIII。

Ast.ii.2.06　**男木俑**。与前者风格一样，雕刻粗糙。穿蓝色束腰外衣，一直到膝盖，里边的白色下衣则垂至地。双臂单独做成，之后再用木钉固定在肩上，表面施蓝色，似乎表现的是为蓝色外衣袖子所罩住一般。未雕刻出手，右臂的细端残存木钉，可能是用来固定某物的。头长而窄，顶部较平，上面绘蓝色表示头发。又用蓝色绘出五官，戴长髭和散乱的胡须。手臂自肘部略弯曲。高 $9\frac{7}{8}$ 英寸。图版 CIII。

Ast.ii.2.07　**男木俑**。风格与前者相同，雕刻粗糙。下部分开用来表示双腿，着蓝色长裤，但脚未雕刻出来。双臂亦单独用木钉固定。束腰，外衣绘成白色。头窄长，向上渐变细成一长尖，顶部刻成平面，上有一孔，里边残存羽毛。五官用蓝色绘出，有髭和髯。高 10 英寸。

Ast.ii.2.08~010　**3 条木牛腿**。站立，双前腿和右后腿。腿上端表面没有上彩，刻得较平，上面钉有两颗木钉，用以将腿固定在身体上。其他部分绘成白色，正面中央绘有黑色鲱鱼骨形线条，蹄足为蓝色。前腿长 $5\frac{5}{8}$ 英寸，后腿长 $6\frac{1}{8}$ 英寸。

Ast.ii.2.011　成形的木块。与 Ast.ii.1.010 类似。扁平的长木条，一个长边较直，另一边略呈弧形。在自末端 $\frac{1}{2}$ 英寸处直直切掉 $\frac{1}{4}$ 英寸的边，其余的末端都刻成榫舌，原来的厚度为 $\frac{1}{3}$ 英寸。残留白色颜料痕迹。长 $9\frac{1}{4}$ 英寸，通宽 $1\frac{3}{8}$ 英寸，厚 $\frac{1}{4}$ 英寸。

Ast.ii.2.012　成形的木棍。边和末端均刻成方形，一边的宽面上有蓝色条纹，厚的一端上有三条黑色线条，与蓝色线条相连，将长段分隔为四部分。8 英寸 $\times \frac{15}{16}$ 英寸 $\times \frac{5}{16}$ 英寸。

Ast.ii.2.013　成形的木块。与 Ast.ii.1.09 完全相同，大小也一致。全长 $8\frac{3}{8}$ 英寸。

Ast.ii.2.014　木块。截面为长方形，一端逐渐变细，另一端残。全部施红彩，宽面有黑色线条的水波纹，凹面施有淡绿色圆点纹；窄面上黑色十字线与淡绿色十字线交替分布。$7\frac{3}{8}$ 英寸 $\times \frac{11}{16}$ 英寸（最宽处）$\times \frac{3}{8}$ 英寸。

Ast.ii.2.015　4 根木棍。用麻（?）绳捆在一起。木棍纵向有裂缝，树皮已剥离，一根两端皆尖，其他两根末端已断，残断的末端用绳捆绑在一起。平均长 2 英尺，宽 $\frac{9}{16}$ 英寸。

Ast.ii.2.016　成形的木片。截面为方形，一面的各端都有高 $\frac{1}{4}$ 英寸、长约 $\frac{3}{4}$ 英寸的突起物。这些突起物中有 $\frac{1}{4}$ 英寸的小孔，穿透整个木块，其中之一尚残存有木钉。Ast.ii.2.017 的圆榫舌与此小孔吻合。016 表面的浅凹窝表明两者可能是结合在一起的。另一块相似的仍然在其他孔中的榫舌，与 Ast.ii.2.011 中的一块结合，可以形成一个四边形的框架。长 $10\frac{3}{4}$ 英寸，平均厚 $\frac{3}{8}$ 英寸。

Ast.ii.2.017　成形的木片。与 Ast.ii.1.09 和 Ast.ii.2.013 相同，只是那两块木头是榫舌，而这块是榫眼，且恰好与 Ast.ii.2.016 相吻合。木钉从距另一端 $\frac{1}{2}$ 英寸处穿透树皮。无彩。参见前面描述的同样的遗物。通长 $9\frac{1}{8}$ 英寸 × $\frac{9}{16}$ 英寸 × $\frac{3}{8}$ 英寸。

Ast.ii.2.018～020　一对木轮。车模型残部，与 Ast.ii.2.012、013（图版 XCIV）相同。不完整，018、019 可能是一个轮辋的三分之二，018 保留有三条轮辐。020 是第二个轮子的八分之七轮辋部分，而且几个槽内残留轮辐的末端，残断的部分被火烧过。轮辋高窄与 Ast.ii.1.012、013 相同。全部都绘黑彩。外径约 9 英寸，内径 $7\frac{1}{4}$ 英寸，厚 $\frac{1}{4}$ 英寸。

Ast.ii.2.021　椭圆形漆耳杯。带柄，典型的汉代形制，形状与图版 XLVII 中的 T.01 和《西域考古图记》第四卷图版 LII 中的 T.VI.b.ii.001 相同，但尺寸要大一些。全部漆黑色，外壁漆于粗帆布之，内壁大多直接在木头上上漆，但至口沿向下 $\frac{1}{2}$ 英寸处则漆于帆布之上。一只耳已脱落，当时曾用铜片和铆钉重新夹嵌，但后来又脱落了。Ast.ii.2.03 也是一只耳部残损、后又经修复的耳杯。长 8 英寸，深 $2\frac{1}{2}$ 英寸，最宽（包括耳）$5\frac{1}{2}$ 英寸。

Ast.ii.2.022、023　一对陶盘。轮制，灰胎黑彩。宽沿，口沿向外卷曲，较厚，高圈足。工艺粗糙，两个盘的底部均残。高 $2\frac{5}{8}$ 英寸，足径 $2\frac{3}{4}$ 英寸，盘径6英寸。图版XC。

iii 组墓葬中出土的遗物

Ast.iii.1.01~012　12根"面杆"。 素面，直条状，似现代奶酪棒。平均长度3英寸，直径$\frac{5}{16}$英寸。图版XCII。

Ast.iii.1.013~020　面制薄脆饼。 薄且平，其完整形状或略呈三角形。似用精制的细面条盘绕制成，里边有三个螺旋形，周围有放射线状的边环绕。$3\frac{1}{2}$英寸×2英寸×$\frac{1}{8}$英寸。图版XCII。

Ast.iii.1.021　面制果馅饼。 类似星状花朵形，空心中长出五片带尖的短花瓣，里边有腐烂的食物，显然是果酱之类的东西（参见Ast.iii.2.040~044）。精制，保存得极好。直径2英寸。图版XCII。

Ast.iii.1.022　面制果馅饼。 圆形花朵状，空心（放水果之用）中长出八片细长花瓣，与Ast.iii.1.021相同。每对花瓣之间有密集的短线分隔，花瓣和短线都是突起的。也许是失误，有一片花瓣做成了双的。中心有孔。精制，保存得极好。另一个参见Ast.iii.2.039。直径$2\frac{1}{4}$英寸。图版XCII。

Ast.iii.1.023　面制果馅饼。 圆形，空心，边沿隆起，沟槽饰边。无纹饰，中心有孔。直径2英寸。图版XCII。

Ast.iii.1.024、025　一对果馅饼。 圆形，中心呈漏斗形，有孔，底部扁平。边沿卷起，按下悬花瓣（015和020）形式模制，每片花瓣和花瓣之间的边沿下凹，边沿高且薄。馅饼从上面看是圆盘状，边沿是密集的锯齿纹或叶纹。内侧残留腐烂的水果。同样的面点参见Ast.iii.2.045、046。保存良好。直径$1\frac{3}{4}$英寸。图版XCII。

Ast.iii.1.026~029　面包。 圆形。从中间按直角切了两刀，分成了相同的四份，里边内层如三明治式夹杂着深色物，可能是水果之类的东西。突起的表面上装饰有许多小眼。直径 3 英寸。图版 XCII。

Ast.iii.1.030~041　蝴蝶结花样的面点。有五块完整，其他均残。每一件均以单根面条做成，先将面条盘绕成一对大圆环，然后再将面条的末端在两环中间打结，最后在背面把两个头拧好。同样的面点参见 Ast.iii.2.033~036。平均尺寸 $2\frac{1}{4}$ 英寸×$3\frac{1}{2}$ 英寸。图版 XCII。

Ast.iii.1.042~065　面制的薄脆饼残块。与 Ast.iii.1.013~020 相同，图版 XCII（图版无此物——译者）。平均尺寸约 3 英寸。

Ast.iii.1.066~069　4 块镂空的面制饼干。或许是饼干的装饰部分。显然是模制的，用薄片做成，易碎。在 S 形曲线的框架中，卷曲的枝状叶的末端围绕中心主脉盘绕，最宽处有十字形直条。在底部这两个框架的边粘在一起，形成突起状作边饰。从框架的表面和枝状叶等看，叶脉设计精美。制作精细，已残。068 残存 $\frac{3}{4}$ 部分；069 残片。高 $3\frac{1}{2}$ 英寸，通宽 $2\frac{9}{16}$ 英寸。图版 XCII。

Ast.iii.1.070　面制果馅饼。部分边沿裂成长口，内有果酱（？），腐烂。2 英寸。

Ast.iii.1.071~083　面制饼干以及同类遗物残片。大多数形状为立方体或菱形体，078 呈扁条形。和得较细的面团，再切成一层一层。083 扁平，可见黑色腐烂的东西，与 026~029 和 070 的"果酱"相同，粘在下面。完整的饼干平均约 1 立方英寸。图版 XCII。

Ast.iii.1.084~087　4 块面制的"盘绕物"。每一个都是用面条盘绕成紧密的两个结。保存完好。平均尺寸 $1\frac{1}{2}$ 英寸×$1\frac{1}{2}$ 英寸×$1\frac{1}{4}$ 英寸。图版 XCII。

Ast.iii.1.088~093　6 颗黑色葡萄干。萎缩，保存完好。最长 $\frac{7}{8}$ 英寸。

Ast.iii.1.094　面制"盘绕物"。浅棕色，保存完好。

Ast.iii.1.095　5 块面点残片。较薄，由几根窄面条在一个平面上盘绕成形，颜色浅棕色。最大一块保存完好。3 英寸×1$\frac{1}{4}$英寸×$\frac{3}{16}$英寸。

Ast.iii.2.01　薄纱。菱格纹图案，缝成管状，然后在一端打结，形成一顶滑稽帽。米色，有斑点，可能是染色时造成的。精织，易碎。与 Ast.i.7.04 相似。17 英寸×8 英寸。图版 XXXVI。

Ast.iii.2.02　丝绸覆面。两片，编织松散。图案是一种方形的网格纹，由成组的六端和六角夹织构成，每英寸内有十幅图案重复。米色，保存较好，但易碎。原幅宽约 13 英寸。2 英寸×1 英寸，1 英尺×1 英尺。图版 XXXVI。

Ast.iii.2.03　有图案的丝绸残片。两片缝在一起。苹果绿色底，上面有四瓣花和四朵花蕾成行排列，蓓蕾与花朵纵向相互交错分布。花蕊间距为$\frac{7}{8}$英寸，花朵直径$\frac{1}{2}$英寸，花蕾直径$\frac{5}{8}$英寸，花朵之间的距离为$\frac{3}{4}$英寸。花朵中央有粉红色条带，而花蕾则呈令人悦目的红色。斜纹织物，纺织紧密，使用的是极不规则的纱线。背面有平纹深红色丝绸和深红色衬里残片。大体形状呈矩形。保存得较好。4$\frac{1}{2}$英寸×2$\frac{1}{4}$英寸。图版 LXXVIII。

Ast.iii.2.04　丝绸残片。鲜艳的白色上有黑色宽条纹，条纹有直的和锯齿形的，还有轮廓为黑色的米色流云纹。平纹织物，有不明显的罗纹。沿黑色轮廓破损和腐烂。4 英寸×3 英寸。

Ast.iii.2.05～09　5 根彩绘木条。可能是围栏的部分，与 Ast.iii.4.041～045 一样。正面绘成白色，有成行的蓝色或绿色流云纹，云纹轮廓呈红色，中部呈黑色。05、06 中的云纹较简单，07～09 中的云纹较精美，颜色相同。07～09 都有红色纹理横贯各端。背面，除 05、06 的上边和 07～09 的下边外，其余均为红色。绘彩随意。05、06 尺寸为：7 英寸×$\frac{7}{8}$英寸；07～09 尺寸为：

$6\frac{1}{8}$ 英寸×$1\frac{1}{8}$ 英寸。图版 XCIV。

Ast.iii.2.010　木和泥塑男俑。原先均穿有衣服，现基本残失。身体骨架为木制，头、颈部和帽子用粉红色泥塑制（未经火烧），双臂用卷成捆的汉文文书做成，双腿由长木棍做成，部分木棍上残留树皮，这些均用草绳固定在身体之上。腿格外长，可能用来插入地下。右臂上端用草绳固定在肩上。脸盘很大，五官粗绘，眼睛斜凸，歪鼻，小颌和小颏。皮肤为肉色，浓密的黑色眉毛，黑眼睛绿色瞳孔，嘴深红色，髭上卷，髯为蓝色底，上涂黑色。剩余下来的头发均为浅蓝色，由耳前下垂，穿过下颌，覆盖下颏。圆形帽子有翻边，穹顶，施白色，帽檐残。保存较好。高 1 英尺 11 英寸。图版 CII。

Ast.iii.2.011　一对泥马镫。可能是 Ast.iii.2.058 或 057 马上的。大圆环，顶部有突起的长方形空，用以装置马镫皮带。粉色细泥制，上饰蓝色。长 $3\frac{1}{4}$ 英寸，通宽 $1\frac{3}{4}$ 英寸。图版 XCV、XCVII。

Ast.iii.2.012　泥塑男骑俑。可能是 Ast.iii.2.015 或 021 马上的骑者。头和身体都是在木骨上涂泥塑制而成，木骨穿过马背上的孔，将骑手固定在马鞍上。双腿则没有木骨，用泥做成，略微弯曲，内侧较平滑，紧夹着马的两侧，现已与身体分离。双臂垂直向下，但自肘部残断。身穿紧身垂至膝盖的朱红色外衣，脚穿白边黑色靴子。衣服的下摆上散布一些棕色玫瑰花图案。黑色短发，帽子很紧，其正面下部为红色，逐渐形成红色条带边，环绕帽子一周，前面有红色蝴蝶结。帽子前面有裂口，类似的帽子参见《西域考古图记》第四卷图版 LXXVI 中的 Ch.0030，该帽子的后边多加了两条飘带（幞头——译者）。面部绘成粉红色，眼睛、眉毛、髭髯均为黑色。嘴唇粉色。五官粗绘。头部已从身体上脱离，整体保存较差。高 $10\frac{1}{4}$ 英寸。图版 CII。

Ast.iii.2.013　泥塑男骑俑。或为 Ast.iii.2015 或 021 马上的骑者，与 012 类似，保存状况相同。双臂自肘部以上残，腿从身体上脱落。衣服浅黄色，鞋子或靴子黑色，护膝套裤从脚踝到膝盖均用白色圆点和黑色圆圈装饰。黑色马镫皮带沿前腿垂下，浅黄色马镫。帽子上有朱红色蝴蝶结和一周条带，与 012 上的帽子一样，但朱红色条带在帽子后面尚有残存。保存得较好。高 $10\frac{1}{4}$ 英寸。图版 XCIX。

Ast.iii.2.014　泥塑骑马俑。绘蓝色，其骑手或为 Ast.iii.2.023。靠近后腿部分和耳朵尖已残，其余保存相对完整。唐代风格，宽胸细长腿，健壮的身体，后半身圆且胖，脖子短粗呈弧形，头小。头部略向右倾，白色距毛，浅蓝色蹄，前额上有三角形斑，马鬃和额毛施黑色，尾巴残失。虎皮鞍褥为朱红色，白色鞍垫上涂黑色，黑色马鞍前桥突起呈尖状，后桥则较矮呈圆形。马鞍上骑士占据的位置未饰彩，而且中间还有一个小孔，用以固定木骨。在马鞍垫的两侧和马鞍后边有五条线，用来表示飘动的皮带（鞦、鞧），与沙畹《中国北部考古记》图版 CCXC 中的 No.444 相同。在《西域考古图记》第四卷图版 LXXIII 中的 Ch.xxxvii.002 也有这种皮带，而且在大多数唐代的马上都有。参见骑山羊的男孩（布歇尔《中国艺术》第二卷图 126）。马笼头和马缰绳（连接在颈部）都饰黑色。没有肚带，鞦、鞧黑色，上面用成组的三个白色点装饰，并悬挂了许多朱红色缨。四根用作腿木骨的木棍，长出蹄 1 英寸，用来把马固定在地上。在身体下部中央也有一个孔，可能也是用来插入木棍的。类似的马参见 Ast.iii.2.016、020、021。至头顶高 $10\frac{1}{4}$ 英寸。图版 XCIX。

Ast.iii.2.015　泥塑骑马俑。绘成烧土色。其骑者可能是 Ast.iii.2.024（图版上的骑者为 Ast.iii.2.013——译者）。与上述马的形制相同，而且保存较好，但后腿自关节残。蹄施蓝色，蹄上部毛为白色，泥制小尾巴为褐色，因残变短。与 Ast.iii.2.014 一样，前额上有三角形白斑。头很直，马鞍为柠檬黄色，马鞍褥为黑色，其他马饰与 014 相同，但皆为黑色缨。鞦、鞧只在上下马的一侧表现。高 $10\frac{3}{4}$ 英寸。图版 XCIX。

Ast.iii.2.016　**泥塑骑马俑**。其骑手可能是位女性，即 Ast.iii.2.022，马与 014、015 的形制相同。蓝色蹄，白色距毛，尾巴用白色真马鬃做成。颈部两侧和马的后半身上有带黑斑的大白点，面部有白色条纹。头直伸。马鞍为黑色，马鞍褥为虎皮，有鞦鞦和黄缨。马的三条腿和鼻子已脱落，现已修复。保存良好。高 10 英寸。图版 XCIX。

Ast.iii.2.017　**尖塔顶泥帽**。黑色，平边，似女巫或威尔士妇女的帽子，022 骑手戴上正合适。帽檐边粘了一周米色和蓝色丝绸，可能是下垂的面纱，帽子的形状使人想起斯基泰石人头上的帽子，参见闵斯《斯基泰人与希腊人》329 页。保存完好。高 $1\frac{3}{4}$ 英寸。图版 XCIX.A。

Ast.iii.2.018　**泥塑俑右臂**。上有绿色紧身长袖，肘部弯曲，手中紧握竹竿（可能是长矛）。肤色为浅粉色。手臂与身体紧挨，因为肘部内面粘有橘黄色污点，推测一定是从与之相连接的面上粘的。可能与 Ast.iii.2.019 腿一样，属于同一个人的一部分。最大长度 $2\frac{1}{2}$ 英寸。

Ast.iii.2.019　**泥塑骑士的双腿**。武士，与 Ast.iii.2.023、024 相同。身穿下摆过膝盖的蓝色和白色格子的铠甲，橘黄色边，下身是虎皮色护膝套裤，穿黑色鞋子。白色马镫和马镫皮带。右腿上残存绿色剑鞘的一部分，表面用赤褐色条带和稀疏的黑点装饰。左腿上也有类似的东西，已脱落。可能与 Ast.iii.2.018 同属一人。颜色鲜艳。长 $4\frac{5}{8}$ 英寸。

Ast.iii.2.020　**泥塑马**。绘成白色。其骑士可能是 Ast.iii.2.012 或 013。与 Ast.iii.2.014～016 泥马的形制相同，保存良好。左前腿完整但已脱离身体，头向左。虎皮色马鞍垫和绿色马鞍的背面有五根悬挂的皮带，上下马的一侧有四个。笼头和马饰黑色，橘黄色缨，橘黄色和黑色踝，黑色蹄。尾已脱落。高 10 英寸。

Ast.iii.2.021　泥塑马。与前者一样施白色彩，除头部伸直向前外，其余特点几乎都相同。右后腿已残。颈部左侧有两个浅槽，表明马的头部试图向左转，但似乎制作者忽视了这一点。高 $10\frac{1}{4}$ 英寸。图版 XCIX。

Ast.iii.2.022　泥塑女骑俑。显然是 Ast.iii.2.016 马俑上的骑者。双腿分开坐于马上，左手（自腕部残）在马鞍头上握缰绳，右手则裹于长袖中，置于大腿上。穿长裤或分开的艳绿色套裙，黑色鞋子，深蓝色紧身小衣，V形领，袖子上部窄小，下端宽松，很长，上面有橘黄色点状玫瑰图案，有深色阴影，缠绕胳膊并覆盖手。头和面部模制精细。头发黑色，高发髻上罩深灰色发罩。皮肤粉色，脸颊艳粉色，朱红色小嘴，前额和两耳前有朱红色圆点。耳没有表现出来，黑色弯眉上涂蓝色。左腿已残失。身材很苗条，垂直安装在马上，头高高仰起。尖塔顶泥帽 Ast.iii.2.017 可能属于此人，可能就是这顶帽子或其他罩头的东西，压平了头顶上的发髻。高约 10 英寸。图版 XCIX.A。

Ast.iii.2.023　骑俑。泥塑武士，可能是 Ast.iii.2.014 马上的骑者。左臂和左腿、右手自腕部以上、右腿自膝盖以下均残失。其手臂向外伸出，并自肘关节处弯曲，似持有长矛。自断裂处以上部位恰有豹皮护腿的痕迹。穿紧身无袖鱼鳞状甲，上面施有深蓝色和白色横条纹和黑色竖条纹，束黑色腰带，底部绘有赭色带纹。双臂在内衣的橘黄色窄长袖中裹着，头戴鱼鳞盔，尖顶，像披肩一样垂于肩部和后背。头盔的颜色与甲一样，顶部为红色，巧克力色边，颌下为黄色领子。圆脸，肉色制服，眼睛突出，睁得很大，绘成朱红色。眉毛、髭、须均为黑色。右大腿上有鞘（?）的痕迹。高 7 英寸。图版 XCIX。

Ast.iii.2.024　骑俑。泥塑武士，可能是 Ast.iii.2.021 马上的骑士。似前述武士，但保存较差。两臂自上臂中部残失，双腿已残，但左腿尚存。穿着与前述武士相同，只是头盔的边为朱红色，绿色领子，铠甲的边也为绿色，袖子为浅黄色。着豹皮护腿和黑色鞋子。面部同 023，但已残损。高约 $9\frac{1}{2}$ 英寸。图版 XCIX。

Ast.iii.2.025 **木梳**。梳背略呈弧形，一端的梳齿残，保存良好。长 $3\frac{1}{2}$ 英寸，厚 2 英寸。

Ast.iii.2.026~029 **4 颗黑色葡萄干**。已萎缩，保存较好。最长 $\frac{7}{8}$ 英寸。

Ast.iii.2.030~032 **3 块螺旋状面点**。盘绕成松散的螺旋形状，扁平。与此墓中出土的其他遗物一样颜色均发白，保存完好。平均直径 3 英寸× $3\frac{1}{2}$ 英寸。图版 XCII。

Ast.iii.2.033~036 **4 块蝴蝶结状面点**。与 Ast.iii.1.030~041 相同。除 036 残外，其余保存完好。033 最大，$4\frac{1}{2}$ 英寸×$2\frac{3}{4}$ 英寸。

Ast.iii.2.037、038 **2 块面制薄脆饼**。与 Ast.iii.1.013~020 一样，参见图版 XCII 等。最大长度 $4\frac{1}{8}$ 英寸。

Ast.iii.2.039 **面制果酱饼**。形状似 Ast.iii.1.022。表面腐烂，中间有糜烂的水果酱（?）。直径 $2\frac{3}{8}$ 英寸。图版 XCII。

Ast.iii.2.040~044 **5 块面制果酱饼**。与 Ast.iii.1.021 一样，其上图案为五瓣花朵，但边沿已残，每块中心都有果酱（?）或蜜饯，中间还有葡萄。平均直径 2 英寸。图版 XCII。

Ast.iii.2.045、046 **面制果酱饼**。中心呈漏斗形，边沿为蘑菇状，与 Ast.iii.1.024、025 相同。中间有糜烂的蜜饯或水果残存。保存较好。直径 $2\frac{1}{8}$ 英寸。图版 XCII。

Ast.iii.2.047　葡萄串。萎缩，保存较好。长约 6 英寸。图版 XCIII。

Ast.iii.2.048　带鬼怪头的泥俑（生肖俑，羊——译者）。站立，双手在宽袖中握于胸前，身穿绿色垂至足长袍，半长黄色外衣，V 形领，宽大的袖子和宽腰带。头似山羊，灰色，黑色山羊胡须，眼睛突起，黑色瞳孔，白色眼球。鼻子、嘴、眼窝和喉咙饰粉色。保存完好，仅耳朵脱落。下端有伸出的木骨。俑高 9 英寸，加木骨高 13 英寸。图版 CII。

Ast.iii.2.049　无头男俑。泥塑，可能是侍从俑，双手握于胸前，站立，手中紧握一根约与肩部等高的折断的竹条，可能是扇子或华盖的杆子。穿白色长外衣，在髋部束带，黑色鞋子。双腿的分界是用凹槽表现的。下端有突出的木骨，其他脱落处亦见木骨。高 $8\frac{1}{2}$ 英寸，加木骨高 11 英寸。图版 CII。

Ast.iii.2.050　无头男俑。似前述男俑，双手摆同样姿势。外衣和鞋子为黑色，护腿为白色带黑色条纹，外衣后部有朱红色圆点。木骨。高 $8\frac{1}{2}$ 英寸，加木骨高 $11\frac{1}{2}$ 英寸。图版 CII。

Ast.iii.2.051　帆布袋。一对小口袋，装满了谷物壳。帆布用自然色的棉布（?）做成，纺织很松，以黑色长波形毛刷式线条来装饰，表现的可能是叶子（?）。口袋尺寸约 $9\frac{1}{2}$ 英寸×6 英寸。

Ast.iii.2.055　纤维网状小篓（?）。已残，似是椭圆形，圆边用柔韧的带皮的木条做成。网双层，外层上黑色漆，网眼平均 $\frac{1}{8}$ 英寸见方，眼部分为黑漆所充塞。或为头饰（?）的残部。长约 $6\frac{1}{2}$ 英寸，宽约 5 英寸，厚约 2 英寸。图版 XCIII。

Ast.iii.2.056　木豆。黑色，其纹饰轮廓线为白色。浅盘，高柄，圈足。

上边绘一周三叶形流云纹，云纹之间用圆圈进行分隔，下边是一周四瓣玫瑰，以半片玫瑰相对作边。柄上绘三座尖山，山上和山间均为花丛和树木。圈足呈反曲线形。盘内有棕色粉末状物。高 $4\frac{3}{8}$ 英寸，直径 $3\frac{3}{4}$ 英寸。图版 XCIII。

Ast.iii.2.057　泥塑马。泥塑，与 Ast.iii.2.014（图版 XCIX）等的做法一致，而且形制也相同，但体积要大许多，制作也更为精细。站立，头向前伸，小头长颈，大眼，下颏上有深凹槽，眼角上有漂亮的弯眉。饰栗色，颈部和身体后部两侧都有白点，其上均为黑色斑点。口、鼻为粉色，眼睛黑色，眼球深棕色，蹄上丛毛白色。拱起的脚踝上涂黑色。前额上粘有草绳。尾巴、前腿和两条后腿均已失，头顶与耳朵亦然。身体与颈部的内核为麦草秆，腿的内核为木棍。身体上没有发现同其他马一样用来支撑其站立的小孔，马鞍上也未发现用来固定骑手的小孔。马鞍和鞍垫与 Ast.iii.2.014 等的形状一样，但装饰稍显艳丽一些。马鞍黑色，上有橘黄色坐垫，用黑色玫瑰花装饰。鞍垫橘黄色和蓝色底，用黑色、橘黄色、紫红色、蓝色和宝石绿矾色的半圆形封闭的矮棕榈叶装饰，黑色边。马鞍两边用白色丝带表示马镫皮带。马镫已脱落，类似的马镫参见 Ast.iii.2.011。没有其他马饰。但后半身和胸部周围有一排梨形图案，用黄色丝绸剪成，然后再沿马镫和胸带经过的部位粘贴。马饰上同样的这种装饰，可参见《古代和田》第二卷图版 LIX 中的 D.vii.5，是同样的马和马上丝带。三片同样形状的丝绸粘在马额头上，头的两侧和鼻子尖上各有一条。除裂缝外，其余保存较好。同样的马见下面的 Ast.iii.2.058。高约 2 英尺 2 英寸。图版 XCVII。

Ast.iii.2.058　泥塑马。泥塑，与前述泥塑马成为一对，但嘴张开，鼻孔扩大，似在嘶叫。可见其牙齿，舌头因发声而向后收缩。脸很瘦。头顶和左前腿已失。饰栗色彩，身体后部和颈部两侧有白色斑点，但未见黑色点。口、鼻绘成粉色，鼻孔和下颚为浅红色，牙齿和上嘴唇为白色。蹄上丛毛白色，由粉色条带纹变成黑色条纹，黑色蹄。鬃毛是用白色毛发沿颈部凹槽黏合而成，没有上色。泥塑尾巴（脱落）为栗色，似是用突起部分来加以表现，顶端粘有白色毛发结。马鞍和鞍垫与 057 一样，有黄色丝绸模拟的马镫皮带。马鞍橘黄色，用红色轮廓的六边形图案作基础，其上散布菱格形的玫瑰组成的完整的图案，颜色包括墨绿、粉色，轮廓橘黄色和由黑白色提炼出的深蓝色。马鞍的每一侧都残存五条皮带，原先为栗子色的丝绸，其中每一侧的四条带都是等距离分布的，而第五条较宽的皮带安置的间隔要大一些，靠近马鞍的后部。分组看上去很准确，但在一些粗制的马模型和绘画中有时会忽略这种分组。鞍垫为红底，用鲜艳的棕榈叶和刺绣的花朵图案来装饰，颜色与马鞍一样，色彩艳丽。不见 Ast.iii.2.057 上的丝绸粘贴物。马镫上的皮带是用黄色丝绸条带表现的。马镫发现时已脱落，参见 Ast.iii.2.011。除已失的腿外，头部和颈部都有裂缝，保存相对完好。头模制得很形象。高 2 英尺。图版 XCV。

Ast.iii.2.059　泥塑镇墓兽。 在墓门内发现。蹲坐，仰头，张嘴，作怒吼状，双腿叉开。羽毛状尾坚硬挺直，头部和身体与前述泥塑马相似，都是麦草内核，前腿内核为木棍。身体形状像狮子，头似龙，鼻子短宽，浓眉下有一双突起的大眼睛，耳朵已脱落。眼睛后边因眉毛倒刷形成一撮向上弯曲的眉毛，下巴下边有三撮胡须，有绿色和橘黄色，黑色沟槽。每只眼睛自外角起均绘有翎颌（?）。两肩部突出两对细而弯曲的翅膀，或是用上色的木头做成的羽毛，插在泥中。两对翅膀一对呈深蓝色，一对赤褐色，在左肩上的两对尚存，右肩上的已脱落。后者的赤褐色翅膀也是分开的，后腿上有一周用泥塑制并上蓝色彩的足毛。尾巴似一把硬刷，在脊背中间向上如羽毛管状延伸。泥塑尾巴用木头结构做成，直立在后边。表面下层绘粉色带红点图案，上层绘有杂色 V 形条带纹，有蓝色、橘黄和粉红色，以白色和黑色为界。身体和腿部一般为艳丽的橘黄色底，上用边沿为棕色、中心为黑色的绿色大圆点覆盖；棕色圆点插在绿色点之中。自下巴一直到身体中央向下延伸出两条宽带，绘成粉色带红点，轮廓为白色细条和浅黄色带黑色条纹。蹄毛为黄色带黑色条纹，后脚裂口处为蓝灰色，前蹄已失。眼睛为红色眼球，白、黑、黄及蓝色眼圈，绿色瞳孔。无鬃毛，前腿后边和尾巴一样，都是用杂色毛发做成的羽毛。鼻孔和嘴轮廓为黑色，牙床和舌头为红色，牙齿呈白色，是精心做成的大长齿。栩栩如生，效果好，但工艺较粗，颜色鲜艳。高2英尺1英寸。图版 XCVI。

Ast.iii.3.01　纸片。两片粘在一起，上面书有汉字。上面还有粘在某种纤维织物背面的痕迹。颜色为米色，工艺很粗糙。$4\frac{1}{2}$ 英寸×$2\frac{1}{4}$ 英寸。

Ast.iii.3.02　薄纱残片。黄色上绘淡色四瓣花朵图案，呈点状分布。染剂使布料在染制过程中稍有收缩，因此有图案的地方相比之下其结构要紧密一些。保存较好。13 英寸×3 英寸。图版 LXXXIV。

Ast.iii.3.03　丝绸残片。深红色，有细微的凸纹。个别地方褪色严重。保存较好。最大残片 16 英寸×10 英寸。

Ast.iii.3.04　丝绸残片。白色纺织品，组织较细，个别地方已褪色。保存较好。最大残片 11 英寸×12 英寸。

Ast.iii.3.05　木梳。梳齿长且已分叉，梳背窄且呈弯曲状。精制。$4\frac{1}{4}$ 英寸×$2\frac{5}{8}$ 英寸×$\frac{7}{16}$ 英寸。图 XCIV。

Ast.iii.4.01　丝绸管状物。带有条纹的斜纹织物，黄色和淡粉红色交替使用。一端用丝线松松地捆着。精织且保存完整。2 英寸×$\frac{5}{8}$ 英寸。

Ast.iii.4.02　3 片手工做的丝绸叶子。绿色，在丝绸粘成的茎上有许多精制的花丝绸叶子。平均尺寸 $1\frac{1}{2}$ 英寸×$1\frac{1}{8}$ 英寸。

Ast.iii.4.03.a　2 件丝绸袖状物。白色，袖口向上翻，另一端与未加工的丝绸紧连在一起。相同的遗物参见 Ast.iii.4.01。$5\frac{3}{8}$ 英寸×$1\frac{1}{2}$ 英寸。

Ast.iii.4.03.b　丝绸画残片。在精织的浅米色细布上绘一束盛开的白花，花在粉色盆中。其中两朵花正从花束上脱落。茎部为棕色，有灰色阴影。轮廓为黑色。中国风格。3 英寸×$3\frac{3}{4}$英寸。

Ast.iii.4.04　**纸片**。剪成成串的钱币形状，与另一长条废纸连接在一起。$15\frac{3}{4}$英寸×3 英寸。图版 XCIII。

Ast.iii.4.05　**丝绸画残片**。一幅大画上的残片，白色，棕色粗轮廓。

Ast.iii.4.06　**锦缎残片**。浅黄色，点状图案，是一种由九个圆点构成的菱格形。平纹底上织斜纹，保存较好。$20\frac{1}{2}$英寸×$2\frac{1}{2}$英寸。

Ast.iii.4.07　**丝绸残片**。素面，白色。14 英寸×$2\frac{1}{4}$英寸。

Ast.iii.4.08　**绘画的纸片**。红底，上绘由六个圆点构成的玫瑰图案，六个圆点为蓝、绿两色交替使用，中心为白色，外围以相似的绿色圆点图案；每一个圆点都由白色茎连接，在圆点间还有三条射线状白线。$4\frac{1}{2}$英寸×$1\frac{1}{4}$英寸。

Ast.iii.4.09　**白色丝绸"袖子"残片**。微型，上面的四瓣玫瑰图案以$1\frac{1}{2}$英寸的间距分布。红色和蓝色玫瑰，或红色和绿色玫瑰交替使用，花瓣轮廓为黑色，两端均已破损。$3\frac{1}{4}$英寸×$1\frac{1}{3}$英寸。

Ast.iii.4.010.a～j　**丝绸绘画残片**。综述：一堆丝绸残片，上面都有画（世俗画），主题主要是人物，但没有一个主题是完整的。残片是一个卷画的一部分，边沿为米色锦缎，其上的画面与《西域考古图记》第四卷图版 CXVII 中的 T.XIV.v.0011a 相同。画的主题是由粘在上面的米色丝带相互分隔的。关于这幅画与其他残存的唐代绘画艺术品之间的关系以及画面的原始布局等，可参见宾勇先生撰写的文章《斯坦因先生发现的唐代绘画遗物》，刊登在《伯灵顿杂志》1925 年 6 月。就技艺的精确性而言，这幅画的风格不能不使人回忆起日本的绘画作品。整个作品分割得干净、利索。没有背景，但人物旁边的树似乎表明是在户外，飞翔的鸟群和盛开的鲜花似乎也都在证明这一点。画面没有前景，也没有气氛，所以这些附加物如树、鸟和花朵显得格外单调和生硬，不甚和谐。然而，人物虽然都没有表情，很平静，但都很形象。脸色淡粉，可能是白色粉涂在两颊上的缘故。眼睛细长，还画有眼线，一般侍女的眼睛要比"贵族"妇女的眼睛倾斜得更加厉害。头饰描画得不仅精致，而且干净、准确。一位女士手中拿着类似珠宝装饰的假发，还有几位女士对像是头巾的东西（与前面提到的假发相似）表现出很喜欢的样子。头巾前面打着结，右边还有一支长金簪。侍女的头发一般从中央分开，在耳朵上盘起扎着，上面还套有发罩。其中一位女士的头上梳着像狼尾巴一样的长辫子，一直下垂到左肩上。两个看上去样子显得很高贵的妇人，用蓝色头巾缠头，并且在前额上扎成一个突起的圆形结。侍女的衣服只有一层外罩，一直垂到踝部，长袖，简单的圆领，束细腰带。那些身着曳地长袍的女士，是用穿过宽松披肩的带子，在腰部即束着宽腰带处向上托起长袍，这使得披肩在前面有一个 V 形开口，其下系着一个三角形或方形巾，垂到腰部呈喇叭形。所有的衣饰描画得都很简单，但很漂亮。深色点用来表示折叠处，有时也用黑色轮廓线来表示。衣纹上常采用小点图案。树上的叶子也有两种绿色，分为深色和浅色，并且每片叶子都有黑色轮廓。深绿色为正面，浅绿色为背面。所有人物的脸部都涂着各种形状的红色花钿，而且每只眼睛旁边都画一个红色月牙，同样的装饰在泥塑模型 Ast.iii.2.022（图版 XCIX）上也出现过。所有的颜色都不透明但很鲜艳，而且和谐诱人。有些颜料在丝绸上因有腐蚀作用，因此遗失的残片的轮廓常能保留下来。黑色轮廓常被其旁边或下边的灰色浅条所冲淡。

　　Ast.iii.4.010.a　丝绸画。一幅分隔成三组的画，每组画高约 21 英寸，宽 8.5 英寸，中间用锦缎带分隔。左边绘一张黄色小桌，上边有金黄色物品，旁边有衣饰的一部分，黄色带红条纹。中间的一组右边绘一个舞蹈者，身着橘黄色长袖长袍，右胳膊上举；粉红色鞋，已腐烂。右边的那一组上有一位女士的头和肩部，身着粉红色带白点的长袍，白色手绢和蓝色背带。戴头巾，右边有一个金夹子作装饰。头部的四分之三向左，面部呈柔和的粉红色，至两颊颜色变深，小红嘴唇，右眼角外有红色月牙，耳朵上有几根细发。左手举至肩部，手中拿着一个黑色物（假发），上边装饰有金红色玫瑰（珠宝）和珍珠。背面是一种棕榈树茎。右边站立着一位侍从，穿着浅粉色长袍，上饰粉色点，垂到脚踝。腰带黑色，上面垂下六条缀珍珠的丝带。长袖下垂，双手已失。头发黑色，从中间分开，在耳朵上紧扎成两股辫。脸长且丰满，右眼有红色条纹，前额上有斑点。鞋（仅存一小部分）呈橘黄和朱红色，所有的轮廓均为黑色。左边有两小片橘黄和朱红色带白点的衣纹。23 英寸×15 $\frac{1}{4}$ 英寸。图版 CV。

Ast.iii.4.010.b　两名女子的头部。面部四分之三向左。左边的那名女子比另外一名要小些，眼睛细长，红色披风在胸前呈 V 形领；蓝色头巾很大，上带深色点，在额上突起，并沿着两颊下垂，盖住了耳朵。右边的女子圆脸，眼睛细长，方巾和双边金夹子作发饰。披风黄绿色带红点，披肩深绿色带红点；背带和腰带均为蓝色。前额上的斑点已脱落。胸部有 V 形领，背后是棕色细树干。有裂口，且已残。7 $\frac{1}{2}$ 英寸×4 $\frac{1}{4}$ 英寸。图版 CVI。

Ast.iii.4.010.c　一名女子的上半身像。头部四分之三朝左，比其他的人物略大一些。脸部和颈部丰满，额前有花瓣形标记。在方头巾中央有蓝色头饰（已失）。深绿色披肩，肩部有深色点，有一条白色巾从 V 形领口垂下。外衣黄绿色，上有圆点和橘黄色条纹。深梅红色长袍上散布着许多点状图案，是白色花朵和绿叶。背后有树的痕迹（已腐蚀）。一块小长袍残片，披肩和外衣的一部分，未能拼接在一起。7 英寸×2 $\frac{3}{4}$ 英寸。小片尺寸为 1 $\frac{3}{4}$ 英寸×2 英寸。图版 CVI。

Ast.iii.4.010.d　橘红色长袍残片。上饰白色菱格图案和白色带纹等，腰部还悬有白色物。右边的是粉红色衣纹部分，上饰深粉红色圆点图案。$5\frac{3}{4}$ 英寸×$1\frac{1}{4}$ 英寸。图版 CVI。

Ast.iii.4.010.e　2 块无法连接的卷画残片。面部四分之三向右，前面画有一女士的头部的背面，正由其侍女梳头。两颊为寻常的粉红色，前额上带红点。颈部可见其深绿色披肩的一部分。其后还有另一位女士，面部四分之三朝右，蓝色头巾上戴着狐狸或狼尾巴式的头饰，上边还别有金簪，看不见头发。面部左边已残，粉色长袖长袍上带深粉色点。后边的人物手中举着带弦的乐器，很大，与根坎相似，金色边，有五个定音档，乐器的头部较长，黄色，不见弦。第一位女士的头部已遮住乐器的大部分，乐器的面上装饰有九个弯曲的叶形饰，从其顶端向下一直延续到乐器的颈部。乐师的双手都被长袖遮着。向右可以看到第三个人物的绿色金边斗篷或披肩，用深红色作衬里；长袍呈深红色，只残存有痕迹。5 英寸×$2\frac{1}{2}$ 英寸。图版 CVI。

Ast.iii.4.010.f　女子头像残部。四分之三朝右，前倾。浓眉，斜眼，尖鼻，方巾头饰（部分已残）。前额上有三叉形标记。深红色披肩。有一无法辨认之物（或是其右手或袖口），呈淡黄色和白色，触及其右颊。$1\frac{3}{8}$ 英寸×$1\frac{5}{8}$ 英寸。图版 CVI。

Ast.iii.4.010.g　女像残部。带有部分头发的左脸颊。着带白点图案的绿色披肩、绿色外衣和深红色裙子，佩粉色腰带和背带。左手拿着一棕色椭圆形透明物（扇子）的边，另一端（柄部）可能拿在右手中。严重破损，左边有树的轮廓痕迹。$2\frac{3}{8}$ 英寸×$1\frac{1}{2}$ 英寸。图版 CVI。

Ast.iii.4.010.h　2 块条幅残片。（现连接在一起）上存左肩和上臂，以及一个女子脸面的一部分，她身穿橘红色带白点的长袍。头发在耳朵上扎着。前额上有花瓣形标记。姿势稍向左下方倾斜，也许是从左肩上向后观望着。上面的树枝上垂下白色蓓蕾和粉色杯状花朵。在这一片丝绸的右边，有一条已残破的起分界线作用的锦缎。$10\frac{1}{4}$ 英寸×$3\frac{1}{4}$ 英寸。图版 CVI。

Ast.iii.4.010.i 树的残部。树叶与印度榕（Ficus Indica）的叶很相似，每片叶子都是黑色轮廓，整个图案有深和浅两种颜色。$2\frac{1}{2}$ 英寸×2 英寸。图版 CVI。

Ast.iii.4.010.j 一大堆残片。有上彩的，也有素色的。其中包括鸟图案，树枝上有白色蓓蕾和粉色杯状花朵残片和树叶子等图案。图版 CVI。

Ast.iii.4.011 彩绘丝绸。各种各样的小丝绸残片，上绘白色和棕色身体，很粗的黑色浅条的轮廓，有些丝绸残片和画面与 K. K. I. i. b. 01（图版 LXI）有密切联系。最大残片 $4\frac{3}{4}$ 英寸×$3\frac{1}{2}$ 英寸。

Ast.iii.4.014 泥制盆模型。竖立（？），尚未确定其确切用途（似为灶的模型——译者）。在一方形平台上置一个深底圆形器物，其上有一段呈阶梯状的三角形泥"墙"，用粉红色细泥掺头发制成，通体都施浅蓝色彩。通高 $3\frac{7}{8}$ 英寸，通宽（至墙底）$5\frac{3}{8}$ 英寸，突出$2\frac{5}{8}$英寸。图版 XCIX。

Ast.iii.4.015 泥塑巴克特里亚骆驼。站立，颈部向后倾，仰头。左前腿已失，相对完整，保存较好。骆驼是用大量的草拌泥做成，身体是在粗制的内核模型上涂泥加工而成，一般是用捆扎的麦草做身体的内核。弯曲的颈部也是用一捆草弯曲成形，上面再涂一层薄泥做成，现大部分泥都已脱落。骆驼腿的内核为坚硬木棍，直径$\frac{3}{4}$英寸，木棍突出蹄下部 3~4 英寸。骆驼的身体和头部模拟得很好，头较小，张口后仰，表情很痛苦。前额上长着一撮短毛，两耳之间还有较大的一撮毛发向后垂。这撮毛、两个驼峰、颈部下面一圈下垂的长毛和身体与腿部连接处的那圈毛都饰浅红色，身体后部和头顶上那撮毛短而密。身体一般饰粉白色，眼睛黑色，睁得很大，灰眼球。竖起的耳朵里面饰深灰色。蹄白色，趾黑色，蹄毛黑色。眼睛周围和嘴角用线条表现皱纹。没有标明舌头和牙齿，只有红色的上颌，下边的牙齿是白色的。尾已失，但很明显也是用木棍作内核的。高约 2 英尺 3 英寸。图 XCVIII。

Ast.iii.4.018　木器。倒置，棱角截面的一边有一突起的结，此处呈倒置弯曲状，上面用黑色标棕叶的图案作装饰。器物的一端用三叶图案作为装饰。彩绘的颜色现已褪成了银色。$2\frac{7}{8}$ 英寸 × $\frac{3}{16}$ 英寸 × $\frac{3}{16}$ 英寸。

Ast.iii.4.019　缠丝带的木头内核。木头三层，上残存黄色和粉色丝绸片，顶部是银色锥形物，末端呈球形，上边有一个轴心用来穿绳悬挂，线从轴心底部穿到顶部。在轴心上端粘着一张椭圆形纸片，用来与其他物连接。$1\frac{3}{8}$ 英寸 × $\frac{5}{8}$ 英寸。图版 LXXXIX。

Ast.iii.4.020　木豆。镟制，形制与 Ast.05 相同。完整，底部有锯痕。高 $3\frac{3}{4}$ 英寸，直径 $4\frac{3}{8}$ 英寸。图版 XCIII。

Ast.iii.4.021、028~033、062　木支座残片。一边敞开，上黑色，图案是漂动的棕榈叶，轮廓呈白色。敞开的末端均呈半椭圆形，上边用带尖的木条连接，下边可能也如此，角部是简单的斜面，用胶粘接。底边有铁钉残存，表明以前底部有连接物。上边也残存胶粘痕迹。同样的支座参见 Ast.iii.4.010，但略高一些，以及微型木器 Ast.iii.4.052（图版 XCIV）。相似的木器可参见《正仓院图录》图版 147，以及形制相同的十五子游戏板，同《正仓院图录》图版 72。边长 18 英寸，高 $5\frac{3}{4}$ 英寸。图版 C。

Ast.iii.4.022、023、034、063　4 块木支座残片。与前述支座形制相同，但略小些，上面也有白色图案。底部和顶部有铁钉残存。长约 13 英寸，

高 $4\frac{3}{8}$ 英寸，完整的边长 21 英寸。

Ast.iii.4.024~026　3 件微型木器底。 长方形，四边都向平顶斜切面，底部刻有两条成直角的槽，各自横贯底面的长与宽，在各角上形成足。同样的木器参见 K.K.I.i.05。边沿墨绿色，足底上深红色，平顶无色，没有与 K.K.I.i.05 一样的孔，可能与 Ast.iii.4.027 一样，是栅栏支架的底座。约 1 英寸见方，高 $\frac{11}{16}$ 英寸。

Ast.iii.4.027　微型木栅栏。 残块，两个小支架，截面呈方形，颈部向上渐变细，末端呈较宽的方形。木杆之间底部以长 $1\frac{1}{4}$ 英寸的间距用平板连接，顶部、栏杆、圆形截面上都有榫，可将栏杆的头插入。全部都饰深红色，顶端有鲜黄色点，沿着栏杆之间的木板的下端的外表涂有白色轮廓的墨绿色条带。在绿色底上有赤褐色和粉色漂动的卷云纹，轮廓为黑色。一个栏杆的背面有一条没有上色的浅条，此处正好与另外一条栏杆垂直连接，上边的栏杆的顶端有一个十字形的榫，用来穿入另一个栏杆。同样的部分或同样的栏杆参见 Ast.iii.4.056~059；（木板）042~044，图版 XCIV；（栏杆）060。完整的可见 N.III.xii.01。长 $2\frac{3}{4}$ 英寸，高 2 英寸。

Ast.iii.4.035、039、040　彩绘小型木桥模型。 现已拼接在一起。与千佛洞壁画上的那些引入天堂楼阁的通道很相似，但与中国的桥一样，稍弯曲。路面部分绘成淡蓝色，每边上用由三根栏杆组成的扶手保护。木板皆由木板连接，木板块上边的红色边沿内画有绿色、蓝色和黑色漂动的棕榈叶，白底，红色轮廓。木杆与 Ast.i.7.09、010 一样，每端各一根杆，中间还有一根。路表面为红色，长 $8\frac{3}{4}$ 英寸，宽 $4\frac{1}{4}$ 英寸，栅栏高 2 英寸。图版 XCIV。

Ast.iii.4.036　4 根木条。 方形，用一张纸带将它们不等距离（平均 $\frac{3}{4}$ 英寸）地连接在一起，橘黄色纸张上有蓝、绿和黑白色玫瑰花纹。一个末端的木条表面有连接的痕迹（7英寸×$\frac{13}{16}$英寸×$\frac{5}{16}$英寸）；另外三根木条（6英寸×$\frac{5}{16}$英寸×$\frac{5}{16}$英寸）都是一个末端与另一末端相连接，靠近另一些也许属于与Ast.iii.4.035同一物的东西。长块红色和蓝色，其他块呈绿和红或蓝和红色。

Ast.iii.4.037 木棍。上红色和蓝色彩，上面粘有纸条。与小木条Ast.iii.4.036类似。5$\frac{1}{4}$英寸×$\frac{7}{16}$英寸×$\frac{5}{16}$英寸。

Ast.iii.4.038 木扶手。施彩，可能是Ast.iii.4.035木桥等相同物上的构件，两端的杆已失，中间的杆上部已残。长8英寸，高1$\frac{9}{16}$英寸。

Ast.iii.4.041~045 木栏杆间的木板。很直，上部有红色条带，下部为绿色但有白色分界线。在绿色底上有五片漂动的粉色、橘黄和红色棕榈叶，黑色轮廓。041、046：7英寸×1$\frac{1}{16}$英寸×$\frac{1}{8}$英寸（与041末端相连接的是支杆057和059），剩余的三个长约1$\frac{1}{4}$英寸。图版XCIV。

Ast.iii.4.046、051 微型拱形木器的一部分。残存原物之一半，由两部分组成，下部分截面为方形，从中央支撑着一向上的较薄的呈椭圆形弯曲的东西；下部分的拱形物外表以红色为界，白色底上绘有罗马风格的锯齿纹。其余表面为红色，末端的内面有七个十字形连接点的标记（参见Ast.iii.4.036、037）。上端刻有一条槽作为塞缝石。上部分的顶部为红色，其下每面都有三片绿色漂动的棕榈叶，向塞缝石倾斜。两部分东西的末端切成平面，以便插入其他部件之中。6英寸×$\frac{1}{2}$英寸×1$\frac{5}{16}$英寸。图版XCIV。

Ast.iii.4.047、048、055、060 木块。形状各异，可能是微型建筑模型上的构件。047、048的格栅红色，6英寸×$\frac{3}{4}$英寸×$\frac{5}{16}$英寸；055平板上饰红

色和蓝色条带 $\frac{15}{16}$ 英寸见方× $\frac{5}{16}$ 英寸；060 栏杆与 Ast.4.027 相同，$2\frac{5}{8}$ 英寸（直径）× $\frac{1}{4}$ 英寸。

Ast.iii.4.049、050　**2 根木杆**。圆形，红色，末端有连接的痕迹，可能是微型建筑模型的一部分，最大尺寸 $10\frac{1}{8}$ 英寸× $\frac{5}{8}$ 英寸。

Ast.iii.4.052～054　**微型木支座残块**。形制与 Ast.iii.4.028～033（图版 C）相同，但上黄色彩，带有由深红色条纹组成的大理石花纹。参见 Ast.iii.4.010.a（图版 CV）。尖状敞口边沿为绿色，底板为黑色。052 一端已被烧。最长一块的长度为 $4\frac{3}{4}$ 英寸（在被烧的一端上有第二个敞口）、高 $1\frac{5}{16}$ 英寸。图版 XCIV。

Ast.iii.4.056～059　**3 根小木柱**。截面为方形，与连接 Ast.iii.4.035 等的那些木器形状一样。上面有垂直连接过的痕迹，Ast.iii.4.041 可能曾试图与 057、059 连接在一起。$1\frac{3}{4}$ 英寸× $\frac{1}{2}$ 英寸× $\frac{1}{2}$ 英寸。图版 XCIV。

Ast.iii.4.061　**小木器**。镟制，类似微型印度塔，伞形顶。上黄色。直径 $\frac{1}{2}$ 英寸，高 $\frac{5}{8}$ 英寸。图版 CIV。

Ast.iii.4.064　**女俑**。泥塑，木头内核自脚底突出 2 英寸。服饰：身着一件宽大的长袍，深红棕色带黑色条纹，圆低领，朱红色短袖背心只在正面表现，黄色短袖上接粉红色长袖。绿色披肩在胸前相交叉，长的一端一直垂到脚踝，罩住了紧握的双手。脸白色，脸颊粉红，眼皮下垂。红嘴唇，嘴角有黑色酒窝。眉毛黑色，眼睛轮廓亦为黑色，前额上有朱红色标记，每个太阳穴上都有鬓角。相同的面部彩绘参见 Ast.iii.4.010.f。黑色头发，很高的号角形头饰，从头上向额前倾斜。低头。塑制得比较好，同样的服饰参见《西域考古图记》第四卷图版 CIV 中的 Ch.00260。10 英寸×2 英寸，图版 XCIX.A、CII。

Ast.iii.4.065、066、067、071　**面饼残片**。067、071 现可连接，呈圆环形。（直径）$1\frac{7}{8}$ 英寸×$\frac{5}{16}$ 英寸。

Ast.iii.4.068、069　**圆形面饼**。形状似水果盘。（直径）$1\frac{1}{2}$ 英寸×$\frac{1}{2}$ 英寸。

Ast.iii.4.070　**圆形面饼**。玫瑰花形。（直径）$1\frac{1}{2}$ 英寸×$\frac{1}{2}$ 英寸。

Ast.iii.4.072　**面粉**。在纸袋里装着且扎着口。

Ast.iii.4.072.a、b　**一对木、泥塑人物**。a 为男性，b 可能是女性或年轻人。身体为木质，只刻出粗略的外形。腿用木棍制成，然后粘在身体 a 上，另用纤维绳捆绕固定。未见双臂，但 b 身上残存上臂的根部。头、足泥塑，塑造得很仔细并上彩，保存状况较好。a 上粉红色彩，眼睛斜长，短狮形鼻子，直嘴，嘴角缩得很深，长下颏，表情作半嘲讽半微笑状。嘴绘成朱红色。眼睛、眉毛、眼皮、前额上的皱纹和鬓角，以及一小撮胡子和耳朵上的发根，都用精美的黑色线条绘出，细致而又熟练。耳朵上的头发在黑色帽子下面消失，帽子正好盖住整个头，后边突起一个黑色扁平的结，至颈部变成两条黑色短辫子（幞头——译者）。在千佛洞壁画中有许多同样的人物，参见《西域考古图记》第四卷图版 LXXVI，Ch.0030。可能是一位女性或年轻人的 b 的头部，上有光泽的白色彩，脸颊施粉色，眼皮亦是粉红色，颈部有两个粉红色圈。眼睛和眉毛都是黑色，鼻子短直，小红嘴，没有皱纹或鬓角。头饰与 a 一样，但颈后没有辫子。此两尊人物塑像原先必曾穿有衣服，但现在 a 左腿上只残留有破烂的米色丝绸裤腿残片，其他衣服残片参见 Ast.iii.4.01~03、09。双臂可能用纸做成，附加在身体之上，如同 Ast.iii.2.010 一样。高 12 英寸，图版 CII。

Ast.iii.4.073　**木和泥塑的男俑**。身体用木头粗雕而成，腿用木棍做成，并且用纤维绳连接在身体之上。肩部的小孔内有粗绳残留，可能是用来固定失去的双臂。身体、腿和双臂都有着衣的痕迹。头置于身体的上端，塑制得很细致，用草拌细泥塑成，上面再涂一层灰泥，上浅肉色彩。眼睛细长，且向下弯曲，轮廓为黑色。胡子稀疏；嘴唇为粉红色。黑色帽子后边有突起的平结，后边垂下两个条带。眉毛上悬，鼻子宽大、扁平，略上翘，鼻孔很大。嘴向右噘起，嘴角上有深槽，表情很幽默。耳朵粗绘。颈部的肌肉轻轻勾画出。帽子参见 Ast.iii.4.072.a、b 和《西域考古图记》第四卷图版 CIV 中的 Ch.00260 及图版 LXXVI 中的 Ch.0030。21 英寸×2 英寸。图版 CII。

v 组墓葬出土的遗物

Ast.v.1.01　有图案的丝绸覆面残片。深蓝色素面丝绸褶边和浅米色衬里。中心大团花中的图案已失，一边残存四只爪子形状的脚和颈的一部分，脚部绘成蓝色，橘黄色底，部分轮廓为白色。很可能是一个萨珊大团花，中有一对相对的跃立的猛兽。带米色联珠构成的蓝团花，在每个四分之一圆周中有五颗联珠，上端中央被绿色方形隔开，方形中小珍珠构成的半个圆圈围绕黄色六边形中心分布。相对的那一部分已失，但两个中心点的部分仍存，而且也没有被联珠隔开，相反在圆圈外面。在拱肩上有尖角图案，为一根卷曲的茎上有许多果实。均为碎片，颜色鲜艳，斜纹织物，粗糙，不匀，但很规则。最大残片 $8\frac{1}{4}$ 英寸×3 英寸。

Ast.v.1.02　彩色丝绸盖布残片。靛蓝色底，与 Ast.ix.2.054 上的主题一致，但细部描绘较少。伏羲手中的规矩是测量工具，女娲手中之物更像弯曲、有弧度的圆规。两人身体连接处的裙子下摆为扇形边。盘绕的蛇尾下端之间有绘成黄色的太阳，被许多相连的星星所环绕，与上端两人头部之间的图案一样。大部分已失，整块已破成数块残片，现在已复原。长 7 英尺 9 英寸，宽 3 英尺。

Ast.v.1.03　一双大纸鞋。黑色，米色鞋底，脚趾处略上翘，在脚后跟处开口。鞋底和鞋面用线对缝在一起。使用的旧文书纸张上有汉字，且字迹清楚。吉列斯博士释读了右脚鞋内的汉文，起首中有"武北门"，日期为某年第九个月的第七天。左鞋底上的是公元3—4世纪的道家作者抱朴子［中国东晋道教学者葛洪（约公元281—341）之号，其著作即以《抱朴子》为名行于世——译者)］，尺寸特别，保存良好。$13\frac{1}{2}$英寸×4英寸。图版XCIII。

Ast.v.1.04.a　2条纸带残片。两者相互缝合在一起，每个条带都有几层纸，最上面的一层上黑色，沿着中央粘了许多用红色纸和米色纸交替做的菱格形串饰。还有一些分离的、形状相同的残条带，背面都有汉字。$9\frac{1}{2}$英寸×$11\frac{1}{2}$英寸，条带宽$1\frac{1}{4}$英寸。

Ast.v.1.04.b　2条纸带残片。正面绘成黑色，上有四个尖端都朝向同一中心的粉色菱格组成的大星星图案。背面米色，有汉字，由几层厚文书废纸做成，两端都已残。大的残片8英寸×$2\frac{5}{8}$英寸。

Ast.v.1.05　平纹丝绸残片。暗蓝色，上面有白色丝绸缝缀的残片。$11\frac{1}{2}$英寸×6英寸。

Ast.v.1.06　小陶碟。圈足，碟内残存麦草。灰色，黑色陶衣，制作粗糙。直径4英寸，高$1\frac{1}{2}$英寸。

Ast.v.1.07　墓志。在墓葬入口处发现。表面涂成黑色，由细的米色线条分隔成20行，里边写满了红字，参见附录A。边为红色，已破成三块，但保存良好。除裂口处外，上边的字都能辨认。20英寸×$22\frac{3}{4}$英寸。图版LXXIV。

Ast.v.2.01　有图案的丝绸残片。萨珊风格，覆面的一部分。图案为两个大团花，一个在另一个之上，连接处有蓝色条带，背景和边沿为绿色。在上面的大团花中，有两个相对的绘成红色的鹰或鸡身蛇，展翅，尾上翘，尾内有六个绿色圆点，轮廓为白色和黄色。头后仰，嘴上有向后弯曲的叶状冠毛。描绘生硬。底部有两个相对的卷曲的叶状物，边为紧密排列的莺尾形花纹，外沿为白色或黄色联珠。莺尾形花边内的主要图案被一细线环绕。在鸡身蛇上边有两个相对的小动物（狮子?），它们之间的叶状底基上有猎获物。最上边的部分已残。下边的大团花中有两个带翅膀、尾上翘的狮子，相对而卧（参见《西域考古图记》第四卷图版 V 中的 Yo.00145），呈白色和黄色，轮廓为红色。底部为相对的卷曲的叶子，上边的东西无法辨认，但右边有一闪光的珠宝。上拱肩部分的图案：红底上有两只相对奔驰的鹿，作回头状，蓝色带红点，白色鹿角和白色轮廓。上边和下边都有四片花瓣的黄色和白色玫瑰图案，其中心为红色，绿色轮廓。下边的拱肩图案为两个相对而行的动物，可能是羊，无角。颜色与上边拱肩上者一样，但头部呈绿色，而玫瑰也与上边的相同。重复的大团花横向比邻，而垂直状则有一种红色中心、蓝色轮廓的黄色小方块，在间隔处起连接作用。绘画、图案设计和织法都很好。颜色鲜艳，且保存得很好。下端半边已失，残存的边已褪色且腐烂。与常见的此种织物一样，除红色贯穿全部图案外，这种织物上的颜色几乎都是呈连续的条带状涂抹。因此，在轮廓不是红色之处，颜色可以从白色突然变成黄色，特别是当它们处在一个或其他条带之内时；或者在一些莺尾花纹之间出现时，蓝色突然会代替绿色。蓝色鹿有一个蹄为绿色，因为它正好处在绿色条带之中，并且处在蓝色条带之外。织法较通常者为密，平纹，还带有一点罗纹。显示了从较古老的罗纹到斜纹织法的变化过程。可能是中国产品。$7\frac{1}{2}$英寸×$3\frac{1}{4}$英寸。图版 LXXVIII、LXXXI。

Ast.v.2.03　丝绸残片。Ast.v.2.01 覆面上的平纹白色丝绸褶边残片。

Ast.v.2.04　白色平纹丝绸残片。一具女尸盖布上的残片。有一块残片打成了结。最大残片 18 英寸×6 英寸。

vi 组墓葬出土的遗物

Ast.vi.01　锦缎上的丝绣（vi 墓中出土）。七块鲜艳的深红色三角形残片，边沿与打结印染的浅蓝色丝绸相连，从某种意义上讲，其长度似乎已超出了边的长度。素色薄纱衬里。锦缎呈相对的双线锯齿形状，锯齿边上有小菱格，在较宽处有两个菱格相互交错排列。在此锦缎片之上绣有星罗棋布的小花纹，链状针迹，浅米色螺旋形的扣眼构成的圆盘上伸出许多卷曲的细线条。线圈的根部都很粗，并且一般加入了其他颜色。刺绣的颜色为浅蓝色，带有两道米色和深棕色晕影。图案首先在织物上用黄色绘制。保存良好。没有饰边的最大片 $8\frac{1}{2}$ 英寸×5 英寸，图版 XLV。

Ast.vi.02　有图案的丝绸残片（vi.1 墓出土）。深红色底上带有黄色和米色图案的丝绸残片。图案水平重复，而且纵向略有变化。一排成对的相对的鹳状物，每一个都有一条弯曲的颈部，无头，胸前支撑着一根竖起的茎。在 $\frac{5}{8}$ 英寸高处竖茎分成了两叉，向右、向左形成半拱形，还有用同样的曲线构成宽窄不同的相对的拱形，窄的拱形在鸟的前面，且内有一小方块。两只相对的鸟的尾巴直直竖起，合并形成一个碗状，顶部带花丝边，其上有一个大的拱形。在此之上，茎部向上垂直竖起，左右分别连接花朵和叶子。形成的小弧形的茎部也向上升起，并且每个卷曲线内都有一椭圆形干果。每只鹳的生硬的单腿向下垂成直角，承接有碗状花蕾，上边有五个突起的花丝。重复的高度为 5 英寸，宽 $1\frac{7}{16}$ 英寸。某些特征参见 L.C.02，图版 XXXV。罗纹织物，边沿残且部分已腐烂。面积 12 英寸×10 $\frac{1}{4}$ 英寸。图版 LXXVIII。

Ast.vi.03　丝绸薄纱残片。彩虹色（vi.1 墓出土）。纵向织有疏密交替的条带，经线的颜色有黄、红、黄、蓝色，有时也有赭色。红色纱线比其他颜色的纱线要粗，稀疏的红色条带比其他稀疏的条带较密。密条带（且较窄）为黄色和赭色。纬线是深棕色、浅黄色、红色、赭色、蓝色、浅黄色、红色和浅黄色条带。精织，腐朽。最大残片约 $3\frac{1}{2}$ 英寸见方。图版 LXXVII。

Ast.vi.04　平纹丝绸残片。衬里（vi.1 墓出土）。

Ast.vi.1.01　丝绸残片。打结印染的带黄色点状图案的艳红色丝绸残片。上面残留有绿色丝绸衬里和丝绸补丁。易碎。最大残片 10 英寸×$4\frac{1}{2}$ 英寸。

Ast.vi.1.02　丝绸残片。蓝色，褪色，上为打结印染的米色点图案。易碎，且已残破。约 18 英寸长。图版 LXXXVI。

Ast.vi.1.03　有图案的丝绸残片。图案为有棱角的珊瑚树状，呈米色、鲜红色、红棕色、紫褐色和绿色，细部图案不甚清楚，但很形象生动的兽在织物上重复出现。织物的边织得很紧。褪色且已残破。17 英寸×4 英寸。图版 LXXX。

Ast.vi.1.04　刺绣的薄纱残片。三角形，深红色，与浅蓝色丝绸相连，且顶部有米色丝绸包边。黄色薄纱条上边成行绣出了黄色和蓝色新月形图案，为纽眼状针迹。5 英寸×$3\frac{1}{2}$ 英寸。图版 XLV。

Ast.vi.1.05　大堆丝绸残片。有白色、蓝色和红色，褪色且易碎。

Ast.vi.1.06　有刺绣的丝绸残片。深红色，花卉图案，链状针迹，呈蓝色、绿色和黄色，与 Ast.vi.01（图版 XLV）的图案相同。用黄色细薄纱包边，一边与浅蓝色平纹丝绸相连。$3\frac{1}{4}$ 英寸×3 英寸。

Ast.vi.1.07　大堆盖布残片。主要是白色，现已褪成米色。米色、蓝色和深红色残片，与羊毛、麻布和鞋底残片混合在一起。易碎且已腐烂。成堆尺寸约 8 英寸×8 英寸×1 英寸。

Ast.vi.1.08　一双微型鞋。用毛织物做成，其上图案已腐朽。一只鞋很残破。鞋底 $3\frac{1}{2}$ 英寸× $1\frac{3}{8}$ 英寸。图版 XCIII。

Ast.vi.1.09　刺绣的深红色丝绸残片。链状针迹织成。 $2\frac{1}{2}$ 英寸× $1\frac{3}{8}$ 英寸。

Ast.vi.1.010　女俑。木雕，雕刻很粗糙，略呈曲线形，双臂扁平，肩部有木钉，用来连接可以移动的双臂。颈和头后部呈圆形，面部扁平，有略突起的鼻子。头发在头顶上束成很高的髻，绘成黑色且向后倾斜。眉毛和眼睛为黑色，但不倾斜。嘴绘成小红块形。胸部呈方形，裙子长且呈八边形，类似截去顶端的金字塔状。外表暴露部分绘成白色，上边再上其他颜色。"金字塔"的各面交替绘成红色和绿色，前胸为红色，向上有分开的线条形或 V 形领口。胸部绿色，臀部周围有红色条带。无足。双臂横向绘有绿色和红色线条。上彩较粗并且零乱。参见 Ast.ii.2.06（图版 CIII）。制作更精细的例子可见 Ast.vi.4.03、04。 $9\frac{3}{4}$ 英寸× $2\frac{1}{2}$ 英寸×3 英寸。图版 CIV。

Ast.vi.1.011　男木俑。制作粗糙，圆头，尖顶，彩绘。黑色头发，后边稍有突起（可能是帽子的一部分），下颌上有稀疏的髭，在下颌尖上突起。两颊各边都有一撮胡子。五官墨绘，嘴为红色小方块。内穿高领背心，带绿色边的黄色外衣在胸前向右交叉。双臂用木钉固定并且可以移动，袖口为绿色。黑色裤子长且肥，露出脚趾。手紧握，有穿孔，可能拿着旗帜或剑鞘之类东西。腰带为黑色，右臀旁有小洞。工艺粗糙。12 英寸× $4\frac{1}{4}$ 英寸× $2\frac{1}{2}$ 英寸。

Ast.vi.1.012、013　2 件木、草席器物。用途不明。每件都由长方形薄板构成，在其一面上都有一块织成按人字形方式编制的草席，其上再置扁草带，每边都有一个，中间有两个，它们都是用黑帽小木钉以规则的间距固定在草席和木条上的。草席和木条上都有木钉遗存，但是草带大多已从 012 器物开始腐烂。边沿还残留胶粘痕迹。可能是木箱的一部分，保存较好。012 尺寸 $8\frac{1}{2}$ 英寸×4 英寸，厚 $\frac{1}{4}$ 英寸。图版 XCIV。

Ast.vi.1.014　男木俑。刻得很粗，特别是面部。没有双臂，但刻出身体的腰部和肩膀。肩部末端刻成平面，且已上彩，似乎表明没有考虑加双臂。服饰黑色，着长外衣，绿色边，在胸前向右边交叉。腰带为朱红色，绿色大带扣，后边有下垂的剑环，末端为绿色。下身白色裤子长到脚踝，脚穿黑色靴子，上边有红色鞋带环绕。人物的面部特征表现得很草，用挖洞来表现鼻子和嘴。肤色为白色。鼻子呈一朱红色条，鼻尖上还有黑点。眼睛为绿色和朱红色眼圈，黑色眼球。嘴用朱红色线条表示，眉毛和鬓用橘黄色和朱红色毛刷似的凹面表示，胡须用橘黄色和朱红色点表示。头发黑色，几乎都为帽子所遮盖，冠带系于颌下。这种形状的帽子在武梁祠的雕刻中经常出现，一般都是驾马车的人所戴。推测此人可能是一个马夫。参见沙畹《中国北部考古记》图版 LII。高 7 英寸。图版 CIV。

Ast.vi.1.015　大陶盘。扁平，圆形，平底，边沿稍向内卷曲，平沿。内底有两个粗刻的圆圈。浅灰色陶。工艺粗糙，但保存良好。直径 $9\frac{3}{8}$ 英寸，高 $1\frac{7}{8}$ 英寸。图版 XC。

Ast.vi.1.016　漆木盖残片。较小，圆形，上端呈尖状，底部有凸沿用来插入盒子中。镟制，外表残存红色和黑色漆，腐朽严重，软木质。最宽处 $2\frac{3}{8}$ 英寸，高 $\frac{7}{8}$ 英寸。

Ast.vi.1.017　木制动物后腿（奔驰的马？）。内侧较平，上端残留与身体连接的钉子。外部粗刻成形。在踝处钻有小孔，除与身体相接的部位外，其余均上黑色彩。长 $3\frac{1}{4}$ 英寸。

Ast.vi.1.018　耳杯。与 T.01（图版 XLVII）、Ast.ii.2.021 等类似，但稍

长且窄一些。没有上漆，但有色彩痕迹。保存良好。长 $5\frac{1}{4}$ 英寸，杯宽 $2\frac{3}{4}$ 英寸，深 $1\frac{5}{8}$ 英寸。图版 XCI。

Ast.vi.1.019 **木勺**。制作粗糙，平底，柄已残。长 $4\frac{1}{8}$ 英寸，最宽处 1 英寸。图版 CIV。

Ast.vi.1.020 **2 块铜片**。边沿卷曲，腐蚀很严重，上残留丝绸残片。可能是镜子的某部分。最宽处 2 英寸。

Ast.vi.1.021 **丝绸和纸做的鞋子模型**。纸底，鞋面用米色底的深红色、绿色和蓝色条纹丝绸做成，内衬纸里。鞋口的边做得很粗糙。汉文纸文书上的汉字已不存。长 5 英寸。图版 XCIII。

Ast.vi.1.022 **木梳残片**。弧形背。高 $2\frac{7}{16}$ 英寸，长 $1\frac{1}{4}$ 英寸。

Ast.vi.1.023~025 **纸袋中的微型箭和弓**。023 为弓，置于弓袋之中，用一根樱桃（？）树枝条做成，上边还带有树皮，纵向切割，中间手握处削平。两个槽内绑着弓弦。下面是一个细长的纸袋，粗做成弓袋，表面上黑色彩。

024 为箭箙，内装有两支小型木箭，制作很精细，一支的箭头呈三角形，另一支则呈勺形。另一端的裂口是用来插纸羽的，如同《西域考古图记》第四卷中图版 LI 中的 M.Tagh.b.007~010 上的金属"羽毛"一样，上边整齐地缠绕着线，且有沟槽。箭箙为拇指形的纸袋，与弓袋一样上黑色，并用黑色线缝合。

025 为另一个箭箙，形状与前者相同，内无箭。弓长 $10\frac{1}{4}$ 英寸，箭长 $4\frac{7}{16}$ 英寸，箭箙约 $3\frac{1}{4}$ 英寸×$1\frac{1}{2}$ 英寸。图版 CIV。

Ast.vi.1.026 **木桩**。形状不规整，有两木条缠绕，腐朽。木桩长 $3\frac{1}{2}$ 英寸。图版 XCIII。

Ast.vi.2.02、03　2块木牌。长方形，两端变尖，木牌两面都有同样的汉字。$4\frac{9}{16}$英寸×1 英寸×$\frac{1}{8}$英寸；$3\frac{5}{8}$英寸×1 英寸×$\frac{3}{16}$英寸。图版 CIV。

Ast.vi.2.04　**蓝色丝绸残片**。带有两幅长方形画面的有图案丝绸，罗纹织法（其中一块与蓝色丝绸相接），每幅画面均由两块碎片缝合而成，与 Ast.vi.3.03（图版 LXXVIII）类似，以套染方法点缀以白色圆点。其图案为：在黄色底上绘有奶油色和米色的很形象的怪兽，画得很生硬；其中之一为一后顾的龙，不断重复，且相互间没有间隙，其奶油色和米色尾巴向前伸。在另一块上为一个有翼的狮子，每只前脚都有三个奶油色的直爪，其脚底都朝向前。此外，狮之两后脚都在地上，地面用三条阶梯状线条表示，三条带分别呈红色、米色和红色，交替以黄色、奶油色、黄色。红色和黄色条带贯穿织物。头、前腿及部分底面为红色和奶油色。翅膀（向前卷曲）、颈部、躯干的一部分和部分底面为黄色和奶油色。后腿、躯干后部、尾、部分底面为红色和奶油色。这些织物可能是肩带残片。画面尺寸 $4\frac{1}{4}$英寸×$2\frac{1}{4}$英寸，蓝色丝绸6 英寸×10 英寸。图版 XXXVI。

Ast.vi.2.05　**男木俑**。粗糙而笨拙的作品。没有双臂，肩部切成平面，并且绘与 Ast.vi.1.014 等中一样的颜色。下半身从中央挖出高约 $1\frac{5}{8}$英寸的凹槽，以此表示未加工的双腿，并且上黑色彩。上身穿黑边朱红色外衣，佩腰带。正面沿腰部和衣服下摆边沿各刻一圈凹槽。五官均在白色底上墨绘，褪色严重。高 $8\frac{1}{2}$英寸。图版 CIV。

Ast.vi.2.06　**男子头**。已萎缩但保存较好。有牙齿，头顶上有黑色发髻；仍残留稀疏的鬓和髭。面部粘有米色丝绸覆盖物的残片，头部用深蓝色丝绸包裹。

Ast.vi.2.08　**一双鞋**。用丝绸和纸做成。鞋底用汉文文书残片制作，文书上的字迹已褪。鞋面是粉色丝绸，米色帆布边。口部和鞋底上还粘有一些粉色丝绸残片。保存较好。长 $6\frac{3}{8}$ 英寸。图版 XCIII。

Ast.vi.2.09　仿制的剑鞘。用纸和丝绸做成。长手指形，用纸制作，外表全部都用蓝色丝绸包起来，口和底部用紫色丝绸缝合。长 $5\frac{1}{8}$ 英寸，口宽 $1\frac{3}{4}$ 英寸。图版 XCIV。

Ast.vi.3.01　一双鞋。用纸制作，外边再用深红色丝绸包住。鞋底是结实的帆布。（所使用的纸片上的汉文，是有关购买酒和麦的账单——吉列斯博士）内里稍许有一些精织的丝绸布残片。保存良好。鞋底长约 9 英寸，趾部宽约 $3\frac{1}{2}$ 英寸。图版 XCIII。

Ast.vi.3.02　丝绸残片。平纹，白色且有光泽，外衣残片，上边有丝绸线补丁和丝绸薄纱边。极易碎。最大残片 3 英尺 6 英寸×3 英尺。

Astvi.3.03　2 块深红色丝绸。菱格形图案，每个菱格中都有圆圈图案，都是用浅黄色点套染制成。较大片尺寸为 $4\frac{5}{8}$ 英寸×$\frac{3}{4}$ 英寸。图版 LXXVIII。

Ast.vi.3.04　僧帽残片。用硬纸做成，上罩黑色平纹丝绸。纸首先染成了黑色。残片包括：一个半椭圆形片，7 英寸×6 英寸；一个矩形片（不完整），9 英寸×$3\frac{3}{4}$ 英寸；长方形片，一端呈尖状，一边的相对一端已被剪歪，其余的边都很残破，9 英寸×4 英寸；一端呈尖状的同样的长方形片，5 英寸×$3\frac{3}{4}$ 英寸。还有许多较小的棕色丝绸残片，易碎。

Ast.vi.3.05　纸画。轮廓为黑色，并且用红色、棕色和绿色随意涂在画面上。所描绘的可能是一幅单独的画面。上部，有一个健壮的人物，留着稀疏的髯和长髭，坐或跪坐在放置于地面的平台上，头发在颈后束在一起，头戴主教冠形帽，但没有下垂的饰带，身体四分之三向右倾。左手持直柄圆形扇，右手伸出正从跪着的佣人手中接过漏斗形的杯子。在其右边的地面上，有一块分成许多方格、内盛颜料的调色板（?），上边放着两支画笔（?）。背后是用钉子悬挂的帷幛或壁毯，下垂的边饰呈圆环和尖角形，地上有一个圆锥形物。后边有一个佣人，只显出头部，头发向后平梳，并且在两耳边扎成小髻，每一束头发中都有漏掉的几根头发，并向上卷曲。前面一个佣人的发式也一样，但只有一束头发中漏掉几根头发。他（或她）穿直领背心，外衣到大腿，V形领开至腰部，束腰带，穿宽松裤和黑色鞋，左手正举杯敬上，右手指上挂着带钩柄的勺子。他后边有两个人，一男一女，都穿着肥大的衣服，跪坐着，头戴主教冠形帽。这两人的头发与主人公的一样紧梳着。画面所表现的显然是一次拜访。上边是红色和绿色环孔状帷幕。在下边方格的右边，画有两位跪着的乐师，一位正吹长笛或六孔竖笛，另一位正在敲矮凳上的铜鼓。两人都戴主教冠式帽，后边有垂帘。他们的发型与主人公一样，服饰与上边的佣人一致。其中一位穿裙子的人，两手向外伸展，两长袖下垂，显然是在跳舞，动作受到下垂的长袖的制约。腰紧束，臀部上紧系腰带。两颊上都有一红点，表明是女性。发式与其他人一样，只是头顶上多了一个蝴蝶结，每边都有一绺向上卷曲的长发，另外上边还伸出来一绺弯曲的头发。右角的前景上，画有一位穿宽松衣服的人，其一臂卷袖撑地，身体匍匐，另一臂前伸，像是在拔草或点火。在前景中央有一张呈三层的桌子，上边放着奇特的头盔状的黑色器物，顶部有三个尖突，一边有一根小柄，另一边挂有某物，整体上看像是倒置的锅。桌子下边有一花瓶，较远处有一个尚绕有线的线圈。在跳舞者的左边，有一张每端都有三条腿的桌子，三条腿都是弧形足。（此与顾恺之卷轴画中者一样）另有带长柄勺的锅，与 Ast.ii.1.01、07（图版 CIV、CVII）中者一样。桌下边放着一个矮胖的花瓶，带弧形铁环柄。自左边有一辆车驰至，有三条竿支撑着大车蓬，没有车夫。上下边之间有一个果园，局限于图左上方的长方形中。在前景中最左边，还有一两样东西，其中有搅乳器，可能是厨房用具。两片纸画是从中央连接在一起的。

注：上述图中所描绘的景象之一，在汉代画像中经常出现，如沙畹《中国北部考古记》所录的第三块石刻（图版 LXXVIII）。在这一幅及其他相同的画中都有跳舞者、乐师、厨师和搅乳器等出现。整个画面展示的是一次精美的野餐，可能与葬礼有关。$16\frac{3}{4}$ 英寸×$18\frac{3}{4}$ 英寸。图版 CVII。

Ast.vi.3.06　**细枝条**。上边缠绕有丝线。2 英尺 $2\frac{1}{4}$ 英寸。图版 XCI。

Ast.vi.3.07　**丝绸衣服残片**。以蓝色带白点丝绸制作，与 Ast.vi.3.03 相似。与两块矩形米色丝绸连接在一起，表面有浅蓝色刺绣。边沿是线条纹，似用一种刷子循其长度厚薄不等地刷成，而且都是红色和棕色进行交替，亦交替以米色和白色线条。其内是一种很风格化的叶子、花朵、四角星、联珠饰等图案。中间一块上的图案有点像一种长卷毛狗的面部，有两个长而下垂的耳朵（叶子）。这可能是有意识安排的，其轮廓用一种深棕色线条来表现。色调暗淡且规律，刺绣也很好。整体尺寸 13 英寸×$8\frac{1}{2}$ 英寸，刺绣的一块 $4\frac{3}{4}$ 英寸×$2\frac{1}{2}$ 英寸，第二块蓝色带白点的丝绸片尺寸为 $7\frac{1}{2}$ 英寸×$8\frac{1}{2}$ 英寸。图版 LXXVIII。

Ast.vi.3.08　**丝绸废料残片**。尸体衣服上的补丁。

Ast.vi.3.09　**薄纱织物**。与现代做扇子的薄纱相似，浅米色。折叠成块的尺寸为 7 英寸×7 英寸。极易碎。

Ast.vi.3.010　**木盘**。粗制，底残。长方形圆角，大鱼尾柄。参见 Ast.01。未涂漆，背面有两个汉字。一边沿处刻有"×"符号。$21\frac{7}{8}$ 英寸×$13\frac{1}{8}$ 英寸×$1\frac{1}{2}$ 英寸。图版 XCI。

Ast.vi.3.011　**圆形漆奁**。镟制，与 Ast.vi.4.024 形状类似，外表漆黑色，

上边有一周暗红色卷云纹条带，带橘黄色射线。每个卷云纹的头、尾部都有一个节，显示的是一个汉字。上部，有一周用小圈构成的细条带，边为深红色线条，轮廓为橘黄色。裂口且很薄，颈部残损。直径 $5\frac{1}{8}$ 英寸，高 $2\frac{1}{8}$ 英寸。图版 XCIV。

Ast.vi.3.012　一双丝织布鞋。尺寸小，鞋面和底都是用两层很结实的米色布做成，然后上罩一层平纹紫色丝绸。因缝合线的腐烂，面与底已分离。长 8 英寸，最宽处 $2\frac{1}{4}$ 英寸。

Ast.vi.3.013、014　一双纸鞋。外表涂成黑色。$10\frac{1}{2}$ 英寸×$3\frac{1}{2}$ 英寸。图版 XCIII。

Ast.vi.3.015　木块。一端削成刀形，弯曲的另一端呈圆锥形。细端已残，上黑色。$6\frac{3}{4}$ 英寸×$\frac{7}{8}$ 英寸×$\frac{1}{4}$ 英寸。

Ast.vi.3.016　木马前腿。深色底上残存有米色痕迹。蹄呈黑色，前面中央有黑色线条与短线交叉，顶部截面上有胶粘痕迹。$5\frac{1}{2}$ 英寸×$1\frac{7}{8}$ 英寸。图版 CIV。

Ast.vi.3.017　木耳杯。船形，带水平鋬耳，没有上色或涂漆的痕迹。底部有刀削痕迹。内有食物残存。精制。涂漆的例子可参见 Ast.ii.2.021。长 $7\frac{3}{4}$ 英寸，宽 $5\frac{3}{4}$ 英寸，高 3 英寸。图版 XCI。

Ast.vi.3.018　粗制的小圆面团。用劣质生面团（？）做成，脆并且易碎。直径 $3\frac{1}{2}$ 英寸，厚约 $1\frac{3}{8}$ 英寸。

Ast.vi.3.019　一对丝袖口。从袖端分开裁剪下来。用双层米色结实的布做成，以米色丝绸衬里，外表有丝绸补丁，并用浅紫色丝绸做面。丝绸织物均已严重腐朽。长 6 英寸，宽 $4\frac{1}{2}$~5 英寸。

Ast.vi.3.020　陶罐。 灰胎，小平口，直腹，平底，底部较宽。表面刻有弦纹，陶罐内装有粉状谷物（?）。高 8 英寸，底部直径 $5\frac{1}{8}$ 英寸，口部直径 $3\frac{5}{8}$ 英寸。图版 XC。

Ast.vi.3.021　是 Ast.vi.3.020 陶罐中所盛放的谷物。

Ast.vi.4.01　锦鞋。 织成形，鞋面的两边和后边由三条水平条带将其分成若干个方形块，每一块中都有一只展翅站立的鹅。上部和底部的条带是浅蓝色和米色，中间的是红色和米色。底色和各块中鹅的色彩，都以它们所处的条带的颜色分别相互交替。纵向顺序是：一只黄色鹅交替以两只蓝色鹅之间夹一只红色鹅。在每一块的左、右下角，分别有一个圆点和一个圆环（太阳与月亮?）。浅米色细条纹和圆点纹交叉分布纵向将这些方形块分割。交替分布的红色、米色和蓝色条带，在脚趾（大部分已残）处斜接成边，并与其他部分织成一片，上面有汉字。鞋子的上边为红色翻边，且已缝合。衬里，是一大块结实的帆布。鞋底厚而卷曲。做工极好。与一般的鞋一样，这些鞋是用纤维绳缝合的，现已腐烂。色彩鲜艳。鞋底 $9\frac{1}{2}$ 英寸×$3\frac{1}{2}$ 英寸，高 $1\frac{1}{2}$ 英寸。图版 XCIII。

Ast.vi.4.02　漆木案。 棕色，平沿，边沿加厚，与底部成160°的夹角。木质，胎薄，上漆，周围有藤条加固。麻布上漆。盘内底有刀痕。直径 $7\frac{1}{2}$ 英寸，外沿高 $\frac{3}{4}$ 英寸。

Ast.vi.4.03、04　一对侍女（?）木俑（?）。 双手在腹前袖内紧握，站立，下身用八角形木块刻成，一直到足部都很宽。穿着相似，均为红色和宝石绿色条纹长裙，黑色中长外衣，带红色边，在胸前交叉形成 V 形领口，可看到内穿条纹高领背心。袖口都是白色、红色和绿色宽带。03 的外衣和 04 的裙子上都有白色圆环点缀，其他衣服上用同样的白色点构成的圆环形玫瑰图案来装饰。头发呈黑色，两只耳朵前各有一绺直头发，头顶上束髻（04 为三个），略向后倾斜。发髻的前部有白、黄和红色联珠及丝带装饰。面部无表情，彩绘，并非雕刻而成。白色肌肤，红唇，前额和两颊都有红点，头发根为红色线条。眉毛呈双重拱形（黑、绿色）。工艺粗糙，保存良好，参见 Ast.vi.1.010。03 高 $8\frac{3}{4}$ 英寸，04 高 $10\frac{3}{8}$ 英寸。图版 CIV。

Ast.vi.4.05　男木俑。雕刻得很粗。无颈，无双臂，但肩部刻成了十字形，并且上彩。身体由一整木刻成，底部变宽。在下半身 3 英寸高处分成了三等分，粗粗做成双腿，无足。下半身上白色，并用内含红色或小红点的黄色大圆圈图案装饰。上半身黑底白点，V 形领口，皮肤为白色。人物五官墨绘，黑色头发在头顶梳成平髻。高 $9\frac{1}{2}$ 英寸。图版 CIV。

Ast.vi.4.06　男木俑。用刀粗砍成形，无臂，夸张的肩部与前者相同。短腿也与前者相似，粗刻出双足并上黑彩。身体中央有黑色条带环绕。人物的其他部分饰白色，上面有用红色线条环绕的大黄点，与 05 中者一样。头顶扁平并上黑色。五官在白底上墨绘，有黑色髭髯。高 $9\frac{1}{2}$ 英寸。

Ast.vi.4.07、08　2 个男木俑。与 03、04 成对，站立姿势僵硬且很直。双腿分隔处刻得很仔细，腿呈圆形，末端粗刻双足。窄肩，两端刻得很平，原先上边曾粘连着双臂（？），07 两臂仍存（但已分离），08 只剩左臂。穿着相似，半长墨绿色外衣，红色边，黑色腰带上带剑鞘。白色至中胫长裤，笔直，末端有墨绿色边，黑色靴子。白色圆形盖帽，用黑线缝制，黑色头发被帽子遮住。肉色脸上墨绘五官，红唇。08 的面部大部分已被毁坏。07 的右手中钻斜孔，两人的左手中都水平钻有孔，可能是用来插武器（？）的。

07 高 $10\frac{1}{8}$ 英寸，08 高 $8\frac{3}{8}$ 英寸。图版 CIV。

Ast.vi.4.09　木动物俑。粗刻出长且平的香肠状身体和鱼形头，没有耳朵，大鼻子下边用橘黄色椭圆中画黑色线条来表示嘴。眼睛呈黑色螺旋线形，用橘黄和黑色芯的黑色及艳绿色大圆圈表现。鼻子至头部刻有一道很窄的槽，可能是用来表现一绺头发或羽毛，耳朵上边也有一道同样的槽。用长且薄的木头粘在身体上来表现腿，现只有后腿仍存（一条已分离）。尾长而光滑，固定在身后的凹槽之内。身体和腿上白色，全身除下身外，上面用艳绿色羽毛状叶形图案和橘黄色花朵作装饰，轮廓为黑色。长 $10\frac{1}{2}$ 英寸，高 $6\frac{3}{4}$ 英寸。图版 CIV。

Ast.vi.4.010、011　一只木轮的两构件。仅存两条轮辐。轮沿的一边上红色，绿色边和橘黄色轮廓。轮沿上有圆孔，可插入轮辐，在轮毂处变平。红色。直径 $7\frac{5}{8}$ 英寸，轮沿宽 $\frac{3}{4}$ 英寸，厚 $\frac{3}{8}$ 英寸。图版 XCIV。

Ast.vi.4.012　木头残块。上带皮套。一根粗木棍，两端都已削尖，一边已裂口。皮套是一块手指状的皮子，从一边缝合而成，外表有黑色污点。缝合的线早已腐烂。木头长 $6\frac{1}{2}$，皮套 $4\frac{1}{2}$ 英寸×$1\frac{1}{8}$ 英寸。图版 XCIII。

Ast.vi.4.013　仿织的布靴。米色粗毛（？）布与布底缝合做成的小鞋，上部加长成筒形。表面漆成黑色。足长 $3\frac{1}{2}$ 英寸，高 4 英寸，图版 XCIII。

Ast.vi.4.014　2 张藤席。人字纹织法，织得很密。一块 $12\frac{3}{4}$ 英寸见方，另一块 12 英寸×11 英寸。

Ast.vi.4.019、020　2 根木条。一端刻成厚凿子形，上边有许多小木钉孔，内残留一些已残的木钉。可能是马车的部件。长 $6\frac{3}{4}$ 英寸；019 厚 $\frac{1}{4}$ 英寸，020 厚 $\frac{7}{16}$ 英寸。图版 XCIV。

Ast.vi.4.021 木制旗形物。用一块木头做成，带着直旗杆，截面呈方形。另一端有小方形旗帜。旗杆的正面和旗子下边饰红色。可能是某模型的部件。长 $4\frac{1}{2}$ 英寸，旗帜尺寸 $1\frac{7}{16}$ 英寸×$1\frac{1}{8}$ 英寸。图版 XCIV。

Ast.vi.4.022 木头轮毂。锥形，较长，空心且两端很钝。最宽处有九个轮辐孔，三个内残存辐头。粗制，已裂口，没有上彩。长 3 英寸，外径 $1\frac{3}{8}$ 英寸，内径 $\frac{3}{4}$ 英寸，图版 XCIV。

Ast.vi.4.023 家具腿。扁平木块，两端雕刻成狮子爪形状，并由两个大致相等间距分布的带有三个钝尖的花彩相连。在上部向下垂直钻有三个孔，可能是木钉孔。各边都经雕刻。与 Ast.vi.3.05 中的桌子腿类似。$8\frac{1}{4}$ 英寸×$\frac{1}{4}$ 英寸×$\frac{3}{4}$ 英寸。图版 XCI。

Ast.vi.4.024 漆奁。圆形，平底，镟制，子母口。外表漆鲜红色，上边有一串相连的玫瑰图案，每朵玫瑰都是黄色小圆环芯，外围一圈为四片羽状绿色花瓣，黄色轮廓。在成对的上下花瓣和玫瑰之间的间隙中分布有黄色小圆环。顶部有绿色条纹，底部有红色条带。盖已失，直径 $5\frac{1}{2}$ 英寸，高 $1\frac{3}{4}$ 英寸。图版 XCIV。

Ast.vi.4.025 漆奁。圆形，与 Ast.vi.4.024 类似，漆红色底，上面再绘图案。表面有四条绿色的侧面呈公牛鼻子形的鱼，每条鱼嘴里都衔着一个绿色珠环，轮廓为黄色，在头部形成一光轮。同样的鱼在《古代和田》第二卷图版 II 中壁画上可以见到。在与鱼鼻子相对一侧的黄色茎上突出一组大小不同的黄色珍珠。图案大多已被抹掉。直径 4 英寸，高 $1\frac{3}{4}$ 英寸。图 XCIV。

Ast.vi.4.026　2 块铜牌。很大，扁平，钩形，用铁丝从弯曲的一端将它们串在一起。长 $1\frac{7}{8}$ 英寸，宽 1 英寸，铁丝长 $\frac{3}{4}$ 英寸，图版 CIV。

Ast.vi.4.027、028　木衣架。由带腿的一条长杆和横栏构成。长杆截面为长方形，$\frac{7}{8}$ 英寸×$\frac{5}{8}$ 英寸，16 英寸长度的宽窄均一致，向上在 $10\frac{1}{4}$ 英寸处开始逐渐变细，末端各角斜刻成八角形截面。在长杆开始变细的地方，有一个木榫由前穿透到后面，是 028 杆上的。上端平面为方形凸榫（已脱落）。下端也有同样的正好可插入双狮腿中心的凸榫，双狮腿粗制，形状大体上与 Ast. vi.4.023 类似，但略为简单些，只有一个装榫头的洞。

028 是直横栏，截面为长方形，$\frac{3}{4}$ 英寸×$\frac{1}{2}$ 英寸，每一端都有榫，一个残破变短，另一个正好可插入 027 中。两根杆都经仔细雕刻并且削得很光滑，但没有上彩。同样的衣架参见 Ast.ii.1.03，图版 CVII。

027 长 $26\frac{1}{2}$ 英寸，腿宽 $5\frac{3}{4}$ 英寸；028 长 $22\frac{1}{2}$ 英寸。图版 XCI。

vii 组墓出土遗物

Ast.vii.1.01　有图案的丝绸覆面。粗织的萨珊风格，边上有一圈丝绸褶边，中央的图案是设计拙劣的"巢"或底基，上面竖立着一系列的三角形物，尖朝下，一个在另一个之上；当倒置一半看时，像是形象化的鹰样的鸟，嘴里衔着一串葡萄，有一个三角形物正好指向颈部，其余部分的图案无法辨认。底色为红色，棕色图案，米色轮廓。外沿是米色联珠构成的棕色圆圈。在相连的团花之间，棕色底上有一个黄色芯的小珠圈。工艺粗劣，严重腐烂。8 英寸×8 英寸。图版 LXXVII。

Ast.vii.1.02　丝绸残片。斜条带纹丝绸，棕色和绿色条带相互交替。褪色且易碎。最大残片 9 英寸×6 英寸。

Ast.vii.1.03　米色丝绸残片。有灰色浅条和粉色边的花卉（？）图案的痕迹。上面连接着一小块玫瑰色的斜纹织物。已烂且易碎。约 4 英寸×4 英寸。

Ast.vii.1.04　纸片。若干层，上黑色。最大片的尺寸为 5 英寸×3 英寸。

Ast.vii.1.05　2 块丝绸残片。一块为浅米色，另一块上彩绘白色、深红色和黑色线条。保存较好。彩绘的一块残片尺寸为 4 英寸×$3\frac{1}{2}$ 英寸。

Ast.vii.1.06　有图案的丝绸覆面。有平纹丝绸褶边和衬里，中心有两个点已被腐蚀，背面有绿色污点。衬里的污点之上粘有似人眉毛的毛发。可能是因戴眼罩之故而腐蚀了覆面。图案：在精美的蓝色底上有绿色条带组成的菱格纹，粉色心状叶子（?）点缀的米色条纹边，每个菱形边上都有四片叶子。菱格纹相接处的条带是原来的三倍，并且内有六瓣玫瑰装饰，与心状叶子的颜色相同。菱格形中有米色八角星图案，星中有绿色芯带米色圆点的四瓣花朵（心状）。关于近东所出的相似图案，参见冯·法尔克《丝绸工艺》图 34、228。精织，整块覆面的形状为圆角长方形，褪色严重。$9\frac{3}{4}$ 英寸× $6\frac{3}{4}$ 英寸（不包括边饰），饰边 3 英寸。图版 LXXX。

Ast.vii.1.07　漆布鞋。常见的中国风格，脚趾处宽大且向上翘。鞋面是用六层米色毛布做成，先剪成形，然后再将它们沿边粘在一起。在此之上，有一厚层纤维质物，看上去似亚麻敷物；这之上还有一层布，上部向里翻卷。纸衬里和鞋底内夹的纸上都有成行的汉字。鞋面整个都上黑色，只残留几块。鞋底双层，一直延伸到上翘的脚趾处。上边一层是薄木片，下边一层是皮子，两层连在一起，上边的边沿用小铁钉固定了一圈。很结实，工艺精美，崭新时其柔软性可能很差，因此，推测不是日常穿着用的。长 $10\frac{1}{2}$ 英寸，底通宽 $3\frac{5}{8}$ 英寸，高至上翘的脚趾约 5 英寸。图版 XCIII。

Ast.vii.1.08　一副银眼罩。与 Ast.i.3.022 等一样，已被扭弯且破成两半。$6\frac{1}{4}$ 英寸×$2\frac{1}{4}$ 英寸。

Ast.vii.2.01 泥塑龙残块（2 块）。 塑制得很细致。塑造的是蹲坐（？）、肩膀隆起、头向左前方伸出的龙形。右后腿仅存根部，与在 Ast.iii.2.059 者一样向前伸展，左腿可能有所不同，但整个腿已失；前腿可能向下，但只存根部。肩膀上的肌肉曲线和肋条上纹路描绘得都很真实。狮子形头，眼睛突起，方形口、鼻，宽大的颚骨中露出狞笑的牙齿。尖耳，一只已失。后颈有几绺长鬃毛，前腿上部的背面也有一绺长毛。尾（已失）可能与 Ast.iii.2.059（图版 XCVI）中的一样，是向上卷曲的。施白色，鼻子、眼睛和嘴为黑色轮廓，鬃毛为绿色、橙红色和蓝色；身体下部为橙红色。长（连接起来）$6\frac{3}{4}$ 英寸，肩宽 $3\frac{1}{4}$ 英寸。图版 CIII。

Ast.vii.2.02 泥浮雕人物残块。 残存右肩膀、胸部和胳膊，手臂自肘部弯曲。身着素纹白色长背心，尚残存上面有几束轮廓为白色的粉色花朵和绿色叶子装饰的浅绿色长袍。草拌泥制，手臂内核是一束藤条或麦草秆。高 $6\frac{1}{2}$ 英寸，最宽处 5 英寸。图版 CI。

Ast.vii.2.03 泥塑恶魔头。 形象奇特，尖耳，突出的斜眼，短且上翘的鼻子，嘴噘起，形象很夸张，表现出拒不服从的表情。头发在顶部束成高峰状，两颊、前额、眼睛之间和嘴角等都有很深的皱纹。面部均绘成深棕色，绘出绿、黑色胡须，绿色浓眉（塑制并上彩）。内唇为红色，眼球白色，眼圈和瞳孔为黑色，耳朵里边为粉色，外沿浅蓝色带黑色点，延续至颈部。头发的分界线和头后边都上深红色。头顶上的高峰顶已残，麦草内核已露出，其余保存良好。类似头像参见 Ast.x.1.09。高 9 英寸。图版 CI。

Ast.vii.2.04 泥塑蛇头。 向外伸展，扁平口鼻，眼睛圆突，小且向后垂的耳朵。白色上饰红色彩，用黑色格子状物表现鱼鳞状皮肤，下身为白色。麦草内核。泥头自颈部残损。长 $3\frac{1}{2}$ 英寸，最宽处 1 英寸。图版 CIII。

Ast.vii.2.05 泥塑马。泥塑，与 Ast.iii.2.014（图版 XCIX）等一样。身体塑造得比较好，但保存较差，腿已失。头和面部都出奇的大，而且大部分已残破。上施浅蓝色彩，黑色马鞍和鞍垫，白边，马具也为黑色。马鞍的每侧都悬挂着一组皮带。鞅带和鞦带上有棕色缨下垂，泥塑尾巴已脱落。其骑者可能是 Ast.vii.2.011（图版 CII），但似乎又不十分适合此马鞍。长 $9\frac{1}{2}$ 英寸，高约 6 英寸。图版 C。

Ast.vii.2.06 泥塑马。泥塑，与 Ast.iii.2.014（图版 XCIX）等一样，上粟色彩。除僵硬的腿外，其他部位都很结实，而且模拟得很逼真。黑蹄，蹄上丛毛为白色，马鞍和马饰与 vii.2.05 一样，是黑白两色。马头下半部分和泥尾已失，左后腿已脱落，但仍保留下来。高 11 英寸。图版 C。

Ast.vii.2.07 泥塑马。泥塑，与 Ast.iii.2.014（图版 XCIX）等一样。其骑者显然是 vii.2.09（图版 XCIX）。施赤褐色，白色鞍垫上有豹皮鞍褥、黑色马具和流苏。小马尾扎成了一个结。面部大部分已失，除右前腿外，其余的腿全都已脱落，左后腿的木棍内核仍存。高（不包括腿）$4\frac{3}{4}$ 英寸，长 $11\frac{1}{2}$ 英寸。

Ast.vii.2.08 一团泥。马的背部，长枕状，弯曲以便适宜置马鞍。白色，用蓝色绳子整齐地捆绑着。长（内边）4 英寸，宽约 $1\frac{1}{2}$ 英寸。图版 CI。

Ast.vii.2.09 泥塑骑俑。泥塑，与 Ast.iii.2.012（图版 CII）类似，属 Ast.vii.2.07 马上的骑者。左上臂自中部以及右腿自膝盖处残失。腿仍存，但现已从身体上脱落。右臂略伸出，并自肘部向上弯曲，手握黑色木条。健壮而挺拔。着白色边的浅蓝色外衣，黑色长靴。白色马镫和马镫皮带。面部特征呈蒙古人种，高颧骨，头发黑色，耳朵前有一绺直发下垂。黑色帽子上有带裂口的高顶，前檐向前卷曲。面部上白色，眉毛、眼睛、髭和小胡须为黑色，嘴红色。高约 $9\frac{3}{4}$ 英寸。图版 XCIX。

Ast.vii.2.010 2 条泥塑手臂。与骑者俑的手臂大小相若，手臂自上臂中央残断，用缚在手腕上的黑色长纤维绳与手腕连在一起。两条皆为右臂，一只在蓝色袖内（但不属于 vii.2.09 骑手），另一只在黄色袖内，自肘部弯曲。双手草草捏成，看上去似在紧握着，双手下面没有上色，似是在触摸某物。长分别为 $2\frac{1}{2}$ 英寸和 $2\frac{3}{4}$ 英寸，绳长 2 英尺 3 英寸。

Ast.vii.2.011 泥塑骑俑。泥塑，与 Ast.iii.2.012（图版 CII）等一样，可能是 Ast.vii.2.05（图版 C）马上的骑手。右脚和左腿已失。显然是在吹奏管乐器（现已失），因为嘴呈圆形并且张开，而且下唇因置管乐器而向下凹陷。双手在胸前伸出，一只在另一只之上，手指向上，在吹奏乐器。拇指在下边用来支撑乐器。着白色外衣、黑色腰带和靴子。脸圆而光滑，肉色，左半部表面大部分已脱落。头上可能戴着一种便帽，头发平梳，黑色，无髭髯。高 $9\frac{1}{2}$ 英寸。图版 CII。

Ast.vii.2.012 骑俑的腿。泥塑，与 Ast.iii.2.012（图版 CII）等一样。穿豆绿色外衣，腿部附近有分开的尾巴状物缠绕，下身着白色马裤和黑色靴子。黄色马镫和马镫皮带。高 $4\frac{1}{2}$ 英寸，足间宽 5 英寸。图版 C。

Ast.vii.2.013 木质兵器模型。在鞘（？）中，木棍状，截面平突，一端逐渐变宽，似柄的另一端从 $3\frac{1}{2}$ 英寸处削去一周，使其变得略细，且整个柄端都施豆绿色（除背面）；另一端自 1 英寸处均为绿色。剩余部分上黑色，上绘米色狩猎图，正面再用黑色细绘。左边展示的是一个奔驰的骑手，转身向追逐他的豹子射箭。上色，大部分已褪。在绿色柄端下边有木钉从前面直接穿透到背后，头表面发红且上黑色。长 $15\frac{3}{4}$ 英寸，宽 $1\frac{5}{16}$~$2\frac{1}{16}$ 英寸，最

厚处 $1\frac{1}{16}$ 英寸。图版 CII。

Ast.vii.2.014 **方形木板**。有 21 条呈同一方向的黑色线条，以及 18 条与之相垂直的线，相互交叉形成方格状。一个方形角内有许多黑色圆形物，以不规则的形式向对角线方向进行排列，另一个角中则是白色点状物，向对角线方向排列，可能是某种游戏（可能是围棋，即一种包围游戏——吉列斯博士）。$4\frac{1}{2}$ 英寸×$4\frac{3}{4}$ 英寸。图版 XCIV。

Ast.vii.2.016 **小米**。墓中出土。

Viii 组墓葬出土的遗物

Ast.viii.1.01 **锦缎残片**。深红色，图案精美。成排的相交错的菱格形大团花，之间包含四个小菱形图案，周围还有一圈联珠边。保存完好。26 英寸×3 英寸。图版 LXXXV。

Ast.viii.1.02 **彩绘丝绸残片**。表面为浅肉色，轮廓为黑色，腐烂且易碎。大残片尺寸 2 英寸×$\frac{7}{8}$ 英寸。

Ast.viii.1.03 **男俑**。泥塑，双腿叉开站立，右手置于身边，左手放在臀部，双拳紧握。着赤褐色紧身长外衣，束黑色垂至胫节的腰带，穿黑帮靴子，戴黑色圆形皮帽，帽子上的毛用凹坑来表示。人物瘦高，宽肩，细腰。圆脸，五官粗绘，特征非蒙古人种。眼睛圆且突出，鹰钩鼻，鼻梁细高，鼻孔很大。厚嘴唇，嘴半张。拱形浓眉较短，髭长而细，细长胡子和颊须。面部白色上涂黑色彩。保存较好，两根木棍内核突出脚底之下 1 英寸。高（不加木棍）$14\frac{1}{2}$ 英寸。图版 CI。

Ast.viii.1.04 陶罐。平底，宽肩，小口，口沿外翻。黑灰色陶。口部和局部有红、绿色彩痕迹。肩部最宽处两条弦纹之间，有四瓣小花构成的绿色条带，唇下还有一周粗斜线纹。高 4 英寸，最大直径 $4\frac{1}{4}$ 英寸。

Ast.viii.1.05 陶罐。较大，与 Ast.i.1.03 等一样，黑底上涂红、白圆点，还附加一些墨绿色彩。蛋形体，平底，细颈，喇叭形口。颈部和肩部一侧有置耳的痕迹，已脱落，后上彩。颈部是一周白色圆点构成的圆环，腹部有两组花瓣纹饰，图案都与 Ast.i.1.03 上的一样。花瓣分别向上和向下展开，而且中间还用白色圆点构成的条带分隔。花瓣由拱形线条构成，白色圆点构成的花瓣中有一条粗墨绿色主脉，并且每片花瓣之间都用红色条带垂直隔开。口沿内也饰红色彩。保存较好。高 9 英寸，口直径 $3\frac{3}{4}$ 英寸，肩部直径 $6\frac{5}{8}$ 英寸，底径 $3\frac{3}{4}$ 英寸。图版 XC。

ix 组墓葬出土的遗物

Ast.ix.1.03 墓志。烧土质，其上纪年相当于公元 667 年。黑色，表面光平，上刻有 11 行红色汉字，没有标线或边线。铭文现已模糊。（译文由吉列斯博士提供，详细内容参见附录 A 中的 I、IX）$14\frac{1}{2}$ 英寸×14 英寸。图版 LXXV。

Ast.ix.1.04 丝绸画残片。人物头部几乎与真人大小一致，四分之三朝左看。绘彩随意，米色底上绘有黑色轮廓线条，很不规整。肤色同样是白色，小红唇，髭和斜视的小眼为黑色。前额上有菱形标记，红色，轮廓为黑色。头顶和头后部已失。外衣红色，翻领在胸前交叉形成 V 形。与 Ast.i.6.02 和 v.1.02 一样，绘彩盖布上的残片。易碎。12 英寸×（最宽处）6 英寸。

Ast.ix.1.05 丝绸画残片。与前者风格相同，人物四分之三面朝右。身穿同样的红色外衣，头抬起，双唇因笑而分开，眼睛细长，眉毛向下垂。前额上的菱形标记改为红色圆点，黑色轮廓。耳朵前边也有红点。右手背（可能属于另外一位人物）向颈后边伸出，手指弯曲，手背向外。碎成好多片，其中一些展示的是右前臂和带双倍手指的手。大残片尺寸约 13 英寸×10 英寸。

Ast.ix.2.01 有图案的丝绸覆面。圆形，黄色丝绸宽褶边，平纹。中心有几块碎片，最大一块上是两个连接的大团花图案部分。图案为深蓝色底上显示形象的花朵，外围用黄色联珠条带环绕，而且在四个基本方位上间以一长方形块，每个四分之一圆周中有五颗联珠。中央的花朵为黄色，轮廓为白色和深黑色，类似彩虹。两片横向长花瓣为深绿色，还有两个相似的黄色花瓣，带有蓝色条带图案，几横贯至外端。下端已残。为萨珊风格。整体为黄色，拱肩上有桃绿色芯的花朵组成的几何图案。斜纹织物。团花直径 $5\frac{1}{4}$ 英寸。连在一起的另一块丝绸同样有较小尺寸的图案，而且同上述那片一样是由联珠构成外沿的团花，但只在边上有长方形块间隔，每个半圆中共有 10 颗联珠。其内是一朵规整的玫瑰花。团花纵向被几何形花朵条带分隔，条带是由绿色和蓝色联珠构成的。整体是蓝色和黄色阴影。图案和颜色保存较好，但织物易碎。精织，罗纹织法，图案清晰。团花直径约 $2\frac{1}{4}$ 英寸，覆面 14 英寸×$12\frac{1}{2}$ 英寸。图版 LXXIX。

Ast.ix.2.02 有图案的丝绸残片。呈蓝色、米色和粉红色。图案为菱形格，间隔以米色递增的矩形条带，条带的一边都有射线，每个菱形的上端和下端的射线分别相对。菱形相交处均有一椭圆形点。菱格内交替以一幅八叶米色玫瑰花结图案，该玫瑰带粉红色芯，轮廓为蓝色；另在菱形内又有一米色联珠，带放射状边。背景为蓝色。图案粗犷，没有更多的细节。残片的边内翻，易碎且严重褪色。除蓝色外，其余均不确定。菱形尺寸约 $6\frac{1}{2}$ 英寸×3 英寸，残片尺寸 10 英寸×$2\frac{1}{2}$ 英寸。图版 LXXXIII。

Ast.ix.2.03 漆奁。圆角，内装小银（？）镜，背面有莲花纹浮雕，纽上残存深红色丝线；精制的弧背木梳；几张螺旋状纸片，其中一张包有白色粉末状物，另一张中包有粉色丝绸碎片，其余者皆空，而且多数纸上都有很漂亮的汉字。还有几块炭块残段。奁内底部有一张折叠的纸，上面有一红色印和几行黑色汉字。奁口沿上挂有平纹丝绸碎片，可能是用来封闭奁口的。上黑色漆，制作较精且保存较好。直径 $6\frac{1}{4}$ 英寸，高 3 英寸。图版 LXXXIX。

Ast.ix.2.04　7 块薄铜片。垂饰构件，两块呈弦月形，两块呈圆形，三块呈梨形，上面都钻有小孔，可能原先是用线串连起来的。易碎，有粉红色丝线头残存。弦月形直径 $1\frac{1}{8}$ 英寸，圆形 $\frac{3}{4}$ 英寸和 $\frac{5}{8}$ 英寸，梨形约 $\frac{3}{4}$ 英寸×$\frac{1}{2}$ 英寸。图版 LXXXIX。

Ast.ix.2.05　22 颗玻璃珠。有蓝、绿、黄和黑色，还有一颗为红色。图版 LXXXIX。

Ast.ix.2.06　微型马车模型。包括用面团做的车身，两条平行的枝条插入其内作杆，前端用一细枝条连接起来，就像用草绳捆绑车轭一样。第四根枝条横向插入作车轴。两件薄藤条状物做车篷，车轮和车篷残损。参见 ix.2.049、051。脆弱。长 8 英寸，杆宽 $1\frac{5}{8}$ 英寸。图版 XCIV。

Ast.ix.2.07　许多小铁片。可能是一把剪刀的残片，严重腐蚀，上面粘有丝绸残片。

Ast.ix.2.08　2 块锦缎残片。棕色，精织，小菱格形图案。

Ast.ix.2.09　丝绸残片。已沾染黄色。可能与《西域考古图记》第四卷图版 CXVII 中的 T.XIV.v.0011.a 相同。极易碎。

Ast.ix.2.010　15 颗明亮的绿色串珠和一个白色小贝壳。墓中出土。图版 LXXXIX。

Ast.ix.2.011　一团刺绣线。各种颜色，与 Ast.ix.2.07 一起发现。

Ast.ix.2.012　小丝袋。方形，蓝色底，以套染方式装饰，用精美的传统花卉图案按 S 形曲线排列，之间插入黄色鸟。这种图案显然是用手绘画，而非压印或模板印制。成组的七颗浆果以另一种颜色出现。保存较好，2 英寸见方。图版 LXXXII。

Ast.ix.2.013　小丝袋。用栗色、黄色和蓝色小方块丝绸缝合而成，其中蓝色丝绸上有套染的花点图案。口部用绳子紧束，易碎。$2\frac{1}{2}$ 英寸×3 英寸。

Ast.ix.2.014　用丝绸片缝缀成的衣服（?）残片。无法辨认其形状。许多黄色方块锦缎被绳索状的绿色锦缎带分隔开，交叉处有梅红色方形锦缎。黄色方块形锦缎上有花朵和花环图案，但无法辨清相连的丝绸上的图案。此织物一边连着绿色丝绸。同样的丝绸残片参见 Ast.ix.2.019（图版 LXXVII）。易碎。主要碎片 4 英寸见方。

Ast.ix.2.015　一团丝绸碎片。各种各样颜色，极易碎。成捆尺寸 6 英寸×1 英寸。

Ast.ix.2.016　薄纱残片。袖状物，图案均为菱形网格，每个菱格中插入了许多交错的图案。黄褐色，精织。连接在袖子上的平纹丝绸似是一种肩部残片。易碎。袖子尺寸 16 英寸×4 英寸，肩部残片 $9\frac{1}{2}$ 英寸×5 英寸。图版 XXXVI。

Ast.ix.2.017　有图案的丝绸残片。尸体 b 的覆面碎片，萨珊风格，可能为"猪头"图案。关于此类遗物中的较好残片，参见 Ast.i.5.03（图版 LXXVI）。褪色严重，易碎。大残片尺寸为 5 英寸×$3\frac{1}{2}$ 英寸。

Ast.ix.2.019　缝缀在一起的丝绸碎片。一大块方形格子图案织物，用宽 1 英寸的双层黄色丝绸条带相交织成，在交叉处有 1 英寸见方的方格，剪自有图案的萨珊风格的丝绸。方形开口的尺寸为 3 英寸。相似的衣服参见 Ast.ix.2.014。易碎。10 英寸×6 英寸。图版 LXXVII（据本书英文版"补遗和勘误"应删"图版 LXXVII"——译者）。

Ast.ix.2.020　一堆丝绸残片。梅红色，精织。尸体 b 尸身上的素纹衬衣碎片。约 12 英寸×7 英寸。

Ast.ix.2.021　一堆剪好的丝绸碎片。剪自各种丝绸织物和衣物，用线捆成团。也有许多毛布和用线捆扎的螺旋状纸团。所有织物均为素色，一些已严重腐朽，出自木棺 a。

Ast.ix.2.022　有图案的丝绸覆面残片。出自尸体 c，属萨珊风格图案变体。在橙红色底上有成排的玫瑰，每朵玫瑰都由 24 颗联珠构成的圆环环绕。花瓣内有 12 条射线（粉红色），花瓣外有 20 条射线（粉红色，棕色轮廓），每朵玫瑰花之间的间距都相等。拱肩上有 8 颗联珠芯的绿色玫瑰，在基本方位处有四片五尖的棕榈叶图案，呈绿色。所有轮廓都为白色。参见冯·法尔克《丝绸工艺》第一卷图 110。下部分已烂且已失。残存白色褶边。$6\frac{1}{2}$ 英寸×7 英寸。图版 LXXVIII。

Ast.ix.2.023　纸帽或冠。涂黑色，有一条 $1\frac{1}{2}$ 英寸宽的带环绕头部，顶部从前额中央开始至头顶又出现第二条同样尺寸的条带。两侧每一边都有一圆顶硬片。参见 Ast.vi.3.05（图版 CVII）。在距条带中央右和左边 4 英寸处，有两条宽 $\frac{3}{8}$ 英寸的金色带。在金带间隙中有带金色菱格尖的三颗星星，围绕绘色的中心出现。在纵向的中央条带距底边 $1\frac{1}{2}$ 英寸处是一条横向的金色细带，中间的空间也有星星分布。同样的星星在圆边上也有。细金带用黄色丝缎做成，星星用纸做成，尖端涂金。易碎。从底边至冠顶高 $4\frac{1}{8}$ 英寸，展平后长 $12\frac{3}{4}$ 英寸。图版 XCIII。

Ast.ix.2.024　3 尊小塑像。用面团做成的模型，肢体仅用木桩来代替。

最高 $2\frac{3}{8}$ 英寸。图版 LXXXIX。

Ast.ix.2.025　丝绸外衣残片。出自 c 尸体上。棕色，用条纹的丝绸宽条带装饰。主色为淡黄色，用成组的白色、浅蓝和浅棕色细条纹与宽条纹交替装饰。织成反向斜纹。腐烂，易碎。条带宽 $7\frac{1}{2}$ 英寸。图版 LXXVII。

Ast.ix.2.026　小麦。自墓中出土。

Ast.ix.2.027　木豆。镟制，深腹，底座粗制，整体由一块木头做成。黑色底上用几条白色圆点构成的条带装饰豆柄和底座，豆盘上有一周白色圆点构成的圆环纹。内壁无彩且干净。内底有锯齿纹痕迹。高 12 英寸，直径 $8\frac{1}{4}$ 英寸。图版 XCI。

Ast.ix.2.028~031　4 个木罐。镟制，鼓腹，大口。坚硬，顶部有凹陷。上黑色，用两条由白色圆点构成的条带纹装饰。029、030 有裂缝。平均 $4\frac{1}{2}$ 英寸×$5\frac{1}{2}$ 英寸。

Ast.ix.2.032、033　2 个木碗。镟制，坚硬，顶部凹陷，可盛放食物。两个碗内都有泥或尘土，在 032 中有几个干枯萎缩的李子（？）。黑色上随意涂些大白点作装饰。平均 5 英寸×$3\frac{1}{2}$ 英寸。图版 XCI。

Ast.ix.2.034　漆碗。薄、高，里外都有黑色漆。碗内存有蔬菜等食物的残渣。直径 $5\frac{1}{4}$ 英寸，高 $3\frac{3}{4}$ 英寸。图版 XCI。

Ast.ix.2.035、038　2 个木碗。浅碟状，上黑色漆，内有食物残渣。平均直径 $5\frac{3}{4}$ 英寸，高 $1\frac{5}{8}$ 英寸。

Ast.ix.2.036、037　2 个木碗。镟制，小型，上黑色，内有食物残渣。

036 内有李子干。平均直径 $3\frac{5}{8}$ 英寸，高 $1\frac{3}{4}$ 英寸。

Ast.ix.2.039 陶罐。小型，平底，颈部束有绳子。可能是装脂肪或油状物用的，看起来边上还有过滤的痕迹，其上固着有黑色彩，高 $2\frac{3}{8}$ 英寸，宽 $2\frac{1}{2}$ 英寸。

Ast.ix.040 陶碟。可能被用作灯，内仍有烧了一部分的灯芯。直径 $3\frac{3}{4}$ 英寸，高 $1\frac{1}{8}$ 英寸。图版 XC。

Ast.ix.041 陶盘。黑色，内有面制糕点和水果等遗物。直径 $7\frac{1}{8}$ 英寸，高 $1\frac{3}{8}$ 英寸。图版 XC。

Ast.ix.2.042 陶碗。黑色，有褐色食物痕迹。已褪色。4 英寸×$1\frac{1}{2}$ 英寸。

Ast.ix.02.043 微型木鸭。似在水中浮游，无颈，头靠近身体。雕刻粗糙，胸至尾部饰白色、红色和黄色条纹，黑色羽毛，红色嘴巴和眼睛。颈部有锯齿纹痕迹。$4\frac{1}{4}$ 英寸×2 英寸×$1\frac{1}{2}$ 英寸。图版 CIV。

Ast.ix.2.044~046 3 块光滑的树皮状物。不规则，结构似细软木。平均 $1\frac{1}{4}$ 英寸×$\frac{1}{4}$ 英寸。

Ast.ix.2.047 面团做的男（?）雕像。用粗糠似面团做成。约 $3\frac{1}{4}$ 英寸×$2\frac{1}{4}$ 英寸×$1\frac{5}{8}$ 英寸。

Ast.ix.2.048、050 小型四足动物。用粗糠似面团做成。约 $3\frac{5}{8}$ 英寸×

$1\dfrac{3}{4}$ 英寸 $\times 1\dfrac{3}{8}$ 英寸。

Ast.ix.2.049、051　2个圆盘状物。用粗糠似面团做成，圆边，中心有孔。可能是微型马车的轮子，与 Ast.ix.2.06 类似。直径 $2\dfrac{1}{4}$ 英寸。图版 XCIV。

Ast.ix.2.052　石盘。灰色，尖唇且向上翻，内装有葡萄干和其他小水果。破成许多片，可复原。直径 $6\dfrac{3}{4}$ 英寸，高 $1\dfrac{1}{8}$ 英寸，厚约 $\dfrac{1}{8}$ 英寸。

Ast.ix.2.054　绘画的丝绸挂饰。丝绸现已呈深象牙色，原色可能为白色。主题为伏羲及其配偶女娲的传说故事。两者面部相对，脸分别向左和右倾斜。尺寸约为真人大小的四分之三。身体从一荷叶形白色短裙中伸出，并且互相向外倾斜。两人的内臂直直呈水平方向伸向对方，并融为一体，连接着两个身体，但从出现在彼此腋窝处的手，可以看出他俩在相互拥抱。两人都穿紧身暗红色短上衣，中央有扣子，袖子至肘，大口。伏羲左手高举着泥瓦工的矩尺，另外两样东西无法辨认，可能是铅锤和线。女娲右手高举一圆规。相连的裙子下边完全是在一条水平线上。下面绘出两个相互盘绕的蛇状身体，相互螺旋式地盘绕成三个纽索，然后以两个简单的尖尾形式分开。盘绕的身体是由平行、垂直的白色、黑色和黄色条带构成，每个条带都由圆点或颜色相对的黑、白、红色联珠装饰，有时也用波浪状黑线条代替联珠。两头之间有太阳图案，白色带红辐。外沿和周围是小白点构成的圆环，轮廓为红色，并用红色单线连接，可能是用来表示星座。身体和相交的手臂下形成的三角形空间中和两条尾巴的空隙中以及衣服两边的下方，也都有一些星座。皮肤为白色，有红色晕影，脸上有红点，其旁还有耳朵似的白色条纹。伏羲的头发梳得很高且光滑，前额上垂下一个小白方块织物（?），用黑色交叉线画成的阴影（此为冠及冠饰——译者）。女娲的脸上部和头发的大部分都已失，但头顶上仅存的头发显示出三叶发式，与 Ast.ix.2.b.012（图版 CVIII) 上的一样。轮廓均为黑色，许多红色已变成黑色（如两颊上的红点）。精织的丝绸织物，但已腐朽和变质，用三块宽片缝在一起。中心宽 $17\frac{1}{2}$ 英寸，右边条幅至顶宽 $12\frac{1}{2}$ 英寸，至底端变窄成 8 英寸；左边的一块为 $13\sim7\frac{1}{2}$ 英寸。底已腐烂，已失。上色粗糙。顶部宽 43 英寸，底端宽 33 英寸。图版 CIX。

Ast.ix.2.a.07　棉（?）布单（绸布——译者）。素面疏纹棉布，一边有三颗或四颗红印，红印上还有一行黑色汉字。参见附录 I。棉布单是用许多宽布条缝在一起做成的。保存良好，7 英尺 7 英寸×5 英尺 6 英寸。图版 CXXXI（据本书英文版"补遗和勘误"应改为"图版 CXXVII"——译者）。

Ast.ix.2.a.08　木尺。长方形木条，按一定间隔刻一条深槽，内镶嵌入白色物。一端已残。分隔的尺寸正好从完整的那端开始。$1\frac{1}{8}$ 英寸，$1\frac{5}{24}$ 英寸，$1\frac{1}{6}$ 英寸，$1\frac{1}{6}$ 英寸，$1\frac{1}{8}$ 英寸，$1\frac{1}{8}$ 英寸，背面末端有汉字。硬木。$7\frac{5}{8}$ 英寸×$\frac{7}{8}$ 英寸×$\frac{5}{16}$ 英寸。图版 LXXXIX。

Ast.ix.2.a.09　纺轮。木柄上面缠有精织红色丝线残段。一端有圆形纺轮，类似碗状，纺轮用黑色材料做成，可能是褐煤。上端已残。$8\frac{1}{2}$ 英寸×$\frac{5}{16}$ 英寸，纺轮直径 $1\frac{1}{2}$ 英寸，高 $\frac{5}{8}$ 英寸。图版 XCIV。

Ast.ix.2.b.08　藤奁。平底，圆形，编制得很整齐。盒与盖大致同等高，而且各边都用宽枝条连接在一起。里边有一把檀香木梳，精制，现仍有弹性（松软）；两块折叠的丝巾（已腐烂）；六枚开元通宝。直径 $7\frac{3}{4}$ 英寸，深 $\frac{3}{4}$

英寸。图版 LXXXIX。

Ast.ix.2.b.09　一副金属眼罩。用一种薄银（?）片做成，两个类似荷叶的薄片以窄端相接，边沿较平，每瓣荷叶中央都略突起，上边钻有许多小孔，边沿也钻孔，可能是便于与覆面缝合在一起，上边仍粘有丝绸残片。生锈但很软。其余相同者可参见 Ast.i.3.a.04、i.3.b.03、i.5.04、i.5.a.02 和 i.6.07（图版 LXXXIX）。6 英寸×$2\frac{5}{16}$英寸。

Ast.ix.2.b.011　棉（?）布单（绸布——译者）。木棺 b 中出土，与 Ast.ix.2.a.07 类似。内中有一块精织的米色丝绸和两块白色丝绸片，丝绸多已腐烂。在两个相对的角上有红色印和黑色汉字。参见附录 I。保存较好但多处已腐朽。9 英尺×4 英尺。

Ast.ix.2.b.012　有绘画的丝绸残片。木棺 b 中出土，下端已腐烂且不完整。主题和画技几乎与 Ast.ix.2.054（图版 CIX）相同，但工艺较粗糙。相互盘绕的蛇身用鱼鳞装饰，上面只有几行红色串珠图案。女娲右手中的圆规有第三个水平突起的分支。两人的面部（完整）红色晕影较多，而且前额上都有红点标记。伏羲有一小撮髭。下边的星座与其他同样绘画中者不太一致，但大熊星座都在右边。女娲的面部右下方有一绺头发，两者脸旁都有一条下垂的白色直带盖住耳朵，这条带用纵向的黑色波纹线条装饰，而伏羲脸上的条带上还有红色圆点。伏羲的头发上水平别一枚大发夹，头顶上有一个黑色弓形饰。黄色丝绸，与薄纱的织法相同，易碎且很破烂。顶部宽 42 英寸，下部宽 39 英寸，长约 4 英尺 7 英寸。图版 CVIII。

Ast.ix.3.02　有图案的丝绸残片。半椭圆形，由同样是萨珊风格的几块碎片组成。在常见的联珠边大团花中，有成对相对的带翼马。在一行大团花中的马处于奔跑状态，一条前腿已抬起，颈部弯曲，头仰得很高。在与其相连的下边一行大团花中的马，嘴挨近地面，似是在吃食物。每个团花中的背景可能都是相同的，在坚硬的竖茎上都有花朵，左右两边都有摇曳的叶子，下边是三叶形饰。但在马吃草的团花中，中央升起一棵树，叶子是七个紧密排列的金字塔形，三个正好在马的上边，中间的一个稍高一些。团花之间水平相连，连接处有玫瑰覆盖。团花纵向间距约$\frac{1}{2}$英寸，空白处常用一朵较大的玫瑰架桥。每个四分之一圆周中有四颗珍珠或串珠饰，拱肩中心延伸出四叶形花卉图案。颜色都已褪，轮廓和团花边现已呈浅棕色或绿蓝色，与它们所处的条带的颜色一样。罗纹织物，中国产品，很旧。同样图案的织物见《西域考古图记》第四卷图版 CVI 中的 Ch.xxii.0019 上的座垫罩。13 英寸×$6\frac{1}{2}$英寸。图版 LXXX。

Ast.ix.3.03　有图案的丝绸残片。条带纹装饰。顶部是成对相对的凤凰，翅膀、尾均上翘，腿是在黄色底施深蓝色彩，轮廓和腿均为淡黄色。每对凤凰之上，有两个对称的绿色叶圈，可能是上边残失的条带中装饰的部分图案。每对凤凰下边和之间也都有同样的叶圈横向排列，但向上的茎部中间有五朵尖棕榈叶形的花，轮廓为蓝色。下边是两条长方形小块状条带，黄蓝两色方块横纵向交替。在此条带下边，是绿色芯的浅黄色菱格形条带；其下，如同上边的一样，又有更多长方形小块状条带重复出现。在这些条带下边有一大团花，团花内含八瓣花朵，轮廓为白色，绿底，绿色八角形芯中叶脉伸向花瓣。大团花的边是萨珊风格的浅色联珠构成，黄色拱肩上用棕榈叶填充。中国织物，工艺精湛，斜纹织物。顶部有褶边和衬里残寸。6 英寸×$4\frac{3}{4}$英寸。图版 LXXVIII。

Ast.ix.3.04、05　一对小陶碗。绘劣质的黑色彩，与 Ast.i.1.03 等一样用白色圆点装饰。每个碗中都有蔬菜或食物残渣。04 中有葡萄干。高$1\frac{1}{4}$~$1\frac{1}{8}$英寸，口径$3\frac{3}{8}$英寸。图版 XC。

Ast.ix.6.01　盒盖。由藤条编制，长方形，各边均外突，式样漂亮。斜纹织法，是由横向相连的小方块织成。残存的蓝色藤条以同距离的直线穿过盖，盖边是由与盖深度相同的藤条组成，从顶部用薄纱加在其上，下端有一条竹条环绕成圆。工艺精良。$11\frac{3}{8}$ 英寸 $\times 6\frac{1}{8}$ 英寸 $\times \frac{1}{2}$ 英寸。图版 XCIII。

Ast.ix.6.06　5 块面团。呈动物形状，似熊头，个别躯体已失。其中一块碎成了许多块，每一块面团中心都有一根枝条作内核，上面再用面团加工成形。长约 3 英寸。

Ast.ix.6.07　小垫。亚麻（？）布制作，内装满麦草。11 英寸 ×4 英寸。图版 C。

Ast.ix.6.08　陶罐。形状类似罗马式双耳细颈酒罐，但无耳，卷沿，圆形。在腹部最宽处最大腹径处两条弦纹之间，有四条较粗的水波纹装饰，颈部也有一圈水波纹。灰色，与 Ast.i.1.03 相同，外表有涂黑和饰彩的痕迹。夹砂，已褪色。高 4 英寸，直径（底）$2\frac{1}{2}$ 英寸，沿 $2\frac{1}{2}$ 英寸，肩 $4\frac{1}{2}$ 英寸。图版 XC。

x.1 组墓中出土的遗物

Ast.x.1.01　斜纹丝绸残片。深乳白色，用棕色和浅绿米色方格相交替的图案装饰；每个方格又被分隔成四小个方格，方格按棋盘顺序排列。最大残片 $3\frac{1}{4}$ 英寸 $\times 2\frac{1}{2}$ 英寸。腐烂。图版 LXXVIII。

Ast.x.1.02　纱残片。与 Ast.1.7.04 类似，小菱格形图案，棕色，易碎。图版 XXXVI。

Ast.x.1.03　有图案的丝绸残片。浅米色底（已褪色），上有棕色和蓝色彩，图案与 Ast.1.7.06 相同。碎片呈圆形，可能是一细长的圆形物的残部。4 英寸 $\times 1\frac{1}{2}$ 英寸。图版 XXXVI。

Ast.x.1.04　有图案的丝绸残片（两片连在一起）。图案为宽约 $2\frac{3}{4}$ 英寸的黄色和蓝色条纹。黄色条带上有一束椭圆形带叶花，以 $1\frac{1}{2}$ 英寸的间距重复出现，空白处有两朵小玫瑰填充。蓝色条带上有一个棕榈状灌木（黄色），其上有两只相对的翅膀向上翘的鸭子；灌木间隔处有黄色茎叶重复出现。蓝色和黄色条带相互交替出现，图案一般交错分布，空白处填充两片小棕榈叶。纤维织物的底为荞末黄色。用含绿的蓝色印染，是从黄色中提炼出来的，表面压光，印染时变污，保存较好。29 英寸×15 英寸。丝绸宽 22 英寸。图版 LXXXII。

Ast.x.1.05　有图案的丝绸残片。外衣上的残片。三块残片上的图案设计得很仔细，粉色，末端为圆形呈羊小腿形状。一个条带的边向下弯曲，粘着成片的黄色锦缎，上边有粗帆布包边。剩下的两块是同一条带的部分。图案是成排的六瓣椭圆形玫瑰，蓝色，米色芯，花瓣中有棕色点。玫瑰间距为 $\frac{5}{8}$ 英寸，各行间距为 1 英寸，上下行玫瑰正好交错排列。在每行玫瑰之间，是一行带棕色条纹的浅绿叶的金字塔形灌木和蓝色花朵，顶端置于成行玫瑰的间隙中，底基正好是在下边一行玫瑰之上。在两行玫瑰之间的"金字塔"上有蓝色小叶子或花朵（已褪色），特点因行的变化而不同。在此之上，是一个四瓣蓝色花朵。颜色大部分已褪。锦缎上设计的花卉图案很大胆，虽不是特别精美，都在 S 形曲线上。最大残片 $10\frac{1}{2}$ 英寸×$1\frac{1}{4}$ 英寸。锦缎 $9\frac{1}{2}$ 英寸×$3\frac{3}{8}$ 英寸。图版 XXXVI、LXXXV。

Ast.x.1.06　有图案的丝绸残片。粉色底（一般已褪成米色或黄色），图案为六瓣大玫瑰，红色和蓝色芯，黄色轮廓，花瓣中有黄褐色。这些玫瑰之间有蓝色和红色蕊的黄色六瓣小玫瑰。在小玫瑰的下边，有蓝色花朵，带横穿茎部的两片绿叶。而且在玫瑰下边，重复出现一束带蓝花的叶子，其下又是倒置的带叶子的蓝色花朵。所有的经线都已腐烂。最大残片 11 英寸×2 英寸。图版 LXXVIII、LXXXIII。

Ast.x.1.07　有图案的丝绸残片。两条斜纹织物残片。蓝色底上有已褪色的米色大玫瑰图案。玫瑰蕊为四瓣花朵，花瓣呈心状。周围是设计精巧的相连的棕榈叶，由鸢尾和花朵的侧面相交替构成。在相连的那一行中又有第二种玫瑰交替出现，但只显示了一部分。保存良好。$11\frac{1}{2}$英寸×$1\frac{1}{2}$英寸。图版 LXXIX。

Ast.x.1.08　有图案的丝绸残片。搜集的带美丽条纹的布料。整体风格一样，只是细节上有变化。主条纹为深蓝色，上有六瓣米色玫瑰。在每朵玫瑰两边都有黄色、棕色和米色线条。在一朵玫瑰上有米色小圆环，在圆环外边有带蓝色阴影的条纹，还有棕、黄、米、浅黄、淡绿、深绿、蓝和棕色等条纹，都很细。图案效果很活跃。已腐烂。参见《西域考古图记》第四卷图版 CVII 中的 Ch.lv.0028。最大残片 7 英寸×$2\frac{3}{4}$英寸。

Ast.x.1.09　魔鬼头像。泥塑，与 Ast.vii.2.03 的奇异造型相同，但五官在各方面都很夸张。头发的顶部施深红色，皮肤粉红色，髭和颈部的一小撮胡须为黑色。高浮雕的拱形眉毛为绿色，带黑色线条。眼球为白色，朱红色眼窝，突出的绿色眼睛，内外为黑色圈，瞳孔为朱红色。唇内为朱红色，嘴角都有突起的白色獠牙。头顶有裂缝，尖端已脱落，草内核突出。头长 12 英寸，加内核长 $16\frac{1}{2}$英寸，通宽约 6 英寸。图版 CI。

Ast.x.1.010、011　2 个泥塑女俑。站立。用柔软的含纤维的红色泥塑制，用木棍做内核。头部前半部分仍存，已与内核分离。010 的右脸和左前臂，以及 011 的右臂都已失。手臂的最宽处仍固定在肩上。人物形象肥胖，高腰，长颈，大头。着素面紧身宽大背心，在前颈至腰间形成 V 形领口，长袖环绕手臂并下垂，裙子一直垂到脚。010 的衣服呈朱红色，白色围腰；裙子浅蓝色，带黑色棕榈叶。011 着浅蓝色衣服，围腰和裙子均为白色。脸大而丰满，眼斜视，011 的前额中间有一个绿点。头发黑色，直直向后梳理，前额上有一小圈，前额的两边各有一大堆硬发。顶上的发髻早已被毁坏，未佩金银首饰。010 穿黑鞋，脸上的白彩几乎全部已褪尽。很重，但背后的衣纹没有表现。高 $10\frac{1}{4}$ 英寸，加内核高 $11\frac{1}{4}$ 英寸。图版 CIII。

在阿斯塔那墓地的采集物

Ast.01　漆木案。浅底，长方形，边稍卷曲，圆角，两端各有一錾。浅凹面，中央有长方形黑漆，周围是宽红色边。边沿、板和背面为黑色。形状很优美。直接在木头上上漆。保存良好。$19\frac{3}{8}$ 英寸×$12\frac{1}{2}$ 英寸。图版 XCI。

Ast.02　6 颗玻璃珠。三颗蓝色，两颗绿色，一颗黄色。最大直径 $\frac{7}{16}$ 英寸，最小直径 $\frac{1}{16}$ 英寸。图版 LXXXIX。

Ast.05　木豆。或宽足支座。镟制，柄部向上逐渐变细，突然变宽成一个浅豆盘。上黑色，带白色纹饰。足周围是六片下垂的棕榈叶，柄部于两条弦纹间有水波纹，下边有一周小圆圈，上边有一周小点。豆盘外沿有六片下垂的棕榈叶。豆盘的边已残。高 $3\frac{7}{8}$ 英寸，豆盘直径 $4\frac{3}{8}$ 英寸。

Ast.06　小陶罐。形体呈蛋形，平底，矮领，厚沿。颈部有一粗绳环绕两周，还有一根绳在其上打成环结，以用于提携。灰陶，已褪成黑色，可能是油污所致。内空。高 $3\frac{3}{8}$ 英寸，底径 $1\frac{3}{4}$ 英寸，肩径 $3\frac{1}{8}$ 英寸，口径 $1\frac{3}{4}$ 英寸。

Ast.07　陶盘。灰陶，硬火候。宽平底，没有饰彩。因内部食物腐烂而褪色。直径 $6\frac{1}{2}$ 英寸，底径 $5\frac{1}{2}$ 英寸，高 $\frac{7}{8}$ 英寸。

Ast.08　纸旗。由几张很厚的汉文纸文书残片黏合而成，外面有黑白色水平条纹。一边粘在呈圆方形的木棍上。旗帜长度显然不完整。高 18 英寸，长（自木棍）7 英寸，木棍 $20\frac{1}{2}$ 英寸。图版 XCIII。

Ast.09　墓志。墓中出土，烧土质，方形。表面为黑色，并书有五行汉字，字迹清楚。字先刻上去，然后再涂红色彩。相关译文参见附录 A 中马伯乐先生的翻译。保存完好。15 英寸×$15\frac{1}{2}$英寸，图版 LXXV。

Ast.010　墓志。出自阿斯塔那墓地，具体墓葬不明确，烧土质。上面书有相当于公元 681 年的纪年。方形，表面涂一层米色，其上刻有 11 行黑色汉字，保存状况一般。有关译文参见附录 A 中马伯乐先生的翻译。15 英寸×$14\frac{1}{2}$英寸。图版 LXXV。

第七节　在吐鲁番工作的总结

我们在阿斯塔那墓地进行调查和发掘的同时，还要关心一些其他工作的进展情况。经过长达两个半月的探险调查，拉尔·辛格终于于 1 月 23 日安全地从库鲁塔格地区返回了，我感到如释重负。[①] 关于他这次历经艰辛和困苦的探险所取得的重要收获，我在别处已作了详细的阐述[②]，图 29、31、32 展示的即是我这聪慧、干练的助手调查过的荒凉地区的全景。这里还值得一提的是，他探寻到了一条通往辛格尔的新道，这条道路从辛格尔起，又向下延伸出了一种三角形

拉尔·辛格的返回

[①]　图 332 显示的是我们的小探险队在高昌城重新会合时的情景。

[②]　参见《地图备忘录》36 页。

区，向下直抵阿勒提米什布拉克盐泉。辛格尔是这片广阔的不毛之地中唯一有人居住的地点。

在库鲁塔格地区的调查

在非常艰苦的条件下，等待机会穿越风沙弥漫的罗布泊沙漠时，拉尔·辛格在阿斯廷布拉克观看到了 130 英里以南的昆仑山脉。这促使他将他在库鲁塔格地区的三角测量工作，与他去年在罗布泊盆地南部工作过程中所确定的浮起在罗布沙漠尘霾之上的一座高峰联系起来了。随后，他就进入了库鲁塔格东北部完全未经探查过的地区，那里的地表上连沙漠中生长的植物也很难找到。最终，由于缺乏化冰的燃料，水源断绝，他和他的队员们沿着我安排的路线，被迫返回了吐鲁番盆地的东南部边缘。因此，在他与我在喀拉霍加会合之前，得以仔细地调查了吐鲁番盆地最低的洼地，并确定其低于海拔近 1 000 英尺，这较以往探查的数据更加精确。

调查罗布泊沙漠的计划

这次精疲力竭的探察之后，拉尔·辛格只休整了几天，他又满怀激情地出发，开始完成从辛格尔到库尔勒附近的天山山脚地带的三角测量任务去了。这项任务，我希望他能在春季的尘暴来临之前完成，所以我迅速地为拉尔·辛格准备新的旅途所需要的物品、指令等，这与为以地理学和考古学为目的的紧急探险调查做细致的准备显得同等重要，我希望这次的探险调查能对我们前一个冬季在罗布泊沙漠的调查工作起到补充作用。由于这些地区极度缺水，所以寒冷的冬季才能使这些调查得以实践。很遗憾，我必须放弃亲自率领队伍来完成这些探险调查的机会，就因为我那受伤的腿，虽然现在有所好转，但在环境如此恶劣的地区长途跋涉，一定很痛苦。很幸运的是，我可以信任地将上述调查任务交给阿弗拉兹·古尔，18 个月以来的探险经历，使他不仅具备了勇气、热情和地理知识，而且还能很好地领会其考古工作的价值。

这些探险调查面临的困难和危险很多，所以要使我这些年轻的探险队员安全地完成这些任务，就必须提前做好周密细致的安排和正确的指导，以避免任何危险的发生。下面将谈到他们是如何出色地完成这些任务的。

在阿斯塔那进行调查和为上述探险调查做准备的同时，我还为吐鲁番盆地调查的收尾工作和如何将我那大量的文物安全地运往喀什等问题而忙碌。我渴望能亲自确定这些文物的安全，可这么多的物品似乎不大可能，因为从伯孜克里克洞窟中揭取下来的壁画，包装后就有 145 箱，重量超过 8 吨。在重新到达库尔勒天山山脚的山道之前，我仔细琢磨如何穿越库鲁塔格山到达库鲁克河畔的一个特定遗址，然后沿西北部的楼兰遗址前进。关于文物的调遣和安全抵达喀什领事馆，并得到妥善安排，我还要费心进行特别安排，我于 2 月初的前几天才觉察到，我有必要加快文物调遣的准备工作，以及我在阿斯塔那墓地发掘的收尾工作。

文物的调遣工作

通过与吐鲁番地方官员的交往，以及他们很有礼貌地不断介入我的工作，表明乌鲁木齐官方已下令，要求我解释在吐鲁番地区延长停留期的原因、工作性质等一些问题。他们从省外事部那位敏捷的书记那里拿来了同样的文件。我前一年的调查曾因这位书记的有意干扰，险些破坏了我的整体工作计划。当然他们有理由对我们在绿洲附近的木头沟、阿斯塔那地区延长探险调查表示担忧，恐怕更多的是对我行李中那些增加箱子的内容的关心（听到了关于这些箱子中装有无价之宝的传言），这些体现了"青年中国"的机智，以及重新夺取政权的新人们想了解我的意图。他们这次出来干涉恐怕就容易多了，因为就文物本身而言，都是共和国法令（的确已有明文规定）禁止出口的，而且还有颁布已久的禁止盗

对有意阻碍的认识

掘墓葬的条例。毫无疑问，无论是吐鲁番官方还是乌鲁木齐官方，近几年都已竭尽全力加强这方面的宣传，并提到首要位置上，然而他们忽视了当地居民为了获取财宝而不加选择地对大量的遗迹进行肆意破坏这一事实。

向喀什调运文物

在试图将我这些文物运送到喀什的长途旅行中，完全有可能会受到中国官方的干涉，因为这一段路程对于负载的骆驼来说，至少需要行进六个星期的时间。但我假设，如果我不在场，根据当前的形势以及文物的遗失可能带来的外交事宜上的麻烦和影响，被阻挠的可能性大大减小。事实也正如我所愿。这些可疑的箱子的安全问题就自然地落在了当地政府官员的身上，我想没有人情愿承担这种责任，更何况他们扣押这些箱子，从中得不到任何个人利益。所以我就尽量加快文物运送商队的安排工作。2月5日，夏姆苏丁从伯孜克里克运回了最后一大批装有壁画的箱子，他那不气馁的工作精神，使得他成功地完成了揭取壁画的艰巨任务。一天之后，我终于看到装载箱子的45只骆驼长队出发，前往遥远的目的地了。领队的是跟随我经过三次探险旅行的老总管依布拉音伯克，此时我丝毫没有一点松口气的感觉。靠他一贯的自信，我想他这次一定能顺利地完成任务。就在这同一天，阿弗拉兹·古尔也出发了，他要穿越库鲁塔格山，去完成罗布沙漠中艰难的调查任务。我给了他骆驼群中最健壮的7只，由勇敢的哈桑阿洪管理，并由阿布都买里克当向导，一直到达阿勒提米什布拉克，他是阿布都热依木的兄弟，是一个很好的野骆驼猎手。如果一切顺利，如果他能一直正确指导，精心关注我们前一次在这一荒芜的地区旅行时我授予他的技巧和知识，那么3月11日我们就可以在库鲁克河源头的营盘遗址会合。

阿弗拉兹·古尔出发前往罗布沙漠

　　我自己也急于变换一下吐鲁番绿洲附近准郊区的环境，迁到交河
到达沙漠中更广阔的新地方去，不过我还是推迟了前往南部
的时间，主要是对雅尔和屯遗址重新进行调查，它是吐鲁番
盆地的早期都城，汉文文献中记载为"交河"。1907 年 11
月我在吐鲁番的新城停留期间，曾经有机会对它做过快速调
查，并认为对其进行更进一步的调查是非常有必要的，尽管
那时的调查已对遗址的地理位置等情况做过描述①，但似乎
有必要对遗址进行长期的调查和发掘。毫无疑问，值得进行
考古发掘的地方一定不少。2 月 9 日，我抱着这种态度抵达
交河故城，想证实一下对其中一些寺庙遗址的发掘是否会给
我带来预期的收获。但由于来自乌鲁木齐官方的干预，我缩
短了在此停留的时间，这种先兆我在高昌调查期间就已经预
感到了。

　　2 月 11 日，我接到了来自吐鲁番县官的一个口信，勒令抗议我发掘
我立刻停止在我抵达吐鲁番的第二天开始的发掘工作。次
日，又送来一封县官的来信，说明是奉乌鲁木齐政府的严格
命令，对我提出这一要求的。这么说是省政府提出禁止我在
此发掘的命令的。与我所预料的一样，我卷入了破坏中国古
代文化遗产的活动中；政府要求我准确地报告我的发掘物的
状况和范围。然而，和善的东干人按办，一个地道的伊斯兰
教徒，他没有对这一类的中国古代文化遗产，如佛教塑像以
及隐蔽的墓葬中出土的壁画表现出特别的兴趣，这令我欣喜
若狂，同时也因我的驼队及时离开，无法让他了解到更多有
关那些箱子的详细情况。另一方面，我提前几天出发，前往
库鲁塔格山，似乎也算是一个小小的让步，消失在戈壁沙漠

---

　　①　参见《西域考古图记》第三卷 1167 页以下。

之中，好让他安心从而不再打扰我和我的工作。在决定走此道后，我就迅速安排文物的运送工作，以避免他们再找借口来干涉我的护送队。我同样也期望着看到穆罕默德·亚库卜的工作圆满结束。然而，经过审查他带到交河的平面图便可知他对吐鲁番盆地的调查离圆满结束还相差甚远。①

交河古城的调查

基于这些考虑，我不得不将我在雅尔和屯遗址的工作于2月13日结束，因为我无法对这印象深刻的遗址进行更加仔细的调查②，而且我们的发掘也就局限于附图35中的I号大佛教寺庙遗址范围内，因为该遗址未被彻底清理干净。雅尔和屯古城由于其不寻常的特征和惹人注目的地理位置等原因，吸引了所有询访吐鲁番的从雷格尔（Regel）博士到后来的格伦威德尔和勒柯克率领的探险队以来的欧洲探险家们，他们对此遗址的不同部分都进行过发掘。然而，我所能找到的关于该遗址的记载，除克列门茨博士调查报告中的简单描述外③，再没有其他任何更为详细的记录。我重访该遗址时准备的遗址平面图（附图35），以及我仓促调查所记录的遗址的一些特点，想必会有一定的参考价值。

---

① 奇怪的是，自上一个秋季我们返回新疆以来所做的任何调查，乌鲁木齐当局均未反对——即使通过在北京的部长阁下的迅速帮助，从中央政府获得准许，我的调查仅限于考古学方面的情况之下。参见本书第九章第一节。

穆罕默德·亚库卜所做的1英寸:1英里的测量，尚无法归入此类工作之中。但是，在吐鲁番城南的村庄之间，即使是在我本人离去之后，这一测绘工作也毫无阻碍地得以开展。至于测量工作不能延伸至盆地最西部——亦即托克逊绿洲附近的原因，也仅仅是测量员的缘故。该测量员工作缓慢，3月底必须与我在库尔勒会合之前，他已没有充分的时间来完成其测量工作。

② 这也适用于遗址的示意图。该图由穆罕默德·亚库卜绘制，未得到我提供必要的细节上的指示。出于此原因，该图未尝试区分出那些更为重要的遗迹。同样，城中的主要街道测绘得也不够准确，如果阿弗拉兹·古尔能给予帮助，这一点原本是可以做到的。

③ 参见克列门茨《吐鲁番报告》（*Nachrichten über Turfan*）24页。

　　雅尔和屯古城遗址因修建在雅尔河环绕的一块台地上，其外形非常特殊，而且地面还保存着许多建筑遗迹。遗址的地形特征就足以说明其地理位置的自然优势，并且还可以解释遗址上的建筑尽管都暴露在外，却绝对安全，不受河流水汽、灌溉以及种植区侵占的影响的原因。同样因其特殊的地理位置，毫无疑问，自中世纪以来就被人们熟知并称之为雅尔和屯，这是一个半回鹘半蒙古语的名称，实际上就是自汉至唐代的中国史书中提到的"交河城"[①]，亦即车师前国或吐鲁番的都城，"交河"意即"相交的河流"。

　　从附图 35 中可以看出，交河城所在的台地自西北到东南逾 1 英里，中间最宽处约为 2 弗隆。两条很深的雅尔，每条宽 120~200 码，连接狭长的台地，并在东南端汇成一条河，形成船头形的悬崖峭壁；台地相对的一端，即其向西北延伸部分，被一条宽 50~60 码的自然壕沟所切断，形成一条支流，再向东两条雅尔分流，而且两者都有支流。这些河流通常是靠泉眼供水，此外也有一定量的水从尧干铁热克和夏普塔勒鲁克山谷流入；有时它们也从山洪中获得大量的水。位于雅尔和屯附近两条雅尔的沟底，平均低于台地及东部的种植区 100 英尺左右，它们的形成，无疑应归结为早期大量洪水泛滥和侵蚀因素。河流通过冲积的淤泥沿台地的边缘形成垂直的峭壁，峭壁的高度大部分地方都无法测量，我测量的部分峭壁高 95~110 英尺。这些峭壁为古城提供了天然的屏障，使古城极易于守护，很难攻破，而实践证明它们

遗址的地形特征

――――――――――

　　①　《明史》中清楚地记载了其名称（见布雷特施奈德摘译的译文，《中世纪研究》第二卷 191 页），并被克列门茨所认同（《吐鲁番报告》28 页）。《后汉书》清楚地告诉我们有关交河城的情况："河水分流绕城，故号交河。"参见沙畹《通报》211 页，1907 年。

是可以抵御突破或穿透的，所以没有必要防御从雅尔另一边的地面发射的抛射物。

通向台地的通道

通往交河城占据的台地的通道只有两条。在台地东南端附近有一条弯曲的小道，显然是一条古道，后经人工修整过，可以通到台地的顶部。由此处的斜坡向下可抵达距相连的雅尔底部 75～80 英尺高的地方；另一条可到达台地的通道现在位于一条陡峭的小沟壑中，是由东北部边缘的中间向上延伸的。这条沟壑的上部与一条狭窄且挖得很深的沟相通，形成一条小巷，两侧矗立着许多房屋，再向下延伸，两侧是生土切割而成的巨大的建筑遗迹，可能是瞭望塔之类的遗存，因此可推断这条道自古代即已存在了。

一组佛塔建筑遗迹

台地的东南面较矮且宽，其上被古城遗迹所占据。台地的另一半是一块几乎空旷的生土地，地表上零星分布一些寺庙废墟，那显然是佛教遗迹，还包括少量与阿斯塔那墓地的那种形制的墓葬相似的墓葬。前者中，最引人注目的是示意图中标示为 IV 的建筑遗迹（参见《西域考古图记》第四卷图 279），其地基和风格与格伦威德尔教授描述的高昌古城中那座奇特的寺庙（P）非常相近[1]。80 座小塔似的建筑，围绕中心一座高大的塔呈四组对称分布，中心塔四侧还有四座塔。所有的塔中只有两座塔已倒塌成土堆，形制不明。这些土堆被当地农民当作肥料挖走的也还不多，所以系统地清理土堆或许会获得一些有价值的物品。

两座大殿堂遗迹

在这块空地上发现的两座大型建筑遗迹，显然是佛寺（Vihāras），其内部都有一条长方形回廊，高大的生土墙壁上的龛中原先都置有供礼拜的偶像，而且院子周围还有成组

---

[1] 参见《高昌故城及其周边地区的考古报告》（*Idikutschari*）31 页以下，图 24～27。

的房屋。这两处遗迹都曾被搜查过，但其中一个标作 I 的遗迹（见附图 26，图 333 中有其照片）。经过仔细清理龛西北边的通道 i，我们发现了几块写有汉文和回鹘文的土坯残块，其中包括有两块有婆罗米文注释的土坯。其他的文书和写有汉文、回鹘文的土坯，都是从那些挖肥料的农民手中买来的，它们基本上是农民从城北部边缘附近的一个小建筑遗迹的土堆中挖出来的[1]。由此，我们可以得出这样的结论，即雅尔和屯遗址一直延续到了回鹘人统治时期。[2] 其他一些证据也能证实这一点。院内两边的房屋和地下室都是僧房，因为屋内墙壁上都有壁龛，看上去似是用作食厨，另外还有一直通到墙壁外的被熏黑的烟道，都证实了这一点。墙壁上用来安装椽的洞仍有 17 英尺或更高，这些表明其上至少还有一层房屋。值得注意的是，主围墙高达 5 英尺，生土地基，地基两侧的土已被挖掉，另外主要大门旁房屋的地面显然要比院子的地面低得多。这种不需要大量的石头建造的地下房屋，在交河城遗址中非常普遍，这一点通过发掘坚硬的生土就可以观察到。因为这种居室非常凉爽，每当吐鲁番炎热的夏季来临时，就可以在这些地下室中避暑，同在白沙瓦和印度西北部边缘地区常见的"太依哈那"（tai-khānas，俗称地下凉屋——译者）的功能相同。

通过清理台地北部边缘平地上的遗迹，我们发现了很有趣的雅丹地貌，即在地表上都有深 1~2 英尺的沟。这种地

雅丹地貌和台地北端的墓葬

---

[1]　从他们那里还获得了以下遗物残片：Yār.01 泥塑模型残块，长方形砖，灰色，烧制，坚硬。外沿很高，用联珠装饰，边为拜占庭风格的卷曲的草叶纹图案，成组地在各角相互缠绕结合，中央是竖直的条带，包含同样的竖直分布的草叶纹，每个条带的框架都呈突起状。只有一个角残存。$3\frac{1}{2}$ 英寸×5英寸。

[2]　参见《西域考古图记》第三卷 1168 页。

貌由台地的西北面到东南面都存在，表明这里的风蚀主要是由飓风引起，也就是春季和夏季从前往乌鲁木齐途中的天山风口达坂城（Ta-fan-chêng）刮到吐鲁番盆地的飓风所致。这种风蚀没有向更遥远的地方发展，主要是因为沿台地分布的雅尔阻止了流沙的直接侵入，尽管它们无法阻止由空气流动所刮到高地表面的沙粒①。我们在这里发现的墓葬都是成组分布的，就如同阿斯塔那墓地发现的墓葬一样，但有些墓葬的墓道似乎要宽一些。有一座小矮院把我们引入了通往几个墓室的通道中。从表面上观察，所有的墓葬很久以前都曾被打开和反复搜查过，在交河古城西部萨依地形上散布的大量的墓葬也不例外。暴露在西雅尔河两峭壁下部的一组小墓室中没有任何发现，全都是空的。

Yār.II 大佛殿　　　　交河古城占据的台地可以划分为两个分明的区域。图 326 显示的是北部较大的一个区域的全景，是从远景拍摄的，上面主要密集分布着多数居住遗迹，一般面积都非常大，其间还可辨认出有几条通道。两条最宽的道路沿台地纵向中轴分布，并与几条横向岔道相通。在西边一条主要道路的最顶端附近矗立着一座高大的建筑遗迹（附图 35 标作 II 的地方）。这座建筑中央有一座大殿（主殿），两侧有成组的小殿，还有一圈长 80 码、宽 60 码的长方形围墙。沿围墙边有一系列的小殿和屋宇（图 331）。在主殿内有类似巨塔

---

①　这里需要提到我在交河古城的东部观察到的因风蚀而堆积的流沙。穿行整个村庄土地最肥沃的地区，即我的扎营地 C.243，我注意到从交河古城的东部雅尔起有一条没有耕种的地带，地表上到处可见到小土丘。为了防止风沙人们还修建了一道泥墙。继续前进我路过了这样的田地，地面不是从交河古城带来的松软的肥料，而是散布着较大的泥巴堆。根据陪伴我的当地的一个头目扎西德伯克讲，这些泥堆是秋季洪水泛滥后遗留下来的，可用来保护地面不被风蚀以及挡住刮来的尘土。这种被挡住的尘土据说可作为肥料使用。

的土块堆积①，形制与阿斯塔那的台赞和斯尔克甫（Sirkip）的吐拉（tura）相同。四面成排的壁龛中安置的用来朝拜的坐佛像仍然有部分保存完好。这座大殿从远处看像一座真实的堡垒，实际上是吐鲁番古代都城的一座主要佛殿。尽管不是全部，但大多数殿堂以前都被搜查过，而且近几年，每逢冬季那些挖肥料的农民都会来此运土。他们对这座古城造成的破坏，可直接从城北端遗迹上反映出来。而且他们破坏的范围很大，特别是在我第一次询访此地之后的七年当中，我现在简直无法找到我曾经清理过的两座小殿的具体位置了②。

从大佛殿Ⅱ的主要大门出来，往下走就能到达一座被破坏的庙宇遗迹，尽管不是很大，但因孤立地建造在一块空地上，所以很醒目，而且它又正好处于几条道路的交会点上③。它的基座高 13 英尺，是直接切割生土建造成的，因此就成为衡量发掘道路和修建地下房屋所需要的大量土方工程的标尺，主要是因为这些遗迹距台地的自然地表都有一定距离，即都低于台地的自然地表很多。这座庙宇的单间殿堂长约 44 英尺，宽 34 英尺，其墙壁高达 5 英尺，用大块生土建造而成。其上是一层层夯筑的部分，高达 7.5 英尺。顶部被毁坏的土坯建筑，残高仍有 5 英尺，用土坯（13 英寸×7 英寸×4 英寸）建造而成。以同样方法建造的建筑在该城的其他一些地方也都可以看到。刚才谈到的寺庙的具体建筑特征现已无迹可寻，然而主要道路由此则直直地延伸出了 300 码长，两侧聚集有许多建筑遗迹，大部分都是与图 327、328 中所见到的居住遗迹面积相当的房屋。在道路的西边，靠近

中心庙宇及居住遗址

①　参见《西域考古图记》第三卷图 278。

②　参见《西域考古图记》第三卷 1168 页。

③　参见《西域考古图记》第三卷图 275、276。

台地陡峭的一边有几座建筑，其面积和特别的建造方式与前者有所区别（图330）。这些建筑是宫殿或衙署，遗憾的是由于前面提到的被干涉的原因，我没有机会至少对其中几座房屋进行研究和测量。

巨大的围墙遗迹

还有许多建筑遗迹，从其房间或厅堂的面积以及高大的墙壁建造方式上，我们可以推断它们是属于一些重要人物的。大多数情况下，这些建筑只残留用生土切割成的地下室部分，以及其上的夯筑的建筑部分，其夯土非常坚硬，以至于无法将它们与自然土块区别开来。残留的建筑遗迹的墙壁高度仍有20英尺或更高，而且只能在上部看到门或窗户的痕迹，它们往往伴随有食厨壁龛和为建造上层建筑安置木椽的成排的小洞。在吐鲁番这个木材一直非常珍贵的地方，使用这种原料本身就是一种财富的炫耀。[1]

地下房屋的使用

从墙壁底部的厚度，我们似乎可以下这样的结论，即它们首先是起支撑作用的，主要是为了在上边建造土坯建筑，以适应冬季居住，那时吐鲁番的人们都渴望得到阳光的照射以避寒。然而，那些直接用生土切割而成的大量的地下建筑则是为盛夏避暑用的，那里面非常凉爽，而且舒适，如同现代吐鲁番人避暑用的拱形坎买尔一样。这一类建筑必须有一定的面积，其次是不通风。实际上，交河古城的建筑有多少是建造在低于台地的自然地表之上的，可以通过图329反映的背景中观察到，它展现的是延伸到城南部的镇当（Zindān，即监狱——译者）洞室的遗迹。

---

[1] 如果将雅尔和屯宽敞的居住遗迹，与农民居住的狭小的带拱顶通道和地窖的类似养兔场的居址（如同大阿萨遗址中见到的）进行比较，就会有所启发。地窖是夏季用来避暑的房屋。参见《西域考古图记》第三卷1161页图265。

图 326　从南面观察到的交河古城北部的全景

图 327 交河古城北部中心区域内的巨大建筑废墟

图 328 交河古城内主要道路东边的建筑遗迹

图 329　交河古城南部区域内的镇当（即监狱）及其他废墟

图 330　交河古城北部区域内主要道路西边的大建筑

图 331 从南面看到的交河古城内的大型佛教寺庙遗址 Yar.II

图 332　我和队员们在吐鲁番的高昌古城

图 333　从东南方看到的交河古城的佛寺遗址 Yār.I

虽然不是全部，但大多数地下室内都已充满土堆，主要是这些房屋被废弃后，其上的上层建筑物倒塌所致。但那些掘土者或挖肥料的农民，在这里长期而勤奋地劳作，使得古城主要部分的多数遗迹的自然土壤都被侵扰过，而且，现在又因风吹作用，地表上又覆盖了一层很薄的沙子。至于这些地下房屋内土堆积原先有多厚，又有多少有趣的具有考古价值的遗物因运输而遗失，目前我们已无法确知了。我们将这些无法解答的疑问，都归结到他们那些辛勤的挖掘上，尽管他们是低级的和非科学的发掘者，这一点完全可以从城里发现的井中找到答案。在一处遗址中，其所处的自然位置恰好类似堡垒这一特点是很重要的，但它不是唯一重要的因素。因为农民挖土做肥料，从而使多数房屋中的井的遗迹得以发现，井一般呈圆形，直径 2~2.5 英尺。也就是说，古代居民可以从距地表 100 英尺以下的自然水位打到水喝。显然这种技术就是吐鲁番的古代文化遗产，现代的坎儿井挖掘者应用的就是这种技术。坎儿井向下挖得很深，而且还将它们连接起来，形成同一平面的水渠，以进行灌溉。

> 在居住遗迹中发现的井

除了前面谈到的中央大道，东边还有两三条与之平行的狭窄的街道。这些纵向和横向的街道，与直接修整生土建造的小巷和通道呈网状相连。这些小巷与印度一座城镇的"盖里斯"（galis，小街道的别称——译者）很相似，此外在意大利的许多城市中心，这种小巷也很普遍，但自中世纪后已发生了一些变化。我注意到在这些小巷和主要大道的外墙上很少有敞口，这一特点从地中海到黄海这一范围内的东方城镇中都曾普遍存在。我没有能找到巴扎（集市）的建筑遗存，然而中轴线上的大道足够宽大，可以安置用土坯或篱笆建造的货摊，就像在新疆的大多数城镇中常见到的每逢集市

> 切割生土建成的街道和小巷

时才使用的临时摊位。但或许当地的交易是在郊区实施的。考虑到台地有限的土地，以及有必要具备与都城相连的郊区，我们推测郊区就位于东雅尔的对面，即现在的雅尔和屯村已扩展到的地方。位于孤立台地上的古城从未用作贸易场所，就像现代的吐鲁番或鲁克沁城一样，因为那里连骆驼和马车都无法进入。

作镇当（监狱）用的地下房屋

在靠近前面谈到的主要大道的终端附近，道路开始略为弯曲，台地的大部分地表与原来的地面几乎在同一平面上，如图 326 前景中展示的那样，此处建造的房屋散居各处，不是很密集。在道路旁边一块空旷的台地上，我们发现了一个大洞，看起来似乎是作为公共场所使用的，可能是一个市场或观望站。在距此洞东边不远处，在一条横向道路的旁边，有一组奇特的地下房屋，是用生土直接建造的，并且在一个露天院落的两边都有通到地下的口，这个地方被称作镇当，即监狱。这里是否确是用作监狱尚难确定。从这一点上拍摄的景象（图 329）展现的是古城遗址的南部区域。就是从这里开始，只有一半被建筑物遮挡住，而且多数房屋之间都是相互隔开的，高度又都不太高。

延续到伊斯兰时期的遗迹

有一块空地向外延伸了出去，但我在此没有找到通过弯曲的小道通往峭壁表面大门的明显道路。靠近这块空地，矗立着一座土坯建造的小拱顶建筑，通过它的朝向西方的祷告龛，可以清楚地辨认出这是一座清真寺。这表明雅尔和屯或交河古城遗址，到伊斯兰教在该地区兴起时都还未完全被废弃。但因《明史》中把城市土鲁番（即今吐鲁番），当作该地区的首要地方[1]，而距吐鲁番西北 4 英里的交河古城，竟

---

[1]　参见布雷特施奈德《中世纪研究》第二卷 189 页。

然到了公元 14 世纪还保留着重要地位，这一点想必不大可能。从寺庙建筑的数量上判断，高昌也就是喀拉霍加（其位置更接近吐鲁番的中心，而且又很便利），想必在回鹘时期甚至更早，其财富和人口就一定远远超过了交河。我们可以有把握地推断，佛教这一曾与当地有着紧密联系的信仰，在这座奇特的半穴居式的城（即古代车师前王庭）里延续了很长时期。

第二十章　在库鲁克塔格中探险

第一节　从吐鲁番到辛格尔

离开吐鲁番

2 月 16 日，我终于能够离开我在郊区的住所了（我住在吐鲁番乐于助人的俄国人阿克萨喀勒家中）。我准备穿过库鲁克塔格，到罗布盆地去，这使我十分高兴。如今，地区的那个长官对我十分客气，甚至客气得有点过分了。我从雅尔和屯回来之后，和他协商出了一个合适的外交答复，以回应他从省政府得到的命令。按照我的这个答复，我应该可以在别的地方自由地进行挖掘，运送文物的车队也应该不受阻碍（这些车队如今正在到喀什的途中）。双方都满意了之后，我们就分别了。

计划如何在库鲁克塔格地区进行考察

我打算首先直接到辛格尔去，那里是整个广大的库鲁克塔格沙漠地区唯一的永久性居民点。在辛格尔，我将让阿布都热依木最小的弟弟给我们做向导。之后我打算到两个地方去，一个是破城子（P'o-ch'êng-tzǔ），另一个是兴地（阿布都热依木曾对我说，这两个地方有古代居民点的遗址）。在前往这两个地方的途中，我还要进行平面测量，因为那些地方都是拉尔·辛格 1907 年和这一次的考察没有覆盖到的。之后我将往下走，经过咸水泉雅丹布拉克，到库鲁克河附近的两个墓葬遗址去（拉尔·辛格一年前从铁干里克到楼兰的途中，曾注意到那些墓葬），并到达干河（Dry river）库鲁克河的一段河道上（这段河道拉尔·辛格上一次没有考察过）。之后我们就能到达营盘遗址（在营盘附近，库鲁克河从现在的孔雀河河道上岔了出去）。在营盘我们就可以进行挖掘活动了。

辛格尔位于西库鲁克塔格的中段，有三条路把辛格尔和吐鲁番盆地连接了起来。我想要到辛格尔去，只能走三条路中最直接的那条。拉尔·辛格已经把这三条路都走过了，所以我自然选了最短的那条。这条路从吐鲁番朝正南延伸，穿过了吐鲁番盆地中地势最低的部分。前两天走的路不长。但由于这段路穿过了由坎儿井灌溉的绿洲的最低地带，然后又过了盆地终端盐沼的最西端，所以我们得以有机会观察一下盆地最低地段有趣的地形特征。但对这些特征的描述，我只能留在前面说的那篇论文中了①。在此我的描述将很有限。托克逊河的尾水流进了那片叫艾丁湖的盐沼中，当时托克逊河形成了几块宽阔的冰面。冰面两侧的地面上布满了鼓起的盐块，还有一块块软肖尔，仿佛这是古代罗布泊上那块硬盐面的形成过程中的一个阶段似的。我们的营地位于毕占吐拉（Bējān-tura）。从那里我们朝盐沼的最西端快速地勘察了一下，发现那里的地面和我们 10 个月前朝敦煌东北的长城线走时穿过的盐沼很接近②。毕占吐拉是座由夯土和土坯筑成

吐鲁番盆地最深的部分

---

① 参见本书第十七章第一节。
② 参见本书第十章第三节。

的塔，朽坏得很严重①，那里有一口咸水井。由于从托克逊河的尾水支流上带回来了冰，我们就不必使用这口井里的水了。

库鲁克塔格最北部的山脉

2月18日这天我们走了很长的路。我们先是沿着缓坡往上走，开始时缓坡坡度极小，后来就变得明显起来。然后，我们穿过了库鲁克塔格最北部的那条山脉。在这个方向上，这条山脉是吐鲁番盆地的边缘。我们在一座被恰当地叫作库木达坂（Kum-dawān）的鞍部（海拔约1 000英尺），先越过了这条山脉的一个外围，外围山上几乎都布满了成堆的小碎石和沙子。然后，我们过了一个小内流盆地，来到盆地那边矗立的另一个鞍部（比第一个鞍部高400英尺）。过了这个鞍部后，我们进入了一条宽谷，并一直往上走到宽谷的头部，一路都没有遇到植被。在海拔约2 700英尺的地方，我们不得不穿过一条又陡又窄的山坳，之后迅速下降到一条弯弯曲曲的谷地中，在天黑的时候来到了一块冰面上。那就是咸水泉阿其克布拉克（Achchik-bulak）。我们全天总共走了28英里，这一天的行程可以算作是进入荒凉的库鲁克塔格的序幕。冰面上散布着倒毙在从塔里木到吐鲁番去的路上的羊的枯骨。这说明，在这段没有水的行程中，即便在冬天可以利用咸水泉中的冰，但走起来也是十分艰难的。夏天的时候，这条最直接的道路则基本上无法通行。

---

① 从克列门茨《到吐鲁番探险》（*Expedition nach Turfan*）一书所附的地图判断（那张地图主要是依据罗布罗夫斯基和科兹洛夫的考察绘制的），这张地图以及其他的俄国地图上，在盐沼末端都标了Bojanta这个名称。Bojanta似乎是将Bējān-tura发音发错的结果（或是记录不准确的结果）。这座废塔的名称意为"孤独的塔"。我没有听到人们把盐沼称作Bojanta。但当然，光凭上述证据，还不足以完全否认Bojanta这个地名的存在。见斯文·赫定《南部西藏》（*Southern Tibet*）第八卷413页注1。

冰面周围有不少灌木，我们得以比较舒适地休息。第二天早晨我们发现，冰面一直延伸到一条局促而曲折的谷中，谷两侧的陡山由于侵蚀而沟壑纵横。这条谷再往下走有些地方很窄，牲畜过不去。否则，沿着这条谷就可以直接到吐鲁番盆地去。这一天，我们沿着一块宽阔的寸草不生的准平原往上走（准平原是由一系列几乎完全坍毁的小石山构成的），然后就来到了库鲁克塔格的第二条山脉上。当天，我们在海拔 4 300 英尺的一个叫阿特奥勒干达坂（Āt-ölgan-dawān）的鞍部穿过了这条山脉。过了鞍部后，太阳晒不到的地方有一片片积雪，这使我们不必到协格勒布拉克（Shegil-bulak）的泉水去，因为那些泉水已经干涸了。库鲁克塔格的这条山脉北坡很平缓，看起来很不起眼，但从山体形态学上来看它却是库鲁克塔格西部的一个重要部分。从地图上可以看出，它在西北方连上了天山的一条外围山脉。那条山脉一直伸展到托克逊西南，从吐鲁番到焉耆去的路是在桑树园子（Üjme-dong）附近穿过它的。库鲁克塔格的这条山脉是北边的吐鲁番盆地和南边一块巨大的内流盆地的分水岭。这块内流盆地位于西库鲁克塔格地区的中心，最深的地方是一片已经干涸的广阔盐沼。从地图上看得出，盐沼从西北朝东南延伸了至少 30 英里。很可能东侧的高原偶尔降下来的水都流进了这片盐沼。格卢姆·格里什迈罗曾追踪过而且阿弗拉兹·古尔曾考察过的那条道，就在夏勒德朗布拉克（Shaldrang-bulak）和巴克里昌奇（Bakri-changche）之间穿过了东边那座高原①。

---

① 参见本书第二十章第四节。

将罗布地区同
吐鲁番连接起
来的道路

　　在这块巨大的中心盆地里，只有沿着干涸盐沼走，才有可能找到一点植被和水。我们沿着一条峡谷穿过这条山脉的一条外围分支，峡谷中含石英的岩层裸露在砂岩和页岩之间。出了峡谷后，我们在离阿其克布拉克 38 英里远的地方，来到了干涸盐沼所在的洼地。干涸盐沼的北岸是一条黄土带，上面生长着芦苇丛和红柳灌木。在这里，阿尔皮什莫（Ārpishme）、奥尔卡什（örkash）、乌尊布拉克（Uzun-bulak）几眼泉水排成一线。从毕占吐拉和迪坎尔来的道路就是在这些泉水附近会合的。毕占吐拉和迪坎尔到这些泉水之间，都是找不到饮用水的。因此，除非是在阿其克布拉克和迪坎尔道上那眼名称和阿其克布拉克差不多的咸水泉（指的是阿其克布拉克，英文也是 Achchik-bulak，与阿其克布拉克相同——译者）能找到冰，否则这两条道在任何时候都是极为难走的。因此，现在从塔里木盆地的罗布地区到吐鲁番盆地去的人，一般都是从辛格尔沿焉耆道往西北的桑树园子走，这样才能到达吐鲁番盆地的托克逊。这条道虽然迂回，却可以在几个地方找到饮用水，如破城子、干草湖（Kan-so-ho）、肖尔布拉克，因此中国官方就把它当作了交通线。中国收复新疆后，这条路沿线的驿站维持了很多年，但如今驿站已成为废墟。出于同样的原因，在古代将楼兰和高昌连接起来的在辛格尔北边延伸的道路，很可能能走的人极少。

穿过结着盐壳
的干涸沼泽

　　2 月 21 日，我们从阿尔皮什莫布拉克（Ārpishme-bulak）出发，穿过结着盐壳的干涸沼泽。一路上我观察到一些有趣的特征，它们和我在一年前沿着楼兰古道穿越干涸的罗布泊湖床时看到的很多现象都十分接近[1]。开始时，路穿过的是

---

①　参见本书第八章第三节。

柔软的含泥的肖尔。再往前，肖尔就变成了硬盐块。这条难走的地带足有 1 英里宽，自古以来交通就不多。交通在盐壳上磨出了一条 5~6 英尺宽的曲曲折折的道路。道上的大硬盐块被踩踏得已经不那么崎岖不平了，所以要好走些。奇怪的是，在这条盐沼带内，我还看到了结着盐壳的 10~15 英尺高的土脊，从类型上来看极像古罗布泊岸边的白龙堆，当然，白龙堆比这些土脊要大得多。过了这之后，崎岖的盐块变成了浸着盐的土块，土块之间是很典型的含土的软肖尔。我记得，我们在库木库都克以北穿过干涸罗布泊的大水湾时，走的就是这样的地面①。在盐沼对岸窄而长的地面上，有依旧"活"着的红柳沙堆和芦苇丛。再往南则是零星的红柳沙堆，那里只有已枯死多年的红柳根。

　　再向南走，就是光秃秃的逐渐上升的萨依了。开始时，萨依上当然是沙子，后来就是砾石了。沿萨依就可以到内流盆地南边的库鲁克塔格的第三条山脉上去。在这块萨依上，我们没有遇到活着的植被的迹象。但在两条浅水道附近，我注意到已完全枯死的红柳的残迹，表明从前水道中是常有水的。我们登到了山脉一个侧分支的顶上，侧分支上的红色砂岩从厚厚的碎石层里现出来。在山顶一块宽阔的准平原展现在我们眼前，平原上是低矮的石岭。一条南北走向的宽谷中再次出现了活着的红柳丛。沿宽谷往上走的时候，我们路过了一眼咸水泉。拉尔·辛格曾在那里停留过，他还把这眼咸水泉标在了他的平面图上。由于这眼咸水泉位于道路西边的低矮石山之中，我们没有看到它②。

沿着光秃秃的萨依往上走

———————————

① 参见本书第九章第一节。

② 后来我们在辛格尔找到的向导穆罕默德·巴奇尔证实了我们记下的地名"帕尔萨霍加布拉克"（Parsa-khōja-bulak）。

**库鲁克塔格的
中央山脉**

由于太阳晒不到的地方有积雪，我们得以在离那座叫亚伽其依来达坂（Yagach-īle-dawān）的宽宽鞍部 5 英里远的地方过夜。第二天早晨，我们在海拔约 4 600 英尺的地方，沿这个鞍部越过了第三条山脉那难以觉察到的分水岭。从鞍部望出去，眼前的景象极为壮阔，南边那块宽阔的盆地尽收眼底。由于盆地底部的红土和发红的沙子，这块盆地被恰当地叫作克孜勒萨依（Kizil-sai）。我们还可以望见辛格尔西边的克孜勒塔格的嶙峋山脉。我们的考察证明，克孜勒塔格及其朝东边和西边延伸的部分，是库鲁克塔格西部真正的脊梁，包含着库鲁克塔格最高峻的部分。在辛格尔的几户人家和田地所在的小高原北边，东西延伸的克孜勒塔格变成了一块宽阔的准平原，表面分布着一系列起伏的小山岭，山岭之间是浅沟，浅沟中和遭受侵蚀的山岭上长满了灌木。这表明，这条中央山脉的水分比库鲁克塔格的其余部分要多。后来我在西边的考察证实了这个结论。这条山脉在山体形态学上的重要意义在于，拉尔·辛格的三角测量显示，在俯瞰着辛格尔的准平原上山脉虽然只有约 4 500 英尺高，但它却是一条清晰的分水岭。山脉北坡的水最终都流向阿尔皮什莫—肖尔布拉克洼地。但在山南坡，水道中偶尔有水流进了库鲁克河和罗布盆地，有的流进了南占布拉克（Nanchan-bulak）西南那条独立的内流沟里。

**小居民点辛格
尔**

由于地面支离破碎，我们直到离辛格尔很近的时候，才看到它所在的那条平底的小谷地（谷地东西延伸了约 3 英里长）。但在老远我们就看到了矗立在谷地西边的那座高峻的圆锥形山，它成了一个醒目的路标。辛格尔大概就是由这座

山得名的①。辛格尔是整个库鲁克塔格山区唯一的一个永久
性居民点。2 月 23 日，我们在这里休整了一天。我利用这一
天的时间找到了一个聪明的向导，他叫穆罕默德·巴奇尔，
是阿布都热依木最小的弟弟。我还获取了关于这个坐落在荒
山和高原中的孤单的小居民点的有用信息。辛格尔有一眼泉
水（图 334），所以原来住在吐鲁番盆地的迪坎尔的一家人
搬到了这里。泉水是在那几间土坯房子（更确切说应该是棚
户）以西约 400 码的地方冒出地面的，是一处永久性的淡水
水源。在我去的时候，它的水流量不足 0.75 立方英尺/秒。
早春时节，水量还会稍有增加。这眼泉水已足以灌溉民居附
近的那个小果园，以及东边一块种着小麦和燕麦的农田，多
余的水就卖给商人和经过的路人。但对这个小居民点来说，
更有经济价值的是野骆驼肉和其他野味，他们可以把这些东
西高价卖给过路的人。

　　辛格尔成为居民点，还只是 19 世纪第 25—50 年之间的
事。可以肯定的是，直接联系着吐鲁番和罗布地区之间的所
有道路都经过这里，这是它成为居民点的主要原因。据穆罕
默德·巴奇尔说，他祖父是一个追捕野骆驼的猎手，而且是
一个有雄心抱负的人。在我来之前约 70 年，他第一个在辛
格尔定居下来，并开始种地。当时，罗布地区在行政上同吐
鲁番盆地是有联系的，两地之间的直接来往因而受到鼓励，
这大概和他祖父的这个壮举有关。那个最早的拓荒者年纪
轻轻就去世了。但他的儿子玉素甫萨尔奇发展了辛格尔，并
使它成为一个永久性居民点。玉素甫萨尔奇是在约 16 岁的

辛格尔居民点
的由来

──────────

　　①　"辛格尔"可能出自波斯语中的"桑加尔"（sangar，意为石堆、胸墙）。在吐鲁番地区，"桑加尔"一般用来命名醒目的石山。

时候来到辛格尔的，他是一个精力旺盛的人（这在吐鲁番人中是不多见的）。他还是一个杰出的猎手，并教育四个儿子说，库鲁克塔格的荒山就是他们的领地。他们在狩猎活动中彻底地熟悉了当地地形，科兹洛夫上校和后来到这个地区来的几个探险者都受益于他们的这种知识。但由于辛格尔的资源不足以养活人口越来越多的四个家庭，于是，在那位老家长死后，他的两个儿子分别把家迁到了铁干里克和迪坎尔。迁到铁干里克的是阿布都热依木，他是斯文·赫定博士到楼兰时的第一个向导，也是拉尔·辛格的得力助手。迁到迪坎尔的是阿布都拉马里克，此时他作为阿弗拉兹·古尔的伙伴正在罗布沙漠考察。最小的儿子穆罕默德·巴奇尔留在辛格尔，照看全家的共同财产。而长子阿布都热合曼正在兴地谷地的头部开垦新的农田，想要拓展辛格尔。后来我在那里遇到了他，并通过他与拉尔·辛格保持联系（当时拉尔·辛格正在西北的库鲁克塔格山区进行三角测量）。这样一来，在一段不长的时间里，玉素甫萨尔奇的四个儿子都参与了和我们的考察有关的活动。

辛格尔山脉的
气候状况

有一些现象证明，辛格尔及其西边的中央山脉（根据这条山脉是唯一的永久居民点，我们大概可以把它方便地命名为辛格尔山脉）比库鲁克塔格的其他地段水分更多。据穆罕默德·巴奇尔说，辛格尔夏天一般会下四五场雨，而且经常有多云天气，所以这里的夏天不是很热。由于这样的气候状况，能在这里成熟的水果只有杏和沙枣［沙枣又名吉格代，或称伊里格那斯（Eleagnus）］。秋天转凉比较早，所以这里种不了玉米。据说，西边的高山中夏天的雨量明显增多。我和拉尔·辛格在那些山上都发现了树木，完全证实了这种说法①。但雨水沿着深陷的谷地很快就流下去，被谷口布满碎石的冲积扇吸收了。所以，由于缺乏地表水，夏天几个月里在这些山上是没法放牧牛羊的。放牧仅限于冬天，因为冬天有雪可以利用。据说，辛格尔和西库鲁克塔格的雨云一般是从西北方向（即天山的方向）来的，而春天不太常见的沙暴则来自东北。显然，沙暴是春天罗布地区的温暖空气对流的结果。

从这里的自然条件中我们看得出，辛格尔以东和以西的库鲁克塔格山，其水分状况是明显不同的。过了南占布拉克及其附近地区，再往东就没有树木了（辛格尔及其南边谷地中的水都流到了那里）。但辛格尔西边中央山脉南坡的很多谷地中都生长着胡杨树，有些地方还有榆树［喀拉亚伽其（kara-yagach）］。在我看来，同一条山系上气候却如此不同，很可能是因为西北方不远的天山主脉产生的影响，因为天山北坡的雨雪是很充足的。焉耆大谷地从被雪峰环绕、植被茂密的尤勒都斯高原，朝下一直延伸到库鲁克塔格西段，这个事实也支持了这个结论。而且，由焉耆谷地的河水补给的大淡水湖博斯腾湖（Baghrash-köl）的存在，也对库鲁克塔格西段产生了影响。而库鲁克塔格东段却不能从其临近地区获得水分，因为我们已经知道，它所临近的北山、蒙古最南部以及罗布盆地的东段，本身就是极为干旱的。

山脉西段受到来自天山的水汽的影响

库鲁克塔格西段现在的气候状况，是和它历史上的人类活动密切相关的。下面我就说一下我在早期的中国文献中发现的提到这个地区的文字。在《西域考古图记》中我曾指

中国文献中的"山国"，即库鲁克塔格西段

---

① 参见琼艾格孜（Chong-aghiz）和从东大山（Dunda-shan）、莫胡尔山（Mohur-shan）上下来的谷地，以及兴地西边的谷地。

出，《汉书》卷九六说的"山国"，与库鲁克塔格西段有关①。那一段中记载的"山国"相对于附近地区的方向和距离，使我们得出这样的结论："西至尉犁二百四十里，西北至焉耆百六十里，西至危须二百六十里，东南与鄯善、且末接。"②

　　大家都知道，焉耆就是喀拉协尔（Kara-shahr）的古代汉文名称③。我想我已证明过，危须就是现在的库尔勒，而尉犁就是从库尔勒下游到铁干里克的孔雀河沿岸地区④（下文我们将有机会说到这些地方⑤）。说鄯善国（即现在的罗布地区）在东南边是正确的，但遥远的且末（即车尔臣）的方向就没那么正确了，且末实际上在南—南西方向。根据与焉耆、库尔勒和孔雀河地区的相对方向，我们能看出"山国"位于库鲁克塔格西段。同时，根据书中所记载的距离（同《汉书》中的类似文字一样，这些距离指的是各国主要地点之间的距离），我们只能在辛格尔大西边的某个地方去寻找"山国"。

山国的出产　　要确定"山国"的位置，《汉书》关于这个王国的文字的结尾部分值得我们注意："山出铁，民山居，寄田籴谷于焉耆、危须。"产铁的地方就是库鲁克塔格西段，因为今天，在西大山（Hsi-ta-shan）的高峻部分南北都有小队的人在矿坑中挖掘铅和铜等其他金属。下文将说到，我们还发现了炼炉，表明古代这里确实有采矿活动。

---

① 参见《西域考古图记》第一卷 334 页，第三卷 1230 页。第一个正确判断出"山国"位置的是戈厄纳，见他的《杜特雷伊·德·安探险队》（*Mission Dutreuil de Rhins*）第二卷 61 页。
② 参见魏利《人类学学会会刊》第十一卷 105 页。
③ 参见沙畹《通报》208 页，1907 年；《西域考古图记》第三卷 1178 页、1180 页。
④ 参见《西域考古图记》第三卷 1230 页。
⑤ 参见本书第二十一章第四节，第二十二章第一节。

同样值得注意的是，《汉书》中称为"山国"的居民
（450 户，5 000 人）在食物上依赖于焉耆和危须。这段记载
一方面说明自古以来库鲁克塔格地区能从事农业的地方就极
少。另一方面告诉我们，"山国"的居民过着游牧生活，就
像现在那些在冬天从焉耆方向来，到库鲁克塔格最西北的谷
地中放牧牛羊的蒙古人一样。1907 年，拉尔·辛格在博斯
腾湖东南的塞尔扎克郭勒（Sherzak-ghol）和阿勒吞郭勒
（Āltun-ghol）的山中就遇到了这样的蒙古包。众所周知，在
最后一次东干人叛乱之前，到那些谷地以及西大山附近的谷
地来的蒙古人数量要多得多。

西库鲁克塔格
的牧场

　　我认为，汉代的"山国"就在接近博斯腾湖和库尔勒
的库鲁克塔格西段。遗憾的是，我无法亲自到那个地区看一
看。尽管那不是一个十分重要的地点，但在《后汉书》中又
提到了"山国"。《后汉书》说，公元 94 年，班超惩罚了焉
耆、危须、尉犁以及"山国"。[1]《魏略》中也提到了"山
国"，说它是依附于焉耆的。[2] 郦道元《水经注》也提到了
这个地区，但称之为"墨山"。[3]《水经注》称，墨山城是
"国"的都城，尉犁位于墨山城西 240 里。"北河"（即塔里
木河）之水在到达注宾城之前，经过了墨山城南。如果我们
把这段记载同地图中塔里木河以及营盘（注宾位于营盘[4]）
的相对位置比较一下，就看得出，《水经注》所说的"墨
山"指的也是库鲁克塔格的最西段。

提到"山国"
的文献

---

① 参见沙畹《通报》208 页以下，1907 年。
② 参见沙畹《通报》552 页，1905 年。
③ 参见沙畹《通报》570 页，1905 年；《西域考古图记》第一卷 420 页。
④ 参见本书第二十一章第二节。

第二节　到破城子和兴地去

到破城子去　　　2月24日，我离开辛格尔到破城子去。破城子本是到托
克逊去的道路上的一站，它的名称本身就表明那里有古代遗
址，关于这些遗址我已有耳闻。这一天我们总共走了约27
英里，几乎都是走在辛格尔以西的主山脉的砾石缓坡上。一
路上我们明显地看出，由于南边山区的气候越来越湿润，植
被发生了显著变化。尽管我们的道路离南边那条叫克孜勒塔
格（Kizil-tāgh）的崎岖山脉越来越远，但萨依上几乎都是灌
木和红柳。在涉过一条小溪的深陷溪床之前，我们还遇到了
零星的胡杨树丛。这条小溪是从塔特里克布拉克（Tatlik-
bulak，意为淡水泉）流来的。我们的路位置较高，从路上
很容易看出来，这条较茂密的植被带一直延伸到了北边那条
平顶小山脉脚下。穆罕默德·巴奇尔说那条山脉叫哈乌尔伽
塔格（Khawurga-tāgh）。它西北有一条豁口，从主脉上流来
的水是在通古孜鲁克（Tunguzluk）泉水附近经豁口穿过了
那条山脉的。在走了约19英里的时候，我们经过了一棵孤
立的高大榆树，它像一个醒目的路标一样耸立着。再往前走
了7英里，我们来到了一条结着冰的小河的河床上。这条河
是从南边隐约可见的西大山上穿过茂密的红柳丛流下来的。
中国驿站破城子就在河边。驿站多年前就被废弃了，如今只
有一个吐鲁番人暂住在这里，他带着三个儿子在西大山脚下
开采铅矿。

堡垒遗址　　　有证据表明，此地从前也曾有冶炼活动。第二天我们沿
荒弃农田的西边朝人们说的那个遗址走时，经过了几堆矿渣
和一些简陋的熔炉。遗址位于一座小石山顶上（石山比河西
岸约高50英尺），在废驿站北边约0.5英里远的地方。遗址

是一圈多边形的围墙，围住的地方东西长约 80 码、南北宽约 40 码。围墙用粗糙的土块筑成，约 3 英尺厚，西面和西南面保存得最好，东面则已完全消失。墙的几个角上有粗糙筑成的方塔的残迹，北墙上的一条豁口附近也有方塔，那条豁口大概是大门的位置。在小高原的东部边缘，我们发现了一些铅矿沙和冶炼后的垃圾，表明在这个遗址有人住的时候，南边山中的铅矿就已经被开采了。我们没有发现能提供年代线索的遗物。但从残墙的整体状况来看，这个遗址似乎十分古老。

除雨水泛滥的时候外，破城子河只能流到破城子下游两三英里远的地方。尽管如此，在高原上，一直到前面说的通古孜鲁克附近的那条豁口，都可以清晰地分辨出它深陷的河床。向南我们可以看到，河水从中流出的那条沟［艾肯（akin）］，是从一条很清晰的谷口下来的。谷名叫琼艾格孜（Chong-aghiz），位于西大山一侧，谷地边上有一条很宽的植被带，植被带中有几眼泉水，它们就是小河的水源。在废弃的驿站下游，我来的时候河水流量足有 2.5 立方英尺/秒。这条河能灌溉的农田应该比辛格尔的农田大得多。但破城子的荒弃农田大约只有 3 英亩，其余的是由另外一眼比河高很多的泉水灌溉的。穆罕默德·巴奇尔解释说，他父亲在东干人叛乱之前开始在这里开垦田地，但由于来自焉耆方面的游荡的东干人的劫掠，他被迫放弃了这个工作。当时，西边和西南的山中仍有不少放牧的蒙古人，东干人叛乱给那些蒙古人也带来了灾难。他从未听见他父亲抱怨水源变少或水太咸（他父亲活到了 80 余岁），但他知道，在河下游的地面上要开垦农田，是很难对付河水泛滥的。而最主要的困难还是缺乏劳动力。

破城子河

西大山谷地的
树木

2月26日，我们往兴地去的路途很有趣，一路上经过的
地面状况与前面明显不同。我们先是沿着一块长满灌木和芦
苇的冲积扇朝上走了约6英里，起初冲积扇抬升得极为和
缓。在冲积扇的头部，大榆树聚成了大树林，而在底下的浅
水道分支边上，榆树只是零星出现的。之后，我们猛然发现
自己置身在一条谷地中。从谷口开始，谷地两侧就是陡峭的
被侵蚀的山。西大山北坡的所有水都是经由这条谷地流出
的。谷底宽60~80码，蜿蜒在光秃秃的石山之间。看起来，
在山高处的积雪融化的时候或是偶尔下大雨的时候，谷底会
完全被水淹没。但在谷两侧，榆树见缝插针地生长起来，有
的树已经生长了很多年。有一棵大树在离地面3英尺处的树
围有12英尺多，这样粗的树在这里并不少见。凡是拐弯处
没有被水淹到的地方，都生着茂密的灌木和粗草。再往谷地
上方走，我发现陡峭的石坡脚下也有类似的植被，但比底下
的植被稀疏得多。从这个地方的整体状况看，它似乎本应是
牧人的天堂，但直到离破城子11英里远的地方我们才碰到
了牧人。那些炼铅的熔炉显然已经注意到木头是一种有用的
东西。沿谷地往上几英里的车道上，都能看出堆积干木头的
地方。在谷口的一块较高的地面上，我发现了一个熔炉。在
2英里远的谷地上方有一个地方，拉尔·辛格1907年就是从
那里转入西边的一条侧谷到阿勒吞郭勒（Āltun-ghol）去的。
穆罕默德·巴奇尔说那里叫"三组炉"（Sanzulo）。这显然是
一个汉文名称，他说是"三个熔炉的意思"。如果真是这样，
大概是因为那附近有一些进行冶炼的地方，可能正确的叫法
应该是"三草炉"（San-tsao-lu）。

谷底有一块块地方覆盖着轻而薄的雪。所以，尽管经过琼布拉克（Chong-bulak）和克其克塔特里克布拉克〔Kichik-tatlik-bulak，蒙古人也把它称作包尔加斯图（Burgastu）〕后，几口井和低洼地里都没有水，对我们却没有什么影响。但逐渐变窄的谷底一直都有植被。整条谷地都有一个很恰当的名称，即"琼艾格孜"（意为大谷）。谷地两侧的岩石似乎都是东西走向的结晶板岩，朝南的倾角是80°。在总共走了约14英里后，主谷地似乎折向了东南。在这里我们望到了西大山崎岖怪异的锯齿状中部高峰，这给人留下的印象十分深刻。它们陡峭的石壁似乎比宽阔的谷头部高出3 000英尺，谷地一直延伸到山峰脚下。这些石壁以及石壁顶上的尖峰，与"琼艾格孜"穿过的那条被严重侵蚀的外围山脉形成了极为鲜明的对照，使我们想起了乌什西南的喀拉特克（Kara-teke）山脉上的喀卡亚德(Kāka-jāde)①。由于我们的路朝西南延伸，经过了西大山主峰的一个侧分支的崎岖悬崖，所以我们无法看清西大山最高的几座山峰，不能用测角仪获取精确的高度数据。但根据我当时的估计，这些山峰应该有10 000英尺多高。由于南面的汗果勒山（Khangol）和莫胡尔山遮住了这些山峰（经三角测量，莫胡尔山的高度是8 412英尺），所以拉尔·辛格在三角测量中没有测到它们。但我相信，将来的考察会证明，它们不仅是库鲁克塔格中央山脉上最高的，而且也是库鲁克塔格的最高峰。穆罕默

西大山的山峰

---

① 参见《西域考古图记》第三卷1302页。

德·巴奇尔说它们叫西大山，但也可能是雪大山①，因为我在北坡较高的谷地中看到的雪大概几个月都不会融化的。

在汗果勒亚伊拉克的牧场

过了上面说的那一点之后约1英里，我们来到了一块辽阔的准平原边上，准平原是朝西南缓缓抬升的。我们沿着一条流进琼艾格孜的水道往准平原的上方走，看到它东边是西大山一个高大的侧分支，西南则是没有那么高的塞尔扎克山（Sherzak）。前者叫汗果勒（Khangol），因此它的牧场就叫作汗果勒亚伊克（Khangol-yailak），以前蒙古人常到那里来。我们在这块牧场海拔约5 100英尺的地方扎了营。据穆罕默德·巴奇尔回忆，他父亲曾说过，以前有40多户蒙古人全年都在这里以及西大山周围的其他地方放牧，但后来由于东干人叛乱，他们被迫到天山上去寻找更安全的牧场。我们安营的地方就有很多粗草和榆树，在水道中大概不用挖太深就可以获得水。但如今在这里和附近的塞尔扎克亚伊拉克（Sherzak-yailak），只偶尔有两三座蒙古包。看得出，这些牧场被荒弃不是干旱化的缘故。

与博斯腾湖之间的分水岭

这天晚上很冷，刮着凛冽的北风，最低气温不到华氏冰点以下24°。第二天早晨，我们沿逐渐变窄的准平原朝西南走，以便到一个山口去，骆驼可以经过那个山口走到兴地河的源头。走了约6英里后，我们到了这个山口。途中我们越过了两座虽然不高却很陡的石山，它们是与汗果勒的高峰平行的，可以望到与塞尔扎克谷之间的那条很不明显的分水

---

① 在这里我应该指出，辛格尔西边的许多醒目的山峰用的是汉文名称，比如"莫胡尔山""西大山""东大山""照壁山"（Jobi-shan，用倾斜仪测得的海拔为6 380英尺）。按照辛格尔人的说法，这是因为曾有中国测量人员到过库鲁克塔格的这一段，以便确定从吐鲁番到罗布地区去的最佳路线。西边则多是蒙古名称，之所以如此，是因为有蒙古人在那里放牧，以前的蒙古人数量还要多。参见本书第二十章第二节。

岭。塞尔扎克郭勒流进了西北的博斯腾湖。过了山口后，我们在拜什喀拉乔喀达坂（Bēsh-kara-choka-dawān）越过了汗果勒山的一个窄鞍部。过了这个鞍部后就是兴地河的源头，这条河流进了库鲁克河河床的头部，最终流进了罗布盆地。所以，西大山西侧的琼艾格孜的末端是山岳形态学上的一个重要地点，库鲁克塔格的三条主要分支就是在那里汇合的。

空盒气压表的读数说明，拜什喀拉乔卡（Bēsh-kara-choka）山口的海拔约5 800英尺。我们沿着朽坏的页岩山坡登上了从北面俯瞰着山口的山顶。那里的视野十分开阔，我们望到南边的哈尔扎克（Kharzak）谷地，以及从西大山朝东南伸下来的另一条叫汗果勒乔卡（Khangol-choka）的崎岖分支（图338）。山这一面的被分解和侵蚀的情况似乎比北坡要明显，当我们朝东南往下走时，看到谷地中的植被显然比北坡稀疏。我们沿着走的那条曲折的石质河床有些地方很难走。在离山口2英里的地方，河床变得特别窄，骆驼差点就过不去。此后，谷地变宽了，我们可以在如今已干涸的哈尔扎克河上方的开阔石高地上走，以避开深陷的河床。一直走到了离山口约6英里远的地方，我们才在从西大山直着下来的一个谷口处遇到了第一块稀疏的牧草。那附近有一个叫卡乌达巴什乌格勒（Kavūta-bāshi-öghil）的放牧点，放牧点是从卡乌达（Kavūta）谷地得名的。在这里，卡乌达谷地急转向西南，并大大地扩展了。越过它宽阔的谷底，我们可以望到西边一组崎岖的孤立山峰，都像岛屿一样耸立在辽阔的碎石坡之上。它们的形状很奇怪，峰顶像针一样尖。这说明，它们曾受过极多的水蚀作用。而在我们走的这条谷地中，如今已无法找到水了。走到天快黑的时候，谷底变窄，成了一条峡谷，峡谷两侧是极陡极高的石壁。显然，从西大

拜什喀拉乔卡山口

山流下来的水在这里穿透了一条比较低的山脉，这条山脉再往东则升高成为莫胡尔山和东大山。

兴地谷地和兴地河

第二天早晨，从西边刮来凛冽的风，这样的风向在此地是很少见的。我们继续沿谷地往下走。走了约 2 英里后，谷地变宽，连到了一块辽阔的砾石萨依上。这块冲积扇上生长着不少灌木。再往下，冲积扇与来自东北方的一块同样宽的冲积扇会合在一起。在这里，我们看到了从辛格尔到兴地去的那条很清晰的路。我们沿着走的这条水道在一条东西走向的低矮山脉上切出了一条很宽的豁口。出了豁口，我们就看到了下游约 3 英里的地方的那片叫兴地的小绿洲。它南边矗立着宽宽的兴地塔格山（Shindī-tāgh）。从地图上可以看出，兴地坐落在从卡乌达谷地流出来的水道与另一条水道汇合的地方。西北方拉尔·辛格标着艾里森达坂（Elisen-dawān）那个方向的很多山谷中的水，都是从后一条水道流下来的。那条水道中如今有一条活泼的小河，河是由汇合点上游两三英里之间的泉水补给的。在汇合点东南的胡杨树林中又有一眼泉水，增加了河的水量。此后，河进入了南边的一条峡谷，穿过峡谷后流到了营盘遗址。在两条水道的汇合点下游两英里的地方，我测得河水的流量超过 14 立方英尺/秒。

兴地新开垦的农田

以前蒙古人似乎间断性地利用这个灌溉水源从事过农业（游牧部落的农耕活动总是间断性的）。据说蒙古人把这个地方叫作胡拉斯图（Khulastu）①。但他们开垦出来的土地很早以前就长满了灌木和树丛。在我来此之前四年，辛格尔四兄弟中最年长的阿布都热合曼开始重新开垦汇合点附近的可

---

① 阿布都热合曼告诉我，这是"峡谷"的意思。同样，他认为"兴地"这个地名源自汉文的"深地"。对于峡谷中的农田来说，"深地"的确是一个合适的名称。

以灌溉的田地。我们在这里遇到了他。据他估计，实际种了庄稼的农田约有 20 亩，而兴地谷地里面以及上方可供开垦的土地至少是实际田地的八倍，水源是足够灌溉它们的。阿布都热合曼说，他的开垦活动之所以进展缓慢，是由于缺乏劳动力。他从铁干里克找来的几个佃农都不是固定的。他是一个猎手，也不太喜欢在兴地这样一个与世隔绝的地方定居下来。一年前他才把家搬到了兴地，在这里盖了房子。房子的一部分墙像罗布人的做法一样，用草筑成。

我到达之后，就抓紧时间在阿布都热合曼的引导下，去探访我听说的那个遗址。遗址中有两个小建筑的一点遗存，坐落在一座陡山顶上。陡山矗立在水道汇合点东边附近，比河面约高 120 英尺，山脚下长 80 码。山顶南端的一个座小丘上似乎原来有一座塔，大概是用土筑成的。稍微低些的山顶北端则有一块平台，长约 24 英尺、宽 10 英尺，用厚约 6 英寸或 8 英寸的夯土层和灌木层交替筑成，灌木层上还有一薄层芦苇。这种建筑方式使我想起了楼兰遗址的塔、佛塔底座和围墙的建筑样式。整个遗址看起来十分古老，似乎是一个哨卡或是一个小居民点的集合地①。

古塔遗址

我还曾听说过一块石刻。为了到那里去，我沿着峡谷往下走。在 1 英里的距离内，我们发现河右岸的地面粗略耕耘过，以便种庄稼。此后 1 英里内，河两岸的地面都可以开垦，但长满了茂密的灌木，灌木中夹杂着大量榆树、柳树和胡杨树。再往下，谷地变得更窄了，两侧是突出的陡峭石山，但有几个地方仍有很好的牧草。在其中一个叫英库尔奥塔克（Inkur-otak）的地方，河左岸陡然耸立起一座几百英

古代石刻和新石刻

---

①　地图中的佛塔标错了，本应该是一座烽燧的符号。

尺高的几乎垂直的悬崖。悬崖脚下约 20 码长的距离内都是各种粗糙的浅石刻，刻着马、骆驼、山羊、鹿等，有几个地方还出现了人的形象。在这些形象中夹杂着法轮、三叉戟、卍字形，以及一朵八瓣莲花，还有一些东西大概是神秘图形。天色已晚，我没法拍照。但我可以看出，高处的岩刻看起来饱经风霜，比较古老，底下的似乎很新。有一个蒙古人在此地附近插了些旗子，说明当地人仍以某种方式崇拜着这个地点。兴地塔格两侧的谷地看起来特别崎岖，特别窄，使我想起了罕萨或奇特拉尔那些可怕的峡谷。据说，兴地河穿出的峡谷在下游骆驼是无法通行的。这些峡谷两侧都是陡崖，而且没有碎石。从这些引人注目的证据看来，水蚀作用在西库鲁克塔格的最外围山脉上也是有很大威力的。

去往阿孜干布拉克 　　我派人给拉尔·辛格送去新的指示（他这时正在困难的条件下，继续在西北的支离破碎的山区中进行三角测量）。第二天即 3 月 1 日早晨我离开了兴地，以便到楼兰遗址和营盘遗址之间的库鲁克河的河道去。为了确保途中用水，我只得先走到辛格尔—营盘那条道上去［我将在阿孜干布拉克（Azghan-bulak）附近到那条道上］，然后沿着它一直走到托格拉克布拉克（Toghrak-bulak）。往阿孜干布拉克去的行程漫长而单调，但我可以在途中清楚地看出库鲁克塔格中部的这些横向谷地（更准确地说应该是准平原）的典型特征。我一路都沿着在东边俯瞰着兴地的那条小山脉的脚下走。在接近阿孜干布拉克附近的阿拉塔格（Ala-tāgh）时，这些平顶的山相对高度逐渐下降。起初，地面上铺着细细的冲积物，干涸水道旁边生长着灌木和几棵榆树。但在接近那条不太明显的分水岭时（分水岭外就是南占布拉克流域），地面变成了石萨依。在离分水岭还有几英里的时候，我们左侧的

图 334　结了冰的辛格尔泉水（背景中是克孜勒塔格）

图 335　雅丹布拉克南边库鲁克河附近迷宫般的短雅丹

图 336　库鲁克河边的 L.S 号墓地（成行的被风蚀过的小木桩标志着坟墓的位置）

图 337　雅丹布拉克南边库鲁克河床上的红柳沙堆和已枯死的树木

图 338 在库鲁克塔格上的拜什喀拉乔卡山口朝南看到的景象

图 339 库鲁克塔格上的托格拉克布拉克泉水的冰面

宽谷的中轴线上耸立起了一座座支离破碎的低山，一直延伸
到了阿孜干布拉克。它们是一条已经完全分解的山脉的最后
残余，这条山脉夹在北边的阿拉塔格和南边的莫胡尔山之
间，并且与它们平行。一路都刮着西风，扬起了尘沙。在尘
沙中，可以看到莫胡尔山的一座高达 8 400 余英尺的醒目高
峰，这使我们眼前的沙漠景观显得不那么单调了。到阿孜干
布拉克之前是找不到泉水或井水的。但在东边，在从莫胡尔
山下来的干沟穿过这条破碎的中间山脉的地方，生长着红柳
和一些榆树。总共走了 27 英里后，我们在茫茫夜色中来到
了一座小石丘，那就是阿孜干布拉克的位置。石丘和那条破
碎的山脉是在一条线上的。在石丘附近，我们找到了一处结
冰的小泉水（水是从一条窄水道中冒出来的），就在那里扎
了营。第二天早晨我们发现，那个废弃的路边驿站就在东边
不足 0.25 英里远的一条小溪边。小溪是一处较大的泉水补
给的，但也很快消失在一块结着盐壳并生长着灌木的地面
上。根据空盒气压表的读数，这里的海拔约 4 400 英尺。

下降到托格拉克布拉克

我们接下来走的路是中国在收复新疆七年后修建的，沿
路设置了驿站，以便连接吐鲁番盆地和罗布地区的"总部"
［当时设在塔里木河边的多拉尔（Dōral）］。我们先是沿阿拉
塔格西侧走。阿拉塔格不高，却很嶙峋，似乎是由红砂岩构
成的，阿拉塔格就是由此得名的。然后我们穿过一块宽阔的
准平原，准平原上有很多宽而浅的水道"流"向南占布拉
克洼地。这里辽阔的碎石地面上也有成行的支离破碎的低
山。在接近兴地塔格东南端的那座醒目高峰时[1]，路陡然升

---

① 在地图上，这座峰标的三角测量高度为 5 810 英尺。实际上应该再加上 287 英尺，库鲁克塔格的
所有地点的标高都是如此。其原因，参见梅杰·K.梅森所写并收录在我的《地图备忘录》112 页的附录。

到了一座石山的顶上。由于附近有一个天然水库（当时是干涸的），这座石山被称作科克苏达坂（Kak-su-dawān）。这样，我们就来到了一座高原上。高原上布满了迷宫般的小山，山岩特别坚硬，含有石英矿脉。路在一条布满大石头的干沟中曲折延伸。我注意到一条车道的痕迹。在上一次东干人叛乱的时候，一个中国军官想要以此来改善到罗布和若羌去的交通线。这座高原是一条分解得很厉害的山脉的一部分，曾经被三角测量过的科克塔格（Kök-tāgh）和雅丹布拉克塔格（Yārdang-bulak-tāgh）就是这条山脉的延续。它是南占洼地的南部边缘，也是与罗布盆地的分水岭，科克苏达坂以远的所有水道都流进库鲁克河。此后，我们又在一块光秃秃的石萨依上沉闷地走了约 10 英里，来到了一个地方，从兴地塔格东端下来的那些水道在这里变窄了，水道两侧是支离破碎的石头。这里的泉水形成了一条小溪（图 339），在一层冰面的保护下，小溪延伸了约 0.5 英里长，经过了托格拉克布拉克那个废弃的驿站。我们在托格拉克布拉克扎了营。附近的一丛芦苇中矗立着几棵胡杨树，托格拉克布拉克就是由此得名的。空盒气压表显示，这里的海拔约 3 600 英尺。

3 月 3 日，我们折向东南，朝雅丹布拉克的方向走。路途很长却毫无意趣，大多数时候我们是走在从科克塔格上下来的宽阔的石缓坡上。在约 4 英里的距离内，地面上都有分解的低山。之后，我们在一片洼地中突然遇到了茂密的芦苇丛，一眼叫吉格代布拉克（Jigda-bulak）的淡水泉为它们提供了水源。我们发现，这块可供放牧的极好地方，低处面积比较大，长约 1 英里，宽约 0.25 英里。在这里，我们第一次望到了俯瞰库鲁克河的恰尔恰克山（Charchak hills）。此后，

走过吉格代布拉克

我们走在石萨依上。在过了吉格代布拉克之后 3 英里的距离内，萨依上都生长着零星的"奇坎达"（Chikanda，一种当地耐盐碱的沙生植物——译者）。先前我在阿勒提米什布拉克等地就注意到，似乎只有这种植物在最干旱的地面上仍能吸取到养分。风蚀在每一丛奇坎达周围都形成了规则的高 2~4 英尺的沙堆，塔里木盆地及更远的沙漠中的红柳沙堆已使我对风蚀的这种形式十分熟悉。这些沙堆以及自从离开兴地后就伴随着我们的尘沙表明，在造就库鲁克塔格地区荒凉的地面状况的过程中，除分解作用和水蚀作用外，风蚀也是一种力量（尽管是一种不大的力量）。再往前，只有在我们穿过的一条条浅水道中才有奇坎达灌木。除此之外，石萨依上寸草不生。那些浅水道都与一片大洼地相连，洼地绕在恰尔恰克山脚下，洼地中如果有水，水就会流向雅丹布拉克。由于夜幕降临，我们只得在其中一条水道中过夜。

野骆驼的踪迹　　在靠近这一点之前，我们一直能看到一小队人不久前留下的踪迹。穆罕默德·巴奇尔说，那是些从铁干里克来的猎人，他们似乎于 12 月末在恰尔恰克塔格最东南端附近打死了一只野骆驼。在到达营地之前我们注意到，有一行野骆驼的踪迹沿着猎人的踪迹延伸了很远，而且野骆驼的踪迹似乎是在最近才留下的。我们的向导说出了一件有考古学价值的事情。他说，在狩猎生涯中他注意到，在库鲁克塔格有野骆驼出没的地方，野骆驼在从一眼咸水泉到下一眼咸水泉的时候，常喜欢贴近猎人的脚印。野骆驼是很善于记住地点的，嗅觉也很灵敏，它们这样做是不想依靠人类做向导。对此，穆罕默德·巴奇尔也说不出个所以然来。但无论原因何在，他都肯定地说，根据他的个人经验判断，如果人类的踪迹是几天前留下的，野骆驼就不怕这些踪迹。我沿着楼兰古道在库木库都克西北的古代罗布泊湖滨走时，就注意到古道旁边有一条野骆驼经常走的"道"①。穆罕默德·巴奇尔提供的这条有趣的信息和我当时想到的恰好一样。而且，穆罕默德·巴奇尔说，他父亲告诉他，在他年轻的时候，西边一直到卡乌达谷地都常有野骆驼出没。而现在，恰尔恰克塔格和雅丹布拉克是库鲁克塔格地区的野骆驼出没的最西界限了。

　　3月4日早晨，我们在和前面一样荒凉的地面上只走了6英里，穿过两条水道之间的一条低岭，就陡然下降到一片洼地中。那里芦苇丛的水分是从咸水泉雅丹布拉克得来的，辛格尔的人也把它称作多浪阿其克（Dolān-achchik）。芦苇丛南北长约500码，中部宽约150码。咸水泉是在离芦苇丛最北端300码远地方冒出地面的，它结成的冰面在我们扎营的下游那一端就终止了。我从穆罕默德·巴奇尔以及斯文·赫定博士那里得知（斯文·赫定博士在1900年第一次去楼兰时经过了雅丹布拉克），这里的牧草比库鲁克河河床附近的另一眼咸水泉亚喀雅丹布拉克（Yaka-yārdang-bulak）的牧草要好。于是我就让急需休息的人畜在这里进行休整，然后再出发去考察拉尔·辛格在1914年2月沿库鲁克河勘测时发现的墓地。

　　当骆驼和马吃着粗糙的牧草时，我们都有不少事情要干。我手下的人忙于很多修理工作，我则要写东西，并在地图上做标记。还有一些令人忧心忡忡的事占据着我的脑海。我知道，拉尔·辛格在西库鲁克塔格进行三角测量时，一直不散的尘沙严重影响了他的工作。同时，我还为阿弗拉兹·古尔担心。如果他已经克服罗布泊西岸和罗布沙漠中的困

（右侧注）到达雅丹布拉克

（右侧注）在雅丹布拉克休整

① 参见本书第九章第一节。

难，这个时候他就应该到雅丹布拉克来与我会合了。在休整期间，穆罕默德·巴奇尔急着想试试他打猎的运气如何。我通过他做下安排，让人在亚喀雅丹布拉克的一个圆锥形石堆底下给我这位年轻的测量员留下了指示。但我仍不知道他什么时候能到那里，也不知道他能否找到那些指示。

第三节　到库鲁克河边的墓地去

出发往库鲁克河走

晚上从东北方向刮来一阵大风，我们几乎没得到什么休息。3 月 6 日早晨，我们出发前往库鲁克河。为了不让骆驼负担太重，我把所有多余的行李都留了下来，只带了不多的冰，因为我们指望能在亚喀雅丹布拉克找到冰。前 2 英里中，我们沿着雅丹布拉克南边的石水道往下走。然后，我们折向南—南东方向，因为从斯文·赫定博士的地图看，亚喀雅丹布拉克在那个方向。我希望在斯文·赫定博士地图的引导下并依照拉尔·辛格提供的线索，不用穆罕默德·巴奇尔的帮助就能走到那处咸水泉去（穆罕默德·巴奇尔还没有和我们会合）。我们正走在一块极为荒凉的砾石萨依上时，从东南刮来一阵大风，风吹来的尘沙使我们看不到远方的所有事物。在这样恶劣的条件下，在离营地约 6 英里的时候，我们沿被侵蚀过的陡峭的土岸，下到了一片布满台地的水湾状的洼地中①。我们附近的台地都有 30~35 英尺高，立即使我想起了在古代罗布泊周围那些记忆犹新的情景。后来经勘察发现，这块台地朝东还伸展了约 4 英里。绕过这个奇怪的地

---

① 在地图中，在"高达 30 英尺的台地"那一词条北面，应该清楚地标上这片轮廓清晰的布满台地的洼地。

地图那一部分中，拉尔·辛格的 76 号营地附近的泉水符号也应该去掉，它是绘图人错误地加上去的。

区后，我们来到了一个水道密布的宽阔的地方。显然，我们
自离开吉格代布拉克之后经过的所有水道，最终都集中到了
这条大水道中。

在这里我们发现了活的红柳沙堆，不久还遇到了第一丛
芦苇。我们沿浅水道朝东南走，由于凛冽的大风带来的尘沙
遮住了远方的景物，地面状况就更显得扑朔迷离了。在离台
地约 3 英里之后，我们来到了一处结着盐壳的地面。拉尔·
辛格的平面图表明，他曾在这一地面的东北边缘安营。于是
我折而向东，在总共走了 12 英里之后，在一片茂密的芦苇
丛边扎了营。我看出，这大概就是拉尔·辛格曾宿营过的地
方，于是我卸下行李，自己和夏姆苏丁一起去寻找平面图上
标的那两眼泉水中北边的那一眼。但由于大风造成能见度很
低，再加上穆罕默德·巴奇尔不在这里，我们的这次行动没
有成功（穆罕默德·巴奇尔那天早晨打死了一只野骆驼，从
那里回到雅丹布拉克时，他没能在我们穿过萨依时碰上我
们）。我们在西北的确找到了一条窄沟，是从一条小谷中下
来的（谷两侧都是陡峭的土崖），沟里覆盖着肖尔的土壤是
湿的。我们沿着沟往上走了约 1 英里，在不到 1 英尺深的地
下就挖出了水。但水特别咸，连骆驼都不能喝。① 然后，我
们在结着盐壳的低矮小山中寻找标在东边的那口泉水（这些
小山就像小型的白龙堆一样绕在砾石缓坡脚下），但仍然一
无所获。这样一来，为了确保在库鲁克河上进行长期考察时
有足够的冰，我们只好在安营的地方待一天，并派骆驼回到

在亚喀雅丹布
拉克休整

① 在地图上，我们的宿营地西北约两 2.5 里远的地方标了一个泉水符号，指的就是这口井。根据
穆罕默德·巴奇尔后来的说法，上面说的这条水道中的水分，来自那条谷地高处的一眼位于台地之中的
泉水，但泉水形成的冰面很小。这条小谷可能和喀拉艾格孜（Kara-aghiz，或称喀拉雅丹艾格孜）所在
的那块谷地是相连的。喀拉艾格孜位于北边比较远的小山中，它的大致位置已经标在地图上了。

雅丹布拉克去把余下的冰也取来。

傍晚时分，穆罕默德·巴奇尔押运着驮着冰的骆驼与我们会合了。第二天早晨，在这位经验丰富的向导的引导下，我们朝东—南东方向在结着薄肖尔的地面上走了 3 英里后，来到了水道从台地带中"流"出的地方。在那里，我们找到了那眼靠东的泉水。我们曾徒劳无益地寻找过它。泉水在一条窄沟中结成了只有 20 码长的冰面，冰面附近的植被不多。大概就是这个缘故，阿布都热依木在给拉尔·辛格做向导时，才让他扎营在离这里那么远的地方。在这里，我让穆罕默德·巴奇尔回到雅丹布拉克去，照看我们留在那里的马匹和行李，余下的人则朝东南方向沿着陡峭土崖的脚下走。土崖北边是库鲁克塔格外围的缓坡，南边则是朝楼兰延伸过去的河边平原。拉尔·辛格的平面图明确表明，只要沿着缓坡底下走，我们就一定会遇上"干河"的河床（那里的河床朝北拐了一个大弯）。之后我们就能依次遇到他看到的那些墓地中的头两座墓地。

我们走在砾石或石头萨依上。开始的时候萨依不足 1 英里宽，越往前萨依就越窄。萨依上面走起来很容易。而且，如今尘沙正在散去，南边那个毫无生气的河边地带尽收眼底。我们左边就是缓坡的边缘。从远处看，缓坡边缘就像是一条连续的 100~150 英尺高的悬崖。实际上，缓坡边缘大部分地方都是一组虽然不连续却排成一线的台地。水曾切割了土缓坡的边缘，水蚀作用无疑是这些台地的主要成因。库鲁克河边的缓坡边缘到处都像是海岸线，使我清晰地回忆起从库木库都克下方朝拜什—托格拉克（Bēsh-toghrak）延伸过去的结着盐壳的罗布泊大水湾北边的湖岸线。① 在我们右边是红柳沙堆。在亚喀雅丹布拉克的营地，"活"着的红柳沙堆朝下伸展了很宽。但在离亚喀雅丹布拉克约 3 英里的地方，"活"红柳沙堆变成了一带已"死"的红柳沙堆。

过了那之后不远，红柳沙堆之间光秃秃的土地上出现了低而窄的雅丹。我在整个楼兰地区，直到我们现在走的这条海岸线般的砾石带，都见惯了这样的雅丹。但这里的雅丹大致是南北走向，或北—北东到南—南西走向。在这一段库鲁克河河道的其他地方，雅丹也是这种走向。这和我们先前考察过的楼兰地区雅丹的走向（东—北东到西—南西）明显不同。这使我想到，在这条河边地段，从附近的库鲁克塔格山区和高原吹到罗布盆地中的风，是风蚀过程中的主角。而再往东，在对流作用下从天山以及安西—敦煌那一侧吹来的风则是风蚀的主导因素。风蚀在塑造那行海岸线般的台地时，也起了一定作用。

在总共走了 11 英里后，我们来到了"干河"（库鲁克河）的河床。那里的河床朝北拐了一个大弯，与砾石"海岸线"靠得很近，河床宽 150 多码。像楼兰地区的库鲁克河的所有分支一样，河床两侧是成行的死胡杨树，很多胡杨树还直立着。空气中飞着尘沙。目之所及是一片真正的风蚀沙漠，地面的硬土被切割成低矮的雅丹。有些地方有高大的死红柳沙堆，稍微打破了雅丹的单调景象。过了河床的这个拐弯处后，我们穿过的地方看起来像是河滨的一片水湾，一两条水道从北边注入水湾中。然后，我们遇到了拉尔·辛格一年前留下来的脚印，脚印依旧清晰，朝他平面图上标作

雅丹的走向

"干河"的河床

① 参见本书第九章第一节。

"1 号墓地"的那个地方延伸过去。天色已经太晚了，我们无法考察这块墓地，于是我们沿着拉尔·辛格的脚印走到了较低的地面上，并遇到了从南边来的一条清晰的水道。我们在那里扎了营（ccliii 号营地）。营地附近带刺的灌木叫作喀木伽克（kamghak）①，它们虽然很稀疏，对骆驼来说却是很好的食物。周围的雅丹有 8~12 英尺高，很多雅丹的底部都被风切削过。水道再往前变得稍微宽了一些，形成了一片长约 1 英里、宽 0.5 英里的潟湖般的洼地。洼地中蜿蜒着两条窄水道，水道底部是开裂的土壤。这说明在河水偶尔泛滥的时候，仍然有一点水分到达这里。正是这个原因，才会有喀木伽克这种最耐旱的灌木生长在这里。

L.S 墓地的墓葬

第二天我带上小队伍中没有其他事情的所有人，到前一天傍晚经过的 L.S 墓地去。它位于砾石"涨滩"南边的一块小高地上。那里的"涨滩"很陡，比河边的风蚀平地高约 30 英尺。墓地北边 0.5 英里远的地方，就是前面说过的那条支离破碎的台地带，台地形成了高处的缓坡的边。在墓地中，成行密集的小木桩支在地面上（图 336）。我们发现墓葬分成两组，彼此相隔约 20 码远。沿小高地南边有一道用灌木层和砾石层筑成的残墙，延伸了约 25 英尺长。几根孤立的胡杨木桩表明，这道围墙大概还继续朝东延伸。在风携带的沙子和砾石的磨蚀下，那些标志着单个坟墓的胡杨木桩看起来磨损得很严重。木桩顶只高出地面几英寸，木桩朝北和朝东的地方都被风刮削过并劈裂了。而朝西和朝南的侧面则仍保留着原来浑圆的轮廓线。这样一来，每根木桩顶部都是奇怪的半月形。我们不知道木桩原来比地面高出多少。但

---

① 我们在克里雅河的死三角洲中也发现了这种灌木。参见《古代和田》第二卷 404 页、407 页。

这些木桩的样子顿时就使我想起了楼兰要塞 L.F 的墓葬的木栅栏。这些木桩大概和那些木栅栏一样，原来比现在要高得多。

南边那组墓葬有六七座坟墓。其中，最中间那座坟墓特别引人注目。它有七重栅栏，栅栏中的木桩整齐地插在地面上，形成了一个东西长 14 英尺、南北宽 10 英尺的椭圆形。外层木桩直径 3~4 英寸，越往里层木桩的直径越小，最后几乎变得像小帐篷钉一样。从南面和东面还有排成直线的类似的木桩，朝中间的椭圆形会合。挖掘了这个地方（L.S.1）后，我们发现了很奇怪的东西。在离地表约 1 英尺的地方，疏松的沙子中掺杂着被焚过的骨头碎片。最里面那圈木桩高 1~1.5 英尺，也看得出被灼烧过的痕迹。它们底下的地面被烧红了，掺杂着骨头碎片。在最中间的那根虽短却很结实的木柱下挖了 2.5 英尺后，我们发现了一个棺材一般的窄墓穴。墓穴四周是结实的木板，纵向紧密地放在一起，木板厚约 3 英寸。我们在 L.F 的某些坟墓中发现的墓穴也正是这样的。① 墓穴东西长 5.5 英尺，宽 1 英尺 2 英寸。所有的木板顶部都烧过，变得像木炭一样，剩下的部分长约 2 英尺。在墓穴里只发现了几块焚过的人骨和一根青铜小管子残件（L.S.1.02）。在墓穴外，我们发现了一块粗糙的毛织品，一截用毛和草搓成的绳子（L.S.1.01）。还发现了一块粗糙打磨过的石头，长约 14 英寸，直径 1 英寸，带有一个钝尖。我们看不出这座坟墓的埋葬方式究竟是怎样的，其他墓葬也没能对此提供什么线索。可能尸体是在木板围成的墓穴上方或里面焚化的，然后把整个墓穴用土埋上，在外面插上木栅

木栅栏里面的墓葬

---

① 参见本书第七章第七节。

栏，以表示这里是死者的住所。

L.S.2 号坟墓中的遗物

在 L.S.1 东边约 18 英尺远的地方，有三座小坟墓排成一排。它们的埋葬方法和 L.F 一样①，所以它们和 L.F 大概是同一时期，同一缘起。尸体都放在挖空的树干中，树干上放着横档般的厚木头。坟墓 L.S.2 和 L.S.4 用木板围过，木板触到了粗略的棺材边沿的顶部。木板长约 4 英尺，目前只高出地面几英寸。在 L.S.2 中躺着一具已经严重腐烂的成年人的尸体，似乎是一个男子。我们把他的头骨取了下来（L.S.2.07），以便进行研究。在尸体旁边发现的东西有：木勺子（L.S.2.02，图版 XXVI）；制作精良的篮子状滤器（L.S.2.03，图版 XXVI），滤器放在一个木碗中（2.04，图版 XXVI）；一枚骨针（L.S.2.05，图版 XXIV），形状很像 L.F.ii.04（图版 XXIV）那样的裹尸布上的针；山羊毛纺织品。

L.S.3 号女尸墓

L.S.3 是一个女子的坟，和 L.F 墓葬更相近。其棺材顶上的木片上放着又大又浅的篮子状碟子（L.S.3.02~04，图版 XXVIII），碟子底下是山羊皮，有利于防潮。所以，这座墓中的随葬品腐烂得没有其他坟墓那么严重。尸体头上紧裹着一顶毡帽（L.S.3.06），脸上还有一块遮脸布（L.S.3.01，图版 XXV）。这块布是很结实的毛织品，边上打了穗子。在尸体头左侧，放着一个形状像瓜一样的草篮子（L.S.3.05），很像在 L.F 和 L.C 发现的篮子。尸体身上裹着一块粗糙的毛裹尸布。在 L.S.4 中，尸体已完全腐烂，只剩下了骨头。

粗糙木人像的发现

L.S.5 位于北边那块墓葬群的东南角，有五根排成一排的木桩。它也用木板围起来 5.5 英尺长的空间，空间较窄的那一端朝西（L.S.1 也是如此）。这里没有发现棺材，也没有

---

① 参见本书第七章第七节。

烧过的迹象，只发现了一些较大的尸骨埋在木板围起来的地方。在靠近地面的地方，我们发现了一个腐烂得很厉害的木制人像，做工粗糙，长约 1.5 英尺，用一个球来表示头部，用疙瘩状的末端来表示脚。它很像阿弗拉兹·古尔在楼兰的一块墓地（L.Q）中发现的木制女子像（L.Q.ii.01）①，以及下文将说到的拉尔·辛格在 L.T 的一座坟墓中发现的人像（L.T.01）。

我们在 L.S.6 中发现的一件文物完全证实了我的上述结论。L.S.6 是这一组墓葬西部的一座小墓，也是我们在这里挖掘的最后一座墓葬。棺材是用挖空的树干做成的，离地表只有 3 英尺深。棺材上围木板，棺材顶部放着厚木片，木片外又盖着羊皮。尽管采取了这些保护措施，尸体仍腐烂得很严重，裹尸布已经完全烂掉了。但在尸体的头部左侧，我们发现了一个奇怪的女子石像（L.S.6.01，图版 XXVI），造型比较粗略，没有表现出四肢，但刻得很好。这座墓以及出土了大得多的木人像 L.Q.ii.01（图版 XV）和 L.T.01 的那些坟墓是楼兰当地人的坟墓。因此，这个雕像窄长的脸和高鼻子就很值得我们注意了。

这些放在一样地方的类似人像的确切含义，还有待于将来的研究。我们在尸体胸前发现了一个小包裹（L.S.6.03，图版 XXVI），包裹皮是用厚毛织品做成的，缠在一根用秸秆和山羊毛做成的绳子上。包裹中放着一些树枝。根据大英博物馆植物部负责人兰德勒博士的鉴定，它们属于麻黄草（Ephedra，麻黄属植物，可提取麻黄素——译者），就是信奉祆教的帕西人（Parsis，公元 8 世纪为逃避迫害而从波斯

L.S.6 中发现的石像

包裹里放的麻黄草枝

---

　① 参见本书第二十章第四节。

移居印度的祆教徒的后裔——译者）当作神圣的肉珊瑚
（一种被古代祆教徒和波斯人当作神物的藤本植物——译
者）的那种灌木。

当地人的墓葬　　　这些墓葬中的遗物都腐烂得很厉害，与 L.F 和 L.H 中遗
物的状况形成鲜明对比。墓葬尽管位于光秃秃的萨依上，比
河高出不少，但从北边的山中沿着浅水道偶尔流下的水，可
能会从地下稍微渗透到这里。但我们有足够证据表明，L.S
这块小墓地中的尸体也是居住在楼兰地区的土著人。楼兰土
著人数量不多，以放牧和狩猎为生。一年前，在荒凉的台地
L.F 我们就发现了他们的遗体。那里墓葬的所有埋葬方法都
和这里一样。

L.S 墓葬的年　　　在这里发现的遗物再一次表明，这些过着半游牧生活的
代　　楼兰人的文明，和常沿着如今这条干河河床边的大道来往的
中国人的文明是何等不同。将来在许多世纪之后，某位考古
学家也会发现现在统治着塔里木盆地的中国人的房屋中的遗
物，和最后一代罗布人的遗物是多么不同（罗布人在生活方
式上是楼兰人的真正继承者，但从人种上看却不是他们的后
裔）。在文明还比较简单的地方，各种风俗都是特别持久的。
所以，除非有足够的资料，否则很难在遗物上看出变化来，
因而也无法断定它们的年代顺序。由于我目前正缺乏这样的
资料，所以还不能判断 L.S 墓葬的相对年代。但有一件事我
们必须牢记在心：当楼兰遗址（L.A）周围已经无法居住的
时候，库鲁克河上游河道中大概在某些季节中还是偶尔有水
泛滥过来的。所以，河两岸的放牧活动很可能比古代三角洲
延续得更久。类似的例子是，如今克里雅河的终端河道仍可

以放牧，而克里雅河干河的三角洲已经无法放牧了①。因此，L.S 墓葬以及附近的 L.T 墓葬有可能比 L.F 墓葬年代要晚些。②

　　L.S 墓地余下的六七座坟墓有的位置稍微低些。再考察它们也不会增添多少新证据，所以我第二天就把我的小挖掘队带到了拉尔·辛格的平面图标着"2 号墓地"的地方。我们在 L.S 墓地以东 5 英里远的地方才发现它。那里构成"海岸线"的台地带有很大的豁口，北边的缓坡直接连到了砾石"涨滩"上。墓地坐落在"涨滩"上一座砾石覆盖的小山顶部。墓地总共有 22 座墓葬，南北占地约 20 码，东西宽 16 码。和 L.S 墓地一样，露出地面的窄木板的顶部标志着单个坟墓的位置，木板像小栅栏一样围住一座坟墓。在 L.S 墓地的某些坟墓外还有几圈木桩，在这里却没有这种木桩。"栅栏"围住的地方一般长 5.5 英尺，宽约 1.5 英尺。较窄的一端（"脚"）也是指向西方。

L.T 墓地

　　我们挖掘后才知道，这里的土是松软的黄土，表面是一层渗透着肖尔的特别坚硬的砾石。大概是由于土质的关系，我们考察的六座坟墓中只有骨头，有的骨骼甚至是不完整的。坟墓中都没有棺材。从中央的一座墓葬中，我取走了一个成年死者的头骨（L.T.03）。在这座墓葬中还发现了一块已经腐烂的木头，形状像纽扣一般，有 6 英寸长，直径 4 英寸，大概原是像 L.T.01 那样的粗略刻成的木人。L.T.01 是拉尔·辛格路过这里时，几乎就是在地面上拾到的。他与我在

发现了木人

① 参见《古代和田》第二卷 397 页；《西域考古图记》第三卷 1240 页以下。
② 只有一个证据（而且是一个不太有力的证据）支持这个判断，那就是这里用了遮脸布（图版 XXV 中的 L.S.3.01），而 L.F 墓地中则没有这样的布。这大概表明 L.S 受到了中国葬俗的影响。但离 L.F 不太远的 L.Q 中出土的一块布（L.Q.iii.01）大概也是一块遮脸布。

楼兰会合的时候，把它交给了我。那个木人保存得很差，前面已经裂了，说明它已经暴露在沙漠的炎炎烈日下很长时间了。亨廷顿教授的《亚洲脉搏》一书中，有一张极好的照片①，拍的是一个"粗陋的女子木像"，放在"一个半被打开的古墓头部，古墓是用胡杨树砌成的，位于库鲁克河附近的沙砾带边上"。将 L.T.01 和那张照片比较一下就知道，两个木人是同一个。两个人物的脸都没有正面，腰部都描绘成奇怪的凸弧形，更证明了这一点。亨廷顿教授在描述自己从楼兰遗址到铁干里克的旅程时，没有提到这块墓地。② 但由于他是沿着"干河"上方的缓坡走的（这是最好走的路线），L.T 墓地离他的路线一定不会太远。很可能他在这里的某座坟墓进行挖掘时，发现了这个木人。他把它丢在了后面，结果 8 年后被拉尔·辛格拾到了。这个木人很像阿弗拉兹·古尔在 L.F 附近的一座古墓中发现的 L.Q.ii.01（图版 XV）。这些古墓和附近的 L.S 一样，都属同一时期（L.F 出土的文物揭示了这一时期）。古墓中的尸骨是楼兰当地人的。没有发现棺材，大概表明这里埋葬的是比较贫寒的牧人，他们曾居住在这片如今变得死气沉沉的河边地带。

干河床　　在我们考察的 L.T 墓地的所有古墓中，尸体都已经完全腐烂了。这使我认为没有必要再打开其余的古墓。用这一天里剩下的时间，我考察了一下东南方的河边地带。我们从砾石萨依上朝那里走的时候，先是穿过了一条平坦的裸露泥地，地面已经被风蚀成了小雅丹。然后我们越过了一片洼地，那里的土地面是龟裂的，说明偶尔有水泛滥到那里，大

① 参见《亚洲脉搏》262 页对面的图版。
② 参见《亚洲脉搏》262 页以下。

概是从萨依上流下来的雨水。之后，我们来到古代河床上，河床两岸有两行浓密的死胡杨树，标出了河床的走向。河岸比河床底部高 25 英尺，河床宽 93 码。最深的河床底部覆盖着一层龟裂的硬泥壳，显然是最近才形成的。在这里朝下只挖了 4 英尺深，就挖到了水。水特别咸，这一点也不奇怪。但它表明，即便是现在，有时候（只是在北边山中下大雨的时候）水也能到达这段河床。

河岸沙土上的死胡杨林，比两侧光秃秃的平地高 10~12 英尺。挖掘一会后，可以把厚厚的落叶弄开。从落叶的厚度判断，这块胡杨林生长的时间不会离现在太远。很多树干很小，似乎它们还没来得及长大，就再没有偶尔的雨水了（它们就是靠偶尔的雨水生长的）。我们来到了河右岸的风蚀地面上，那里有一些低矮的红柳沙堆。然后我们朝南拐了一个大弯，又到了河岸边。有一些高高的台地，被大片的死胡杨林保护着。从台地顶上朝南能望得很远，但远处的高沙堆前面，看不到任何河床的迹象。之后我们又回到了河左岸，沿着曲折的河道走了 5 英里远，回到了营地附近。尽管我们密切注意，但没有发现陶器、木头碎片等古人留下的遗物。根据一段与库鲁克河有关的文字，这里"几十英里之内都曾是繁荣的村庄"[1]。但我们在此后两天的行程中，没有发现任何比较大的塔提。

> 死树林带

3 月 11 日，我决定从 L.S 和 L.T 墓地之间的营地出发朝西走，以便到达库鲁克河的一小段河道，那段河道斯文·赫定博士和拉尔·辛格都不曾考察过。拉尔·辛格紧贴着古河床左岸往东走了两天多，一路都是沿着砾石萨依的边上走，

> 为阿弗拉兹·古尔的小分队担心

---

① 参见亨廷顿《亚洲脉搏》263 页。

然后才折向阿勒提米什布拉克。途中他在砾石萨依边上只发现了一块墓地（他称为"3 号墓地"），那里离我们现在的位置足足有 20 英里远。而且，根据拉尔·辛格对它的描述，它和我们前面考察过的那两块墓地完全是一个类型。到那里去需要花去我们三天的时间，天气已经越来越热，骆驼的体力也无法支撑到达那里。我之所以不想把我们的考察继续朝东扩展，还有一个原因，那就是我对阿弗拉兹·古尔那个小分队的担心。我们本来约好在营盘会合的，现在约定的日期已经过去了几天。我告诉他沿雅丹布拉克塔格的脚下走。如果我们继续往东去，就有可能在他沿山脚下走时与他错过。为了引起他的注意，我们在 ccxliii 号营地附近的一个高高的红柳沙堆上日夜燃着一堆火，但我并没有因此而宽心。实际上，在沙漠地区，如果天气比较晴朗，白天的烟和晚上的火在很远都能看到。好在这几天的天气一直在帮我们的忙。

南边的风蚀地面　于是，3 月 11 日我们朝西南走，以便看一看河南岸的状况。我们起初穿过的地面，在风蚀下被切割成了很多低矮的岭和沟，岭和沟都是南北走向。然后我们就到了河床上，并在河床很多较小的弯曲部分之一过"河"。在离营地约 3 英里的地方，我们发现比河岸低 15 英尺的河床底部的沙子是湿润的，长着很多活着的带刺灌木。但河岸上的芦苇丛和其他植被都已经死了。当我们走进一个迷宫般的布满小雅丹的地区时，连死植被也消失了。小雅丹高 4~8 英尺，被切割成了小窄条和小丘（图 335）。我们在这个奇怪的网状地面上曲折前行。越往前走，凹陷处的流沙变得越多。在这样的地面上走了 3 英里后，我们来到了一个布满沙丘的区域边上。沙丘高 20~30 英尺，形成了小达坂或沙丘链，就像我1906 年从楼兰遗址往塔里木河走时，见到的那些规模大得多的沙丘链似的。沙丘之间的地方偶尔有死树，但都已经因为年代太久而发白了，而且变得奇形怪状的。显然，河边地带延伸到这个地方的南边，那已经是很久很久以前的事了。从沙丘链顶上看不到其他的"死"河道。但拉尔·辛格和我在横穿楼兰遗址西边和西南的布满沙丘的沙漠时，都注意到了一些古代河床。它们的走向表明，南边按理说应该是有古代河道的。

要想带着骆驼穿过这些排列紧密的沙丘是很难的，所以我们又折向西北①。我们遇到了一个小凹地，凹地底部的土壤是湿润的。在凹地附近，我们拾到了两小块粗糙的陶器碎片和一小团铜矿沙②。如果不算墓葬，它们是我们自从离开雅丹布拉克后第一次发现的古人留下的遗物。然后，我们不得不又在一个迷宫般的小雅丹地带中前进，最终又来到了河南岸。这里的岸边都是高大的红柳沙堆，大多数红柳沙堆已经枯死（图337）。河床朝西北拐了一个弯，在那里的河床中我们发现了一行存活的胡杨树，这表明在离地表不远的地方有水分。于是我们在那休整。此前，我们在很难走的地面上一共走了12英里。我们在河床中一个凹陷的地方挖掘，只挖了5英尺深就找到了水。这里的水不能饮用，尽管没有L.T墓地东南的井水那么咸。

在干河河床中打井

---

① 地图中画的我们的路线需要进行更正。路线应该延伸到过了标着雅丹符号的那一点更南边的地方。

② C.ccxliii.01、02　2块陶器残片。粗糙，红色，烧得很差，被腐蚀过。出自 ccxliii 号营地西南 8 英里远的库鲁克河边。最长处 $2\frac{1}{4}$ 英寸。

C.ccxliii.03　一团铜矿砂（?）。出自 ccxliii 号营地西南 8 英里远的库鲁克河边。最长处 $2\frac{1}{8}$ 英寸。

回到雅丹布拉克

第二天我们沿着河道往上游走，又一次遇到了湿润的土壤和薄薄的肖尔。在河南岸我们又拾到了一块粗糙的陶器碎片。在拉尔·辛格的平面图上，发现陶器碎片的那一点附近标了一个小塔提。这里的河床平均宽约250码，大多数地方的陡岸高25～30英尺。我们走的地面上有很多雅丹，但在河北岸走了3英里后，地面变成了光秃秃的土平原。我想，地面状况之所以会发生这样的变化，大概是北边雅丹布拉克谷口的肖尔和灌木区的缘故。肖尔和灌木会把粗沙挡住，这样一来，这里盛行的北风的磨蚀能力就大打折扣了。共走了6英里后，小沙堆上活着的红柳越来越多，表明我们来到了那条植被带的南部边缘，恰尔恰克山以东的水都在那里终结。又走了3英里后，我们折向西北，沿着砾石萨依边上走（萨依是从恰尔恰克山的最外围下来的）。最后，我们到达了上面说的那个终端盆地末端边上的一行稀疏的红柳沙堆①。在这里，我们来到了 ccxlii 号营地以西我们自己的旧道上，并于当天走回了雅丹布拉克。我们这次走的是比较靠西的路，沿着一片大洼地朝上走（恰尔恰克山以东的所有水最终都进了这片洼地）。洼地很宽，有的地方的陡岸底部被水流冲得凹了进去。这些都表明，以前在偶尔下大雨的时候，从这流进库鲁克河的水量是多么大。大概就是因为这片洼地的存在，我们才会在库鲁克河的河床中一些地方发现了地下水。

古代的河边地带

在这里，我要说一下库鲁克河（辛格尔的猎人也把它叫作库木河）这一地段的总体自然特征。我们的考察表明，一

---

③　**C.ccxliv.01　陶器碎片**。粗糙，颗粒很大，烧成了发红的灰色。已被腐蚀。最长处 $2\frac{1}{8}$ 英寸。

①　绘图时的一个错误没有被我发现。在地图中，在我们的路线与拉尔·辛格到达亚喀雅丹布拉克的路线相交之前，我们在路线西边的沙地上画了一块植被。实际上，在结着盐壳的地面西边只有稀疏的红柳沙堆。

直到阿弗拉兹·古尔的 ccl.a 号营地，库鲁克河都只有一条河床。河床朝北弯的时候，一般离缓坡脚下（那里分布着"海岸线"般的台地）不到 2 英里。根据已死的树和灌木判断，河边地带都不足 5 英里宽。可以肯定，在历史上这里是不会有大规模的牧场的，更无法从事大规模的农业。这片地面的坡度极为和缓，而且能灌溉的土地极有限，所以在这里维持水渠是很困难的。如今在塔里木河下游情况也是这样。我们穿越的光秃秃的地面面积很大，但我们只在两个地方发现了不起眼的陶器碎片，甚至不如一般牧人住处的陶器碎片多。看来，在这里不曾有过任何比较大的农业居民点。

这条河边地带的重要性只在于，将敦煌和塔里木盆地北部绿洲连接起来的中国古道的西段，在这里找到了一条特别直接的可行路线。从这个方面来说，可以拿它同和田河的河边地带相比，那条地带为联系着和田、阿克苏、库车的商道提供了很多便利。在楼兰道被废弃之前，这条河边地带一定设有路边驿站。要想寻找这样的古代驿站，必须进行长期的极为仔细的考察才行。面对缺水的问题，这样的工作只能在深冬进行，那时在雅丹布拉克可以找到冰。那些驿站很可能靠近河岸，以便取水方便。它们有可能是用篱笆和木头构成的，也可能全是草墙。在偶尔有水泛滥的地方，它们必定会很快腐烂，或者被主河床两岸的淤泥和流沙埋住。在一度进行过灌溉，但后来被废弃的地面上，是很有利于保存房屋遗址的（即便房屋是孤立的），但这里缺乏这样的有利条件。和田河边的类似遗址也在迅速消失。在阿古柏统治时期以及其后一段时间，和田河边有桑加尔（Sangars，波斯语，意为石堆、胸墙——译者）。尽管我的向导们仍清楚地记得它们的位置，但除一两处地方外，它们都已踪迹全无。

库鲁克河边的古道

在 L.S、L.T 墓地发现的文物
在 L.S 墓地的墓葬里发现的遗物

L.S.02　**一团毛发和羊毛**。深棕色和深黄色。

L.S.1.01　**毛织品残件**。赤褐色，线比较粗糙，经线已经腐烂。还有一截用毛和草搓成的绳子。织物最长处 3 英寸，绳子长 $3\frac{1}{4}$ 英寸。

L.S.1.02　**青铜管子残件**。笔直，锈蚀得很厉害。长 $1\frac{1}{8}$ 英寸，直径 $\frac{1}{2}$ 英寸。

L.S.2.01　**一束树枝**。树枝细长，对折过来，用另一根树枝绑住。末端伸出来，但已经折断了。长 10 英寸，直径 $1\frac{1}{4}$ 英寸。图版 XXVI。

L.S.2.02　**木勺子**。勺头深而圆，直柄，勺头和柄是一块木头。柄末端折断了，但折断的末端也保留了下来。没有装饰，保存良好。全长 $10\frac{3}{4}$ 英寸，勺头直径 5 英寸，深 $2\frac{1}{2}$ 英寸。图版 XXVI。

L.S.2.03　**篮子一般的滤器或盖子**。碗状。中间有七根竖向基杆，三根在里面，和外面的四根垂直。外面这四根在中间用一圈横向编织物绑住，然后把剩下的三根横向基杆压在底下。接着，两圈紧密的横向编织物与这两组基杆相连。之后引入了新的基杆，继续进行横向编织，但每一圈之间的距离越来越大，形成了透孔的纹理。横向共编了 14 圈。边加厚，并粗略地包住。横向基杆似乎是某种攀爬植物的茎，横圈中似乎也是同样的材料。制作精良，保存良好。口直径 $5\frac{3}{8}$ 英寸，深 $2\frac{1}{2}$ 英寸。图版 XXVI。

L.S.2.04　**木碗**。椭圆形，底部并不变平。底下有刀痕，碗里外隐约有黑色颜料或黑漆留下的残迹。木头很硬。碗口尺寸 $7\frac{3}{8}$ 英寸×$5\frac{7}{8}$ 英寸，深

$3\dfrac{5}{8}$ 英寸，平均厚 $\dfrac{3}{16}$ 英寸。图版 XXVI。

L.S.2.05　骨针。出自裹尸布。横截面圆形，缓缓地逐渐变细。一端变宽变平，以当作针头。参见裹尸布上的针 L.F.ii.04（图版 XXIV）。长 $3\dfrac{1}{4}$ 英寸，最宽处 $\dfrac{1}{4}$ 英寸。图版 XXIV。

L.S.2.06　山羊毛编成的织物残件。粗糙，深棕色，平纹，偶尔织有红色或黄色线以作装饰。结了层沙子。最长处 $3\dfrac{1}{2}$ 英寸。

L.S.2.07　人的头骨。是一个成年人的头骨。从额骨的上半部分沿着头顶向后，有一条十分明显的脊状突起。左侧轻轻粘着一层很厚的棕色灰尘（可能是头发），灰尘上有粗糙的麻布（？）留下的印痕。除左上方的智齿外，所有牙齿都是完好的，那颗智齿大概是不久前脱落的。头顶特别均匀光滑。下巴比较窄，朝前伸出。

L.S.3.01　盖在尸体脸上的毛织品残件。粗糙，平纹。毛线发黄，很结实，边上是用毛线拧成的穗子，穗子顶部装饰着一条用棕色毛线编的窄线。在穗子边里面有 $1\dfrac{1}{8}$ 英寸宽都是双股纬线。一面有一条织边。织得很好，有棕色的变色痕迹。一角用山羊毛绳子系上了，系成的小袋里面有破碎的小麻黄草枝。参见 L.Q.iii.01 和 L.F.1.03。最长处 1 英尺 5 英寸，宽 9 英寸。图版 XXV。

L.S.3.02～04　2 个浅篮子般的碟子。04 为类似的碟子的残件。碟子长而窄，形状像铲子，只有一端的边沿朝上翘，这一端是凸圆的。从这一端朝另一端稍微变窄，对面那一端方而平。底下仍然粘着皮子（山羊皮），皮子是斑驳的棕色和黄色，毛面朝下。碟子用柳条和竹篾编成。02 长 1 英尺 7 英寸，最宽处 1 英尺 $\dfrac{1}{2}$ 英寸，边沿的最高处 2 英寸。03 长 1 英尺 10 $\dfrac{1}{2}$ 英寸，宽 1 英尺 4 英寸，高 3 英寸。04 是一窄条，出自另一个碟子边沿，长 1 英尺 3 英寸。图版 XXVIII。

L.S.3.05　草编的篮子。形状像瓜，带有一个用山羊毛做成的提手，与图版 XXVI 中的 L.C.05 类似。结了不少沙子。深 $6\frac{3}{4}$ 英寸，口径 4 英寸。

L.S.3.06　毡帽或毡头巾残件。无花纹，比较紧。保留着一个耳搭，还有一根细绳以便把帽子系在下颌底下。多次缝补过。最长处 1 英尺 3 英寸。

L.S.6.01　女子石像。在女尸的头部附近发现。没有四肢，大致与较大的木制人像 L.Q.ii.01（图版 XV）和 L.T.01 类似，但雕得很好，表现出了更多细节。头长而窄，大鼻子，下颌长而尖，眼睛平直（只是用凹陷来表示），一条笔直的凹槽代表嘴。

头戴圆形平顶窄帽。头发直着朝后梳，在脑后比较低的地方梳成平髻。没有脖颈。小乳房下垂，乳房之间及后背上有窄带子（用一对刻线来表示）。腰上也有两条刻线。保存极好。高 $4\frac{1}{2}$ 英寸。图版 XXVI。

L.S.6.02　用草和山羊毛编的绳子残件。特别细。最长处 $2\frac{1}{8}$ 英寸，直径 $\frac{1}{16}$ 英寸。

L.S.6.03　包裹。里面放着麻黄草树枝。包裹用深棕色粗毛布做成，紧紧地缠绕在用秸秆和山羊毛编成的绳子上，外面还缠着结实的山羊毛绳子。$6\frac{1}{4}$ 英寸×$2\frac{3}{4}$ 英寸×$1\frac{7}{8}$ 英寸。图版 XXVI。

在 L.T 墓地的墓葬里发现的遗物

L.T.01　木雕女子像。是拉尔·辛格拿来的。没有四肢，像图版 XV 中的 L.Q.ii.01 和图版 XXVI 中的 L.S.6.01。后背的上半部分是平的，腰部是凸弧形而不是凹弧形。没有着色。上半部分的木头已腐烂，头的整个前面都脱落，人像沿中间裂开。高 2 英尺 2 英寸，最宽处 7 英寸，最厚处 6 英寸。

L.T.02　一团毛发或羊毛。浅棕色，已腐烂。

L.T.03　成年人的头骨。除右侧的智齿外，下排牙齿完整。上牙大部分已经脱落。下颌很宽，不太突出。下颌表面凹凸不平，尤其是嘴角附近，顶骨两侧也是这样。这些都表明，颌的肌肉发达而有力。

在鼻子附近、右眼窝的内角上，嵌着一小块燧石，但有可能是在死后嵌的。颅顶点很尖。骨头不结实，下颌残留着腱的残迹。

第四节　阿弗拉兹·古尔的补充考察

3 月 13 日，我在雅丹布拉克停留了一天，以便让经历了沙漠之苦的骆驼能休息一下，并饱餐一顿，之后再朝西到营盘遗址去。虽然我忙于写作和绘图工作，但我的脑海里尽是为阿弗拉兹·古尔的小分队担心的念头，现在他们已经超过约定的日期整整一个星期了。午后，我似乎听到了远处隐约的驼铃声。但由于此前的一次令人难忘的经历①，我手下的人有点信不过我的听觉了。但不到半个小时，哈桑阿洪就像一个凯旋的英雄似的从东南方的砾石岭后面出现了，把我们最好的强悍的骆驼都安全地带了回来（尽管骆驼看起来有点瘦弱）。之后，我就极为高兴地迎到了带着平面图的阿弗拉兹·古尔。由于经历了劳累和物资匮乏之苦，他看起来的确有点旅途劳顿的样子，但身体仍然很好，还像以前那样敏锐。他和我一样，都对这次成功的会合感到十分高兴。他按照我给他的指示，从塔里木河终端的潟湖恰依奴特库勒（Chainut-köl）出发，经过了 L.M 遗址，穿过西北的大达坂，

同阿弗拉兹·古尔的小分队会合

────────────

①　参见《古代和田》第二卷 409 页。

在 L.T 墓地以东约 12 英里的地方来到了库鲁克河上（库鲁克河就是在那附近第一次分汊的）。他们在 L.T 墓地上方的砾石缓坡上第一次遇上了我们的踪迹，但直到眼尖的猎人阿布都拉马里克又看到了我追捕狐狸的小猎犬"飞奔 3 号"的脚印，他们这才意识到那些踪迹的真正意义。在亚喀雅丹布拉克我们堆的那个圆锥形石堆那里，他果真找到了我留给他的信。但从信的日期来看，他是没有指望在到营盘之前与我们会合了。所以如今我们会合后，他也像我一样长舒了一口气。

阿弗拉兹·古尔观察到的现象

我们在泉水那里又停留了一天，以便让阿弗拉兹·古尔的骆驼能从一个星期的食物匮乏和艰难跋涉中恢复一点体力。同时经验丰富的哈桑阿洪也有时间给那些骆驼以及我们的骆驼包扎各种伤口。而且，晚上的时候从东北刮来了猛烈的大风，次日一整天都刮得我们很不舒服，这样我们也无法动身。根据阿弗拉兹·古尔对我的第一次口头报告，我得知面对着极为严峻的困难和不小的风险，他圆满地完成了我在吐鲁番给他定下的任务。他的那些平面图一如既往地仔细记录下了细节，路线报告也是如此。由此我可以看出，他很好地领会了我的意图，就是为了实现这些意图，他才受了这么多劳累和匮乏之苦。我在给他设计路线的时候，特别注意一些地理学和考古学上的问题，并希望他在沿罗布泊古湖床走，之后又穿越西边的罗布沙漠进行补充考察时，能提供关于那些问题的线索。他仔细地记录下了可能和那些问题有关的一切现象，这使他的考察具有了很大价值。我如果只介绍一下他行进的路线将是很不够的。因此，我认为有必要在这里用简洁的文字摘录一下阿弗拉兹·古尔的路线报告。如果有必要，我还会加上一些评论，来说说某些现象和前几章讨论的考古学或地理学问题有什么关系。

　　这位测量员离开哈喇和卓的大本营后，于 2 月 6 日经吐
峪沟来到了鲁克沁。第二天，他继续往小绿洲迪坎尔走，那
里是吐鲁番盆地中的农田的最东南角。他在鲁克沁以南约
3.5 英里的地方，越过了从连木沁来的那条宽河床，在那
里测得的水流量约 17 立方英尺/秒。从那里到迪坎尔的途
中，只在有坎儿井灌溉的地方才有小块农田。

走到迪坎尔

　　过了迪坎尔的一块叫萨依坎儿（Sai-kārēz）的偏远农田
后，植被就完全消失了。1 英里后他越过了一条河床。那条
河床是从却勒塔格方向流入吐鲁番盆地的最东边的水道，河
床中已经很长时间都没有水了。阿弗拉兹·古尔的那一小队
人马在阿布都拉马里克（阿布都热依木的弟弟）的引导下，
朝阿勒提米什布拉克去。他们先是在一块寸草不生的砾石萨
依上走，一直走到从南边来的一条宽谷的谷口。离开迪坎尔
后，他们有两天半的时间都沿着这条开口的大谷往上走。谷
两侧是孤立的小山，山上大多数地方覆盖着砾石或碎石。除
了在一个叫古亚玉尔滚（Ghuja-yulghun）的地方有一小丛矮
红柳外，谷地中没有任何活的或死的植被，也没有水。

从迪坎尔往高
处走

　　在离开迪坎尔第三天的时候，他们沿一道均匀倾斜的缓
坡，来到了海拔 2 260 英尺高的科克达坂（Kök-dawān），越
过了一条几乎水平的分水岭。那里显然是库鲁克塔格最北边
的那条山脉朝东延伸的部分。从吐鲁番盆地出发的更靠西的
路在较高的鞍部阿特奥勒干达坂（Āt-ölgan-dawān）和依伽
尔达坂（Igar-dawān）穿过了这条山脉。在科克达坂以南，
他们的路经过了一个独立的内流区的终端盆地，盆地中是结
着盐壳的土。在盆地最北端和最南端，分别是咸水泉喀塔尔
玉尔滚（Katār-yulghun）和夏勒德朗布拉克（Shaldrang-

穿过库鲁克塔
格最北边的山
脉

bulak），两眼泉水四周有很多小红柳沙堆和为数不多的
灌木。

**伊勒塔尔古其
布拉克**

　　过了夏勒德朗布拉克后，路折向南—南西方向，翻过了
一系列极为荒凉的高原，高原之间是干涸的水道。在伊勒塔
尔古其达坂（Iltarguch-dawān），高原升高到了约 3 400 英尺。
又走了两天后，他们来到了伊勒塔尔古其布拉克（Iltarguch-
bulak），途中没有遇到任何植被。伊勒塔尔古其布拉克旁边
有芦苇丛和红柳沙堆，这些植被生长在一条很宽的水道中，
水道还朝西北延伸了很远。这条水道大概和那片结着盐壳的
大洼地连在了一起，从吐鲁番到辛格尔的路是在阿尔皮什莫
布拉克穿过那片洼地的。

**下降到阿勒提
米什布拉克**

　　第二天的途中也遇到了不少灌木。他们在逐渐抬升的砾
石萨依上朝东南走，来到了一条结着盐壳的宽水道，水道两
侧都是红柳沙堆。过了水道后，他们到了一个叫巴克里昌奇
的地方。那里的泉水似乎几年前就干涸了。2 月 14 日，他们
从那里往南走，在一条很不明显的分水岭越过了从辛格尔方
向来的库鲁克塔格的主脉。[①] 此后，他们沿一条宽水道往下
走（水道两侧生长着灌木），这条水道就是经过阿勒提米什
布拉克的那条水道的源头。他们在一眼叫库鲁克托格拉克布
拉克（Kuruk-toghrak-bulak）的泉水旁过了一夜，泉水边有
一棵已经枯死的胡杨树，泉水就是由此得名的。那里的芦苇
和其他灌木给骆驼提供了很好的食物。然后，他们沿着水道
往下走，经过了一条峡谷，水道就是从这条峡谷穿过俯瞰着
阿勒提米什布拉克的那条最外围山脉的。2 月 15 日，他们来

---

　　①　参见本书第二十章第一节。

到了阿勒特米什布拉克这片沙漠小绿洲。①

从这位测量员的描述中我们可以看出，尽管他走的那条道是吐鲁番和古楼兰之间最直接的道，但在历史上它肯定不曾是这两个地区之间的重要交通线。人们之所以更愿意走经过辛格尔的那条道，是因为那条道上的水和牧草都比较多。

直道上存在的困难

在阿勒提米什布拉克，骆驼被留下来由哈桑阿洪照看，以便继续进行休息。2月16日早晨，阿弗拉兹·古尔带着剩下的两个人去完成我交给他的第一个任务，即考察一下古堡L.E北—北东方向的遗址，前一年路过时，我们没能对那里进行考察。② 这三个人肩上扛着够四天用的食物和冰、平面图、坎土曼（Ketmans，掘土工具——译者）以及其他不可缺少的装备。他们走的路，就是我们在1914年2月25—26日走的那条道③。2月17日早晨，这一小队人来到了小墓地L.Q所在的那块台地。墓地是阿弗拉兹·古尔去年在勘察时发现的。

从阿勒提米什布拉克到小墓地L.Q

那块台地高约45英尺，长300码，表面是结着盐壳的土。它顶上有一些墓葬，其标志是排列紧密的木片，像我们先前在墓地L.F看到的那样④。大多数情况下，尸体和棺材都已严重腐烂。但从几座保存较好的墓葬中的遗物，以及其他墓葬中遗物的性质来看，那里的埋葬方法和楼兰土著人的墓地L.F一样。在 ii 号墓葬中，尸体已经严重腐烂，但在尸体脚附近发现了一个很有趣的木雕女子像（L.Q.ii.01，图

在小墓地L.Q发现的遗物

① 有关阿弗拉兹·古尔从阿勒提米什布拉克之北到柴纳特科勒然后到库鲁克河的道路详情，见本书第四卷中的"罗布沙漠地图"。（此注据本书英文版"补遗和勘误"补上——译者）

② 参见本书第七章第七节。

③ 参见本书第八章第一节。

④ 参见本书第七章第七节。

版 XV）。它很像在库鲁克河边的墓葬中发现的 L.T.01 和 L.S.6.01（图版 XXVI）那样很古老的木雕和石雕①。在 iii 号墓葬中，他们发现粗糙的棺材上盖着窄木板，木板上面盖着羊皮。尸体裹在一块很厚的毛裹尸布中，从头部看死者是一名老年男子，唇上方长着红色胡子，下巴上则没有胡须。L.Q.iii.01 是盖着头的裹尸布的一部分，里面有一束小树枝，与 L.F.1.03 和 L.S.3.01 类似②。其他和 L.F 出土的文物接近的东西有：草编的篮子（L.Q.iii.02）、毡头巾（L.Q.iii.03）、木针（L.Q.iii.04~09，图版 XXIV）。

在风蚀地面上发现的文物　墓地延伸了约 40 码长，其中有几座儿童墓葬。在这个区域东北方约 20 码远的地方，他们在地面上发现了一把青铜匕首（或矛头）残件（L.Q.i.01，图版 XXVI）、青铜圆盘（L.Q.i.02，图版 XXVI）、小青铜马（？）残件（L.Q.i.03，图版 XXIV）。青铜闩 L.Q.01 是此前在 L.Q 墓地北边约 4 英里远的风蚀地面上拾到的。

探访南边台地上的烽燧　2 月 18 日，阿弗拉兹·古尔在猛烈的沙暴中结束了对 L.Q 墓地的考察。一年前几乎在同一天，我们在 L.E 就遇上了这样的沙暴。③ 然后，他探访了正南方约 0.5 英里远的那块台地。一年前，他看到这块台地上似乎有座古塔。他发现这座古塔有 15 英尺高，但他没有记下塔的建筑细节。塔周围都是芦苇秸秆和牲畜的粪便，上面有烧过的痕迹。清理了这些垃圾后，他们没有发现什么文物。考虑到那里离堡垒 L.E 很近，古人大概在那块高台地顶上建了一座偏远的烽燧。

---

① 参见本书第二十章第三节。
② 关于这些麻黄草，参见本书第七章第七节，第二十章第三节，以及"补遗与更正"。
③ 参见本书第七章第七节。

第二天，阿弗拉兹·古尔回到了阿勒提米什布拉克。他这次走的道比前面走的那条道稍微靠西。途中他没有发现建筑遗存，但走了 3 英里后，他们拾到了一枚青铜带扣（L.Q.02），又过了 2 英里后还拾到了一枚汉代的中国铜钱。铜钱附近的小堆矿砂似乎表明那是一个进行熔炼的地方。他记录下来的地面状况和我在前一条道上看到的极为接近。[①]

回到阿勒提米什布拉克

他在阿勒提米什布拉克休整了一天，弄到了两只骆驼能驮的冰和一只骆驼能驮的燃料，然后就出发去完成我交给他的第二个艰巨任务。他应当走到罗布泊的干涸大湖床西滨附近的那块台地，我们 1914 年 2 月 28 日在那里发现了汉代钱币和其他文物，说明那里是中国古道上的一个休息地[②]。从那里他应该考察湖滨，以便看看能否找到什么线索，说明古道是沿什么路线穿过结着盐壳的湖床的。之后，他将朝罗布沼泽的方向去，考察一下罗布泊朝西南延伸的地方。他第一天多数时间是走在石萨依或砾石萨依上，那是库鲁克塔格最外围的缓坡，上面有很多浅水道。这一天他们走了很长的路程。在接近天黑的时候，他们经过了那一广大的台地区（即郦道元所说的"龙城"[③]）的外围。在 ccxxxvii.a 号营地的南边和北边似乎有一片宽阔的洼地，洼地中是白龙堆那种类型的结着盐壳的雅丹。

向干涸的罗布泊进发

第二天早晨，他们穿过了一条轮廓清晰的干河床，河床宽约 50 码，深 20 英尺。河床呈西南到东北走向，大概和我们一年前在 L.J 附近注意到的河床有联系[④]。此后的 15 英里他们都是朝东去，穿过的地面很好走，地面上还有大量分解

到达发现钱币、匕首等物的台地

---

① 参见本书第八章第一节。
② 参见本书第八章第三节。
③ 参见本书第八章第二节。
④ 参见本书第八章第一节。

的石膏，偶尔还有几块台地。再往前结着盐壳的雅丹之间出现了一条软肖尔，说明他们可能已经接近那块台地了（我们曾在那块台地发现了钱币、匕首等遗物，这次要将它当作考察的起点）。阿弗拉兹·古尔没有认出那块台地来，或者没有找到我们前一年留下的迹象。于是他折向东—南东方向，扎下了他的 ccxxxviii.a 号营地。那是一块软肖尔，俯瞰着结着硬盐壳的罗布泊。当天傍晚，阿弗拉兹·古尔又回到西北方，走了约 3 英里后就找到了那块台地。这样一来，他就可以参照我们前一年的路线确定他自己的位置。

寻找中国古道
的路线

　　2 月 23 日早晨，阿弗拉兹·古尔离开了营地，我们跟着阿布都拉马里克朝北—北东方向走。走了约 2.5 英里后，发现到了我们 1914 年的踪迹。我们原来是朝东走的，在那里改成了北—北东方向①。从那里他们折向正东方向，以便再次到湖滨去。在覆盖着肖尔的地面上朝东走 1 英里后，他们拾到了几片已经氧化的铁（C.ccxxxviii.a.02～06）。这些铁片是某种已经完全腐烂的铁器的残余。在记录追寻中国古道那一章里，我已经详细说明了在确定中国古道的路线时，这些铁的意义有多么重大。② 在那里我还记录了他在干涸湖床的西滨观察到的现象（他又朝东走了 2 英里就到了湖滨）。

朝恰依奴特库
勒出发

　　2 月 24 日，他们又动身了。他们将穿越还没有人考察过的区域到恰依奴特库勒去，那是东南方有指望找到饮用水的最近的一点。考虑到骆驼只能饿着肚子走到那里，所以他们在地面条件允许的情况下，尽可能地走直线。尽管有这个局限，阿弗拉兹·古尔的考察却使我们能够知道古湖床最西段

---

① 参见本书第八章第三节。
② 参见本书第八章第四节。

和荒凉的西滨的状况。他在平面图中记录的地形情况是十分详细的，所以下面我只需摘录他的路线报告的主要部分。

在离营地 0.25 英里的时候，他们遇到了一条结着硬盐壳的地带，显然是湖床的一片小水湾。盐壳上都是起伏的盐块，很难走。在盐壳上走了 2.5 英里后，他们来到了土地面上，土地上覆盖着石膏片①，两侧是 20~25 英尺高的台地，台地的走向是常见的北—北东到南—南西。他们这一天总共走了 25 英里，多是土地和结着硬盐壳交替出现的路，这表明湖床这一侧的湖岸线有很多缺口。在 10 英里的距离内，路旁边没有遇到雅丹或台地。再往前遇到的一个有趣的地方是一片宽而曲折的洼地，洼地上结着硬盐壳。阿弗拉兹·古尔觉得，那是一条河床的三角洲部分。

沿着结盐壳的湖床边走

第二天，他们前 9 英里是走在结着硬盐壳的土地上。接着有接近 10 英里的距离都是难走的硬盐壳，盐壳上的大盐块像冰块一样堆叠在一起，高 3~4 英尺，有的地方甚至更高。在这片荒凉的地面上，他们发现了枯死的胡杨树干，那显然是洪水沿着河床冲下来的。他们不时穿过这样的河床，河床的轮廓也越来越清晰。这些河床是库鲁克河死三角洲的末端部分。在其中一条河床附近，土岸上还有死芦苇。在 ccxl.a 号营地，这样的一条河床的堤岸是风蚀的小土台地，覆盖着死芦苇，河床里则有很多死胡杨树。

死三角洲的终端河床

这些令人鼓舞的迹象表明，他们接近的地面历史上是有河水的。尽管如此，2 月 26 日的行程对人畜来说仍是一个严峻的考验。走了约 10 英里后，有死芦苇和胡杨树的土地变成了硬盐壳，盐壳上是高 2~3 英尺的起伏的小丘。过了此

难走的硬盐壳

---

① 在地图中都错误地标成了"云母"。

地约 7 英里后，他们来到了一条干河床，越过了干河床后的风蚀沙土上有很多小红柳沙堆。于是，在到了 ccxli.a 号宿营地时，这次罗布探险的最困难的部分已经被克服了。

朝恰依奴特库勒走

第二天，他们走在风蚀沙地上。从营地开始，很长一段距离内都能望到一条古河床，成行的死胡杨树（有的仍然直立着）清楚地表示出河床曲折的路线。河床的走向表明，它和 L.K 堡垒附近及其西边的那条河床有关联。在离营地 1.5 英里的地方，他们在河床附近拾到了粗糙的陶器碎片和铁片。沿途的红柳沙堆越来越多，开始时是死的，后来就是活的了。他们经过了一些小湖床，湖床边上的肖尔是不久前积下来的。这使阿弗拉兹·古尔断定，塔里木河末端的洪水，仍是可以泛滥到这里来的。可见，他离目的地已经不远了。有一只骆驼已经筋疲力尽了，这使他不能走太远。但下面的地面我们在 1906 年和 1913 年曾考察过，绘过地图。最后，他终于在 3 月 1 日将他的小分队安全地带到了恰依奴特库勒的北边缘。

湖床中的洪水

由于在前面的跋涉中长期缺乏食物，骆驼都特别疲乏，这迫使阿弗拉兹·古尔在恰依奴特库勒休整了四天。1914 年 2 月 3 日，我们营地附近有一个小水坑。[①] 他发现水坑中的冰几乎全都融化了。1914 年时，水坑南边的大湖盆完全是干涸的，但现在湖盆中已经迅速储满了塔里木河春汛刚刚带来的淡水。3 月 3—4 日，他仔细勘察了恰依奴特库勒的实际湖岸。水经过纵横的水网注入湖中，水网是无法穿过的。但在主水道中，他测得水流量不低于 700 立方英尺/秒。第二天，他朝东南沿着那些水道往上游走。他证实，水是先填

---

① 参见本书第六章第一节。

满大潟湖亚齐孜玛克库勒（Yaghizmak-köl）后才往下流的。
而我们在 1914 年 2 月穿过这个大潟湖时，它完全是干涸的。

3 月 6 日，阿弗拉兹·古尔动身朝恰依奴特库勒东北走，
以便到那条沙漠道去，他将由此到我们在雅丹布拉克的会合
点。1914 年 2 月，我们经过了很多干涸的洼地，如今泛滥的
河水迅速填满了洼地中的小沟。按照我给他的指示，他沿我
们去年走的道来到了 xc 号营地，然后朝正南方 L.M 遗址的
方向走（我们去年考察过那个遗址），途中他不得不越过高
达 100 英尺的大沙丘链。在 L.L 和 L.M 之间，他拾到了一些
遗物，其中包括石制品、陶器和青铜器等（见本书的文物目
录），其中大玉斧 C.ccxlv.a.02（图版 XXII）特别值得一提。

朝北走到 L.M
遗址

在本书第六章，我在述及 L.M 遗址时曾说到，当时阿弗
拉兹·古尔曾在 3 月 8 日朝东边和东北进行了大范围的考
察，但没有发现别的遗址。而这次当他按指定方向朝西北前
进时，过了 2 英里后就发现了三座独立的房屋。它们坐落在
几块风蚀台地的顶上，在地图上这个遗址被标作 L.R。和
L.M 遗址一样，房屋也是由胡杨木和篱笆条筑成的。标作 i
的那块台地有 12 英尺高，它顶上只有木头碎片（占地的直
径有 15 英尺）保留了下来，在那里没有发现什么遗物。在
这地台地东北 100 码远又有一块高约 6 英尺的台地，台地顶
上保留着另一座房子（ii）的残墙。东边那间屋子大概是 21
英尺×27 英尺，里面有不少沙子，西北连着的一间较小的屋
子里也塞满了沙子。第三座房子（iii）在第二块台地东北约
200 码远的地方，坐落在一座类似的风蚀土丘上。它的面积
有 55 英尺×51 英尺，阿弗拉兹·古尔可以分辨出五六间屋
子。这里也堆了很高的沙子（西边的沙子高达 10 英尺），所
以阿弗拉兹·古尔和他那几个伙伴没法进行真正的清理。考

房屋 L.R 遗址

虑到前面是艰难的沙漠行程，他们能抽出的时间是很少很少的。清理了 ii 外的一个垃圾堆后，他们没有发现什么遗物。但他们在 L.R.ii、iii 的风蚀坡上拾到了一些青铜质、铁质、石质和玻璃质的小物件。这些东西都收在本书上文关于 L.M 遗址的文字后面的文物目录中了。[①] 它们足以证明，这些房屋和南边的 L.K、L.M 遗址属于同一时期。

房屋 L.R 遗址西北的古河床　　3 月 9 日，他们继续朝西北方向走。在离房屋 L.R 遗址不到 1 英里的时候，来到了一条轮廓清晰的河床。河床约 100 码宽，河道曲折，似乎是从东北方向来的，有的地方有 50 英尺深，河床里大部分地面都布满大沙丘。在离宿营地约 2 英里的时候，他们最后一次看到了这条河床。它是从北边朝东南（即 L.M、L.K 的方向）延伸的。一年前，我们在那个方向追踪到的古河床[②]大概就是它的延续。

穿过高沙丘　　这一天，他们走过的地面上布满了高沙丘。最初他们在有些地方还遇到了风蚀的沟，但没有遇到什么雅丹。沙丘之间的洼地中常可以看到已死的红柳沙堆和胡杨树。从地图上可以看出，他们还遇到过 70 英尺高的大致南北走向的达坂。在离房屋 L.R 遗址约 9 英里远的时候，他们拾到了一小块铁片和一块陶器碎片，说明在历史上曾有人在这里走过。3 月 10 日，他们走过的沙漠也像前一天一样艰难。在至少三个地方他们都看到沙漠中立着的成行枯死的胡杨树，似乎表明以前从库鲁克河那个方向有水道到这里来。在离 ccxlviii.a 号营地约 10 英里远的地方，他们拾到了小陶器碎片和一块青铜。再过了 2 英里后，他们穿过了高度估计有 100 多英尺的大达坂。

---

①　参见本书第六章第五节。
②　参见本书第六章第三节。

在 ccxlix.a 号营地附近，阿弗拉兹·古尔看到有成行的死胡杨树，说明那里有一条从西边来的古河床。他还看到了大量的死芦苇和红柳，表明在离现在不是太遥远的时候，那里是有水的。再往前走，沙丘之间出现了越来越多的雅丹，这个显著变化表明，他们已经接近库鲁克河边的风蚀地带了。在离营地 3~4 英里之间，他们相继拾到了一枚破碎的中国钱币、各种小石器和陶器碎片（C.ccxlix.a.02~011），接着又穿过了一座大达坂，这才来到了布满雅丹而没有沙丘的地面。这块地面沿库鲁克河延伸，库鲁克河绕在库鲁克塔格的砾石缓坡脚下。和楼兰附近一样，这块地面对骆驼来说也很难走。考虑到骆驼已经筋疲力尽，阿弗拉兹·古尔被迫一到库鲁克河的主河道就进行了休整。那里的河道宽约 100 码，平均深 20 英尺。

库鲁克河的雅丹带

之后，阿弗拉兹·古尔又走上了他 2 月 12 日早晨走的路。走了 3.5 英里后，他发现了拉尔·辛格前一年留下的踪迹。他过到了河床北边，因为那里更好走些。在 L.T 墓地北面的台地带中，他遇到了我这队人马的脚印，然后到了我们从亚喀雅丹布拉克来时走的路。前面我已经描述了第二天我们胜利会合的情景。我希望这里简单记录的阿弗拉兹·古尔的考察，能解释我为什么对他在完成任务时的令人敬佩的技巧、恒心和勇气特别赞赏。

在 L.Q 墓地挖掘出土的遗物

L.Q.01　青铜闩。圆柱形，有一个方而平的头部。另一端钻了一个孔，大概是放制轮楔的针部用的。表面生了红褐色的铜锈，保存良好。长 $2\frac{1}{8}$ 英寸，直径 $\dfrac{7}{16}$ 英寸，头部 $\dfrac{9}{16}$ 英寸见方。

L.Q.02　青铜带扣。宽宽的 D 形，无花纹，中间有根很粗的青铜条。"舌"缺失，保存良好。1 英寸 × $\dfrac{3}{4}$ 英寸。

L.Q.i.01　青铜匕首或矛头残件。较长，叶形，尖缺失。柄或铤有横向凸纹，末端变粗，末端的横截面是不规则的椭圆形。从这个末端的边上伸出六根圆棍，椭圆形长轴的每一端各有一根，两侧各有两根。做工很差，结了层沙子。长 $7\dfrac{1}{8}$ 英寸（不完整），刃最宽处 $1\dfrac{1}{2}$ 英寸。图版 XXVI。

L.Q.i.02　青铜镜（?）。薄圆盘，全部被锈蚀了，在一条直径的两端附近各钻了一个孔。没有凸饰的迹象。直径 $4\dfrac{1}{8}$ 英寸，厚度不到 $\dfrac{1}{16}$ 英寸。图版 XXVI。

L.Q.i.03　分成四部分的小青铜片。大概是马（?），腿缺失，锈蚀得比较严重。长 $1\dfrac{7}{16}$ 英寸。图版 XXIV。

L.Q.ii.01　木雕女子像。没有四肢，在墓葬里尸体的脚边发现。特别粗略，脸上没有五官，但肩后是小尾巴状的头发。头过大，乳房小而尖。没有脖颈，细腰。从侧面看，后背的曲线十分鲜明。涂成红赭色。其他类似例子，参见图版 XXVI 中的 L.T.01 和 L.S.6.01。2 英尺 1 英寸 × 6 英寸。图版 XV。

L.Q.iii.01　尸体的遮脸布（?）残件。毛布。毛线暗黄色，粗而软。平纹，织得特别均匀柔软，有些地方变色成了深色。有一部分用绳子系成一个袋子，袋子里面放着折断的细树枝。一角穿着三根木针（其中一根烧焦了），还有其他木针留下的针孔。从一幅完整的布上剪下来，一侧还有织边。另一块这样的布参见图版 XXV 中 L.S.3.01，树枝参见 L.F.1.03。2 英尺 5 英寸 × 1 英尺 7 英寸。

L.Q.iii.02　草编的篮子。形状像瓜，与 L.C.05 等类似，残留着山羊毛编的把手，把手上有流苏。结了层沙子。深 7 英寸，口径约 4 英寸。

L.Q.iii.03　毡头饰残件。与 L.F.01 一样饰有花边和羽毛。保存很差，羽毛缺失，但仍残留着羽毛杆。高 $7\frac{1}{2}$ 英寸。

L.Q.iii.04~06　3 根木针。像 L.F.ii.04 等一样出自裹尸布。针头是桶形。04 和 05 上装饰着 10 条螺旋线，每条线上都刻着很多极小的底边相连的三角形。06 装饰着 7 条环线（与 L.F.05.a 类似），环线上也是这样的小三角形。长 $4\frac{1}{2}$~$4\frac{7}{8}$ 英寸。最长的针头（06）长 $1\frac{7}{8}$ 英寸，最大直径 $\frac{9}{16}$ 英寸。图版 XXIV。

L.Q.iii.07~09　3 根木针。出自裹尸布，从一端朝另一端逐渐变细。针头那一端是小木棍本来的粗度，还带有树皮，另一端是尖锐的针尖（已折断）。参见 L.F.3.02。长 $3\frac{1}{8}$~$3\frac{5}{16}$ 英寸，最大直径（07）为 $\frac{1}{4}$ 英寸。图版 XXIV。

在 ccxxxviii.a 号和 ccl.a 号营地之间的罗布沙漠上发现的遗物

C.ccxxxviii.a.02~06　铁片。已经氧化，在 ccxxxviii.a 号营地北—北东方向结着盐壳的干涸罗布泊边上的雅丹中发现。直径约 $\frac{3}{16}$ 英寸。

C.ccxli.a.01、02　2 块陶器碎片。粗糙，灰色，烧得不好。01 较长，最长处 $2\frac{1}{2}$ 英寸。

C.ccxli.a.03.a、b　2 块铁片。已经生锈。最长处 $2\frac{7}{8}$ 英寸。

C.ccxli.a.04~06　3 块石头。04 呈灰色，像石英，$1\frac{1}{2}$ 英寸×$1\frac{1}{8}$ 英寸×$\frac{3}{4}$ 英寸。05 呈粉色，$1\frac{3}{8}$ 英寸×$1\frac{1}{8}$ 英寸×$\frac{3}{4}$ 英寸。06 呈深灰色，$1\frac{1}{2}$ 英寸×$\frac{5}{8}$ 英

寸 $\times \frac{3}{8}$ 英寸。

C.ccxlv.a.01 **陶器碎片**。黏土粗糙，烧成了发红的灰色。最长处 $1\frac{1}{2}$ 英寸。

C.ccxlv.a.02 **玉斧**。很大，保存良好。边是钝的，有缺口。长 $3\frac{5}{8}$ 英寸，最宽处 $2\frac{1}{2}$ 英寸，最厚处 $\frac{9}{16}$ 英寸。图版 XXII。

C.ccxlv.a.03 **青铜管子残件**。是浇铸而成的，两端装饰着凹陷的环形，中间有一个球形的鼓起部分。长 1 英寸，直径 $\frac{1}{4}\sim\frac{3}{8}$ 英寸。图版 XXIII。

C.ccxlv.a.04、05 **2 片薄石片（刃）残件**。分别是黄棕色和发绿的灰色。04 长 $2\frac{1}{16}$ 英寸，05 只是碎片。

C.ccxlv.a.06~08 **3 块不规则的薄石片**。06、07 呈黑色，06 有一个鼓起的部分以便敲击发声。08 呈巧克力色，有一个很明显的鼓起部分以便敲击发声。08 最大，最长处 $1\frac{5}{16}$ 英寸。

C.ccxlv.a.09 **陶器碎片**。出自直壁的器皿。灰色，布满粗糙的黑色颗粒。装饰着四行倾斜的短刻线，行与行之间相距 1 英寸，相临行中刻线的倾斜方向是相反的。参见《西域考古图记》第四卷图版 IV 中的 C.122.001。断成了三块。$4\frac{1}{4}$ 英寸 $\times 3$ 英寸 $\times \frac{1}{4}$ 英寸。图版 XXIII。

C.ccxlv.a.010 **青铜箭头残件**。属于扁平的两刃类型，中间有一根突起的圆脊（参见 C.xciii.069）。有裂纹，已生锈。长 $1\frac{1}{4}$ 英寸（不完整），最宽处 $\frac{3}{4}$ 英寸。图版 XXIII。

C.ccxlix.a.01　玻璃残件。绿色，半透明。一面是凹陷的，出自器皿里面（?）。最长处 $\frac{3}{4}$ 英寸。图版 XXIII。

C.ccxlix.a.02　陶器碎片。深红色，两面都已变成黑色。光滑而坚硬，用陶轮做成。最长处 $2\frac{3}{4}$ 英寸，厚 $\frac{5}{16}$ 英寸。（02~013 在 C.ccxlix.a 西北 4 英里远的地方发现。）

C.ccxlix.a.03　陶器碎片。黏土粗糙，烧成了黑红色，淘洗得不干净。外面装饰着一组组人字形短刻线（参见《西域考古图记》第四卷图版 IV 中的 C.122.001），打磨过。最长处 $1\frac{3}{4}$ 英寸。图版 XXIII。

C.ccxlix.a.04　灰色石头薄片。里面充满了石膏。最长处 $1\frac{3}{4}$ 英寸。

C.ccxlix.a.05、06　2块石头薄片（刃）。细长，分别是发绿的灰色和黄棕色，边已磨损。06 最长处 $3\frac{1}{16}$ 英寸。图版 XXII。

C.ccxlix.a.07　叶状的石箭头。与 L.I.012 类似。石头深紫色，边上有均匀而对称的缺口。长 $1\frac{15}{16}$ 英寸。图版 XXII。

C.ccxlix.a.08~011　4块青铜。扁平，稍微呈弧形，已生锈。011 最大，$1\frac{1}{16}$ 英寸×$\frac{5}{8}$ 英寸。

C.ccxlix.a.012、013　扁平的石圆圈。石头白色，做得比较粗糙，大概是天然形成的。外侧直径 $2\frac{1}{4}$ 英寸，内侧直径 $\frac{11}{16}$ 英寸，最厚处约 $\frac{7}{16}$ 英寸。

第二十一章　孔雀河沿岸的古道

第一节　营盘遗址

向营盘出发　　　3 月 17 日，在凛冽的东北风还没有停息的时候，我们就从雅丹布拉克出发到营盘去。阿弗拉兹·古尔的小分队要留下来再休息一天（他们是完全配得上这种待遇的），然后和我在辛格尔—营盘道上会合。穆罕默德·巴奇尔见到他来自吐鲁番的兄弟很兴奋，同时他也很高兴我让他回到辛格尔去，这样一来，他就能把打死的野骆驼的大部分都驮在他自己的大骆驼背上，运回辛格尔去了。阿弗拉兹·古尔会很容易就走到辛格尔—营盘之间的那条路，以便与我会合。我自己则在阿布都拉马里克的引导下，走了一条更短的路。第一天，我们沿着一条宽沟（先前我们就是沿这条大沟从吉格代布拉克下来的）往上走，来到了一座辽阔的砾石高原上。这座高原是恰尔恰克山的西北端朝托格拉克布拉克延伸的部分。我们在到 ccxlv 号营地之前走的路，就和我们先前走过的砾石萨依一样荒凉。但扎营的高原上出现了零星的红柳沙堆，给我们提供了燃料。我们现在已经很接近恰尔恰克山了。它是库鲁克塔格最外围的小山脉，脚下全被砾石覆盖了，但它连绵的较高的部分则像墙一样陡峭。

　　第二天，我们折向西边，穿过几条轮廓清晰的干水道，从高原上下来，走近了一座孤山。山的砂岩呈红色，十分醒目。因为它正横亘在营盘道上，辛格尔的人们把它叫作托格拉塔格（Toghra-tāgh）。我们经过一个很好走的鞍部越过了这座低山，来到了一块宽阔的准平原上。准平原的小沙堆上生长着大量奇坎达灌木。在这里发白的土崖脚下，我们来到了营盘道上。大风把营盘道的痕迹几乎都吹光了，要不是阿布都拉马里克，我们很有可能会走过头。营盘道伸向西—南西方向，它在离 ccxlv 号营地约 12 英里远时把我们带到了准平原边上。这条边很清晰，是架子一般的一行台地，很像我们在库鲁克河上方的亚喀雅丹布拉克和 L.T 墓地之间看到的"海岸线"般的台地。之后我们沿一块砾石萨依往下走，萨依极为和缓地朝南倾斜，乍看几乎像平地一般。走了 3 英里后，我们来到了轮廓也极为明显的第二行台地，这行台地陡然朝南下降，正像前面看到的库鲁克河河边地带的"涨滩"上的萨依一样。这种种相似性给我留下了深刻印象。

　　现在可以望到南边的库鲁克河了，它就像是一条由红柳沙堆构成的连绵的深色线一样。我们沿斜方向朝它走过去，过了约 6 英里后就到了"河"边。然后，我们穿过了一条植被带，植被带中的芦苇和灌木十分丰茂，是我们自离开天山北坡后就从未见过的。我们来到了一行活着的胡杨树那里，胡杨树沿着一条古河床的岸生长，河床中有一片淡水沼泽。这样，走了很远的路后，我们在那个废弃的中国驿站扎了营。中国重新收复新疆并开通了从罗布到吐鲁番的邮路后，这个驿站一直有人。在那里从铁干里克来的几个人迎接了我们，并带着我们急需的物资。他们是铁干里克那片小绿洲的头人派来的，因为我事先在辛格尔曾派人向他提出过这样的请求。出乎我意料的是，那几个人中还有一个叫尼山阿里（Nishān Alī）的旁遮普人，14 年前我曾见他在喀什的英国领事馆做听差。他后来成了一个小商贩，一直漂泊到了塔里木盆地可住人的地区的最东部。他的经历似乎可以说明，古代的时候，印度人，甚至来自更遥远地方的近东人，是怎样来到像米兰那样偏远的绿洲的。① 为了防止在进行挖掘工作时有可能遇到的阻挠，我白天就把这一小队人马遣回了铁干里克，并要求他们再带来更多的物资和一个向导，以便我们到库尔勒去的路上使用。

营盘驿站附近的遗址　　第二天早晨，我带着手下的几个人出发到营盘驿站东北的遗址去。第一个注意到这个遗址的是斯文·赫定博士，他是在 1896 年 3 月 26 日从库尔勒到罗布的途中首次经过那里的。② 后来这位杰出的探险家在 1900 年 3 月 10 日第二次探访了那里。但他的描述极为简略，第二次探访后也只是在描述中加了很少的一点细节。③ 从他的文字中，我无法断定这个遗址的性质和年代。但它的汉文名"营盘"（意为军事要塞）却是很值得注意的。第一次探访时，斯文·赫定博士认为这些遗址可能年代较晚。我们走了约 3.5 英里路，有时走在散布着红柳沙堆的砾石萨依上，有时穿过兴地河床形成的宽阔冲积扇（冲积扇上生长着灌木）。在兴地河主河口西侧附近，一群醒目的佛塔进入了我们的视线（图 340），这真使我们惊喜。

佛塔遗址　　这些佛塔坐落在一块孤立的小高地上。高地本是后面的砾石高地的一部分，被从东北来的兴地河大河床的一支切割

---

① 参见《西域考古图记》第一卷 530 页以下。

② 参见斯文·赫定《中亚之旅》76 页。

③ 参见斯文·赫定《中亚》第二卷 30 页以下。

了下来。这块岛屿一般的小土高地比南边的平地要高约 28 英尺，高地脚下的平地上有几条交织的小水道。在水的作用下，高地北面的陡坡几乎变得像垂直的悬崖一般。高地长 150 码，最宽处宽约 50 码。高地本身也被水切割成了很多条像蜘蛛脚一样伸展的窄岭，岭顶上刚刚够建那些小佛塔。佛塔依高地形状布局，可见佛塔是在高地已经被严重侵蚀后才建起来的。

如附图 37 所示，高地顶部是主佛塔 Y.I.i（图 349）。佛塔的圆形部分遭受了很大破坏，似乎很久以前被"寻宝人"挖过，如附图 38 所示，佛塔原来的高度已不得而知。佛塔直径约 14 英尺。它原来似乎坐落在三层底座上，但只有最底下一层底座（26 英尺见方、7 英尺高）可以明确地分辨出来。这一层底座顶上加了一层红柳树枝，所以比顶上那两层逐渐变小的底座保存得好。有一段特别破碎的台阶通向最底下这层底座的顶部。建筑中使用的是特别硬的土坯（15 英寸×12 英寸×3 英寸）。在底座上，每两层土坯之间都出现 5~6 英寸厚的夯土层和砾石层。佛塔周围有一圈约 3 英尺厚的土坯墙，长 61 英尺，宽 50 英尺，原来支撑着一个长方形平台，但如今只有东边和西边的一点围墙保留了下来。围墙西南角外连着某个小建筑的矮墙，那个小建筑似乎在最近的某次挖掘中被完全毁掉了。因此，它是一座庙还是看佛塔的僧人住所，就不得而知了。

在围墙西北角附近的地面上，我们拾到了一枚五铢钱。这是第一条明确的线索，它告诉我们这是一个很古老的遗址。仔细查看之后，我们就发现主佛塔附近几个地方都有垃圾层。我让人对它们做了清理，并发现了新的证据。这些证据逃过了那些先前搜寻这个遗址的人的视线，真是一件幸事

佛塔 Y.I.i

佉卢文文书

（下面会说到他们都做了些什么）。最大的垃圾堆（Y.I.a）位于东围墙下的山坡上，里面主要是木片、芦苇秸秆、灰烬、纺织品碎片和加工过的皮子。这一切都证明，上面曾是某种住所。当人们仔细翻拣垃圾时，在围墙东北角外发现了一件木文书，这真令我大喜过望。这件文书长约4英寸，一面有两行短短的佉卢文，表面的其他地方似乎被刮削过。我们很快又发现了三块薄薄的佉卢文小文书，正像我在楼兰遗址和敦煌长城上发现的大量汉文木简一样①。字体似乎很接近在楼兰遗址发现的佉卢文文书，而用了这种印度字体本身就说明，这些文书和楼兰遗址的文书大致属于同一时期。

在垃圾堆中发现的各种遗物　　在这里发现的各种遗物中有大量毛织品碎片，有的比较细密，有的比较粗糙。安德鲁斯先生研究了这些纺织品的样品，发现它们绝大多数是经线凸纹织法（Y.a.03、04，I.a.017~019、021）。这是很值得注意的，因为这种工艺是楼兰L.C墓地出土的所有中国花绸的显著特征。这里没有发现任何丝织品，大概表明一般守在这个神圣地点的不是中国（内地）人而是当地人。当然，这种反面的证据是不足为信的。其他值得一提的遗物有：木笔（Y.a.01）；带漆的木头残件（Y.a.09、I.a.02）；用山羊毛织的带子残件（Y.a.05、Y.I.a.012、016）；一块结实的羊绒织物（Y.I.a.015）。Y.I.a.014是几截葡萄藤，它们表明这附近是可以种葡萄的。主佛塔北边和西北有两堆较小的垃圾（b、c），其中出土了麦秆、陶器碎片等（见文物目录）。在佛塔北边的一个完全毁坏的小建筑废墟中，我们还发现了几块加工过的木头，而且全都是胡杨木。我们在院子东北角附近的垃圾堆顶上发现了一枚

---

① 参见《西域考古图记》第一卷375页，第二卷598、646、685、763页。

唐代开元通宝的两块残片，说明一直到佛教时期的后期都有
人到这个圣地来。

　　如附图 37 所示，在中央佛塔周围，我们发现了九座较
小的佛塔。它们都被人挖过，遭受了极大毁坏。但可以分辨
出大多数佛塔的底座，底座大小为 15 英尺见方到 5 英尺见
方不等。在它们周围光秃秃的砾石上没有发现遗物。这些佛
教徒进行崇拜的场所都挤在这块小高地上，这使我再没有什
么怀疑了：此地就是被当作神圣的苏巴什（即水之源）来进
行崇拜的。我以前曾提到过以"苏巴什"命名的那些地方，
它们都位于流到塔里木盆地绿洲上的河附近。我还曾提到过
被这些河灌溉着的田地上的当代居民对它们的崇拜。这种从
古代一直延续到今天的当地人的崇拜地点有：和田喀拉喀什
河上的库赫马里、吐峪沟、庙儿沟、库车的两条河口处的寺
庙。[①] 显然，如果靠兴地河灌溉田地的人们，想要祈祷这条
河给他们提供足够的水注满他们的水渠，这块小高地是个再
合适不过，也再方便不过的地方了。因为，从斯文·赫定博
士的地图看，兴地河实际流出山口的地方离这里有 10 英里
远[②]，然后河水才穿过干旱的砾石缓坡流向营盘遗址。到山
口去显然太远了，不利于种田的人和僧侣等照看寺庙。

　　在小高地顶上朝东北还可以望到两座佛塔，我们就沿着
主河床朝那里走。我发现在烽燧 Y.I 遗址上游约 0.75 英里远

古代的苏巴什
遗址

---

　　① 参见《古代和田》第一卷 189 页；《西域考古图记》第三卷 1151 页、1155 页、1238 页。关于
若羌上游的巴什阔玉马勒，参见本书第五章第二节。
　　② 关于河水那个真正的出山口，参见斯文·赫定《中亚》，地图第一卷的图版 19。那里标的"布
特申图布拉克"（Budschentubulak）是吐鲁番人对"毕占吐拉"的不准确发音，参见本书第二十章第一
节。阿布都拉马里克清楚地告诉我，那个地方的真正名称是"毕占吐拉"，也叫"艾格孜—艾格孜"
（Aghiz-aghzi），即"峡谷口"的意思。
　　在地图中，英库尔奥塔克下游的兴地谷地（英库尔奥塔克是我到达的兴地河谷的最低点），是绘图
时凭想象错画的，但我在校对这张地图的山区时，没有发现这个错误。

的地方，河床分成了两条浅水道，水道中生长着灌木和红柳。水道之间是一块突起的窄窄的地面，在这块地面上，我们很快发现了一条古代水渠的明确迹象。渠岸用砾石和泥土筑成，在风的作用下已经变低了。阿布都拉马里克说，他在河床的出山口毕占吐拉附近也看到过这样的水渠。渠岸的底部仍可清晰看到一条宽4~5英尺的硬土，不时还夹杂着大石头，以使渠岸更加坚固。渠岸上曾生长着红柳。根据这些死红柳的残余部分，我们可以追踪到水渠的走向。我们毫不费力地沿着水渠走了0.5英里多，然后越过东边那条水道到了西岸。

东北方水渠附近的小佛塔　在那里，我们遇到了两座小佛塔。其中靠南的那座已经变成了一座由土坯构成的土丘，覆盖着碎石的土丘底部宽17英尺，土丘高13英尺。但在离地面3英尺往上的地方，仍可以分辨出佛塔的圆形上层建筑。第二座佛塔在北边约400码远的地方，保存要好些。它的底座有15英尺见方，高达7英尺。底座上的圆顶仍比破碎的底座顶部高8.5英尺。两座佛塔都是用土坯（15英寸×12英寸×3英寸）筑成，土坯很硬，只掺有少量秸秆。北边那座佛塔底座的最低部分用了两层夯土，每层约6英寸厚，夯土层中间只隔着一层土坯，和佛塔Y.I的底座完全一样。底座的东北脚因风蚀往里凹陷了。自从建了这些佛塔后，光秃秃的萨依上吹刮的风虽然作用在这片覆盖着砾石的地面上，但地面总的来讲并没有变低。我不知道究竟是什么原因，佛塔单单建在了这里。在冲积扇上的萨依这样平坦的地面上，过了几个世纪后，水渠源头的位置是肯定会改变的。在我看来，我们在水道对面看到的废弃的水渠似乎并不是很古老。

斯文·赫定博士在下面将要说到的围墙东北看到了伊斯兰墓葬，他由此得出了这样的结论：在后来比较晚的时候，营盘遗址曾重新有人住。我在返回佛塔 Y.I 遗址的途中，在佛塔 Y.I 遗址上游约 0.75 英里远的地方发现了很多伊斯兰教坟墓，由于事先读了斯文·赫定博士的文字，所以我当时并没有感到惊讶。这些坟墓位于萨依边下方的一块土台地上，坐落在汇流后的水道右岸。坟墓共约 33 座，都用克塞克（Kisek，即土坯般的硬土块）筑成长方形的小丘，小丘呈南北走向，这是伊斯兰墓葬的正统方式。由于近期曾有洪水泛滥到了小台地边上，边上的两三座坟墓是半开的。在其中一座坟墓里，尸体的头转向西方，即麦加的方向。尽管坟墓附近的地面偶尔有水泛滥浸湿，但坟墓中裹尸用的粗棉布都没有腐烂，而且坟丘都保存得很好。从这些情况判断，这块小墓地所属的伊斯兰教居民点应该距离现在不过一两百年。我从阿布都拉马里克以及铁干里克的人那里，都没有得到关于这个小居民点的任何信息。这是不足为奇的，因为铁干里克和辛格尔的居民也都是不久前才从别的地方迁过来的。

在我们第一次走近河道口的那块高地之前，就遇到了陶器碎片。当我们穿过光秃秃的土地朝围墙遗址走，在位于高地西南约 0.5 英里远的地方（附图 36），我们注意到了大量塔提废墟。在这里以及废堡垒附近发现的陶器碎片以及小石器、金属的和玻璃的小物件看起来都很古老，下文的文物目录中 Y.I.04~017 和 Y.II.01~016（图版 CX）、019 条目下就是这样的样品。但从那几个带装饰的物件上，却无法得出明确的年代线索。在围墙东边的塔提上拾到的中国钱币是汉代的五铢钱。塔提中间又是一块伊斯兰教小墓地（斯文·赫定

图 340　营盘遗址的佛塔群

图 341　营盘遗址的围墙，从西方看到的景象

图342　营盘的Y.Ⅱ号遗址，从西南方看到的景象

图 343　克孜勒明屋的石窟

图 344　考玉克吐拉的烽燧遗址

博士已经注意到了这块墓地），约有 23 座坟墓，和前面说的坟墓完全一样。值得一提的是，在后来穿越围墙正东边光秃秃的塔提地面时，我们注意到了两个粗糙的木犁铧和两块手推石磨，犁铧的形状很像如今塔里木盆地绿洲使用的犁铧。夕阳的斜晖映照出低而窄的堤坝，新疆的田地正是用这样的堤坝隔开以便进行灌溉的。这表明，这片平坦的开阔地曾在距今不远的时候被开垦过，当时一些穆斯林重新居住在这里。

围墙是标准的圆形（图 341）。从里面的墙脚下算起，围住的地方直径有 194 码。大部分围墙都是用夯土、不规则的红柳和灌木层筑成，但南面和北面有一段墙只用了夯土，墙顶覆盖一层厚厚的红柳树枝。我没有发现垂直的木桩或其他起支撑作用的木结构。之所以出现不同的建筑方法，可能是后人修补的结果，至少某些地方是如此。墙底部厚 24 英尺，北面一段保存较好的墙高 18 英尺多。墙顶似乎都用一层厚厚的灌木来加固。我们还发现了很多大石头，这显然是用来防范敌人。东面和西面各有一条约 30 英尺宽的正相对的豁口，是大门的位置。南面和北面的小豁口只是流进墙里面的河道的小分支造成的。围墙里面没有任何建筑遗存，可能是因为自从这个地方被废弃后，河水有时会泛滥到墙里面。原来的住房大概只是用篱笆条和灰泥筑成的，河水会迅速毁掉这样的房子。我只在中央地带发现土坯和土坯般的硬土块的碎屑，表明那里曾有个建筑。碎屑上生长起了一个"活"着的红柳沙堆，沙堆大概在一定程度上把那个建筑一直保护到了最近。但建筑的遗存全被那群挖掘者破坏了，他们在下面将说到的西边的佛塔里也挖掘过。这座小堡垒里面的地面上覆盖着柔软的分解土壤。在这里发现的唯一遗物是

围墙遗址

个银制小垂饰（Y.II.05，图版 CX），形状像一颗十角星，中央的凸饰周围镶着五颗玻璃"宝石"。这件文物看起来很古老。

围墙的年代　　可以肯定的是，这圈圆墙是伊斯兰时期之前修建的。它的形状很像孔雀河和塔里木河汇合点附近的麦尔得克（Merdek）堡垒遗址，以及和田绿洲附近的阿克斯皮尔（Ak-sipil）遗址。[①] 麦尔得克遗址极有可能是汉代的。营盘遗址可能也很古老，因为它离麦尔得克不远，位于连接着麦尔得克遗址所在的罗布地区和库尔勒以及天山脚下的绿洲的直线上。我们还可以判断出，这个地方很可能一直沿用到唐代（中间或许有中断），在佛塔 Y.I 附近发现的开元通宝就是证据。而且，就我们从营盘到库尔勒考察的烽燧来看，烽燧所戍卫的道路一直沿用到了唐代。[②] 因此，营盘更有可能也沿用到了唐代。

佛塔 Y.II 遗址　　在围墙西大门外 100 码远的地方，矗立着一座坚固的佛塔遗址（图 342）。佛塔的核心部分是一个圆顶。从西面到圆顶中部有一条豁口，大概是古代留下的。除此之外，一切都表明佛塔在最近几年被"考察"过，不幸的是这种考察实际上是无情的破坏。在铁干里克与我们会合的人说，几年前从吐鲁番来了一个带着挖掘工的"土拉"，他们挖了这座佛塔以及下面将要说的一些坟墓，然后就到沙漠中去了。我知道德国探险队与伯希和教授都没有到库鲁克塔格南边来过。所以我想，他们指的那个人大概是橘瑞超先生。他们在极为仓促的清理过程中，给佛塔建筑的某些部分造成了很大的破

[①]　参见《古代和田》第一卷 474 页以下；《西域考古图记》第一卷 452 页以下。
[②]　参见本书第二十一章第三节。

坏。所以，在平面图和纵剖图（附图38）中，这些部分都无法标出准确的测量结果。佛塔里面的雕塑也全都被毁了。这是极为令人痛心的，因为雕塑的特征显然不同于此地常见的佛教遗址。

佛塔底下是一块坚固的平台，长46英尺，宽40英尺，高13英尺。和建筑的其余部分一样，平台也是用土坯（15英寸×12英寸×4英寸）筑成。平台顶上中央是佛塔。由于佛塔的土墙已完全被毁，已经无法精确地判断它原来有多大。圆顶底下原来有个鼓状部分。这些圆形部分的直径大致有17英尺长。鼓状部位于一个约23英尺见方、2英尺高的底座上，底座每一侧朝外突出的部分中央似乎都放着一尊巨大的泥塑。我们偶尔可以发现涂着灰泥的雕像底座，碎石坡上还有十分破碎的彩绘泥塑残片，说明这个建筑本来就装饰着雕塑。泥塑碎片中有些似乎雕的是衣物，还有一个约1.5英尺高的巨大的头，五官已经全部缺失。底座突出的部分宽3英尺3英寸。由此看来，那四尊大泥塑是靠着佛塔的"鼓"或圆顶放置的。塑像的底座似乎有7英尺长。由这个长度来判断，塑像可能是坐佛像。底座的三面都可以看到一圈方形矮围墙的残余部分。围墙只有14英寸厚，围成了一圈窄过道。考虑到这圈围墙不是很结实，如果它上面支撑着顶部，只能是木屋顶或遮在雕像上方的木游廊顶。在平台东侧，我们发现土坯上伸出一些圆形的胡杨木柱子，说明佛塔大概曾有个木制的上层建筑。风蚀对木柱子顶部的影响是很明显的，因为朝东北的那一面已经剥落，有些地方还凹陷了下去，但东南面却仍保留着浑圆的轮廓线，由此可以判断柱子的直径有7英寸多。这一侧的平台上，佛塔底座前面的空地约有15英尺宽。有迹象表明，东边有台阶通到平台顶上。

佛塔和巨大的雕塑

平台的这一侧上面很可能曾有某种前厅或过道，大概是木结构。关于这座佛塔的整体布局，我觉得唯一的类似例子是我在 1907 年清理的米兰 M.II 号寺庙①。那里也有一块土坯筑成的坚固的长方形高平台，平台上的建筑有一个高高的实心核心。尽管破坏得已经很严重，无法断定其整体布局，但我觉得，那座庙的上层建筑大概包括一座佛塔的圆顶，靠着圆顶的底座或鼓状部分放置着一尊或几尊巨大的泥塑。

高地边上的古墓

我第一次勘察之后的第二天又勘察了一次。我发现萨依边上的台地附近有分散的古墓群，一直延伸到了佛塔 Y.I 所在的那块高地西边（附图 36）。在流水的侵蚀下，整块萨依边缘都被切割成了小沟。在离佛塔 Y.I 约 0.5 英里远的地方，兴地河一条宽宽的分河道将萨依边的一部分完全分隔开来，使它变成了一块独立的小高地，像岛屿一般矗立在两条浅水道之间。这块高地顶上的墓地受到地表水的影响大概会少些，所以第三天我们就开始了对这块墓地的考察。台地西脚下曾被水冲刷得凹陷了进去，因此我们发现底下有大木板和其他胡杨木片。显然，那里有些坟墓被水冲走了。一行行插在地上的腐烂的小木桩标志着其他一些墓葬的位置。每座坟墓有 8~10 根木桩，木桩间隔几英尺。这种格局本身就足以说明，这些坟墓和库鲁克河下游的墓葬 L.S、L.T 很不一样。在我们打开的那些墓葬的北边，我注意到了一块稍微凹陷的没有砾石的地方。在清理这个地方的西段后，我们先挖掘出了掺杂在一起的厚厚的芦苇和小麦秸秆。接着，底下出现了粗粗的胡杨木梁，与一根柱子构成直角。挖了 3 英尺深后，我们挖到了天然的砾石。我们不知道这里以前大概是个什么

① 参见《西域考古图记》第一卷 485 页以下，图 120；第三卷附图 31。

建筑。它可能和 L.H 的半地下木建筑一样是放棺材用的，但棺材后来被彻底侵蚀掉了。

我们首先打开的是坟墓 Y.III.1。该墓位于一行墓葬的北端，坐落在一条小水道的边上。坟墓里有一具中年男子的尸体。棺材用粗糙的木板做成，棺材上覆盖着一截挖空的大树干。尸体头朝东，这块墓地其他坟墓中的尸体也都是这样。裹尸布只保留下来一点，似乎既有白色素绸，也有毛织品。头比其他坟墓中的头腐烂得稍微轻些，所以我们把头和裹头的粗毛布取了下来，以便把它与出自墓葬 L.S、L.T 的头骨进行专门的比较。在头附近发现了一个碎成了几片的木杯（Y.III.i.02～05）和一个圆形木碟，木碟里面放着羊骨。这个坟墓以及南边连着的另两座坟，挖掘起来都很困难。因为坟墓顶层的砾石和土像岩石一样结实，由于盐的结晶作用，砾石和土已经变得水泥一般坚固了。我们首先要挖开约 2 英尺厚的顶层，然后才能到达棺材所在的那层较软的土。由于缺乏丁字镐，工作进展得很慢。

坟墓 Y.III.1 中的尸体

这一行最南边那座坟墓是 Y.III.2。在那里面，我们发现了一副制作得比较好的大棺材，棺材长 7.5 英尺，宽 3 英尺 2 英寸。棺材盖用 2 英寸厚的结实木板做成，木板用暗榫连在一起。棺材的侧面也很结实，用横向木板把纵向木板钉在一起。棺材里面并排着两具尸体。尸体腐烂得很厉害，但没有被人动过，所有的陪葬物品都没有遭受什么破坏。可以看出来，左侧（即北侧）那具尸体是个男子；右边那具是个女子，是那个男子的妻子。他们都长着灰发，头上盖着素绸（素绸本是白色的），身上也裹着白色和红色的素绸，素绸里面才是用粗糙的材料（可能是毛织品）做的裹尸布。取下外面的丝绸后，我们发现他们的头上缠着白色窄绸条。绸条用

放着两具尸体的 Y.III.2 的棺材

一根宽约 1 英寸的绯红色绸带子固定住，带子裹在前额上。①
在这条带子上放着三个金属小圆盘（Y.III.2.03～08），排成
一排，圆盘似乎是用金子做成的，每个圆盘上有两个小孔，
并通过这些小孔固定在带子上。在女子的头底下发现了一块
新月形的绣花布（Y.III.2.02，图版 XLV），用的材料是暗黄
色麻布，对折过来，形成了枕头套。刺绣用锁绣绣成，可以
看到极为模式化的植物图案以及鸟和昆虫。这座墓葬以及其
他墓葬中的墓主人口中都没有含钱币。

随葬品　　　　每个头的上方都放了一个木饭碟（Y.III.2.017、018，图
版 XXVIII），碟子里放着一个羊羔的头骨和腿骨。男子头边
的碟子是圆形的，另一个碟子是椭圆形的。在尸体两侧发现
的东西有：一个青铜碗（Y.III.2.09，图版 CX），碗里面衬了
上着漆的麻布；一个带柄的漆碗（Y.III.2.010～014，图
版 CX）；制作得很好的木杯子（Y.III.2.015，图版 CX）；一
个用粗糙黏土烧成的陶罐（Y.III.2.016，图版 CX）。这些器
物中原来都盛有食物。尸体底下铺着厚厚的白毡子。我们无
法看出两具尸体是怎样埋在同一副棺材里的。毋庸置疑的
是，这是一对夫妇。他们大约是相隔不久死去，还是第一个
死者的棺材一直不下葬，直到第二个人也死去呢？两个人的
灰发说明他们是一对老夫妇，因此用一副棺材就不奇怪了。

Y.III.3 号墓葬　　　我们打开的第三座墓葬（Y.III.3）在上述的两座墓葬之
里的物品　　间。这座墓葬里盖棺材的木板已经腐烂，里面的东西遭受了
比较大的损坏。从头部看，墓主人是个长着胡须的男子，身
上盖着用粗糙的毛织品做的裹尸布，裹尸布外又盖着白色丝
绸。一块丝绸盖着头，头上又缠着窄条的白色丝绸，和

① 这些绸带子的残片，参见文物目录中的 Ying.III.3.01。

Y.III.2 的头一样。一条绯红色窄带子缠在前额上，带子上固定着三个小圆盘（Y.III.3.03~05），圆盘要么是金质的，要么镀了金。头部右边有一个发绿的白色透明玻璃杯（Y.III.3.06，图版 CX）。玻璃杯是完好的，底部还有一点流质的痕迹，大概是酒或葡萄汁。玻璃杯上装饰着成条的空心点。这个玻璃杯比较有价值，因为它是我在考察生涯中发现的唯一完整的玻璃器皿。在头部上方放着羊羔的骨头（没有放在碟子上）以及上漆的小木瓶（Y.III.3.07，图版 CX）。

在上述墓葬和那座大佛塔所在的高地之间的萨依边的台地上，还可以发现其他小墓葬群。在这里，水将台地边冲成了三条窄岭，每条岭上都有 2~6 座墓葬，其标志是与 Y.III.1~3 一样的木桩。除此之外，在岭的南脚下和岭之间的小沟的坡上，也有一些类似的墓葬。被冲到平地上来的胡杨木碎屑表明，偶尔从缓坡泛滥下来的水曾毁坏了其他墓葬。岭顶上的 10 多座墓葬受水汽的影响可能较小，其中约有一半的墓葬被人打开了。墓中只有挖空的胡杨树干，而不是常见的棺材，表明这里的死者埋葬得比较粗略。在最东边那条岭的末端，我们打开了一座墓葬（Y.III.4），墓中的东西证实了我们的结论。在墓里我们发现了一个女子的尸体，放在一张粗糙的毛席子上（Y.III.4.03 是这张席子的残片），上面盖着一截挖空的树干。尸体保存得很差，但上身仍残留着一部分粗丝绸做成的衣服（Y.III.4.02，带绯红色丝绸镶边），下身残留着用粗糙的毛织物做成的裤子（Y.III.4.01）。头上缠着棉絮一般的窄条东西，但前额没有带子，也没有金属装饰。脚上穿着粗糙的皮制的鞋子。我们发现的唯一的随葬品是一个粗糙的圆形木碗，里面放着一个羊羔的头。

粗略的埋葬法

埋葬方法的奇
特之处

　　这是我们在这个遗址打开的最后一座墓葬。挖掘墓葬很费时间，而我手下只有几个挖掘的人手，况且在前面的沙漠地面上还有大量工作要做。同时我已经发现，一方面墓葬里的东西保存得不好，另一方面埋葬方法又都很一致，所以我认为我不应该再把这项工作继续下去了。在埋葬方法方面，我们容易看出，这里的墓葬和我们先前在楼兰的古代汉人墓地或土著人的墓葬 L.F、L.Q、L.S、L.T 等很不一样。但我们没有明确的证据说明墓葬的大致年代，以及墓葬中死者的人种。我们在墓葬 L.C、L.H 发现，汉代的汉人墓葬的一个典型特征是用各种旧衣服的碎布来裹死者的头部。这里采取的不是那种方式。同时，这里的墓葬中使用了丝织品，还有各种随葬品，这说明，埋葬在这里的死者受到了中国文明的影响，其生活方式比 L.F 和其他朴素的楼兰墓葬里的土著人要先进。如果一定要在离得不太远的地方寻找相似的墓葬，我们会发现，吐鲁番的阿斯塔那墓葬中也用了素绸做裹尸布，素绸底下是简单但完整的衣服。但在阿斯塔那极为常见的遮脸布却没有在营盘墓葬中出现过。而阿斯塔那墓葬中也没有死者头上缠着窄布，或在前额系着带子。

墓葬中有可能
是什么人

　　从营盘遗址的这几座基本上一样的墓葬中获得的线索，本身并不足以支持任何结论。但我要说一下它们给我的印象，当然这完全是猜测的。考虑到所有墓葬窄的一端都朝西，和墓葬 L.S、L.T 一样，而在地面插上成行木桩的风俗大概是从当地人墓葬 L.S、L.T 中的栅栏演变而来的，所以我认为这些墓葬可能是住在中国古代要塞周围的当地人的墓葬。在同中原文明的长期接触过程中，他们的风俗发生了很大的变化。这样我们就可以解释，为什么这些墓葬一方面采用了某些中国习俗（如死者穿着生前的衣服并有随葬品等），另一方面在死者"住所"的布局上，传统的样式被保留了下来。

墓葬的大致年代

但不论上述结论是否正确，都无助于我们确定这些墓葬的大体年代。在这些地方，自从公元前 1 世纪以后，中原文明的影响都必定是强大而持久的。塔里木盆地和吐鲁番盆地都有充分的证据表明，即便在公元 2 世纪汉朝对西域的直接政治影响衰弱了，中原文明的影响依然继续了下去。而且在楼兰地区，我们从 L.A 遗址发现的文书说明，中原王朝对该地区的治理一直持续到公元 4 世纪的前半叶。[1] 因此，总体说来，这些墓葬可以归到唐代之前的任一时期（当时这个遗址要有一个居民点）。说这个遗址一直沿用到唐代，目前的考古学证据只限于我们在佛塔 Y.I 附近的垃圾堆顶上拾到的那枚唐代钱币。[2] 但在下文中会看到，我们在成书于公元 6 世纪初的《水经注》中还可以找到这样的证据。那段文字能直接告诉我们这个遗址是什么地方，所以我最好是围绕着一个更大的地形学问题来讨论它。

营盘遗址的文物目录
在佛塔 Y.I 附近的垃圾堆挖掘出土的遗物

Y.a.01　木笔（?）。一根木棍，削成圆形，一端是钝尖（已折断）。长 $5\frac{3}{8}$ 英寸，直径 $\frac{5}{16}$ 英寸。

Y.a.02　一条山羊皮。还连着深棕色的毛。两侧整齐地缝着其他窄条山

---

① 参见《西域考古图记》第一卷 408 页以下。
② 参见本书第二十一章第一节。

羊皮（只有残迹）。$3\frac{3}{4}$ 英寸×2 英寸。

Y.a.03　各种毛织品残件。暗黄色和红色，是通常所见的经线凸纹织法。包括袖子末端（或袋子顶部）的边，上面缝着一块绯红色平纹织物。最长处 $6\frac{1}{2}$ 英寸。

Y.a.04　各种细密的毛织品（？）残件。暗黄色，经线凸纹织法。很破旧。最长处 $9\frac{1}{2}$ 英寸。

Y.a.05　山羊毛编成的带子残件。用三根窄条（每根有两股）织在细绳做的经线上。长 1 英尺 $2\frac{1}{2}$ 英寸，宽 $\frac{5}{8}$ 英寸。

Y.a.06　细密的毛织品残件。褪成了粉色，平纹。最长处 $4\frac{1}{2}$ 英寸。

Y.a.07　一些碎树枝。带着树皮。长 $\frac{1}{2}$～2 英寸，平均直径 $\frac{1}{8}$ 英寸。

Y.a.08、09　2 根小木棍残件。纵向剖开。每根棍的一段都削掉了，另一端已折断。08 剥掉了树皮，磨光过，一侧有一细条黑漆。09 漆成黑色。两根长均为 $4\frac{1}{8}$ 英寸，直径 $\frac{1}{2}$ 英寸。

Y.a.010　小木棍残件。扁平，长方形，一端折断了，另一端削过，一侧磨光过。2 英寸×$\frac{3}{4}$ 英寸×$\frac{1}{4}$ 英寸。

Y.a.011、012　2 根小树枝残件。纵向剖开。011 两端折断了，012 削过。树皮已剥去。长分别为 $6\frac{1}{4}$ 英寸和 $9\frac{1}{2}$ 英寸，直径分别为 $\frac{1}{4}$ 英寸和 $\frac{3}{8}$ 英寸。

Y.a.013　用植物纤维做成的绳子残件。有两股。长 $9\frac{3}{4}$ 英寸，粗 $\frac{1}{2}$ 英寸。

Y.I.a.01~04　佉卢文木简。在文书要被刮下去以便重新写字的时候切下来的。01~03连在一起，上面有一行很大的佉卢文，上方还残留着另一组佉卢文。04是极小的碎片，看不出属于哪里。01~03连起来尺寸为 $4\frac{1}{2}$ 英寸 $\times 2\frac{1}{4}$ 英寸。

Y.I.a.01　木条。背后有树皮，$1\frac{5}{16}$ 英寸 $\times \frac{5}{8}$ 英寸 $\times \frac{3}{8}$ 英寸。

Y.I.a.02　涂漆的木片。一个扁平的窄条，一端折断了，一条棱斜削过。先上的黑漆，再涂的红漆。红色已经烂掉，离折断的一端 $\frac{1}{4}$ 英寸的地方露出黑色。$1\frac{7}{16}$ 英寸 $\times \frac{7}{16}$ 英寸 $\times \frac{3}{16}$ 英寸。

Y.I.a.03　木片。扁平的窄条，面上很光滑。$2\frac{3}{4}$ 英寸 $\times 1$ 英寸 $\times \frac{1}{4}$ 英寸。

Y.I.a.04　木钉。顶部的横截面是圆形，朝另一端削成长长的楔形。长 $2\frac{5}{8}$ 英寸，直径 $\frac{7}{16}$ 英寸。

Y.I.a.05　皮子残片。暗黄色，较硬。$2\frac{3}{8}$ 英寸 $\times 2\frac{1}{8}$ 英寸。

Y.I.a.06　毛织品残件。暗黄色，平纹。最长处 9 英寸。

Y.I.a.07　毛织品残件。平纹，深橙粉色。最长处 $3\frac{1}{2}$ 英寸。

Y.I.a.08　一条细密的毛织品（？）。管状，半边黄色，半边红色。是稀疏的平纹。$11\frac{1}{2}$ 英寸 $\times 1$ 英寸。

Y.I.a.09　皮子条。柔软，暗黄色，宽度不规则。长 $9\frac{1}{4}$ 英寸，宽 $\frac{5}{16}$ ~ $\frac{1}{8}$ 英寸。

Y.I.a.010　剪下来的一块皮子。浅黄色，很硬。6 英寸 $\times \dfrac{1}{4}$ 英寸。

Y.I.a.011　粗糙的毛织品残件。深棕色，人字形织法。长 7 英寸。

Y.I.a.012　山羊毛绳子残件。有一截绳子用两股山羊毛搓成，每股用一根暗黄色和一根深棕色的线拧在一起。长 $7\dfrac{1}{4}$ 英寸，直径 $\dfrac{3}{16}$ 英寸。

Y.I.a.013　薄毛织品（?）残件。褪成了橙粉色，稀疏的平纹。最长处 $4\dfrac{1}{2}$ 英寸。

Y.I.a.014　3 截葡萄藤。最长处 4 英寸。

Y.I.a.015　结实的毛绒制品残片。特别结实的经线凸纹织法，每隔约 10 根纬线出现一行毛绒。已脏污，暗黄色。$7\dfrac{1}{2}$ 英寸 $\times 6\dfrac{1}{2}$ 英寸。

Y.I.a.016　特别厚的山羊毛织物残片。黄色，大概是地毯。参见《西域考古图记》第四卷图版 XLVIII 中的 T.XIV.004。最长处 1 英寸。

Y.I.a.017　毛织品残片。浅橙色，褪成了灰色。经线凸纹织法。还有一点没有纺过的灰色羊毛。残片最长处 $2\dfrac{1}{2}$ 英寸。

Y.I.a.018.a、b　2 块细密的毛织品残片。褪成了橙粉色。a 是稀疏的平纹。b 是稀疏的经线凸纹织法。经线很结实，捻过；纬线细而软。最长处 5 英寸。

Y.I.a.019　毛织品残片。暗黄色，结实的经线凸纹织法。很脏。长 $8\dfrac{1}{4}$ 英寸。

Y.I.a.020　一团捻过的毛线。细，发黄。线团长 $2\dfrac{1}{2}$ 英寸，宽 $1\dfrac{1}{2}$ 英寸。

Y.I.a.021　窄条毛织品。暗黄色，经线凸纹织法。经线很结实，捻过，纬线扁平柔软，有的地方纬线已经腐烂。$6\dfrac{1}{8}$ 英寸 $\times 1\dfrac{3}{8}$ 英寸。

Y.I.b.01 一束草。折成团。4 英寸×5 英寸×2 英寸。

Y.I.b.02 小麦秸秆样品。

Y.I.c.01 陶器碎片。出自手工做成的大器皿，里面红色，外面灰色。7 英寸×7 $\frac{1}{2}$ 英寸，厚 $\frac{5}{16}$ 英寸。

Y.I.c.02 陶器碎片。灰色，手工制成。最长处 4 $\frac{3}{8}$ 英寸，厚 $\frac{1}{4}$ 英寸。

Y.I.c.03 半个小陶碗。红色，手工制成，平底，用拇指和食指大致捏成碗的形状。高 1 $\frac{3}{16}$ 英寸，顶部直径 2 $\frac{3}{4}$ 英寸，底部直径 2 英寸。

Y.I.c.04 用小树枝做的绳子。两束小树枝互相缠绕在一起。长 9 英寸，粗 $\frac{1}{2}$ 英寸。

在佛塔 Y.I 东边和西南边的塔提上发现的遗物

Y.I.04 石头残片。空心，管状，末端稍微鼓起，侧面还有两三个不规则的小孔。表面粗糙。长 2 $\frac{1}{2}$ 英寸，直径 $\frac{7}{8}$ ~ 1 $\frac{1}{8}$ 英寸。

Y.I.06 陶器碎片。出自器皿的侧壁。用陶轮制成，棕灰色，外面有横向凸纹。最长处 1 $\frac{7}{16}$ 英寸，厚 $\frac{3}{16}$ 英寸。

Y.I.07 陶器碎片。黑灰色，隐约有横向凸纹。最长处 2 $\frac{3}{8}$ 英寸，厚 $\frac{1}{4}$ 英寸。

Y.I.08 陶罐的上半部分残件。可以看到罐的肩、短颈以及朝边上逐渐加厚的折沿。折沿下垂，与侧面成锐角。陶胎粗糙，紫灰色，外侧上了较细腻的泥釉，烧成了红色，上面用刮除釉的办法装饰着图案。

保存下来的图案如下。环绕着颈最窄的部分有一行圆点，其上方的泥釉上浅浅地画了波浪线，底下画了直线。肩上残留着类似的圆点，但中间的表面多有裂纹，因此图案已经分辨不出。高 3 英寸，宽 $2\frac{3}{4}$ 英寸，厚 $\frac{1}{4}$ 英寸。图版 CX。

Y.I.09　陶器碎片。出自器皿的颈和口沿，是常见的红色陶器。口沿微朝外折，口沿顶部宽而平。最长处 $2\frac{1}{2}$ 英寸，厚 $\frac{5}{16}$ 英寸。

Y.I.010~013　4 个陶锭盘。用常见的红陶碎片做成，削成圆形，钻孔。010 最大，直径 $1\frac{3}{8}$ 英寸。

Y.I.014　青铜（?）矿渣残件。最长处 $\frac{1}{2}$ 英寸。

Y.I.015　陶器碎片。红色，外面画着装饰。先是一条环形刻线，底下是一条由双线 V 形构成的带子。线之间有粉色泥釉（?）的残迹。最长处 $1\frac{3}{8}$ 英寸，厚 $\frac{1}{4}$ 英寸。图版 CX。

Y.I.016、017　陶坩埚（?）的 2 块残片。部分陶胎已经分解。表面覆盖着在坩埚中融化的东西，大概是要涂在陶器上的绿色釉，釉里面用氧化铜做颜料剂。最长处 $2\frac{1}{4}$ 英寸，厚 $\frac{1}{2}$~$\frac{3}{4}$ 英寸。

在围墙 Y.II 附近的塔提上发现的遗物

Y.II.01、02　2 块陶器碎片。如今粘连在一起，出自器皿的侧壁。粉红色，外面涂着暗黄色泥釉。外表面粗略地画出了一只鸟（或是别的什么动物），图案已经部分消失。四面都不完整。$7\frac{7}{8}$ 英寸 × $5\frac{1}{2}$ 英寸 × $\frac{3}{8}$ 英寸。

Y.II.03　陶器碎片。出自器皿的侧壁（?）。灰色，很粗糙，多气孔。

$2\dfrac{1}{4}$英寸×$2\dfrac{3}{8}$英寸×$\dfrac{3}{8}$英寸。

    Y.II.05 银挂饰。在围墙里的中心处附近发现。形状像十角星，顶部的角形成一个圈以便悬挂。中部像小花一样突起，中间的玻璃凸饰周围是五颗白色玻璃"宝石"。锈蚀严重，结了一层沙子。直径$1\dfrac{1}{4}$英寸，厚$\dfrac{3}{16}$英寸。图版 CX。

    Y.II.06 陶器碎片。红色，外面上了米色泥釉。大概与 Y.II.01、02 出自同一器皿。最长处$4\dfrac{3}{4}$英寸，厚$\dfrac{3}{16}$英寸。

    Y.II.07 陶器碎片。出自器皿的底部。红色，表面剥落了。最长处2英寸，底部直径$1\dfrac{1}{2}$英寸。

    Y.II.08 陶器碎片。粗糙，红色。最长处$1\dfrac{7}{8}$英寸，厚$\dfrac{3}{8}$英寸。

    Y.II.09 陶器碎片。暗红色，两面都变成了灰色，隐约有凸纹。最长处$2\dfrac{1}{4}$英寸，厚$\dfrac{1}{4}$英寸。

    Y.II.010 陶器碎片。灰色，很细腻。最长处$2\dfrac{3}{4}$英寸，厚$\dfrac{1}{4}$英寸。

    Y.II.011～016 6 片陶器。细腻，红色，有的上面残留着米色泥釉。大概与 Y.II.01、02 和 06 出自同一器皿。最长处2英寸。

    Y.II.019 玻璃珠子残件。蓝色，球形，侧面似乎有凹槽。直径$\dfrac{3}{8}$英寸。

在营盘墓地中挖掘出土的遗物

    Y.III.1.01 人头骨。残留着裹头的粗毛布，保存良好。上颌保留有九颗牙齿，下颌保留有八颗。从下颌到头顶长约 $7\frac{1}{2}$ 英寸。

　　Y.III.1.02~05　**5 块木杯残片**。有柄，样式与图版 CX 中的 Y.III.2.015 一样。木头较软，已经腐烂。最大残片 $3\frac{1}{2}$ 英寸×$2\frac{1}{2}$ 英寸。

　　Y.III.1.06　**木片**。已经腐烂，出自碟子，可以看到呈弧形的碟子沿。$4\frac{1}{2}$ 英寸×$1\frac{1}{2}$ 英寸。

　　Y.III.2.02　**绣着花的布**。新月形，由布对折而成，形成了一种枕头套般的东西。布是细密的暗黄色麻布，用锁绣稀疏地绣着极为模式化的织物图案和鸟。在尖上连着方形绯红色素绸，方形的中心点跟麻布连在一起。

　　每个尖上似乎都绣着一个瓶状物，从里面生出蕨状植物，植物上生着梨形花蕾和六瓣花。还绣着朝各个方向飞的细瘦的鹤和甲虫。褪色严重。麻布在古代曾缝补过，埋在墓中后腐烂了一部分。21 英寸×9 英寸。图版 XLV。

　　Y.III.2.03~05　**3 个金属圆盘残件**。出自右侧尸体头上的带子。薄而不结实，钻有二孔，孔中穿着线把它们缝在带子上。是金质的或镀了金（?）。粘连着绸片，已折断。关于另外部分参见 Y.III.2.06~08（图版 XLV），3.03~05。如果完整，最大直径 $\frac{5}{8}$ 英寸。

　　Y.III.2.06~08　**3 个金属圆盘**。出自左侧尸体头上的带子，与前一件类似。金质（?），特别薄。08 有双层，已经裂开。06、07 的直径都是 $\frac{5}{8}$ 英寸。

　　Y.III.2.09　**青铜碗残件**。锈蚀得很厉害。圆形，平底，里面衬了层麻布，麻布上涂了漆。从外面往里钉的青铜钉把麻布钉在青铜上，里面用垫圈来固定麻布。但麻布已经腐烂。口沿弧长 $4\frac{1}{4}$ 英寸，高 $1\frac{1}{4}$ 英寸。图版 CX。

　　Y.III.2.010　**漆碗残件**。腐烂得比较严重。圆形，平底。用两层麻布制成，口沿上用竹篾起加固作用。里面的漆深红色，黑色圆形口沿。外面的漆黑色，口沿底下漆着一条严重开裂的深红色带子。边上断开的地方用青铜钉钉着窄铁条。关于柄，参见 Y.III.2.014。口沿弧长 $5\frac{1}{2}$ 英寸，高 2 英寸。图版 CX。

Y.III.2.011　粗毛布（?）残件。 暗黄色的自然色，柔软，平纹。$9\frac{3}{4}$ 英寸×$3\frac{1}{4}$ 英寸。

Y.III.2.012　毡子残件。 稀疏，发黄。$3\frac{1}{2}$ 英寸×$1\frac{1}{2}$ 英寸。

Y.III.2.013　丝织品残件。 红色，平纹，不结实。最长处 5 英寸。

Y.III.2.014　涂漆的木柄。 似乎属于图版 CX 中的 Y.III.2.010。主干笔直，里侧平，外侧圆，侧面是圆斜面，与底下的平面相连。朝顶端变细。末端优雅地弯回，形成放手指的"钩"，最末端是一个尖。先涂红漆，再涂黑漆，顶端的部分红漆露了出来。底端残留着碗的侧壁，侧壁上有青铜带子，用铆钉把柄钉在带子上。全高 $3\frac{3}{4}$ 英寸，柄最宽处 1 英寸。

Y.III.2.015　木杯子。 有一个突出的柄，柄和杯子用一块木头制成。杯子圆形，从平底扩展成比较低的肩，像碗一样，然后朝里收，经过一个凹弧形，变成无花纹的口沿。口沿底下以及碗底上方各刻有一条浅凹槽。柄是直的，像木棍，横截面正方形，长 $1\frac{1}{2}$ 英寸，从肩上成 45°角伸出。柄底下有一个加粗的部分，这个部分上钻了一个孔，以便穿将杯子悬挂起来的细绳。做得很好，除了边上缺了一部分，其余保存良好。高 $2\frac{7}{8}$ 英寸，肩直径 $4\frac{1}{2}$ 英寸，口径 $3\frac{5}{8}$ 英寸，底座直径 $2\frac{5}{16}$ 英寸。图版 CX。

Y.III.2.016　陶罐。 手工制成，肩上有个环形柄。粗糙，红色，平底，罐身卵形，短颈，朝上变成向外折的无花纹的口沿，口沿朝外的地方斜削过。绕着肩有两条 V 形刻线，两条刻线相交，从而形成了菱形。保存良好，但有的地方表面剥落了。烧制得较差。高7$\frac{7}{8}$英寸，肩直径 7 英寸，口径 4 英寸，底部直径 5 英寸。图版 CX。

Y.III.2.017　**木碟子**。圆形，部分是在车床上车出来的。平底，有1$\frac{1}{2}$英寸宽的平沿，中间挖成约$\frac{1}{2}$英寸深的空心。外侧斜削过，过渡到平底。口沿在两个正相对的地方裂开了，用 1 英寸长的双楔形木条修补过。木条横放在裂口上，用榫固定住。碗里面因放过食物而变了色，碗底有刀刮的痕迹。顶部直径 1 英尺 4 英寸，底部直径 1 英尺 1$\frac{1}{4}$英寸，高 1$\frac{3}{4}$英寸。图版 XXVIII。

Y.III.2.018　**放着动物腿骨的木饭碟**。碟子椭圆形，口沿稍高。碟子底部在实心木头上抠出了四个圆形"足"，"足"几乎和碟子底部平齐，碟子底有刀刮过的痕迹。碟子里面本来涂成黑色。已稍微变形，有裂纹。裂纹在古代修补过，把修补用的窄木条固定住的铆钉依然保存着。边沿因为反复使用而磨光滑了。碟子里的骨头似乎是羊羔（？）的肩和腿骨，骨头底下有丝织品的残片。碟子 1 英尺 5$\frac{1}{2}$英寸×1 英尺 3 英寸，在变形之前高约 1$\frac{1}{4}$英寸。图版 XXVIII。

Y.III.3.01　**裹在头上的绸带子残件**。部分出自 Y.III.2。艳丽的绯红色，稀疏地织成平纹。长边缝了起来，形成了管状。一个残件和另一个打成了一个结。共有三个残件。两件最长的合起来长 20 英寸，宽$\frac{13}{16}$英寸。

还有两个用麻布做的圆纽，纽外包着丝绸，每个纽上都有一个茎一般朝外伸的部分。是纽扣（？）。长 $1\frac{3}{8}$ 英寸，纽直径 $\frac{1}{2}$ 英寸。

Y.Ⅲ.3.02　丝绸裹尸布残件。暗黄色，平纹，已变色。9英寸×6英寸。

Y.Ⅲ.3.03~05　3个金属圆盘。似乎是金质的，像Y.Ⅲ.2.03~08一样出自尸体头上裹的带子。直径 $\frac{3}{8}$ ~ $\frac{1}{2}$ 英寸。

Y.Ⅲ.3.06　玻璃杯。透明，白色，发绿。小平底，侧面稍微扩展成凸弧形。口沿加厚，口沿上无花纹。杯子上装饰着成条的空心点。底部上方的侧壁上是七条由圆点构成的带子，再往上是两条椭圆点构成的带子。完整，但已破，如今修补起来了。高 $2\frac{1}{4}$ 英寸，底部直径 $\frac{7}{8}$ 英寸，口直径 $2\frac{11}{16}$ 英寸。图版CX。

Y.Ⅲ.3.07　涂漆的木瓶子。口无花纹，侧壁是直的。腹部海胆形，从底部起朝上伸展了 $1\frac{1}{2}$ ~ $1\frac{1}{4}$ 英寸，只比侧壁稍微突起一点。瓶子里面遵循着外侧的轮廓线，在接近底部的时候也朝外伸展。外面直的部分上残留着红漆，还有用黑线条和点构成的图案。"海胆"上的是黑色漆。口沿不平整，很破旧。高 $3\frac{3}{4}$ 英寸，最大直径 $3\frac{1}{2}$ 英寸，底座直径 $2\frac{1}{4}$ 英寸，口直径 $3\frac{1}{2}$ 英寸。图版CX。

Y.Ⅲ.4.01　毛织品残片。织得很结实，微有凸纹。来自死者的裤子。暗黄色，已变色并已被撕破。$7\frac{1}{2}$ 英寸×$11\frac{1}{2}$ 英寸。

Y.Ⅲ.4.02　细密的粗丝绸残片。出自死者外衣的镶边，是绯红色窄条，边上还连着黄色的同样质地的丝绸。织物像当代做旗子的薄布，但可能是丝绸。其他边沿上残留着用黄色丝绸绲的边，绲边上缝着深黄色丝绸。黄色粗丝绸的一端缝着一块与Y.Ⅲ.3.01类似的绯红色软丝绸。3英尺10英寸×7英寸。

Y.III.4.03　毛席子残片。用山羊毛做经线织成。边上的纬线绕过一束经线，然后像编篮子一样织，看起来就像是一行行用间隔比较远的经线连在一起的细绳。$7\frac{1}{4}$英寸×7英寸。

第二节　孔雀河的古河道和注滨城

我之所以探访营盘遗址，其原因不仅是遗址自身的价值。我想在那里考察一个和库鲁克河有关的更大的问题，这个问题既有地理学意义，在考古学上也有重要意义。《西域考古图记》和本书中提到楼兰遗址和穿过楼兰的中国古道时，我曾不止一次说到一个最基本的事实：只是因为库鲁克河把水带到了楼兰地区，人类才有可能住在那里，交通也才能穿过那里。我们1906年和1914年的考察，再加上阿弗拉兹·古尔刚刚与我会合之前进行的补充勘察都证实，在古代库鲁克河有水的那段漫长的时期里，这条河在楼兰主要遗址的南边和东边都形成了面积广大的三角洲。我们的考察还说明，库鲁克河相继分汊出来的所有支流，最终都流进了罗布泊西滨的沼泽。那些沼泽也和结着盐壳的史前罗布泊湖床一样早就干涸了。

营盘遗址的意义

同时，考虑到几种情况，我认为库鲁克河的水主要是从孔雀河来的。孔雀河是一条不小的河流。根据以前的探险家们的考察，目前库鲁克河的干河床似乎是孔雀河直接朝东延伸的部分。科兹洛夫上校意识到，罗布—吐鲁番道在营盘穿过的那条布满沼泽的河床是库鲁克河源头的一部分。他在

"干河"与孔雀河之间的联系

1893 年的绘图工作中还发现，孔雀河的实际河道经过了离营盘不太远的地方。斯文·赫定博士 1896 年的考察完全证实了这些说法，并提供了关于孔雀河下游情况的很多极有价值的信息。但是，除了在连接着营盘和铁干里克的那条朝西南延伸的路，任何欧洲探险家都没有看到过孔雀河和营盘之间的地面。而参照一下地图就可以看出，孔雀河和"干河"的源头（位于营盘）之间的古代联系不可能在那片地面上。

郦道元关于水
文状况的文字

斯文·赫定博士在 1900—1901 年的考察之后，提出了一个所谓的"罗布淖尔问题"①。我想要解决这个问题，就更应该考察一下这个地区。他是凭着大胆的假设和渊博的学识提出那个理论的。根据他的理论，塔里木河在不太久远的年代改道到了现在的河道。在那之前，库鲁克河把塔里木河所有的水（其中包括塔里木河的支流孔雀河的水）都带进了"古罗布淖尔"（他断定罗布淖尔在楼兰遗址以南）。这个理论和我们的考察是不符的。从我们的考察看出，在楼兰遗址南边和东边广大地区里，都可以追踪到库鲁克河的轮廓清晰的三角洲。更重要的是，他的结论也和一个关于这一地区水文状况的重要的汉文资料不符。这个早期的汉文资料提供了明确的证据，而斯文·赫定博士在提出自己的理论时，还没有看到过这份资料。我说的这份资料就是郦道元的《水经注》。沙畹先生在对《魏略》中记载的"西域诸国"进行精彩分析的那篇论文的附注里，择要翻译了《水经注》。② 郦道元卒于公元 527 年，因此《水经注》的成书不会晚于这一年。但《水经注》中无疑记录了更早的时期里中国内地同塔

---

① 参见斯文·赫定《中亚》第二卷 257 页以下。
② 参见沙畹《通报》563 页以下，1905 年。

里木盆地的关系。我在《西域考古图记》中就已经详细分析过那里的文字。① 在此似乎有必要再次简述一下，该书中有哪些文字直接提到了库鲁克河以及它与孔雀河的关系。这样也有助于我们理解前一节里说的营盘遗址。

　　关于令我们感兴趣的那段文字，我应该说一下，那段文字之前的文字沙畹先生并没有翻译过来。但根据沙畹先生的一个注，那之前《水经注》说的是"北河"，即喀什噶尔河与叶尔羌河。在"北河"之前，是关于"南河"河道的一长段有趣记载（"南河"即和田河）。《水经注》中说，这条河在尾水部分与车尔臣河汇流在一起，然后向东经"鄯善"之北流进了"楼兰湖"（?）。在《西域考古图记》中，我详细分析了这段文字②，我想我已经指出，郦道元说的"南河"的尾水部分，大致就是现在的塔里木河的河道，塔里木河朝南与车尔臣河汇合，然后经米兰（即鄯善国的东都）以北流进了喀拉库顺沼泽。用现在的汉文名称（更准确地说是蒙古名称）来说，就是流进了现在的罗布淖尔（参见《水经注》原文——译者）。

　　与我们有关的那段文字是这样的：

　　河（即北河）水又东，迳墨山国南，治墨山城，西至尉犁二百四十里。河水又东，注滨城南，又东，迳楼兰城南而东注。盖墩田士所屯，故城禅国名耳。河水又东，注于泑泽，即《经》所谓蒲昌海也。水积鄯善之东北，龙城之西南。③

郦道元的"南河"

"北河"的河道

---

① 参见《西域考古图记》第一卷 324 页以下、419 页以下。
② 参见《西域考古图记》第一卷 325 页以下。
③ 参见沙畹《通报》570 页以下，1905 年。

《水经注》记
载的孔雀河河
道

　　我们在前面曾详细分析过这段文字的后半部分。我指
出，它非常准确地描述了现在库鲁克河的河床。河床从营盘
开始，经过楼兰遗址的南边，然后朝东"注入"结着盐壳的
罗布泊古湖床边上的沼泽。① 关于前面半部分，我在《西域
考古图记》中已经简单说过，地形上的线索把我们带到了西
库鲁克塔格的缓坡脚下，如今孔雀河就是绕着那条缓坡脚下
延伸的。沙畹先生以及喜欢探幽访古的中国人徐松都已经意
识到，"墨山国"就是《汉书》中的"山国"。我曾说过，
"山国"肯定在西库鲁克塔格地区。② 关于"墨山国"西部
240 里远的尉犁，我也说过那肯定就是库尔勒以南的地区，
那里是从孔雀河引水灌溉的。现在，最近设在那里的县城被
称作喀拉库木或孔雀（Konche）。③ 从地图上看，如果郦道
元（准确地说是告诉他那些信息的人或书）提到了"墨山
国"（即西库鲁克塔格）的一条河，河水向东经注滨城南朝
楼兰流去，那他指的就是孔雀河，因为孔雀河一直是沿着西
库鲁克塔格脚下延伸的。而且，从萨依其克（Sai-cheke）一
直到下文将说到的库尔干烽燧遗址，孔雀河的实际河道都是
库鲁克河的直接延长线。④ 后来我们在营盘以南发现了朝营
盘方向去的干河床，它们表明，上面说的那段孔雀河和营盘
的库鲁克河是直接连在一起的。

---

　　① 参见本书第八章第二节；《西域考古图记》第一卷 420 页以下。
　　② 参见本书第八章第二节。
　　③ 参见《西域考古图记》第三卷 1231 页；本书本章第四节。
　　④ 科兹洛夫上校在他关于"罗布淖尔"的论文（见《俄国地理学协会杂志》1898 年第 34 卷 112
页）中，已经正确指出，孔雀河和库鲁克河之间是有直接联系的。斯文·赫定在《中亚之旅》74 页引
用了那段文字。
　　科兹洛夫上校是第一位真的到达库鲁克河的探险家，1893 年他在阿勒提米什以南和营盘两点接触到
了库鲁克河。他的那段文字充分说明，他完全明白自己的发现的真正意义。

如今，孔雀河从库尔干开始，河道更偏南，在铁干里克孔雀河的水流量以东靠近了塔里木河的支流，最终被塔里木河吸纳了。孔雀河本身就是一条不小的河。从高峻的天山和水分充足的尤勒都斯高原流到焉耆谷地的水，在博斯腾湖暂时储存过之后，都注入了孔雀河。尤其是在冰雪融化的季节，博斯腾湖储存的水就更多了。由于博斯腾湖这个大水库的存在，孔雀河水量的季节性变化，比流进塔里木盆地的任何河流都小。斯文·赫定博士就已经注意到了这一点。① 这一特征更增添了孔雀河的价值，因为在当地条件允许的情况下，它就是很好的灌溉水源。有测量证据表明孔雀河的水量是很大的。② 因此我们大致设想，当以前孔雀河水流进现在库鲁克河的干河床时，本身就足以灌溉楼兰周围的古代三角洲曾有的农田了。

但由于两个因素的存在，我们还不能仓促得出这样的结孔雀河与塔里木河的支流交织在一起论。第一，在整个罗布地区的河边地带，坡度变化都是很小的。在这样的地方，河道必然会经常发生大规模的变动。拿现在来说，铁干里克下游的孔雀河河道就和塔里木河的分支交织在一起。③ 因此，当孔雀河水沿着现在库鲁克河的干河床流向楼兰时，从叶尔羌河及叶尔羌河的北部重要支流英其开河（即沙雅河）过来的分支水道，很可能在上游部分地汇入了孔雀河。即便现在也有迹象表明，在北边的红海子

① 参见斯文·赫定《中亚之旅》69 页。

② 斯文·赫定博士在 3 月 11 日测得库尔勒桥处的水流量大约是 72 立方米 / 秒或 2 530 立方英尺 / 秒。他还提请大家注意，即便在冰融化的时候，库鲁克河的水面也几乎不发生什么变化。值得注意的是，3 月 27 日，他在吐鲁番喀热勒（Turfān-karaul）即孔雀二塘（Konche-örtang）测得的水流量几乎是一样的（69 立方米 / 秒）。3 月 28 日我在喀拉库木渡口测得的水流量大约是 1 890 立方英尺 / 秒。在这个季节，库尔勒周围的绿洲由于春天灌溉，用去了很多河水。

还有一点值得注意：孔雀河一直都流在一条深陷的河床中，从库尔勒直到铁干里克下游，都是没法涉过去的。

③ 参见斯文·赫定《中亚之旅》78 页以下，哈森斯坦因博士的地图中体现了他观察到的现象。

（Chong-köl）和叶尔羌河上的英库勒之间的地区，这些水系之间仍有交织的现象发生。① 如果英其开—叶尔羌水系有大量的水注入了孔雀河上游，就更容易解释为什么它在楼兰地区的古代三角洲面积会那么大了。

与塔里木河之间可能存在的古代联系

另一个因素来自郦道元的文字，这个因素更支持前面的观点。他对塔里木盆地水文状况的中文描述非常简略。即便如此，如果沿库鲁克河的干河床到达楼兰的河水只是来自孔雀河，他似乎无论如何都不会把楼兰附近的那条河算作是"北河"（即喀什河和叶尔羌河②）的一部分。因为喀什河和叶尔羌河与孔雀河的源头是大不相同的，来自塔里木盆地的另一端。但如果孔雀河在沿直河道向楼兰方向流的过程中，如今被塔里木河的尾闾完全占据的地区也曾有水注入了孔雀河，那么把这些河流都用一个汉文名称"北河"来称呼，就是可以理解的了。现在，经过了这么多世纪的河道变迁之后，我们已经无法判断孔雀河和与其毫无关系的塔里木河水

---

① 俄国地图在喀拉库木南边，标着英其开河与孔雀河之间有联系，从英其开河补给的红海子方向也标了这样的联系。这大概依据的是普尔热瓦斯基的考察资料。根据阿弗拉兹·古尔绘制的地图，从红海子往东也有一条水道朝孔雀河方向延伸。从他的旅行报告中也可以看出，他在铁干里克和库尔勒之间的乌鲁克库勒（Ulūgh-köl）听说，有一条从英其开河到孔雀河的河床，最近还为乌鲁克库勒带来了灌溉用水。

斯文·赫定博士1900年的地图（附图38）中，在英库勒和迪勒帕尔（Dilpār）之间画了一条古河床，据说10年前那条河床把英其开河的一些水引到了孔雀河。阿弗拉兹·古尔听说的河床是否就是这条古河床，我不敢肯定。由于从营盘到喀拉库木的路上，我们缺少罗布向导，所以我们没有打听到关于这段孔雀河的消息。而为了考察古道上的烽燧，我们大多数时候都离孔雀河河床很远，无法进行有效的观察。整个这块地方当然可能发生重大变化，除了主河床外，其他地方也需要系统考察。

② 可以肯定的是，"北河"指的是叶尔羌河与喀什噶尔河汇流后的河，因为在郦道元评注的那段《水经》中，说"北河"就是"葱岭河"，葱岭是中国人对帕米尔和奥克苏斯河流域与塔里木盆地之间那条南北走向的山脉的称呼。

如果有某位资深的汉学家把郦道元关于"北河"的那段文字完全翻译过来，对地理学和考古学学者来说都是很有意义的。这段文字过于简略，如把河粗略地分成了"南河"与"北河"，并沿袭了《水经》中的看法，说塔里木盆地的河水后来注入了黄河中。但这些都是无伤大雅的。参见李希霍芬《中国》第一卷226页。

系之间曾在哪里发生联系了（塔里木河水系指的是叶尔羌河
的下游，以及从沙雅和库车方面注入叶尔羌河的支流）。在
没有对整个"两河流域"进行确切考察之前，对这个问题我
们甚至不应该提出哪怕是假设性的猜测。

　　当然，我们可以追踪一下，当古代的孔雀河水经库鲁克
河流向楼兰时，营盘上游的孔雀河可能走的是什么河道。但
在描述我们对这一地区的实际考察得出了什么线索之前，我
还要回过头来说一下，郦道元的上述文字中有一个地方是有
直接的考古学价值的。他说，"北河"过了墨山国（即西库
鲁克塔格）后，经过了"注滨城"南，然后才朝东流往
"楼兰城"。我要说的就是那个"注滨城"。

　　在《西域考古图记》中我曾简单说过，我认为"注滨
城"大概指的就是营盘遗址所在的这个地方。为了支持这个
结论，我想先请读者注意，这个地点的自然条件是很适合设
置一个比较重要的居民点的，尤其是当楼兰道顺着库鲁克河
延伸的时候（那条道是到库尔勒以及北部绿洲去的）。下文
中我们将会看到，从营盘向西北一直延伸到库尔勒附近的那
些坚固的烽燧，无疑标出了这条古道的路线。考古学证据说
明，那些烽燧是西汉时期的。而正是在西汉时期，楼兰道的
地位最重要。我们顺着那些烽燧遗址，可以将古道一直追踪
90英里远。这段古道一直是沿着库鲁克塔格缓坡的脚下伸
展的。缓坡底下的河边地带由于季节性的洪水泛滥和河道变
迁，会使交通发生困难（现在从喀拉库木到若羌的道路，在
河水泛滥时节以及初秋也总是遇到这类困难）。古道沿缓坡
脚下延伸，就避开了那些困难。同时，古道离孔雀河的古代
河床也不远，很容易就能弄到水。

郦道元的"注
滨城"

道路在营盘会
合

　　可见，从古代鄯善绿洲（即现在的若羌方面）和附近的罗布泊河边地带朝西北去的人，如果能走到上面说的那块四季都能通行的安全地带上去，是有很大好处的。看一下地图我们就能知道，营盘是从南边和东南来的人能到达那个地带的最近的地点。因此，营盘遗址很可能是楼兰古道（"中道"）和另一条道路的会合点。后一条道路把营盘遗址同古代"南道"沿线的绿洲，如鄯善、且末（现在的车尔臣）等联系了起来。这条道有可能经过了麦尔得克遗址附近。①同时，联系着整个罗布地区和吐鲁番的最直接的道路，自古以来就是经过营盘的②，这使营盘的交通枢纽地位更加重要。而且，在荒凉的库鲁克塔格脚下，唯有这里的自然条件允许农业的存在，这样的农业虽然局限于很狭小的区域内，却是永久性的农业。我们很容易就能看出，从库鲁克塔格脚下的那些交叉道路上经过的人，可以受益于这里的农业。

营盘可以进行
农业生产

　　我曾反复指出过，在整个塔里木盆地，除了河流从山中流出的地方，以及河流消失在沙漠中之前的"终端绿洲"之外，在河道沿线维持水渠是很困难的。因为河道是不断变迁的，河水泛滥的时候还会破坏水渠的源头。如今唯有在营盘这里，有一条溪流注入了古代的孔雀河和它的延伸部分库鲁克河。这条溪至今仍能将大量的水从干旱的萨依输到库鲁克河的河边地带。我指的就是兴地河。在这里库鲁克河的河床中有一些潟湖，潟湖两侧还有淡水泉。潟湖和泉水的唯一来源就是兴地河谷偶尔泛滥下来的水。即便在离现在不太久远

　　① 关于麦尔得克遗址，参见《西域考古图记》第一卷 452 页以下。关于"南道"经过了鄯善，并从那里朝昆仑山脚下的绿洲延伸，参见《西域考古图记》第一卷 418 页。

　　② 班勇在公元 124 年领导的一次战役中，大概间接提到了这条从鄯善出发经营盘到吐鲁番的横向道路。参见《西域考古图记》第一卷 333 页。

的时期，仍可以利用这个水源从事农业。我们前面说的营盘的晚期穆斯林居民点就足以证实这一点。前面已说过，兴地河中有水，而从库鲁克塔格南坡下来的其他任何河床都是干涸的，这是因为兴地河流域的山区范围很大，兴地河的源头西大山又极高。查看一下地图就能知道，西库鲁克塔格的其他地段都没有这样收集河水的有利条件。

　　根据我在塔克拉玛干沙漠的南部边缘以及塔里木盆地北部的一系列遗址获得的考古学证据，我想我们可以断定，在内陆亚洲的这个广大地区，用于灌溉的水源减少了（各地的直接原因、进展速度和其他相关因素可能不尽相同）。[①] 因此，虽然现在的营盘似乎无法从事大规模的农业，这并不能影响这个地点在历史上的重要性。从营盘的遗址数量和围墙的大小来看，那里以前曾有一个很大的居民点。在佛塔 I 发现的佉卢文文书尽管只是残片，却明白无误地告诉我们，这个遗址可以一直追溯到楼兰 L.A 遗址的那一时期（L.A 遗址出土的有纪年的文书表明了它的年代）。这个断代上的证据间接表明，营盘就是"注滨"。因为郦道元的文字（或他的资料来源）显示，当获得《水经注》中的信息时，注滨城和楼兰城仍是有居民的。

"注滨"就是营盘

　　我们知道，在大约公元 4 世纪中叶的时候，楼兰遗址就被废弃了。而营盘则可能一直沿用到了唐代。我们在营盘拾到的唐代钱币，以及在库尔干和接近库尔勒发现的烽燧的对比证据就证明了这一点。这也完全是人们意料之中的事。楼兰道被弃后的很长时间，从鄯善那个方向（即罗布地区方

营盘的沿用

---

　　① 参见《西域考古图记》第一卷 243 页以下、286 页等（见索引）；《古代和田》第一卷 384 页以下。另参见本书第三章第一节，第十三章第二、四节，第十七章第一节。并参见我的论文，载《地理学杂志》第 65 卷 487 页以下。

向）到库尔勒去的交通，很可能仍沿用着经过营盘的那条方便的古道。营盘的沿用，其唯一原因就是这里存在着地表水，从而有可能从事农业生产。直到现在，由于营盘附近的库鲁克河上的泉水和牧草，从罗布沿直道到吐鲁番去的人，仍把营盘当作不可或缺的休息地。

向库鲁克河方向进行勘察

从上面的叙述中读者可以明白，我为什么对营盘附近的库鲁克河河床与孔雀河的现在河道之间的那片地面特别感兴趣。在营盘的最后一天（3 月 20 日），我进行了一次勘察。勘察表明，"干河"从我们的营地朝北拐了个弯，与营盘遗址下游兴地河的几条泛滥水道离得很近。此后，我们又朝西南方把"干河"追踪了 3 英里，之后河道就变得不清楚了。继续朝西南走下去的时候，我们路过了成行的死胡杨树，胡杨树是朝东南延伸的。这可能是孔雀河在从古代河床迁到现在的河床之间，经过的一系列过渡河道之一。拉尔·辛格在从孔雀二塘去营盘的途中，也观察到了这样的现象。当然，这些死树所在的布满沙丘的河道位置太靠南了，河道里的水不会是注入库鲁克河的。

当天晚上，新的物资从铁干里克运来了。但令我失望的是，我在辛格尔和营盘都要求他们给我找的罗布向导却没有来。他之所以没来，大概是因为害怕引起官方的不快。没有了向导，我们朝库尔勒去的路上必然不会很顺利。但我仍坚持我原来的计划。我们将一起朝西走，直到孔雀河上。然后阿弗拉兹·古尔将朝南沿着孔雀河走，以便把他的测量同拉尔·辛格 1913 年 1 月从南面进行的测量连接起来。之后，他将继续沿着叶尔羌河（Yārkand-daryā）河岸上的罗布大道走到喀拉木，再沿着孔雀河走到库尔勒。我自己则打算朝北走，穿过沙漠，在库尔干烽燧遗址那里走到营盘—库尔勒的道上去。按照斯文·赫定博士的记载，库尔干的烽燧是离营盘最近的。

　　3月21日，我们从设在营盘的营地出发，沿库鲁克河源头轮廓清晰的宽河床朝西走。我们发现，河床中布满了沼泽和茂密的芦苇，直到上游约 1.5 英里远的一点①。在那里，几条深陷的沟从北—北西方向汇入了河床，它们是兴地河流域的末端。在这里的库鲁克河河床中的水分，就是来自这些沟中偶尔泛滥下来的水。② 上面已经说过，从这里开始，河床朝西南延伸了一段距离。显然，之所以这样，是因为兴地河泛滥水道末端堆积的冲积物使河道发生了偏折。我们走的是一条朝西去的古老的小道。我们注意到，小道在越过某些水道口时，水道中嵌着成束的红柳，似乎是想以此在湿地上给驮东西的牲畜形成一条通道。小道看起来十分古老。我们在离营地 10 英里的距离内，一直能在光秃秃的土上或肖尔上分辨出这条小道。关于它的起源还没有确切的解释。

　　古河床边一直有很多活着的胡杨树。但自从我们离开河床北岸后，胡杨树很快就消失了，连死树干也越来越少了。在离营地约 3 英里处，我们来到了一块光秃秃的地面，上面微有风蚀迹象，并生长着极为稀疏的红柳，大多数红柳都是死的。走了 7 英里后，我们来到了宽一条约 50 码的河床。河床虽浅，却很分明，河床和岸上的成行死树一样都是东西走向，岸上布满了死芦苇。过了河床后，那条小道的踪迹又出现了。值得注意的是，在一个地方，小道延伸到了一块小

离开库鲁克河的源头

朝西越过干河床

①　河床在这一个点底下拐了个弯。由于在编制我们走几条路线时发生了错误，在地图中，这个弯应该再朝北缩 1 英里。
②　在雅丹布拉克东南的库鲁克河床中，我们也观察到了与此十分接近的现象。ccxliii 和 ccxliv 号营地附近打井后找到的水，显然是从雅丹布拉克沟里流来的地下水。

土台地顶上，台地是风蚀从附近与台地平齐的地面上切割出来的。看来，要么这条小道特别古老，要么这里的风蚀进展得很快。在离营地约 10 英里的时候，我们来到了一条干涸的宽河床。河床轮廓清晰，大部分地方宽逾 300 码，两侧是成行没有枝条的死胡杨树。胡杨树看起来很古老。河床的平均深度都不超过 12 英尺，里面积了很多流沙。

朝孔雀河走　　这条大河床是从西边来的，它的下游河道连上了我们前一天在营盘宿营地西南的一点勘察到的河床。看来，它把库鲁克河和现在的孔雀河联系了起来（孔雀河仍在我们西边 5 英里远的地方）。当然，我们无法准确判断它是在什么时候断流的。我们沿河床南岸往西走了约 1 英里，越往前走，河床里的高沙丘就越多。然后，我们折向西—南西方向，以便保证能在天黑之前找到水。我们越过了一系列短而高的沙丘（都是南北走向），接着又遇到了一条干河床。这条河床要小得多，但看起来很古老，河岸上所有的死树都伏在地上，像不规则的碎裂的木头似的。再往前沙丘变低了，在死红柳沙堆中出现了活着的红柳丛。在总共走了 16 英里多后，我们陡然降到了一个蜿蜒的大潟湖中。潟湖中的淡水是孔雀河在最近一次冰面融化后泛滥下来的。我们已经可以在西边约 1 英里远的地方遥望到孔雀河的河床了，河床的标志就是成行的美丽的活胡杨树。于是，当骆驼在天黑前赶上来时，我们在潟湖边扎了营。

朝孔雀河以北走　　第二天早晨，我们开始分头前进。阿弗拉兹·古尔和那两个铁干里克人将沿着孔雀河往南走，一直到孔雀二塘那个渡口。我则折向北方，根据斯文·赫定博士的地图，库尔干遗址就在那个方向。走了约 0.75 英里后，我们穿过了一条朝东延伸的不大的干河床，河床边上的大部分死树仍是直立的。此后，地面上布满了 6～10 英尺高的沙丘。在沙丘之间，不时出现已"死"的红柳沙堆，说明在遥远的从前，孔雀河的水分是可以到达这里的。总共走了 6 英里后，我们遇到了一条清晰的大河床。在我们越过去的地方，河床宽 120 码，深约 8 英尺，呈西北—东南走向。从它的走向看，它很可能和我们前一天穿过的宽河床连在了一起。河床岸上是成行的死胡杨树，许多细树干都倾倒在地上，而其他一些较小的树仍直立着。河床底部是砾石，这说明我们正在走近萨依的脚下。

过了这条河床，我们走在一片广阔的光秃秃的土地上，地面上不时有小沙丘。沙丘的中轴线是东西走向，说明此地盛行的是北风。我们穿过了几条小河床，它们岸上都没有死树，看起来似乎是偶尔流下来的水冲成的。接着，我们遇到了活着的灌木。在离营地约 9 英里远的时候，我们来到了一条十分醒目的宽河床。河床岸上成行的大胡杨树都倒了，开裂得很严重。死树的样子表明，它们死的时间比南边那些河床岸上的树要久得多。河床约 150 码宽，而岸上的死树行则形成了足足 500 码宽的地带。河床从西北方向来，朝营盘方向延伸过去。从平面图上的相对位置判断，这条河床似乎位于库鲁克河最上游的直接延长线上（兴地河的终端水道就是在库鲁克河的最上游汇入库鲁克河的）。这条河床的下游可能被兴地河那些水道的冲积物掩埋了，或是被迫改了道。遗憾的是，由于时间紧迫，加上两个水桶中的水有限，我无法沿这条古河床往下游走，一直走到它被掩埋或被迫改道的地方。在河床边上的一条很高的沙丘链上，我在尘沙中望到了北—北西方向的库尔干遗址。从遇到古河床的那一点起，我们又走了 2 英里就到了库尔干。这 2 英里的地面上有很多耐

古河床同孔雀河连在一起

旱的灌木，偶尔从光秃秃的砾石萨依上流下来的水分滋养了它们。在遗址附近还出现了小丛的芦苇，这表明，如果在那里挖井，要不了多深就可以挖到水。

第三节　到库尔勒去的古道沿线烽燧

烽燧 Y.I 遗址　　我们到达库尔干（3 月 22 日我们就扎营在那里）时天色尚早，于是我在天黑之前仔细查看了一下小烽燧 Y.I 遗址。1896 年 3 月，斯文·赫定博士首次探访了库尔勒道沿线的这些烽燧，并作了简短却准确的描述。单从他的描述中我就看出，这个遗址十分古老。如附图 38 所示，遗址中间是一座粗大的烽燧，烽燧底部有 34 英尺见方，烽燧周围环绕着一圈正方形围墙。从外面测量，正方形的每条边都有 76 英尺长。烽燧和围墙的建筑样式，立即使我联想到在敦煌及其东边的中国古代长城线上看到的烽燧。从图 351 中可以清楚地看出来，烽燧上每隔约 4.5 英寸厚的一层土坯（土坯放置在灰泥之中），就夹了 2~3 英寸厚的芦苇层。土坯平均长 15 英寸，宽 7 英寸，厚约 3 英寸，这些尺寸都和敦煌长城上常见的土坯十分吻合。[①] 技术细节上的共同点说明遗址的年代是很古老的。由于它小心地采用了同样的建筑方式，所以保存得比较好。

烽燧的构造　　烽燧仍高达 29 英尺。除朝南的那一侧外，其余都没有受到太大的损坏。烽燧顶上的里面有一间 12 英尺见方的小屋，但再往下，里面则塞满了碎石。由于我手头的人手极少，时间也匆忙，所以没法对烽燧进行清理。在离地面约 20

---

① 参见《西域考古图记》第二卷 737 页注 14。

英尺高的地方，烽燧的侧壁有 7 英尺厚。烽燧底部的侧壁似乎加厚到了 11 英尺，所以整座烽燧的形状看起来有点像金字塔。从图 352 中可以看出，烽燧南面有一条宽 5~6 英尺的豁口，从顶部一直纵贯到地面附近。到烽燧里面去的入口必定就在这个方向，这就是这条奇怪的豁口的由来。豁口两侧的土坯中支出木桩。这说明，除入口外，烽燧的这一面都筑成了实心。只是入口的木头被毁后，土坯层和芦苇层逐渐坍塌，这才形成了这条豁口。烽燧里面大概用木头分成几层。从烽燧里红色的碎土屑判断，入口和整座烽燧内部似乎都被火烧过。

这座烽燧的一个有趣特点是在离地面约 12 英尺高的南侧有观察孔，但其余侧面没有观察孔。这些观察孔在外面都有一个三角形的开口，三角形本来底边宽约 6 英寸，高 4~5 英寸。烽燧周围的围墙上的观察孔也是如此。在围墙上可以清楚地看出，观察孔在里面拓宽了。观察孔是成行排列的，纵向间隔约 2 英尺，横向间隔 5~6 英尺，相邻行中的观察孔呈梅花形五点排列，这样在射击或射箭的时候能用上的观察孔数量是最多的。烽燧只有南面有观察孔，而这一面正对着围墙的大门，再加上观察孔离地面只有 12 英尺高。这些都说明，观察孔的主要目的是通过集中"火力"来加强对围墙大门的保护。

围墙周围的围墙顶部只有 3.5 英尺厚，但底部是用厚厚的芦苇捆做地基的，墙上还横向插了结实的胡杨木桩，以便起加固作用（烽燧上为了加固也用了木头）。围墙有些部分朽坏得很厉害，但到处仍可以看到墙基。墙基上设置了芦苇层，有助于避免风蚀。东北角和西北角完全毁坏了，说明在这里盛行风的威力是最大的。保留下来的残墙最高的地方约

观察孔的布局

围墙

有 10 英尺高。从烽燧上的观察孔的高度来看，原来的围墙不会比 10 英尺高很多。

南墙和西墙的里侧明显有被火烧过的痕迹，火可能毁掉了依墙而建的营房。在围墙里的其他地方也发现了烧红的土和灰烬。碎石上挖出的浅坑（大概是"寻宝人"挖的）下，露出了烧过的木头。在烽燧西面和北面的脚下发现了大垃圾堆，垃圾堆下是灰烬层，灰烬底下则是被火烧红的土壤。显然，在烽燧被火烧过之后，里面还有人住过，垃圾堆就是他们留下的。的确，外围墙可以为人们遮挡住沙漠地区肆虐的狂风。在围墙东北角的垃圾堆的表面附近，我们拾到了一枚开元通宝的碎片。这说明，后来住人的时期，比最初修建并戍守这座烽燧的时期要晚得多。垃圾堆中大多是牲畜粪便、木片和芦苇秸秆。与这些东西掺杂在一起的文物（见本书文物目录）中值得一提的有：铁附件（Y.I.02，图版 CX），大概是悬挂剑的吊环；青铜挂饰残件（Y.I.012，图版 CXI）和青铜带扣（Y.I.014）；一枚比较特别的铁箭头（Y.I.015，图版 CXI）；拨火棍残件（Y.I.03）；竹箭杆残件（Y.I.06）；细绳编的鞋子残件（Y.I.04），与在楼兰 L.A 遗址和长城烽燧线上发现的鞋子属于同一类型；各种丝织品和毛织品残件。这些遗物再加上那枚钱币，说明一直到唐朝时这条道上都有交通来往，甚至唐朝以后也可能如此。

考察了这个遗址以及我后来在途中看到的其他烽燧的建筑特征后，我认为这座小堡垒属于西汉时期。在公元前 1 世纪的第 25 到 50 年间，中国设置了都护①，标志着中国已经牢固确立了对天山脚下的控制。在那之前，经过楼兰到天

---

① 参见沙畹《通报》，1907 年刊，153 页以下；本书第十七章第一节。

山脚下及北部绿洲的新开通的道，肯定是需要保护的，以防
备匈奴的袭掠。匈奴人很容易就会从焉耆谷地方向下来。对
于控制了焉耆谷地头部的尤勒都斯高原牧场的游牧部落来
说，焉耆谷地是一道永远敞开的大门。同时，匈奴人也可以
从吐鲁番方面越过西库鲁克塔格过来。[①]《汉书》告诉我们，
公元前101年，中国曾有一段时间在轮台和临近的渠犁（位
于轮台南边的英其开河和叶尔羌河上）设置了军屯点。[②] 这
些烽燧所戍卫的古道是到轮台去的最方便的交通线。对渠犁
那个军屯点来说，这条道路也是很重要的。从楼兰方向到渠
犁去的人，最简单的办法就是经过尉犁（即孔雀河上游的垦
殖区），因为尉犁紧邻着渠犁。

　　3月23日，我们从这座古烽燧出发朝西北走，以便找到 寻找其他烽燧
那一系列烽燧遗址。最先发现它们的是斯文·赫定博士，在
从库尔勒出发后的路上，他的向导把他带到那些烽燧那里，
他还对它们进行了简要的描述。根据那里"易腐烂的东西"
以及烽燧较好的保存状况，他觉得它们只是几个世纪以前的
建筑。[③] 但我敢肯定，它们都十分古老。可是，我不敢断定
自己一定能找得到所有的烽燧，因为我们并没有一个熟悉这
一地区的向导。我知道斯文·赫定的全面考察是极为精确
的，但哈森斯坦因博士绘制的地图（地图上体现斯文·赫定
博士的考察结果）却无法代替当地向导，因为地图的比例尺
太小，仅为1∶1 000 000，而且没有标出烽燧的位置。幸运

---

　　① 参见《西域考古图记》第三卷1180页。关于公元前1世纪中叶及后来，匈奴人对吐鲁番盆地
不时施加的影响，参见德·格鲁赛特《公元前的匈奴人》205页以下。另参见本书第十七章第一节。

　　② 《后汉书》的那段文字是由沙畹翻译过来的，参见《通报》153页注2，1907年。另参见魏利
《人类学学会会刊》第10卷22页；《西域考古图记》第三卷1236页以下。

　　③ 参见斯文·赫定《中亚之旅》76页。

图 345　在前往库尔勒途中经过的烽燧 Y.II 遗址

图 346　在前往库尔勒途中经过的牙尔喀热勒烽燧遗址

图 347　在前往库尔勒途中经过的烽燧 Y.III 遗址

图 348　在前往库尔勒途中经过的烽燧 Y.IVI 遗址

图 349　营盘遗址的佛塔 Y.I.1，从南边看到的景象

图 350　在前往库尔勒途中经过的烽燧 Y.VII 遗址

的是，斯文·赫定博士这位杰出的探险家详细描述了地面状况。从他的描述中得知，我们可以一直沿着砾石萨依的脚下走。因此，尽管现在刮着尘沙，我们仍能看得见途中经过的烽燧。由于斯文·赫定博士已经描述过我们在寻找烽燧遗址时穿过的地面，我就尽量缩短这方面的内容，而只来说一下地面的大致状况。

我们朝斯文·赫定博士所说的离我们最近的那座烽燧走。一路上我们离台地般的萨依边越来越近，先前我们是在营盘遗址最后一次看到这条萨依边的。这行台地有 30 英尺高。当山谷中有河床延伸下来时，台地行才中断一段距离。但在其他地方，台地都极为醒目。有的地方的台地朝后退，像悬崖林立的海岸线一样形成小水湾。有的地方被水冲成了像手指一样伸出的部分。我在库鲁克河的北边以及疏勒河终端的沼泽盆地边上，都见过这样的地貌（当然，疏勒河那里的规模更大些）。① 我们似乎仍走在古代罗布泊的岸边一样。罗布泊曾经占据了整个罗布沙漠，并朝东一直延伸到拜什托格拉克。在左侧朝西的地方，我们一直可以看到一条植被带，其中有灌木、高大的红柳沙堆，偶尔还有几小丛胡杨树。它们表明，孔雀河现在的河床离我们不是太远。实际上，远方隐约可以看到一条黑线，大概就是孔雀河边的树林。

走了 16 英里后，我们就望到了斯文·赫定博士称作阿亚格吐拉（Ayag-tora，即 Ayak-tura，意为低塔）的那座烽燧。它离烽燧 Y.I（库尔干）的距离，远比后来的烽燧之间

萨依边的面貌

望到第一座烽燧

---

① 参见本书第十章第一节；《西域考古图记》第二卷 576 页、589 页、642 页以下；《沙漠契丹》第二卷 139 页以下。

的距离要大，所以我怀疑它和库尔干之间还有一座烽燧。但由于在布满红柳沙堆的地面上很难分辨出烽燧来，或是因为它朽坏得太严重，所以没有被人们注意到。果然，后来在萨依其开东南面的树林中，一个叫依布拉音（Ibrāhīm）的猎人［来自希尼黑（Shinalga）］加入了我们的队伍，他证实了我的想法。烽燧 Y.II 同样也隐藏在密布的红柳沙堆中。要不是我们在萨依的高处走，也不会看到它的。它附近有芦苇丛，南边还有一条胡杨树带，这些都表明，我们曾从中穿过的那些小河床可能将地下水带到了它的附近。显然，在建烽燧时，这里肯定可以找到水源。不出所料，我们果真在烽燧南边约 30 码远的地方发现了一个浅坑，大概是一口古井的位置。我们在那里挖了约 4 英尺深就挖到了湿土。但由于土壤中浸了肖尔，我们是不指望挖到能饮用的水的。因此，我们放弃了在这里扎营的打算。

烽燧 Y.II 遗址　　仔细查看了烽燧 Y.II（图 345）后，我们发现它的特征很像我在中国古代长城线上看到的几座烽燧。如附图 38 所示，它的大小和布局都是敦煌长城上常见的，烽燧西边是营房，营房的墙保存得很差。烽燧和营房都坐落在一块小高地上。小高地原是一个很大的红柳沙堆，被削过后又被人为地扩大了。现在高地的中央比附近生长着灌木的地面高出约 12 英尺。烽燧建在高地东侧，仍有 20 英尺高。烽燧地基原来有 20 英尺见方，但烽燧脚下的西面和南面又添筑了倾斜的土坯，以便使烽燧更坚固。添筑的部分最底下约有 7 英尺宽。添筑的部分和原来烽燧的外壁上，使用的都是长 15 英寸、宽 7~8 英寸、厚 3 英寸的土坯，与烽燧 Y.I 以及敦煌长城的大部分烽燧的土坯都一样。每隔 16 英寸的土坯，就出现芦苇层。这条经过加固的土坯外壁厚 2 英尺。里面的核心部分是土层和芦苇层交替使用而筑成的，每隔 12 英寸的距离就夹一层芦苇。烽燧北侧的外壁由于地基塌陷已经完全剥落，露出了里面的核心，核心上的芦苇层有被烧过的痕迹。

烽燧西边稍高些的地面上是营房的位置。那里有夯土筑成的矮墙，但营房遗址的主要部分是成行的木桩，看来它们是用篱笆条和灰泥筑成的墙体的残存部分。墙围成的地方长 27 英尺，宽 9 英尺。一角有个圆形大洞，洞中有陶器碎片，可见那里的房屋地面上曾放了一个大罐。在东北面那堵墙的里面，我们可以分辨出一个用灰泥筑成的灶的痕迹。墙围成的这个长方形地方覆盖着厚厚的垃圾，主要是芦苇秸秆和马粪。但在南角附近，我们发现了一些遗物，其中有一把大木梳子的残件（Y.II.01，图版 CX）；泥工用的粗糙的木镘刀（Y.II.09，图版 CX）；一双做工精致的绳鞋（Y.II.010、011），与在楼兰 L.A 遗址和敦煌长城上发现的绳鞋属于同一类型；绕绳子用的木卷筒（Y.II.02，图版 CX）等。特别值得一提的是一个正方形的骨质小骰子（Y.II.03，图版 CXI），骰子的各个面上都有数字，数字的标法和在米兰的一个吐蕃要塞中发现的骰子一样。还有一幅已碎成几块的粗略的纸画（Y.II.014，图版 CVII）也值得一提。画面前景中画一个中国式建筑，一个怪异的人朝建筑走来，其他残片上还出现了一个奇形怪状的动物。许多轮廓线上都钻了小孔，似乎是想作为模版用的。

这座烽燧遗址的一个奇怪之处是它的护墙，其目的是拓展南面的平台。护墙是用交替出现的土层和芦苇层筑成的，每层厚约 4 英寸。它很像遥远的花海子长城上的 T.XLIII.h 的护墙，用意都是确保被选作烽燧地址的红柳沙堆顶上有更

从古代垃圾堆里发现的遗物

平台的护墙

大的空间。① 为了使平台伸出的这部分更加坚固，也为了更容易到平台顶上去，护墙底下修了两个很结实的彼此垂直的斜面。这些斜面有 3 英尺宽，由短木桩构成，木桩插在土层和芦苇层中。成行结实的垂直木桩将短木桩固定住，斜面外用灌木枝护住。整条护墙看起来特别坚固，在建筑技巧和严整程度上看，它可以和我在敦煌以西看到的汉长城相媲美。那段长城经过了两千多年的时间，仍矗立在光秃秃的大风吹刮的沙漠上。显然，这座烽燧也出自中国人之手，他们和汉长城的筑造者们受的是一样的建筑技术的熏陶。

没能找到喀尔塔泉

考察这些遗址使我们耽搁了下来。当我们回到萨依边上，继续朝斯文·赫定博士所说的泉水走时〔他的向导把泉水所在的地方叫喀尔塔（Kalta）〕，我们没能发现他所说的泉水附近的烽燧。远处一个高高的红柳沙堆在暮色中看起来很像是一烽燧，引得我们又朝前走过了两个小石堆，而在那里我们大概本该折到南边的红柳和灌木带中去。最后，当这一天总共走了约 27 英里的时候，天色已晚，我们只得在稀疏的胡杨树林中扎了营。除了南边一块覆盖着软肖尔的地面（显然是孔雀河的一条古河床），营地周围到处都找不到水。马已经两天没有饮水了。而如果折回去，就要费很长时间才能在那扑朔迷离的地面上找到那些泉水。于是我让阿布都拉马里克和两个人带着马和骆驼往南边走，在那个方向上他们就能到达孔雀河边，或是到达孔雀河补给的某个潟湖。这一晚我们是忧心忡忡地度过的，水刚好够营地的人使用。第二天早晨我们等了很长时间，那些人和骆驼才与我们会合。南边那条古河床中有的地方是盐沼，他们费了好大的劲才越过

---

① 参见本书第十一章第三节。

河床。他们接着往南走，越过了一块宽宽的结着盐壳的地面，又越过一座沙丘，猛然发现自己来到了一个淡水小潟湖边，潟湖显然是最近的河水泛滥形成的。在那里他们让牲畜饮了水，并将两个大桶都装满了水。潟湖附近只有死树，但在破晓的时候，他们在远处看到了一行活胡杨树。据阿布都拉马里克估计，他们在返回宿营地的途中，走的直线距离为8英里。根据斯文·赫定博士1900年的地图，他从孔雀河上的迪勒帕尔（Dilpar）朝东北方向走，经过差不多8英里的距离，来到了一个点。看来，那里离我们的 ccil 号营地不会太远。

早晨，当我在树林带北边附近的一个红柳沙堆上进行平面定向时，望到西北方向有座大烽燧。我们已经浪费了不少时间，而且这一天在孔雀河的拐弯处（斯文·赫定博士说过，在萨依其开孔雀河拐了一个弯）我们也没指望找到水。所以，我决定不再寻找已经被我们丢在后面的喀尔塔泉水以及泉水附近的烽燧，而是直接朝视野中那座醒目的 Y.III 号烽燧走。走了约 3 英里后，我们就到达了那里。烽燧特别大，给人留下的印象很深（图 347）。它现在看起来就像是座被截短了的金字塔，底部原来有 55 英尺见方，顶部有 20 英尺见方，目前高约 30 英尺。从顶部支出来的大木桩来看，原来的烽燧至少还要高出 10 英尺。在离地面 7 英尺以下的地方，烽燧上每隔 4 英寸就夹一层芦苇。但由于低处的坡上覆盖着成堆的碎石，我们无法分辨出来芦苇隔开的是土坯还是夯土。烽燧底部用结实的木头筑成护墙进行加固，北面的护墙仍有约 4 英尺高。地基以上的烽燧看起来也特别坚固，每隔 1.5 英尺厚的土坯层就夹一层芦苇，芦苇上是胡杨木大横梁，横梁又固定住大木桩，木桩则揳入凹槽中，形成了一

烽燧 Y.III 遗址

个非常结实和完整的木结构。土坯和前面说的烽燧使用的土坯大小一样（15英寸×8英寸×3英寸）。烽燧虽然已经没有原来的高了，但仍能在软土平原上望出去极远。它之所以建得这么高，其目的是更加方便地传递信号，因为它东南方的地面古代大概与现在一样也布满了茂密的树林和红柳沙堆。在烽燧Y.III附近没有发现地表水或地下水的迹象。但在烽燧北脚下的碎石有垃圾堆，说明这里曾长期有人戍守。垃圾堆中主要是芦苇秸秆和牲畜粪便，在这些东西中我们发现了一块汉文文书残件。字体的风格以及纸质使我想起了在楼兰发现的文书。我们还发现了两件木器（Y.III.01、02，图版CX），似乎是筷子。

烽燧Y.IV遗址　　尽管空气中有尘沙，但从烽燧Y.III顶上仍可以望到西北方向有座烽燧。我们穿过平坦的土地朝那里走，地面上生长着低矮的灌木，还有薄薄的一层盐霜。走了约5英里后我们就到了那座烽燧。但到达之前，我们越过了从北边的山中来的一条水道，水道很宽，但特别浅。烽燧Y.IV（图348）在大小、形状和构造上，和刚刚说过的烽燧Y.III是一对，但它朽坏得比较厉害，不少土坯和起加固作用的木头都掉了下来。烽燧南侧是保存最好的部分。这座烽燧现在高约30英尺，但顶上支出来的木头表明，原来的烽燧比现在要高得多。胡杨树横梁都用凹槽固定住，坡上、北脚下以及西面的横梁都特别结实，长达20多英尺，横截面有8英寸见方。离地面10英尺以下的地方都是用单层土坯筑成，每层土坯顶上有一层芦苇，一层土坯与一层芦苇合起来的厚度是4英寸。再往上每隔5~6层土坯夹一层芦苇，芦苇中插着横梁，横梁用竖直的木桩固定住。在东面脚下我们发现了一些垃圾，从中出土的东西有：粗糙的毛布残件（Y.IV.01）、用植物纤维搓成的绳子（Y.IV.02）、成团的绳子等。离南面 18 英尺远的地方有土墙或土坯墙的痕迹，大概是营房的位置。

　　从这座烽燧顶上看不到别的遗址，平原上密布着很多 烽燧 Y.V 遗址 12~15 英尺高的红柳沙堆。在红柳沙堆之间我们尽量仍朝西北走，走了约 4 英里后，就来到了另一座烽燧遗址。它朽坏得很严重，远没有烽燧 Y.III、Y.IV 那么醒目，因此没有被斯文·赫定的向导们发现。这座烽燧完全是用交替出现的芦苇层和土筑成的，芦苇层有 3 英寸厚，土层有 2 英寸厚。它的底部原来有 24 英尺见方，现在的高度只有 12 英尺左右，但此外还应该加上它底下那座高 8~10 英尺的土丘的高度。这座土丘只可能是个老红柳沙堆，它的软土承受不住沉重的木结构。大概就是这个缘故，这里用的是比较轻的建筑材料。为了使芦苇层更结实，芦苇中插了直径 3~4 英寸的短木桩。但这并没有防止整座烽燧朝东南滑，因为红柳沙堆的松土下陷了。在烽燧西面，我还注意到芦苇层发生了奇怪的弯曲，我在敦煌以西长城上的某些地方也看到过这种现象。那些烽燧与烽燧 Y.V 建筑方式相似，年代也接近，也是因为地面倾斜而无法建筑稳固的地基。① 显然，这都是因为必须迅速将烽燧建好，所以古人来不及防备这样的缺陷。而只有经过了很长时间后，这样的缺陷才会暴露出来。

　　现在，地面变得比较开阔了，但我们却看不到远处有烽 到达孔雀河 燧。西面和西南面可以望到一行连续的大胡杨树，显然那就是现在的孔雀河道的位置。我们晚上就扎营在一条轮廓清晰的河床边。河床是弧形的，似乎是个潟湖。从茂密的芦苇和灌木看来，直到近些年前孔雀河的水还流到过这里。过了喀

① 参见《西域考古图记》第二卷图 189。

尔塔之后，萨依的台地边就看不到了，但现在萨依边重新出现在北边不远的地方。这里的萨依边要低得多，再往前走5英里过了萨依其开后，萨依边就很不容易分辨出来了。3月25日，我们在萨依其开遇到了一条清晰的小路，它把我们带到了孔雀河岸边。孔雀河在这里朝北拐了一个大弯，萨依其开（"其开"是"拐弯"的意思）就是由此得名的。幸运的是，在到河岸边之前，我们遇到了一个从库尔勒附近的希尼黑来的年轻猎人，他的名字叫依布拉音，这样我们总算找到了急需的向导。清澈的孔雀河水在一条深陷的河床中流淌，水量很大，河岸上长满了芦苇。这番景象对我们这些多少天都没有见过一条河的人来说，真是莫大的安慰。这里的孔雀河宽40~50码，流量约2立方英尺/秒。[1] 我们无法得知河的深度，但最浅的地方也超过7英尺深。依布拉音说河中间有10个"古拉其"（gulach，一个古拉其相当于一绹，即两臂展开的距离——译者）那么深。这虽然听起来夸张，但仍是值得注意的。

烽燧 Y.VI 遗址　　依布拉音不知道萨依其开东南还有什么比烽燧 Y.IV 更近的遗址。但他带着我们走了 3.75 英里后，把我们引到了一个他称为格日勒伽克吐拉（tura of Gherilghan）的地方，这就是烽燧 Y.VI。这座烽燧朽坏得很厉害，坐落在红柳密布的沙堆中。要不是有依布拉音带路，我们很容易就会错过它。它的建筑样式似乎与烽燧 Y.III ~ IV 类似，但烽燧的坡上盖着厚厚的软土（这大概是因为这里的水分更多），烽燧脚下部分地方长满了红柳，所以我们没法进行细致的考察。它的芦苇层之间似乎既用了土坯，又用了夯土，并用胡杨木

---

① 在地图中，由于绘图者的错误，这里以及上下游的孔雀河假想河道都太宽了。

的横梁和木桩做架子。烽燧现在高约 22 英尺，顶部宽约 20
英尺，横梁的末端从顶部支出来。我们无法准确地量出地基
的大小。西南坡有很多秸秆和木片，在那当中，我们发现了
一只绳鞋（Y.VI.01）和各种丝织品、毛织品碎片（见本书
文物目录）。从垃圾堆的位置看，烽燧顶上曾有守望的人。

　　过了烽燧 Y.VI，依布拉音所知道的最近的烽燧就是桑耶
（Sanje）烽燧了，那里足足有 15 英里远。显然，这个距离
对于烽火信号的传递来讲是太远了。现在，我们走的古道贴
近了库鲁克塔格脚下的小山。因此我想到，中间大概有一座
烽燧，就坐落在从小山朝格日勒伽克库勒（Gherilghan-köl）
伸出的某条低岭上，其位置大概在地图上经三角测量标高为
3 205 英尺①的那一个点附近。这个位置正处在以烽燧 Y.VI、
Y.VII 为端点的直线上，而且由于岭的高度，就用不着建一座
醒目的烽燧了。过了烽燧 Y.VI，我们先是沿萨依边上走，然
后又穿过浸着盐的光秃秃的土地朝河边走。我们经过的地面
都十分开阔，任何稍大点的遗址都不会逃过猎人和其他由此
经过的人的眼睛。格日勒伽克库勒和孔雀河相连，它边上的
树林带被当作放牧的地方。但我们到达湖边的营地时，小路
变得十分清晰。北面朝孔雀河伸下来的库鲁克塔格的山谷高
处有榆树林，从那里往下运木材的车就是从这条小路经过的。

　　3 月 26 日，我们很早就从格日勒伽克库勒动身了，希望
能看完桑耶烽燧和亚尔喀热勒（Yār-karaul）烽燧后，还能
到达位于喀拉库木的县城。在营地附近的一个高红柳沙堆顶
上我们已经望到了桑耶烽燧，但走了 8 英里后才到那里。我
们经过的地面都是光秃秃的土平原，风蚀已经在平原上切割

潟湖格日勒伽
克库勒

桑耶烽燧Y.VII

----

① 　实际上应该更正为 3 492 英尺。参见《地图备忘录》144 页。

出一些南北走向的尚处在雏形阶段的小雅丹。如果能用水渠
从孔雀河上游引水下来，这片地似乎是完全可以种庄稼的。
桑耶烽燧坐落在砾石萨依突出来的一块台地上（图350），
是用土坯筑成的，看起来十分醒目。它的东、南、西面都朽
坏得比较厉害，大概是附近的一条河床对台地底部侵蚀的结
果。但烽燧北面和与北侧相连的一小部分西面仍是笔直的，
高达25英尺。仔细查看后我们发现，烽燧里面原来是一座
底部有35英尺见方的烽燧，用土坯筑成（附图38）。后来
在外面又添筑了土坯，把烽燧底部扩展到了57英尺见方还
要多。在原来烽燧的东北角，稍微刮一下外面的土坯就会看
到里面涂在原烽燧外的灰泥。原来烽燧的土坯和后来加筑的
土坯大小完全一致，长15英寸、宽7~8英寸，厚3英寸，
跟这条古道上的所有烽燧都一样。每四层土坯上夹了一层芦
苇。为了使烽燧更加坚固，还使用了木头，但由于烽燧本身
比烽燧Y.III、Y.IV都坚固得多，所以用的木头也比它们少
得多。

在烽燧 Y. VII 的垃圾堆里发现的遗物　根据上述这些建筑特征，我认为这座烽燧很可能和前面
所说的那些烽燧一样，也可以追溯到西汉时期。大概在原来
的烽燧建了不久就进行了扩展，其目的可能是想使烽燧更
高，以便视野更开阔。在南面和东面的碎石上发现了比地面
高约8英尺的垃圾堆，垃圾堆中主要是芦苇秸秆。在离垃圾
堆表面只有几英寸的地方，我们发现了两小块皮子，出自上
漆的鳞片甲。它们的黑地上都装饰着红色图案，很像我们在
米兰的吐蕃要塞挖掘出的皮鳞片甲①。皮片上仍粘着皮绳子，
在米兰的鳞片甲上，这样的皮绳子是将甲固定在一起的。从

---

① 参见《西域考古图记》第一卷464页，第四卷图版L。令我遗憾的是，从烽燧Y.VII发现的两
块皮甲现在在收集品中已经找不到了。

和米兰文物的相似性以及发现皮子的位置来看，这些皮子很可能是在唐代被丢进垃圾堆的。唐代时，尽管这座烽燧已经朽坏了，但仍可以作为人们一个方便的休息地。在萨依台地朝外伸出来的一个窄部分上，离烽燧北面约 100 码远的地方，有分散的墓葬，分布区域约 50 码宽。墓葬在很久以前就被挖开了。依布拉音说，他父亲告诉他，这是大约 40 年前（即阿古柏统治时期）库尔勒人干的。墓葬中没有棺材，只有一些枯骨的残迹。它们大概是在路边这座荒凉的烽燧死去的士兵或过路人的坟墓。

从烽燧 Y.VII 可以望到亚尔喀热勒烽燧。走了 7 英里后，我们到达了那里。经过的地面上先是出现了红柳沙堆，接着又出现了芦苇。路边台地般的砾石缓坡边在亚尔喀热勒附近分割成了很多高大的台地，亚尔喀热勒就坐落在其中一块台地上，它也是因此得名的。台地是风蚀在萨依表面的砾石下的土上塑造出来的。由于粗沙被从山脚冲了下来，风找到了能大施威力的地方。台地是南北走向的，清楚地揭示了盛行风的风向。在离亚尔喀热勒还有 0.25 英里的时候，我们路过了这样一块较小的台地，它被风切割或挖出的土"墙"使它看起来像是个建筑遗存似的。

烽燧 Y.VIII 所在的那块台地高达 50 英尺（图 346，附图 38），顶部有 112 码长，顶部的最宽处比 60 码稍少一点。在风蚀作用下，台地的顶峰是平的，小烽燧（或称守望屋）就大致坐落在顶峰上。烽燧的残墙有 4 英尺厚，只有南面（即带大门的那一面）仍高约 10 英尺。围墙原来围成一个从外面量有 19 英尺见方的正方形，但因"寻宝人"的破坏，其余的墙都只有 1 英尺左右高了。地基是用粗糙的土块筑成的，以便把一块天然的小平台扩展成为底座。地基也被"寻

风蚀台地

亚尔喀热勒烽燧 Y.VIII

宝人"挖过。墙上用的土坯是常见的尺寸（15 英寸×7~8 英寸×3 英寸）。烽燧南墙下有个垃圾堆，其中主要是芦苇秸秆和燃料的残片。清理了垃圾堆后，我们只发现了一张写有汉文的纸和几块小素绸。从西南面沿一条窄而陡的小沟如今可以登到台地顶上，古代必定也是如此，因为在登到一半的时候，在沟边的悬崖底下发现了一小层垃圾，和前面说的垃圾堆差不多，说明古代人们也从这条沟到顶上去。遗址南边和东南有 10 多座坟墓，分成两组，都在很久以前被打开过。墓葬都是南北走向，和台地走向一致。

走到喀拉库木　　由于那天傍晚我们要走很长的路才能到达西南的喀拉库木（县城就新设在那里），所以没有时间考察这些不起眼的坟墓了。我们先是走在穿过一块长满红柳和灌木的地面，地面上有浅水道和很多盐霜，说明从库鲁克塔格脚下小山的最西段流来的水，以及孔雀河水渠偶尔泛滥的水，都有可能到达这里。离亚尔喀热勒约 7 英里的时候，我们遇到了第一块孤立的农田。这一小块农田属于老喀拉库木，即一个叫格日勒伽克的地方。然后，我们沿着浸了水的道路（沿途是农田和未重新开垦的土地交替出现），来到了半被废弃的集市喀拉库木旧城。前一年春天，县城刚从那里迁到了喀拉库木新城。新城位于南边 8 英里远的地方，在孔雀河的北岸。天黑了很久，我们才到达了新城。这一天我们整整走了 31 英里。

第四节　尉犁和现代喀拉库木

在喀拉库木休整　　为了让人畜在艰难的沙漠跋涉后得到一点休息，同时也为了尽可能挽救我的一只骆驼（在桑耶附近，我们的向导依布拉音由于粗心，猎枪走了火，这只骆驼因此受了严重的伤），我只好在喀拉库木休整了两天。我们被迫把这只可怜的骆驼留在后面，并派了一个人照看它，希望将来把它带上来。但我们的希望注定要落空。后来，管骆驼的总管哈桑阿洪回到那个地方，不得不在别人的协助下杀了它。

事实证明，在喀拉库木休整是有用的，因为我获得了关于这个偏远的不太知名的中国小县的一些可靠信息。这个县包括罗布地区的最北部分，以及库鲁克河上游与库尔勒之间的地面。我在《西域考古图记》中曾说过，有理由认为，当代的这个县就是古代的尉犁①。在此我只需简单说一下提到尉犁的中国历史文献。

《汉书》中说，尉犁国南面与鄯善和且末接壤。② 这恰恰与现在的喀拉库木地区的位置吻合。这个地区从库尔勒下游的孔雀河一直延伸到孔雀河在铁干里克下游与塔里木河汇流的地方。我们已经说过，《汉书》中说"山国"（即西库鲁克塔格）在尉犁以东 240 里，这就把我们带到了现在的喀拉库木附近③。《汉书》还说，西域都护的治所［大概在现在的阳霞（Yangi-hissār）绿洲］在尉犁以西 360 里（《汉书》记 300 里——译者）。这个距离和方向也大体是正确的。而且《汉书》中称路从渠犁伸展到尉犁也是正确的，渠犁是沙雅下游的英其开河与叶尔羌河之间的河边地带。④《汉书》记载的尉犁国有 2 000 户人口，而临近的库尔勒只有 700 户，这说明尉犁国的领土十分广阔。

《汉书》记载
的尉犁

---

① 参见《西域考古图记》第三卷 1231 页。
② 参见魏利《人类学学会会刊》第 11 卷 101 页。
③ 参见本书第二十一章第二节；魏利《人类学学会会刊》105 页。
④ 参见魏利《人类学学会会刊》100 页。在《西域考古图记》第三卷 1231 页中我说到了渠犁，在此我应该加上一句，渠犁与尉犁之间的距离是 650 里。这样的话，渠犁大概离现在的沙雅不远。

后世史书中的
尉犁

《后汉书》没有专门提到尉犁。但那里有一个很重要的记载说，公元 94 年，班超击败并惩罚了尉犁王、焉耆王、危须（库尔勒）王和山国国王，并由此平靖了塔里木盆地。① 那些被击败的国家都在尉犁周边地区。成书于公元 239—265 年之间的《魏略》也把尉犁同危须、山国相提并论，并在描述楼兰以西的"中道"时，说这些小国全都是依附于焉耆的。② 最后，《唐书》也说尉犁在焉耆南边，但没有提供关于尉犁的任何细节。③ 在此之后，我就找不到关于现在的喀拉库木地区的任何汉文或其他文字的资料了。但值得注意的是，现在中国官方把这个县的名称定为尉犁，说明新疆现在的行政管理部门是知道这个古国的正确位置的。

尉犁国在历史
上的重要性

从地理条件上可以看出，尉犁古国之所以重要，主要是因为它占据了孔雀河沿线的一条走廊地带。自古以来，这条走廊都联系着罗布地区的垦殖区（即鄯善或说是现在的若羌县，到敦煌、柴达木、吐蕃、和田去的各条道路都经过那里）和塔里木盆地的东北角以及天山脚下的大路，直到今天依然如此。但直接经楼兰联系着中国内地和塔里木盆地的古代"中道"经过尉犁时，它的地位就更加重要了。即便在"中道"被废弃之后，任何来往于北部绿洲和鄯善那条交通枢纽的商旅、行政管理人员和军队，也都必须经过尉犁。

当代尉犁县城
的变迁

决定着这些来往人员的地理因素以及他们所要从事的行政管理、商业或战略活动直到今天也没有改变。因此，自从中国重新收复新疆后，行政管理部门就反复做过努力，想设立新的农业居民点，以便更方便从库尔勒到若羌的交通。这

① 参见沙畹《通报》208 页以下，1907 年；234 页、236 页，1906 年。
② 参见沙畹《通报》552 页以下，1905 年。
③ 参见沙畹《西突厥史料》110 页。

条交通线约有350英里长，而只有沿途的农业居民点可以提供物资。如果没有重要的居民点，这条道的地位就永远是不稳固的。这些举措遇到了很大的困难，产生的一个奇怪的后果就是，在大约25年的时间里，受命组织这样的居民点的地方官员的总部相继迁到了四个不同的地方。这样的反复迁移，使尉犁县仿佛一个流动的县城似的。亨廷顿教授就注意到了这个现象。当他1906年从楼兰方向来到铁干里克时，得知了这些迁移，并得出了这样的结论：迁移表明了人们遇到了自然条件的困难，楼兰古国也遇到过类似的困难。当然，现在的困难比楼兰时候要轻些。同时，他还认为现在这些建立居民点的条件，和古楼兰时期的条件之所以有差别，是因为"气候在长期内发生了重大变化"（这是他的一个理论）。① 尉犁县城先是从江库勒（Jan-kul）迁到铁干里克下游的多拉尔，之后又在1901年迁到了喀拉库木。亨廷顿教授认为，这完全是"河水盐度太高"的缘故，这样的河水灌溉过的田地会连续两三年长不出庄稼。②

　　在亨廷顿教授这位杰出的地理学家的解释下，这些奇怪的迁移问题就直接具有了半考古学上的意义。亨廷顿教授认为塔克拉玛干南边的古代遗址之所以被废弃，也是水源的盐度增高的缘故。但我考察了那些遗址后，并没有发现支持他的观点的明确证据。亨廷顿教授本人也没能亲自踏访一下那些刚被废弃不久的县城。因此我现在就抓住在喀拉库木新城（这是座正在兴起的城）休整的宝贵机会，来搜集一些关于老喀拉库木的可靠信息（县城最近一次就是从那里迁过来

县城迁移的原因

---

　　① 参见亨廷顿《亚洲脉搏》271页以下。
　　② 参见亨廷顿《亚洲脉搏》266页以下。

的），并看一下是什么原因使人们放弃了那里。幸运的是，我可以在几个截然不同的县城地点进行探问，从而能对所获资料进行比较。

中国官方的解释

我得到了一个宝贵机会，从本县的前任地方长官黄大老爷那里获知了官方对此的解释。他是个十分有头脑的东干人，能流利地说突厥语，卸任后正要回到乌鲁木齐去。他在任有好几年的时间，对自己辖区的情况很熟悉。同时由于卸任，辖区的事务已和他没有了直接的利害关系。所以他能对这个问题坦率地发表看法，这是在任的中国官员中不多见的。同时就我看来，他的看法不带偏见的。黄大老爷说，在塔里木河下游的罗布地区鼓励农垦之所以很困难，一部分是因为河的支流的不稳定。由于河道变迁，水渠的源头经常难以维持，这种情况更有利于在别的小居民点开辟新渠，而不利于维持旧有的水渠。但这种困难局面更是罗布当地人的态度造成的。他们自己的生活方式不适于从事稳定的农业生产，也不愿意移民到那里定居。因为他们害怕这样一来，留在当地的移民会影响他们的放牧和传统生活方式。尽管如此，铁干里克作为那一地区的一个大村庄，仍是扩展了。阿弗拉兹·古尔独立报告给我的铁干里克的情况证实了上述说法。阿弗拉兹·古尔说，铁干里克有大约150户人家，其中占很大比例的是吐鲁番人，有些人定居在那里才只有20年。他没有听人们抱怨被肖尔毁掉的农田。但人们的确抱怨说，由于河道的变化，水渠中的水量有时会减少。

喀拉库木的灌溉

影响着喀拉库木命运的，却是与此截然不同的条件，我们从喀拉库木的地理状况就能明白这一点。看一下地图我们就知道，喀拉库木的农田位于一个大"角落"里，北面是库鲁克塔格的一座低矮的外围高原，东边是朝东南延伸而去的山脉的缓坡，其余几个方向上则被孔雀河弯曲的河道围住。喀拉库木的灌溉水源并不是来自临近的孔雀河河道，而是来自一条大水渠。大水渠的起点在库尔勒上游，离博斯腾湖水流出山区的地方不远。这条水渠在巴什艾格孜村（Bāsh-engiz）附近的一条豁口，穿过了上面说的那座高原。然后，水渠经过了繁荣的村庄希尼黑，把水灌溉在老喀拉库木那块广阔肥沃的冲积平原上。因此，这里的农业是完全不受河流改道或河水水面下降等条件限制的。它几乎是从博斯腾湖那个巨大的水库直接获取了稳定而充足的水源（博斯腾湖吸纳了很大一段高峻天山的水）。水渠中的水和博斯腾湖的水一样是淡水，并不是因为水渠的咸度给喀拉库木带来了麻烦。

在老喀拉库木附近的农田，有的地方出现了肖尔，对农田产生了恶劣的影响。黄大老爷告诉我们，那里的肖尔和别的地方一样，是过度灌溉却完全不考虑到排水直接造成的。后来我问到的一些喀拉库木的老居民也承认这是事实。那块平原几乎是一马平川，如果任由水滞留在田地周围，水必然会使土壤的盐度越来越高，造成产量的锐减。在印度和中国新疆地区，如果水量充足的水渠末端不采取有力措施进行排水，都会造成与此完全一样的困难局面。即便是在地面有坡度，水能自然地排走的地方，在干旱地区新开辟的农田也得与盐霜进行多年的抗争（如果进行灌溉，盐霜就会出现在地表）。在塔里木盆地的旧绿洲附近，不论是在官方的压力下，还是在人口增长的经济条件的影响下，如果有计划地坚持开垦新田地，上述的困难是可以逐步克服的。起初产量很好的新绿洲，过了几年后产量会锐减。这时，垦荒者们会怨声载道，甚至经常想着废弃这块田地。但再过几年后，土地逐渐

过度灌溉产生了肖尔

又变得肥沃了，对垦荒者来说也就有价值了。①

不安分的新居民

但在喀拉库木，缺少那种使这一过程顺利进行的人为因素。我认识了很多期待成为新居民的人，官方提供种子以及进行暂时保养土地的政策，把他们吸引到了喀拉库木新城（坐落在孔雀河北岸，一般被称为孔雀）。他们都属于那种流动的人口，来自叶尔羌、库车、和田等遥远的绿洲。我清楚地记得在车尔臣、瓦石峡、若羌见过他们这种人，这些地方都是官方急于"开发"的地方。他们中大多数是游手好闲者，或是有冒险精神的人，不安于在已经比较拥挤的绿洲靠持续的劳动过稳定的生活。比较体面的当地人一般把他们称作木萨非尔（Musāfirs，流浪汉）。他们在开垦新农田的活动中扮演了重要角色。

开辟新居民点的原因

显然，这些流动的人口并不适于克服开垦土地的人所面临的那些最初困难。老实说，他们也没有这样做的意图。尉犁县面积很大，从县里其他小地方来的体面的头人正在新建的衙门里担任职务。他们毫不掩饰地告诉我们，聚集在新城巴扎的众多所谓的居民是不会待在这里超过一两年的。他们收获了最初的好收成，并把官方的预付的东西（这些东西是经衙门的很多双贪婪之手后才最后到他们手里的）消耗掉后，就会逐渐离开，到别的地方去扮演同样的角色。那些地方的长官可能野心勃勃，为了获取名声，更为了捞取利益，打算建立新的居民点。因为，用不着太熟悉这些小衙门的办事方法我们就会知道，不管高层的真实目的或公开宣称的目的如何，建立新居民点或迁移旧居民点的最直接动机，就是

① 参见《沙漠契丹》第一卷128页。那里记述了叶尔羌附近的喀拉库木新田地。在那里，在潘大人修的水渠的帮助下，一大片很好的土地新近被开垦了。出于类似的原因，这些土地一度差点被放弃，但最终还是被从沙漠中彻底夺了回来。

地方长官和他的手下人可以从拨给这项事业的款项中捞取好处，而他们由于在没什么赚头的地区任职，平时捞到的好处是很少的。

那个将要退休的"阿班"告诉我们，关于最后一次迁到喀拉库木，官方的解释是，这个新开辟的居民点的农田靠近孔雀河深陷的河床，农田会因此而受益。孔雀河可以成为天然的排水通道，这样就可以防止因为水滞留而导致肖尔对田地的损害，而老喀拉库木大多数"暂时"的居民都不打算通过艰苦劳动来克服这样的困难。前一次大约是在1900年县城从铁干里克下游的多拉尔迁到老喀拉库木的。在那一次迁移中，官方找到了一个很好的理由。那之前几年，很多东干人从西宁逃到了罗布，并被迫在多拉尔附近定居了下来。官方称，如果把东干人连同县城一起迁到喀拉库木，就可以更有效地对他们进行监视和控制。因为喀拉库木离库尔勒只有不到两天的路程，库尔勒有中国驻军，从库尔勒很容易就可以沿大道到达喀拉库木。不足为奇的是，随着官方警惕性的放松，这些被迫住下来的东干人很快从喀拉库木转移到了焉耆方向。在那里，他们可以加入一个东干人的老居民点，也能更自由地从事自己的传统活动。

迁到喀拉库木的原因

3月29日，在喀拉库木新城往北走的途中，我观察到了一些现象，证实了我从上述这些信息中得出的关于尉犁县城最近一次迁移的结论。在2英里的距离内，虽然有的小块地方仍生长着茂密的红柳，但地面曾经过清理，田地已经布置好了。然后我们穿过了一块没有耕耘的地面。向导把那里的一条干河床指给我看，说那是一条古河道的源头，古河道和ccli号营地附近的格日勒伽克库勒相连。之后我们来到了老喀拉库木的农田的南边，大多数田地上都长满了芦苇和灌

在老喀拉库木看到的现象

木，但仍在开垦这块农田的人说，土地的产出还是很好的。又走了 1 英里后，我们来到了已经半被废弃的老喀拉库木的巴扎及其"萨拉依"和衙门。在那里我探访了几个仍留在自己土地上的居民，他们中有些人是在 1900 年左右这个居民点新开辟的时候来的。他们表示，他们对耕作的田地非常满意。他们说其他人之所以离开，某种程度上是因为在某些肥沃的田地底下，水滞留了下来，使得周围出现了肖尔。这是水渠水量过大和排水不畅造成的。但他们认为，绝大多数田地之所以被废弃，首先是因为上面说的那种居民的流浪的本性，他们总想到新地方去碰运气。其次也是出于官方的压力，官方要求他们废弃自己的土地，到河边的新城去开垦土地。在衙门附近的一个果园里，各种果树和葡萄仍很繁茂，充分说明土壤和水是适合它们的生长的。但由于四周都没人照看，它们会因为缺乏灌溉很快死亡的。就在几年前，从库尔勒、轮台和其他绿洲征集了 2 000 多名义务劳力，拓宽了那条水渠，老喀拉库木和新喀拉库木的水渠都是从那里引来的。在上游的希尼黑附近，我测得的水流量 200 立方英尺/秒，而且这个流量还很可能大大增加，因为这条水渠的起点在库尔勒上游，在那里孔雀河的水量在一年四季都大大超过目前所需的灌溉水量。

苏盖提布拉克的烽燧Y.IX遗址

离开了老喀拉库木的最后田地后，我们穿过了一块辽阔的平原，平原上生长着大量灌木和芦苇。据说在那里不需挖很深，到处都可以找到水，而且还是淡水。这个地方如果有足够的人口，很容易就可以变成良田。在这样的地面上走了约 8 英里后，已经能望到希尼黑村了，我们又折向东北，来到了砾石缓坡脚下的苏盖提布拉克（Suget-bulak）泉水。泉水附近萨依的一块突出的低矮台地上，矗立着一座烽燧。从桑耶和亚尔喀热勒来的道路经过了这座烽燧。它已经坍毁成了一座形状不规则的土丘，直径约 37 英尺，高约 10 英尺，显然曾被"寻宝人"挖过。从位置上看，它属于那条古代烽燧线（烽燧线的目的是戍守始于营盘的那条道路）。在相隔约 10 英里的 Y.IX 和亚尔喀热勒之间，我听说没有什么遗址。从地貌状况看，当这座烽燧是完整的时候，从这里大概可以望到矗立在高台地上的亚尔喀热勒烽燧。

亚尔喀热勒烽燧是从营盘到库尔勒古道沿线的最后一座烽燧。因此，在结束对它们的考察时，我要作一些概论。我们已经知道，保存最好的那些烽燧在所有建筑细节上都很像疏勒河终端以东的那段长城。那段长城是汉武帝修建的，其目的是戍卫中国内地向塔里木盆地进行商贸和军事的交通线。① 显然，执行汉武帝"扩张政策"的人想到，那条大交通线的延长线（即过了楼兰之后的部分）更需要用同样的方法加以保护，因为在西库鲁克塔格的脚下，匈奴人的威胁是最大的。西库鲁克塔格的脚下地区可以给劫掠者提供水和牧草。而另一方面，使团和商队只能在这一地区最北端的永久居民点获得保护。

我认为，从营盘到库尔勒的烽燧，可以上溯到中国向外扩张的早期阶段。我在司马迁的一段重要记载和《汉书·西域传》中都找到了直接的证据。司马迁告诉我们，公元前 102—前 101 年李广利第二次远征大宛（即费尔干纳）获得成功后，在敦煌地区设立了酒泉都尉，"西至盐水，往往有亭。而仑头（轮台）有田卒数百人，因置使者护田积粟，以

戍守古道的烽燧

戍守到轮台的道路

---

① 参见《西域考古图记》第二卷 633 页、641 页以下。

给使外国者"①。司马迁的著作很可能是在公元前99年或几年之后成书的。因此，他所说的在轮台设立的军垦区正可以追溯到敦煌以西的长城修筑的那一时期（敦煌以西长城出土的文书证明了那段长城的建筑年代②）。轮台就是库尔勒以西的大路上的布谷尔（Bugur）绿洲。在到轮台的交通线上设置烽燧也必定是那些年的事。我们无法得知当时建的那些烽燧沿用了多久。但从烽燧的垃圾堆出土的纸文书、唐代钱币和其他小文物来看，在楼兰被废弃后很长时间，从罗布方面来或到罗布去的人都把这些烽燧当作了方便的休息地。

烽燧延续到库尔勒

还有一个需要考虑的问题是，这条烽燧线是否还继续朝北延伸了。苏盖提布拉克的Y.IX离库尔勒的直线距离只有约12英里，在这之间，我没听说过有其他这类遗址。但连接希尼黑和库尔勒的路东边的那座高原，是设置中间"信号站"的极好位置。由于高原高于两侧的平地，传递信号时就不必修筑高高的烽燧了。同样，库尔勒平原和东北的博斯腾湖平原的最西段之间，是库鲁克塔格的最西部分。如果在孔雀河出山的峡谷边上选一个点，这将是设置烽燧的极佳位置。1908年11月，我在硕尔楚克上游明屋遗址的北边和西南发现了两座古代烽燧③，就很能说明这一点。

库尔勒上游的铁门关

我在《西域考古图记》中详细描述了这些古代烽燧，它们在建筑细节上很像营盘—库尔勒道路沿线的烽燧以及敦煌长城上的烽燧。在那里我还指出，将烽燧线从库尔勒推进到焉耆谷地，显然是有很大好处的。焉耆谷地自古就是匈奴人

---

① 参见荷斯《张骞传》，《美国东方学会杂志》第37卷116页。《汉书》中的相关文字说，轮台和渠犁都有军垦。见魏利《人类学学会会刊》第10卷22页。

② 参见《西域考古图记》第二卷728页以下。

③ 参见《西域考古图记》第三卷1199页、1226页。

和其他敌人进犯塔里木盆地的大门。如果有危险发生，那些烽燧就可以及时传递信号。在库鲁克塔格的最外围山脉和焉耆谷地西侧的天山大分支（指霍拉山——译者）之间，孔雀河穿出了一条峡谷。这个关叫铁门关，它在《晋书》中出现过。公元 345 年，甘肃西部的地方统治者张骏派的一支远征军就是经铁门关从焉耆方面过来，攻克了尉犁。① 1877 年，阿古柏在他死于库尔勒之前的几个月，也是妄图在铁门关阻挡住中国军队的前进。明屋遗址西南的烽燧，和苏盖提布拉克的烽燧 Y.IX 之间的直线距离不足 22 英里，铁门关这个具有极高战略地位的地点就处于这两点之间。可见古人意识到了两座烽燧之间那条山脉为传递信号提供的方便。但只有细致而有计划地检查一下那里的地面，才会判断这一假设是否正确。遗憾的是，我在库尔勒期间特别忙，没能抽出时间来做这件事。

探访了苏盖提布拉克的烽燧后，我又回到了希尼黑②农田的北边。希尼黑是一片兴旺的小绿洲，它的灌溉水源也是把水引到喀拉库木的那条水渠。它和上游的巴什艾格孜村的人口合起来有 50 多户，这些人家全都是在东干人叛乱前从库尔勒迁到这里，如今已经完全定居在了这里。农田看起来很繁荣，四周是美丽的果园和葡萄园。看来这里的土地很肥沃，水源也很充足。巴什艾格孜坐落在一条宽约 1 英里的豁口中。豁口东边是覆盖着砾石的高原，高原与库鲁克塔格山的缓坡相连。豁口西边是一片朝西延伸的孤立的小准平原，

希尼黑的农田

---

① 参见《古代和田》第一卷 543 页以下。《唐书》中也提到过铁门关，见沙畹《西突厥史料》7 页、304 页。

② 这是我听到的发音，而不是《西域考古图记》第三卷 1230 页注 1 记的"西那尔加"（Shinalga）。

约有 40 英尺高。实际上它只是后面的高原和萨依缓坡的延伸部分，被孔雀河的一条支流与后面切割开来。以前，那条支流从这一点冲出来，使喀拉库木平原上铺满了冲积物。

从孔雀河引来的水渠

这样看来，那条绕着高原脚下延伸，然后经过这条豁口朝喀拉库木延伸过去的水渠的路线，实际上是一条早期河道。本来它是一条小水渠，但在 1900 年被扩展了，以便能为新设立的居民点喀拉库木和希尼黑供水。我们在希尼黑测得的水渠流量约 200 立方英尺/秒。水渠的源头在库尔勒上游。如果在那里把水量丰沛的孔雀河更多地引入水渠，水渠的流量还可以大大增加。目前孔雀河流经库尔勒，经过了库尔勒绿洲西边的包头湖（Boto-köl）沼泽盆地，折了一个很大的半圆形才来到孔雀麻扎（Konche-mazār）和喀拉库木新城①。在现在的水渠沿线和古河床内，有一条很宽的牧草带。穿过了这条牧草带和上方覆盖着砾石的高原后，我们在 3 月 30 日共走了约 9 英里路后来到了库尔勒城。

在营盘和库尔勒之间的烽燧发掘出土的文物

Y.I.01　木制锥子（?）柄。圆柱形，细致地磨光过。一端有一个长方形孔，以便插锥子的铤。另一端附近朝里面钻了一个孔，以便穿细绳。长 $3\frac{1}{8}$ 英寸，直径 $\frac{9}{16}$ 英寸。

Y.I.02　带小铁圈的铁片。小铁圈上穿着一个圆形小把手（是在观察孔里发现的）。大概是剑的吊环。铁片较薄，大致呈长方形。顶端变窄，形成

---

① 从库尔勒到喀拉库木新城的水渠全长约 40 英里，而这两点之间的孔雀河大概有水渠的两倍长（这还不算孔雀河的任何小拐弯）。这样看来，如果有足够的人口，根据这一地区的水文条件就可以建一个很大的灌溉网。

了一条长舌，舌的边沿弯到了后面。然后，把小铁圈的末端从外面钉在铁片、侧壁和舌上，并在里面凿平，把整个铁片固定住。

铁片的上半部分微微鼓出，像口沿似的。顶部有一个铆钉孔。已生锈，但仍是完整的。铁片从外侧算是 $2\frac{1}{2}$ 英寸×2 英寸。小铁环的直径是 $\frac{3}{4}$ 英寸。图版 CX。

Y.I.03　木拨火棍残件。"雌性"，一端有个烧焦的凹坑。横截面为长方形，大号。$2\frac{7}{8}$ 英寸×1 英寸× $\frac{5}{8}$ 英寸。

Y.I.04　毛编鞋子残件。与 Y.II.010 等属于同一类型，只是鞋尖的带子等的残片。最长处 $5\frac{1}{2}$ 英寸。

Y.I.05　各种丝织品和毛织品残件。暗黄色和米色，平纹。最长处约 6 英寸。

Y.I.06　箭的竹竿（?）残件。两端都断了，已烧焦。长 $3\frac{3}{8}$ 英寸。

Y.I.07、08　樱桃木的棍子。在观察孔里发现。断成了两截，如今粘连在了一起。两端各钻了一个孔，孔的走向彼此垂直。22 英寸× $\frac{1}{2}$ 英寸。

Y.I.010　心形青铜片。由两块心形薄片一前一后构成，三颗铆钉把它们钉在一起。后面是平的。前面那片的表面边沿微微突起，中间有一条脊状突起。长 $\frac{15}{16}$ 英寸，最宽处 1 英寸，铆钉长 $\frac{3}{16}$ 英寸。图版 CXI。

Y.I.011　青铜残片。盾形，底下一端有两个铆钉孔，已弯曲变形。$\frac{9}{16}$ 英寸× $\frac{5}{8}$ 英寸。

Y.I.012　青铜挂饰残件。是空心的圆锥形，横截面椭圆形，顶点上有一个孔。底边都断了，原来大概放着宝石。

绕着顶部装饰着四行小珠子。再往下有一行凹陷的楔形，共七个，以便嵌入宝石或灰泥。楔形之间用类似的成纵行的珠子隔开，珠子夹在无花纹的线脚里。绕着底部是一行珠子，一个珠子特别小，一个较大。工艺精良，表面已磨损。高 $\frac{3}{8}$ 英寸，底部 $\frac{7}{16}$ 英寸 × $\frac{5}{16}$ 英寸。图版 CXI。

Y.I.013　青铜片。是带扣的残件。大致方形，一侧呈钝角朝外突出。从另一侧上伸出两块小垂片（已缺失）。是带扣的折页的一部分。朝后的两个角上有铆钉孔，其中一个孔里还有铆钉。$1\frac{1}{4}$ 英寸 × $\frac{7}{8}$ 英寸。

Y.I.014　青铜带扣的"舌"。又长又扁，宽的一端（折断了）弯成圆圈。$1\frac{3}{8}$ 英寸 × $\frac{1}{8}$ 英寸。

Y.I.015　铁箭头。头扁平，菱形，每一面的中间都有一条纵向的脊状突起。上端附近有一个小肩，小肩以下是长而细的铤。已生锈。全长 $5\frac{9}{16}$ 英寸，头长 $\frac{13}{16}$ 英寸，最宽处 $\frac{3}{8}$ 英寸。图版 CXI。

在烽燧 Y.II 发掘出土的遗物

Y.II.01　木梳子残件。大而结实，直背。长 $3\frac{1}{2}$ 英寸，宽 $2\frac{1}{2}$ 英寸。图版 CX。

Y.II.02　木线板（?）。一根扁平的木头，很光滑。一端的两条长边延伸成两个短而直的角。另一端延伸成三个长而尖的齿，外面的两个齿微朝里弯。无花纹的中间部分绕着一点细绳，细绳自身打成结。全长 $8\frac{1}{8}$ 英寸，角长 $\frac{7}{16}$ 英寸，齿长 $2\frac{1}{4}$ 英寸。图版 CX。

Y.II.03　骨骰子。小立方体，数字用钻出的孔来表示，与《西域考古图记》第四卷图版 LI 中的 M.I.iii.004 等差不多。1 对着 6，2 对着 4，3 对着 5。$\frac{5}{16}$ 英寸×$\frac{1}{4}$ 英寸见方。图版 CXI。

Y.II.04　草纤维编的绳子残件。三股，搓得很紧密。长 9$\frac{1}{2}$ 英寸，直径 $\frac{1}{4}$ 英寸。

Y.II.05　青铜扣环残件。一块椭圆形小片，中间抠出了一个长方形，一侧折断了。长 $\frac{7}{8}$ 英寸，宽约 $\frac{5}{8}$ 英寸。

Y.II.06~08　3 块长方形青铜残片。表面光滑，后面粗糙，边上有一条凹线。一面上残留着浮雕图案。最大尺寸 $\frac{1}{2}$ 英寸×$\frac{3}{8}$ 英寸。

Y.II.09　木器。大概是泥工的镘刀。木头大致呈长方形，表面光滑，后面特别粗糙，并带有一个方形的突起的提手。制作特别粗糙。10$\frac{1}{2}$ 英寸×2$\frac{3}{4}$ 英寸×2 英寸。图版 CX。

Y.II.010、011　一双绳鞋子。与 T.XXIII.f.01 和《西域考古图记》第四卷图版 XXXVII 中的 L.-A.VI.ii.0025 属于同一类型，鞋底周围的绳子是连续的。010 只缺鞋底的最末端，其余部分完整。011 只保留下来鞋底的中间部分和绳子边。做得很好。长 10~11 英寸。

Y.II.012　绳鞋的鞋底残件。与前一件属于同一类型，残留着绳子边。鞋底是毡子做成的，结着泥巴块。8$\frac{1}{2}$ 英寸×3$\frac{1}{2}$ 英寸。

Y.II.013　木器残件。一根扁平的木棍，横截面呈长方形，但两端以及上半部分的棱是凸圆的。一端有一个直径 $\frac{5}{8}$ 英寸的孔，孔中紧紧地插着一根木钉。木钉的头是圆锥形的，以防滑出来。木钉在木棍底下伸出来 1 英寸长，在到达木棍之前，木钉中间有一条裂缝。木钉上横向钉着两根木针，似乎在裂缝中固定住某物（此物已缺失）。在木棍朝上的一面，离另一端 $2\frac{3}{4}$ 英寸的地方，是将要开凿出来的另一个长方形孔（$\frac{3}{4}$ 英寸 × $\frac{1}{2}$ 英寸）。木棍尺寸 $8\frac{1}{4}$ 英寸 × $\frac{7}{8}$ 英寸 × $\frac{5}{8}$ 英寸。木针长 $2\frac{1}{2}$ 英寸。图版 CX。

Y.II.014　纸画残片。几块残片合在一起。前面可以看到一个中国式建筑，是一条晾廊（?），两根柱子支住晾廊。晾廊顶中间有个阁楼，阁楼有两扇门（或窗子），每扇门上都有一个圆环。晾廊屋脊上装饰着纽状物。

晾廊底下是一口钟（?），似乎挂在柱顶过梁上。左边的花盆中有一株植物。晾廊外的右边是一个奇形怪状的人朝晾廊走来，戴中国式的帽子（带软帽翅和帽尾，即幞头——译者），持着又一个花盆，花盆中也是一株植物。阁楼左右是云卷，也可能是奇形怪状的动物或鸟的尾巴（动物或鸟的身体已缺失）。

画得特别粗略，用红线画成，不时用黑线加以强调。整个画面都顺着很多线条刺了孔，人物的眼睛和嘴也刺了孔。

另两块残片可以连在一起，但与前面说的残片连不上。这两块残片上可以看到一头跃立欲扑人的奇形怪状的动物，主要用旋涡饰画成，但头有点像人头，长耳，头上有一个凸块，眼睛、嘴和耳朵钻了孔。上面的右边是红线，似乎是建筑上的细节，也钻了孔。底边附近有一条横线，左边隐约有几个红色汉字。画面画在粗略打过格的纸上。画有主要画面的那片纸的尺寸 $11\frac{1}{2}$ 英寸 × $7\frac{3}{4}$ 英寸，次要残片的尺寸 $7\frac{1}{4}$ 英寸 × $5\frac{5}{8}$ 英寸。图版 CVII。

在烽燧 Y.III～V 的垃圾堆里发现的遗物

Y.III.01、02　2根木筷子（?）。02 完整，是一根木条，横截面呈长方形，过了 $3\frac{1}{2}$ 英寸长后削成了逐渐变细的长尖，长尖的横截面是圆形。01 是类似的筷子柄，横截面一侧平、一侧凸，长尖没有保存多长就折断了。02 长 $7\frac{3}{4}$ 英寸。图版 CX。

Y.IV.01　**2 块粗毛布残片**。特别粗糙，很破烂。最长处约 9 英寸。

Y.IV.02　**植物纤维编成的两段绳子**。有两股，腐烂了一些。最长处 $9\frac{1}{2}$ 英寸，直径 $\frac{1}{2}$ 英寸。

Y.IV.03　**一团植物纤维编成的绳子**。腐烂较严重。绳子团的大小约 4 英寸 ×3 英寸。

Y.IV.04　**一团山羊毛编成的绳子**。柔软，已断。$3\frac{1}{2}$ 英寸 ×$1\frac{1}{2}$ 英寸。

Y.IV.05　**木器（筷子?）的柄**。与 Y.III.01、02 类似。长尖折断了。$3\frac{3}{4}$ 英寸 ×$\frac{1}{2}$ 英寸 ×$\frac{1}{8}$ 英寸。

Y.V.01　**芦苇捆的样品**。出自烽燧的东南角。长 7 英寸。

在烽燧 Y.VI 发掘出土的遗物

Y.VI.01　**绳鞋**。与 Y.II.010 等属于同一类型，鞋底周围的绳子边是连续的，鞋底的尖部缺失。残长 9 英寸。

Y.VI.02　**素绸残件**。深黄色，纹理细致。最长处 6 英寸。

Y.VI.03　**毛织品残件**。粗糙，平纹，暗黄色。最长处 7 英寸。

Y.VI.04　**用结实的毛发（?）编的绳子**。结了沙子，腐烂较严重。长 9 英寸，直径约 $\frac{1}{2}$ 英寸。

Y.VI.05　**毛织品残件**。稀疏，平纹，暗黄色，特别破烂。最长处

6 英寸。

  Y.Ⅵ.06　**毛织品残件**。暗黄色，像绳子一样织得很结实。纬线有双股，使织物表面呈明显的颗粒状。长 $7\frac{1}{2}$ 英寸。

  Y.Ⅵ.07　**毛织品残件**。粗糙，平纹，纹理稀疏，已变成暗黄色。最长处 4 英寸。

  Y.Ⅵ.08　**素绸残件**。细腻的暗黄色，特别破烂。长约 18 英寸。